多维视野中的马克思

杨 耕 _著

杨耕文集

第 2 卷

Marx in a
Multi-dimensional
Perspective

华东师范大学出版社
·上海·

图书在版编目（ＣＩＰ）数据

多维视野中的马克思 / 杨耕著 . -- 上海：华东师范大学出版社，2022
（杨耕文集）
ISBN 978-7-5760-3223-9

Ⅰ.①多… Ⅱ.①杨… Ⅲ.①马克思主义哲学—哲学史—研究 Ⅳ.① B15

中国版本图书馆 CIP 数据核字 (2022) 第 174964 号

杨耕文集　第 2 卷

多维视野中的马克思

著　　者　　杨　耕
策划编辑　　王　焰
责任编辑　　朱华华　张婷婷
责任校对　　宋红广　时东明
装帧设计　　卢晓红

出版发行　　华东师范大学出版社
社　　址　　上海市中山北路 3663 号　邮　编 200062
网　　址　　www.ecnupress.com.cn
电　　话　　021-60821666　行政传真　021-62572105
客服电话　　021-62865537　门市（邮购）电话　021-62869887
地　　址　　上海市中山北路 3663 号华东师范大学校内先锋路口
网　　店　　http://hdsdcbs.tmall.com

印 刷 者　　上海中华商务联合印刷有限公司
开　　本　　787 毫米 × 1092 毫米 1/16
印　　张　　30.75
字　　数　　513 千字
版　　次　　2023 年 1 月第 1 版
印　　次　　2023 年 1 月第 1 次
书　　号　　ISBN 978-7-5760-3223-9
定　　价　　128.00 元

出 版 人　　王　焰

目　录

上 篇　　从人与世界关系理论的双重视角理解马克思哲学

附　录

序　言

重读马克思——我的学术自述

1956 年,我出生在一个普通教师家庭。我和我的同龄人一样,经历了共和国的风风雨雨,"天灾人祸"……我并不认为我"生不逢时",相反,我非常庆幸我有这样一段特殊的经历。正是这段特殊的经历使我对社会与人生有了深刻的体认,并对我的哲学研究和学术生涯产生了极大的影响。实际上,"经历"本身就是一笔财富。当然,我们这一代不同于老一代。老一代在战争年代,在血与火的考验中度过,我们这一代在和平年代,在不断的精神苦练中生存;老一代敢"问苍茫大地,谁主沉浮",我们这一代"敢问路在何方"。我们这一代有我们这一代人的苦苦追求。

感谢邓小平,正是他老人家的"拨乱反正"、改革开放,使"九死一生"的中国现代化运动奇迹般地走出了历史的沼泽地,并为我们这一代人的发展开辟了新的天和地。1977 年,在那个"解冻"的年代,我考入安徽大学哲学系,成为高校招生改革后的第一届大学生,从此与哲学结下了"不解之缘"。1986 年,汪永祥教授把我领进了我向往已久的中国人民大学哲学系攻读硕士学位,从此,我进入哲学研究的"快车道";1988 年,陈先达教授把我留在中国人民大学哲学系任教,同时,哲学系推荐我破格免试直接攻读博士学位,从此,我走向哲学的深处;陈志良教授宽广的理论视野引导着我走向一个广阔的思维空间,从此,我在哲学研究中一发不可收。我忘不了我的两位导师和这位挚友。从他们那里,我不仅看到了哲学家的文采,而且看到了哲学家的风采;不仅学到了文品,而且学到了人品。由此,我想起了《天真汉》中的天真汉对博学老人高尔同的礼赞:"要是没有你,我在这里就陷入一片虚无。"

实际上,我最初选择哲学实属"误入歧途"。中学时期,我的主要兴趣是在数理化方面,并且成绩优异;高考之前,我担任过中学数学老师,所以,我最初志向是报考理科。然而,在高考前夕,一位哲学先行者——陈宗明老师告诉我:哲学是一个诱人的智慧王国,中国需要哲学,而你的天赋更适合学哲学。就是这一次谈话,竟使我"鬼使神差"地在高考前夕改变了最初的志向,选择了哲学。

从此,我踏上一块神奇的土地,至今仍无怨无悔。今天,我已与哲学连成一体,或者说哲学已融入我的生命活动之中,成为我的生存状态,成为我书写生命的方式。哲学适合我,我也适合哲学,离开哲学我不知如何生存。当然,我也深知,哲学思维极其艰辛,谁要选择哲学并想站在这一领域的制高点上,谁就必然在精神上乃至物质上选择一条苦行僧的道路。"光荣的路是狭窄的。"(莎士比亚)

我之所以从"误入"哲学到"钟情"哲学,并不是因为哲学"博学",无所不知。实际上,"博学并不能使人智慧"(赫拉克利特),而无所不知的只能是神学。历史已经证明,凡是以无所不知自诩的思想体系,如同希图万世一系的封建王朝一样,无一不走向没落。

我之所以从"误入"哲学到"钟情"哲学,并不是因为哲学是关于自然、社会和思维运动一般规律的科学,或者说,是关于世界普遍联系的科学。实际上,哲学并不等于科学,现代科学的发展已经使"关于总联系的任何特殊科学"成为"多余"的了(恩格斯)。用海德格尔的话来说就是,"对哲学能力的本质做这样的期望和要求未免过于奢求"。

我之所以从"误入"哲学到"钟情"哲学,并不是因为哲学"爱"智慧。实际上,哲学本身就是一种智慧,它给人以生存和发展的智慧与勇气,这是一种"大智大勇"。哲学既是一个"概念的王国",又是一片"多情的土地",无论哲学如何变化,人在世界中的位置始终是它关注的中心问题。

从"误入"哲学到"钟情"哲学,我的这一心路历程的牵引线就是,哲学与人密切相关。无论哲学是把目光投向人与自然的关系,还是转向人与社会的关系,归根到底,它关注的仍是人在世界中的位置、人的价值和意义。哲学总是关注着"人生在世"的大问题。求索天、地、人的人与自然关系之辨,探讨你、我、他的人与社会关系之辨,反思知、情、意的人与自我关系之辨,追寻真、善、美的人与生活关系之辨,凝聚为既是世界观,又是人生观的哲学。

人生观是哲学问题,而不是科学问题。数学、物理学、化学、医学、生物学、考古学等都不可能解答"人生之谜",倍数再高的显微镜看不透这个问题,再好的望远镜看不到这个问题,再先进的计算机算不出这个问题……人生观是世界观问题,而不仅仅是伦理学问题。从直接性上看,人生观关注的是人与自我的关系。问题在于,在人与自我的关系中,必然渗透着人与自然、人与社会的关系,对人生的不同看法必然包含着对人与自然、人与社会,即人与世界关系的不同理解。

"人生自古谁无死,留取丹心照汗青",这一千古绝句表明,人的生与死本身属于自然规律,而生与死的意义却属于历史规律。英雄与小丑、流芳百世与遗臭万年的分界线,就是如何处理人与历史规律的关系。凡是顺历史规律而动、推动社会发展者,是英雄,会流芳百世;凡是逆历史规律而动、阻碍社会发展者,是小丑,会遗臭万年;凡是主观愿望好,但行为不符合甚至违背历史规律、壮志未酬者,是历史中的悲剧性人物。谭嗣同绝命于北京菜市口,"有心杀贼,无力回天"(谭嗣同),就属于历史中的悲剧性人物。这就是说,人生观也就是世界观,世界观就是人生观。

可以看出,"人生之谜"是哲学问题。反过来说,哲学只有关注人并解答"人生之谜",才能既可信又可爱。哲学既是世界观,又是人生观,是融为一体的世界观和人生观。

我的研究方向是马克思主义哲学。如果用一句话来概括我的哲学研究和学术生涯,那就是:重读马克思。

重读马克思并不是"无事生非",而是当代实践、科学和哲学本身发展的需要。实际上,"重读"是思想史上常见的现象。黑格尔重读柏拉图,皮尔士重读康德,歌德重读拉斐尔……都是为了从永垂不朽的大师那里汲取巨大的灵感和超卓的智慧。伟人是这样,凡人更应如此了。历史常常出现这样一种奇特的现象,即一个伟大思想家的某个理论以至整个学说往往在其身后,在经历了较长时间的历史运动之后,才能充分显示出它的内在价值,重新引起人们的关注。马克思哲学的历史命运也是如此。20世纪的历史运动以及当代哲学发展的困境,使马克思哲学的内在价值和当代意义凸现出来了,哲学家们不由自主地把目光一次又一次地转向马克思。

海德格尔认为,"马克思在体会到异化的时候深入到历史的本质性维度中去了,所以,马克思主义关于历史的观点比其他的历史学优越",只有在这一"本质性维度"中,才可能"有资格和马克思主义对话"。萨特坦言:"历史唯物主义是我们这个时代唯一不可超越的哲学。"福柯认为,在现时,历史研究要想超越由马克思所定义和描写的思想地平线是不可能的。杰姆逊指出,马克思哲学"是我们当今用以恢复自身与存在之间关系的认知方式",它提供了一种"不可超越的意义视界",即"整体社会的视界",从而"让那些互不相容,似乎缺乏通约性的批评方式各就其位,确认它们局部的正当性,它既消化又保留了它们"。德里达断言:"不能没有马克思,没有马克思,没有对马克思的记忆,没有马克思的遗产,也就没有将来","不去阅读且反复阅读和讨论马克思……而且是超越学者式的'阅读'和'讨论',将永远都是一个错误,而且越来越成为一个错误,一个理论的、哲学的和政治的责任方面的错误"。

海德格尔、萨特、福柯、杰姆逊、德里达对马克思哲学的评价是真诚而公正的。在当代,无论是用实证主义、结构主义、新托马斯主义,还是用存在主义、弗洛伊德主义、后现代主义乃至新儒学主义来对抗马克思主义,都注定是苍白无力的。在我看来,这种对抗犹如当年的庞贝城与维苏威火山岩浆的对抗。

在重读马克思的过程中,我经历了从马克思的哲学到马克思主义哲学史、西方哲学史,再到现代西方哲学、当代社会发展理论,然后,再返回到马克思的哲学这样一个不断深化的求索过程,其意在于,把马克思的哲学放到一个广阔的理论空间中去研究。我以为,对马克思哲学的研究离不开对马克思主义哲学史的研究,只有把握马克思的心路历程,把握马克思以后的马克思主义哲学的演变过程,才能真正把握马克思哲学的真谛,真正理解马克思哲学在何处以及何种程度上被发展或误读了;只有把马克思的哲学放到西方哲学史的流程中去研究,才能真正把握马克思的哲学对传统哲学变革的实质,真正理解马克思哲学划时代的贡献;只有把马克思的哲学与现代西方哲学、当代社会发展理论进行比较研究,才可知晓马克思的哲学的局限性,同时进一步理解马克思哲学的伟大所在,真正理解马克思哲学为什么是我们这个时代"不可超越的哲学"。

在这样一个重读马克思的过程中,我的面前便矗立起一座巨大的思想英雄雕像群,我深深地体验到思想家们追求真理的悲壮之美。

在重读马克思的过程中,我涉猎了社会主义思想史,同时进行经济学和伦理学的"补课"。精神生产不同于肉体的物质生产,以基因为遗传物质的生物延续是同种相生,而哲学思维则可以通过对不同学科成果的吸收、消化和再创造,形成新的哲学形态。正像亲缘繁殖不利于种的发育一样,一种创造性的哲学一定会突破从哲学到哲学的局限。马克思的哲学就是这样一种创造性的哲学。马克思在创立新唯物主义的过程中,对经济学、历史学、政治学都进行过批判性研究和哲学的反思。不仅德国古典哲学,而且英国古典经济学、法国复辟时代历史学、英法"批判的空想的社会主义"都构成了马克思哲学的理论来源。

更重要的是,在马克思的哲学中,哲学批判不仅与意识形态批判密切相关、融为一体,而且与政治经济学批判,即资本批判密切相关、融为一体。马克思以商品为起点范畴,以资本为核心范畴展开的对资本主义社会的批判,本质上是一种存在论或本体论意义上的批判。这就是说,马克思的哲学批判、意识形态批判是通过资本批判,通过商品拜物教、货币拜物教和资本拜物教批判实现的。反过来说,马克思的资本批判又是在马克思的哲学批判、意识形态批判这一理论背景中展开的。在我看来,哲学批判、意识形态批判和资本批判的高度关联、融为一体,是马克思独特的思维方式,是马克思哲学独特的存在方式。由此,我们也就不难理解,马克思为什么把自己的哲学称为"批判的哲学""批判的世界观"了。

重读马克思,使我得出了一个新的关于马克思哲学的总体认识,这就是,马克思的哲学是实践唯物主义。

与传统哲学关注"整个世界"不同,马克思哲学关注的是"现存世界"即人类世界,关注的是消除人的异化,实现无产阶级和人类解放,实现每个人的全面而自由发展。对于马克思的哲学来说,"全部问题都在于使现存世界革命化",即以现实的人及其发展为坐标来重新"安排周围世界"。这样,马克思哲学的创立就使哲学的主题发生了根本的转换,即从"世界何以可能"转向"人类解放何以可能"。

当马克思把目光转向人类世界、人类解放时,他就同时在寻找理解、解释和把握人类世界、人类解放的依据。这个依据终于被发现,这就是人类实践活动。按照马克思的观点,人是在实践活动中得以生存,在实践过程中自我塑造、自我改变、自我发展的,实践因此构成了人的存在方式,即人的生存本体;人又是通过实践使自然成为"社会的自然",从而为自己创造了一个自然与社会"二位一体"的人类世界,在人类世界的运动中,实践具有导向作用,即人通过自己的实践活动"为天地立心""重整河山",在物质实践的基础上重建世界,实践因此又构成了人类世界的本体。这是一个动态的、不断发展、不断生成的本体。由此，我们也就不难理解马克思哲学的本体论为什么是实践本体论了。

从哲学史上看，马克思之所以能够发动一次震撼人类思想史的哲学革命，关键就在于，它以科学的实践观为基础正确地解决了人与自然、人与社会，即人与世界的关系问题。

按照马克思的观点，在物质实践中，人是以物的方式去活动并同自然发生关系的，得到的却是自然或物以人的方式、社会的方式而存在，即成为"人化自然""为我之物""社会的物"。换言之，实践使人与自然的关系成为一种"为我而存在"的关系（马克思）。这种"为我而存在"的关系是一种否定性的矛盾关系：人类要维持自身的存在，即肯定自身，就要对自然界进行否定性的活动，即改变自然界的原生态，使之成为"人化自然""为我之物""社会的物"。

在这个过程中，人是以自身的活动引起、调整和控制人与自然之间物质变换的，同时，人与人之间也进行着活动互换，从而以社会的形式、"类"的资格去从事改造自然的活动；人与自然之间不仅要结成一定的关系，而且人与人之间也要结成一定的社会关系，实践是社会关系的发源地，并构成了全部社会生活的本质；人与自然的关系制约着人与人的关系，人与人的关系又制约着人与自然的关系，人们总是在一定的社会关系中去从事改造自然的活动的。通过实践，人在不断改造、创造自然的同时，又不断改造、创造着人本身——他的肉体组织、思维结构和社会关系。这是同一个过程的两个方面。

"黑人就是黑人。只有在一定的关系下，他才成为奴隶。纺纱机就是纺棉花的机器，只有在一定的关系下，它才成为资本。"（马克思）在现实性上，人的本质是社会关系的总和。人是社会存在物，"只有在社会中，自然界才是人自己的人的存在的基础"（马克思）。所以，人们总是在一定的社会关系中，在不断制造与自然的对立关系中获得与自然的统一关系的。这样一种矛盾关系使人与自然的关系转变为社会与自然的关系，成为主体与客体的关系。

应该说，在各种矛盾关系中，这是一种具有特殊而复杂内涵的"为我而存在"的关系，这种"为我而存在"的关系是最深刻、最复杂的矛盾关系。正是这种矛盾关系"引无数英雄竞折腰"，致使唯物主义对人的主体性"望洋兴叹"，唯物主义与辩证法遥遥相对，唯物主义自然观与唯物主义历史观"咫尺天涯"。马克思哲学高出一筹的地方就在于：通过对实践深入而全面的剖析，科学地解答了人与自然、人与社会之间的真实关系，从而使唯物主义和人的主体性"吻合"起来了，唯物主义和辩证法、唯物主义自然观和唯物主义历史观因此也结合起来了。

　　我注意到,在"传统"的马克思主义哲学体系中,"实践"有其一席之地。但问题在于,在"传统"的马克思主义哲学体系中,实践仅仅是作为认识论的范畴而被阐述的;在认识论之外,即使提到实践,也只是一种应酬式的热情。实际上,在马克思哲学的"文本"中,实践的权威是全方位的,它不仅体现在认识论之中,而且搏动于自然观、历史观以及辩证法之中。在自然观中,实践是自在自然与人化自然分化和统一的基础,实践扬弃了人与自然之间的二元对立;在历史观中,实践是人的存在方式和社会的本质,是"历史的自然"和"自然的历史""二位一体"的基础,实践消除了"物质的自然"与"精神的历史"对立的神话;在辩证法中,实践是主观辩证法与客观辩证法、自然辩证法与历史辩证法分化和统一的基础,而且实践活动本身就是一种否定性的辩证法,实践使主观辩证法与客观辩证法、自然辩证法与历史辩证法之间达到了真正的和解;在认识论中,实践是认识的基础,"实践反思法"构成了马克思的认识论的根本特征,并填平了一般认识论与历史认识论之间的鸿沟。

　　正因为实践具有本体论或世界观的意义,所以,马克思把"对象、现象、感性""当作实践去理解",并以此为基础建构"新唯物主义"。实践是马克思哲学之魂。只有把实践作为主旋律导入马克思主义哲学这一宏伟的交响乐中,它才能表现为美妙的和谐。对于马克思的哲学来说,"实践唯物主义"是一种全局性、根本性的定义,它所要表明的不仅仅是一种要把理论付诸行动的哲学态度,更重要的是指,实践的观点是马克思哲学首要的和基本的观点,实践是马克思主义哲学的建构原则。在我看来,实践唯物主义构成了马克思哲学的本质特征,辩证唯物主义、历史唯物主义这两个重要特征都是从实践唯物主义这一本质特征引申出来的,是这一本质特征必然展开的内在逻辑和理论表现。

　　在重读马克思的过程中,我意识到需要重新审视、理解和解释马克思的唯物主义。

　　我不能同意"传统"的马克思主义哲学解释系统对"马克思主义唯物主义的基本特征"的三点概括,即世界按其本质说来是物质的;物质第一性,意识第二性,意识是物质的反映;世界及其规律是完全可以认识的。"传统"的马克思主义哲学解释系统在说明"马克思主义唯物主义的基本特征"时,引用了《神圣家族》中的一句话,即"物质是一切变化的主体"。实际上,这是一个误引,因为它把马克思对霍布斯思想的复述当成马克思本人的思想,把马克思批判的观点当成马克思赞赏的观点。马克思之所以要复述、批判霍布斯的这一观点，是因为这一观点集中体现了旧唯物主义的缺点："忽视人"甚至"敌视人"，认为"人和自然都服从于同样的规律"（马克思）。在我看来，这一误引并不是偶然的疏忽，它实际上表明，"传统"的马克思主义哲学解释系统已经混淆了"新唯物主义"与"旧唯物主义"，或者说，没有清楚地意识到马克思的唯物主义与"从前的一切唯物主义"的本质区别。在"传统"的马克思主义哲学解释系统中，我看到的是一个被误读的马克思。

实际上，"传统"的马克思主义哲学解释系统在概括"马克思主义唯物主义的基本特征"时，只是说明了新唯物主义与旧唯物主义的共性，而没有说明新唯物主义本身的"个性"，即没有说明新唯物主义的"唯物"之所在，或新唯物主义的"新"之所在。这是因为，承认自然界的"优先性"或物质第一性，这只是新唯物主义与旧唯物主义的共性，它并未构成新唯物主义本身的"个性"。确认实践所引起的人与自然之间的物质变换构成了人类世界的基础，确认现存世界中的物是"可感觉而又超感觉的社会的物"，这才是新唯物主义的"唯物"之所在，或者说，是新唯物主义的"新"之所在。

更重要的是，"实物是为人的存在，是人的实物存在，同时也就是人为他人的定在，是他对他人的人的关系，是人对人的社会关系"（马克思）。在人类世界中，物不仅体现着人与自然的关系，而且体现着人与人的社会关系，物与物的关系背后是人与人的关系。对于马克思的哲学来说，那种脱离社会历史，脱离人的活动，与人无关的物或自然是"无"，是"不存在的存在"。与"那种排除历史过程的、抽象的自然科学的唯物主义"（马克思）不同，马克思的新唯物主义关注的不是"抽象的物质"，更不是以经院哲学的方式抽象地谈论世界的物质统一性，而是从人的存在方式——物质实践出发去解释人与自然、人与社会，即人与世界的关系，通过资本批判以及对"拜物教"的批判，揭示出被物与物的关系掩蔽着的人与人的关系，揭示出被物的自然属性遮蔽着的人的社会属性，从而"把人的世界和人的关系还给人自己"（马克思）。

这样，我们就回到了马克思的巨像之前，真正体验到马克思的哲学为什么是新唯物主义，为什么是现代唯物主义。

当马克思的哲学实现了哲学主题的转换，即从"世界何以可能"转向"人类解放何以可能"，并从人的实践活动出发去理解、把握人与世界的关系时，就标志着哲学的转轨，即从传统哲学转向现代哲学。从总体上看，现代西方哲学的发展日趋"现实的生活世界",关注人与世界的关系。用雅斯贝尔的话来说就是，"哲学所力求的目标在于领悟人的现实境况下的那个实在"。从关注焦点而不是从阶级属性看，就理论整体而不就个别派别而言，整个现代西方哲学的运行都是以马克思的哲学所实现的主题转换为方向的。不管现代西方哲学的其他派别是否意识到或是否承认，马克思的确是西方传统哲学的终结者和现代哲学的开创者，马克思的哲学是现代唯物主义，并具有内在的当代意义。

以上，就是我重读马克思的心路历程，以及在这个过程中所获得的对马克思哲学的总体认识。

显然，我的这种认识不同于人们所"熟知"的马克思的哲学，不同于"常识"。问题在于，熟知并非真知，而常识既"是一个时代的思想方式"，同时又"包含着这个时代的一切偏见"。由此造成这样一种奇特的现象，即人们最熟悉的往往又是他们最不了解的。马克思的名字在中国可谓家喻户晓，而自"工农兵学哲学"以来，马克思主义哲学似乎人所共知，已成为一种"常识"。然而，我却认为，马克思的形象在这种"常识"中被扭曲了。常识往往窒息思想的发展，我不能"跟着感觉走"。于是，我重读马克思，并得出了上述不同于"常识"的认识。

我并不认为我的这种认识完全恢复了马克思的"本来面目"，这种解释完全符马克思哲学的"文本"，因为我深知"一切历史都是当代史"的合理性，深知我的这种认识受到我本人的知识结构、哲学修养以及价值观念的制约，而且马克思离我们的时代越远，对他认识的分歧也就越大，就像行人远去，越远越难辨认一样。但是，我又不能不指出，我的这种认识的确是我上下求索的结果，是我重读马克思的心灵写照和诚实记录。这里，我力图"放言无惮，为前人所不敢言"(鲁迅)。

马克思的哲学不是"学院派"，它志在改变世界，其"笔落惊风雨，诗成泣鬼神"(杜甫)。重读马克思不能仅仅从文本到文本，从哲学到哲学史，更重要的，是从理论到现实，再从现实到理论。换言之，我是在理论与现实的结合中重读马克思的。

哲学当然需要思辨，但哲学不应是脱离现实的思辨王国，始终停留在"阿门塞斯的阴影"之中。无论哲学家多么清高，多么超凡入圣，他都不能不食人间烟火，不能不在现实的条件下进行认识活动、提出问题并拟定解决问题的方案。无论哲学在形式上多么抽象，都可以在其中捕捉到现实问题。所谓哲学的超前性或超越性,实际上是对现实中可能性的充分揭示。哲学思维当然可以、也应该放飞抽象的翅膀,但这种抽象必须立足现实的社会。哲学不能仅仅成为哲学家之间的对话,更不能成为哲学家个人的"自言自语",哲学应该也必须同现实"对话",这是哲学得以生存和发展的根基。我们不能"只用心观察天上的情况,却看不见地上的东西"(《伊索寓言》)。

理论联系现实是一个双向运动过程:为了理解和把握现实,必须突破原有的理论模式,而为了突破原有的理论模式,又必须接触并深入现实。同时,在联系现实的过程中,哲学不应失去自己的独立性、反思性和批判性,不能把自己降低为现实的附庸或仅仅成为现实的解释者。"透过玻璃看东西,太近了就会碰上自己的脑袋。"(马克思)哲学趋向现实太近,反而看不清现实。更重要的是,"凡是现实的都是合理的"绝不是马克思哲学的思维方式,而是黑格尔哲学的思维方式。一种仅仅适应现实的哲学是不可能高瞻远瞩的。哲学既要入世,又要出世;既要深入现实,又要超越现实;既要反思历史,又要预示未来。哲学不仅仅是猫头鹰的黄昏晚飞,更应是高卢雄鸡的清晨晓唱。

作为一个中国学者,重读马克思不能忘记同当代中国的现实进行"对话"。当代中国最基本的现实,就是改革开放和现代化建设,这一现实最突出的特征和最重要的意义就在于,它把现代化、市场化和社会主义改革这三重重大的社会变革浓缩在同一个时空进行了,构成了一场前无古人、特殊复杂而又波澜壮阔的伟大的革命性变革,它必然引发一系列重大而深刻的哲学问题,必然为人们的哲学思维提供一个广阔的社会空间。透过当代中国的改革开放和现代化建设,尤其是社会主义市场经济实践,我深深地体验到,马克思不是离我们越来越远了,而是越来越近了。所以,我深切地关注着当代中国的改革开放和现代化建设,期望在重读马克思的过程中走上理论的制高点,走进现实的深处。

在理论联系现实的过程中,我充分体验到马克思哲学的当代意义,深刻感受到马克思哲学在当代的不可超越性。在我看来,马克思的哲学之所以在当代不可超越,是因为马克思哲学抓住了人的存在方式和社会生活的本质——实践,并从这一根本出发向人类世界的各个方面、各个层次、各种关系发散出去,形成一个思维整体,提供了"整体社会的视界";是因为马克思哲学关注的问题,以及一些以萌芽或胚胎形式存在的观点契合当代世界的重大问题,从根本上说,当代哲学提出的问题并没有超越马克思哲学的问题域,用德里达的话来说就是,"我们仍旧是在用马克思主义的语码而说话"。发展马克思主义哲学,就是要使马克思的哲学所关注的问题,以及以萌芽或胚胎形式包含在马克思哲学中的观点凸现出来,并以当代实践和科学为基础予以系统而深入的研究,使之上升为成熟的观点,并同马克思哲学中原有的成熟观点融为一体。

可以看出,我重读马克思的工作是沿着三个方向进行的,即理论与文本的结合、理论与历史的结合、理论与现实的结合。在这个过程中,我所追求的理论目标,就是求新与求真的统一;我所追求的理论形式,就是诗一般的语言、铁一般的逻辑;我所追求的理论境界,就是重构哲学空间、雕塑思维个性。我真诚希望,我的哲学研究能为中华民族理论思维水平的提高作出贡献;我的确希望,我的哲学研究能为世纪之交的马克思主义哲学研究提供一块希望的田野。但我也深知,我"心有余而力不足",深知我的知识结构和专业素养的不足。我衷心欢迎一切善意的批评与指责,但不想宽容出自恶意的攻击与嘲讽。对于后者,我的答复只能是:

我要忠实地停留在我自己的世界上,
我就是我的地狱和天堂。(席勒)

导　　论

从哲学批判与资本批判的双重
视角理解马克思哲学

重新理解马克思哲学的理论主题和理论特征

马克思哲学的创立是人类思想史上的壮丽日出,它使哲学的主题、职能和思维方式发生了根本的转向。然而,马克思哲学又受到来自不同方面的曲解、非难和挑战。人类思想史表明,任何一门学科在发展过程中,除了要研究新问题外,往往还需要再回过头去重新探讨像自己的主题和职能这样一些对学科的发展具有方向性、根本性的理论问题。哲学也是如此。"熟知并非真知",准确而全面地理解马克思哲学仍然是一个重大的理论课题。

一、时代课题的哲学解答

哲学体系往往以哲学家个人的名字命名,但它并非专属哲学家个人。黑格尔说过,哲学是"思想所集中表现的时代"。马克思把这一观点进一步发挥为"哲学是自己时代精神的精华"。由哲学家们创造的哲学体系不管其形式如何抽象,也不管它们具有什么样的"个性",都和哲学家所处的时代密切相关。法国启蒙哲学明快泼辣的个性,德国古典哲学艰涩隐晦的特征,存在主义哲学消极悲观的情绪……离开了它们各自的时代是无法理解的。从根本上说,任何一种哲学体系的出现都和它所处的时代相联系,都是一定时代的产物。

马克思哲学的产生就是 19 世纪中叶社会发展的必然结果。英国工业革命及其后果、法国政治革命及其后果、世界历史的形成及其意义,这三者是资产阶级进行历史性创造活动的主要成果,这些成果及其引起的现代社会矛盾,是推动马克思创立"新唯物主义"的根本原因,构成了马克思哲学得以产生的时代背景。

肇始于 18 世纪 60 年代的英国工业革命,到了 19 世纪 40 年代已经取得了决定性胜利,生产已经机器化、社会化。1789 年开始的法国政治大革命,到了1830 年推翻复辟王朝时也取得了历史性胜利,资本主义制度得以确立和巩固。英国工业革命和法国政治革命的胜利,标志着人类历史从农业文明时代转向工业文明时代,从自然经济时代转向商品经济时代,从"自然联系还占优势"的时代转向"社会、历史所创造的因素占优势"的时代,从"人的依赖性"时代转向"以物的依赖性为基础的人的独立性"的时代,①同时,这也就从封建主义时代转向资本主义时代。问题在于,资产阶级在取得巨大的历史性胜利的同时,也给自己带来了巨大的社会性问题:生产社会化和生产资料私有制之间存在着无法解决的矛盾,人的活动和人的世界都异化了,人的生存处在一种异化的状态中,正是在这种异化状态中,人的个性被消解了,人成为一种"单面的人"。

时代特征和内在矛盾必然在理论上反映出来。

英国古典政治经济学反映着资产阶级在经济领域中的胜利。亚当·斯密等人把社会财富的源泉从客体转向"主体的活动"并对此作出抽象,形成了"劳动一般"概念,创立了劳动价值论。"劳动一般"这个概念的形成标志着人类进入到"现代社会",因为只有在现代社会中,劳动才"不再是在一种特殊性上同个人结合在一起的规定了","个人很容易从一种劳动转到另一种劳动,一定种类的劳动对他们说来是偶然的,因而是无差别的"。②

对法国政治革命及其历史进程的总结形成了法国复辟时代历史学。按照梯叶里等人的观点,人民群众创造着历史;中世纪以来的欧洲历史实际上是阶级斗争的历史,基于不同利益之上的阶级斗争构成了历史发展的动力;财产关系构成政治制度的基础。恩格斯对此给予很高的评价,认为法国复辟时代历史学动摇了"以往的整个历史观",并力求发现唯物史观③。

---

① 参见《马克思恩格斯全集》第 46 卷上,人民出版社 1979 年版,第 45、104 页。
② 《马克思恩格斯全集》第 46 卷上,第 42 页。
③ 参见《马克思恩格斯选集》第 4 卷,人民出版社 1995 年版,第 733 页。

英国和法国"批判的空想的社会主义"则反映着资本主义社会的内在矛盾。在对资本主义制度的批判中,圣西门等人发现所有制是"社会大厦的基石",并认为历史运动有其内在规律,资本主义必然像以往的社会制度一样走向灭亡,让位于所有人都能得到自由和全面发展的新型社会。虽然批判的空想的社会主义总体上属于非科学形态,但它同过去的乌托邦主义却有质的区别,它是从新的时代中产生并反映着这个时代的内在矛盾。

英国古典经济学、法国复辟时代历史学和批判的空想的社会主义当然没有解决问题,但毕竟提出了问题,即人类历史向何处去和人类如何实现自身的解放。这一问题构成了 19 世纪中叶的时代课题,新的时代呼唤着新的理论。马克思哲学的创立就是同对这一时代课题的解答密切相关、融为一体的。

在解答时代课题、创立新唯物主义的过程中,马克思对英国古典政治经济学、法国复辟时代历史学和批判的空想的社会主义都进行过批判性的研究和哲学的反思。不仅德国古典哲学,而且英国古典政治经济学、法国复辟时代历史学和批判的空想的社会主义也构成马克思哲学的理论来源。精神生产不同于肉体的物质生产。以基因为遗传物质的人种延续是同种相生,而哲学思维则可以通过对不同学科成果的吸收、消化和再创造,形成新的哲学形态。马克思的新唯物主义无疑属于哲学,但它的理论来源却不限于哲学。正像亲缘繁殖不利于种的发育一样,一种创造性的哲学一定会突破从哲学到哲学的局限。

马克思对时代课题的解答又始终贯穿着哲学批判。"德国人是一个哲学民族。"[1]在德国,社会变革问题首先要表现为理论活动、哲学运动。"即使从历史的观点来看,理论的解放对德国也有特别实际的意义。德国的革命的过去就是理论性的,这就是宗教改革。正像当时的革命是从僧侣的头脑开始一样,现在的革命则从哲学家的头脑开始。"[2]马克思所走的道路就是一条典型的德国人的道路。具体地说,马克思并不是直接从现实出发去解答时代课题,而是通过对哲学的批判返归现实,从而解答时代课题:"黑格尔法哲学批判""对黑格尔的辩证法和整个哲学的批判""对批判的批判所作的批判""对法国唯物主义的批判""对费尔巴哈、布·鲍威尔和施蒂纳所代表的现代德国哲学的批判"……这一系列的哲学批判使马克思得到了严格的理论锻炼,使他对近

---

[1]《马克思恩格斯全集》第 1 卷,人民出版社 1956 年版,第 591 页。
[2]《马克思恩格斯选集》第 1 卷,人民出版社 1995 年版,第 10 页。

代哲学、哲学本身以及其他理论形态有了更透彻的理解，对现实的社会矛盾有了更深刻的认识，从而创立了新唯物主义。反过来，新唯物主义的创立又使马克思比同时代人站得更高，看得更透、更远，以高瞻远瞩的深沉智慧科学地解答了时代的课题。

马克思的哲学产生之前，民族性是哲学的主要特征。即使孔子、老子、康德、黑格尔的哲学对其他民族产生过影响，但这仍然属于文化交流和传播的范围，并没有改变哲学的民族性。老庄哲学是中国哲学，黑格尔哲学是德国哲学，如此等等。与此不同，马克思哲学是世界性的学说。尽管德国是马克思的故乡，但马克思的哲学并非专属德国，而是一种"世界的哲学"。马克思曾经预言，必然会出现这样的时代："那时，哲学对于其他的一定体系来说，不再是一定的体系，而正在变成世界的一般哲学，即变成当代世界的哲学。"①马克思哲学就是这样一种世界哲学，它是世界历史的产物。

这里所说的世界历史，不是通常的历史学意义上的世界史，即整个人类历史，而是特指各民族、各国家全面进入相互影响、相互制约、相互渗透的，使世界"一体化"以来的历史。世界历史在今天已经是一个可经验到的事实了，但它却形成于19世纪。马克思以其惊人的洞察力注意到这一历史趋势，他用"历史向世界历史的转变"这一命题表征了这一历史趋势，并明确指出：资产阶级"首次开创了世界历史，因为它使每个文明国家以及这些国家中的每一个人的需要的满足都依赖于整个世界，因为它消灭了各国以往自然形成的各国的孤立状态"②。

世界历史的形成使以往那种各自闭关自守、自给自足的状态，被各民族各方面的相互交往和相互依赖所代替了，民族的片面性、局限性不断被消除。物质生产和精神生产都是如此。不但存在着世界市场，而且形成了一种"世界的文学"，即世界性的精神产品。马克思的哲学就是这样一种世界性的精神产品，它是在世界历史这个宏大的时代背景中产生的世界哲学。正因为马克思的哲学是世界哲学，所以，它"远在德国和欧洲境界以外，在世界的一切文明语言中都找到了拥护者"③，从而在不同的民族那里能够生根发芽，开花结果，成为民族文化的一部分。

---

① 《马克思恩格斯全集》第1卷，第121页。
② 《马克思恩格斯全集》第3卷，人民出版社1960年版，第52、68页。
③ 《马克思恩格斯选集》第4卷，第212页。

二、马克思哲学的理论主题：无产阶级与人类解放

毫无疑问，马克思哲学是唯物主义哲学。但是，唯物主义哲学的理论主题并不是一成不变的，相反，它是随着时代的发展而变化的。作为新唯物主义，马克思的哲学绝不是旧唯物主义以至整个传统哲学原有理论主题的延伸和对这个主题的进一步解答。相反，马克思的哲学实现了哲学理论主题的根本转换，即"从世界何以可能"转向"人类解放何以可能"，并由此建构起了一个新的哲学空间。

要真正理解哲学理论主题的这一根本转换，首要就要弄清传统哲学的性质和特征。"传统哲学"是相对于"现代哲学"而言的，它是指从古希腊到19世纪中叶这一历史阶段的哲学形态，包括古代哲学和近代哲学。追溯整个世界的本原或基质是传统哲学的目标，并构成了其中不同派别的共同主题。从根本上说，传统哲学就是"形而上学"，即关于超验存在之本性的理论，它力图从一种"终极存在""初始本原"中去理解和把握事物的本性以及人的本质和行为依据。

近代唯物主义一开始就具有反形而上学的倾向，在培根那里，唯物主义"包含着全面发展的萌芽"。然而，"唯物主义在以后的发展中变得片面了""变得敌视人了"。① 那种"抽象的物质""抽象的实体"成了一切变化的主体，构成为"万物的本性和存在的致动因"。在笛卡尔看来，哲学所要把握的就是这个"第一原因和真正原理"，由此演绎出一切事物的本性和原因。近代唯物主义从批判形而上学开始，最终又回归形而上学。

黑格尔把形而上学和德国唯心辩证法结合起来，又建立起一个形而上学王国，从而使形而上学在德国古典哲学中"曾有过胜利的和富有内容的复辟"。问题在于，黑格尔把一切都还原为"绝对理性"，人本身只是这种绝对理性自我实现的工具。绝对理性成了一种新的迷信，高高地耸立在祭坛上，要人们顶礼膜拜。黑格尔哲学只是在形式上肯定了人的能动性，由于它把人仅仅看作是"绝对理性自我实现的工具"，所以，在实际上彻底剥夺了人的能动性、创造性、主体性。这样，在亚里士多德把"存在的存在"规定为"第一哲学"的理论主题

---

① 《马克思恩格斯全集》第2卷，人民出版社1957年版，第163、164页。

后,到了黑格尔这里完成了一次形而上学的大循环。

这就是说,无论是在近代唯物主义,还是在近代唯心主义之中,不仅"本体"成为一种抽象的存在,人也成了一种抽象的存在,人和人的主体性失落了。因此,形而上学在德国古典哲学经历了悲壮的"复辟"之后,不仅"在理论上威信扫地",而且"在实践上已经威信扫地"。马克思断言:"这种形而上学将永远屈服于现在为思辨本身的活动所完善化并和人道主义相吻合的唯物主义。"①完成这一时代任务的,不是别人,正是马克思本人。换言之,把唯物主义和人的主体性"吻合"起来是马克思主义哲学关注的问题,反对或拒斥形而上学是马克思主义哲学的基本原则。

在哲学史上,马克思和孔德同时举起了"拒斥形而上学"旗帜,马克思甚至认为,他所创立的新唯物主义才是"真正实证的科学"。在时代性上,马克思的"拒斥形而上学"与孔德的"拒斥形而上学"具有一致性;在指向性上,马克思的"拒斥形而上学"与孔德的"拒斥形而上学"却有本质的不同。孔德把"拒斥形而上学"局限于经验、知识以及"可证实"的范围内;马克思提出的是另一条思路,即"拒斥形而上学"之后,哲学应关注"自己时代的现实世界"和人的生存状况,"把人们的全部注意力集中到自己身上"②。

马克思时代的现实世界,就是资本主义世界。在这个现实世界中,生产社会化和生产资料私有制之间的矛盾导致人的活动、人的关系和人的世界都异化了,人的生存状态成为一种异化的状态。这是一个"颠倒的世界"。具体地说,在资本主义社会中,"物的世界的增值同人的世界的贬值成正比",物的异化与人的自我异化是同一个过程的两个方面。在这种异化状态中,资本具有"个性",个人却没有个性,人的个性被消解了,个人成为一种"孤立的人",国家也不过是"虚幻的共同体"。

这就是说,资本主义社会是一个由资本关系所造成的人的生存状态全面异化的社会,因此,揭露并消除这种异化成为"为历史服务的哲学的迫切任务"③。可是,西方传统哲学包括德国古典哲学无法完成这一"迫切任务"。这是因为,从总体上看,西方传统哲学在"寻求最高原因"的过程中把本体同人的活动分离开来,同人类面临的种种紧迫的生存问题分离开来,从而使存在成为

---

① 《马克思恩格斯全集》第 2 卷,第 159—160 页。
② 《马克思恩格斯全集》第 2 卷,第 161—162 页。
③ 《马克思格斯选集》第 1 卷,第 2 页。

一种抽象的存在,物质成为一种"抽象的物质",本体则是同现实的人及其活动无关的抽象的本体。从这种抽象的本体出发无法认识现实的人和人的现实。

以形而上学为存在形态的西方传统哲学向人们展示的实际上是抽象的真与善,它似乎在给人们提供某种希望,实际上是在掩饰现实的苦难,抚慰被压迫的生灵,因而无法消除人的生存的异化状态,将现实的人带出现实的生存的困境。因此,马克思认为,随着自然科学的独立化并"给自己划定了单独的活动范围",随着社会实践的发展"把人们的全部注意力集中到自己身上",[①]哲学应该从"天上"来到"人间",关注人的生存的异化状态的消除,关注人类解放。

但是,马克思主义哲学不是抽象的人道主义,关怀的不是抽象的人的命运。马克思发现,如果不能给工人、劳动者这些占人口绝大多数、被压迫的人们以真实的利益和自由,人类解放就是空话,甚至沦为一种欺骗。所以,马克思提出了超越"政治革命"的"彻底革命、全人类解放"的问题,并认为能够完成这一历史使命、担当"解放者"这一历史角色的,只能是无产阶级。

按照马克思的观点,无产阶级本身就是一个需要解放自己的阶级,在他身上"表明人的完全丧失";同时,无产阶级又是一个"只有通过人的完全回复才能回复自己本身"的阶级,是一个只有解放全人类才能最后解放自己的阶级。在人类解放过程中,哲学把无产阶级当作自己的"物质武器",无产阶级则把哲学当作自己的"精神武器";如果说无产阶级是人类解放的"心脏",那么,哲学就是人类解放的"头脑"。[②]"头脑"不清,就不可能确立人类解放的真实目标,不可能理解人类解放的真正内涵。

因此,联系经济学的研究和历史学的考察,从哲学上探讨人类解放的内涵、目的和途径,就成为马克思的首要工作。这一工作的成果,就是马克思哲学的创立。从根本上说,马克思的哲学就是关于无产阶级和人类解放的学说,它使哲学的理论主题发生根本转换,即从"世界何以可能"转向"人类解放何以可能"。

为了解答"人类解放何以可能",马克思的哲学必须探讨人的存在方式或生存本体,并使哲学的聚焦点从宇宙本体转向人的生存本体。

---

① 《马克思恩格斯全集》第 2 卷,第 161—162 页。
② 《马克思恩格斯选集》第 1 卷,第 15、16 页。

按照马克思的观点,人类历史的"第一个前提"是"有生命的个人"的存在;"有生命的个人"要存在,首先就要进行物质生产活动,来生产物质生活本身。物质生产活动是人类生存的"第一个前提",是人的"第一个历史活动"。从根本上说,人是在物质生产活动中自我塑造、自我改变、自我发展的。"一当人们开始生产他们所必需的生活资料的时候……他们就开始把自己和动物区别开来。"人是什么样的,"这同他们的生产是一致的——既和他们生产什么一致,又和他们怎样生产一致"①。人不仅是自然存在物,而且是社会存在物。换句话说,人是自然存在物和社会存在物的统一,而这种统一恰恰是在实践活动中完成的,直接决定人的本质的社会关系也是在实践活动中生成的。人通过实践创造了自己的社会关系、社会存在。换言之,人是实践中的存在,实践构成了人的存在方式,或者说,构成了人的生存本体。

正因为实践构成了人的存在方式和生存本体,所以,人的生存状态不是凝固不变的,而是处在不断的建构和改变之中。人的生存状态的异化及其扬弃也是在实践活动中发生和完成的,"异化借以实现的手段本身就是实践的"②。在资本主义社会,劳动这种人的生命活动的异化使人与人的关系体现为物与物的关系,不是人支配物,而是物统治人,人本身的活动对人来说成为一种异己的、同他对立的力量。马克思的哲学正是通过对资本主义私有制的批判,揭示出被物的自然属性掩蔽着的人的社会属性,揭示出被物与物的关系掩蔽着的人与人的关系,并力图付诸"革命的实践"消除人的生存的异化状态,确立有"个性的个人"。如果说无产阶级和人类解放是马克思哲学的理论主题,那么,确立有"个性的个人",实现每个人的全面而自由发展就是马克思哲学的最高命题。

为了解答"人类解放何以可能",马克思的哲学必须探讨现实世界或现存世界,并使哲学的聚焦点从解释世界转向改变世界。

按照马克思的观点,"人就是人的世界",现实的人总是生存于"自己时代的现实世界",即"现存世界"中,而现存世界是人化自然与人类社会、社会的自然与自然的社会所构成的世界。

一方面,现存世界生成于人的实践活动中,实践犹如一个转换器,通过实

① 《马克思恩格斯全集》第3卷,第24页。
② 《马克思恩格斯全集》第42卷,人民出版社1979年版,第99页。

践,社会在自然中灌注了自己的目的,使之成为社会的自然;同时,自然又进入社会,转化为社会中的一个恒定的因素,使社会成为自然的社会。现存世界中的自然与社会是在人的实践活动中融为一体的。实践活动是现存世界得以存在的根据和基础,在现存世界的运动中具有导向作用,即人通过自己的实践活动"为天地立心",在物质实践的基础上重建世界。实践"这种活动、这种连续不断的感性劳动和创造、这种生产,是整个现存的感性世界的非常深刻的基础"①。实践构成了现存世界的本体。

另一方面,现存世界一经形成又反过来制约甚至决定现实的人及其活动。现存世界的状况如何,现实的人的状态就如何,要改变资本主义社会中的人及其异化状态,首先就要改变资本主义社会。因此,"对实践的唯物主义者,即共产主义者说来,全部问题都在于使现存世界革命化,实际地反对并改变事物的现状"②。正是在这个意义上,马克思认为,哲学家们只是用不同的方式解释世界,而问题在于改变世界。

"环境的改变和人的活动或自我改变的一致,只能被看作是并合理地理解为革命的实践。"③在马克思的哲学中,实践不仅是人的生存的本体,而且是现存世界的本体,是改变现存世界、消除人的异化的现实途径,是确立"有个性的个人"这一人的生存和发展终极状态的现实途径。这样,马克思的哲学就实现了对人的现实关怀和终极关怀的统一。在我看来,这是一种双重关怀,是全部哲学史上对人的生存和价值的最激动人心的关怀。

人类解放的问题不是一个科学问题,也不仅仅是一个"人学"问题,实际上,它是一个如何看待和处理人与自然和人与社会,即人与世界的关系问题,是一个世界观问题。反过来说,马克思的哲学是从人与自然和人与社会的双重关系中去把握人本身,从世界观的视角解答"人类解放何以可能"的。

按照马克思的观点,"有生命的个人"总是在人与自然和人与社会的双重关系中存在的。"生活的生产,无论是自己生活的生产(通过劳动)——或他人生活的生产(通过生育)——立即表现为双重关系:一方面是自然关系,另一方面是社会关系。"④在现存世界中,人与自然的关系制约着人与人的关系,人

①《马克思恩格斯全集》第3卷,第50页。
②《马克思恩格斯全集》第3卷,第48页。
③《马克思恩格斯选集》第1卷,第55页。
④《马克思恩格斯全集》第3卷,第33页。

与人的关系又制约着人与自然的关系。"实物是为人的存在,是人的实物存在,同时也就是人为他人的定在,是他对他人的人的关系,是人对人的社会关系。"①这就是说,在现存世界中,"实物"存在实际上是人的存在,"实物"与"实物"关系的背后是人与人的关系,或者说,"实物"不仅体现着人与自然的关系,而且体现着人与人的关系。马克思哲学划时代的贡献就在于,它从"实物"存在的背后发现了人的存在,从物与物关系的背后发现了"人对人的社会关系"以及人与自然的关系,并从人与社会和人与自然的双重关系中追溯出人的实践活动的意义。

从根本上说,实践就是人以自身的活动引起、调整和控制人与自然之间物质变换的过程;为了实现人与自然之间的物质变换,人与人之间必须进行活动互换,并必然结成一定的社会关系。人与自然的关系和人与人的关系都生成于实践活动中,人的实践活动自始至终包含着并展现为人与自然和人与人的关系。正是由于认识到实践活动是人与自然关系和人与人关系的基础,所以,马克思的哲学力图通过对资本主义私有制条件下人对物占有关系的改变来改变人与人的关系,从而"把人的世界和人的关系还给人自己"②,实现无产阶级和人类的解放。

可以说实现无产阶级和人类的解放,确立有"个性的个人",让马克思一生魂牵梦绕,从精神上和方向上决定了马克思一生的理论活动。在《1844年经济学哲学手稿》中,马克思提出,共产主义就是私有财产,即人的自我异化的积极扬弃,是通过人并且为了人而对人的本质的真正占有,或者说,人以一种"全面的方式",作为一个"完整的人",占有自己的"全面的本质"。在《德意志意识形态》中,马克思提出,要消除"个人力量转化为物的力量",人本身的活动对人来说成为一种异己的力量的现象,从而确立有"个性的个人",使"各个人在自己的联合中并通过这种联合获得自己的自由"。在《共产党宣言》中,马克思又提出,共产主义社会将是一个"联合体",在那里,每个人的自由发展是一切人的自由发展的条件。在《资本论》中,马克思再次重申,共产主义社会就是要确立人的"自由个性",实现每个人的全面而自由发展。可以看出,无论是所谓的"不成熟"时期,还是所谓的"成熟"时期,马克思关注的都是消除人的生存的异

---

① 《马克思恩格斯全集》第2卷,第52页。
② 《马克思恩格斯全集》第1卷,第443页。

化状况,实现人类解放。无产阶级和人类解放构成了马克思哲学的理论主题。

哲学理论主题的这一转换是与哲学研究对象的变革一起完成的。从历史上看,不同时代的哲学以至同一时代的不同哲学派别,都有自己特殊的研究对象。费希特指出:"我们想把每种哲学提出来解释经验的那个根据称为这种哲学的对象,因为这个对象似乎只是通过并为着这个哲学而存在的。"①这一观点颇有见地。纵览哲学史可以看出,每一种哲学用以解释世界并构造其理论体系的依据,就是这种哲学的对象。费尔巴哈哲学力图以"现实的人"为基本原则来解释世界并构造体系,所以,费尔巴哈哲学"将人连同作为人的基础的自然当作哲学唯一的,普遍的,最高的对象"②。黑格尔哲学以抽象化的人类理性——绝对理性为依据来解释世界并构造体系,实际上就是以人类理性为研究对象。所以,黑格尔认为,"哲学是探究理性东西的"③。正是按照这种认识,黑格尔建立了一种"科学之科学"的哲学体系。

当马克思把目光转向现存世界和人类解放时,他就同时在寻找理解、解释和把握现存世界和人类解放的依据,并以此作为新唯物主义的研究对象。这个依据终于被发现,这就是人类实践活动。

如前所述,人类实践活动是现存世界和人本身得以存在的基础,是现存世界和人的生存的真正的本体。人与自然、人与人的矛盾关系都生成于这个本体之中。这个本体不是凝固不变的,而是一个动态的、不断生成和不断发展的本体,人与自然、人与人之间的矛盾因此处在不断解决又不断生成的过程中。在马克思看来,共产主义就是"人和自然界之间、人和人之间的矛盾的真正解决"④。作为"共产主义的唯物主义",马克思的哲学极为关注人的实践活动及其所包含并展现出来的人与自然和人与人的关系,并把哲学的对象规定为人类实践活动,把哲学的任务规定为解答实践活动中的人与自然、人与社会、主体与客体、思维与存在的关系问题,从而为无产阶级和人类解放提供科学的世界观和方法论。

实际上,马克思的哲学就是为改变现存世界的实践活动而创立的,实践的

---

① 北京大学哲学系外国哲学史教研室编译:《十八世纪末—十九世纪初德国哲学》,商务印书馆 1975 年版,第 187 页。
② 《费尔巴哈哲学著作选集》上卷,荣震华等译,商务印书馆 1984 年版,第 184 页。
③ 〔德〕黑格尔:《法哲学原理》,范扬等译,商务印书馆 1961 年版,第 10 页。
④ 《马克思恩格斯全集》第 42 卷,第 120 页。

内容就是它的理论内容。马克思的哲学本身就是对人类实践活动中各种矛盾关系的一种理论反思。这样，马克思的哲学便找到了哲学与改变世界的直接结合点。

马克思的哲学所实现的哲学对象的变革，是与现代科学的发展一致的。"一旦对每一门科学都提出要求，要它们弄清它们自己在事物以及关于事物的知识的总联系中的地位，关于总联系的任何特殊科学就是多余的了。"随着现代科学的产生，"在以往的全部哲学中仍然独立存在的，就只有关于思维及其规律的学说——形式逻辑和辩证法。其他一切都归到关于自然和历史的实证科学中去了"①。到了 20 世纪，对思维本身的研究也从哲学中分化出去了，成为一门独立的学科。现代科学和哲学本身的发展表明：企图在科学之上再建构一种关于整个世界"普遍联系"的世界观的确是"多余"的，其实质只能是"形而上学"在现代条件下的"复辟"。

三、马克思哲学：实践唯物主义、辩证唯物主义与历史唯物主义的高度统一

马克思的哲学是新唯物主义，是在对旧唯物主义与唯心主义哲学的双重批判中形成和发展起来的。要真正理解马克思哲学的理论特征，就要了解旧唯物主义以及唯心主义的主要缺点。

从总体上看，旧唯物主义包括自然唯物主义与人本唯物主义两种形态。

自然唯物主义始自古代哲学，后在霍布斯那里达到了系统化的程度，并一直延伸到法国唯物主义中的机械唯物主义派。从根本上说，自然唯物主义根据"时间在先"的原则，把整个世界还原为自然物质，人则成了自然物质的一种表现形态。在自然唯物主义那里，物质成了"一切变化的主体"，"人和自然都服从于同样的规律"。自然唯物主义确认了世界的物质统一性，却一笔抹杀了人的能动性、创造性、主体性；它研究"整个世界"，却唯独不给现实的主体——人一个切实的立脚点。换言之，在自然唯物主义体系中，存在着"人学空场"。正是在这个意义上，马克思认为，自然唯物主义是一种"纯粹的唯物主义"，而

① 《马克思恩格斯选集》第 3 卷，人民出版社 1995 年版，第 738 页。

到了霍布斯那里,"唯物主义变得敌视人了"①。

人本唯物主义起源于法国唯物主义中的另一派,即"现实的人道主义"②,在费尔巴哈那里达到了典型的形态。"费尔巴哈比'纯粹的'唯物主义者有巨大的优越性:他也承认人是'感性的对象'。"③具体地说,费尔巴哈把人看作是思维和自然相统一的基础,力图以"现实的人"为基本原则来理解世界。然而,费尔巴哈不理解实践是人的存在方式,"没有把感性世界理解为构成这一世界的个人的共同的、活生生的、感性的活动"④。因此,费尔巴哈得到的仍是抽象的人,忽视的仍是人的能动性、创造性、主体性。同自然唯物主义一样,人本唯物主义也"只是从客体的形式",没有"从主体方面"去理解"对象、现实、感性"。正是在这个意义上,马克思把费尔巴哈的唯物主义"包括"在"从前的一切唯物主义",即"旧唯物主义"的范畴之中,并认为旧唯物主义的主要缺点就是不了解实践活动及其意义。

与此相反,唯心主义却肯定了主体意识的能动性,论证了人在认识活动中是通过自身的性质和状况去把握外部对象的。这种认识成果集中体现在康德的批判哲学和黑格尔的否定性辩证法之中。问题在于,无论是康德的批判哲学,还是黑格尔的否定性辩证法,都否定了能动的意识活动的唯物主义基础,因而只是"抽象地发展了"人的"能动的方面"。造成这种状况的主要原因,就在于唯心主义也不理解现实的实践活动及其意义。

可见,旧唯物主义与唯心主义共同的主要缺点就是,二者都不理解人类实践活动及其意义。也正是由于这一主要缺点,在近代哲学中造成了唯物论与辩证法的分离;在旧唯物主义哲学中又形成了"唯物主义和历史彼此完全脱离",即形成了唯物主义自然观与唯心主义历史观的对立。

旧唯物主义与唯心主义主要缺点惊人地一致,促使马克思深入而全面地探讨了人类实践活动及其意义,并把马克思哲学规定为"实践的唯物主义"。这是一个全局性、根本性的定义,它所要表明的不仅仅是一种要把理论付诸行动的哲学态度,更重要的是指,实践的观点是马克思哲学首要的和基本的观点,实践原则是马克思哲学体系的建构原则。换言之,实践唯物主义构成了马

---

① 《马克思恩格斯全集》第 2 卷,第 164 页。
② 《马克思恩格斯全集》第 2 卷,第 167—168 页。
③ 《马克思恩格斯全集》第 3 卷,第 50 页。
④ 《马克思恩格斯全集》第 3 卷,第 50 页。

克思哲学的本质特征。

按照马克思的观点,实践首先是人以自身的活动来引起、调整和控制人与自然之间物质变换的过程;在这个过程中,人与人之间又要互换其活动并必然要结成一定的社会关系;同时,实践结束时得到的结果,在这个过程开始时就已经在实践者头脑中作为目的以观念的形式存在着,这个目的是实践者"所知道的,是作为规律决定着他的活动的方式和方法的"①。这就是说,实践内在地包含着人与自然的关系、人与社会的关系以及人与其意识的关系,这些关系的总和构成了现存世界的基本关系。

按照马克思的观点,自然界具有"优先地位",但"先于人类历史而存在的自然界",或者在人的活动范围之外的自然界,对人类来说是"无",或者说"是不存在的存在"。这是因为,原生态自然界本身的意义只有通过人的开掘、发现,才能获得对人而言的现实性;只有通过人的实践改造之后,才能构成人们生活于其中的"现存世界";通过实践,人们不仅改造自然存在,而且自身也进入到自然存在之中,并赋予自然存在以新的尺度——社会性、历史性。现存世界中的自然界已不是原生态的自然界,而是"人类学的自然界"。这就是说,通过实践,自然与社会相互制约、相互渗透,成为社会的自然和自然的社会或"历史的自然和自然的历史"。现存世界是自然与社会"二位一体"的世界。可以说,实践以缩影的形式映现着现存世界,它蕴含着现存世界的全部秘密,是人类所面临的一切现实矛盾的总根源。

正因为如此,马克思的哲学把"对象、现实、感性""当作实践去理解",从实践出发去反观、透视和理解现存世界,并认为"全部问题都在于使现存世界革命化"。这就是说,承认自然物质的"优先性",这只是新唯物主义与旧唯物主义的共性,它并未构成新唯物主义本身的特征。确认人以自身的实践活动所引起的人与自然之间的物质变换构成了现存世界和人的生存的基础,确认现存世界中的物是"可感觉而又超感觉的物或社会的物"②,这才是新唯物主义的"新"之所在,或者说是新唯物主义"唯物"之所在。

实践是人的存在方式。马克思的哲学把现存世界"当作实践去理解",实际上就是"从主体方面去理解"现存世界。在马克思的哲学中,实践原则与主

①《马克思恩格斯全集》第 23 卷,人民出版社 1972 年版,第 202 页。
②《马克思恩格斯全集》第 23 卷,第 89 页。

体性原则具有内在的一致性。这也就为理解人的本质以及人与世界的关系提供了一种新的思维方式。

按照马克思的观点，人最初来自自然界，"人的存在是有机生命所经历的前一个过程的结果。只是在这个过程的一定阶段上，人才成为人。但是一旦人已经存在，人作为人类历史的经常前提，也是人类历史的经常的产物和结果，而人只有作为自己本身的产物和结果才成为前提"①。这就是说，人是通过自己的活动自我创造、自我塑造的结果。动物是以自身对环境的消极适应获得与自然的统一，维持自己生存的，所以，动物只能成为自然界的一部分。与此不同，人是以自身对环境的积极改造获得与自然的统一，维持自己的生存并不断发展自己的，所以，人自成一类，构成了独特的人类存在。人类进化不仅仅是生物学意义上的遗传与变异，而且是历史学意义上的延续与创新，二者的统一正是在实践活动中完成的。实践构成了人的存在方式和生存本体。

在实践中，人是以物的方式去活动并同自然发生关系的，得到的却是自然或物以人的方式而存在，从而使人成为主体，自然成为客体。"整个所谓世界历史不外是人通过人的劳动而诞生的过程，是自然界对人说来的生成过程。"②这表明，实践使人与自然的关系成为"为我而存在"③的关系。这种"为我而存在"的关系是一种否定性的矛盾关系，即人类要维持自身的存在，即肯定自身，就要对自然界进行否定性的活动，改变自然界的原生态，使之成为"人化自然""为我之物"。与动物不同，人总是在不断制造与自然的对立关系中去获得与自然的统一关系的，对自然客体的否定正是对主体自身的肯定。这种肯定、否定的辩证法使主体与客体处于双向运动中。实践不断地改造、创造着现存世界，同时，又不断地改造、创造着人本身。作为人的存在方式，实践当然体现着人的内在尺度以及对现存世界的批判性，包含着人的自我发展在其中。

可以看出，人与自然之间的这种"为我而存在"的否定性关系是最深刻、最复杂的矛盾关系。这种矛盾关系构成了马克思之前众多哲学大师的"滑铁卢"，致使唯物主义对人的主体性"望洋兴叹"，唯物论与辩证法遥遥相对。马克思哲学高出一等的地方就在于，通过对人的实践活动及其意义深入而全面的剖析，使唯物主义与人的主体性统一起来了，唯物论与辩证法因此也结合起

① 《马克思恩格斯全集》第26卷Ⅲ，人民出版社1974年版，第545页。
② 《马克思恩格斯全集》第42卷，第131页。
③ 《马克思恩格斯全集》第3卷，第34页。

来了。辩证唯物主义因此构成了马克思哲学的基本特征。

当马克思的哲学以科学的实践观为基础把唯物主义与人的主体性、唯物论与辩证法结合起来的同时，也就实现了唯物主义自然观与历史观的统一。这是同一个过程的两个方面。

通常认为，唯物主义历史观是一般唯物主义原理在社会领域中的推广或运用。然而，事实并非如此。爱尔维修早就"把他的唯物主义运用到社会生活方面"①，得到的却是唯心主义历史观。社会生活的特殊性犹如横跨在自然与社会之间的"活动翻板"。在马克思之前，即使是坚定的唯物主义者，当他们的视线由自然转向社会，开始探讨社会历史时，都几乎被这块"活动翻板"翻向了唯心主义的深渊。从认识论的角度看，造成这种状况的根本原因，仍在于以往的哲学家不理解实践活动及其意义，不理解社会生活在本质上是实践的。马克思哲学的高明之处就在于，从实践出发去理解社会以及社会与自然的关系，从而创立了唯物主义历史观。实践的观点不仅是马克思主义认识论的首要的和基本的观点，而且是马克思主义历史观的首要的和基本的观点。

按照马克思的观点，人们为了创造历史，必须能够生活；为了能够生活，必须进行物质实践，实现人与自然之间的物质变换；为了实现人与自然之间的物质变换，人与人之间必须互换其活动，并必然结成一定的社会关系。社会关系"不过是他们的物质的和个体的活动所借以实现的必然形式"②，即使是社会生产力，其本质上也是在人们改造自然的实践活动中形成的。实践是全部社会关系的发源地和全部社会生活的本质。从根本上说，社会就是在人与自然之间的物质变换中形成和发展起来的。人与自然之间的物质变换形成了社会存在和发展的"永恒的自然必然性"。

正因为如此，以往的哲学家，包括旧唯物主义者把人对自然的实践关系从历史中排除出去后，只能走向唯心主义历史观；而马克思从物质实践这一现实基础出发去解释观念以及历史过程，则创立了唯物主义历史观，从而消除了物质的自然与精神的历史对立的神话，实现了唯物主义自然观和唯物主义历史观的统一。"自从历史也得到唯物主义的解释以后，一条新的发展道路也在这里开辟出来了。"③离开了历史唯物主义，不可能产生辩证唯物主义。历史唯物

①《马克思恩格斯全集》第 2 卷，第 165 页。
②《马克思恩格斯选集》第 4 卷，第 532 页。
③《马克思恩格斯选集》第 4 卷，第 228 页。

主义因此构成了马克思哲学的又一基本特征。

由此可见,实践的观点的确是马克思哲学首要的和基本的观点。辩证唯物主义、历史唯物主义这两个基本特征都是从实践唯物主义这一本质特征引申出来的,是这一本质特征展开的逻辑要求和理论表现。在哲学史上,马克思第一次把实践提升为哲学的根本原则,转化为哲学的思维方式,从而创立实践、辩证、历史的唯物主义。用"实践唯物主义"称谓马克思的哲学,是为了透显马克思的新唯物主义所内含的实践性维度及其首要性和基本性,因为"对实践的唯物主义者,即共产主义者说来,全部问题都在于使现存世界革命化,实际地反对并改变事物的现状"①;用"辩证唯物主义"称谓马克思的哲学,是为了透显马克思的新唯物主义所内含的辩证法维度及其批判性和革命性,因为"辩证法在对现存事物的肯定的理解中同时包含对现存事物的否定的理解……按其本质来说,它是批判的和革命的"②;用历史唯物主义称谓马克思的哲学,是为了透显马克思的新唯物主义所内含的历史性维度及其彻底性和完备性,因为马克思新唯物主义的彻底性和完备性集中体现在历史唯物主义中,"马克思的哲学是完备的哲学唯物主义"③。

这样,马克思哲学便终结了传统哲学,创立了现代唯物主义,并在整体上优于现代西方哲学的其他流派。

四、马克思哲学:形而上学批判、意识形态批判与资本批判的高度统一

马克思的哲学关注的不是所谓的世界的终极存在,而是"对象、现实、感性"何以成为这样的存在,人的存在何以异化为这样的状态。传统哲学以一种抽象的、超时空的方式去理解和把握存在,而马克思的哲学则从实践出发去理解和把握人的存在,从人的存在,即社会存在出发去解读存在的意义。马克思的哲学对本体论的这一变革与重建是与对形而上学的批判密切相关、融为一体的。

"形而上学就是一种超出存在者之外的追问,以求回过头来获得对存在者

---

① 《马克思恩格斯全集》第 3 卷,第 48 页。
② 《马克思恩格斯全集》第 23 卷,第 24 页。
③ 《列宁选集》第 2 卷,人民出版社 1995 年版,第 311 页。

之为存在者以及存在者整体的理解。"①"形而上学是包含人类认识所把握的东西之最基本根据的科学。"②海德格尔的这一见解正确而深刻。形而上学形成之初，研究的就是"存在的存在"，力图把握的就是"最基本根据"和"不动变的本体"。这就是说，形而上学一开始就与本体论密切相关，或者说，作为"论述各种关于'有'的抽象的、完全普遍的哲学范畴"，本体论"是抽象的形而上学"③。

从历史上看，形而上学在对世界终极存在的探究中确立了一种严格的逻辑规则，即从公理、定理出发，按照推理规则得出必然结论。这无疑具有积极意义，标志着作为理论形态的哲学的形成。然而，哲学家们又把形而上学中的存在日益引向脱离了现实的人及其活动的存在，成为一种抽象的存在。无论是近代唯心主义哲学中的"绝对理念"，还是近代唯物主义哲学中的"抽象物质"，从根本上说都是一种与现实的人和现实的社会无关的抽象本体。

因此，马克思明确提出："反对一切形而上学"④，并认为哲学应趋向现存世界和人的存在，对人的异化了的生存状态给予深刻批判，对人的解放和全面发展给予深切关注，从而成为无产阶级的"精神武器"和人类解放的"头脑"。⑤ 这样，马克思便"颠倒"了形而上学，使哲学从抽象的宇宙本体转向现存世界和人的生存的本体。换言之，马克思哲学对本体论的变革与重建，是同对形而上学的批判密切相关、融为一体的。

马克思对形而上学的批判没有停留在"纯粹哲学"的层面上，而是将这种批判同意识形态批判结合起来了。在马克思那里，形而上学批判与意识形态批判同样是密切相关、融为一体的。

按照马克思的观点，就意识形态表现为自在的存在、"独立性的外观"而言，它是虚假的；就意识形态与现实社会生活的必然关联而言，它又是真实的。在资本主义社会，形而上学就是资产阶级的意识形态，或者说，是以意识形态的方式发挥其政治功能，从而为统治阶级政治统治辩护和服务的。因此，"真理的彼岸世界消逝以后，历史的任务就是确立此岸世界的真理。人的自我异

---

① 〔德〕海德格尔：《路标》，孙周兴译，商务印书馆2001年版，第137页。
② 《海德格尔选集》上卷，孙周兴选编，生活·读书·新知上海三联书店1996年版，第84页。
③ 〔德〕黑格尔：《哲学史讲演录》第四卷，贺麟等译，商务印书馆1978年版，第189页。
④ 《马克思恩格斯全集》第2卷，第159页。
⑤ 《马克思恩格斯选集》第1卷，第15、16页。

化的神圣形象被揭穿以后,揭露具有非神圣形象的自我异化,就成了为历史服务的哲学的迫切任务。于是,对天国的批判变成对尘世的批判,对宗教的批判变成对法的批判,对神学的批判变成对政治的批判"①。

形而上学之所以成为资产阶级意识形态,是因为形而上学中的抽象存在与资本主义社会中的"抽象统治"具有同一性。"个人现在受抽象统治,而他们以前是互相依赖的。但是,抽象或观念,无非是那些统治个人的物质关系的理论表现。"②"统治阶级的思想在每一时代都是占统治地位的思想。这就是说,一个阶级是社会上占统治地位的物质力量,同时也是社会上占统治地位的精神力量。支配着物质生产资料的阶级,同时也支配着精神生产的资料,因此,那些没有精神生产资料的人的思想,一般地是受统治阶级支配的。占统治地位的思想不过是占统治地位的物质关系在观念上的表现,不过是表现为思想的占统治地位的物质关系;因而,这就是那些使某一个阶级成为统治阶级的各种关系的表现,因而这也就是这个阶级的统治的思想。"③

这表明,现实社会中抽象关系的统治与形而上学中抽象存在的统治具有必然关联性及同一性。用阿多诺的话来说就是,形而上学的同一性原则与现实社会生活中的同一性原则不仅对应,而且同源,正是在商品交换中,同一性原则获得了它的社会形式,离开了同一性原则,这种社会形式便不能存在。所以,形而上学的同一性就是资产阶级意识形态,或者说,形而上学的同一性以意识形态的方式在资本主义社会发挥其政治功能。

"哲学只有通过作用于现存的一整套矛盾着的意识形态之上,并通过它们作用于全部社会实践及其取向之上,作用于阶级斗争及其历史能动性的背景之上,才能获得自我满足。"④哲学总是以抽象的概念体系反映着特定的社会关系,体现着特定阶级的利益和价值诉求。哲学既是知识体系,又是意识形态;追求的既是真理,又是某种信念。马克思自觉地意识到这一点,所以,在马克思那里,形而上学批判进行到一定程度必然会展开意识形态批判。在这种双重批判中建立起来的马克思的哲学,不仅是客观认知某种规律的知识体系,更重要的,是批判资本主义的意识形态。我们不能从西方传统哲学、"学院哲学"

① 《马克思恩格斯选集》第 1 卷,第 2 页。
② 《马克思恩格斯全集》第 46 卷上,第 111 页。
③ 《马克思恩格斯全集》第 3 卷,第 52 页。
④ 《哲学与政治:阿尔都塞读本》,陈越编,吉林人民出版社 2003 年版,第 238—239 页。

的视角去理解马克思哲学,而应从形而上学批判与意识形态批判双重批判的视野,从无产阶级和人类解放这一新的实践出发去理解马克思哲学。"马克思留给(后来的)马克思主义哲学家的任务就是去创造新的哲学介入的形式,以加速资产阶级意识形态霸权的终结。"①

马克思的形而上学批判、意识形态批判又是与资本批判密切相关、融为一体的。

在马克思看来,无论是对形而上学的批判,还是对意识形态的批判,都应延伸到对现实生活过程的批判。这是因为,"意识在任何时候都只能是被意识到了的存在,而人们的存在就是他们的实际生活过程。如果在全部意识形态中人们和他们的关系就像在照相机中一样是倒现着的,那末这种现象也是从人们生活的历史过程中产生的,正如物象在眼网膜上的倒影是直接从人们生活的物理过程中产生的一样"②。在马克思的时代,对现实生活过程的批判首先就是对资本主义生产方式的批判,即资本批判。这是其一。

其二,历史已经过去,在认识历史的活动中,认识主体无法直接面对认识客体;同时,历史中的各种关系又以"遗物""残片""萎缩"或"发展"的形式存在于现实社会中。所以,认识历史应该也只能"从事后开始",即"从发展过程的完成的结果开始"③。在马克思的时代,这种"发展过程的完成的结果"就是资本主义社会。"资产阶级社会是历史上最发达的和最复杂的生产组织。因此,那些表现它的各种关系的范畴以及对于它的结构的理解,同时也能使我们透视一切已经覆灭的社会形式的结构和生产关系。"④因此,要真正认识历史、把握人类历史运动的一般规律,就必须对资本主义的生产方式进行批判,即对资本展开批判。"基督教只有在它的自我批判在一定程度上,可说是在可能范围内准备好时,才有助于对早期神话作客观的理解。同样,资产阶级经济只有在资产阶级社会的自我批判已经开始时,才能理解封建的、古代的和东方的经济。"⑤

按照马克思的观点,"资本不是物,而是一定的、社会的、属于一定历史社

---

① 〔法〕阿尔都塞:《哲学的改造》,载《视界》第 6 辑,河北教育出版社 2003 年版,第 168—169 页。
② 《马克思恩格斯全集》第 3 卷,第 29—30 页。
③ 《马克思恩格斯全集》第 23 卷,第 92 页。
④ 《马克思恩格斯全集》第 46 卷上,第 43 页。
⑤ 《马克思恩格斯全集》第 46 卷上,第 44 页。

会形态的生产关系,它体现在一个物上,并赋予这个物以特有的社会性质"①。这就是说,资本不是物本身,但又是通过物并在物中而存在的。同时,作为一种特定的社会生产关系,资本赋予物以特有的社会性质。在资本主义社会,资本是最基本和最高的社会存在物,它自在自为地运动着,创造了一个不同于传统社会的现代社会:"在土地所有制处于支配地位的一切社会形式中,自然联系还占优势。在资本处于支配地位的社会形式中,社会、历史所创造的因素占优势。""如果说以资本为基础的生产,一方面创造出一个普遍的劳动体系,——即剩余劳动,创造价值的劳动,——那么,另一方面也创造出一个普遍利用自然属性和人的属性的体系,创造出一个普遍有用性的体系,甚至科学也同人的一切物质的和精神的属性一样,表现为这个普遍有用性体系的体现者,而且再也没有什么东西在这个社会生产和交换的范围之外表现为自在的更高的东西,表现为自为的合理的东西。因此,只有资本才创造出资产阶级社会,并创造出社会成员对自然界和社会联系本身的普遍占有。由此产生了资本的伟大的文明作用;它创造了这样一个社会阶段,与这个社会阶段相比,以前的一切社会阶段都只表现为人类的地方性发展和对自然的崇拜。只有在资本主义制度下自然界才不过是人的对象,不过是有用物;它不再被认为是自为的力量;而对自然界的独立规律的理论认识本身不过表现为狡猾,其目的是使自然界(不管是作为消费品,还是作为生产资料)服从于人的需要。资本按照自己的这种趋势,既要克服民族界限和民族偏见,又要克服把自然神化的现象,克服流传下来的、在一定界限内闭关自守地满足于现有需要和重复旧生活方式的状况。资本破坏这一切并使之不断革命化,摧毁一切阻碍发展生产力、扩大需要、使生产多样化、利用和交换自然力量和精神力量的限制。"②可见,在资本主义社会,资本具有支配一切的权利。

资本不仅是物与物之间的关系,而且是人与物和人与人之间的关系,更重要的是,人与人的关系"采取了一种物的形式,以致人和人在他们的劳动中的关系倒表现为物与物彼此之间的和物与人的关系"③。资本是一个不断自我建构和自我扩张的自组织过程,在这个过程中,资本不仅改变了人与自然的关

---

① 《马克思恩格斯全集》第 25 卷,人民出版社 1974 年版,第 920 页。
② 《马克思恩格斯全集》第 46 卷上,第 45、392—393 页。
③ 《马克思恩格斯全集》第 13 卷,人民出版社 1962 年版,第 23 页。

系,而且改变了人与人的关系,资本家不过是资本的人格化,而雇佣工人只是资本自我增值的工具;资本不仅改变了与人相关的自然界的存在属性,而且改变了人类社会的存在形态,创造了"社会、历史创造的因素占优势"的资本主义社会。"这种有机体制本身作为一个总体有自己的各种前提,而它向总体的发展过程就在于:使社会的一切要素从属于自己,或者把自己还缺乏的器官从社会中创造出来。"①这就是说,正是资本使资本主义社会总体化了。由此可见,资本本身就是一种独特的社会存在,就是现代社会的根本规定、存在形式和建构原则,它构成了资本主义社会的基本建制。

因此,马克思以商品为起点范畴、以资本为核心范畴展开的对资本主义社会的批判,本质上是一种本体论或存在论意义上的批判。换言之,马克思哲学的本体论重建、形而上学批判是通过资本批判实现的。正是在这种批判过程中,马克思哲学扬弃了抽象的存在,发现了现实的社会存在,发现了资本主义社会存在的秘密,并由此"透视出一切已经覆灭的社会形式的结构";发现了人与人的关系以物化方式而存在的秘密,并透视出人的自我异化的逻辑,从而把本体论与人间的苦难和幸福结合起来了,开辟了从本体论认识现实的道路,使无产阶级和人类解放得到了本体论证明。

这表明,马克思的资本批判理论不仅具有重大的经济学意义,而且具有重大的哲学意义。同时,马克思的资本批判不仅存在着哲学的维度,而且意味着"政治经济学理论的严格表述所不可缺少的理论(哲学)概念的产生"②。我们既不能从西方传统哲学、"学院哲学"的视角去认识马克思的资本批判,也不能从西方传统经济学、"学院经济学"的视角去认识马克思的资本批判。实际上,马克思的资本批判已经超出了经济学的边界,穿过了政治学的领土,到达了哲学的"首府"——本体论或存在论。马克思哲学的意义只有在同马克思资本批判的关联中才能显示出来;反之,马克思的资本批判只有在马克思哲学这一更大的概念背景下才能得到真正理解,只有在无产阶级和人类解放这一更大的意识形态背景下才能得到真正理解。"就这种批判代表一个阶级而论,它能代表的只是这样一个阶级,这个阶级的历史使命是推翻资本主义生产方式和最后消灭阶级。这个阶级就是无产阶级。"③形而上学批判、意识形态批判和资本

---

① 《马克思恩格斯全集》第46卷上,第235—236页。
② 〔法〕阿尔都塞等:《读〈资本论〉》,李其庆等译,中央编译出版社2001年版,第215页。
③ 《马克思恩格斯全集》第23卷,第18页。

批判融为一体，这是马克思独特的思维方式，是马克思哲学独特的存在方式。

"文明的一切进步，或者换句话说，社会生产力(也可以说劳动本身的生产力)的任何增长，——例如科学、发明、劳动的分工和结合、交通工具的改善、世界市场的开辟、机器等等，——都不会使工人致富，而只会使资本致富，也就是只会使支配劳动的权力更加增大，只会使资本的生产力增长。因为资本是工人的对立面，所以文明的进步只会增大支配劳动的客观权力。"[1]当代的世界市场体系、国际政治结构和主流意识形态，都证明了马克思这一观点的真理性及其深刻性、超前性，并表明我们仍处在资本支配一切的时代。在当代，无论是对科学技术、价值观念和政治制度的分析，还是对个人存在方式、社会生产方式、国际交往方式的分析，都必须明白资本仍然是当代社会的基本建制，必须领会资本的本体论或存在论意义。否则，任何理论"创新"都会成为无根的浮萍。一言以蔽之，建构马克思主义哲学的当代形态必须立足当代实际，以无产阶级和人类解放为理论主题，以实践本体论为理论基础，以形而上学批判、意识形态批判和资本批判的统一为理论形式。

---

[1]《马克思恩格斯全集》第 46 卷上，第 268 页。

重新理解唯物主义的历史形态及其革命性变革

——兼论历史唯物主义的世界观意义

传统的观点认为,唯物主义在其发展过程中经历了三个历史阶段,形成了三种历史形态,这就是:自发或朴素唯物主义、机械或形而上学唯物主义和辩证唯物主义,历史唯物主义是辩证唯物主义在历史领域中的"推广"与"应用"。对哲学史和马克思哲学的重新考察使我们得知,这是一个误解、一种误判。在这种误解、误判中,唯物主义发展进程中的主题转换被遮蔽了,历史唯物主义的划时代的贡献在相当大的程度上被抛弃了。这里,拟就法国唯物主义的两个派别、唯物主义的历史形态,以及历史唯物主义的基本特征作一新的考察和审视,以深化我们对马克思主义哲学的研究。

一、法国唯物主义的两个派别:机械唯物主义与现实人道主义

18 世纪的法国处在一个动荡不安、风云变幻的时代。康德断言,这是一个批判的时代。卡西尔认为,这是一个理性的时代。在我看来,这是一个理性载负着批判的时代。在这个时代产生的法国唯物主义以其独特的反思精神和批判态度充分展示了自己的理论风采,并在哲学史上留下了浓墨重彩的

一章。然而,18 世纪法国唯物主义(以下简称"法国唯物主义")又受到来自不同方面的误解,在总体上,法国唯物主义一直被称作机械唯物主义或形而上学唯物主义。实际上,在法国唯物主义中存在着两个派别,即机械唯物主义和人本唯物主义。正如马克思所说:"法国唯物主义有两个派别:一派起源于笛卡儿,一派起源于洛克。后一派主要是法国有教养的分子,它直接导向社会主义。前一派是机械唯物主义,它成为真正的法国自然科学的财产。"①

就理论起源而言,机械唯物主义派有科学和哲学双重起源:从科学上看,起源于牛顿经典力学;从哲学上看,起源于笛卡尔哲学。换言之,在牛顿和笛卡尔,或者说,在当时的科学和哲学的双重影响下,在法国唯物主义中形成了机械唯物主义派,其代表人物就是拉美特利(又译拉·梅特里)。拉美特利极为推崇牛顿和笛卡尔,认为"如果哲学的领域里没有笛卡尔,那就和科学的领域里没有牛顿一样,也许还是一片荒原"②。

17—18 世纪,牛顿经典力学取得了巨大的成功,并确立了成熟的自然科学的两大原则:一是重复性原则,即世界服从于力学规律体系,而重复性是力学规律以至全部自然规律的根本特征;二是精确性原则,即支配世界的规律不仅可以被认识,而且可以用精确的量的关系去把握。牛顿的信念为 18 世纪法国科学家所接受,同时经过法国哲学家伏尔泰的系统介绍,牛顿的科学思想和哲学观念在 18 世纪的法国已经享有隆名盛誉,它造就了一种强烈的科学主义和理性主义情绪,刺激着相当一部分思想家,包括法国唯物主义者把自然规律观念直接代入社会领域,并把社会和人还原为自然。一般来说,自然科学本无意向哲学献媚,但它又往往决定了哲学的面貌。牛顿经典力学的成功对法国哲学家来说既有诱力,又有压力,总之具有威力。正是科学的威力使一大批法国哲学家聚集在自然科学的大旗下,用机械论的观点去理解自然、社会和人本身,并形成了机械唯物主义派。

笛卡尔哲学体系包含着两个对立的部分,即物理学和形而上学,前者表达了一种自然观,这种自然观特点就在于,朝着用自然本身来解释自然现象的方向迈出了关键的一步。实际上,笛卡尔是以力学运动规律为基础,把由地上获得的力学原则应用于天体现象以至整个世界,从而构造了一个具有反宗教神

① 《马克思恩格斯全集》第 2 卷,第 160 页。
② 〔法〕拉·梅特里:《人是机器》,顾寿观译,商务印书馆 1959 年版,第 66 页。

学意义的机械唯物主义世界图景。不是别人,正是笛卡尔把自然科学中的机械论观念移植到哲学中并造就了机械论的时代精神。如果说,笛卡尔的泛神论的形而上学成为法国唯物主义批判的对象,那么,他的唯物主义自然观则开启了近代反宗教神学的先河,为法国唯物主义的发展奠定了哲学基础,深刻地影响了拉美特利,同时,又使拉美特利停留在机械论的水平上。

"拉美特利利用了笛卡儿的物理学,甚至利用了它的每一个细节。他的'人是机器'一书是模仿笛卡儿的动物是机器写成的"[①]。的确如此。笛卡尔的"世界是机器""动物是机器"观念引导着拉美特利走进"人是机器"的观念。

在拉美特利看来,人有"感觉、思想,辨别善恶","生而具有智慧和一种敏锐的道德本能",但感觉本身就是物质的一种潜在的属性,同广延和运动一样,构成了物质的本性,所以,人"又是一个动物"[②]。这是其一。

其二,和动物一样,人也是由原子结构组成的,人和动物在生理构造上"完全相似",只不过"比最完善的动物再多几个齿轮,再多几条弹簧,脑子和心脏的距离成比例地更接近一些,因此所接受的血液更充足一些,于是那个理性就产生了"[③],"正像提琴的一根弦或钢琴的一个键受到振动而发出一个声响一样,被声浪所打击的脑弦也被激动起来,发出或重新发出那些触动它们的话语"[④]。

其三,人与人在生理构造上也"完全相似",只是由于"黑胆,苦胆,痰汁和血液这些体液按照其性质、多寡和不同方式的配合,使每一个人不同于另一个人"[⑤]。拉美特利极为强调"自然界的齐一性",强调"自然禀赋这种一切后天品质的来源",并得出"结论":"人是一架机器;在整个宇宙里只存在着一个实体,只是它的形式有各种变化。"[⑥]

显然,这是一种纯粹的自然的人。正是借助这种自然的人,拉美特利把人从宗教神学的纠缠中解放出来,使人获得了自然的独立性,并要求承认人的天赋权力;同时,由于机械论的束缚,刚从神权的重压下解放出来的人,在拉美特利这里又变成了一架"机器",人的能动性、创造性、主体性被遮蔽了。拉美特

---

① 《马克思恩格斯全集》第 2 卷,第 166 页。
② 〔法〕拉·梅特里:《人是机器》,第 67 页。
③ 〔法〕拉·梅特里:《人是机器》,第 52 页。
④ 〔法〕拉·梅特里:《人是机器》,第 32 页。
⑤ 〔法〕拉·梅特里:《人是机器》,第 18 页。
⑥ 〔法〕拉·梅特里:《人是机器》,第 69、73 页。

利力图建构一种"人体的哲学"①,这种"人体的哲学"实际上是把笛卡尔的动物结构学运用到人体结构上,并完全是从生物学、机械论来考察人的。就其实质而言,机械唯物主义派属于费尔巴哈所说的那种"纯粹自然科学的唯物主义"。所以,就其理论归宿而言,以牛顿力学和笛卡尔哲学为基础的机械唯物主义"成为真正的法国自然科学的财产"②。

法国唯物主义中的另一派是"现实的人道主义"③。从理论上看,现实的人道主义起源于洛克哲学,其代表人物是爱尔维修。如前所述,机械唯物主义派起源于本土的笛卡尔哲学。笛卡尔哲学的确具有一种批判精神,它崇尚理性,并把个人的理性作为审视事物的尺度。隐寓在这种思想中的,是人的自我意识的独立和觉醒,这为18世纪法国唯物主义对个人的研究开辟了思想道路。

但是,笛卡尔哲学又有明显的局限性,这种局限性不仅体现在二元论的体系上,而且体现在反神学的不彻底性上。笛卡尔运用演绎的方法编织神话之网,上帝则在这个网上占据中心地位。"神的真实性就被设定为绝对认识与被绝对认识者的实在性之间的绝对纽带。"④黑格尔的这一评价可谓一语中的、一针见血。

更重要的是,笛卡尔把反封建的斗争限制在思想范围内。笛卡尔明确指出:他"始终只求克服自己,不求克服命运,只求改变自己的欲望,不求改变世界的秩序"⑤。显然,这种观念和作为法国政治变革先导的启蒙哲学是不相容的。"启蒙哲学的基本倾向和主要努力,不是反映和描绘生活",而是"塑造生活本身",其"任务不仅在于分析和解剖它视为必然的那种事物的秩序,而且在于产生这种秩序,从而证明自己的现实性和真理"⑥。这就是说,以笛卡尔哲学和牛顿力学为理论基础的机械唯物主义派无法全面完成启蒙哲学的任务。

因此,另一部分法国哲学家希望找到一个能够作为法国革命哲学依据的学说。"除了否定神学和17世纪的形而上学之外,还需要有肯定的、反形而上

---

① 〔法〕拉·梅特里:《人是机器》,第74页。
② 《马克思恩格斯全集》第2卷,第160页。
③ 《马克思恩格斯全集》第2卷,第167—168页。
④ 〔德〕黑格尔:《哲学史讲演录》第四卷,第83页。
⑤ 北京大学哲学系外国哲学史教研室编译:《十六—十八世纪西欧各国哲学》,商务印书馆1975年版,第146页。
⑥ 〔德〕卡西勒:《启蒙哲学》,顾伟铭等译,山东人民出版社1988年版,第4页。

学的体系。人们感到需要一部能够把当时的生活实践归结为一个体系并从理论上加以论证的书。这时,洛克关于人类理性的起源的著作很凑巧地在英吉利海峡那边出现了。"①于是,他们便把视线转向海峡彼岸的英国。这是因为,当时的英国资本主义走在欧洲大陆的前面,新的时代精神总是在英国抛头露面。而此时,英国的哲学微风也飘过英吉利海峡吹到了法国上空,洛克哲学被引进到法国。法国资产阶级像迎接一位"久盼的客人"一样,热烈欢迎洛克这一舶来品。在这一部分法国哲学家看来,从洛克的唯物主义经验论出发可以得出改造环境、变革社会的结论,因此,应当把洛克的唯物主义经验论作为法国革命的哲学基础。

洛克哲学全面探讨了认识的起源、界限和知识的确定性,并从认识活动和道德实践两个方面集中而系统地批判了"天赋观念论"。按照洛克的观点,思辨理性没有天赋观念,实践理性同样没有天赋观念,道德观念是由教育和社会环境造成的;社会不是天然的,而是人们自己创造的;人的趋乐避苦的自然倾向指向人的利益,而人的利益的实现需要社会以及作为维系社会纽带的道德原则。所以,人是根据利益创造社会和道德原则的。可以看出,反对宗教神学,肯定人的利益,提高个人的地位,这是洛克对"天赋观念论"批判的意义所在。

显然,洛克的唯物主义经验论既有重要的认识论意义,又有重要的政治内涵。洛克唯物主义经验论的双重含义,即认识论性质和政治内涵深深地触动了爱尔维修的心灵,直接成为爱尔维修哲学的出发点和先导。马克思指出:"爱尔维修也是以洛克的学说为出发点的,他的唯物主义具有真正法国的性质。"②

爱尔维修哲学"以洛克的学说为出发点"体现在,爱尔维修从洛克的唯物主义经验论中提取出"感觉"这一概念,并把感觉看作人的存在方式,看作连接意识与客观外界的桥梁。由此,爱尔维修认为,通过感觉,人一方面不断地认识外在世界,形成和发展自己的认识;另一方面把存在于内心的关于自由的欲望和要求变为外在的争取自由的活动。换言之,通过唯物主义感觉论,自由不再诉诸内在精神,而是诉诸外在环境,诉诸改变外在环境的活动。

---

① 《马克思恩格斯全集》第 2 卷,第 162 页。
② 《马克思恩格斯全集》第 2 卷,第 165 页。

根据第一方面,爱尔维修提出了"人是环境的产物"的命题;根据第二方面,爱尔维修又提出了"意见支配环境"的命题。与孟德斯鸠强调自然环境不同,爱尔维修强调的是社会环境,他提出这两个命题的宗旨是证明这样一个道理,即人的智力天然平等,人的性格受制于社会环境,所以,要改变人,首先必须改变社会环境。正如马克思所说,"既然人的性格是由环境造成的,那就必须使环境成为合乎人性的环境"①。

爱尔维修哲学所具有的"真正法国的性质"体现在,人成了爱尔维修特别关注和精心研究的课题,其哲学问题的提出和解决都是围绕着人而展开的,其中心就是要解决人如何享有幸福生活的问题,正如爱尔维修自己所说,"哲学家研究人,对象是人的幸福。这种幸福既取决于支配人们生活的法律,也取决于人们所接受的教育"②。围绕着个人利益,爱尔维修展开了对人和社会问题的探讨。

在爱尔维修看来,人生来既不"好",也不"坏",人性既可以为"善",也可以为"恶",是利益把人们结合起来或分离开来,使人成为"好"的或"坏"的。"如果说自然界是服从运动的规律的,那么精神界就是不折不扣地服从利益的规律的。利益在世界上是一个强有力的巫师,它在一切生灵的眼前改变了一切事物的形式","无论在任何时候,任何地方,无论在道德问题上,还是在认识问题上,都是个人的利益支配着个人的判断"③。爱尔维修高度重视个人利益,同时,又没有否定社会利益,相反,他谋求利益的和谐,并认为社会利益是一切美德的原则,是一切立法的基础,"公共的福利——最高的法律"④。因此,应以社会利益为"永恒不变"的原则变革政体,创建合理的社会制度,谋求利益的和谐。

可以看出,爱尔维修实际上是把认识论中的经验主义引入到伦理学的范围,并力图建立一种实证科学的伦理学。正如爱尔维修本人所说:"我们应当像研究其他各种科学一样来研究道德学,应当像建立一种实验物理学一样来建立一种道德学。"⑤爱尔维修实际上是把唯物主义、功利主义和伦理学结合起

① 《马克思恩格斯全集》第 2 卷,第 167 页。
② 北京大学哲学系外国哲学史教研室编译:《十八世纪法国哲学》,商务印书馆 1963 年版,第 478 页。
③ 北京大学哲学系外国哲学史教研室编译:《十八世纪法国哲学》,第 460、458 页。
④ 北京大学哲学系外国哲学史教研室编译:《十八世纪法国哲学》,第 550 页。
⑤ 北京大学哲学系外国哲学史教研室编译:《十八世纪法国哲学》,第 430 页。

来了,其批判锋芒直指封建制度,即不合理的社会环境。在这一思想的背后,就是18世纪法国生活实践和文化氛围的变换,就是资本主义生产方式的发展及其所要求的个人的自主性、独立性。

这样,经过爱尔维修的改造,洛克的唯物主义经验论这个从英国吹来的哲学微风又夹杂着政治雨丝,而爱尔维修的唯物主义本身简直是风雨交织,在法国引起了巨大的思想风暴。爱尔维修把"唯物主义运用到社会生活方面"①,初步实现了唯物主义和人道主义的结合,从而为法国革命找到了哲学依据,并为后来的空想社会主义奠定了"逻辑基础"。

通常认为,爱尔维修同时提出的两个命题,即"人是环境的产物"和"意见支配环境"是一种逻辑矛盾、循环论证,陷入"二律背反"之中。实际上,这是一种误读。人与环境的确处在一种相互作用之中,"人创造环境,同样环境也创造人"②。在我看来,"人是环境的产物"和"意见支配环境"这两个命题实际上揭示了人与环境之间的相互作用,是一种朴素的相互作用观点。相互作用存在于社会生活的一切方面。"只有从这个普遍的相互作用出发,我们才能了解现实的因果关系。"③历史唯物主义绝不排除相互作用,而是要求对相互作用作出合理的解释;绝不取消相互作用,而是要求发现引起相互作用的基础。"合理形态"的相互作用观点是历史唯物主义的一个内在原则,是历史唯物主义所要求的辩证逻辑。实际上,爱尔维修的失误并不在于他同时提出"人是环境的产物"和"意志支配环境"这两个命题,而在于他仅仅停留在人与环境的相互作用上,没有去进一步探寻人与环境相互作用的基础。在马克思那里,这个基础就是实践。马克思指出:"环境的改变和人的活动或自我改变的一致,只能被看作是并合理地理解为革命的实践。"④

就理论归宿而言,以爱尔维修为代表的"现实的人道主义",即人本唯物主义"直接导向社会主义","直接成为社会主义和共产主义的财产"。⑤ 这是因为,"既然人是从感性世界和感性世界中的经验中汲取自己的一切知识、感觉等等,那就必须这样安排周围的世界,使人在其中能认识和领会真正合乎人性

---

① 《马克思恩格斯全集》第2卷,第165页。
② 《马克思恩格斯全集》第3卷,第43页。
③ 《马克思恩格斯全集》第20卷,人民出版社1971年版,第575页。
④ 《马克思恩格斯选集》第1卷,第55页。
⑤ 《马克思恩格斯全集》第2卷,第160、166页。

的东西,使他能认识到自己是人。既然正确理解的利益是整个道德的基础,那就必须使个别人的私人利益符合于全人类的利益。既然从唯物主义意义上来说人是不自由的,就是说,既然人不是由于有逃避某种事物的消极力量,而是由于有表现本身的真正个性的积极力量才得到自由,那就不应当惩罚个别人的犯罪行为,而应当消灭犯罪行为的反社会的根源,并使每个人都有必要的社会活动场所来显露他的重要的生命力。既然人的性格是由环境造成的,那就必须使环境成为合乎人性的环境"①。因此,"并不需要多大的聪明就可以看出,关于人性本善和人们智力平等,关于经验、习惯、教育的万能,关于外部环境对人的影响,关于工业的重大意义,关于享乐的合理性等等的唯物主义学说,同共产主义和社会主义之间有着必然的联系"②。

爱尔维修的人本唯物主义在当时产生了重大的影响,它不仅漂流到意大利,影响了意大利的思想领域,而且折回到英国,深刻地影响了英国的功利主义,更重要的是,它又返身法国,在社会主义者、共产主义者那里产生了重大影响,成为社会主义和共产主义思想的"逻辑基础"。爱尔维修本人因此被誉为"道德界的培根"。在唯物主义发展史上,爱尔维修是一个转折点,以其"现实的人道主义"为标志,自然唯物主义开始衰落,人本唯物主义开始兴起,并由此启示我们重新考察唯物主义的历史形态。

二、唯物主义的历史形态:自然唯物主义、人本唯物主义与历史唯物主义

传统的观点把唯物主义划分为三种历史形态,即朴素或自发唯物主义、机械或形而上学唯物主义和辩证唯物主义,并认为这三种形态的唯物主义在理论主题或观察世界的理论视角上并没有什么根本性的变化,即三者都以"整个世界"为研究对象,只不过朴素或自发唯物主义把世界看成是一个混沌的整体;机械或形而上学唯物主义把世界理解为一个孤立、静止、不变的事物;辩证唯物主义则把世界理解为普遍联系和永恒发展的物质体系,而历史唯物主义不过是辩证唯物主义在历史领域中的"推广"与"应用"。这种传统观点有其合理因素,但它又把这种合理因素溶解于不合理的理解之中。这种不合理的理

---

① 《马克思恩格斯全集》第 2 卷,第 166—167 页。
② 《马克思恩格斯全集》第 2 卷,第 166 页。

解集中体现在,忽视了唯物主义发展进程中的理论主题转换,没有真正理解历史唯物主义的划时代贡献。

从理论主题的历史转换这一根本点来看,唯物主义具有三种历史形态,即自然唯物主义、人本唯物主义与历史唯物主义。

自然唯物主义始自古希腊哲学,后在霍布斯那里达到了系统化的程度,并一直延伸到法国唯物主义中的机械唯物主义派。自然唯物主义或者在直接断言世界本身的意义上去寻求"万物的统一性",把万物的本原归结为自然物质的某种形态,或者在"认识论转向"过程中去探讨思维与存在、精神与自然界的统一性,并以实证科学对自然现象的研究为基础,把物质世界以及人本身归结为自然物质的某种属性。

从总体上看,自然唯物主义根据"时间在先"的原则,把整个世界还原为自然物质,并认为人们自然而然地就可以认识物质世界,而无须先行地对自己认识的前结构进行反思与批判;人们认识的不是自然物质向他们显现出来的现象,而是自然物质本身。更重要的是,自然唯物主义所理解的物质,是一种脱离人、与人的活动和社会历史无关的"抽象的自然""抽象的物质"。在自然唯物主义那里,这种"抽象的物质"成了"一切变化的主体",人仅仅成了自然物质的一种表现形态,人的能动性、创造性、主体性统统不见了。正是在这个意义上,马克思认为,到了霍布斯那里,唯物主义"变得片面了""变得敌视人了"。①

自然唯物主义是脱离人的实践活动、排除了历史过程来考察自然物质的,因而制造了"物质的自然"与"精神的历史"对立的神话,并在历史观上陷入唯心主义。"那种排除历史过程的、抽象的自然科学的唯物主义的缺点,每当它的代表越出自己的专业范围时,就在他们的抽象的和唯心主义的观念中立刻显露出来。"②可见,这种以"抽象的物质"为基础的唯物主义与以"抽象的思维"为基础的唯心主义殊途同归,正如马克思所说,"抽象的唯灵论是抽象的唯物主义;抽象的唯物主义是物质的抽象的唯灵论"③。

人本唯物主义起源于法国唯物主义中的另一派,即"现实的人道主义",并在费尔巴哈那里达到了典型的形态。尽管费尔巴哈本人对唯物主义概念持一种保留态度,但他实际上以一种自然主义的方式把人本主义或人道主义和唯

---

① 《马克思恩格斯全集》第 2 卷,第 163、164 页。
② 《马克思恩格斯全集》第 23 卷,第 410 页。
③ 《马克思恩格斯全集》第 1 卷,第 355 页。

物主义结合起来了,从而建构了人本唯物主义。正如马克思所说,"费尔巴哈在理论方面体现了和人道主义相吻合的唯物主义"①。如果说爱尔维修的人本唯物主义是法国资产阶级的革命理论,那么,费尔巴哈的人本唯物主义则是德国资产阶级的革命理论。与爱尔维修相同的是,费尔巴哈也是"以人为本",强调人是哲学研究的对象;与爱尔维修不同的是,费尔巴哈力图"借助人,把一切超自然的东西归结为自然,又借助自然,把一切超人的东西归结为人"②。

同时,费尔巴哈在一定程度上意识到了自然唯物主义所理解的物质的抽象性,因而指出:"斯宾诺莎虽然将物质当作实体的一种属性,却没有将物质当作感受痛苦的原则,这正是因为物质并不感受痛苦,因为物质是单一的、不可分的、无限的,因为物质和与它相对立的思维属性具有相同的特质,简言之,因为物质是一种抽象的物质,是一种无物质的物质。"③为了与以"抽象的物质"为基础的自然唯物主义划清界限,费尔巴哈"将人连同作为人的基础的自然当作哲学的唯一的,普遍的,最高的对象"④,并力图以"现实的自然"和"现实的人"为基本原则来理解世界并构造哲学体系。

"费尔巴哈比'纯粹的'唯物主义者有巨大的优越性:他也承认人是'感性的对象'。但是,毋庸讳言,他把人只看作是'感性的对象',而不是'感性的活动'。"⑤换言之,费尔巴哈不理解实践是人的存在方式,一旦人们开始生产自己的生活资料的时候,"人本身就开始把自己和动物区别开来"。"个人怎样表现自己的生活,他们自己也就怎样。因此,他们是什么样的,这同他们的生产是一致的——既和他们生产什么一致,又和他们怎样生产一致。因而,个人是什么样的,这取决于他们进行生产的物质条件。"⑥

现实的人是在一定的社会形式中从事实践活动的人,人的本质在其现实性上是社会关系的总和。"黑人就是黑人。只有在一定的关系下,他才成为奴隶。纺纱机是纺棉花的机器。只有在一定的关系下,它才成为资本。脱离了这种关系,它也就不是资本了。"⑦同样,脱离了一定的社会关系,黑人就不是奴

---

① 《马克思恩格斯全集》第 2 卷,第 160 页。
② 《费尔巴哈哲学著作选集》上卷,第 249 页。
③ 《费尔巴哈哲学著作选集》上卷,第 110—111 页。
④ 《费尔巴哈哲学著作选集》上卷,第 184 页。
⑤ 《马克思恩格斯全集》第 3 卷,第 50 页。
⑥ 《马克思恩格斯全集》第 3 卷,第 24 页。
⑦ 《马克思恩格斯选集》第 1 卷,第 344 页。

隶了。这就是说,使黑人成为奴隶的,不是黑人的"人的本性",而是黑人生活其中的社会关系。费尔巴哈恰恰不理解实践是人的特殊的生命活动形式,没有从社会关系去把握人的本质,所以,费尔巴哈力图从现实的人出发,可最终得到的人仍然是"抽象的人"。

同时,费尔巴哈不理解人的实践活动是现存世界的基础,只有在人的实践活动中形成的"历史的自然"才是人的现实的自然界,而那个先于人类历史存在的自然界,是"不存在的自然界"。"他没有看到,他周围的感性世界决不是某种开天辟地以来就已存在的、始终如一的东西,而是工业和社会状况的产物,是历史的产物,是世世代代活动的结果,其中每一代都在前一代所达到的基础上继续发展前一代的工业和交往方式,并随着需要的改变而改变它的社会制度。甚至连最简单的'可靠的感性'的对象也只是由于社会发展、由于工业和商业往来才提供给他的。"①因此,费尔巴哈力图从现实的自然出发,可最终得到的自然仍然是"抽象的自然",最终仍然陷入他所批判的"抽象的物质"之中。

费尔巴哈唯物主义的不彻底性实际上是双重意义上的不彻底性:一是在自然观上没有从人与自然的实践关系去理解自然,陷入"抽象的自然"之中,以这样一种"抽象的物质"为基础,实际上是悄悄地踏上了"唯心主义的方向"②;二是在历史观上没有从人与人的社会关系去理解人,陷入"抽象的人"之中,以这样一种"抽象的人"为基础,必然直接踏上了唯心主义的道路。由于费尔巴哈"从来没有把感性世界理解为构成这一世界的个人的全部活生生的感性活动",所以,"正是在共产主义的唯物主义者看到改造工业和社会制度的必要性和条件的地方,他却重新陷入唯心主义"。③ 费尔巴哈根本不理解"历史的自然和自然的历史"④及其深刻的内涵,"历史的自然"和"自然的历史"都在他的视野之外。"当费尔巴哈是一个唯物主义者的时候,历史在他的视野之外;当他去探讨历史的时候,他决不是一个唯物主义者。在他那里,唯物主义和历史是彼此完全脱离的。"⑤因此,超越人本唯物主义,建立和"历史"相结合的唯物

---

① 《马克思恩格斯全集》第 3 卷,第 48—49 页。
② 《马克思恩格斯全集》第 42 卷,第 128 页。
③ 《马克思恩格斯全集》第 3 卷,第 50—51 页。
④ 《马克思恩格斯全集》第 3 卷,第 49 页。
⑤ 《马克思恩格斯全集》第 3 卷,第 51 页。

主义,即历史唯物主义是理论和历史的双重要求。

我不能同意普列汉诺夫的观点,即费尔巴哈的唯物主义和马克思的唯物主义都属于"最新的唯物主义",马克思的"唯物主义观点是在费尔巴哈哲学的内在逻辑所指示的同一方向上发展起来的","马克思的认识论实际就是费尔巴哈的认识论"。① 这是一种无原则的糊涂观念。它表明,普列汉诺夫从根本上混淆了费尔巴哈的唯物主义与马克思的唯物主义的区别,不理解费尔巴哈的唯物主义是人本唯物主义,而马克思的唯物主义是历史唯物主义,前者仅仅把人看作"感性对象",后者则把人看作"感性活动"。由于费尔巴哈的唯物主义不理解"革命的、实践批判的活动的意义",所以,它仍然"只是从客体或者直观的形式"去理解"对象、现实、感性"。

正是在这个意义上,马克思把费尔巴哈的唯物主义"包括"在"从前的一切唯物主义",即"旧唯物主义"的范畴之中,而把自己的唯物主义称为"新唯物主义"。按照马克思的观点,旧唯物主义的主要缺点是,"对对象、现实、感性,只是从客体的或者直观的形式去理解,而不是把它们当做感性的人的活动,当作实践去理解,不是从主体方面去理解"②;新唯物主义的根本特征则在于,从人的实践活动出发去理解"对象、现实、感性",并认为"对象、现实、感性"是人的实践活动的对象化,是"工业和社会状况的产物,是历史的产物"。新唯物主义就是历史唯物主义。

按照历史唯物主义的观点,人们为了能够生存和生活,必须进行物质生产活动,实现人与自然之间的物质交换;为了实现人与自然之间的物质交换,人与人之间必须进行活动互换,并必然结成一定的社会关系。"人们在生产中不仅仅影响自然界,而且也相互影响。他们只有以一定的方式共同活动和互相交换其活动,才能进行生产。为了进行生产,人们相互之间便发生一定的联系和关系;只有在这些社会联系和社会关系的范围内,才会有他们对自然界的影响,才会有生产。"③

正是在这种人与自然"物质变换"和人与人"活动互换"的双重运动中,在这种人与自然关系和人与人关系的双重关系下,自然物质被打上了人的活动

---

① 《普列汉诺夫哲学著作选集》第三卷,刘亦宇等译,生活·读书·新知三联书店 1962 年版,第 148、154—155、146—147 页。
② 《马克思恩格斯选集》第 1 卷,第 54 页。
③ 《马克思恩格斯选集》第 1 卷,第 344 页。

和社会关系的烙印,自然转化为"人化自然""历史的自然",物质转变为"社会的物"。历史唯物主义关注的正是这种"人化自然""历史的自然",关注的正是这种"社会的物"。葛兰西正确指出:"物质本身并不是我们的主题,成为主题的是如何为了生产而把它社会地历史地组织起来。"①

从形式上看,历史唯物主义研究的仅仅是人与人之间的关系,与自然或人与自然的关系无关。可是,问题在于,社会是在人与自然之间的物质变换过程中形成和发展起来的,人与自然之间的物质变换构成了社会存在和发展的"永恒的自然必然性"。因此,"把人对自然界的关系从历史中排除出去",必然造成"物质的自然"和"精神的历史"对立的神话,从而走向唯心主义历史观②。人与自然的关系和人与人的关系又是相互制约的。这种相互制约的人与自然的关系和人与人的关系体现在"对象、现实、感性"中,体现在"可感觉而又超感觉的社会的物"中。

因此,历史唯物主义正是把人与自然的实践关系作为"历史的现实基础",力图通过对人与自然关系的改变来改变人与人的关系,通过人对物占有关系(私有制)的扬弃来改变人与人的关系。历史唯物主义"是人和自然界之间、人和人之间的矛盾的真正解决,是存在和本质、对象化和自我确证、自由和必然、个体和类之间的斗争的真正解决。它是历史之谜的解答,而且知道自己就是这种解答"③。

这就是说,历史唯物主义所关注、所要解决的基本问题,就是人的实践活动所包含、展现出来的人与自然、人与人或人与社会,即人与世界的关系问题。以实践为出发点范畴解答人与世界的关系,使历史唯物主义展现出一个新的哲学空间,即一个自足而又完整、唯物而又辩证的世界图景。历史唯物主义不仅是"唯物主义历史观",更重要的,是"唯物主义世界观",一种内含着"否定性的辩证法"的"真正批判的世界观"④。

由此,我们遇到了一个无法回避的重大问题,这就是历史唯物主义与辩证唯物主义的关系问题。

按照传统的观点,马克思主义哲学就是辩证唯物主义和历史唯物主义,其

①〔意〕葛兰西:《实践哲学》,徐崇温译,重庆出版社1990年版,第162页。
②《马克思恩格斯全集》第3卷,第44页。
③《马克思恩格斯全集》第42卷,第120页。
④《马克思恩格斯全集》第3卷,第261页。

中,辩证唯物主义是唯物辩证的自然观,历史唯物主义是辩证唯物主义在历史领域的"推广"与"应用",是唯物辩证的历史观。这一观点集中体现在斯大林的《论辩证唯物主义和历史唯物主义》中。在这本小册子中,斯大林明确指出:"辩证唯物主义是马克思列宁主义党的世界观。它之所以叫作辩证唯物主义,是因为它对自然界现象的看法、它研究自然界现象的方法、它认识这些现象的方法是辩证的,而它对自然界现象的解释、它对自然界现象的了解、它的理论是唯物主义的。""历史唯物主义就是把辩证唯物主义的原理推广去研究社会生活,把辩证唯物主义的原理应用于社会生活现象,应用于研究社会,应用于研究社会历史。"①

以此为前提,斯大林论证了"马克思主义哲学唯物主义的基本特征":一是世界按其本质说来是物质的,世界是按物质运动规律发展的;二是意识是物质的反映,思维是发展到高度完善的物质即人脑的产物;三是世界及其规律是可以认识的。实际上,这三个特征在近代唯物主义那里已经具备了。这表明,斯大林也是脱离人的活动和社会历史来谈论自然、物质的。以这样一种"抽象的自然""抽象的物质"为基础来理解辩证唯物主义,实际上是在用近代唯物主义来理解辩证唯物主义,这抹平了马克思的新唯物主义与旧唯物主义的本质区别。正因为如此,在《论辩证唯物主义和历史唯物主义》中,斯大林把霍布斯的话,即"物质是一切变化的主体"当作马克思本人的话加以引用,把马克思所批判的观点当作马克思本人所赞赏的观点加以阐述。

把这样一种"辩证唯物主义""推广""应用"到历史领域中所形成的"历史唯物主义",必然使马克思的历史唯物主义发生变形。在谈到社会物质生活条件与社会发展的关系时,斯大林指出,自然环境,即"地理环境的稍微重大一些的变化都需要几百万年,而人们的社会制度的变化,甚至是极其重大的变化,只需要几百年或一两千年也就够了","由此应该得出结论:地理环境不可能成为社会发展的主要的原因,决定的原因,因为在几万年间几乎保持不变的现象,决不能成为在几百年间就发生根本变化的现象发展的主要原因"②。决定社会发展的主要力量是物质资料的生产方式,归根到底是生产力,而生产力"不是人们有意的、自觉的活动的结果,而是自发地、不自觉地、不以人们意志

---

① 《斯大林选集》下卷,人民出版社1979年版,第424页。
② 《斯大林选集》下卷,第440页。

为转移地发生的"①。

在我看来,斯大林这一观点存在着双重缺陷:

一是脱离人的活动和社会历史孤立地考察自然环境。斯大林没有从人与自然的实践关系去考察自然环境,没有意识到在人的实践活动中形成的自然界才是人的现实的自然界,因而在他那里,自然环境成了脱离人的活动和社会历史的单独的发展系列。斯大林视野中的自然环境,即地理环境只是纯粹地理学意义上的地理环境,而不是历史唯物主义视野中的地理环境。在《德意志意识形态》中,马克思明确指出:"只要人存在,自然史和人类史就彼此相互制约","任何历史记载都应当从这些自然基础以及它们在历史进程中由于人们的活动而发生的变更出发"。②

二是脱离自然环境孤立地考察生产方式和社会发展。由于脱离人的活动和社会历史去考察自然环境,斯大林又必然脱离自然环境考察生产方式和社会发展。换言之,生产方式、社会发展成了脱离人与自然关系的另一个单独的发展系列。这里,马克思所关注的人与自然之间的"物质变换"、人与人之间的"活动互换"不见了,生产方式、社会发展似乎成了一种与自然环境、人的活动无关的运动过程。实际上,历史唯物主义是从人对自然的实践关系去理解自然环境对社会发展的意义的,并认为自然环境的特殊性质直接影响着人与自然的特殊的统一关系,直接影响着生产力的发展,从而影响着社会发展。马克思指出,"资本的祖国不是草木繁茂的热带,而是温带。不是土壤的绝对肥力,而是它的差异性和它的自然产品的多样性,形成社会分工的自然基础,并且通过人所处的自然环境的变化,促使他们自己的需要、能力、劳动资料和劳动方式趋于多样化"③。

在我看来,辩证唯物主义与历史唯物主义不是两种"观",即辩证唯物主义是自然观、历史唯物主义是历史观,而是同一个"观",即马克思的世界观的不同表述;不是两个"主义",即辩证唯物主义是自然主义、历史唯物主义是历史主义,而是同一个"主义",即马克思的新唯物主义的不同表述。当马克思从实践出发,科学地解答了人与自然、人与社会的矛盾,即人与世界的关系问题,创

---

① 《斯大林选集》下卷,第450、451页。
② 《马克思恩格斯全集》第3卷,第23、24页。
③ 《马克思恩格斯全集》第23卷,第561页。

立历史唯物主义时,也就同时创立了辩证唯物主义。这是一种以物质实践为基础、主体与客体相互作用的辩证唯物主义。

与动物不同,人总是在不断制造与自然的对立关系中获得与自然的统一关系的,对自然客体的否定正是对主体自身的肯定。实践不断地改造、创造着现存世界,同时又不断地改造、创造着人本身,包括他的肉体组织、思维结构和社会关系。正是在这个过程中,自然成为"历史的自然","自在之物"成为"为我之物",人与自然的关系成为"为我而存在"的关系①。这种"为我而存在"的矛盾关系是最深刻、最复杂的矛盾关系。

正是这种矛盾关系构成了马克思之前众多哲学大师的"滑铁卢",致使唯物主义自然观与唯物主义历史观"咫尺天涯",唯物主义对辩证法"望洋兴叹"。马克思高出一筹的地方就在于,通过对人的实践活动及其意义深刻剖析,科学地解答了人与自然、人与人的矛盾关系问题,从而消除了"物质的自然"与"精神的历史"对立的神话,把唯物主义自然观和唯物主义历史观统一起来了,同时,也就把唯物主义和辩证法统一起来了。历史唯物主义中的"历史"是人的实践活动的内在矛盾,即人与自然、人与社会的矛盾得以展开的境域,是辩证法得以展开的空间。

"辩证法在对现存事物的肯定的理解中同时包含对现存事物的否定的理解,即对现存事物的必然灭亡的理解",按其本质来说,辩证法"是批判的和革命的"。② 以实践的观点为基础的历史唯物主义,本身就内含着辩证法的这种否定性、批判性和革命性,本身就是一种"否定性的辩证法"。历史唯物主义不仅从实践出发去理解、解释现存事物,而且从实践出发去否定、改变现存事物,并确认"在历史上进步表现为现存事物的否定"③。"从资本主义生产方式产生的资本主义占有方式,从而资本主义的私有制,是对个人的、以自己劳动为基础的私有制的第一个否定。但资本主义生产由于自然过程的必然性,造成了对自身的否定。这是否定的否定。这种否定不是重新建立私有制,而是在资本主义时代的成就的基础上,也就是说,在协作和对土地及靠劳动本身生产的生产资料的共同占有的基础上,重新建立个人所有制。"④

---

① 《马克思恩格斯全集》第 3 卷,第 34 页。
② 《马克思恩格斯全集》第 23 卷,第 24 页。
③ 《马克思恩格斯选集》第 4 卷,第 317 页。
④ 《马克思恩格斯全集》第 23 卷,第 832 页。

马尔库塞由此认为,在历史唯物主义中,"现实的否定变成了一个历史条件,一个不能被作为形而上学关系状态的而具体化的历史条件。换句话说,它变成了一个与社会的特定历史形式相联系的社会条件","马克思的辩证法的历史特征包含着普遍的否定性,也包含着自身的否定。特定的关系状态就意味着否定,否定之否定伴随着事物新秩序的建立"。① 马尔库塞的这一评价合理而中肯。历史唯物主义内含着辩证法的否定性、批判性、革命性,是与辩证唯物主义融为一体的理论体系。

可以看出,在马克思哲学的体系中,并不存在一个独立的、作为理论基础的辩证唯物主义,也不存在一个独立的、仅仅具有应用性质的历史唯物主义。历史唯物主义所内含的实践的观点、否定性的辩证法和广义的历史境域,使唯物主义以至整个哲学发生了革命性变革。在我看来,"辩证"唯物主义就是历史唯物主义,体现的是历史唯物主义的辩证法维度及其批判性、革命性。

三、历史唯物主义的创立: 终结以抽象本体论为基础的形而上学

在《路德维希·费尔巴哈和德国古典哲学的终结》中,恩格斯指出:"随着自然科学领域中每一个划时代的发现,唯物主义也必然要改变自己的形式;而自从历史也被唯物主义地解释的时候起,一条新的发展道路也在这里开辟出来了。"②"这条新的发展道路",就是从人的存在方式——实践出发去理解和把握人与自然和人与社会的关系,即人与世界的关系,从社会存在出发去理解自然存在,从人的存在出发去解读存在的意义。这样,历史唯物主义便终结了形而上学,并使西方哲学从传统形态转向现代形态。

这里所说的形而上学,不是指它的转义,即与辩证法相对立意义上的思维方法,而是指其本义,即关于超验存在之本性的哲学形态。"形而上学就是一种超出存在者之外的追问,以求回过头来获得对存在者之为存在者以及存在者整体的理解。"③海德格尔的这一见解正确而深刻。形而上学产生之初,研究的就是超感觉的、经验以外的对象,关注的就是存在物作为存在的那种本质,追求的就是一切实在对象背后的那种"初始本原""终极存在",并把这种存在

① 〔美〕马尔库塞:《理性和革命》,程志民等译,重庆出版社 1993 年版,第 284、285 页。
② 《马克思恩格斯选集》第 4 卷,第 228 页。
③ 〔德〕海德格尔:《路标》,第 137 页。

看作是具体事物和特殊存在的"最基本依据"即本体,然后据此推论出其他一切。正是在这个意义上,亚里士多德认为,哲学以"寻求最高原因的基本原理"为宗旨,因而是一切智慧中的"最高的智慧"。

形而上学在对存在的存在和世界终极根据的探究中,确立了一种严格遵循逻辑的推理规则,即从公理、定理出发,按照推理规则得出必然结论。这无疑具有积极意义,标志着理论形态的哲学的诞生。然而,从柏拉图、亚里士多德一直到黑格尔,形而上学中的存在日益脱离现实的事物和现实的人,成为一种抽象的存在、抽象的本体,甚至成为一种君临人与世界之上的神秘的主宰力量。"形而上学响应作为逻各斯的存在,并因此在其主要形态上看,形而上学就是逻辑学,但却是思考存在者之存在的逻辑学,因而就是从差异之有差异者方面被规定的逻辑学:存在-神-逻辑学。"①这里,存在和存在者被混淆了,人的存在被遮蔽了,人的能动性和主体性,人的自由和价值都被消解在这种抽象的本体之中,不管这种抽象的本体是"绝对理性"还是"抽象物质"。

同时,形而上学又逐步演变成一种凌驾于一切科学之上的"科学的科学",它自视发现了最普遍、绝对可靠、自明的理性概念和原则,从而能够推演出全部知识体系。换言之,哲学成了全部知识和科学的基础。实际上,这是一种虚妄。用海德格尔的话来说,就是"对哲学的能力的本质做这样的期望和要求未免过于奢求"②。无论是作为"知识的总结",还是作为"科学的科学",形而上学这种哲学形态实际上既充当了科学的"运动员",又充当了科学的"裁判员",与现代科学的发展已处于一种对立的状态,成为一种"多余"的"科学"。在《反杜林论》中,恩格斯指出:"一旦对每一门科学都提出要求,要它们弄清它们自己在事物以及关于事物的知识的总联系中的地位,关于总联系的任何特殊科学就是多余的了。于是,在以往的全部哲学中仍然独立存在的,就只有关于思维及其规律的学说——形式逻辑和辩证法。其他一切都归到关于自然和历史的实证科学中去了。"③在《路德维希·费尔巴哈和德国古典哲学的终结》中,恩格斯重申:"对于已经从自然界和历史中被驱逐出去的哲学来说,要是还留下什么的话,那就只留下一个纯粹思想的领域:关于思维过程本身的规律的

---

① 《海德格尔选集》下卷,孙周兴选编,生活·读书·新知上海三联书店1996年版,第840页。
② 〔德〕海德格尔:《形而上学导论》,熊伟等译,商务印书馆1996年版,第12页。
③ 《马克思恩格斯选集》第3卷,第364页。

学说,即逻辑和辩证法。"①

从历史上看,近代唯物主义一开始具有反对形而上学的倾向。在培根那里,唯物主义"还在朴素的形式下包含着全面发展的萌芽。物质带着诗意的感性光辉对人的全身心发出微笑"②。在孔狄亚克眼中,"形而上学不是科学",而是"幻想和神学的偏见"。然而,近代唯物主义的发展却使它事与愿违,即从提出以人为中心并倡导人道主义转到以物质为主体并"敌视人"③,刚从神权的重压下解放出来的人在近代唯物主义那里又变成了一架"机器",那种脱离现实的人及其活动的"抽象的物质"成了"一切变化的主体"。近代唯物主义把哲学变成了一个庞大的"自然体系",这种"自然体系"成了消融一切的"盐酸池",人和人的存在都被消融在这种"抽象的自然""抽象的物质"之中。

这就势必导致哲学的转向,即探讨人及其认识活动的能动性,并突出自我意识作用。执行、完成这一"转向"并因此声名显赫的是康德和黑格尔,而且黑格尔又建立起一个庞大的、包罗万象的形而上学王国。正如马克思所说,"黑格尔天才地把17世纪的形而上学同后来的一切形而上学及德国唯心主义结合起来并建立了一个形而上学的包罗万象的王国",从而使形而上学"在德国哲学中,特别是在19世纪的德国思辨哲学中,曾有过胜利的和富有内容的复辟"。④

之所以是一次"胜利的复辟",是因为黑格尔的"思辨的形而上学"以最宏伟的方式概括了全部形而上学的发展,"这是一次胜利进军,它延续了几十年,而且决没有随着黑格尔的逝世而停止。相反,正是从1830年到1840年,'黑格尔主义'取得了独占的统治,它甚至或多或少地感染了自己的敌手;正是在这个时期,黑格尔的观点自觉地或不自觉地大量浸入了各种科学,也渗透了通俗读物和日报,而普通的'有教养的意识'就是从这些通俗读物和日报中汲取自己的思想材料的"⑤。

之所以是一次"富有内容的复辟",是因为黑格尔的"思辨的形而上学"是同概念辩证法融为一体的,这种辩证法的实质就是作为推动原则和创造原则

---

① 《马克思恩格斯选集》第4卷,第257页。
② 《马克思恩格斯全集》第2卷,第163页。
③ 《马克思恩格斯全集》第2卷,第164页。
④ 《马克思恩格斯全集》第2卷,第159页。
⑤ 《马克思恩格斯选集》第4卷,第220页。

的"否定性的辩证法"。"黑格尔的《现象学》及其最后成果——作为推动原则和创造原则的否定性的辩证法——的伟大之处首先在于,黑格尔把人的自我产生看作一个过程,把对象化看作失去对象,看作外化和这种外化的扬弃;因而,他抓住了劳动的本质,把对象性的人、现实的因而是真正的人理解为他自己的劳动的结果。"①尽管黑格尔的"否定性的辩证法"只是人类历史运动的"抽象的、逻辑的、思辨的表达",但它毕竟"第一个全面地有意识地叙述了辩证法的一般运动形式"②,因而使形而上学实现了"富有内容的复辟"。这种发展了人的能动方面的"否定性的辩证法",像一条永恒的金带贯穿在黑格尔的"思辨的形而上学"中。

然而,黑格尔只是在形式上肯定了人的能动性,由于他把人仅仅看作"绝对理性"自我实现的工具,因而又从根本上彻底地剥夺了人的能动性。这就是说,在黑格尔哲学中,不仅本体成为一种抽象的存在,人也成为一种抽象的存在,消失在"绝对理性"的阴影之中。"绝对理性"成为一种新的迷信,高高地耸立在祭坛上让人们顶礼膜拜。如果说柏拉图哲学是全部形而上学的真正滥觞,那么,黑格尔哲学就是全部形而上学的巨大渊薮。一句话,黑格尔哲学是形而上学的集大成者和发展顶峰。因此,哲学的进一步发展必然从批判黑格尔哲学开始,对黑格尔哲学的批判则意味着对"一切形而上学"的批判。

到了19世纪中叶,随着自然科学的独立化并"给自己划定了单独的活动范围";随着社会生活的发展并凸现了人的异化了的生存状态,人们开始把"全部注意力集中到自己身上",那种脱离了实证科学,脱离了人的存在的形而上学便失去了自身的神圣光环,"变得枯燥乏味了"。随着时间的推进,形而上学不仅"在理论上威信扫地",而且"在实践上已经威信扫地"。③反对形而上学因此成为一种潮流,一种时代精神。

马克思以其敏锐的观察力注意到这一趋势,明确提出"反对一切形而上学",并断言:"形而上学将永远屈服于现在为思辨本身的活动所完善化并和人道主义相吻合的唯物主义。"④在《神圣家族》中,马克思认为,费尔巴哈的唯物主义在理论方面体现了这种唯物主义。"只有费尔巴哈才是从黑格尔的观点

① 《马克思恩格斯全集》第 42 卷,第 163 页。
② 《马克思恩格斯全集》第 23 卷,第 24 页。
③ 《马克思恩格斯全集》第 2 卷,第 161 页。
④ 《马克思恩格斯全集》第 2 卷,第 159—160 页。

出发而结束和批判了黑格尔的哲学。费尔巴哈把形而上学的绝对精神归结为'以自然为基础的现实的人',从而完成了对宗教的批判。同时也巧妙地拟定了对黑格尔的思辨以及一切形而上学的批判的基本要点。"①实际上,费尔巴哈并未完成"结束"黑格尔哲学和"消解"形而上学的任务。完成这一历史任务,并真正创立"为思辨本身的活动所完善化并和人道主义相吻合的唯物主义"的,不是费尔巴哈,而是马克思本人。

在哲学史上,马克思和孔德同时举起了批判形而上学的大旗。在时代性上,马克思的反对形而上学与孔德的拒斥形而上学具有一致性,二者对形而上学的批判实际上是对近代哲学以及整个传统哲学的批判,这是现代精神对近代和古代精神的批判;在指向性上,马克思的反对形而上学与孔德的拒斥形而上学却有本质的不同。孔德从自然科学的可证实和精确性原则出发批判形而上学,力图用实证科学精神来改造和超越传统哲学,并把哲学局限于现象、知识以及可证实的范围内;马克思则从人的存在出发去批判形而上学,认为反对形而上学之后,哲学应转换自己的理论主题,聚焦人的世界,对人的异化了的生存状态给予深刻批判,对人的价值、自由和解放给予深切关注。

形而上学的基础是本体论。从根本上说,马克思批判并终结形而上学的工作就是从本体论层面上发动并展开的。按照马克思的观点,人类的第一个历史活动,也是每日每时必须进行的基本活动,就是生产满足人的生存所需要资料,即"生产物质生活本身","而人们的存在就是他们的实际生活过程"②。人正是在这种"生产物质生活"的实践活动中得以生存和发展的,自然正是在这种"生产物质生活"的实践活动中转化为"人化自然"、人的存在的,"土地只有通过劳动、耕种才对人存在"③。实践是对象化的活动,在人的实践活动中生成的存在是对象性的存在。"工业的历史和工业的已经产生的对象性的存在,是一本打开了的关于人的本质力量的书,是感性地摆在我们面前的人的心理学。"④

与形而上学不同,历史唯物主义关注的不是与人无关的"抽象的自然""抽象的存在",而是人的现实存在;关注的不是所谓的"终极存在""原初物质",

---

① 《马克思恩格斯全集》第 2 卷,第 177 页。
② 《马克思恩格斯全集》第 3 卷,第 29 页。
③ 《马克思恩格斯全集》第 42 卷,第 114 页。
④ 《马克思恩格斯全集》第 42 卷,第 127 页。

而是"对象、现实、感性"何以成为这样的存在,自然的物何以成为"可感觉而又超感觉"的"社会的物"。"被抽象地孤立地理解的、被固定为与人分离的自然界,对人说来也是无"①,或者说,是一种"不存在的自然界"②。在历史唯物主义体系中,存在是人的存在,是在人的实践活动中生成的对象性的存在。"非对象性的存在物是非存在物","是一种非现实的、非感性的、只是思想上的即只是虚构出来的存在物,是抽象的东西"。③ 可见,历史唯物主义并不是以一种抽象的、超时空的方式谈论存在问题的,而是从人的实践活动出发"询问并回答关于存在的问题"。用海德格尔的话来说就是,"这种唯物主义的本质不在于一切只是物质的主张中,而是在于一种形而上学的规定中,按照这种规定,一切存在者都显现为劳动的材料"④。这是其一。

其二,人们总是在一定的社会形式中并借助这种社会形式而实现对自然的占有,"自然界的人的本质只有对社会的人说来才是存在的;因为只有在社会中,自然界对人说来才是人与人联系的纽带,才是他为别人的存在和别人为他的存在,才是人的现实的生活要素;只有在社会中,自然界才是人自己的人的存在的基础。只有在社会中,人的自然的存在对他说来才是他的人的存在,而自然界对他说来才成为人"⑤。这就是说,人是通过实践并在一定的社会形式中创造自己的存在的,在这个过程中自然存在被赋予新的尺度——社会性、历史性,从而使自然存在转化为人的存在即社会存在。"实物是为人的存在,是人的实物存在,同时也就是人为他人的定在,是他对他人的人的关系,是人对人的社会关系。"⑥这样,历史唯物主义不仅肯定了存在物和存在的差异,而且阐明了自然存在和社会存在的关系,并认为"人们的意识,随着人们的生活条件、人们的社会关系、人们的社会存在的改变而改变"⑦。这就凸现了存在的根本特征——社会性或历史性。

其三,在资本主义社会,资本是最基本和最高的社会存在。按照历史唯物主义的观点,"资本不是物,而是一定的、社会的、属于一定历史社会形态的生

---

① 《马克思恩格斯全集》第 42 卷,第 178 页。
② 《马克思恩格斯全集》第 3 卷,第 50 页。
③ 《马克思恩格斯全集》第 42 卷,第 169 页。
④ Heidegger, *Letter on Humanism*, Suhrkamp Verlag, 1972, p.27.
⑤ 《马克思恩格斯全集》第 42 卷,第 122 页。
⑥ 《马克思恩格斯全集》第 2 卷,第 52 页。
⑦ 《马克思恩格斯选集》第 1 卷,第 291 页。

产关系,它体现在一个物上,并赋予这个物以特有的社会性质"①。这就是说,资本不是物本身,但又是通过物并在物中而存在。同时,作为一种特定的社会关系,资本又赋予物以特定的社会性质,使物成为"社会的物"。更重要的是,资本使人与人的关系"不是表现为人们在自己劳动中的直接的社会关系,而是表现为人们之间的物的关系和物之间的社会关系"②。这种物化的根本特征,就是物主体化、人客体化,物具有"巨大的权力",成为统治人、支配人的"物质力量"。换言之,资本不仅使人与人的关系物化了,而且使人与物、人与人的关系异化了。这就是说,资本在资本主义社会中具有支配一切的权力,它不仅改变了人与物的关系,而且改变了人与人的关系;不仅改变了与人相关的自然界的存在属性,而且改变了人类社会的存在形态。可以看出,资本本身就是一种独特的社会存在,是现代社会的根本规定和建构原则,它构成了资本主义社会的基本建制。

由此可见,历史唯物主义以资本为核心范畴而展开的对资本主义社会的批判,本质上是存在论意义上的批判。正是在这个批判过程中,历史唯物主义扬弃了抽象的存在,发现了现实的存在,并揭示了资本主义社会的秘密。"历史唯物主义最重要的职能是对资本主义社会制度作出正确的判断,揭露资本主义社会制度的本质。"③正因为对资本主义制度的本质作出了"准确的判断",历史唯物主义由此透视出"一切已经覆灭的社会形式的结构"。人体解剖对于猴体解剖是一把钥匙,低等动物身上表露的高等动物的征兆,反而只有在高等动物被认识以后才能理解。在马克思看来,在人类历史上存在着和古生物学中一样的情形。"资产阶级社会是历史上最发达的和最复杂的生产组织。因此,那些表现它的各种关系的范畴以及对于它的结构的理解,同时也能使我们透视一切已经覆灭的社会形式的结构和生产关系。"④正是在这里,蕴含着历史唯物主义认识论的根本原则,即"从后思索法"。在《资本论》中,马克思明确指出:"对人类生活形式的思索,从而对它的科学分析,总是采取同实际发展相反的道路。这种思索

---

① 《马克思恩格斯全集》第25卷,第920页。
② 《马克思恩格斯全集》第23卷,第90页。
③ 〔匈〕卢卡奇:《历史和阶级意识——马克思主义辩证法研究》,张西平译,重庆出版社1989年版,第241页。
④ 《马克思恩格斯全集》第46卷上,第43页。

是从事后开始的,就是说,是从发展过程的完成的结果开始的。"①

　　同时,在这个批判过程中,历史唯物主义发现了人与人的关系以物与物的关系而存在的秘密,并透视出人的自我异化的逻辑。按照马克思的观点,人与人关系的物化、异化与商品生产、生产资料私有制密切相关甚至融为一体。商品"充满形而上学的微妙和神学的怪诞",任何物品一旦作为商品,就"成了可感觉而又超感觉的物"②。其秘密就在于:"商品形式在人们面前把人们本身劳动的社会性质反映成劳动产品本身的物的性质,反映成这些物的天然的社会属性,从而把生产者同总劳动的社会关系反映成存在于生产者之外的物与物之间的社会关系"③;"活动和产品的普遍交换已成为每一单个人的生存条件,这种普遍交换,他们的互相联系,表现为对他们本身来说是异己的、无关的东西,表现为一种物。在交换价值上,人的社会关系转化为物的社会关系;人的能力转化为物的能力"④。

　　问题的关键在于,这种由商品生产占据统治地位、由生产资料私有制导致的异化使巨大的物的权力"不归工人所有,而归人格化的生产条件即资本所有,这种物的权力把社会劳动本身当作自身的一个要素而置于同自己相对立的地位"⑤。海德格尔自觉不自觉地意识到这一点,因而认为"马克思在体会到异化的时候深入到历史的本质性的一度中去了,所以马克思主义关于历史的观点比其余的历史学优越。但因为胡塞尔没有,据我看来萨特也没有在存在中认识到历史事物的本质性,所以现象学没有、存在主义也没有达到这样的一度中,在此一度中才有可能有资格和马克思主义交谈"⑥。

　　由于把实践作为人的存在方式,把人的存在看作在实践活动中生成的对象性的存在、社会存在,把资本看作现实的社会存在,历史唯物主义便"使存在从存在者中显露出来",从而使隐蔽着的存在的意义显现出来了。这样,历史唯物主义便终结了"抽象的存在""抽象的本体"。也正因为如此,历史唯物主义把本体论与人间的苦难和幸福结合起来了,开辟了从本体论认识现实的道

① 《马克思恩格斯全集》第23卷,第92页。
② 《马克思恩格斯全集》第23卷,第89页。
③ 《马克思恩格斯全集》第23卷,第88—89页。
④ 《马克思恩格斯全集》第46卷下,人民出版社1980年版,第103—104页。
⑤ 《马克思恩格斯全集》第46卷下,第360页。
⑥ 《海德格尔选集》上卷,第383页。

路,并由此终结了以抽象的本体论为基础的形而上学。

海德格尔把柏拉图以来的形而上学时代称之为"存在的遗忘的时代",并认为形而上学继续以各种不同方式说到"存有"。形而上学表示并似乎确定,它询问并回答关于"存有"的问题。事实上,形而上学绝不回答这种问题。形而上学不问这种问题,因为,当它思及"有时"时,只是表现存在事物之为存在事物。虽然它说及"存有",它的意思只是指所有的存在事物。自始至终,形而上学的命题,总是永远陷入"存有"与存在事物的混乱中。的确,这种混乱必须把它当作一个事象来看,而不仅仅是一种错误。绝对不能把它责备为一种思想上的疏忽或表达上的不小心。由于这种永久的混乱,所谓形而上学提出"存有"问题的说法,将我们带入完全错误的境地①。历史唯物主义的创立结束了这一"存在的遗忘的时代",并使哲学走出了这种"完全错误的境地"。正是在这个意义上,海德格尔认为"形而上学就是柏拉图主义。尼采把他自己的哲学标示为颠倒了的柏拉图主义。随着这一已经由卡尔·马克思完成了的对形而上学的颠倒,哲学达到了最极端的可能性。哲学进入其终结阶段了"②。应该说,海德格尔的这一评价是公正的。

问题在于,在"完成了对形而上学的颠倒"之后,历史唯物主义并不是像海德格尔所理解的那样,在"颠倒"形而上学之后又建构一种形而上学,而是告别了形而上学,终结了传统哲学。与"那种排除历史过程的、抽象的自然科学的唯物主义"不同,历史唯物主义不是从"抽象的自然""抽象的物质""抽象的存在"出发,以一种超时空的方式抽象地谈论世界的物质统一性,而是从人的实践活动出发去理解人与自然、人与社会的关系,去理解自然存在与社会存在的关系,去"询问并回答关于存在的问题",从而揭示出"社会的物"是"可感觉而又超感觉的物"③,并认为"社会的物",即社会存在的本质不在其可感觉的实体性,而在其超感觉的社会内涵、历史内涵。所以,马克思指出:"分析经济形式,既不能用显微镜,也不能用化学试剂。二者都必须用抽象力来代替。"④

"费尔巴哈从来不谈人类世界,而是每次都求救于外部自然界,而且是那

---

① 参见〔德〕海德格尔:《回到形而上学基础之路》,载〔美〕考夫曼编著:《存在主义》,陈鼓应等译,商务印书馆 1987 年版,第 219 页。

② 〔德〕海德格尔:《面向思的事情》,陈小文等译,商务印书馆 1999 年版,第 70 页。

③ 《马克思恩格斯全集》第 23 卷,第 89 页。

④ 《马克思恩格斯全集》第 23 卷,第 8 页。

个尚未置于人的统治之下的自然界。"①与费尔巴哈不同,马克思关注的恰恰是人类世界。历史唯物主义的创立使哲学的聚焦点从"整个世界"转向人类世界,从宇宙本体转向人的生存本体,从自然存在转向社会存在。这一转换标志着西方哲学的转轨,即从传统哲学转向现代哲学。就内容而不就表现形式,就总体而不就个别派别而言,现代西方哲学关注的就是人类的生活世界和生存状态。用雅斯贝尔斯的话来说就是,哲学所力求的目标在于领悟人的现实境况下的那个实在。"历史唯物主义是我们这个时代唯一不可超越的哲学。"萨特的这一名言表明,历史唯物主义不仅是现代西方哲学进程中的奠基者和创造性的对话者,而且是现代西方哲学进程中的参与者和强有力的推动者。

---

① 《马克思恩格斯全集》第 42 卷,第 369 页。

关于马克思主义理论主题、理论基础和理论结构的再思考

马克思主义的创立犹如人类思想史上的壮丽日出，不仅深刻地改变了人类思想史的面貌，而且深刻地影响了人类历史的进程。然而，由于社会生活和历史任务的改变，"马克思主义这一活的学说的各个不同方面也就不能不分别提到首要地位"①，由于在马克思主义的历史上存在着不同的派别，甚至在"马克思主义内部"出现了"反马克思主义派别"，因此，如何从整体上准确地理解和把握马克思主义就成了一个争论不休的重大的理论问题，以至于有的马克思主义研究者认为，分析马克思主义的唯一可能的方式，就是放弃一种被称为统一的马克思主义。因此，如何从整体上准确地理解和把握马克思主义，不仅是马克思主义历史上的一个重大的理论问题，而且是当今马克思主义研究中一个有待深入探讨的重大的理论问题。这里，我拟就马克思主义的理论主题、理论基础和理论结构，包括马克思主义的哲学批判和资本批判的关系、科学社会主义的科学性，做一新的考察和审视，以深化我们对马克思主义的研究。

---

① 《列宁选集》第2卷，第279页。

一、马克思主义的理论主题：无产阶级和人类解放

理论体系往往以理论家个人的名字命名，但它并非仅仅属于理论家个人。由理论家们所创造的理论体系，不管它们的形式如何抽象，不管它们具有什么样的特征，都和理论家个人所处的时代密切相关。柏拉图主义、卢梭学说、黑格尔哲学、李嘉图经济学、圣西门主义、凯恩斯主义等，离开了它们各自的时代，是无法理解的。任何一种理论体系的出现，都和它所处的时代相联系，从根本上说，都是一定时代的产物。马克思主义也是如此。要真正理解和把握马克思主义，就要理解和把握马克思生活其中的那个时代的特征。

马克思时代的特征，从政治上看，就是资本主义制度在西欧已经得到确立和巩固，人类历史从封建主义时代转向资本主义时代；从经济上看，就是工业革命已经取得决定性的胜利，市场经济在西欧得以确立，人类历史从农业文明时代转向工业文明时代，从自然经济时代转向商品经济时代；从人本身的发展上看，就是人的自我意识已经觉醒，人本身从"人的依赖关系"的时代转向"以物的依赖性为基础的人的独立性"的时代。

问题在于，资产阶级在取得巨大的历史性胜利的同时，也给自己带来了巨大的社会性的问题，那就是，生产社会化与生产资料私有制之间存在着无法解决的矛盾，这一矛盾导致人的劳动、人的关系和人的世界都异化了，人的生存状态成为一种异化的状态。用马克思的话来说，这是一个"颠倒的世界"，"物的世界的增值同人的世界的贬值成正比"①，物的异化与人的异化走着同一条道路。在这种异化状态中，资本具有个性，个人却没有个性，人的个性被消解了，个人成为一种"孤立的人"，国家也不过是"虚幻的共同体"。

这就是说，19世纪中叶的西方社会，是一个由资本关系所造成的人的生存状态全面异化的社会。在这样一个时代，"历史的任务""为历史服务的哲学的迫切任务"，应当是揭露并消除这种异化。然而，包括"批判的空想的社会主义"在内的西方近代社会理论无法完成这一"历史的任务"。"批判的空想的社会主义"本质上仍然是一种抽象的人道主义，关注的仍然是抽象的人，向人们展示的仍然是抽象的真、善、美，它似乎在给人们提供某种希望，实际上是在掩

---

① 《马克思恩格斯全集》第42卷，第90页。

饰现实的苦难,抚慰被压迫的生灵,因而无法消除人的生存的异化状态,将现实的人带出现实的生存困境。

马克思主义不是抽象的人道主义,关注的不是抽象的人的命运,按照马克思的观点,如果不能给工人、劳动者这些占人口绝大多数的、被压迫的人们以真实的利益和自由,人类解放就是空话,甚至沦为一种欺骗;马克思主义也不是"伦理的社会主义",仅仅出于对工人、劳动者的同情,仅仅通过"伦理的使命"而重建社会主义学说。马克思对工人、劳动者这些受难者当然怀有真挚的同情,但他并不以此作为立论根据,正像妙手回春的圣医并不以对病人的同情代替诊断、开出药方一样。历史上为劳动者、穷人说话,表示哀怜的思想家并不少见,摇晃着"穷人乞食袋"的所谓的社会主义也同样存在。但是,只有马克思不是用怜悯、眼泪,用抽象的人道主义、"伦理的社会主义"为劳动者、穷人说话,而是用真正的科学理论揭示了他们的真实处境和解放道路。马克思不是心怀济世的救世主,而是革命家;马克思主义不是劝世箴言,而是科学理论,"它的主要情感是愤怒,主要工作是揭露"[1]。

因此,马克思主义提出了超越"政治革命""政治解放"的"彻底革命""人类解放"的问题,并认为能够完成这一历史任务、担当"解放者"这一历史角色的,只有无产阶级。按照马克思的观点,无产阶级是一个随着现代工业的产生而产生,随着现代工业的发展而发展的阶级,它不是同资本主义制度的"后果"发生"片面矛盾",而是同资本主义制度的"前提"发生"全面矛盾";无产阶级是一个如果"不从其他一切社会领域解放出来并同时解放其他一切社会领域,就不能解放自己"[2]的阶级。

这就是说,无产阶级是一个需要自己解放自己,并且只有解放全人类才能最后解放自己的阶级。作为这样一个特殊的"解放者",无产阶级需要自己的理论,以达到"自我认识和自我意识",形成"明确的阶级意识",从而自觉地认识到自己的社会地位和历史使命。因此,探讨无产阶级和人类解放的目标、内涵和途径,就成为马克思首要的和主要的工作。从根本上说,马克思主义就是关于无产阶级和人类解放的学说,重在解答"人类解放何以可能"。

正是通过对资本主义生产方式的批判,马克思主义揭示出被物与物的关

---

① 《马克思恩格斯全集》第 1 卷,第 455 页。
② 《马克思恩格斯全集》第 1 卷,第 466 页。

系所掩蔽着的人与人的关系,发现了人的自我异化的秘密所在,并力图付诸"革命的实践",消除人的异化,实现无产阶级和人类解放。"无产阶级要求否定私有财产,只不过是把社会已经提升为无产阶级的原则的东西,把未经无产阶级的协助、作为社会的否定结果而体现在它的身上,即无产阶级身上的东西提升为社会的原则。"①"对实践的唯物主义者,即共产主义者说来,全部问题都在于使现存世界革命化,实际地反对和改变事物的现状。"②马克思主义就是为无产阶级改变世界的实践活动而创立的,其目的,就是通过改变资本主义私有制条件下人对物的占有关系来消除人与人的异化关系,实现无产阶级和人类解放,从而确立"有个性的个人"③。由此,马克思主义实现了对人的现实关怀和终极关怀的统一。这是一种双重关怀,是全部人类思想史上对人的生存和价值的最激动人心的关怀。

我断然拒绝这样一种观点,即马克思主义"见物不见人"。从对马克思主义发展史的深入研究可以看出,无论是所谓的"不成熟"时期,还是所谓的"成熟"时期,马克思关注的都是现实的人及其历史发展,强调的都是消除人的生存的异化状况、实现无产阶级和人类解放。无产阶级和人类解放,让马克思一生魂牵梦萦,从精神上和方向上决定了马克思一生的理论活动,构成了整个马克思主义的理论主题。正是在马克思主义中,我们看到了一种对资本主义制度的彻底的批判精神,透视出一种对人类生存异化状态的深切的关注之情,领悟到一种旨在实现无产阶级和人类解放的强烈的使命意识。

我同样断然拒绝科拉科夫斯基的观点,即"马克思主义发挥了一种宗教的作用,它的功效具有一种宗教的性质"。这是一种理论无知。按照马克思的观点,"宗教只是幻想的太阳,当人还没有开始围绕自身旋转以前,它总围绕着人而旋转",而宗教批判就是要"使人摆脱幻想",使人作为具有理性、现实性的人来思想和行动,使人能够"围绕着自身和自己现实的太阳旋转"。④ 这就是说,宗教是人丧失了自我意识的观念,是关于人的死的观念,是讲人生如何痛苦,死后如何升天堂的,是"出世"的幻想,在这个意义上,"宗教是人民的鸦片"⑤;

---

① 《马克思恩格斯全集》第 1 卷,第 466—467 页。
② 《马克思恩格斯全集》第 3 卷,第 48 页。
③ 《马克思恩格斯全集》第 3 卷,第 86 页。
④ 《马克思恩格斯全集》第 1 卷,第 453 页。
⑤ 《马克思恩格斯全集》第 1 卷,第 453 页。

马克思主义是人的自我意识的觉醒,是关于人的生的智慧,是教人如何生存、如何生活的,是有价值和有意义的,是"入世"的理论。马克思主义者在改变世界,其"笔落惊风雨,诗成泣鬼神"。

实际上,"宗教是被压迫生灵的叹息,是无情世界的感情,正像它是没有精神的状态的精神一样"①。宗教所要解决的是个人灵魂失衡的问题,马克思主义所要解决的是社会不公的问题,其旨在改变现存世界,建立一个消灭阶级、消除异化、公平正义的社会,共产主义绝不是"千年王国"。

不仅如此,宗教只是要求人们"信",而不追问也不回答"为什么可信",所以,宗教是"信仰";马克思主义不仅让人们"信",而且追问"为什么可信",回答"可信"的事实依据和科学依据是什么,所以,马克思主义是"信念"。马克思主义的信念不同于宗教的信仰,这种信念是建立在历史规律基础上的。马克思主义就是关于资本主义生产方式运动规律、人类社会发展一般规律的科学理论。这种科学性一旦转化为个人内心的价值目标、理想追求和行为准则,就转化为马克思主义的信念。

"马克思主义是马克思的观点和学说的体系。"②列宁对马克思主义的定义表明,马克思只有一个,这就是作为马克思主义主要创立者的马克思,离开了马克思主义的马克思,是虚构的马克思;同样,离开了马克思的马克思主义,是虚构的马克思主义。因此,我们不能以虚无主义的态度对待"马克思的观点和学说",奉行没有马克思的马克思主义。在我看来,这是一种打引号的马克思主义。

我们应当注意,马克思主义是马克思的观点和学说的"体系",而不是马克思的著作和观点的总和。马克思主义当然表现在马克思的著作中,但其中的某本著作、某一观点不能等同于马克思主义。马克思主义是贯穿在马克思的全部著作中,且不断重复出现、具有规律性内涵的基本观点,这些观点和学说在逻辑上是严密的、完整的、一贯的,因而构成了马克思主义的理论体系。从历史的角度看,把马克思的某一著作、某一观点从马克思思想发展的某一阶段分离出来;从逻辑的角度看,把马克思的某一观点、某一学说,甚至某一句话从马克思主义的理论体系中分割开来,都是对马克思主义的曲解。

---

① 《马克思恩格斯全集》第 1 卷,第 453 页。
② 《列宁选集》第 2 卷,第 418 页。

同时,我们也不能以教条主义的态度对待马克思主义,奉行"原教旨主义",认为只有坚持马克思的所有观点和学说,才是马克思主义。这同样是打引号的马克思主义。按照这种标准,马克思主义就会终止于1883年,连恩格斯思想、列宁主义都不属于马克思主义的范畴,因为恩格斯思想的确在某些方面超出了马克思学说的范围,而列宁主义的确在一些重大问题上突破了马克思的某些观点,并用一些新的观点代替了原有的观点。马克思是马克思主义的主要创立者,但我们又不能把马克思的观点和学说与马克思主义完全等同起来,更不能像西方马克思学那样制造"马克思本人的马克思主义"与"恩格斯构成的马克思主义"对立的神话,不能像西方列宁学那样制造"马克思主义"与列宁主义对立的神话。马克思主义是在批判资本主义、探索社会主义的过程中产生的,马克思主义就是由马克思所创立,为他的后继者所发展的关于批判资本主义、建设社会主义的学说,是关于无产阶级和人类解放的理论体系。

二、马克思主义的理论基础:实践、辩证、历史的唯物主义

在《〈黑格尔法哲学批判〉导言》中,马克思说过两句形象而又深刻的话:一是哲学把无产阶级当作自己的"物质武器",无产阶级把哲学当作自己的"精神武器";二是无产阶级是人类解放的"心脏",哲学是人类解放的"头脑"。① 哲学既然是"头脑",那么"头脑"必须清醒;"头脑"不清,就不可能确立人类解放的真实目标,不可能理解人类解放的真正内涵。因此,马克思是联系着政治批判、历史考察,首先从哲学上探讨无产阶级和人类解放,从而创立马克思主义的。马克思主义哲学因此构成了马克思主义的理论基础。列宁多次强调马克思主义的"理论基础"问题,并认为马克思主义的理论基础就是"马克思主义的最抽象和最一般的哲学基本原理"②。

由此产生一个难以回避的问题,那就是如何理解马克思主义哲学的理论特征。长期以来,我们一直把马克思主义哲学称为辩证唯物主义和历史唯物主义,这已经成为固化的、正统的甚至是"经典"的定义。可问题在于,马克思一生从来没有用"辩证唯物主义和历史唯物主义"来称谓他所创立的新哲学,从未提出或

---

① 《马克思恩格斯全集》第1卷,第467页。
② 《列宁选集》第2卷,第281页。

使用过"辩证唯物主义""历史唯物主义"这两个概念。在《神圣家族》中,相对于"机械唯物主义",马克思提出的是"和人道主义相吻合的唯物主义"这一概念①;在《关于费尔巴哈的提纲》中,相对于"旧唯物主义",马克思提出的是"新唯物主义"这一概念②;在《德意志意识形态》中,相对于费尔巴哈的人本唯物主义,马克思提出的是"实践的唯物主义"这一概念③。从马克思主义的历史上看,"辩证唯物主义"是狄慈根首先提出的,"历史唯物主义"是恩格斯首先提出的,而首先把"辩证唯物主义"和"历史唯物主义"并列的,则是卢卡奇。

1886 年,狄慈根在《一个社会主义者在认识论领域中的漫游》中首次提出"辩证唯物主义"这一概念④,用于描述马克思、恩格斯的哲学思想。但是,真正用"辩证唯物主义"来规定马克思主义哲学理论特征的是普列汉诺夫。1895 年,在《论一元论历史观之发展》中,普列汉诺夫明确指出:"'辩证唯物主义'这一术语,它是唯一能够正确说明马克思的哲学的术语。"⑤在 1897—1898 年的《论经济因素》中,普列汉诺夫又指出:"马克思恩格斯论唯物主义世界观……既包括自然界,也包括历史。无论是在自然界或是在历史方面,这种世界观'都是本质上辩证的'。但因为辩证唯物主义涉及到历史,所以恩格斯有时将它叫着历史的。这个形容语不是说明辩证唯物主义的特征,而只表明应用它去解释的那些领域之一。"⑥这就是说,把马克思主义哲学称作辩证唯物主义,是为了凸显马克思主义哲学的本质特征;把马克思主义哲学称作历史唯物主义,是为了说明马克思主义哲学的研究领域。

1859 年,恩格斯在《卡尔·马克思〈政治经济学批判〉》中首次提出"唯物主义历史观"这一概念,并认为唯物主义历史观的要点在《〈政治经济学批判〉序言》中做了"扼要的阐述"⑦。1890 年,恩格斯在致康·施米特的信中首次使用了"历史唯物主义"这一概念⑧,后在《社会主义从空想到科学》英文版导言

---

① 《马克思恩格斯全集》第 2 卷,第 160 页。
② 《马克思恩格斯选集》第 1 卷,第 57 页。
③ 《马克思恩格斯全集》第 3 卷,第 48 页。
④ 《狄慈根哲学著作选集》,杨东莼译,生活·读书·新知三联书店 1978 年版,第 252 页。
⑤ 《普列汉诺夫哲学著作选集》第一卷,博古等译,生活·读书·新知三联书店 1959 年版,第 768 页。
⑥ 《普列汉诺夫哲学著作选集》第二卷,晏成书等译,生活·读书·新知三联书店 1961 年版,第 311 页。
⑦ 《马克思恩格斯选集》第 2 卷,人民出版社 1995 年版,第 38 页。
⑧ 《马克思恩格斯选集》第 4 卷,第 692 页。

中对"历史唯物主义"做出解释,即历史唯物主义是一种"关于历史过程的观点"①。显然,在恩格斯那里,"历史唯物主义"和"唯物主义历史观"是同一个概念,二者都是对马克思主义历史观的不同表述。

首先把"辩证唯物主义"和"历史唯物主义"相提并论的,不是斯大林,而是列宁。按照列宁的观点,马克思的指示是唯物主义,但是,马克思并没有停留在18世纪唯物主义,而是用辩证法"丰富"了唯物主义,创立了"辩证唯物主义";同时,又"加深和发展"了唯物主义,即把"一般唯物主义"对自然界的认识"推广""运用"到对社会历史的认识,创立了"历史唯物主义"。所以,在1914年的《卡尔·马克思》的提纲中,列宁明确地把"辩证唯物主义"和"历史唯物主义"并提:"哲学。辩证唯物主义。唯物主义历史观。"②1923年,卢卡奇在为布哈林的《历史唯物主义理论》所写的书评中也明确地把"历史唯物主义"和"辩证唯物主义"并提,即"历史唯物主义和辩证唯物主义"③。

1929年,苏联学者芬格尔特、萨尔文特出版了《辩证唯物主义和历史唯物主义》,并以此阐述马克思主义哲学。1932年,苏联学者米丁、拉祖莫夫斯基出版了《辩证唯物主义与历史唯物主义》,在马克思主义史上第一次明确地把马克思主义哲学划分为辩证唯物主义和历史唯物主义两个部分。从此,把马克思主义哲学分为辩证唯物主义和历史唯物主义两个部分,把马克思主义哲学称为辩证唯物主义和历史唯物主义,这一分法、这一定义便流传下来,并逐步固化。1938年,斯大林出版了《论辩证唯物主义和历史唯物主义》,肯定了这一分法、这一定义。由于斯大林在当时的苏联以至整个国际共产主义运动中的特殊地位,"辩证唯物主义和历史唯物主义"这一定义便成为马克思主义哲学的唯一的、正统的定义。

用"辩证唯物主义和历史唯物主义"来称谓马克思主义哲学,并非"空穴来风",而是以列宁的思想为直接依据的;把马克思主义哲学的基本内容分为辩证唯物主义和历史唯物主义两个部分,也不是"无中生有",而是对列宁思想的发挥。按照列宁的观点,"马克思一再把自己的世界观叫作辩证唯物主义"④,

---

① 《马克思恩格斯选集》第3卷,第704页。
② 《列宁全集》第26卷,人民出版社1990年版,第372页。
③ 中国社会科学院马列主义毛泽东思想研究所编:《论布哈林和布哈林思想》,贵州人民出版社1982年版,第218页。
④ 《列宁全集》第18卷,人民出版社1988年版,第372页。

而历史唯物主义则是"哲学唯物主义"在社会历史中的"应用"或"贯彻和推广运用"：马克思、恩格斯把自己的"全部注意力集中于此事物""在理论上发展唯物主义，把唯物主义应用于历史"①。"发现唯物主义历史观，或者更确切地说把唯物主义贯彻和推广运用于社会现象领域。"②这是其一。

其二，"马克思加深和发展了哲学唯物主义，而且把它贯彻到底，把它对自然界的认识推广到对人类社会的认识。马克思的历史唯物主义是科学思想中的最大成果。"正因为如此"马克思的哲学是完备的哲学唯物主义。"③

其三，"马克思和恩格斯的学说是从费尔巴哈那里产生出来的，是在同庸才们的斗争中发展起来的，自然他们所特别注意的是修盖好唯物主义哲学的上层，也就是说，他们所特别注意的不是唯物主义认识论，而是唯物主义历史观。"因此，"马克思和恩格斯在他们的著作中特别强调的是**辩证**唯物主义，而不是辩证**唯物主义**，特别坚持的是**历史**唯物主义，而不是历史**唯物主义**"。④

这就是说，列宁把马克思主义哲学称为辩证唯物主义，是为了强调马克思主义哲学的辩证法维度；与"辩证唯物主义"并列，加上"历史唯物主义"来称谓马克思主义哲学，是为了强调历史唯物主义的独创性，强调马克思的哲学是"完备的哲学唯物主义"，是"完整的哲学世界观"。⑤

用"辩证唯物主义和历史唯物主义"来称谓马克思主义哲学未必准确，但我们也不能由此认为辩证唯物主义、历史唯物主义不是马克思主义哲学的理论特征。在我看来，问题的关键在于如何理解实践唯物主义、辩证唯物主义、历史唯物主义的关系。

"实践唯物主义"这一概念所要表明的不仅仅是一种要把理论付诸行动的哲学态度，更重要的是指，实践的观点是马克思主义哲学首要的和根本的观点。按照马克思的观点，作为人的存在方式，实践首先就是人以自身的活动来引起、调整和控制人与自然之间物质变换的过程；为了实现人与自然之间的物质变换，人与人之间必须互换其活动，并必然结成一定的社会关系。这就是说，实践内在地包含着人与自然的关系、人与社会的关系，这些关系的总和构

①《列宁全集》第18卷，第254页。
②《列宁全集》第26卷，第59页。
③《列宁全集》第23卷，人民出版社1990年版，第45页。
④《列宁全集》第18卷，第345页。
⑤《列宁全集》第23卷，第45、467页。

成了现存世界的基本关系。可以说,实践是现存世界的基础,蕴含着现存世界的全部秘密,是人类所面临的一切现实矛盾的总根源。正因为如此,马克思主义把"对象、现实、感性""当作实践去理解","从主体方面去理解"。①

从实践出发去理解现存世界的根本点就在于,从物质生产活动出发去把握现存世界,把物质生产活动所引起的人与自然之间的物质变换作为现存世界的根据和基础。在我看来,承认自然物质的"优先性",这只是新唯物主义与旧唯物主义的共性,它并未构成马克思的新唯物主义本身的特性;确认人以自身的实践活动所引起的人与自然之间的物质变换构成了现存世界的根据和基础,确认现存世界中的物是具有社会关系内涵的"可感觉而又超感觉"的"社会的物",才是马克思新唯物主义的"新"之所在,或者说是新唯物主义的"唯物"之所在。

这就是说,实践不仅是人的存在方式,而且是现存世界的基础,因而成为马克思主义哲学的首要的和根本的观点,成为马克思主义哲学的基石,当然也就构成了马克思主义哲学的理论特征。正是在这个意义上,马克思主义哲学是实践唯物主义。

"整个所谓世界历史不外是人通过人的劳动而诞生的过程,是自然界对人说来的生成过程。"②在"自然界对人生成"的过程中形成的人与自然的关系,是一种"为我而存在"的关系③。这种"为我而存在"的关系就是一种否定性的矛盾关系。具体地说,人类要维持自身的存在、肯定自身,就要对自然界进行否定性的活动,改变自然界的原生态,使之成为"人化自然""为我之物"。

自在自然不断转化为"人化自然","自在之物"不断转化为"为我之物"的过程,也就是人们不断地改造、创造现存世界,同时又不断地改造、创造人本身的过程。与动物不同,人总是在不断制造与自然的对立的关系中去获得与自然的统一的关系的,对自然客体的否定正是对主体自身的肯定。更重要的是,这种否定和肯定都是在特定的社会关系中进行的,作为主体的人本质上是"社会的人",人既是历史的前提,又是历史的"产物和结果",而且人只有作为历史的"产物和结果",才能成为历史的前提;"人化自然"本质上是"历史的自然",而"为我之物"则是"社会的物",在这个意义上,自然是一个社会范畴。

---

① 《马克思恩格斯选集》第1卷,第54页。
② 《马克思恩格斯全集》第42卷,第131页。
③ 《马克思恩格斯全集》第3卷,第34页。

可见,人与自然之间的这种"为我而存在"的否定性关系是最深刻、最复杂的矛盾关系。这种矛盾关系构成了马克思之前众多哲学大师的"滑铁卢",致使唯物主义对人的主体性"望洋兴叹",唯物主义与辩证法遥遥相对。而马克思高出一筹的地方就在于,通过对人的实践活动及其意义深入而全面的剖析,使唯物主义和人的主体性统一起来了,唯物主义和辩证法因此也结合起来了。这就是说,辩证唯物主义构成了马克思主义哲学的又一理论特征。在这个意义上,马克思主义哲学是辩证唯物主义。

当马克思主义以科学的实践观为基础把唯物主义和辩证法有机结合起来、创立辩证唯物主义的同时,也就实现了唯物主义自然观和唯物主义历史观的统一,创立了历史唯物主义。这是同一个过程的两个方面。如前所述,人们为了能够生存,必须进行物质实践,实现人与自然之间的物质变换;为了实现人与自然之间的物质变换,人与人之间必须互换其活动,并必然结成一定的社会关系。这就是说,人与自然的关系和人与人的关系都是在人的实践活动中生成的,实践是社会关系的发源地,并构成了全部社会生活的本质。

从根本上说,社会就是在人与自然之间的物质变换中形成和发展起来的。所以,以往的哲学家,包括旧唯物主义哲学家,把人对自然的实践关系从历史中排除出去后,只能走向唯心主义历史观。而马克思高出一筹的地方就在于,他从人对自然的实践关系出发去理解社会与自然的关系,从实践出发去解释观念,并确认全部社会生活在本质上是实践的,历史则是人的实践活动在时间中的展开,从而消除了"物质的自然"与"精神的历史"对立的神话,实现了唯物主义自然观和唯物主义历史观的统一,创立了历史唯物主义。"自从历史也得到唯物主义的解释以后,一条新的发展道路也在这里开辟出来了"①,历史唯物主义因此构成了马克思主义哲学的又一理论特征。在这个意义上,马克思主义哲学是历史唯物主义。

由此可见,辩证唯物主义、历史唯物主义并不像普列汉诺夫所说的那样,"辩证唯物主义"表明马克思主义哲学的本质特征,是世界观,"历史唯物主义"则表明马克思主义哲学所涉及、解释的领域之一,是历史观;"辩证唯物主义""历史唯物主义"也不像斯大林所说的那样,辩证唯物主义仅仅涉及、解释自然界,是自然观,历史唯物主义仅仅涉及、解释人类社会,是历史观。在马克思主

①《马克思恩格斯选集》第4卷,第228页。

义哲学中,不存在一个独立的、作为理论基础的辩证唯物主义,也不存在一个独立的、仅仅具有"应用"性质的历史唯物主义。辩证唯物主义和历史唯物主义不是马克思主义哲学的两个部分,而是马克思主义哲学在对同一个领域,即人与世界总体关系的研究中呈现出来的两个理论特征;辩证唯物主义和历史唯物主义不是两个"主义",而是同一个"主义",即马克思新唯物主义的两个不同表述。

实践唯物主义、辩证唯物主义、历史唯物主义也不是三个"主义",而是同一个"主义",即马克思新唯物主义的三个基本理论特征,是马克思主义哲学的三个不同表述。

用"实践唯物主义"称谓马克思主义哲学,是为了凸显新唯物主义所内含的实践性维度及其首要性和根本性,因为"对实践的唯物主义者,即共产主义者说来,全部问题都在于使现存世界革命化,实际地反对和改变事物的现状"①。

用"辩证唯物主义"称谓马克思主义哲学,是为了凸显新唯物主义所内含的辩证法维度及其批判性和革命性,因为"辩证法在对现存事物的肯定的理解中同时包含对现存事物的否定的理解",按其本质来说,辩证法"是批判的和革命的"②。

用"历史唯物主义"称谓马克思主义哲学,是为了凸显新唯物主义所内含的历史性维度及其彻底性和完备性,因为唯物主义的彻底性和完备性集中体现在历史唯物主义之中。

我们不能因为马克思一生只使用过一次"实践唯物主义"而认为这一概念不成熟,我们不能因为西方马克思主义倡导"实践唯物主义"而忌讳这一概念,我们也不能因为苏联马克思主义教科书的局限性而"废""辩证唯物主义""历史唯物主义"之"名"。一言以蔽之,作为马克思主义理论基础的马克思主义哲学,就是高度统一、融为一体的实践唯物主义、辩证唯物主义、历史唯物主义,是实践、辩证、历史的唯物主义。

三、马克思主义的哲学批判、政治批判、资本批判及其关系

作为关于无产阶级和人类解放的学说,马克思主义需要哲学,需要一种不

---

① 《马克思恩格斯全集》第 3 卷,第 48 页。
② 《马克思恩格斯全集》第 23 卷,第 24 页。

仅能解释世界,而且能改变世界的新唯物主义哲学,"只有马克思的哲学唯物主义,才给无产阶级指明了如何摆脱一切被压迫阶级至今深受其害的精神奴役的出路";马克思主义需要经济学,需要一种能够深刻把握"资本主义生产的自然规律"及其所引起的阶级对抗的政治经济学,"只有马克思的经济理论,才阐明了无产阶级在整个资本主义制度中的真正地位"①。马克思主义的社会主义是科学社会主义,而不是"哲学社会主义",不是来自哲学的演绎或推导,而是以对资本主义的经济分析为中心建构起来的;马克思主义政治经济学不是伦理学,不是"伦理的和宗教的观点体系",而是对"资本主义生产方式以及和它相适应的生产方式和分配关系"的客观分析。可以说,没有对资本主义的经济分析,没有对资本的批判,就没有马克思主义。马克思主义之所以科学,从根本上说,就在于以事实为依据,如实地揭示了资本主义生产方式的内在矛盾、运行机制和发展规律,并由此透视出人类社会发展的一般规律。在马克思主义理论体系中,哲学批判、政治批判、资本批判是高度统一的。

马克思主义对时代课题的解答,对无产阶级和人类解放的探讨始终贯穿着哲学批判。具体地说,马克思不是直接从现实出发去解答人类历史向何处去这一时代课题的,而是通过对哲学的批判返归现实,从而解答人类历史向何处去这一时代课题的。"正像古代各族是在幻想中、神话中经历了自己的史前时期一样,我们德意志人是在思想中、哲学中经历自己的未来的历史的。我们是本世纪的哲学同时代人,而不是本世纪的历史同时代人。德国的哲学是德国历史在观念上的继续。因此,当我们不去批判我们现实历史的 œuvres incomplètes[未完成的著作],而来批判我们观念历史的 œuvres posthumes[遗著]——哲学的时候,我们的批判恰恰接触到了本世纪所谓的 that is the question[问题所在!]的那些问题的中心。"②

深入研究马克思主义史可以看出,马克思"成为马克思",其每前进一步都是通过哲学批判取得的:1843 年的"黑格尔法哲学批判"、1844 年的"对黑格尔的辩证法和整个哲学的批判"、1845 年的"对批判的批判所做的批判"以及"对法国唯物主义的批判"、1846 年的"对费尔巴哈、布鲍威尔和施蒂纳所代表的现代德国哲学的批判"……这一系列的哲学批判使马克思得到了严格的理

---

① 《列宁选集》第 2 卷,第 314 页。
② 《马克思恩格斯全集》第 1 卷,第 458 页。

论锻炼,对现实的政治状况、社会矛盾和"问题中心"有了更深刻的认识,对经济学、政治学以及哲学本身有了更透彻的理解。

马克思主义的哲学批判首先体现为对"形而上学"这种哲学形态的批判。从历史上看,形而上学在对终极存在的探究中确立一种严格的逻辑规则,标志着作为理论形态的哲学的形成。但是,形而上学中的存在又是脱离了现实的人及其活动的存在。无论是近代唯心主义哲学中的"绝对理念",还是近代唯物主义哲学中的"抽象物质",从根本上说,都是一种与现实的人和现实的社会无关的抽象的存在、抽象的本体。从这种抽象的存在、抽象的本体出发,无法认识现实社会,无法解答现实的人所面临的种种紧迫的生存问题。因此,马克思在《神圣家族》中明确提出:"反对一切形而上学。"①

但是,马克思主义对形而上学的批判并没有停留在"纯粹哲学"的层面上,而是将哲学批判同政治批判结合起来,从而"对现存的一切进行无情的批判",并力图"在批判旧世界中发现新世界"。② 实际上,哲学批判与政治批判相结合是马克思始终如一的方法。早在马克思主义创立之初,马克思就明确指出:"费尔巴哈的警句只有一点不能使我满意,这就是:他过多地强调自然而过少地强调政治。然而这一联盟是现代哲学能够借以成为真理的唯一联盟。"③正因为如此,马克思一再强调政治批判,一再强调哲学批判与政治批判相结合,并认为"彼岸世界的真理消逝以后,历史的任务就是确立此岸世界的真理。人的自我异化的神圣形象被揭穿以后,揭露非神圣形象中的自我异化,就成了为历史服务的哲学的迫切任务。于是,对天国的批判就变成对尘世的批判,对宗教的批判就变成对法的批判,对神学的批判就变成对政治的批判"④。

马克思主义把哲学批判与政治批判结合起来,也就是把形而上学批判与意识形态批判结合起来。按照马克思的观点,形而上学中的"抽象存在"与资本主义社会中的"抽象统治"具有同一性,在资本主义社会,个人受"抽象统治",而抽象或观念无非是那些统治个人的物质关系的理论表现。这就是说,资本主义社会中"抽象关系"的统治和形而上学中"抽象存在"的统治具有必然的关联性及其同一性。用阿多诺的话来说就是,形而上学中的同一性原则与

① 《马克思恩格斯全集》第 2 卷,第 159 页。
② 《马克思恩格斯全集》第 1 卷,第 416 页。
③ 《马克思恩格斯全集》第 27 卷,人民出版社 1972 年版,第 442—443 页。
④ 《马克思恩格斯全集》第 1 卷,第 453 页。

资本主义社会中的同一性原则不仅对应,而且同源,正是在商品交换中,同一性原则获得了它的社会形式,离开了同一性原则,这种社会形式便不能存在。所以,在资本主义社会,形而上学就是资产阶级意识形态,或者说,是以意识形态的方式发挥其政治功能,从而为资产阶级政治统治辩护和服务的。

正因为如此,在马克思那里,形而上学批判进行到一定程度便必然展开意识形态批判。在形而上学批判和意识形态双重批判中建立起来的马克思主义,不仅是客观认知某种规律的知识体系,而且是批判资本主义的意识形态。换言之,在马克思主义理论体系中,哲学批判和政治批判是高度统一的。实际上,哲学不可能脱离政治,政治也需要哲学,哲学与时代的统一性首先就是通过它的政治效应实现并体现出来的,哲学变革因此成为政治变革的先导,成为时代精神的精华。

更重要的是,马克思主义的哲学批判是同资本批判密切相关、高度统一的。在马克思看来,无论是形而上学批判,还是意识形态批判,应当、也必须延伸到对现实生活过程的批判。这是因为,"意识在任何时候都只能是被意识到了的存在,而人们的存在就是他们的实际生活过程。如果在全部意识形态中,人们和他们的关系就像在照相机中一样是倒现着的,那末这种现象也是从人们生活的历史过程中产生的,正如物象在眼网膜上的倒影是直接从人们生活的物理过程中产生的一样"①。在马克思的时代,对现实生活过程的批判首先是对资本主义生产方式的批判,也就是资本批判。

按照马克思的观点,"资产阶级生存和统治的根本条件,是财富在私人手里的积累,是资本的形成和增殖"②。问题在于,资本不是物,而是一定的社会关系,它体现在物上,并赋予这个物以特有的社会性质;资本不仅是人与物的关系,而且是人与人的关系,资本家不过是资本的人格化,而雇佣工人只是资本增殖的工具;资本使人与人的关系采取了一种物的形式,以致使人与人的关系表现为物与物的关系,表现为物对人的支配关系。

更重要的是,资本的生存是一个不断自我建构和自我扩张的过程。在这个过程中,资本不仅改变了人与自然的关系,而且改变了人与人的关系;不仅改变了与人相关的自然界的存在属性,而且改变了人类社会的存在形态,创造

---

① 《马克思恩格斯全集》第3卷,第29—30页。
② 《马克思恩格斯选集》第1卷,第284页。

了"社会、历史所创造的因素占优势"的资本主义社会;资本本身就是一种有机体制,"这种有机体制本身作为一个总体有自己的各种前提,而它向总体发展的过程就在于:使社会的一切要素从属于自己,或者把自己还缺乏的器官从社会中创造出来"①。

"如果说以资本为基础的生产,一方面创造出一个普遍的劳动体系,——即剩余劳动,创造价值的劳动,那么,另一方面也创造出一个普遍利用自然属性和人的属性的体系,创造出一个普遍有用性的体系,甚至科学也同人的一切物质的和精神的属性一样,表现为这个普遍有用性体系的体现者,而且再也没有什么东西在这个社会生产和交换的范围之外表现为自在的更高的东西,表现为自为的合理的东西。因此,只有资本才创造出资产阶级社会,并创造出社会成员对自然界和社会联系的普遍占有。由此产生了资本的伟大的文明作用;它创造了这样一个社会阶段,与这个社会阶段相比,以前的一切社会阶段都只表现为人类的地方性发展和对自然的崇拜。只有在资本主义制度下自然界才不过是人的对象,不过是有用物;它不再被认为是自为的力量;而对自然界的独立规律的理论认识本身不过表现为狡猾,其目的是使自然界(不管是作为消费品,还是作为生产资料)服从于人的需要。资本按照自己的这种趋势,既要克服民族界限和民族偏见,又要克服把自然神化的现象,克服流传下来的、在一定界限内闭关自守地满足于现有需要和重复旧生活方式的状况。资本破坏这一切并使之不断革命化,摧毁一切阻碍发展生产力、扩大需要、使生产多样化、利用和交换自然力量和精神力量的限制。"②

马克思的精彩表述表明,资本是资本主义社会的根本规定、存在形式和建构原则,并构成了资本主义社会的基本建制,正是资本使资本主义社会总体化了。在资本主义社会,资本具有支配一切的权力,是一种自在自为的存在,是最基本和最高的社会存在物。一言以蔽之,资本本身就是一种独特的社会存在。

正是在哲学批判和资本批判双重批判的过程中,马克思主义扬弃了抽象的存在,发现了现实的存在及其秘密,发现了人与人的关系以物化方式而存在的秘密,发现了人的生存状态以及人本身自我异化的秘密,一句话,发现了社

---

① 《马克思恩格斯全集》第 46 卷上,第 235—236 页。
② 《马克思恩格斯全集》第 46 卷上,第 392—393 页。

会主义必然代替资本主义的历史规律。当代的世界市场体系、国际政治结构和主流意识形态，都证明了马克思主义的哲学批判和资本批判的真理性及其深刻性、超越性，并表明我们仍然处在资本支配一切的时代。在当代，无论是对科学技术、政治制度和价值观念的研究，还是对个人生存方式、社会生产方式和国际交往方式的研究，都必须明白，资本是当代社会的基本建制，都必须以马克思主义的哲学批判和资本批判为理论基础。否则，任何理论"创新"都将成为无根的浮萍。

哲学批判和资本批判高度统一，是马克思的独特的思维方式。科学社会主义正是以哲学批判为前提、以资本批判为中心发展起来的。用恩格斯的话来说就是，由于唯物主义历史观和剩余价值理论这两个伟大发现，社会主义由空想变成科学。

四、科学社会主义的"科学"所在

科学社会主义是关于无产阶级解放运动的性质、条件和使命的学说。正如恩格斯所说，"完成这一解放世界的事业，是现代无产阶级的历史使命。深入考察这一事业的历史条件以及这一事业的性质本身，从而使负有使命完成这一事业的今天受压迫的阶级认识到自己的行动的条件和性质，这就是无产阶级运动的理论表现即科学社会主义的任务"①。

科学社会主义是以历史规律为其客观依据和理论前提的。波普尔看到了这一事实，认为科学社会主义是马克思依据历史规律对未来所做的预言。问题在于，波普尔却把这一合理的事实溶解于不合理的理解之中，即认为不存在历史规律，因而只要"清除"历史规律，就能摧毁科学社会主义。波普尔实际上是力图釜底抽薪，从根本上否定科学社会主义的科学性。可是，波普尔是在否定一个无法否定的事实，这就是，历史的确有其内在规律，不管你如何诅咒，也无法"清除"历史规律。

从历史上看，每一代封建君主都被反复教导如何进行统治，甚至还有《资治通鉴》之类的书供他们阅读，以希图封建王朝万世一系。可是，历史上照样发生农民起义，照样发生改朝换代，照样发生资产阶级革命。1566 年的尼德兰

①《马克思恩格斯选集》第 3 卷，第 760 页。

革命、1640 年的英国革命、1775 年的美国革命战争、1789 年的法国革命、1911 年的中国辛亥革命……这一个个不可重复的历史事件的出现,体现的正是资产阶级革命的历史规律。威廉、克伦威尔、华盛顿、罗伯斯庇尔、孙中山……这一个个不可重复的历史人物的出现,体现的正是时势造英雄的历史规律。而且,不同的时势造就不同的英雄,或者说,不同的时代需要不同的英雄,秦皇汉武、唐宗宋祖以及"一代天骄成吉思汗"……"滚滚长江东逝水,浪花淘尽英雄"。

这表明,在认识历史时,我们应当区分三个概念,即历史事件、历史现象和历史规律。任何历史事件的产生都是必然性与偶然性共同作用的结果,正是其中的偶然性使历史事件各具特色、不可重复,历史事件因此都是"一";历史现象则是"多",日本的明治维新是"一",中国的戊戌变法是"一",美国的罗斯福新政也是"一",可改革或改良作为一种历史现象在历史上并不罕见,是"多";在这多种多样的历史现象的背后,存在着只要具备一定的条件就能重复起作用的历史规律。

凡是规律,都具有"重复性和常规性"。历史规律同样如此。马克思主义"提供了一个完全客观的标准,它把生产关系划为社会结构,并使人有可能把主观主义者认为不能应用到社会学上来的重复性这个一般科学标准,应用到这些关系上来。当他们还局限于思想的社会关系(即通过人们的意识而形成的社会关系)时,他们不能发现各国社会现象中的重复性和常规性,他们的科学至多不过是记载这些现象,收集素材。一分析物质的社会关系(即不通过人们的意识而形成的社会关系:人们在交换产品时彼此发生生产关系,甚至都没有意识到这里存在着社会生产关系),立刻就有可能看出重复性和常规性"[1]。在研究历史的过程中,马克思主义把社会关系归结于生产关系,把生产关系归结于生产力水平,从而发现了历史规律及其"重复性和常规性",并能"用自然科学的精确性"指明社会"生产的经济条件方面所发生的物质"[2]的变革。重复性、常规性和精确性是科学的标志。马克思主义发现了历史规律的"重复性和常规性",并能以"自然科学的精确性"指明社会的物质变革,这表明,马克思主义及其社会主义学说是一门科学,一门成熟的科学。

---

① 《列宁全集》第 1 卷,人民出版社 1984 年版,第 109—110 页。
② 《马克思恩格斯选集》第 2 卷,第 33 页。

按照马克思的观点,资产阶级生存和统治的根本条件是资本的形成和增殖,而资本形成和增殖的过程实际上就是剩余价值不断生产和实现的过程,剩余价值规律由此成为资本主义社会的基本经济规律。而剩余价值规律必然导致生产出来的产品受到现有消费量的限制,必然导致生产出来的产品作为新的价值受到货币量的限制。从根本上说,这两个限制就是资本对生产力无限发展趋势的限制。所以,马克思认为,"资本主义生产的真正限制是资本自身"①。这表明,资本主义或迟或早、或这样或那样必然要被社会主义所代替。正是依据资本主义社会的基本经济规律,马克思主义科学地预见到资本主义社会的发展趋势,并科学地制定了社会主义社会的基本规定。

第一,在经济上实现生产力的巨大增长和高度发展。

"生产力的巨大增长和高度发展"是社会主义社会"绝对必需的实际前提"。没有"生产力的巨大增长和高度发展",就不可能真正巩固社会主义制度,不仅如此,而且会导致"贫穷的普遍化;而在极端贫困的情况下,就必须重新开始争取必需品的斗争,也就是说,全部陈腐的东西又要死灰复燃"②。社会主义的实践完全证实了马克思这一观点的真理性、深刻性及巨大的超越性。

第二,在生产关系上建立生产资料公有制,重建个人所有制。

社会主义制度同资本主义制度之间具有决定意义的差别就在于,在实行生产资料公有制的基础上组织生产,逐步实现人民共同富裕,即"生产将以所有人的富裕为目的"③。就公有制与个人的关系来说,每个社会成员只有同其他社会成员联合成一个整体,才能获得生产资料所有者的地位。占有主体的这种整体性、社会性决定了公共所有的财产权不能在个人之间任意分割、自由交易。任何试图把公共所有的财产权量化到个人身上的做法都必然对社会主义公有制构成侵犯。

同时,生产资料公有制又不能成为脱离个人的抽象物。按照马克思的观点,共产主义就是要"排除一切不依赖于个人而存在的东西"④。"在无产阶级的占有制下,许多生产工具应当受每一个个人支配,而财产则受所有的个人支

---

① 《马克思恩格斯全集》第 25 卷,第 278 页。
② 《马克思恩格斯全集》第 3 卷,第 39 页。
③ 《马克思恩格斯全集》第 46 卷,人民出版社 1979 年版,第 222 页。
④ 《马克思恩格斯全集》第 3 卷,第 79 页。

配。""联合起来的个人对全部生产力总和的占有,消灭着私有制。"①正是在这个意义上,建立社会主义公有制也就是重建个人所有制。马克思明确指出:"从资本主义生产方式产生的资本主义占有方式,从而资本主义私有制,是对个人、以自己劳动为基础的私有制的第一个否定。但资本主义生产由于自然过程的必然性,造成了对自身的否定。这是否定的否定。这种否定不是重新建立私有制,而是在资本主义时代的成就的基础上,也就是说,在协作和对土地及靠劳动本身生产的生产资料的共同占有的基础上,重新建立个人所有制。"②

第三,在分配方式上实行按劳分配,实现平等。

按劳分配的实质就在于,以劳动作为占有产品、获得收入的"同一原则""同一尺度"。正如马克思所说,"这里通行的是调节商品交换(就它是等价的交换而言)的同一原则","平等就在于以同一尺度——劳动——来计量"。③ 在社会主义社会,尽管按劳分配是以默认不同的劳动者具有不同天赋、不同能力为前提的,尽管"某一个人事实上所得到的比另一个人多些,也就比另一个人富些",尽管在特定的意义上这是一种"不平等的权利",但是,由于按劳分配不承认任何阶级差别,由于按劳分配按照"同一原则""同一尺度",即劳动来计量,因而它在社会主义社会本质上是一种"平等的权利"。

"权利决不能超出社会的经济结构以及由经济结构制约的社会的文化发展。"④在社会主义社会,全部社会公平的重建只能以现实的经济结构以及按劳分配为基础,我们只能坚持和深化这一基本原则,而不能放弃这一基本原则。问题在于,社会主义市场经济体制的建立必然使社会范围内的按劳分配只能通过市场机制和价值形式,以迂回曲折的形式间接地加以完成。因此,寻找一种既符合市场经济要求又体现按劳分配本质的劳动计量方式,使按劳分配与市场机制有机结合起来,才是问题的关键所在。

第四,在政治上实现社会主义民主,同时在"政治上的过渡时期"实行无产阶级专政。

---

① 《马克思恩格斯全集》第 3 卷,第 76、77 页。
② 《马克思恩格斯全集》第 23 卷,第 832 页。
③ 《马克思恩格斯选集》第 3 卷,第 304 页。
④ 《马克思恩格斯选集》第 3 卷,第 305 页。

"工人革命的第一步就是使无产阶级上升为统治阶级,争得民主。"①民主是社会主义的生命,没有民主,也就没有社会主义。社会主义民主应当也必须是更真实、更深刻、更广泛的民主。在马克思看来,社会主义民主实质上"是人民群众获得社会解放的政治形式"②,是人民群众把国家政权重新收回,组成自己的力量去代替压迫他们的有组织的力量。

同时,马克思认为,在资本主义社会向社会主义社会转变的"革命时期"和"政治上的过渡时期","国家只能是无产阶级的革命专政"③。"阶级斗争必然导致无产阶级专政","这个专政不过是达到消灭一切阶级和进入无阶级社会的过渡"。④ 我们应当明白,在资本主义的世界体系中进行社会主义建设,没有强大的无产阶级专政是无法立足的。

第五,在人本身的发展上,实现每个人的全面而自由的发展。

《共产党宣言》明确指出:"代替那存在着阶级和阶级对立的资产阶级旧社会的,将是这样一个联合体,在那里,每个人的自由发展是一切人的自由发展的条件。"⑤《资本论》重申,共产主义就是"以每个人的全面而自由发展为基本原则的社会形式"⑥。恩格斯认为,"代替那存在着阶级和阶级对立的资产阶级社会的,将是这样一个联合体,在那里,每个人的自由发展是一切人的自由发展的条件",这一论断实际上表达了共产主义社会的根本特征⑦。这表明,实现每个人的全面而自由发展不仅是马克思主义哲学的最高命题,而且是科学社会主义的最高命题。

任何一门科学都以发现和把握某种规律为己任,任何一种学说要成为科学,都必须揭示研究对象的规律性。科学社会主义之所以是"科学"社会主义,从根本上说,就是由于它深刻把握了资本主义社会的运动规律,用马克思的话来说,这是以"铁的必然性发生作用并且正在实现的趋势"⑧。以人类社会发展的一般规律为前提,以资本主义社会的基本规律和社会主义社会的基本规

---

① 《马克思恩格斯选集》第 1 卷,第 293 页。
② 《马克思恩格斯选集》第 3 卷,第 95 页。
③ 《马克思恩格斯选集》第 3 卷,第 314 页。
④ 《马克思恩格斯选集》第 4 卷,第 547 页。
⑤ 《马克思恩格斯选集》第 1 卷,第 294 页。
⑥ 《马克思恩格斯全集》第 23 卷,第 649 页。
⑦ 参见《马克思恩格斯选集》第 4 卷,第 730 页。
⑧ 《马克思恩格斯全集》第 23 卷,第 8 页。

定为内容,正是科学社会主义的"科学"之所在。

马克思一方面制定了社会主义社会的基本规定,另一方面又拒绝对建设社会主义的具体方案进行论证,提供"预定看法"。1881 年,马克思在致纽文胡斯的信中明确指出:"在将来某个特定的时刻应该做些什么,应该马上做些什么,这当然完全取决于人们将不得不在其中活动的那个既定的历史环境。但是,现在提出这个问题是不着边际的,因而实际上是一个幻想的问题。"①这种态度本身就是科学社会主义不同于空想社会主义的一个重要标志。实际上,早在马克思主义创立之初,马克思、恩格斯就告诫后辈马克思主义者:马克思主义"绝不提供适用于各个历史时代的药方或公式。相反,只是人们着手考察和整理资料(不管是有关过去的还是有关现代的)的时候,在实际阐述资料的时候,困难才开始出现。这些困难的克服受到种种前提的制约,这些前提在这里根本是不可能提供出来的,而只是从对每个时代的个人的实际生活过程和活动的研究中得出的"②。

马克思是普罗米修斯,而不是上帝;马克思主义是科学,而不是启示录,它没有也不想"教条式地预料未来",没有也不可能提供有关未来社会一切问题的答案。自诩为包含一切问题答案的学说只能是神学,而不可能是科学。企图用马克思关于另一个历史时期的某一论述来解决当前发生的独特而复杂的现实问题,是"不可救药的书呆子";企图从马克思的著作中寻找有关当代问题的现代答案,是把马克思主义由科学变成启示录。马克思主义提供的不是教条,不是关于当代问题的现成答案,而是研究当代问题的科学的方法。我们只能按照马克思主义的"本性"期待它做它所能做的事,而不能要求它做它不能做或做不到的事。

五、马克思主义的内在结构及其整体性

以上所述涉及、内含着一个重要问题,这就是马克思主义理论体系的内在结构问题。在马克思主义的历史上,明确提出并分析马克思主义理论体系构成问题的,是列宁。列宁在《马克思主义的三个来源和三个组成部分》中,明确

---

① 《马克思恩格斯选集》第 4 卷,第 643 页。
② 《马克思恩格斯全集》第 3 卷,第 31 页。

地把哲学、政治经济学和社会主义学说列为马克思主义的"三个组成部分",并结合德国古典哲学、英国古典经济学和法国空想社会主义这三个理论来源,对"三个组成部分"的内容做了扼要的论述。更重要的是,列宁是把"三个组成部分"作为一个整体来论述的。

列宁的这一划分是正确的,其立足点是既成的事实,而不是抽象的可能,即马克思主义应当包括什么,可能包括什么。马克思是理论家,而不是"散文家";马克思主义是理论体系,而不是"散文的意义"上的观点或学说的汇集,我们不能因为马克思的言论涉及某种理论或某一学科,就认为马克思主义包含着类似的理论或某一学科,或去建构马克思主义的某某学。马克思是科学家,而不是神学家;马克思主义是科学理论,而不是神学大全;马克思主义为我们解答历史难题提供了至关重要的见解,而不是提供了全能的解释,我们不能因为马克思主义博大精深,就把马克思主义理解并建构成包罗万象、全能解释的思想体系。历史已经证明,凡是以包罗万象、全能解释自诩的思想体系,就像希图万世一系的封建王朝一样,无一不走向没落。

在我看来,由哲学、政治经济学和科学社会主义这三个部分构成马克思主义理论体系的内在结构,是由无产阶级和人类解放这一理论主题与马克思主义理论的内在逻辑决定的。无产阶级需要自己的哲学,因为哲学是无产阶级的"精神武器",是人类解放的"头脑"和"高卢雄鸡",只有马克思主义的哲学才发现了人类社会发展的一般规律;无产阶级需要自己的经济学,因为"对市民社会的解剖应该到政治经济学中去寻求"[1],只有马克思主义的政治经济学才发现了资本主义生产方式的运动规律;而"这两个伟大的发现——唯物主义历史观和通过剩余价值揭开资本主义生产的秘密,都应当归功于马克思。由于这些发现,社会主义变成了科学"[2]。这就是马克思主义理论体系的内在逻辑。

无疑,在马克思主义理论体系中,哲学、政治经济学、科学社会主义都有各自的相对独立性,在今天的学科建制中属于不同的学科。但是,在马克思主义理论体系中,哲学、政治经济学、科学社会主义不仅相互依存,而且相互渗透,构成了一个完整的理论体系,把其中任何一个组成部分同整体割裂开来,都会

---

[1] 《马克思恩格斯选集》第2卷,第32页。
[2] 《马克思恩格斯选集》第3卷,第740页。

使其丧失原有的性质,并会导致对作为一个整体的马克思主义的误解甚至曲解。第二国际马克思主义淡化了马克思主义的哲学,认为唯物主义历史观可以和别的哲学"合得拢",并把马克思主义理解为"实证科学";西方马克思主义则淡化了马克思主义的政治经济学,并力图用现代西方哲学的其他流派来"补充"马克思主义,从而把马克思主义改造成一种"纯粹哲学"或文化批判理论;苏联马克思主义确认哲学、政治经济学、科学社会主义是马克思主义的三个组成部分,但又把马克思主义哲学、马克思主义政治经济学、科学社会主义变成了各自独立、互不"干扰"的三个学科。这样一来,作为一个整体的马克思主义实际上就被"肢解"了。

从马克思主义哲学、马克思主义政治经济学和科学社会主义的真实关系来看,马克思主义哲学不仅是在批判德国古典哲学,而且是在批判英国古典经济学、法国空想社会主义的过程中生成的;在批判英国古典经济学、法国空想社会主义过程中生成的马克思主义哲学,反过来又成为马克思主义政治经济学的"研究方法"和"叙述方法",成为科学社会主义的理论前提。用马克思的话来说就是,他一经得到唯物主义历史观,就用于指导他的经济学研究工作,而唯物主义辩证法既是他的经济学的"研究方法",又是他的经济学的"叙述方法"。按照恩格斯的观点,"科学社会主义本质上就是德国的产物,而且也只能产生在古典哲学还生气勃勃地保存着自觉的辩证法传统的国家,即在德国。唯物主义历史观及其在现代的无产阶级和资产阶级之间的阶级斗争上的特别应用,只有借助于辩证法才有可能"①。

同时,"自从《资本论》问世以来,唯物主义历史观已经不是假设,而是科学地证明了的原理"②。这是因为《资本论》对资本主义社会的活动规律和发展规律做了详尽的分析:不仅分析了资本主义社会的经济基础,而且分析了资本主义社会的上层建筑;不仅分析了资本主义社会的阶级关系,而且分析了资产阶级的家庭关系;不仅分析了资产阶级的自由平等之类的思想,而且分析了资本主义社会日常生活的方方面面,从而揭示了资本主义生产方式的运动规律,并由此科学地证明了唯物主义历史观。正如列宁所说,"既然运用唯物主义去分析和说明一种社会形态就取得这样辉煌的成果,那么,十分自然,历史唯物

---

① 《马克思恩格斯选集》第 3 卷,第 691—692 页。
② 《列宁全集》第 1 卷,第 112 页。

主义已不再是什么假设,而是经过科学检验的理论了"①。不仅如此,唯物主义历史观本身又内含着辩证法,"马克思和恩格斯称之为辩证方法(它与形而上学方法相反)的,不是别的,正是社会学中的科学方法,这个方法把社会看作处在不断发展中的活的机体"②。这就是说,《资本论》的问世不仅使唯物主义历史观成为科学检验的理论,而且使唯物主义辩证法也成为科学检验的理论了。

更重要的是,马克思主义政治经济学不仅是一种关于资本的理论,而且是对资本的理论批判或批判理论,因而具有哲学的内涵和意义,意味着"政治经济学理论的严格表述所不可缺少的理论(哲学)概念的产生"③。在我看来,马克思主义以商品为起点范畴,以资本为核心范畴而展开的对资本主义社会的批判,本质上是一种存在论或本体论意义上的批判。我们既不能从西方传统哲学、"学院哲学"的视角去理解马克思主义的资本批判,也不能从西方传统经济学、"学院经济学"的视角去理解马克思主义的资本批判。实际上,马克思主义的资本批判理论已经超出了经济学的边界,而到了哲学的"首府"——存在论或本体论。

科学社会主义是以马克思主义政治经济学,尤其是剩余价值理论为中心发展起来的,正如列宁所说,《资本论》就是"叙述科学社会主义的主要的和基本的著作"④。同时,科学社会主义的根本原则又蕴含在马克思主义哲学中,如前所述,每个人的全面而自由发展既是马克思主义哲学的最高命题,又是科学社会主义的最高命题。所以,马克思认为,新唯物主义就是"共产主义的唯物主义","实践的唯物主义者,即共产主义者"。科学社会主义最集中体现了马克思主义的理论主题和理论使命,在这个意义上,马克思主义就是科学社会主义。

因此,马克思主义哲学批判的意义只有在同马克思主义资本批判的关联中,才能显示出来;马克思主义资本批判只有在马克思主义哲学批判这一更大的概念背景中,才能得到真正的理解;而马克思主义哲学批判、资本批判只有在无产阶级和人类解放这一更大的政治批判的背景中,才能得到真正的理解。"就这种批判代表一个阶级而论,它能代表的只是这样一个阶级,这个阶级的

---

① 《列宁全集》第 1 卷,第 115 页。
② 《列宁全集》第 1 卷,第 135 页。
③ 〔法〕阿尔都塞等:《读〈资本论〉》,第 215 页。
④ 《列宁全集》第 1 卷,第 154 页。

历史使命就是推翻资本主义生产方式和最后消灭阶级,这个阶级就是无产阶级。"①哲学批判、资本批判和政治批判的相互渗透、高度统一,是马克思的独特的思维方式;哲学、政治经济学和科学社会主义的相互渗透、高度统一,是马克思主义的独特的存在方式。

当然,我注意到,人们对马克思主义的认识并非一致,而且存在着较大的分歧和争论。从历史上看,一个伟大的思想家逝世之后,对他的观点和学说产生分歧和争论,不乏先例。但是,像马克思主义这样在世界范围内进行如此持久的研究,产生如此重大的分歧和争论,却是罕见的。而且,马克思离我们的时代越远,对他的认识的分歧也就越大,就像行人远去,越远越难以辨认一样。米尔斯由此认为:"正如大多数复杂的思想家一样,马克思并没有得到人们统一的认识。我们根据他在不同发展阶段写出的书籍、小册子、论文和书信对他的著述做出什么样的说明,取决于我们自己的观点,因此,这些说明中的任何一种都不能代表'真正的马克思'。"②米尔斯所描述的问题是真实的,但他对问题的回答却是错误的,即不存在一个客观意义上的、真正的马克思主义,存在的只是不同的人所理解的不同的马克思主义。

有人据此把马克思与哈姆雷特进行类比,认为犹如一千个观众的眼中有一千个哈姆雷特一样,一千个读者心中有一千个马克思,不存在一个本来意义上的马克思主义。在我看来,这是一个似是而非、"不靠谱"的类比和说法。问题的关键在于,哈姆雷特是莎士比亚塑造的艺术形象,马克思主义是由马克思创立的科学理论;艺术形象可以有不同的解读,而科学理论揭示的是客观规律,这种认识正确与否要靠实践检验,而不是依赖认识主体的解读。实际上,即使是艺术形象,也不能过度解读。我们能把"哈姆雷特"解读为中国南唐亡国之君、一代词帝李煜吗? 显然不能! 我们能把"威尼斯商人"解读为中国近代的"红顶商人"胡雪岩吗? 显然不能! 我们能把贝多芬《英雄交响曲》中的"英雄"解读为"只识弯弓射大雕"的成吉思汗吗? 显然不能! 合理的解读总是有限度的,总是有"底线"的。

从认识论的角度看,对马克思主义认识的分歧,是由认识者生活的历史环境和"理解的前结构"决定的。人们总是生活在特定的历史环境中,并在特定

---

① 《马克思恩格斯全集》第 23 卷,第 18 页。
② 〔美〕米尔斯:《马克思主义者》,商务印书馆编辑部译,商务印书馆 1965 年版,第 39 页。

的意识形态氛围中进行认识活动的。问题就在于,历史环境的不可复制性,历史进程的不可逆转性,历史事件的不可重复性,使认识者不可能完全"回到"被认识者生活的特定的历史情境,不可能完全"设身处地"地从被认识者的角度去理解他的文本,因而也就不可能完全恢复和再现被认识者思想的"本来面目"。特定的历史环境和"理解的前结构"支配着理解的维度、深度和广度,即使是最没"定见"的认识者也不可能"毫无偏见"。人的认识永远是具体的、历史的,不可能超出认识者的实践基础和历史环境,必然受到认识者的"理解的前结构"的制约。

但是,我们又能够站在当代实践和科学的基础上,通过对马克思主义产生的历史背景的考察,通过对马克思主义文本的分析,通过对马克思主义历史的梳理,使作为认识者的我们的视界和作为被认识者的马克思的视界融合起来,从而不断走向马克思,走近马克思,走进马克思思想的深处,把握和说明马克思主义的本质特征,把握和说明"本来如此的马克思主义"。正如弗兰尼茨基所说,"究竟是存在一种本来如此的马克思主义呢,还是马克思的思想也遭到了任何伟大思想相同的命运:各个时代都结合本身的问题和形势看到这一思想的不同方面,更有甚者,个别人不仅用它来说明时代的现状,而且用它来说明自身的能力。马克思主义思想史至少应当回答其中最重要的问题,并尽可能地做出说明","马克思主义思想史首先应该说明,在一定的时期中,什么样的马克思主义以及它在多大程度上体现了创造性的解决办法,哪一种马克思主义是经得起历史考验的最深刻的马克思主义,并且是真正符合当代历史要求的马克思主义"[1]。在我看来,这种"经得起历史考验的最深刻的""真正符合当代历史要求的马克思主义",就是"本来如此的马克思主义"。

就马克思主义理论体系的内在结构而言,"本来如此的马克思主义"就是由哲学、政治经济学和科学社会主义这"三个组成部分"构成的。海尔布隆纳的观点进一步证实了列宁观点的合理性。海尔布隆纳指出,"马克思主义思想一定存在可识别的同一性,或者,说得更准确一些,是受马克思著作启发而形成的、我们用混合词'马克思主义'描绘的思想具有可识别的同一性。这种同一性源于一组共有的前提,无论这些文献的作者所持的观点多么严格或多么有悖于传统或这些观点之间多么不一致,我们在所有的马克思主义文献中都

---

① 〔南〕弗兰尼茨基:《马克思主义史》Ⅰ,李嘉思等译,人民出版社1986年版,第17、6页。

能发现它们。换句话说,我认为存在一组界定马克思主义思想的前提,这样,包含了这些前提要素的任何分析都可以被合理地划归为'马克思主义'"①,并认为这种"共有的前提"以及"同一性"体现在四个方面:一是辩证法;二是历史唯物主义;三是对资本主义的一般看法;四是社会主义的信念。

在我看来,海尔布隆纳不仅提供了一个衡量是否是马克思主义的共同的、客观的标准,而且实际上表明,哲学、政治经济学和科学社会主义是马克思主义"三个组成部分",构成了马克思主义理论体系的内在结构。正是由于这样一个内在结构提供了一个"整体社会的视界","让那些互不相容,似乎缺乏通约性的批评方式各就其位,确认它们局部的正当性,从而既消化又保留了它们"②,因此,马克思主义是当代"不可超越的意义视界"③。

我不能同意这样一种观点,即马克思主义产生于"维多利亚时代",距今已经170年,因而已经过时。这是一种"傲慢与偏见"。我们不能以某种学说创立时间的近和远来判断它是否是真理,是否有价值,是否有意义。新的未必就是真的,老的未必就是假的。阿基米德定理创立的时间尽管很久远了,尽管很"老"了,但今天的造船业无论多么发达,也不能违背这一定理。如果违背了阿基米德定理,那么,造出的船无论材料多么先进,形式多么豪华、"人性化",都不可能航行,如航行必沉无疑。

实际上,一种学说具有什么样的价值和意义,不在于它创立的时间,而在于它提出了什么样的问题以及问题的广度和深度,在于它是否发现、把握了研究对象的规律。由于马克思主义深刻把握了人与世界的总体关系及其规律,深刻把握了社会发展的一般规律、资本主义生产方式的运动规律,由于马克思主义代表的是"全世界的受苦人"的根本利益,由于马克思主义所关注和解答的问题契合着当代世界的重大问题,因此,产生于19世纪中叶的马克思主义又超越了19世纪中叶这个特定的时代,仍然是我们这个时代的真理和良心,依然占据真理和道义的制高点。

"居高声自远,非是藉秋风。"正是由于马克思主义依然占据我们这个时代

---

① 〔美〕海尔布隆纳:《马克思主义:赞成与反对》,马林梅译,东方出版社2016年版,第5—6页。

② Fredric Jameson, *The Political Unconscious Ithaca*, Cornell University Press, 1981, p.10.

③ Fredric Jameson, Marxism and Historicism, *New Literary History*, Vol.Ⅺ, No.1, Autumn 1979, p.42.

真理和道义的制高点,所以每当世界发生重大问题和重大事件时,人们都不由自主地把目光再次转向马克思主义,"求助于"马克思。"我们求助于马克思,不是因为他毫无错误之处,而是因为我们无法回避他。每个想从事马克思所开创的研究的人都会发现,马克思永远在他前面。"①

----

① 〔美〕海尔布隆纳:《马克思主义:赞成与反对》,第 2 页。

上　篇

从人与世界关系理论的双重
视角理解马克思哲学

关于马克思实践本体论的再思考

任何哲学的基础都是本体论。从根本上说,马克思批判并终结传统哲学的工作是从本体论层面上发动并展开的,而其中的关键就在于创立了实践本体论。然而,马克思的实践本体论受到了种种误解、曲解和非难,准确而全面地理解马克思的实践本体论仍是一个有待解决的重大的理论问题。

一、实践本身的矛盾特征

实践作为一种社会现象早就引起了哲学家的注意,亚里士多德、康德、黑格尔、费尔巴哈都对实践作过较为深入的研究,但从总体上看,他们都没有正确解答实践的本质,都不理解实践与生活的真实关系,不理解革命的、实践批判的活动的意义。即使黑格尔也是"在抽象的范围内把劳动理解为人的自我产生的行动",人的生命表现为"一个与人自身有区别的、抽象的、纯粹的、绝对的本质所经历的过程"。①

传统哲学之所以没有正确解决实践的本质问题,除了唯心主义与旧唯物主义各自的主观原因以外,还有客观原因,即

---

① 《马克思恩格斯全集》第 42 卷,第 175、176 页。

实践作为人所特有的活动本身就具有矛盾的特征：一方面，实践是人的有目的的活动，含有人的主观因素，受人的理性、意志的支配，体现了人对理想世界的追求；另一方面，实践又是作为物质实体的人通过工具等物质手段同物质世界之间进行物质变换的客观过程。

马克思发现，物质生产活动是人类的第一个历史活动，也是每日每时必须进行的基本活动。物质生产首先是人类调整和控制人与自然之间物质变换的过程；在这个过程中，人与人之间必然要互换活动并结成一定的社会关系。人与自然的关系制约着人与人的关系，人与人的关系又制约了人与自然的关系。同时，物质生产过程结束时得到的物质结果，在这个过程开始时就作为目的在生产者的头脑中以观念的形式存在着，这个目的是生产者"所知道的，是作为规律决定着他的活动的方式和方法的"①，并通过实践活动转变为现实存在。这是一个在实践基础上的"物质变精神"和"精神变物质"的过程。这就是说，生产实践既是人与自然之间物质变换的过程，又是人与人之间互换活动的过程，同时还是人与自然之间物质和观念的转换过程。

可见，当马克思把物质生产作为实践的首要的、决定性的形式和根本内容时，他所理解的实践是同自然过程既相联系又相区别的社会过程，是一种自在自为的活动。这样，马克思就找到了把能动性、自由性、创造性与现实性、客观性、物质性统一起来的基础。

在马克思的视野中，实践是指人能动地改造物质世界的对象性活动。对实践本质的这一理解和规定，首先肯定了实践活动的对象性质，即它是以人为主体、以客观事物为对象的现实活动。更重要的是，实践把人的目的、理想、知识、能力等本质力量对象化为客观实在，创造出按照自然规律本身无法产生或产生的几率几乎等于零的事物，创造出一个属人的对象世界。因此，实践是人所特有的对象化活动。正如马克思所说："劳动的产品就是固定在某个对象中、物化为对象的劳动，这就是劳动的对象化。劳动的实现就是劳动的对象化。"②

作为人所特有的对象化的活动，人通过实践使自己的本质力量转化为对象物，这就是主体对象化。在这一过程中，对象按照主体的要求和需要发生了

---

① 《马克思恩格斯全集》第 23 卷，第 202 页。
② 《马克思恩格斯全集》第 42 卷，第 91 页。

结构和形式上的变化,形成了自然界原来所没有的种种对象物。这种种对象物是人在与外在世界相互作用中创造出来的,是人的体力和智力的物化体现,也就是主体的本质力量通过活动转化为静止的物质的存在形式,即积淀、凝聚和物化在客体中。因此,主体的对象化也就是主体通过对象性活动向客体渗透和转化,即主体客体化。人类一切实践活动的结果都是主体对象化的结果。

在主体对象化的同时,还发生着客体非对象化的运动。所谓客体非对象化,是指客体从客观对象的存在形式转化为主体生命结构的因素或主体本质力量的因素,客体失去对象化的形式,变成主体的一部分。在实践中,主体一方面通过物质和能量的输出改变着客体,同时主体也需要把一部分客体作为直接的生活资料加以消费,或者把物质工具作为自己身体器官的延长包括在主体的生命活动之中。这些都是客体向主体的渗透和转化,即客体主体化。

主体对象化或者说主体客体化造成人的活动成果的体外积累,形成了人类积累、交换、传递、继承和发展自己本质力量的特殊方式——社会遗传方式,从而使人类的物质文化与精神文化的成果不会因个体的消失而消失。而人通过客体非对象化或者说客体主体化这种形式占有、吸收对象(包括前人的活动成果),则不断丰富人的本质力量,从而提高着主体能力,使主体能以新的更高的水平去改造客体。主体对象化和客体非对象化,或者说主体客体化和客体主体化的双向运动,是人类实践活动两个不可分割的方面,它们互为前提、互为媒介,人们就是通过这种运动形式不断解决着现实世界的矛盾。这种运动形式是客体对主体的制约性和主体对客体的超越性的生动表现,也是人类实践活动的本质内容。

从运行机制上看,实践活动是通过目的、手段和结果的反馈调控过程而实现的。人对物质世界的实践把握正是通过这三个环节进行的,这三个环节实际上构成了人的实践活动的运行机制。

目的是实践过程之前在人的头脑中预定的活动结果。从目的的形成来看,目的首先是人们对自身需要的意识,同时包含着对客体及其与主体关系的认识。由于外部对象不能现成地满足人的需要,因此,人必须根据自己的内在需要对外部对象进行改造。这种改造首先是在思维中进行的,即通过“思维操作”,消灭外部对象“当前存在”的自在的客观性,在思维中形成了一个符合人的内在需要和主观要求的“理想存在”,在观念中建立起主体与客体新的统一的关系。这种思维改造对于实际改造来说是一种超前改造,是实践改造外部对象的过程在思维中的预演。这种超前改造形成了实践的目的,并规定了人们活动的目标。

实践活动中的目的性把人的实践过程同自然运动过程区别开来。在自然运动过程中,客体和客观状态及其发展直接受因果规律制约,事物的现状主要是被过去的事件支配的,是过去制约现在。人的实践过程却不是一般的"原因——结果"的转化过程,而是"目的——结果"的转化过程,目的作为环节插入客观联系的因果链条之中,作为一种特殊的原因而起作用。在这种特殊的因果关系中,目的作为原因并不指向过去的事件,而是指向一种尚未发生的事件。因此,人的活动并不是纯粹地为过去的事件所制约,而是同时受到未来事件的制约,而未来的事件在现实中还并不存在,它是主体选择的结果。

这样,实践过程就表现为一种自在自为的物质运动过程。这种过程改变了客体的自然进程,使其成为主体制约下的运动过程。这就是主体活动的客观性与客体运动的客观性的本质区别。

"'因果关系的运动'=实际上在不同的广度或深度上被捉摸到、被把握住内部联系的物质运动以及历史运动"①。可以说,整个自然科学就是依据因果范畴建立起来的,离开因果范畴就没有自然科学。但是,人的实践活动总是体现着目的性的活动,离开目的就无法说明人的实践活动。问题在于,这种有目的的活动与客观的因果性的关系并非如同冰炭,难以相容。正如恩格斯所说:人的活动能够"引起自然界中根本不发生的运动(工业),至少不是以这种方式发生运动,并且我们能赋予这些运动以预先规定的方向和范围。因此,由于人的活动,就建立起因果观念"。人的活动不仅"建立起因果观念",而且能够"对因果性作出验证……可以说是对因果性作了双重的验证"。②

目的是主观的,而它要改造的对象却是客观的。因此,目的不能直接作用于客观对象,"物质力量只能用物质力量来摧毁"③。客观对象只能被一种客观力量改变。手段正是这样一种现实的客观力量。目的要在外部对象中实现自身,必须依靠手段,但是手段是依据主观目的的要求选定的,只有符合主观目的要求的"物"才能成为手段。实现不同目的必须使用具有不同功能的手段。同时,手段功能的发挥也必须服从于目的,手段依据目的而运动,并始终

①《列宁全集》第 55 卷,人民出版社 1990 年版,第 135 页。
②《马克思恩格斯选集》第 4 卷,第 328、329 页。
③《马克思恩格斯选集》第 1 卷,第 9 页。

为目的所制约。"劳动者利用物的机械的、物理的和化学的属性,以便把这些物当作发挥力量的手段,依照自己的目的作用于其他的物。"①因此,手段是服务于目的并为目的所控制的物质运动过程。

按照马克思的观点,手段就是主体置于自己和客体之间,用来把自己的活动传递到客体上去的物或物的综合体:"这样,自然物本身就成为他的活动的器官,他把这种器官加到他身体的器官上……延长了他的自然的肢体。"②因此,手段是人的身内器官的功能与身外自然力的矛盾统一。手段由身外的自然物所构成,它在人的实践活动中的功能却是人的身内器官功能的外化,是人的身外器官。正是依靠这种身外器官的作用,人首先占有和支配了一部分外部自然力,把这些自然力变成主体自身的力量,并用这部分自然力去征服其他自然力,以实现自己的目的。这样,人们就可以突破身内器官功能的局限,使主体的力量具有了无限发展的可能性。

因此,马克思提出要注意"社会人的生产器官"和"批判的工艺史"问题,并指出:"达尔文注意到自然工艺史,即注意到在动植物的生活中作为生产工具的动植物器官是怎样形成的。社会人的生产器官的形成史,即每一个特殊社会组织的物质基础的形成史,难道不值得同样注意吗?"③只要认真研究作为手段的工具,创建"批判的工艺史","工艺学会揭示出人对自然的能动关系"。④

"社会人的生产器官"的形成表明,人的实践活动的特点是使用人们自己制造的工具,而不是使用天然工具。这说明手段首先是人们过去活动的结果,而后才是未来活动的前提;手段不是天然的自然物,而是凝聚、物化了人的过去活动的自然物。如果说人的身内器官是一种天然器官,那么,手段作为一种身外器官却是一种人工器官,是"社会人的生产器官"。因此,手段与人的肉体器官的关系,不仅是身外器官与身内器官的关系,而且是人工器官与天然器官的关系。只有同时具备过去活动结果与未来活动前提这两种性质的东西,才具备手段的性质。换言之,手段是人的过去活动和未来活动的矛盾统一。

手段把人的过去活动与未来活动统一起来,把前人活动与后人活动统一起来,就使人的活动具有不同于动物活动的特点。这样,每一代人在使用手段

---

① 《马克思恩格斯全集》第 23 卷,第 203 页。
② 《马克思恩格斯全集》第 23 卷,第 203 页。
③ 《马克思恩格斯全集》第 23 卷,第 409 页。
④ 《马克思恩格斯全集》第 23 卷,第 409、410 页。

进行活动时,实质上是把前人活动及其成果作为自己的手段,因而每一代人都突破了本身力量的局限,把人类历史上创造的力量的总和纳入自身之中,以"类"的资格去从事新的活动。这就使人类能力的发展成为一个不断向上的、滚雪球式的过程,形成了区别于生物进化规律的社会发展规律。

目的通过手段而实现。实践结果就是在外部对象世界中以客观形式实现了的主观目的,因此实践的结果是主观性与客观性的现实统一。在这个过程中,主体自觉地认识、把握和利用客体自身的规律,使客体达到适应主体需要的性质和状态。这样一来,自然界本身潜存着的因果联系,就通过"目的→手段→结果"的运动被有选择地实现出来了。

同自然运动的结果相比,实践活动的结果有一个显著的特点,这就是它具有成败的属性。自然结果仅仅是由原因引起的,自然运动本身受自然规律支配,不存在违背客观规律的可能性。所以,在这种原因和结果之间没有成败问题。实践的结果却始发于目的,而且在整个实践过程中目的都没有消失,并支配着人的活动的方式和方法。在这个过程中,人既可能遵循客观规律,也可能违背客观规律,因而实践结果一旦形成,就马上进入与目的的对比之中。这种对比关系构成实践结果所独有的成败属性。因此,实践结果对实践目的具有反馈作用,人们可以以此或坚定或修正实践活动的目的,反思实践活动。

可见,人的实践活动之所以与自然的物质运动具有不同的特点,就是因为人的活动是在理性支配下的活动。人作为主体,其活动根本特点就在于:在这个活动过程中,理性向主体展现了可供选择的客体的多种可能性以及对各种可能性后果的估计;同时又反映着主体内在需要的多种层次及其实现的可能性,从而确定活动的目标,把客体的可能性和主体的可能性结合起来,并在活动中把这种可能转为现实。这样,就实现了必然性与应然性的统一,创造出属人的对象世界,即人类世界。

二、实践的本体论意义

属人的对象世界,即人类世界是自然与社会的统一。摆在人们面前的是社会的自然和自然的社会。从内容上看,社会的自然也就是"人化自然"。毫无疑问,人们不是在自在自然之外创造人化自然,而是在自在自然所提供的材料的基础上表现自己的本质力量,建造人化自然。人的实践可以改变自在自然的外部形态和内部结构乃至其规律起作用的方式,但它不可能消除自在自然的客观实在性。相反,自在自然的客观实在性通过实践延伸到人化自然之中,并构成了人化自然客观实在性的自然基础。

人化自然又不同于自在自然,自在自然是独立于人的活动或尚未被纳入到人的活动范围内的自然界,其运动完全是自发的,一切都处在盲目的相互作用之中。人化自然和人的活动不可分离。人化自然是被人的活动所造成的自然,它体现了人的需要、目的、意志和本质力量,是人的活动的对象化。人化自然的独特性就是它的主体性及其对主体实践活动的依赖性。从根本上说,人化自然是人的实践活动的对象化,属于人的对象世界。

统一的物质世界本无自在自然和人化自然之分,只是出现了人及其活动之后,"自然之网"才出现了缺口并一分为二,即在自在自然的基础上叠加了一个与它既对立又统一的人化自然。而实践就是自在自然和人化自然分化与统一的基础。

如前所述,实践不仅使自在自然发生形态的改变,同时还把目的性因素注入到自然界的因果链条之中,使自然界的因果链条按同样客观的"人类本性"发生运转。生产实践虽然不能使自然物的本性和规律发生变化,却能把人的目的运用到物质对象上去,按人的方式来规范物质转换活动的方向和过程,改变物质的自在存在形式。正如恩格斯所说:"我们不仅发现一个运动后面跟随着另一个运动,而且我们也发现,只要我们造成某个运动在自然界中发生时所必需的那些条件,我们就能引起这个运动,甚至我们还能引起自然界中根本不发生的运动(工业),至少不是以这种方式发生运动,并且我们能赋予这些运动以预先规定的方向和范围。"①

在实践中,自在自然这个"自在之物"日益转化为体现了人的目的并能满足人的需要的"为我之物",这一过程就是自然的"人化"过程,其结果是从自在自然中分化出人化自然。"自然的人化"强调的是"自然界对人说来的生成过程",换言之,"自然的人化"强调的不是自然界的变化,而是自然界在人的实践过程中不断获得属人的性质,不断地被改造为人的生存和发展的条件,成为人的本质力量的确证和展现。因此,人化自然"是人的现实的自然界",是"真正

---

① 《马克思恩格斯选集》第4卷,第328页。

的、人类学的自然界"①。

　　自然的"人化"过程同时就是人类社会形成和发展的过程。人们在从事物质生产、改造自然的同时,又形成、改造和创造着自己的社会联系和社会关系:"人在积极实现自己本质的过程中创造、生产人的社会联系。"②没有人和人之间的社会关系,也就不可能有人与自然的现实关系,"一切生产都是个人在一定社会形式中并借这种社会形式而进行的对自然的占有"③。这就是说,自然的"人化"是在社会之中而不是在社会之外实现的。正是在这个意义上,马克思指出:"自然界的人的本质只有对社会的人说来才是存在的;因为只有在社会中,自然界对人说来才是人与人联系的纽带,才是他为别人的存在和别人为他的存在,才是人的现实的生活要素;只有在社会中,自然界才是人自己的人的存在的基础。"④

　　实践改造自然,不仅仅是改变自然物的形态,更重要的,是在自然界中贯注人的本质力量和社会力量,使人的本质力量和社会力量本身进入到自然存在当中,并赋予自然存在以新的尺度——社会性、历史性。在现实世界中,自然界意味着什么,自然对人的关系如何,人对自然的作用采用了什么样的形式、内容和范围等,都受到社会关系的制约。一定的社会关系体现在人化自然上,并给自然物一种独特的社会性质。要把人化自然从实践的社会形式中分离出去是不可能的。在现实世界中,自然不仅保持着天然的物质本性,而且被打上了人的烙印;不仅具有客观实在性,而且具有社会历史性。人化自然是一个社会(历史)范畴,本质上是社会的自然或"历史的自然"。

　　在属人的对象世界中,如同自然被社会所中介一样,反过来,社会也被自然所中介。人类社会是在劳动所引起的人与自然之间的物质变换中形成并发展起来的,人类历史也无非是"自然界对人的生成过程"。在人类世界中,作为客体的自然其本身的规律绝不可能被完全消融到对它进行占有的社会过程中。通过实践,自然进入到社会之中,转化为社会生活的要素,并制约着社会的发展。自然不是外在于社会,而是作为一种恒定的因素出现在历史过程中;社会的需要归根到底只有通过自然过程的中介才能实现。"在实践上,人的普

---

① 《马克思恩格斯全集》第 42 卷,第 128 页。
② 《马克思恩格斯全集》第 42 卷,第 24 页。
③ 《马克思恩格斯全集》第 46 卷上,第 24 页。
④ 《马克思恩格斯全集》第 42 卷,第 122 页。

遍性正表现在把整个自然界——首先作为人的直接的生活资料，其次作为人的生命活动的材料、对象和工具——变成人的无机的身体。"①

人与自然之间的物质变换构成了社会存在和发展得以实现的"永恒的自然必然性"。社会发展既不是纯自然的过程，也不是脱离自然的超自然的过程，而是包括自然运动在内的、与自然历史"相似"的过程。正是在这个意义上，社会是自然的社会，历史是自然的历史。把自然以及人对自然的理论和实践关系从社会（历史）中排除出来，也就等于把社会（历史）建立在虚无上。

社会的自然与自然的社会都是人们对象性活动的产物。实践是社会与自然相互作用、相互制约、相互渗透的中介，也是两者互为中介的现实基础。一句话，实践是人类世界得以存在的根据和基础，在人类世界的运动中具有导向作用。人类世界当然不能归结为人的意识，但同样不能还原为自在自然。人类意识、人类社会以至整个人类世界对自在自然具有不可还原性。社会的自然和自然的社会都是通过人类的实践活动实现或表现的。人类世界只能是实践中的存在。实践的本体论意义首先体现在，它使世界二重化了，创造出一个与自在世界既对立又统一的人类世界。

实践的本体论意义不仅体现在世界的二重化以及人类世界的形成上，而且还体现在人类世界的不断发展中。如前所述，人类世界是实践中的存在，而实践本身就处在不断的变化发展之中。因此，属人的对象世界是一个动态的、不断生成、不断形成更大规模和更多层次的开放体系。马克思早就批判过费尔巴哈唯物主义认识世界的直观性："他没有看到，他周围的感性世界决不是某种开天辟地以来就已存在的、始终如一的东西，而是工业和社会状况的产物，是历史的产物，是世世代代活动的结果，其中每一代都在前一代所达到的基础上继续发展前一代的工业和交往方式，并随着需要的改变而改变它的社会制度"②；人与自然的统一"在每一个时代都随着工业或慢或快的发展而不断改变"③，"这种活动、这种连续不断的感性劳动和创造、这种生产，正是整个现存的感性世界的非常深刻的基础"④。

人类世界对人的生存具有直接的现实性，所以，马克思又把人类世界称为

---

① 《马克思恩格斯全集》第 42 卷，第 95 页。
② 《马克思恩格斯全集》第 3 卷，第 48 页。
③ 《马克思恩格斯全集》第 3 卷，第 49 页。
④ 《马克思恩格斯全集》第 3 卷，第 50 页。

"感性世界""现存世界""现实世界"。人类世界的现实性包含着客观性,而人类世界的实践性又进一步确证人类世界的客观性,并使人类世界及其与自在世界的关系呈现出历史性。现实性、客观性、历史性、实践性构成了人类世界及其与自在世界关系的总体特征,其中,实践性是根本特征。人类世界只能是实践中的存在,实践构成人类世界的真正的本体。正因为如此,马克思把感性世界理解为"构成这一世界的个人的共同的、活生生的、感性的活动"①。

正因为人类世界对人的生存具有现实性,而实践又构成了人类世界的本体,所以,实践与人的生存状态密切相关。一句话,实践同时构成了人的存在方式,即人的生存本体。

"一个种的全部特性、种的类特性就在于生命活动的性质。"②马克思的这一论断极为深刻,它表明这样一个真理,即判断一个物种的存在方式就是看其生命活动的形式。具体地说,动物是在消极适应自然的过程中维持自己生存的,动物的存在方式就是其本能活动,是由其生理结构特别是其活动器官的结构决定的。与此不同,人是在利用工具积极改造自然的过程中维持自己生存的,实践成为人的生命之根和立命之本。人的秘密就在实践活动中。正如马克思所说:"个人怎样表现自己的生活,他们自己就怎样。因此,他们是什么样的,这同他们的生产是一致的——既和他们生产什么一致,又和他们怎样生产一致。"③实践由此构成了人类特殊的生命形式,即构成了人类的存在方式和人们生存的本体。人的一切包含其生存状态的异化及其扬弃,都是在实践活动的过程中发生和完成的。"只有人本身才能成为统治人的异己力量","异化借以实现的手段本身就是实践的"④。

因此,马克思在确认实践是人类世界的本体的同时,又确认实践是人的生存的本体,二者是同一个问题的两个方面。由于马克思关注的是人的生存异化状态的消除,因此在这个意义上,马克思哲学是生存论的本体论,即实践本体论。

传统的本体论所追寻的宇宙本体是一个"不动的原动者",所以,它必须断定有一个永恒的不动实体,在感觉事物之外有一个永不变动而独立的实体。

---

① 《马克思恩格斯全集》第3卷,第50页。
② 《马克思恩格斯全集》第42卷,第96页。
③ 《马克思恩格斯全集》第3卷,第24页。
④ 《马克思恩格斯全集》第42卷,第99页。

这是一种脱离现实的社会、现实的人及其活动的抽象的本体,是一切现实事物背后的所谓的"终极存在",实际上是"无",或者是一种"不存在的存在"。从这种抽象的存在或本体出发,无法认识现实。唯心主义本体论是这样,旧唯物主义本体论也是如此,而且二者是两极相通。正如马克思所说:"那种排除历史过程的、抽象的自然科学的唯物主义的缺点,每当它的代表越出自己的专业范围时,就在他们的抽象的和唯心主义的观念中立刻显露出来。"①

马克思把哲学的聚焦点从整个世界转向人类世界,从宇宙本体转向人的生存本体,并确认实践是人本身感性存在的基础,也是人生活于其中的感性世界存在的深刻基础,确认实践是人的本体活动或活动本身,人通过实践创造了人的存在。因此,马克思并不是以一种抽象的、超时空的方式去理解和把握存在问题,而是从实践出发去理解和把握人的存在,从人的存在出发去解读存在的意义,并凸现了存在的根本特征——社会(历史)性。

这就是说,马克思的实践本体论把人的存在本身作为哲学所追寻的目标。这种本体论所探求的并不是所谓的"终极存在",而是探求"对象、现实、感性"何以成为这样的存在。换言之,"对象、现实、感性"是与人的生存实践连接在一起的,本体论与人的生存实践密切相关。所以,马克思认为,对"对象、现实、感性",不能只从客体的形式去理解,而要同时"把它们当作感性的人的活动,当作实践去理解","从主体方面去理解"。这样,马克思的实践本体论就开辟出一条从本体论认识现实的道路。

三、实践本体论与否定性的辩证法

在实践活动中,人以否定的方式实现自身与世界的统一,从而形成人类历史运动中的否定性的辩证法。换言之,实践本体论与"否定性的辩证法"具有内在的关联,是"一而二、二而一"的关系。

"黑格尔的《现象学》及其最后成果——作为推动原则和创造原则的否定性的辩证法——的伟大之处首先在于,黑格尔把人的自我产生看作一个过程,把对象化看作失去对象,看作外化和这种外化的扬弃;因而,他抓住了劳动的

---

① 《马克思恩格斯全集》第 23 卷,第 410 页。

本质,把对象性的人、现实的因而是真正的人理解为他自己的劳动的结果"①。在规定人的本质时,黑格尔引入了劳动以及生成的观点,认为人是在活动中展现自己的本质的,"人的真正的存在是他的行为"②。马克思由此认为,黑格尔"把劳动看做人的本质,看做人的自我确证的本质","看做人在外化范围内或者作为外化的人的自我的生成"③。正是由于对劳动进行了相当深刻的哲学思考,并用劳动来理解否定,黑格尔提出了作为推动原则和创造原则的否定性的辩证法。

按照黑格尔的观点,劳动是人对自然物进行"赋形"的活动,即对自然物加以改造的活动,它构成了人与自然之间的"否定的中项"。正是借助这个否定的中项,人从自然界中分离出来,并在自然物上打上人的烙印,否定了自然物的原生形态;在这个过程中,人使自身的力量得以外化,并占有、获取自然物。"我做成了某个东西,我就实现了外化;这种否定是积极的,外化也就是获取。"④劳动的否定性使人本身的力量外化,即对象化,这种对象化所形成的客体又反过来同人发生矛盾,产生异化。

因此,否定不仅表现为外化、异化,而且还要表现为扬弃这种外化、异化的活动。在这个过程中,人在自己的劳动产品中直观到自身,自觉地意识到自己的独立性,使外化的对象即客体回到人本身,主体与客体达到统一,主体由此得到自我实现。在黑格尔看来,这就是一个否定之否定的过程。"这个否定性是自身的否定关系的单纯之点,是一切活动——生命的和精神的自身运动——最内在的源泉,是辩证法的灵魂,一切真的东西本身都具有它,并且唯有通过它才是真的。"⑤

但是,在黑格尔那里,只有抽象的思维活动和精神劳动,才具有本源意义上的能动性和创造性,物质的、感性的劳动只是"精神活动的样式";真正的人在根本上是自在自为的自我意识,人的关系领域是"现在世界的精神的光天化日"。马克思一针见血地指出:"人的本质,人,在黑格尔看来是和自我意识等

---

① 《马克思恩格斯全集》第 42 卷,第 163 页。
② 〔德〕黑格尔:《精神现象学》上卷,贺麟等译,商务印书馆 1979 年版,第 213 页。
③ 《马克思恩格斯全集》第 42 卷,第 163 页。
④ 〔德〕黑格尔:《实在哲学》,转引自汝信《青年黑格尔关于劳动和异化的思想》,载《哲学研究》1978 年第 8 期。
⑤ 〔德〕黑格尔:《逻辑学》下卷,杨一之译,商务印书馆 1976 年版,第 543 页。

同的。因此,人的本质的一切异化都不过是自我意识的异化……因此,对异化的、对象性的本质的任何重新占有,都表现为把这种本质合并于自我意识:掌握了自己本质的人,仅仅是掌握了对象性本质的自我意识。因此,对象之返回到自我就是对象的重新占有。"①

这表明,黑格尔的否定性辩证法是在唯心主义的基础上,以一种"抽象的、逻辑的、思辨的"形式表达了人类历史运动的辩证法。"由于黑格尔根据否定的否定所包含的肯定方面把否定的否定看成真正的和唯一的肯定的东西,而根据它所包含的否定方面把它看成一切存在的唯一真正的活动和自我实现的活动,所以他只是为那种历史的运动找到抽象的、逻辑的、思辨的表达。"②

实际上,在黑格尔之前,卢梭已经用否定之否定思想研究人类历史运动,并具有了否定性的辩证法思想。按照卢梭的观点,人类历史运动是一个平等——不平等——平等的过程。在人类社会的原始状态,人类生活在没有私有财产的状况中,人与人之间是自由平等的;随着生产和技术的发展,人类社会进入文明状态,同时产生了私有制,从而造成了人与人之间的不平等,这是一个"个人完善化"与"类的没落"的时代;随着不平等发展到极限,不平等又重新转变为平等,但这种平等不是回到原始人的自发的平等,而是达到更高级的以社会契约为基础的平等。卢梭在这里向我们展示了一个否定之否定的图景,一个在对抗和矛盾中向着自己对立面转化的辩证过程。

这表明,卢梭已经较为自觉而明确地用了否定之否定思想来研究人类历史了,由此显示了出乎他的时代意料之外的历史主义敏感,"几乎是堂而皇之地把自己的辩证起源的印记展示出来"。恩格斯高度评价了卢梭的这一辩证法思想,认为"在卢梭那里不仅已经可以看到那种和马克思《资本论》中所遵循的完全相同的思想进程,而且还在他的详细叙述中可以看到和马克思所使用的完全相同的整整一系列辩证的说法:按本性说是对抗的,包含着矛盾的过程,一个极端向它的反面的转化,最后,作为整个过程的核心的否定的否定"③。

马克思批判继承了黑格尔的否定性辩证法以及卢梭的否定之否定思想。当马克思把实践理解为人的存在方式,并把物质实践理解为人与自然、人与社会关系的基础时,否定性的辩证法就获得了一个现实的基础,成为一种"合理

① 《马克思恩格斯全集》第 42 卷,第 165 页。
② 《马克思恩格斯全集》第 42 卷,第 159 页。
③ 《马克思恩格斯选集》第 3 卷,第 483 页。

形态"的辩证法。

人与自然的关系不同于动物与自然的关系。人并不是像动物那样肯定自然的直接存在状态,使自己消极地适应自然,而是以自身的实践活动否定自然的直接存在的状态,并赋予它合乎人的需要和目的的形式。但是,目的本身并不能直接加于对象之上,要把目的赋予对象,还必须有把它们统一起来的中介,这个中介就是劳动工具。人是持有某一工具或某一工具系统、为着某种目的进入到改造自然的实践活动之中的。

工具与目的、对象都具有同一性:一方面,工具作为人的肢体的延伸,是合乎人的目的的,或者说,与目的具有同一性;另一方面,工具本身也是一个物质客体,与实践的物质对象具有同一性。因此,工具能够在目的的支配下以其物质性与实践对象的物质性相互作用,并将人的目的赋予实践活动的对象,否定其原生形态,使其具有属人性质,即使自在自然转化为人化自然,"自在之物"转化为"为我之物"。在这个过程中,自然"对人生成",人与自然的关系成为一种"为我而存在"的关系。① 实践本身就内含着一种否定性的辩证法,在实践过程中生成的"为我而存在"的关系标志着人与自然的关系是一种否定性的矛盾关系。

人对自然的否定性活动发展到一定程度、一定阶段产生了生产资料私有制,私有制以及自然分工的存在使人的活动本身发生了异化,异化的形成标志着人类历史进入到人受异己力量支配的阶段。"只要人们还处在自发地形成的社会中,也就是说,只要私人利益和公共利益之间还有分裂,也就是说,只要分工还不是出于自愿,而是自发的,那末人本身的活动对人说来就成为一种异己的、与他对立的力量,这种力量驱使着人,而不是人驾驭着这种力量。"②

资本主义社会是异化的典型和极端形式。在资本主义社会,资本具有个性,而活动着的个人却没有个性;不是人支配物,而是物支配并奴役人;而物之所以能支配并奴役人,实际上是少数人借物的力量支配并奴役多数人。"关键不在于物化,而在于异化,外化,外在化,在于巨大的物的权力不归工人所有,而归人格化的生产条件即资本所有,这种物的权力把社会劳动本身当作自身的一个要素而置于同自己相对立的地位"③。但是,资本主义社会毕竟形成

---

① 《马克思恩格斯全集》第 42 卷,第 131 页;《马克思恩格斯选集》第 1 卷,第 81 页。
② 《马克思恩格斯全集》第 3 卷,第 37 页。
③ 《马克思恩格斯全集》第 46 卷下,第 360 页。

"以物的依赖性为基础的人的独立性","形成普遍的社会物质变换,全面的关系,多方面的需求以及全面的能力的体系"①,为每个人的自由发展创造和建立了前提条件。换言之,资本主义社会在把异化推向极端的同时,又为扬弃异化准备了条件。生产力的巨大增长和高度发展、劳动和资本的对立达到极限,必然导致私有制的灭亡和异化的扬弃。

人的异化和异化的扬弃并不是一个纯粹的自我意识的矛盾运动过程,而是一个"改造对象世界""创造对象世界"的实践活动的矛盾运动过程,是一种具有历史必然性的否定之否定过程。异化"这种颠倒的过程不过是历史的必然性,不过是从一定的历史出发点或基础出发的生产力发展的必然性,但决不是生产的某种绝对必然性,倒是一种暂时的必然性,而这一过程的结果和目的(内在的)是扬弃这个基础本身以及过程的这种形式"②。

在《1844年经济学哲学手稿》中,马克思指出:"共产主义是私有财产即人的自我异化的积极的扬弃,因而是通过人并且为了人而对人的本质的真正占有;因此,它是人向自身、向社会的(即人的)人的复归,这种复归是完全的、自觉的而且保存了以往发展的全部财富的……是人和自然界之间、人和人之间的矛盾的真正解决,是存在和本质、对象化和自我确证、自由和必然、个体和类之间的斗争的真正解决。"③

在《资本论》中,马克思指出:"从资本主义生产方式产生的资本主义占有方式,从而资本主义的私有制,是对个人的、以自己劳动为基础的私有制的第一个否定。但资本主义生产由于自然过程的必然性,造成了对自身的否定。这是否定的否定。这种否定不是重新建立私有制,而是在资本主义时代的成就的基础上,也就是说,在协作和对土地及靠劳动本身生产的生产资料的共同占有的基础上,重新建立个人所有制。"④

无疑,这是一种否定之否定的过程,是人类历史运动中的否定性辩证法。

可以看出,在马克思的哲学中,否定性的辩证法是与实践本体论以及唯物主义历史观有机结合、融为一体的。马尔库塞由此认为,在马克思哲学中,"现实的否定变成了一个历史条件,一个不能被作为形而上学关系状态的而具体

① 《马克思恩格斯全集》第46卷上,第104页。
② 《马克思恩格斯全集》第46卷下,第361页。
③ 《马克思恩格斯全集》第42卷,第120页。
④ 《马克思恩格斯全集》第23卷,第832页。

化的历史条件。换句话说,它变成了一个与社会的特定历史形式相联系的社会条件。""马克思的辩证法的历史特征包含着普遍的否定性,也包含着自身的否定。特定的关系状态就意味着否定,否定之否定伴随着事物新秩序的建立。"①应该说,马尔库塞的这一评价是中肯而合理的。

我不能同意阿多诺的观点,即马克思主张"绝对否定",即不带有肯定的纯粹的否定。这是一种误解甚至是曲解。马克思在评价黑格尔的否定之否定思想时指出:"把否定和保存即肯定结合起来的扬弃起着一种独特的作用。"②马克思的确看到了这种"独特的作用",并指出共产主义这一否定之否定"决不是人所创造的对象世界的即人的采取对象形式的本质力量的消逝、抽象和丧失,决不是返回到违反自然的、不发达的简单状态去的贫困"③,而是"在资本主义时代成就的基础上""重新建立个人所有制"。

实际上,马克思的否定性辩证法既不同于近代黑格尔的否定性辩证法,也不同于现代阿多诺的否定的辩证法。

按照阿多诺的观点,在事物的矛盾体中,同一性与非同一是绝对对立的,否定的辩证法就是要用非同一性代替同一性,因为"矛盾是同一性掩盖下的非同一性","辩证法是始终如一的对非同一性的意识"④;否定的辩证法就是要用"绝对的否定"代替否定之否定,因为事物的发展是不带有肯定的否定、否定、再否定,"被否定的东西直到消失之时都是否定的"⑤;否定的辩证法就是"瓦解的逻辑",是批判、破坏,通过解释现实来否定和废除现实,"否定的辩证法:崩溃性的破坏"。阿多诺力图"辩证地进行思考""在矛盾中进行思考",他在对同一性的批判中强调"异质性和独特性",反对"屈从于世界的抽象齐一性",在一定程度上抓住了西方传统哲学的根本缺陷,以及黑格尔否定性辩证法的不彻底性,这无疑具有合理性。但是,阿多诺没有真正理解矛盾,没有真正理解否定与肯定的辩证关系,并没有达到他自己所企望的"否定的深度"。

阿多诺对同一性的批判,不仅是哲学的批判,而且是政治批判、社会批判,是对资本主义制度的批判,这种批判意识到"物化世界"是被资本同一性逻辑

---

① 〔美〕马尔库塞:《理性和革命》,第284、285页。
② 《马克思恩格斯全集》第42卷,第172页。
③ 《马克思恩格斯全集》第42卷,第175页。
④ 〔德〕阿多尔诺:《否定的辩证法》,张峰译,重庆出版社1993年版,第3页。
⑤ 〔德〕阿多尔诺:《否定的辩证法》,第157页。

整合起来的"被管理的世界",意识到在这个"奴役一切的同一性原则之下,任何不进入同一性的东西、任何在手段领域逃避计划的合理性的东西都成为同一性带给非同一物的灾难而进行的可怕的报复"①。所以,阿多诺把否定与"革命"联系起来,力图否定资本主义现实,具有积极的理想指向。但是,阿多诺只是小心翼翼地在特定的历史语境中展示否定性的辩证法,否认人的自由依存于实践活动,没有真正理解马克思提出的"使现存世界革命化"的内涵,因而他所说的否定不仅意味着"革命",而且意味着"灭亡、恐惧、绝望"。在阿多诺那里,否定的辩证法直接表现为一种美学的浪漫主义和宗教式的救世主义情怀。

四、重建马克思主义哲学的本体论

我不能同意这样一种观点,即马克思没有论述过本体论问题,马克思哲学只是世界观而不是本体论。这是一种误解,一种偏见,而且是无端的傲慢与偏见。实际上,马克思在《博士论文》中就论述过本体论问题,论述了"本体论的证明"和"本体论的规定";在《1844年经济学哲学手稿》中又论述了"本体论的肯定的问题";在《德意志意识形态》中又集中论述了人的存在的问题,这实际上就是本体论问题,因为本体论就是研究存在的本质和意义的。卢卡奇的这一观点是正确的,即马克思没有写过专门的本体论著作,但马克思哲学"在最终的意义上都是直接关于存在的论述,即它们都纯粹是本体论的"②。在我看来,马克思哲学在哲学史上所造成的革命变革就是从本体论层面上发动并展开的,其结果就是终结了传统的本体论,建构起一种新唯物主义的本体论,即实践本体论。

按照马克思的观点,实践既是一种客观的物质活动,又是一种有目的的创造活动,自在自为运动着的就是人类实践活动。正是实践,一方面为人类改造、创造与理解现存世界提供了基础和依据,另一方面又为人类的自我发展提供了基础和动力。通过实践,人们在不断改造、认识自然界的同时,又不断改造、创造和理解着人自身——他的生物结构、社会关系和思维方式等等。实践

---

① 〔德〕阿多尔诺:《否定的辩证法》,第319页。
② 〔匈〕卢卡奇:《关于社会存在的本体论·上卷——社会存在本体论引论》,白锡堃等译,重庆出版社1993年版,第637页。

构成了现实世界的本质,也构成了人的生存的本体。正是在这个意义上,马克思认为,"人的感觉、激情等等不仅是在[狭隘]意义上的人类学的规定,而且是真正本体论的本质(自然)肯定"①。

马克思的实践本体论指向的就是"自己时代的现实世界",关注的就是人的生存的异化状态的消除,并确认"对实践的唯物主义者,即共产主义者说来,全部问题都在于使现存世界革命化,实际地反对并改变事物的现状"②,从而真正解决人与世界、存在与本质、自由与必然、个体与类之间的矛盾。这样,马克思便使本体论从"天上"来到"人间",把本体论与人间的苦难与幸福,把本体论与共产主义理想结合起来了,或者说使无产阶级和全人类的解放得到了本体论的证明,从而开辟了从本体论认识现实的道路,找到了哲学和改变世界的直接结合点。

马克思的深刻见解在很长时间内未引起人们的重视。在对马克思的本体论的理解中,列宁作了矛盾性的理解,即一方面肯定了实践"创造世界"的意义,肯定了思维的"格"本质上是实践的"格"的内化和升华,并认为"马克思的历史唯物主义是科学思想中的最大成果"③;另一方面又强调,历史唯物主义是一般唯物主义在历史领域的"贯彻和推广运用",是把一般唯物主义"对自然界的认识推广到对人类社会的认识",并认为"物质的存在不依赖于感觉。物质是第一性的。感觉、思想、意识是按特殊方式组成的物质的高级产物。这就是一般唯物主义的观点,特别是马克思和恩格斯的观点"④。斯大林则把列宁"另一方面"的观点,即历史唯物主义是一般唯物主义在历史领域中的"推广运用"推向极端,并把一种与人的实践、社会历史无关的"抽象的物质"作为马克思主义哲学的基石,从而把马克思本体论彻底自然本体论化了。斯大林实际上是用近代唯物主义解读马克思的哲学,马克思的划时代贡献在相当大程度上被抛弃了,这是马克思哲学史上一次惊人的理论倒退。

卢卡奇的目光可谓敏锐,他自觉地意识到,"整个社会存在,就其基本的本体论特征而言,是建筑在人类实践的目的性设定的基础上"⑤。正是在这个意

---

① 《马克思恩格斯全集》第 42 卷,第 150 页。
② 《马克思恩格斯全集》第 3 卷,第 48 页。
③ 《列宁选集》第 2 卷,第 311 页。
④ 《列宁选集》第 2 卷,第 311、51 页。
⑤ Lukács, *Ontology of Social Being*, Heilmann-Lucent Publishing, 1984, p.309.

义上,卢卡奇把社会存在本体论称为实践本体论。卢卡奇的社会存在本体论预示着解决问题的新思路,在"复兴"马克思本体论的道路上,为我们全面而深入理解马克思的本体论提供了广阔的思维空间。然而,由于方法论的不当,卢卡奇又提出"社会本体论以一般本体论为前提","社会本体论职能建立在自然本体论的基础上",①从而最终又走向一般唯物主义及其本体论,回归近代唯物主义。卢卡奇的优点与缺点、成功与失败,共同证明一个道理,即必须以实践为基础重新理解马克思的本体论及其当代意义。

历史常常出现这样一种奇特的现象,即一个伟大哲学家的某一理论以至整个哲学理论往往在其身后,在经历了较长时间的历史运动之后,才真正显示出它的内在价值,重新引起人们的重视。马克思的本体论,即实践本体论或生存论本体论的历史命运也是如此。马克思的实践本体论是在19世纪中叶提出、创建的,它在当时以至相当长的历史时期内并未引起人们的关注。正因如此,后人在建构马克思主义哲学体系时,忽视的恰恰是马克思的实践本体论,丢掉的恰恰是从人的存在出发去解读存在意义的方法,因而造成了"传统"的马克思主义哲学体系的内在缺陷,即在脱离了人的实践活动和社会历史过程的"抽象物质"中寻找现实世界以及精神现象的依据。20世纪的实践、科学和哲学本身的发展,使马克思的实践本体论,以及从人的存在出发解读存在的意义这一方法的内在价值和当代意义凸现出来了。我们必须以此为前提,重建马克思主义哲学本体论。

---

① Lukács, *Ontology of Social Being*, p.326, p.472.

关于马克思实践与世界关系理论的再思考

与"从前的一切唯物主义"相同,马克思的哲学承认世界的物质性,承认自然界的"优先地位";与"从前的一切唯物主义"不同,马克思的哲学不仅从客体方面,而且从主体方面,从实践去理解"对象、现实、感性",去把握人与世界的关系。实践是人的存在方式,本质上是一种对象性的活动。因此,实践不仅是客观世界和主观世界分化与统一的基础,而且是自在世界和人类世界分化与统一的基础;实践不仅改造世界,而且创造世界。因此,实践具有世界观意义。我们只有深刻理解实践的本质和作用,才能真正理解马克思世界观的本质和特征。

一、实践:人的存在方式

实践虽然在古代就进入哲学家的视域,但是,在马克思哲学产生以前,无论是唯物主义,还是唯心主义,都没有真正理解实践的内涵、本质和作用等问题。

在中国古代哲学中,实践被看作"行",作为与"知"相对应的范畴,主要是指认识和道德上的行为、践履等。在《论语》中,孔子就从哲学上论述了"知"与"行"的关系,提出"听其言而观其行"。这里的"行",就具有践履的含义。荀子从唯物主义出发,不仅把"行"与"知"对应起来,而且提出了"行"高于"知"的观点,认为"不闻不若闻之,闻之不若见之,见之不若知之,知之不若行之,学至于行之而止矣"。王守仁从唯心主义出发,提出了"知行合一"的学说,认为"外心以求理,此知行之所以二也;求理于吾心,此圣门知行合一之教"。但是,在王守仁哲学中,"行"只是一种"理念","我今说箇知行合一,正要人晓得一念发动处便即是行了"。

在西方古代哲学中,苏格拉底就提出过"哲学的实践"这一概念。亚里士多德区分了理论活动与实践活动,并认为实践是包括了完成目的在内的活动。但是,在亚里士多德那里,实践主要是指伦理和政治行为。在欧洲哲学史上,康德正式把"实践"引入哲学中,提出了"理论理性"和"实践理性"两个概念,并认为实践理性具有行动的能力或功能,即实践理性通过规范人的意志而支配人的道德活动,从而使人达到自由。问题在于,在康德哲学中,实践没有超出伦理实践的范围,仅仅是一种在善良意志支配下达到自由的善的道德活动。

在黑格尔哲学中,实践一般是指"行动""意志活动""人类活动"。在黑格尔看来,"人的真正的存在是他的行为"①,正是通过劳动,人们改造自然、"陶冶事物",与对象构成一种"否定性关系","使得这世界成为应如何";同时,人使自己从自然界中分离出来,并通过劳动产品觉察到自己的独立性,达到自我意识。黑格尔的主要贡献就在于,他把实践理解为劳动,并把劳动提升到哲学层面。但是,从根本上看,黑格尔所说的实践、劳动是抽象的理念活动,现实的人的活动只是这种抽象的理念活动的有限"样式"。黑格尔的否定性的辩证法只是对现实的人的活动作了一种"抽象的、逻辑的、思辨的表达"。这表明,唯心主义哲学不理解实践批判活动及其意义,从而抽象地发展了人的能动的方面。

费尔巴哈把实践同生活联系起来,认为实践能够解决理论不能解决的疑难。但是,费尔巴哈并没有真正理解实践与生活的关系,他仅仅把理论活动看作是真正的人的活动,而把实践活动看作是犹太人的一种牟取私利的行为;仅仅把人看作是"感性对象",而没有把人看作是"感性活动",不理解"感性对象"是"感性活动"的对象化,不理解实践是感性世界的现实基础。同自然唯物主义一样,费尔巴哈的人本唯物主义也是仅仅从客体的形式去理解"对象、现

---

① 〔德〕黑格尔:《精神现象学》上卷,第213页。

实、感性",同样不理解实践批判活动及其意义,从而使旧唯物主义对人的能动的方面"望洋兴叹"。

马克思总结和概括了现代工业实践的时代精神,批判和改造了德国古典哲学和英国古典经济学劳动理论中的合理因素,科学地解答了实践活动的内在矛盾,即能动性与物质性、自然性与社会性的矛盾问题,并对实践的内涵作了科学规定。

"人们为了能够'创造历史',必须能够生活。但是为了生活,首先就需要衣、食、住以及其他东西。因此第一个历史活动就是生产满足这些需要的资料,即生产物质生活本身。"①在哲学史上,马克思第一次把物质生产活动看作是实践的首要的和根本的形式,并把实践提升到人的存在方式的高度来理解,认为物质生产活动构成了人类社会存在和发展的基础,是决定人类其他一切活动的活动。

实践是人的有目的的创造性的活动,具有能动性。实践的能动性,说明实践不是动物式的消极适应自然的活动,而是一种有目的地改造自然的活动。正是在这个过程中,自在自然成为人化自然,"自在之物"转化为"为我之物"。在实践活动中,人们不仅改变了自然物的存在形态,而且在自然物中注入人的目的,创造出按自然界本身的运动不可能产生的事物,创造出属人的世界。换言之,实践不仅改造世界,而且创造世界。但是,实践的能动性离不开物质性,实践能动性的发挥总是以认识、把握和利用物质运动规律为前提;实践能动性的发挥离不开物质工具;实践能动性的发挥并没有创造物质本身。实践是能动性与物质性的统一。

实践是社会性活动,其对象、范围、方式都受到社会关系的制约。实践不仅是人与自然之间物质变换的过程,而且是人与人之间活动互换的过程。在这个过程中,不仅人与自然形成一定的关系,而且人与人之间也结成一定的社会关系。"为了进行生产,人们相互之间便发生一定的联系和关系;只有在这些社会联系和社会关系的范围内,才会有他们对自然界的影响,才会有生产。"②人们总是在一定的社会关系中进行实践活动的,这种活动总是受到特定的历史条件的制约。当这种社会关系不适应实践活动的需要时,人们必然为

①《马克思恩格斯全集》第3卷,第31页。
②《马克思恩格斯选集》第1卷,第344页。

适应实践活动的需要而调整或变革社会关系,从而在新的社会关系中、新的历史条件下进行新的实践活动。这就使实践具有了历史性。实践是自然性与社会性的统一。

实践是对象性的活动。所谓对象性活动,是指实践是以人为主体,以客观事物为对象的现实活动;更重要的,是指实践能够把人的目的、知识、能力等本质力量对象化为客观实在,创造出一个属人的对象世界。作为对象性的活动,实践使人们把自身的本质力量外化、物化并凝结在客体中,使其取得客观实在的形式。同时,又通过这种外化、物化的对象来认识和确证自己的本质力量。正如马克思所说,"劳动的产品就是固定在某个对象中、物化为对象的劳动,这就是劳动的对象化。劳动的实现就是劳动的对象化"①,"工业的历史和工业的已经产生的对象性的存在,是一本打开了的关于人的本质力量的书"②。

作为一种对象性活动,一种能动地改造世界的活动,实践构成了人的存在方式。"一个种的全部特性、种的类特性就在于生命活动的性质。"③这就是说,判断一个物种的存在方式和本质特征,就是看其生命活动的形式。动物是在本能地消极适应自然的过程中维持其生存的,所以,动物的存在方式就是其本能活动。与此不同,人是在有目的地积极改造自然的过程中维持自己的生存的,所以,实践构成了人的存在方式。

首先,实践改铸和发展着人的自然属性。所谓人的自然属性,是指人的肉体组织、生物性的欲望和需要。毫无疑问,人们之所以劳动,是受人的"肉体组织所决定"。问题在于,劳动、实践一经开始就成为强大的推动力,开始支配人类生物进化的方向。"已经得到满足的第一个需要本身、满足需要的活动和已经获得的为满足需要用的工具又引起新的需要。"④实践使人的自然需要的对象、内容和满足方式与动物相比发生了质的变化,赋予它们属人的社会、历史性质,从而改铸和发展着人本身特有的自然属性,使人成为"能动的自然存在物"。

其次,实践生成和发展着人的社会属性。"生活的生产——无论是自己生活的生产(通过劳动)或他人生活的生产(通过生育)——立即表现为双重关

---

① 《马克思恩格斯全集》第 42 卷,第 91 页。
② 《马克思恩格斯全集》第 42 卷,第 127 页。
③ 《马克思恩格斯全集》第 42 卷,第 96 页。
④ 《马克思恩格斯全集》第 3 卷,第 32 页。

系：一方面是自然关系,另一方面是社会关系。"①在实践中生成的社会关系反过来制约和规定人的本质。人的本质在其现实性上是社会关系的总和,而现实的社会关系又是在实践活动中生成的。换言之,人是在实践活动中"创造、生产人的社会关系、社会本质",从而使自己成为"社会存在物"。

再次,实践生成和发展着人的精神属性。人的生命活动是"有意识的生命活动",有意识的生命活动把人同动物区别开来,使人成为"有意识的类存在物"。问题在于,人的意识是在实践中生成、实现和确证的,即使语言也"是一种实践的、既为别人存在并仅仅因此也为我自己存在的、现实的意识"②。这就是说,实践使人的生命活动成为有意识的生命活动,使人成为"有意识的类存在物"。

可见,人的自然属性、社会属性和精神属性是在实践活动中改铸、生成和发展起来的,是在实践活动中统一的。所以,马克思指出:人"是什么样的,这同他们的生产是一致的——既和他们生产什么一致,又和他们怎样生产一致。因而,个人是什么样的,这取决于他们进行生产的物质条件"③。一言以蔽之,实践构成了人的存在方式,是人的生命之根和立命之本。

二、实践的主体与客体及其关系

在实践活动中,人把自身之外的存在变成了自己活动的对象,变成了客体,同时,也就使自己成为主体性的存在。从对象性活动的视角去考察人与世界的关系,就凸显出主体与客体这两个范畴。换言之,主体与客体是表示活动者和活动对象之间特定关系的哲学范畴。

实践主体既不是旧唯物主义所理解的那种生物学意义上的自然存在物,也不是唯心主义所主张的那种纯粹的先验自我意识,而是一个物质与精神、情感与意志、自然与社会等多种因素构成的有机统一体。

从主体的能力结构看,"人本身的自然力"是物质基础。正是借助于这种物质力量,人才能够与自然进行物质交换。但是,人的物质力量是在精神支配

---

① 《马克思恩格斯全集》第 3 卷,第 33 页。
② 《马克思恩格斯全集》第 3 卷,第 34 页。
③ 《马克思恩格斯全集》第 3 卷,第 24 页。

下的力量。所以,知识与经验、情感与意志构成了主体能力结构中的精神因素。在实践活动中,知识与经验对主体能力的发挥起着主导作用;同时,情感与意志可以激发主体释放自己的潜能,从而百折不挠,"过五关斩六将",以实现实践的目的。正是在这个意义上,马克思认为,"激情、热情是人强烈追求自己的对象的本质力量"①。

从主体的社会结构看,主体有个人主体、集团主体、社会主体和人类主体四种形式。社会存在的前提无疑是"有生命的个人的存在"。个人有其相对独立的实践范围和形式。在这个意义上,个人是独立的主体,即个人主体。以一定的集体、团体、群体形式进行实践活动的人们构成集团主体。在阶级社会中,阶级是集团主体的主要存在形式。当某一社会还没有因内部的对抗而引起剧烈的外部冲突时,该社会就有可能在一定程度上以整体形式从事某些实践活动,从而形成社会主体。不同民族、国家以整体的、类的形式从事实践活动,就形成了人类主体。但是,迄今为止,由于自然原因和社会原因,人类只是在特定条件下,在某些方面以共同主体的身份从事实践活动,形成一定意义上的人类主体。只有在未来消灭阶级之后,自觉的人类主体才能真正形成。

实践客体是进入主体活动领域,并被主体活动所指向或改造的客观事物。客观事物在成为客体之前是客观的,进入主体与客体的关系结构以后,这种客观性特征仍然存在。但是,作为实践活动所指向或改造的对象,客体又不等于客观事物。一个客观事物之所以能够成为客体,不仅取决于客观事物的自在本性,而且还取决于人类的实践水平能否指向、改造这些客观事物,这些客观事物是否取得了属人的性质、"人化"的形式。

被纳入主体活动范围的客体随着实践的发展,总是处于不断的变化之中。从总体上看,客体有三种形式,即自然形式的客体、社会形式的客体和精神形式的客体。自然形式的客体既包括同人的活动发生关系的自然物,也包括人们用某种方式改造或制造出的人工自然物;社会形式的客体是指现实的社会结构,如经济制度、政治制度等,同时也包括体现在物上的社会关系;精神形式的客体则是指以物的形式存在的精神生产的结果,精神形式的客体都有自己的"物化"形式,但人们所注重的不是它们的物质形式,而是这些物质形式所体现或携带的精神内容。

---

① 《马克思恩格斯全集》第 42 卷,第 169 页。

实践的主体与客体处在相互作用中。主体与客体的相互作用具有物质性特点,但又不能归结为物质性。主体与客体都是一种物质实体,二者的相互作用是物质实体之间的相互作用,但这种相互作用又不同于一般的物质实体之间的相互作用。在实践活动中,主体从一定的目的出发,通过工具作用于对象,使对象按照主体的需要和目的发生结构或形式上的变化,形成了既来自于自在自然又不同于自在自然的"人化自然"这一客体。"人化自然"是人的本质力量的物化形式,是人们在实践活动中创造的"为我之物"。除人之外,一切物和物之间的相互作用都是无意识的、盲目的,都不可能以主体与客体这一特定的相互作用形式出现。

实践主体与客体的相互作用具有一种新的关系,这就是精神与物质、目的与手段、能动者与受动者、创造者与被创造者之间的关系。在这种关系中,主体处在主导和中心地位,客体则成为主体的"为我之物"。这表明:一方面,主体受到客体的制约和限定;另一方面,主体又以能动的活动不断地打破客体的限定,超越客体。主体与客体之间这种限定与超越或限定中的超越关系,是主体与客体之间相互作用的实质。

主体与客体相互作用的内容和结果是通过主体对象化与客体非对象化的双向运动来实现的。所谓主体对象化,是指人通过实践使自己的本质力量转化为对象物;而客体非对象化,是指客体从客观对象的存在形式转化为主体生命结构的内在因素或主体本质力量的内在因素。客体从客观对象的存在形式转化为主体生命活动结构的因素,包括成为人的身体器官的延伸,就是客体非对象化。"在生产中,人客体化,在消费中,物主体化。"①这一过程就是主体客体化和客体主体化的过程。主体客体化的过程,同时就是客体主体化的过程。

主体对象化与客体非对象化或主体客体化与客体主体化互为前提,互为媒介。主体对象化或客体化表征着主体的能动性、超越性;客体非对象化或主体化表明了客体的受动性和制约性。实践活动的这种能动性与受动性、超越性与制约性所形成的矛盾运动,或者说客体对主体制约性和主体对客体超越性的双向运动及其所形成的"为我而存在"的关系,构成了人类实践活动的本质内容。

---

① 《马克思恩格斯全集》第46卷上,第26页。

三、实践过程中的实践理性与评价理性

作为人的存在方式和本质活动,实践是人们从一定目的出发,运用工具改造客体,并通过结果的反馈进行调控的自在自为的运动过程。这一过程体现了理论理性、实践理性和评价理性的辩证关系。

任何目的的确立,都表现为要建立一种或实现一种现存世界目前还不存在的东西。实践目的的提出,意味着人们对自身的需要有了一定的认识,意味着对客观事物及其规律有了一定的认识,既体现了人的内在尺度,又体现了物的外在尺度。所以,目的的确立是主体实际改造客体之前在思维中对客体所进行的观念改造,是主体对客体的一种否定性、批判性的反映,是在观念中形成的理想客体。因此,目的鲜明地体现了主观与客观、理想与现实、实然与应然之间的矛盾。

实践是一种有目的地改造世界的活动。在实践过程中,目的既是初始环节,又是内控因素,目的贯穿和渗透于整个实践过程之中。正如马克思所说,"劳动过程结束时得到的结果,在这个过程开始时就已经在劳动者的表象中存在着,即已经观念地存在着。他不仅使自然物发生形式变化,同时他还在自然物中实现自己的目的,这个目的是他所知道的,是作为规律决定着他的活动的方式和方法的,他必须使他的意志服从这个目的"①。

但是,目的毕竟是观念形态。要实现目的,就必须借助工具。工具不是天然的自然物,而是人类活动的产物,其中凝聚、物化了人们过去的活动,并指向未来的活动。工具使前人活动与后人活动、过去活动与未来活动建立起内在的联系。这样,每一代人在使用工具时,实际上是把前一代人的活动及其成果作为自己的手段,从而把历史上创造的人类力量的总和纳入到自身之中。正是依靠工具这个身外器官,人们突破了身内器官的局限,使自己的本质力量获得了无限发展的可能性。更重要的是,每一代人既继承着前一代人的工具,又在不断创造着新的工具,从而不断突破本身力量和活动范围的局限,以社会总体的形式和人"类"的资格去从事新的实践活动。这就形成了不同于生物进化规律的人类实践活动规律,即社会发展规律。

———

① 《马克思恩格斯全集》第 23 卷,第 202 页。

目的通过工具(手段)而外化的过程,是一个不断实现和扬弃自身的过程。在这个过程中,主体实际地否定了作为目的本身的单纯主观性,同时,也实际地否定了作为目的前提的对象的现实客观性,使其成为符合主体要求的客体,从而建立了一种主观与客观相统一的存在。这就达到了实践的结果。换言之,实践结果是人的目的在客观事物中的凝结和体现,是实践过程中各种要素的融合。实践结果一旦形成就成为一种客观实在,不以人的主观意志为转移,并反过来制约着人的活动。

在从目的通过手段而达到结果的这一过程中,实践理性发挥着重要作用。所谓实践理性,是指人们在实践活动开始之前预先建立的关于实践结果的观念原型或蓝图。实践理性既是认识过程的最高环节,又是认识活动性向实践活动转化的中介环节,其任务是扬弃客体的片面性,按照主体的目的去改造现存事物。如果说理论理性揭示的是现存事物的本质和规律,那么,实践理性则是人们为了满足自身需要而制定的改造现存事物的规划和方案。

实践理性以理论理性为基础,但它又不是理论理性的逻辑推演。实践理性形成的根据是物的外在尺度与人的内在尺度。作为理论理性向实践活动转化的中介环节,实践理性的确立只有在主体通过理论理性认识客观事物的本质和规律、并利用这种认识的结果时才是可能的。同时,实践理性又体现着人的理想意图,包含着对人自身需要的认识。人们之所以进行实践活动,并不是简单地重复和模仿现存事物,而是为改变现存事物以满足自己的需要。因此,实践理性决不仅是对现存事物"本来如此"的反映,还是同时根据人的尺度对现存事物"能够如此"的反映。实践理性的形成过程,就是主体在观念中按照一定的方式将其内在尺度运用到物的外在尺度上去,并将二者统一起来,创造出某种"理想意图"或理想客体的过程。

为了使这一过程合理化,需要评价理性对此进行评判。在我看来,评价理性就是指对事物、活动和过程所进行的价值判断这样一种特殊的认识形式,其特点是把人的内在尺度引入认识活动,并以此为依据评判事物、活动和过程对人是有利还是有害,是有价值还是无价值,从而决定是取还是舍。与理论理性追求对现存事物"本来如此"的认识不同,与实践理性追求对现存事物"能够如此"的认识也不同,评价理性追求的是对现存事物"应当如此"的认识。

评价理性关注的是对实践结果的评价。实践结果是人的理想意图、本质力量在客观事物的凝聚和体现,是实践过程各种要素的融合,它一经产生就成为不以人的意志为转移的对象性存在。人们可以通过实践结果这一对象性的存在,反思、评价实践理性、实践活动、实践过程的合理性问题。当实践结果与实践目的之间出现偏差时,应修正、完善实践理性,改变计划方案和实践手段,并调整实践活动本身,使理想意图与客观实际相一致。从实践理性到实践结果的评价,实际上是人的实践活动的自我评价、自我反馈、自我调节的过程。

总之,实践是以主体、中介(工具)和客体为基本构架,通过目的、手段和结果的反馈、调控而自在自为的运动过程。作为主体客体化和客体主体化的双向运动过程,实践在改造客观世界的过程中,又形成了人的主观世界,创造着属人世界。主观世界和客观世界、自在世界和人类世界分化与统一的基础就是人的实践活动。

四、实践:主观世界和客观世界分化与统一的基础

所谓主观世界,是指人的意识、观念世界,是人的头脑反映和把握物质世界的精神活动以及心理活动的总和,既包括意识活动的过程,又包括意识活动过程所创造的观念,即意识活动的成果。主观世界不仅起于主体的心意,而且表现为主体的心意状态。人的愿望、情感、意志、目的、观念、信念、思维等,都是主观世界不同的存在形式。从总体上看,主观世界是知、情、意的统一体。

客观世界则是指"物质的、可以感知的世界",是人的意识活动之外的一切物质运动的总和。从内容上看,客观世界包括两个部分,即自然和社会。前者不依赖人的活动而独立存在,后者形成于人的实践活动之中,但又不以人的意识为转移。二者的共同之处就在于,它们都是客观存在,而非意识、观念存在。自然存在和社会存在的统一构成了"外部世界"或"物质的世界",即客观世界。

主观世界不同于客观世界。客观世界存在于人的意识活动之外,具有直接现实性,并按照自己固有的规律运动着。外部自然存在的物质基础在其自身,人的社会存在的物质基础是物质生产方式。主观世界则是以人脑为物质(生理)基础,以意识诸要素及其运动为机理的。主观世界存在于人脑之内,是主体意识活动所具有的智力、智慧、思维能力大小强弱的幅度、界限,以及它所能接受、理解和处理信息的思维容量域。不同的主体有不同的主观世界。主观世界与客观世界具有异质性。这是其一。

其二,主观世界的发展与客观世界的发展具有不完全同步性。从根本上

说,客观世界是主观世界的外在空间,客观世界决定主观世界,主观世界和客观世界的关系是反映与被反映的关系。然而,主观世界毕竟是一种非直接现实性的存在,起于心意之内的"由己性"使人们可以在心意之内随意组合、建构客体,从而使主观世界既可能在某些方面和状态上背离客观世界,发生幻想、错误,也可能超越客观世界,对未来存在作出超前反映。这样,就出现了主观世界的发展与客观世界的发展不完全同步的状态。主观世界和客观世界有着复杂的矛盾关系,主观世界一方面肯定、表现、反映着客观世界,另一方面又是对客观世界的偏离、否定和超越。二者始终交织在一起。

主观世界和客观世界又具有统一性。

首先,主观世界和客观世界在内容上是同构的。所谓同构,是指具有彼此对应的基本要素及其结构方式。主观世界和客观世界的同构性是由主观世界本身形成的前提、条件和基础造成的。主观世界并不是离开客观世界而独立自存的实体,也不是一个超然于客观世界而绝对孤立自存的世界。从根本上说,主观世界是对客观世界的反映,它在观念形式中反映着客观世界的内容,在概念中凝结着对客观世界本质的理解。主观世界实质上是被人的头脑反映并转换为观念形式的客观世界,在内容上源于客观世界,因而必然与之具有同构性。

其次,主观世界的运动规律和客观世界的运动规律具有同一性。由于主观世界在内容上与客观世界具有同构性,主观世界的运动规律是对客观世界运动规律的反映和升华,所以,它同样具有必然性、重复性的特征。不管人们是否意识到思维规律的要求,是否遵循思维规律进行认识活动,思维规律都要起作用。辩证法的基本规律既适合客观世界,也适合主观世界。当我们把概念辩证法看作现实世界辩证运动的自觉反映时,辩证法就归结为关于外部世界和人类思维运动的一般规律的科学。这两个系列的规律在本质上是同一的,但在表现形式上是不同的。

再次,主观世界和客观世界又是互相转化的。如前所述,主观世界本质上是反映在人的头脑中并转换为观念形式的客观世界;主观世界,尤其是其中的理想存在通过实践又能够转化为现实的存在,成为客观世界的一部分,并不断地更新着客观世界的内容。正是在这个意义上,列宁指出:"人的意识不仅反映客观世界,并且创造客观世界。"①

---

① 《列宁全集》第 55 卷,第 182 页。

主观世界和客观世界分化与统一的现实基础就是人的实践活动。

主观世界和客观世界的关系形成于人的实践活动中。主观世界并不是客观世界自动分化的结果,也不是由各种"先天范畴"构成的思维之网。就其发生而言,实践是主观世界最切近的基础,主观世界是实践活动在人脑中的"内化"。正是在实践活动中,物质世界发生了分化,它被反映在人的头脑中并转化为主观世界。就是说,实践使统一的物质世界分化为主观世界和客观世界。

实践是主观世界和客观世界的接触点。正是在主观世界和客观世界相互接触的过程中,客观世界的内容才转变为主观世界的内容。这一转变是一个不断深入和扩大的过程。对于每一时代特定的主体来说,并不是客观世界的所有内容都能构成主观世界的内容,只有纳入到实践以及认识活动范围内的那部分客观世界才能转化为主观世界的内容,或者说,只有被纳入到实践以及认识活动范围内的那部分客观世界并为主体所接受和认识,并沉积、内化为意识的容量框架、纵横幅度和界限的时候,才能转化为主观世界。实践从根本上制约着主观世界和客观世界接触的范围,以及主观世界的广度和深度。

实践是主观世界和客观世界相互转化的基础与途径。不仅客观世界只有通过实践以及认识活动才能转化为主观世界,而且主观世界也只有通过实践才能转化为客观世界。实践本身就是主观见之于客观的活动,是主观和客观的"交错点","不仅具有普遍东西的品格,而且具有单纯现实东西的品格"①。正因为如此,实践是主观世界和客观世界相互转换的基础与途径。

实践是人的有目的的活动。这种"目的的活动不是指向自己……而且为了通过消灭外部世界的规定的(方面、特征、现象)来获得具有外部现实形式的实在性"②。换言之,人在实践活动中并非仅仅接受客观世界及其规律,而且要依据自己的目的利用客观规律去改变客观世界的现存状况,使它成为符合人的目的要求的新的状态,即成为属人世界。因此,在主观世界和客观世界分化与统一的过程中,又形成了自在世界和属人世界即人类世界的分化与统一。

五、实践:自在世界和人类世界分化与统一的基础

自在世界和人类世界是两个相对应的概念。自在世界又称天然自然,这

---

① 《列宁全集》第 55 卷,第 183 页。
② 《列宁全集》第 55 卷,第 183 页。

一概念包含着两重含义：一是人类世界产生之前的自然界，这是人类产生之前的先在世界；二是尚未被纳入到人的活动范围的自然界，即自然界中尚未被"人化"的部分。人类世界又称属人世界，是在人类实践基础上形成的人化自然和人类社会的统一体。

自在世界和人类世界都具有客观实在性。人们并不是在自在世界之外创造人类世界，而是在自在世界所提供的材料的基础上表现自己的本质力量，建造人化自然、人类世界的。人的实践可以改变天然自然的外部形态、内部结构乃至其规律起作用的方式，但是，它不可能消除天然自然或自在世界的客观实在性。相反，天然自然的客观实在性通过实践延伸到人化自然、人类世界之中，并构成了人类世界客观实在性的自然基础。

自在世界和人类世界的区别在于，自在世界是独立于人的活动或尚未被纳入到人的活动范围内的自然界，其运动变化完全是自发的，一切都处在盲目的相互作用之中。人类世界和人的活动不可分离。人化自然是被人的活动所改造过的自然，它体现了人的需要、目的、意志和本质力量；社会关系则是人的活动的对象化。人类世界的独特性就是它的对人的实践活动的依赖性。固然，人类世界不可能脱离自在世界，它要以自在世界为自己存在和发展的前提，但人类世界毕竟不同于自在世界，毕竟不是自在世界自动延伸的产物。从根本上说，人类世界是人的实践活动的对象化，是人的对象世界。

统一的物质世界本无自在世界和人类世界之分，只是出现了人及其活动之后，"自然之网"才出现了缺口并一分为二，即在自在世界的基础上叠加了一个与它既对立又统一的人类世界。实践是自在世界和人类世界分化与统一的基础。

实践不仅使天然自然发生形态的改变，同时还把人的目的性因素注入到自然界的因果链条当中，使自然界的因果链条按同样客观的"人类本性"发生运转。由此，"我们还能引起自然界中根本不发生的运动（工业），至少不是以这种方式发生的运动；我们能给这些运动以预先规定的方向和规模"[1]。换言之，实践虽然不能使自然物的本性和规律发生变化，但能把人的内在尺度运用到物质对象上去，按人的方式来规范物质运动的方向和过程，改变物质的自在存在形式。在实践中，天然自然、"自在之物"不断转化为体现了人的目的并能

————————

① 《马克思恩格斯全集》第 20 卷，第 573 页。

满足人的需要的人化自然、"为我之物"。

从天然自然、"自在之物"转化为人化自然、"为我之物",这一过程就是"自然的人化"过程。"自然的人化"强调的是"自然界对人说来的生成过程"①。换言之,"自然的人化"强调的不是自然界的变化,而是自然界在人的实践过程中不断获得属人的性质,不断地被改造为人的生存和发展的条件,成为"人的现实的自然界",即"人类学的自然界"②。

自然的"人化"过程同时就是人类社会形成和发展的过程。人们在从事物质生产、改造自然的同时,又形成、改造和创造着自己的社会联系和社会关系。没有人与人之间的社会关系,也就不可能有人与自然的现实关系。自然的"人化"是在社会之中,而不是在社会之外实现的。正是在这个意义上,马克思认为,"自然界的属人的本质只有对社会的人来说才是存在着的","只有在社会中,自然界才是人自己的人的存在的基础"③。在人的实践活动中生成的人化自然和人类社会及其统一,构成了人类世界。

人通过自己的实践活动在自在世界的基础上建造了属人世界,从而使世界二重化为自在世界和人类世界。自在世界和人类世界具有内在联系。这种内在联系体现在两个方面。

一方面,自在世界构成了人类世界存在和发展的自然基础,人在实践活动中把天然自然同化于自身,转化为自己的本质力量,同时,又把这种本质力量对象化于人类世界中;人类世界形成之后又反过来制约着天然自然,不断地改变自在世界的界限。在实践活动中,自在世界和人类世界这两方面是密切相关的。只要有人存在,自然史和人类史就彼此相互制约。当代科学成果表明,自然史上最高的"会聚"发生在自然史向人类史的转化阶段,此时,较低层次的自然系统成为较高层次的社会系统的组成部分,而社会系统又对自然系统施加着"约束"。

另一方面,天然自然通过人的实践活动转化为人化自然,并在人化自然、人类世界中延续了自己的存在;同时,人化自然不可避免地要参与到整个大自然的运动过程,或者说,仍然要加入到由自然规律支配的自在世界的运动过程中。这里,会出现两种情况:一是自在世界的运动以其强大的力量强行铲除人

---

① 《马克思恩格斯全集》第 42 卷,第 131 页。
② 《马克思恩格斯全集》第 42 卷,第 128 页。
③ 《马克思恩格斯全集》第 42 卷,第 122 页。

化自然的痕迹,使人的活动成果趋于淡化和消失;二是人化自然改变了自然规律起作用的范围和结果,改变了自然过程,特别是生物圈内物质、能量的流通与变换。这就可能对人产生负面效应,如当今出现的生态失衡问题。从根本上说,环境污染、生态失衡是以"天灾"的形式而表现出来的"人祸"。正因为如此,恩格斯提出了自然界"对人进行报复"以及"人类同自然的和解"的问题。

总之,人的实践活动是一种不断分化世界,不断使世界二重化,又不断统一世界的活动。对人来说,世界既是本原性的存在,又是对象性的存在。所以,马克思指出,不仅要从客体方面,而且要从主体方面,从"感性的人的活动",即实践方面去理解"对象、现实、感性"。

关于马克思历史规律理论的再思考

　　自维科创立历史哲学以来,历史规律问题一直是西方历史哲学关注的中心问题,至今仍然是西方历史哲学争论的焦点;科学地解答历史规律问题是马克思对人类思想史的巨大贡献,然而,马克思的历史规律理论在当代又受到种种的曲解、非难和挑战。可以说,历史规律理论是整个马克思主义的核心理论,同时又是一个问题的王国,当代实践、科学和哲学本身的发展表明,需要重新审视马克思的历史规律理论。因此,我拟从历史规律的形成机制和表现形式、认识和把握历史规律的特殊路径、社会发展的合规律性与人的活动的目的性这三个方面重新考察马克思的历史规律理论。

一、历史规律的形成机制与表现形式

　　列宁在《哲学笔记》中提出一个重要命题,这就是,"客观过程的两个形式:自然界(机械的和化学的)和人的有目的的活动"①。列宁的这一命题实际上是要说明,自然运动与人的活动属于两个不同系列的发展形式:自然运动是一种自在形式,人的活动属于自为形式。自然运动,从机械运动、物理运

---

① 《列宁全集》第 55 卷,第 158 页。

动、化学运动到生物运动,都以一种自发的、盲目的方式存在着,自然规律就形成、存在和实现于这种自发的、盲目的活动之中,与人的活动无关,就像荀子所说的那样,"天行有常,不为尧存,不为桀亡"。与自然运动不同,人的活动总是按照自己设定的目标自觉进行的,正如马克思所说,"历史不过是追求着自己目的的人的活动而已"①。一次地震可以毁坏一座城市,可以毁灭众多的人口,一场战争也可以毁坏一座城市,可以毁灭众多的人口。可是,地震就是地震,是盲目发生的自然运动,在它的背后没有任何利益诉求,没有任何目的。战争不同。战争是人的自觉行为,在它的背后有强烈的利益诉求,是不同的民族、阶级为了自己的特殊利益而进行的有目的的活动。人是社会的主体,人的活动构成了历史活动,没有脱离人的活动的历史活动,历史规律就形成、存在和实现于人的有目的的活动之中。

历史不同于自然。自然领域中所发生的一切都是盲目作用的结果,没有任何的预期的目的;在历史领域中进行活动的,是有意识的人,是凭激情行动的人,是追求某种目的的人,任何事情的发生都不是没有自觉的意识、没有预期的目的的。但是,历史又离不开自然。从根本上说,人类社会就是在人与自然的物质变换过程中形成和发展起来的。离开了人与自然的关系,社会只能建立在虚无之上,只能是"无地自容"。社会实际上是人与自然的关系和人与人的关系这一双重关系的统一,人对自然的关系制约着人与人的关系,人与人的关系又制约着人对自然的关系。从总体上看,一部人类社会史,就是人们不断解决人与自然的矛盾、人与人的矛盾的历史。所以,马克思指出:共产主义是"人和自然之间、人和人之间的矛盾的真正解决"。

我们应当明白,不是什么其他力量,而是人的实践活动把社会与自然区别开来,同时,又把社会与自然联系起来。由自身的"肉体组织所决定",人们必须首先从事改造自然、以满足自己物质需要的活动。实践就是人以一种物质力量改造自然,并从自然中获取物质力量以满足自己物质需要的活动,是人以自身的活动来引起、调整和控制人与自然之间物质变换的过程,正是在这个过程中形成了人与自然的现实关系;为了实现人与自然之间的物质变换,人与人之间又必须互换其活动,并在这个过程中必然结成一定的社会关系,包括政治关系、思想关系。正如马克思所说,"以一定的方式进行生产活动的一定的个

①《马克思恩格斯全集》第2卷,第118—119页。

人,发生一定的社会关系和政治关系","观念、思维、人们的精神交往在这里还是人们物质关系的直接产物";"这些个人所产生的观念,是关于他们同自然界的关系,或者是关于他们之间的关系,或者是关于他们自己的肉体组织的观念……这些观念都是他们的现实关系和活动、他们的生产、他们的交往、他们的社会组织和政治组织有意识的表现(不管这种表现是现实的还是虚幻的)";"如果在全部意识形态中人们和他们的关系就像在照相机中一样是倒现着的,那末这种现象也是从人们生活的历史过程中产生的,正如物象在眼网膜上的倒影是直接从人们生活的物理过程中产生的一样"。①

这表明,实践内在地包含着三重关系,即人与自然的关系、人与人的关系以及人与其意识或观念的关系。正是这些关系的总和构成了社会的基本关系,而历史规律就直接依存于社会关系。可以说,实践是社会关系和历史规律的发源地。从本质上说,历史不过是人的实践活动在时间中的展开。所以,马克思认为,"只要描绘出这个能动的生活过程,历史就不再像那些本身还是抽象的经验论者所认为的那样,是一些僵死的事实的汇集,也不再像唯心主义者所认为的那样,是想像的主体的想像活动"②。以此为前提,马克思确立了科学的历史规律观念。

按照马克思的观点。历史规律直接依存于人的社会关系,但它形成于人的实践活动之中。马克思不同于黑格尔。黑格尔只承认历史规律实现于人的活动之中,但不承认历史规律形成于人的活动之中。在黑格尔看来,历史规律是先于历史而形成的"绝对计划",人不过是实现这种"绝对计划"的工具,即使像拿破仑这样的伟大人物,也不过是"骑在马背上的绝对精神"。所以,尽管黑格尔一再说,没有人的活动,任何伟大的事业都不可能成功,尽管黑格尔一再说,绝对精神和人的活动构成了世界历史的经纬线,但是,由于黑格尔仅仅把人看作实现历史规律的工具,所以,他只是在形式上肯定了人的能动性,实际上彻底地、干净地剥夺了人的能动性、创造性、主体性。在黑格尔那里,绝对精神成为一种新的迷信,高高地耸立在祭坛上让人们顶礼膜拜。

马克思不仅承认历史规律实现于人的活动中,而且确认历史规律形成于人的活动中。在马克思看来,实践是人与自然之间物质变换的过程,可人的实

---

① 《马克思恩格斯全集》第 3 卷,第 28—29、29、29、29—30 页。
② 《马克思恩格斯全集》第 3 卷,第 30 页。

践活动不仅包含着人与自然之间的物质变换,而且包含着人与人之间的活动互换。没有人与人之间的这种"活动互换",人们就无法成为一个整体,无法以"人类"的形式实现人与自然之间的物质变换。更重要的是,实践是主观之于客观的活动,在这个过程中,观念转变为现实存在,现实存在转变为人的观念。这就是说,实践还包含着人与自然之间物质和观念的转换。

物质转换是人的活动和自然运动共同具有的,这表明,人的活动也必须遵循物质运动的共同规律。问题在于,人与自然之间的这种物质转换又不同于自然物之间的物质转换,不是纯粹的物质转换,而是同人与人之间的活动互换,同物质与观念的转换交织在一起的,并受到人的目的的支配。正如马克思所说的那样,"劳动过程结束时得到的结果,在这个过程开始时就已经在劳动者的表象中存在着,即已经观念地存在着。他不仅使自然物发生形式变化,同时他还在自然物中实现自己的目的,这个目的是他所知道的,是作为规律决定着他的活动的方式和方法的,他必须使他的意志服从这个目的"①。

人的实践活动所包含的人与自然之间的物质变换、人与人之间的活动转换,以及物质和观念的转换,既不是前后相继的,也不是并列平行的,而是"三位一体"的转换。在这种"三位一体"的转换过程中,自在自然转变为"人化自然","自在之物"转变为"为我之物",人与自然的关系成为"为我而存在"的关系;与这种"为我而存在的关系"共生、共存,并制约着这种"为我而存在"关系的,是人与人之间的社会关系,社会关系一旦形成就反过来制约人的活动,并使"自然的物"转变为具有社会关系内涵的"社会的物"。历史规律就直接依存于人与自然的这种"为我而存在的关系"和人与人的社会关系,形成于实践所造成的人与自然的物质变换,人与人的活动互换以及物质和观念的转换过程中。

反过来说,正是在"物质变换""活动互换"以及"物质和观念转换"这"三位一体"的转换过程中,形成了为自然运动所不具有的特殊运动规律。这就是体现主体活动特点,包括物质运动在内的人的实践活动规律。全部社会生活在本质上是实践的,人的实践活动规律实际上就是社会发展规律,也就是历史规律。离开了人的实践活动以及个体之间的相互作用,历史规律就失去了赖以存在和发挥作用的场所。人的实践活动的确是社会关系和历史规律的发

---

① 《马克思恩格斯全集》第23卷,第202页。

源地。

这就是说,从规律的形成机制看,历史规律不同于自然规律,即自然规律形成于自然界诸因素盲目的交互作用过程,历史规律则形成于人的有目的的实践活动过程。

从规律的表现形式看,历史规律也不同于自然规律,即自然规律主要表现为动力学规律,历史规律则主要表现为统计学规律。

所谓动力学规律,是指事物之间——对应的确定联系,也就是一种事物的存在必定导致另一种确定事物的发生。自然规律的特点是现实性,也就是每时每刻都在起作用,如万有引力定律每时每刻都在支配着每一个事物。在动力学规律作用下,偶然现象可以忽略不计。

统计学规律则不是指事物之间——对应的确定联系,而是指一种必然性和多种随机现象之间的规律性联系。对于统计学规律来说,偶然现象不仅不能忽略不计,相反,正是在对大量偶然现象的统计中才能发现其中的规律性。在人的活动中,事物、现象如果不是"大量"发生,它们之间就表现为一种非确定的联系;如果是"大量"发生,它们之间就表现为一种确定的联系。这就像抛掷同一个质量均匀的硬币,出现正面或反面都是偶然的,但在大量抛掷的情况下,出现正面和反面的概率大体上是二分之一,体现出一种规律性。

历史规律不是每时每刻都在起作用,而是表现为一种趋势,一种最终的要求,一种最终必然性,一种最终平均数,正如马克思所说,"规则只能作为没有规律性的盲目起作用的平均数规律来为自己开辟道路"①。例如,等价交换规律并不是指每一次交换都是等价的,而是无数次交换的最终平均数。我们应当理解和把握历史规律的这一特点,而不能按照自然规律的特点来要求历史规律,从而得出否定历史规律的结论。在我看来,按照自然规律的特点要求历史规律,实际上是一种形而上学的思维方式。

正因为自然规律主要表现为动力学规律,历史规律主要表现为统计学规律,所以,自然科学不仅可以预见,而且可以准确地预报自然事件的发生,而社会科学只能预见社会发展的趋势,很难准确地预报历史事件的发生。预报与预见既有联系又有区别。预报是对某一事物在确定的时空范围内必然或可能出现的判断,而预见则是以规律为依据的关于事物发展趋势的判断,或者说,

① 《马克思恩格斯全集》第 23 卷,第 120 页。

是一种只涉及发展趋势的判断。自然规律主要表现为动力学规律，所以，自然科学既能预见，又能预报，如自然科学关于日食、月食的预报不仅准确到月和日，而且精确到时和分。历史规律主要表现为统计学规律，所以，社会科学只能预见，而不能预报。社会生活的特殊性，人的活动的能动性，使得具体历史事件发生的时间、地点和人物不可能被预报。但是，在社会生活中，我们可以预见发展趋势，可以预见某一社会活动、历史事件的最终结局，可以预见社会发展的未来走向，而这种预见正是以发现和把握历史规律为前提的。

我们应当注意人的活动的自觉性与社会发展的自在性的关系。在我看来，人的活动的自觉性并不能否定社会发展的自在性，二者的关系并非如同冰炭，难以相容。相反，它们是同一过程的两个方面。恩格斯用"历史合力说"形象地说明了这一问题："历史是这样创造的：最终的结果总是从许多单个的意志的相互冲突中产生出来的，而其中每一个意志，又是由于许多特殊的生活条件，才成为它所成为的那样。这样就有无数互相交错的力量，有无数个力的平行四边形，由此就产生出一个合力，即历史结果，而这个结果又可以看作一个作为整体的、不自觉地和不自主地起着作用的力量的产物。因为任何一个人的愿望都会受到任何另一个人的妨碍，而最后出现的结果就是谁都没有希望过的事物。所以到目前为止的历史总是像一种自然过程一样地进行，而且实质上也是服从于同一运动规律的。"[1]恩格斯的"合力论"实际上就是规律论，其中内含着三个问题：一是人的意志与历史运动的关系；二是单个意志与社会条件的关系；三是个人活动之间的关系。

对于人的活动来说，意志是非常重要的。孔子所说的"三军可夺帅也，匹夫不可夺志也"，讲的就是意志的作用。人有意志，而且人的意志必然通过人的实践活动体现、凝聚在自己的创造物上。可是，人又不能完全凭借自己的意志，按照自己的主观意图去创造历史，相反，人的意志及其作用的大小必然受到社会关系、历史条件的制约，无论人的意志多么坚强，它也不可能超越社会关系、历史条件。马克思指出："人们自己创造自己的历史，但是他们并不是随心所欲地创造，并不是在他们自己选定的条件下创造，而是在直接碰到的、既定的、从过去承继下来的条件下创造。一切已死的先辈们的传统，像梦魇一样

---

[1]《马克思恩格斯选集》第4卷，第697页。

纠缠着活人的头脑。"①这是其一。

其二,个人意志,也就是恩格斯所说的"单个意志",不是凭空产生的,也不是生而就有的,而是由"许多特殊的生活条件,才成为它所成为的那样"。恩格斯的这一观点实际上表明,人的意志,包括"单个意志"不是人的生物性的本能,而是人的社会性的凝聚,所以,不同社会的人会表现出不同的意志。例如,在现代中国,憧憬实现民族独立、国家富强、人民幸福的中国人,展现出一种感天动地的意志;在当代中国,憧憬实现社会主义现代化和中华民族伟大复兴的中国人,焕发出前所未有的意志。

其三,包含着个人意志的个人活动都是有目的的、自觉的,它们之间的冲突之所以构成社会发展的"合力",使社会发展"像自然过程一样进行",是因为他人活动制约某人活动,他人活动就是制约某人活动的客观条件;前人活动制约后人活动,前人活动就是制约后人活动的客观条件;在前人活动中,个人活动又是相互制约的;他人活动在某人活动之外,前人活动在后人活动之前,因而它们都具有非选择性,即不以某人、后人的主观意志为转移。"人们自己创造自己的历史,但是到现在为止,他们并不是按照共同的意志,根据一个共同的计划,甚至不是在一个有明确界限的既定社会内来创造自己的历史。"②在我看来,这就是个人有意识和集体无意识的问题,历史规律体现的就是个人有意识和集体无意识之间的张力,是一种社会合力。

这表明,社会发展仍然具有自在性的一面,同样是一种客观过程。所以,马克思认为,社会历史过程与自然历史过程具有"相似"性。但是,相似不等于相同。我们不能忽视社会发展的客观性,但也不能忘记社会发展的特殊性。在我看来,社会发展的特殊性就在于,它不是存在于人的活动之外,不可能脱离人的有目的的活动而独立自存,但社会发展的趋势又不以人的意识、意志为转移。历史规律就是社会发展的趋势,这个"势"一旦全面形成,一旦体现为人心所向,转化为人民群众的实践活动,就犹如"黄河之水天上来,奔流到海不复回",势不可挡。英国的工业革命、法国的政治革命、美国的独立战争、中国的新民主主义革命……都是如此,这就是势不可挡。

人的活动的自觉性与社会发展的自在性的关系就像一个自相缠绕的哥德

---

① 《马克思恩格斯选集》第 1 卷,第 585 页。
② 《马克思恩格斯选集》第 4 卷,第 732—733 页。

尔式的怪圈。在人类思想史上,只有马克思主义才打破了这一怪圈。马克思主义之所以能够打破这一怪圈,其秘密就在于,马克思主义既把人看作历史的"剧作者",又把人看作历史的"剧中人",从人的实践活动出发来理解社会与个人关系,从而达到了历史研究的"真正的出发点"①。

二、认识与把握历史规律的特殊路径

历史是人的实践活动在时间中的展开,历史规律就形成于人的活动之中。具体的实践活动形成具体的历史规律,具体历史规律的性质、内容和起作用的范围直接依存于具体的社会关系,其公式是"只要有……就会有……"。例如,只要有阶级存在,就会有阶级斗争规律;只要有商品生产存在,就会有价值规律;只要有货币存在,就会有货币流通规律,滥发钞票必然引起通货膨胀……这里,我们碰到了一个非常熟悉的命题,即"自由是对必然的认识"。

在唯物主义历史观中,这一命题绝不是意味着人们在从事某种历史活动之前,要先认识某种现成的历史规律,然后再从事某种历史活动,或者说,在人们从事某种历史活动之前有一个现成的历史规律可供认识。相反,按照马克思的观点,"对人类生活形式的思索,从而对它的科学分析,总是采取同实际发展相反的道路。这种思索是从事后开始的,就是说,是从发展过程的完成的结果开始的"②。历史运动是从过去到现在,认识历史则是从现在到过去。对历史的思索和科学分析,只能从"事后"开始,从发展过程的结果开始。

第一,不存在任何一种预成的、纯粹的、永恒不变的历史规律,任何一种具体的历史规律都形成于特定的实践活动,依存于特定的社会关系;当这种特定的实践活动结束后,当这种特定的社会关系不存在时,这种特定的历史规律也就不复存在了。例如,新民主主义革命结束后,新民主主义革命的规律也就不复存在了,如果社会主义建设仍然以新民主主义革命的规律为依据,社会主义建设就会遭受挫折甚至失败。所以,在对历史的考察中抽象出来的历史的一般规律,绝不是可以适用于各个历史时代的药方或公式,相反,这些抽象离开了具体的历史就没有任何价值。

---

① 《马克思恩格斯选集》第 1 卷,第 147 页。
② 《马克思恩格斯全集》第 23 卷,第 92 页。

第二，以往的历史传统和既定的社会关系为新一代的实践活动提供了前提，并决定了新一代实践活动的大概方向，但这些历史传统，这些社会关系又在新一代的实践活动中不断被改变。正是在这种改变以往历史传统、社会关系的活动中，形成了决定新一代命运的新的历史规律。

第三，只有当某种实践活动和社会关系得到充分发展、充分展示时，某种历史规律才能全面形成；只有在此时，人们才能真正认识和把握这种历史规律。例如，中国的新民主主义革命至少是从 1921 年开始的，而全面总结新民主主义革命规律的《新民主主义论》，则是毛泽东在 1940 年写成的。此时，新民主主义革命已经全面展开。资本主义社会产生于 17 世纪中叶，而马克思的《资本论》却写于 19 世纪中叶，而 19 世纪中叶正是资本主义发展的第一个高峰期。

当然，我注意到，历史规律不仅存在，而且同样具有重复性，只要具备一定条件，某种历史规律会反复发生作用，成为一种常规现象。马克思不同于黑格尔。黑格尔只承认历史的规律性，但不承认历史规律的重复性。在黑格尔看来，历史发展有"自己的绝对的最后目的"，而达到这个目的的坚定不移的意向就构成了历史的规律性，因此，历史规律是在一种历时性、单线过程表现出自己的决定作用的。这就是说，历史规律只有合目的性、单线性，而没有重复性。

与黑格尔不同。马克思不仅承认历史的规律性，而且确认历史规律同样具有重复性。在马克思看来，历史规律是"以铁的必然性发生作用并且正在实现的趋势"，它同样具有重复性，"工业较发达的国家向工业较不发达的国家所显示的，只是后者未来的景象"。① 这实际上是指出了历史规律的重复性。正是以历史规律的重复性为前提，马克思制定了"五种社会形态"理论，认为在不同的历史时期、不同的民族那里，可以产生相同的社会形态。尽管历史规律重复性在表现形式上不同于自然规律，但历史规律具有重复性却是毋庸置疑的。没有重复性，就不是规律。

自然科学研究、发现和把握自然规律的根本方法是实验室方法，正如马克思所说，"物理学家是在自然过程表现得最确实、最少受干扰的地方考察自然过程的，或者，如有可能，是在保证过程以其纯粹形态进行的条件下从事实验

① 《马克思恩格斯全集》第 23 卷，第 8 页。

的"①。可是,社会科学无法采用这种实验室方法。这是因为,已经逝去的社会关系无法在实验室中重建或模拟,现实中也不存在"纯粹形态"的社会,社会科学因此不可能在"纯粹形态进行的条件下从事实验"。

但是,在现实中又存在着某种社会关系的典型形态,社会科学可以在某种社会关系发展得最为充分、某些经验事实得以全面展开的社会单位,即典型中考察历史过程、分析社会关系,从而发现和把握历史规律。这就是马克思主义的典型分析法。例如,在19世纪中叶,英国是资本主义经济发展的典型,法国是资本主义政治发展的典型,所以,《共产党宣言》就是以英国和法国为研究对象的,而《资本论》则是以英国为研究对象的。正是在这种典型分析中,马克思发现了剩余价值规律,发现了社会主义革命的历史规律。这是其一。

其二,"分析经济形式,既不能用显微镜,也不能用化学试剂。二者都必须用抽象力来代替"②。的确如此。再好的望远镜看不到社会关系、历史规律,倍数再高的显微镜看不透社会关系、历史规律,无论用什么样的化学试剂也显现不出社会关系、历史规律,没有一个化学家看到了商品中的价值关系。实际上,对于整个社会科学来说,"抽象是唯一可以当作分析工具的力量"③,科学抽象法具有普遍意义。正是借助"抽象力",马克思在研究过程中分析社会关系的各种形式,分析这些形式的内在联系,分析历史资料各个层次之间的连贯性,从而发现了历史规律。

其三,生产力是社会发展的最终决定力量,生产关系是社会关系中的"原始的关系",所以,只要把社会关系"归结于"生产关系,把生产关系"归结于"生产力水平,我们就能从仅仅记载社会现象进入到科学分析社会现象,从而发现历史规律及其重复性。列宁指出:马克思的"唯物主义提供了一个完全客观的标准,它把生产关系划为社会结构,并使人有可能把主观主义者认为不能应用到社会学上来的重复性这个一般科学标准,应用到这些关系上来。""只有把社会关系归结于生产关系,把生产关系归结于生产力的水平,才能有可靠的根据把社会形态的发展看作自然历史过程。不言而喻,没有这种观点,也就不会

---

① 《马克思恩格斯全集》第23卷,第206页。
② 《马克思恩格斯全集》第23卷,第8页。
③ 〔德〕马克思:《资本论》(根据作者修订的法文版第一卷翻译),中国社会科学出版社1983年版,第2页。

有社会科学。"①

从黑格尔到马克思,可以说是历史规律论凯歌行进的时代,越来越多的思想家坚信历史规律的存在。但是,从狄尔泰,尤其是克罗齐开始,越来越多的思想家开始怀疑、否定历史规律的存在,否定历史规律的观点甚至成为社会科学中的主导思潮,几乎成为一种"流行病"。现代西方历史哲学否定历史规律的一个所谓的"强有力证据",就是所谓的历史不可重复。实际上,现代西方历史哲学是以历史事件的不可重复性来否定历史规律的。按照现代西方历史哲学的观点,只有反复出现的东西才能形成规律,在自然界中,相同的事件反复出现,因而存在着规律;在历史中,一切都是"单纯的一次性东西",历史事件都是个别的、不重复的,因而不存在历史规律。

的确,历史事件都是独一无二的,英国的工业革命、法国的政治革命、德国的哲学革命、美国的独立战争、日本的明治维新、中国的戊戌变法……都是非重复性的存在。不仅如此,历史人物也是独一无二的,秦皇汉武、唐宗宋祖、成吉思汗、克伦威尔、罗伯斯庇尔、林肯……都是非重复性的存在。但是,由此否定历史规律却是不能接受的。戊戌变法是"一",但改良、改革作为历史现象在古今中外的历史上并不罕见,是"多";法国大革命是"一",但资产阶级革命作为历史现象在近、现代历史上却重复可见,是"多";秦皇汉武、唐宗宋祖、成吉思汗、克伦威尔、罗伯斯庇尔、林肯都是"一",但时势造英雄却是一种规律。惊心动魄的法国革命把一些理发匠、修鞋匠、店员等"小人物"造就成资产阶级共和国的将军和领袖,波澜壮阔的中国革命使一些放牛娃、"煤黑子"、学生等"小人物"成长为人民共和国的将军和领袖……

这表明,要把历史事件、历史现象和历史必然性三个概念加以区分。历史事件是"一",历史现象是"多",在这多种多样的历史现象的背后,存在着只要具备一定的条件就会重复起作用的历史规律。历史规律就是一定条件下的社会事物之间的本质的、必然的联系,它的公式就是"只要有……就会有……"。

问题的关键在于,历史规律的重复性不等于历史事件的重复性。任何一个历史事件的产生都是必然性和偶然性共同作用的结果,正是其中的偶然性使历史事件各具特色、不可重复,规律重复的只是同类历史事件中共同的、本质的东西,它不是也不可能是重复其中的偶然因素。实际上,历史规律的重复

---

① 《列宁全集》第 1 卷,第 109、110 页。

性正是在一个个不可重复的历史事件中体现出来的。1640 年的英国革命、1789 年的法国革命、1911 年的中国辛亥革命……这一个个不可重复的历史事件的出现，体现的正是资产阶级革命的历史规律。

实际上，任何事件，包括自然事件都是必然性和偶然性共同作用的结果，因而都是不可重复的。当年，莱布尼茨在德国皇家花园给宫女们上哲学课，说没有两片绝对一样的树叶时，实际上就是指自然事件也是不可重复的。严格地说，自然事件也是不可重复的，自然规律也是在一个个不可重复的自然事件中体现出来的。现代西方历史哲学实际上夸大了自然事件与历史事件的差异性，混淆了历史事件、历史现象和历史规律的区别，并把历史规律的重复性等同于历史事件的重复性，所以，当现代西方历史哲学用历史事件的不可重复性来否定历史规律时，恰恰说明它没有真正理解必然性和偶然性的关系，没有真正理解可重复的历史规律与不可重复的历史事件之间的内在联系。

现代西方历史哲学否定历史规律的又一个所谓的"强有力的证据"，就是历史无法认识。实际上，现代西方历史哲学是以历史认识的相对性来否定历史规律。这一特征在克罗齐的历史哲学中得到了集中体现。按照克罗齐的观点，人们是通过历史知识、历史资料去认识历史的，但这些历史知识、历史资料都不是客观的，而是史学家主观意识的产物；只有现实生活的兴趣才能促使人们去研究过去，人们又总是根据当代意识去认识、评价历史，因此，"一切历史都是当代史"，或者说，"当代性"是一切历史的内在特征；正是这种"当代性"使得人们只能知道与现实生活有关的有限的、特定的历史，其余的历史是关于"物自体"的幻想，只是我们无限性想象的具体化。克罗齐由此认为，在打上了"当代性"烙印的有限的、特定的历史中去寻找"普遍史""永远不会成功"，历史"无任何规律可循"，必须抛弃历史规律观念。

克罗齐的确提出一个重要问题，这就是人们认识历史的特殊性问题。"一切历史都是当代史"的合理之处就在于，它揭示了历史认识总是从现在出发的、由"后"往"前"追溯的逆向过程。如前所述，对历史的认识和科学分析，总是从"事后"开始，从发展过程的结果开始。但是，克罗齐走得太远了，他把一切都相对化、主观化了，以至否定了历史的客观性、规律性。从认识论的角度看，克罗齐至少犯了两个错误：

其一，割裂了现实与历史的关系。无疑，历史是已经逝去的过去，无论是认识过去的社会形式，还是认识过去的历史事件，抑或是认识过去的历史人物,认识者都无法直接面对认识对象。正是历史认识的这一特殊性造成了历史认识的相对性及其特殊困难。但是,历史虽属过去,但它并没有在人间"蒸发",完全消失,化为无,而是或者以"还未克服的遗物"的形式,或者以"萎缩的形式",或者以"歪曲的形式",或者以"发展的形式"存在于现实社会中,现实社会是历史的延续、缩影,因而提供了认识历史的钥匙。正如马克思所说,"作为生产过程的历史形式的资产阶级经济,包含着超越自己的、对早先的历史生产方式加以说明之点。因此,要揭示资产阶级经济的规律,无须描述生产关系的真实历史。但是,把这些生产关系作为历史上已经形成的关系来正确地加以考察和推断,总是会得出这样一些原始的方程式,——就象例如自然科学的经验数据一样,——这些方程式会说明在这个制度以前存在的过去。这样,这些启示连同对现代的正确理解,也给我们提供了一把理解过去的钥匙"①。所以,对资本主义社会结构的理解,"能使我们透视一切已经覆灭的社会形式的结构和生产关系"②。马克思形象而深刻地指出:"人体解剖对于猴体解剖是一把钥匙。反过来说,低等动物身上表露的高等动物的征兆,只有在高等动物本身已被认识之后才能理解。"③

当然,从现在出发认识过去并不是无条件、无前提的。马克思认为,要想从现在出发正确地理解过去,一是需要有"完全确定的材料";二是需要现实社会进行自我批判,需要达到"对现代的正确理解"。在马克思看来,只有当现实的社会形式"能够进行自我批判"时,才能对过去的社会形式"作客观的理解",否则,只能"作片面的理解"。"基督教只有在它的自我批判在一定程度上,可说是在可能范围内准备好时,才有助于对早期神话作客观的理解。同样,资产阶级经济只有在资产阶级社会的自我批判已经开始时,才能理解封建的、古代的和东方的经济。"④马克思高出克罗齐一筹的地方就在于,他借助一种辩证的思维方式,揭示了现实与历史的内在联系,既说明了从现实出发认识历史的可能性,又指出了达到"客观理解"历史的必要条件——现实社会"进行自我批判"。

其二,割裂了有限与无限的关系。只要具备一定的条件,规律就可以在无

---

① 《马克思恩格斯全集》第 46 卷上,第 458 页。
② 《马克思恩格斯全集》第 46 卷上,第 43 页。
③ 《马克思恩格斯全集》第 46 卷上,第 43 页。
④ 《马克思恩格斯全集》第 46 卷上,第 44 页。

限的事物中发挥作用,重复出现。在这个意义上说,规律的确是无限的形式。但是,规律的这种无限性不需要也不可能在无限多的事件中得到证明。实际上,在一定的有限事件中证明了某种规律的存在,也就是在无限的同类事件中证明了这种规律的存在。解剖一个麻雀所发现的结构与解剖一百个麻雀所发现的结构,没有本质区别。要求从无限的历史事件去验证历史规律,实际上是一种形而上学的要求。它表明,克罗齐割裂了有限与无限的内在联系,重归黑格尔早已批判过的"恶无限"观念,并在这条路上走到了逻辑终点。

三、社会发展的合规律性与人的活动的合目的性

要深入而全面把握马克思的历史规律理论,我们还需要理解社会发展的合规律性与人的活动的合目的性的关系。在一定意义上说,社会发展的合规律性与人的活动的合目的性的关系问题是历史观的核心问题。

历史规律是人的活动规律,这是就历史规律的存在和作用方式来说的,其意是指,历史规律既不是存在于人的活动之前,也不是存在于人的活动之外,而是存在于人的活动之中,不存在某种活动就不存在某种历史规律。当然,直接决定人的活动的,不是历史规律,而是人的动机和目的。但是,问题在于,人的动机和目的有的符合规律,有的并不符合规律;人们活动的结果有的是预期的,有的不仅不是预期的,相反,还是违背人们意愿的。心想事成,那是人们的良好祝愿;事与愿违,那是生活和历史中常见的现象。所以,历史规律是人的活动规律,并不是指人的活动都是合乎历史规律的。就人的活动与历史规律的关系而言,凡是顺应历史规律的活动,都是社会进步活动,社会进步活动的倡导者、组织者就是历史中的英雄,会流芳百世;凡是逆历史规律而动者,则是历史中的小丑,会遗臭万年;主观愿望好,但行为缺乏现实条件支撑,或不符合甚至违背历史规律、壮志未酬者,是历史中的悲剧性人物。

在我看来,"悲剧"不仅是美学范畴,不仅是戏剧艺术的一种形式,而且是一种历史观、一种价值观,是对历史上的个人和事件的一种评价尺度。凡属智慧超群、品德高尚而不容于世、终以身殉者,都是悲剧性人物。在19世纪中叶中国与西方国家的冲突中,处于封建社会的中国"维护道德原则",而进入资本主义历史阶段的西方国家则"以发财的原则来对抗",结果是中国社会的"崩溃",古老的帝国"在这样一场殊死的决斗中死去"。在《鸦片贸易史》中,马克

思用"悲剧"这一概念揭示了中国在与西方国家进行"殊死的决斗"时的难以避免的失败及其客观原因。在马克思看来，"这的确是一种悲剧，甚至诗人的幻想也永远不敢创造出这种离奇的悲剧题材"①。悲剧性的事件必然造就悲剧性的人物。谭嗣同绝命菜市口，"有心杀贼，无力回天"，就属于历史中的悲剧性人物。

历史规律的存在表明，在历史领域同样有决定论的问题。尽管直接决定人们从事某种选择活动的是其目的、动机，但这种目的、动机的产生不是决定于人本身，而是决定于在人的活动中形成的利益关系、社会关系。人们之所以有这样或那样的目的，这样或那样的动机，这样或那样的活动，并非任意的、无原因的，而是被决定的。在社会发展过程中，尤其是历史的转折关头，往往存在着多种可能性，这多种可能性中的哪一种可能性能够转变为现实，一方面要看客观条件，另一方面要看主观努力。这种主观努力就包括人的选择性，对某种可能性的选择，对活动方式的选择。历史决定论就表现在人的活动的目的性、选择性能否实现之中。

这里，关键是要分清人的选择的可能性与不可能性的界限。选择的可能性不是看活动的开始，而是看活动的结局，看这种选择与历史规律的要求是否一致。我们不能在两极对立中思维，或者要选择，或者要规律，或者把选择的可能性空间移到规律之外，认为越是无规律，选择的可能性就越大，或者把规律移到人的选择活动之外，认为只有在无选择的地方才能谈得上规律。实际上，历史规律就存在于人的选择活动之中，但又不依赖于人的选择活动，真正能达到目的的选择必须立足现实、符合历史规律。正如马克思所说，"一个社会即使探索到了本身运动的自然规律……它还是既不能跳过也不能用法令取消自然的发展阶段。但是它能缩短和减轻分娩的痛苦"②。

就人类总体而言，社会发展的确是合规律的，具有决定性，正如恩格斯所说，"我们自己创造着我们的历史，但是第一，我们是在十分确定的前提和条件下创造的。其中经济的前提和条件归根到底是决定性的"，"根据唯物史观，历史过程中的决定性因素归根到底是现实生活的生产和再生产"③。人的活动的选择性，社会发展道路的多样性都不是对社会发展规律性、决定性的否定，不

---

① 《马克思恩格斯全集》第 12 卷，人民出版社 1962 年版，第 587 页。
② 《马克思恩格斯全集》第 23 卷，第 11 页。
③ 《马克思恩格斯选集》第 4 卷，第 696、695 页。

能由此认为社会的发展如瓶坠地,碎片四溅,没有确定的方向。把人类历史作为一个整体来考察,可以发现,五种社会形态的确是依次更替的,具有不可超越性、不可选择性。原始社会、奴隶社会、封建社会、资本主义社会、社会主义社会,这是人类总体历史的发展顺序,是人类总体历史的"自然的发展阶段"。

从人类总体历史来看,社会主义制度的产生没有也不可能早于资本主义制度,资本主义社会的出现没有也不可能早于封建社会,封建社会的形成没有也不可能早于奴隶社会,奴隶社会的出现更不可能先于原始社会,原始社会是人类社会的"原生形态"和出发点,所有民族在"人猿相揖别"之后,首先进入的都是原始社会。无论人类的智慧多么高超,无论人类的意志多么坚强,无论人类的选择多么明智,人类都不可能在原始社会选择资本主义社会。如果人们能够自由选择,那么,西方社会为什么曾经选择一个"黑暗的中世纪"? 西方社会和东方社会都走过专制主义道路这一事实,说明人们的选择活动是有既定前提并受历史规律制约的。"无论哪一个社会形态,在它所能容纳的全部生产力发挥出来以前,是决不会灭亡的;而新的更高的生产关系,在它的物质存在条件在旧社会的胎胞里成熟以前,是决不会出现的。"①马克思的这一观点正是针对人类总体历史而言的。

确认人类总体历史进程的不可超越性、不可选择性,并不是否定某一民族在特定的历史条件下能够超越一定的社会形态,并不是否定某一民族、某一阶级在可能性空间中对某种可能性的选择,对自己活动方式的选择;确认人类总体历史发展顺序的存在,并不是说,一切民族,不管他们所处的历史环境如何都注定要走五种社会形态依次更替的历史轨道。西欧的日耳曼民族在征服罗马帝国之后,越过奴隶制,从原始社会末期直接走向封建社会,东欧的一些斯拉夫民族以及亚洲的蒙古族走着类似的道路;北美洲在欧洲移民到来之前仍处于原始社会,但随着欧洲移民的到来,北美洲迅速建立起资本主义制度,所以,在美国,"资产阶级社会不是在封建制度的基础上发展起来的,而是从自身开始的"②,"美国是纯粹的资产阶级国家,甚至没有封建主义的过去"③,大洋洲也走着类似的道路;而在非洲,有的民族从奴隶制甚至从原始社会末期就直接走上了资本主义道路。

---

① 《马克思恩格斯选集》第 2 卷,第 33 页。
② 《马克思恩格斯全集》第 46 卷上,第 4 页。
③ 《马克思恩格斯全集》第 37 卷,人民出版社 1971 年版,第 348—349 页。

在概括资本主义社会产生的途径时,马克思明确指出:"在现实的历史上,雇佣劳动是从奴隶制和农奴制的解体中产生的,或者象在东方和斯拉夫各民族中那样是从公有制的崩溃中产生的,而在其最恰当的、划时代的、囊括了劳动的全部社会存在的形式中,雇佣劳动是从行会制度、等级制度、劳役和实物收入、作为农村副业的工业、仍为封建的小农业等等的衰亡中产生的。"①这一论述实际上指出了资本主义制度产生的三条道路:一是从封建制度的"衰亡"中产生,这是西欧资本主义制度产生的道路,也是资本主义社会产生的典型道路;二是从奴隶制或农奴制的"解体"中产生;三是从原始公有制的"崩溃"中产生。某一民族之所以能够超越一定的社会形态,是以多种社会形态在空间上的并存为前提的,与人的活动的选择性密切相关,或者说,是这个民族自觉选择的结果。

从历史上看,落后的民族征服了先进的民族之后,就会自觉或不自觉地适应被征服民族较高的生产力水平,"重新形成一种社会结构",从而超越某种社会形态,如日耳曼民族征服罗马帝国之后的选择就是如此。这是其一。

其二,先进的民族征服了落后的民族之后,把自己较高的生产力、较高的社会关系"导入"落后的民族之中,从而促进落后的民族超越一定的社会形态,选择更高级的社会形态,如"导入"印度的资本主义制度、"导入"英国的封建制度。按照马克思的观点,对于落后的民族来说,新的生产力、新的社会制度不是从他们之中"自然发生的",而是其他民族"带来的""导入的""转移来的"。

其三,当一个民族处在历史的转折点时,先进的社会关系、生产力对该民族具有更大的吸引力。在先进民族的"历史启示"下,落后的民族能够有意识地在先进的社会关系、生产力的框架中选择自己的发展形式,从而自觉地超越某种社会形态,进入先进的社会形态。

我们应当注意,在这种自觉的选择活动的背后是不自觉地起作用的历史规律。马克思在分析古代日耳曼民族征服了罗马帝国、选择了封建制度这一历史现象时指出:"定居下来的征服者所采纳的社会制度形式,应当适应于他们面临的生产力发展水平,如果起初没有这种适应,那末社会制度形式就应当按照生产力而发生变化……封建主义决不是现成地从德国搬去的;它起源于蛮人在进行侵略时的军事组织中,而且这种组织只是在征服之后,由于被征服

---

① 《马克思恩格斯全集》第46卷上,第14页。

国家内遇到的生产力的影响才发展为现在的封建主义的。"①这表明,由人的活动的选择性所造成的社会发展的跨越现象并不是对历史规律的否定,相反,它本身就是历史规律,尤其是生产关系一定要适合生产力状况这一根本规律的体现。

我们应当注意,人的选择活动往往不是表现为人们对历史规律的自觉认识和利用,而是人们对自己切身利益的关怀。马克思明确指出:"人们奋斗所争取的一切,都同他们的利益有关。"②历史上之所以发生革命,或者说人们之所以选择革命,是因为人们意识到不推翻统治阶级就不能维护自身的利益。问题在于,正是在这种对切身利益关怀的背后隐藏着历史规律的作用和要求。无论是资产阶级,还是无产阶级,都是在实现自己利益的同时实现历史规律作用的。历史规律只有通过人的选择活动才能实现。人们用不着组织"月食党"来实现月食的规律,但必须组织革命党来实现革命的规律,实现生产关系一定要适合生产力状况规律的要求。

我们还应当注意,人的选择活动面对的是现实,而不是历史。历史选择实际上是人们对现实中的可能性的选择,是人们对自己活动方式的选择问题。历史是不可选择的,它是无可改变的既成事实。在历史中谈论选择,只能是"假设""如果"。有的学者特别热衷于在历史中进行"假设",特别热衷于用"如果……就……"的公式来研究历史,认为如果没有推翻清王朝的辛亥革命而是实行改良,中国的历史就会因此而改变;如果戊戌变法成功了,中国的历史就会因此而重写……

美国历史学家斯魁尔在 1931 年出版了《假如我们的历史经过重写》一书,内容就是以历史中的"如果"为思路的,都是关于历史事件可能变化的推测。斯魁尔在这里尽发千古遗憾之感慨,这里,没有事实,只有假设,只是"如果……就……"的主观愿望。问题的实质在于,这种假设只是历史学家的一种价值观念,一种愿望,而历史有其内在规律,并不以"如果……就……"的公式为转移。对于历史研究来说,"如果……就……"是永远不能被验证的,因而是没有科学意义的。

历史本身不需要假设,不需要"如果"。的确,在过去的社会发展中存在着

---

① 《马克思恩格斯全集》第 3 卷,第 83 页。
② 《马克思恩格斯全集》第 1 卷,第 82 页。

多种可能性,而并非一种可能性。但是,当其中的一种可能性实现后,其他的可能性就被排除了。换句话说,历史已经排除了多种可能性,只承认一种可能性,这就是已经实现、已经变为现实的可能性。但是,我们能通过各种假设看出假设者的价值取向,能够透视出"如果……就……"的设计者对历史事实或者惋惜,或者谴责,或者总结经验,或者跌足追悔的历史心态。期望"如果不发生辛亥革命"者,向往的是君主立宪;期望"如果没有社会主义革命"者,向往的是资本主义或回到封建主义……可是,这种假设的"如果"只能存在于主观观念中,而不是存在于客观历史中。

人的选择活动有目的,但并非都能合目的,个体的自主活动是如此,群体的社会活动更是这样,有目的与合目的是不能等同的;人类总体历史合规律,但不等于每个历史时段,每个历史事件都合规律;社会发展有规律,但社会发展本身并没有目的,社会发展有规律而无目的。封建社会的产生绝不是为了实现蕴含在奴隶社会中的目的,社会主义社会的产生也绝不是资本主义社会发展的目的。即使资本主义社会的产生在一开始也并非符合资产阶级的目的。如果资本主义社会的产生符合资产阶级的目的,那么,在资本主义社会产生之前,就应该先有资产阶级。可事实并非如此。马克思指出:"现代资产阶级本身是一个长期发展过程的产物,是生产方式和交换方式的一系列变革的产物。"①从历史上看,资产阶级的形成、发展是与资本主义经济的形成、发展同步的,实际情况是,资本主义经济发展到一定程度导致资产阶级产生了自我意识之后,也就是资产阶级思想家在意识到本阶级的利益、要求和使命之后,才把历史规律的客观要求变成自己的主观目的。在这个意义上,目的是规律的主观形态,规律是目的的客观依据。没有反映、体现历史规律的目的只有主观性,缺乏客观依据,因而是不能实现的空想、幻想甚至臆想。

当然,社会发展是在人的活动中实现的,但这一过程是人们不断修正自己的目的,而不是也不可能是修正历史规律的过程。换句话说,社会发展是人们不断修正自己的目的,使目的更加接近现实,更加符合规律,并不断转化为现实的过程。人们的目的是在不断校正误差的过程中实现的,但误差校正的标准是实践,而不是目的本身。在社会发展过程中,我们只能根据实际修正目的,使目的更加符合现实,更加符合规律,而不能背对现实,妄想让规律迁就目

---

① 《马克思恩格斯选集》第 1 卷,第 273—274 页。

的。历史不是人的目的决定的,即使是呼风唤雨、掌握无上权力的所谓"强人",也不可能心想事成、万事如意。

如果社会按目的运行,封建王朝的盛衰灭亡是无法理解的。从历史上看,每一代封建君主都被教导如何进行统治,被告诫"水能载舟亦能覆舟",司马光甚至专门主编了《资治通鉴》之类的书供他们阅读,以希图封建王朝万世一系,可历史上照样发生改朝换代,照样发生农民起义,照样发生资产阶级革命,封建社会还是为资本主义社会所代替。"随着新生产力的获得,人们改变自己的生产方式,随着生产方式即谋生的方式的改变,人们也就会改变自己的一切社会关系。手推磨产生的是封建主的社会,蒸汽磨产生的是工业资本家的社会。"①这就是规律,以"铁的必然性"发生作用的历史规律。要使目的有实现的可能,目的就必须符合规律。

我们应当深刻领会恩格斯的两段论述及其内在联系:一是"迄今为止的整个历史,就重大事件来说,都是不知不觉地完成的,就是说,这些事件及其所引起的后果都是不以人的意志为转移的。要么历史事件的参与者所希望的完全不是已成之事,要么这已成之事又引起完全不同的未预见到的后果"②;二是"人离开狭义的动物越远,就越是有意识地自己创造自己的历史,未能预见的作用、未能控制的力量对这一历史的影响就越小,历史的结果和预定的目的就越加符合"③。历史规律在人们没有认识和把握它之前,表现为一种不可理解的力量;当它被神秘化时,就表现为所谓的"天意""天命""命中注定";当它被人们认识、把握和利用之后,就会变成一种有利于人的活动的力量。目的实际上是人们对自身的利益和需要的一种追求。

人的活动具有目的性,表明人的活动是自觉的活动,但我们不能由此得出结论,认为人的活动不存在盲目性。实际上,这是两个不同的问题。说人的活动是自觉的活动,是相对于动物的本能活动而言的,动物有本能,人也有本能,但人能够意识到自己的本能,正如马克思所说,有意识的生命活动把人同动物区别开来;说人的活动也具有盲目性,并不是说人的活动是无目的的、本能的活动,而是说人们的有些活动并不是建立在对规律的认识和把握的基础上,而是表现出一种对规律的无知。当人们对自己目的的选择,对自己活动方式的

①《马克思恩格斯选集》第1卷,第142页。
②《马克思恩格斯选集》第4卷,第742页。
③《马克思恩格斯选集》第4卷,第274页。

选择,没有可靠的、客观的、科学的依据时,就会出现盲目性。

我们应当注意,人们在从事任何活动时,都具有自己的目的,并会自觉地选择自己的活动方式。在这个意义上,人的盲目活动也是有目的的、自觉的活动。问题在于,如果人们没有把握历史规律,甚至否认历史规律,那么,人的活动的自觉性越强,就越容易陷入盲目性。动物的活动是本能的活动,是自发地适应自然的活动,因而动物不存在犯错误的问题;人不同,人的活动是有目的的活动,是自觉地改造自然、改造社会的活动,因而存在着犯错误的问题。从哲学的视角看,犯错误就是因为在认识活动、实践活动中存在着盲目性。

关于马克思人的理论的再思考

在当前的哲学研究中，"人的问题"是一个最时髦、同时又最有争议的问题。实际上，"人的问题"这一提法本身就有问题，因为人所遇到的问题没有一个是与人无关的问题，反过来说，与人无关的也根本成不了问题。在这个意义上，不仅社会科学，而且自然科学，研究的都是人的问题。当然，我注意到，对人的问题的研究，不仅社会科学与自然科学有不同的视角，不仅哲学与科学有不同的视角，而且不同派别的哲学也有不同的视角。马克思的哲学以其独特的理论视角关注着人的问题，其独到之处就在于，它从人的存在方式——实践出发，从人与自然、人与社会双重关系的视角去解答人的问题，并以"人类解放何以可能"作为自己的理论主题。

我断然拒绝这样一种观点，这就是，马克思的哲学"见物不见人"、在马克思的哲学中存在着"人学空场"。这是一种误读与误判，是一种傲慢与偏见。在我看来，所谓的马克思哲学存在着"人学空场"，实际上是马克思哲学中的"人"不符合存在主义哲学关于"人"的标准。不是马克思的哲学中没有"人"，而是没有存在主义者心目中的"人"。存在主义以至整个人本主义强调，哲学应以人为对象，这并不为错，可问题在于，并非以人为对象就是人本主义，人并不是人本主义哲学的专利品。马克思的哲学同样关注人，马克思的哲学本身就是关于现实的人及其历史发展的学说。这里,我拟就马克思关于人的问题的解答,即人的理论作一新的考察和审视,以深化我们对马克思主义哲学的研究。

一、人的存在方式: 实践

人是什么? 这是哲学家们给予特别关注的问题,各种著作如汗牛充栋,各种观点层出不穷又分歧很大,以至卢梭发出这样的感叹:"人类的各种知识中最有用而又最不完备的,就是关于'人'的知识。"[①]的确如此,人类最关心的是自己,但在相当长的历史时期内人类最不了解的恰恰是自己。从普罗泰戈拉的"人是万物的尺度"到费尔巴哈的"人是人的最高尺度",从亚里士多德的"人是政治动物"到富兰克林的"人是制造工具的动物",从康德的"人是目的"到拉美特利的"人是机器",从爱尔维修的"人是环境的产物"到萨特的"存在先于本质"……自从苏格拉底提出"认识你自己"以来,人的问题犹如一只"看不见的手"牵引着哲学家们不停思索、寝食难安。在一定意义上说,一部哲学史就是"人学"史。

从哲学史看,正是苏格拉底开启了从哲学的视角探讨人的问题的先河。在苏格拉底看来,哲学的要义是认识人自己,而人的本质是灵魂的"善";哲学的目标,是唤醒人们认识自己的这个本质。德尔菲神庙中的箴言——"认识你自己",构成了苏格拉底哲学思想的主旋律,或者说,苏格拉底把德尔菲神庙的这句箴言变成了哲学的拱心石和出发点,真正转化为哲学。然而,在古希腊衰落之后的中世纪,人被淹没在宗教的狂澜中,被囚禁在神学的思想牢狱中,人们跪倒在上帝的脚下,只是在来世,在彼岸世界憧憬着自己的幸福,而在现世,在此岸世界就像海涅所说的那样,"战战兢兢、闭目塞听,活像一个抽象的阴魂,漫游在鲜花盛开的大自然中"。

14—16 世纪的人文主义思潮和宗教改革运动冲破了封建主义的罗网和宗教神学的藩篱,重新恢复了人之为人应有的形象;17—18 世纪的启蒙运动造就了以"天赋人权"为口号的人道主义思潮,其范围之广、势头之猛,大有"黄河之水天上来,奔流到海不复回"的气势。然而,以机械性为特征的时代精神束缚了人们的视野,刚从神权的重压下解放出来的人,又在 18 世纪的法国机械唯

---

① 〔法〕卢梭:《论人类不平等的起源和基础》,李常山译,商务印书馆 1962 年版,第 13 页。

物主义中被贬为一架机器,拉美特利明确提出:"人是机器。"而在拉美特利之前,霍布斯就已经提出,"物质是一切变化的主体","人和自然都服从同样的规律","人的一切情欲都是正在结束或正在开始的机械运动"。马克思对此评价道:"唯物主义变得敌视人了。"①

康德从严格的哲学意义上思考、探讨人的问题,他的"三大批判",即"纯粹理性批判""实践理性批判""判断力批判",都是围绕着人的问题这一中心展开的。康德的"人是目的"的思想既是对封建专制主义的无情控诉,又是对机械唯物主义的理论超越。这一思想犹如当时发生在里斯本的大地震,直接动摇了基督教宏伟的理论建筑。

然而,"人是目的"是无法实现的。撇开历史条件不说,仅就理论而言,"人是目的"也存在着致命的缺陷。如果一个人只想当目的而不愿做手段,那是封建皇帝;如果一个阶级只想当目的而不愿做手段,那是剥削阶级;如果整个人类只想当目的而不愿做手段,那就会陷入空想主义。正因为康德哲学存在着内在的不可解决的矛盾,所以,在之后的黑格尔哲学中,人又被推入以知识论为中心的形而上学的深渊中,成了一个无血肉的幽灵,成了绝对理性自我实现的工具,只不过是"活的工具"。费尔巴哈由此感叹道:"我在黑格尔的逻辑学的哲学面前发抖,正如生命在死亡面前发抖一样。"

针对黑格尔哲学,费尔巴哈明确指出,人是人的最高本质,人又是哲学的最高的对象,并认为"艺术上最高的东西是人的形象,哲学上最高的东西是人的本质"。从总体上看,费尔巴哈是力图通过"两个借助"来克服黑格尔哲学的,即"借助人,把一切超自然的东西归结为自然,又借助自然,把一切超人的东西归结为人"②。马克思曾高度评价过费尔巴哈哲学,认为"费尔巴哈把形而上学的绝对精神归结为'以自然为基础的现实的人',从而完成了对宗教的批判。同时也巧妙地拟定了对黑格尔的思辨以及一切形而上学的批判的基本要点"③。

在对人的问题的探讨上,费尔巴哈哲学的确有真知灼见,但同样又有致命缺陷,那就是,费尔巴哈仅仅从生物学的"类"的角度看待人的本质,"把人的本

① 《马克思恩格斯全集》第 2 卷,第 164 页。
② 《费尔巴哈哲学著作选集》上卷,第 294 页。
③ 《马克思恩格斯全集》第 2 卷,第 177 页。

质理解为一种内在的、无声的、把许多个人自然地联系起来的普遍性"①。正因为如此，费尔巴哈力图发现现实的人，可最终得到的仍是抽象的人。究其根本原因，是因为费尔巴哈同样不理解实践是人的存在方式。正如马克思所说，"费尔巴哈比'纯粹的'唯物主义者有巨大的优越性：他也承认人是'感性的对象'。但是，他把人只看作是'感性的对象'，而不是'感性的活动'，因为他在这里也仍然停留在理论的领域内，没有从人们现有的社会联系，从那些使人们成为现在这种样子的周围生活条件来观察人们"。所以，"正是在共产主义的唯物主义者看到改造工业和社会制度的必要性和条件的地方，他却重新陷入唯心主义"②。马克思的这一评价可谓鞭辟入里，切中要害。

现实的人，是马克思发现的。马克思所理解的现实的人首先是"有生命的个人"，因为"任何人类历史的第一个前提无疑是有生命的个人的存在"③。"有生命的个人"又是通过改造自然的实践活动而存在的。因此，"有生命的个人"就是"从事实际活动的人"。人们总以为自己天生就是人，在任何条件下都是人。实际上，人的自然出生只是人成为人的可能性，而不是现实性。出生只是赋予个人以生命存在，使他成为自然的个人，而要由自然的个人成为现实的个人，就必须从事实践活动，必须经过社会化过程。

"一个种的全部特性、种的类特性就在于生命活动的性质。"④马克思的这一论点很有见地。其意是指，判断一个物种存在方式的方式就是看其生命活动的特征。动物是在本能的驱使下，在消极适应自然环境的过程中维持其生存的，所以，动物的存在方式就是其本能活动。人是在理性的引导下，在积极改造自然环境的过程中维持自己生存和实现自身发展的，所以，实践构成了人的存在方式。可以从三个方面来理解实践是人的存在方式。

首先，实践改造和发展着人的自然属性。所谓人的自然属性，是指人的肉体组织、生物性的欲望和需要。人当然有需要。马克思就说过，人们的需要就是他们的本性。人们之所以劳动，首先是由人的"肉体组织所决定"，由人的需要所驱动的。问题在于，劳动、实践一经开始就成为一种强大的推动力，开始支配人类生物进化的方向，并不断地改变着人的需要。马克思指出："已经得

---

① 《马克思恩格斯选集》第 1 卷，第 56 页。
② 《马克思恩格斯全集》第 3 卷，第 50、50—51 页。
③ 《马克思恩格斯全集》第 3 卷，第 23 页。
④ 《马克思恩格斯全集》第 42 卷，第 96 页。

到满足的第一个需要本身、满足需要的活动和已经获得的为满足需要用的工具又引起新的需要。"①人的需要不同于动物的需要。动物的需要是本能,永远是同一的;人的需要是其本能属性,但是,人的需要又不仅仅是本能,人的需要是在实践活动中不断变化的需要。"人以其需要的无限性和广泛性区别于其他一切动物。"②实践使人的需要的对象、内容和满足方式不断发生变化,从而不断地改造和发展着人的自然属性。

其次,实践生成和发展着人的社会属性。人是在实践活动中不断满足自己需要的,这种满足需要的方式决定了人与人之间必然要结成一定的社会关系。换句话说,现实的社会关系是在人的实践活动中生成的。正如马克思所说,"生活的生产——无论是自己生活的生产(通过劳动)或他人生活的生产(通过生育)——立即表现为双重关系:一方面是自然关系,另一方面是社会关系"③。人不可能脱离社会活动、社会关系而独立。"甚至当我从事科学之类的活动,即从事一种我只是在很少情况下才能同别人直接交往的活动的时候,我也是社会的,因为我是作为人活动的。不仅我的活动所需的材料,甚至思想家用来进行活动的语言本身,都是作为社会的产品给予我的,而且我本身的存在就是社会的活动。"④正是在"社会的活动"中,人们之间形成了社会关系,社会关系又直接塑造着人的社会属性,或者说,社会关系生成和发展着人的社会属性,并规定和发展着人的本质。概而言之,人是在实践活动中创造、生产自己的社会关系、社会属性,从而使自己成为社会存在物的。

再次,实践生成和发展着人的精神属性。人是"有意识的类存在物"。问题在于,人的意识是在实践中生成、实现和确证的。"思想、观念、意识的生产最初是直接与人们的物质活动,与人们的物质交往,与现实生活的语言交织在一起的",是物质生产活动的"直接产物",尔后又成为"必然升华物"。⑤ 人的意识既不是先天在头脑中就存在的,也不是后天"纯粹"的"头脑活动"的产物。就内容而言,"意识在任何时候都只能是被意识到了的存在,而人们的存在就是他们的实际生活过程"⑥;就能力而言,"人在怎样的程度上学会改变自然

---

① 《马克思恩格斯全集》第 3 卷,第 32 页。
② 《马克思恩格斯全集》第 49 卷,人民出版社 1982 年版,第 130 页。
③ 《马克思恩格斯全集》第 3 卷,第 33 页。
④ 《马克思恩格斯全集》第 42 卷,第 122 页。
⑤ 《马克思恩格斯全集》第 3 卷,第 29、29、30 页。
⑥ 《马克思恩格斯全集》第 3 卷,第 29 页。

界,人的智力就在怎样的程度上发展起来","人的思维的最本质的和最切近的基础,正是人所引起的自然界的变化"。①

当然,我注意到,意识的形成离不开语言,语言是意识的物质外壳。问题在于,语言既不是人们先天具有的,也不是像现代哲学人类学家舍勒所说的那样,"来源于上帝,是第一性的现象"。从根本上说,语言是在实践活动中产生的,是由于人与人交往的需要才产生的。用马克思的话来说就是:"语言是一种实践的、既为别人存在并仅仅因此也为我自己存在的、现实的意识。"②换言之,实践生成和发展着人的精神属性,使人的生命活动成为有意识的生命活动,使人成为"有意识的类存在物"。正如马克思所说的那样,"通过实践创造对象世界,即改造无机界,证明了人是有意识的类存在物"③。

人的属性是自然属性、社会属性和精神属性的统一,这种统一正是在实践活动中得以实现的。其中,自然属性在实践活动中得以重塑,社会属性和精神属性则是在实践活动中生成和发展起来的。所以,"一当人们开始生产他们所必需的生活资料的时候……他们就开始把自己和动物区别开来"。人"是什么样的,这同他们的生产是一致的——既和他们生产什么一致,又和他们怎样生产一致"④。一言以蔽之,实践构成了人的存在方式,是人的生命之根和立命之本。

需要指出的是,实践是一种对象性的活动。所谓对象性活动,是指实践是以人为主体、以客观事物为对象的现实活动;更重要的,是指实践能够把人的目的、理想、知识、能力等本质力量对象化为客观实在,创造出一个属人的对象世界。正如马克思所说,"劳动的产品就是固定在某个对象中、物化为对象的劳动,这就是劳动的对象化。劳动的实现就是劳动的对象化","工业的历史和工业的已经产生的对象性的存在,是一本打开了的关于人的本质力量的书,是感性地摆在我们面前的人的心理学"。⑤

在日常生活中,人们需要镜子,以认识自己;在社会生活中,人们同样需要"镜子",以认识自己。实践这种对象性活动及其所产生的对象,就是人的"镜

---

① 《马克思恩格斯选集》第 4 卷,第 329 页。
② 《马克思恩格斯全集》第 3 卷,第 34 页。
③ 《马克思恩格斯全集》第 42 卷,第 96 页。
④ 《马克思恩格斯全集》第 3 卷,第 24 页。
⑤ 《马克思恩格斯全集》第 42 卷,第 91、127 页。

子"。从人与自然的关系来说,被改造的自然就是人的镜子,从中可以看到人对自然的认识水平和改造方式;就人与人的关系而言,人也需要另一个人来认识自己,"另一个人"就是"这一个人"的"镜子",要正确认识自己,就必须知道,自己的形象就是别人眼中的我。一句话,人既需要"自然之镜",也需要"社会之镜"。

二、人的属性:自然属性、社会属性与精神属性的统一

从哲学史上看,对人的属性作出较为完整论述的,首推费尔巴哈。费尔巴哈提出的第一个命题是,人是自然的人。在费尔巴哈看来,人的属性从根本上说只能"来自自然的深处";同时,"直接从自然界产生的人,只是纯粹自然的本质,而不是人"[1],"自然的人"与"现实的人"之间存在着"一系列无穷多的变异和媒介"。所以,费尔巴哈又提出第二个命题,这就是,人是社会的人。在费尔巴哈看来,人的一个显著特征就是相互需要、相互依赖、相互交往,因此,"只有社会的人才是人"[2]。费尔巴哈提出的第三个命题则是,人是理性的人。在费尔巴哈看来,人不同于动物的最重要特征,就是人有"严格意义上的意识",也就是理性。"人,完善的,真正的人,只是具有美学的或艺术的,宗教的或道德的,哲学的或科学的官能的人。"[3]所以,人是理性的人,"理性、意志、心"是人的"绝对本质"。

对费尔巴哈的人的理论的评价应当从两方面进行:

一方面,应当积极评价费尔巴哈从整体的角度探讨人的属性,探讨人的"完整本质",尤其是提出把人"置放在社会性之中"去考察人的属性,为科学解答人的问题提供了一条富有希望的思路。

另一方面,我们又要看到,费尔巴哈虽然意识到"自然的人"与"现实的人"之间存在着"媒介",但不理解这个"媒介"正是人对自然的改造,也就是"感性活动";费尔巴哈虽然提出从社会的视角考察人的属性,但他所理解的社会实际上是一种生物学意义上的"类",他所理解的社会关系是生物学意义上的"类关系"。

---

① 《费尔巴哈哲学著作选集》上卷,第 247 页。
② 《费尔巴哈哲学著作选集》上卷,第 571 页。
③ 《费尔巴哈哲学著作选集》上卷,第 184 页。

费尔巴哈的悲剧就在于：他提出了从社会的视角考察人，但他没有真正认识社会生活的本质，没有真正把握社会关系，更没有发现社会关系生成于人的实践活动中。也正因为如此，费尔巴哈所描绘的现实的人仍然是抽象的人。

如果说费尔巴哈的哲学是哲学人本学，那么，舍勒的哲学就是哲学人类学。舍勒首先从自然领域，然后从精神领域考察人，确立了以人的生命冲动和精神活动双重属性为特征的"完整的人"。

按照舍勒的观点，人首先是同维持生命相关的自然存在物，因而必然存在着"生命欲望或冲动"。这种生命冲动本身具有自我活动的能力，当人在生命冲动的驱使下进行活动时，人就成为一种自我推动、自我实现的力量。然而，生命冲动只是人与动物共同具有的现象，当人在生命冲动的驱使下活动时，他仅仅是"自然的人"，而"作为自然的人是一个动物"。在舍勒看来，人与动物不同的地方就在于，人有精神活动。通过精神活动，人不仅使环境成为自己的对象，而且使自己的生理和心理状态也成为自己的对象，正是这种双重的对象化使人超越自身的自然存在。所以，精神才是人的基本的、决定性的属性，"人能与其他存在物相区分的只能是精神"①。

可是，精神仅仅是一种意向性活动和动态性倾向，它"接受对象"，本身却"不构成对象"。由此产生的问题是，人的生命冲动和精神活动是什么关系？舍勒认为，作为一种"纯粹的活动"，精神需要从生命冲动中吸取实在的内容和原始的动力；作为一种"盲目的冲动"，生命需要精神的引导，精神有着"有序的活动结构"。正是在这个"生命精神化"和"精神生命化"的双向运动中，人成为"完整的人"，也正是在这个"生命精神化"和"精神生命化"的双向运动中，人打破了动物与环境之间封闭性的关系，成为"一个能够向世界无限开放的 X"②。

舍勒从生命冲动与精神活动的双向运动中寻求人的属性，并不为错。人的确集生命冲动和精神活动于一身，马克思也认为，人的生命活动是有意识的生命活动。但是，舍勒不理解人的精神本质上是社会的产物，更重要的是，舍勒没有发现生命冲动与精神活动相互对流的真正中介是人的实践活动。这的确是舍勒的理论失误。因此，尽管舍勒想描绘完整的人，得到的却是片面的

① Scheler, *The Human Place in the Cosmos*, Felix Meiner Verlag GmBH, 1947, p.49.
② Scheler, *The Human Place in the Cosmos*, p.49.

人。现代著名哲学家鲍勒诺夫正确指出：舍勒的哲学人类学"虽然建立了一些特定人的形象，但他们都是片面的，只是一些被扭曲的画面，因而也就没有确定地达到人的整体性的定义"①。

费尔巴哈的哲学人本学、舍勒的哲学人类学等对人的属性的整体探讨不乏真知灼见，然而，它们都高傲地撇开实践这一人的存在方式来谈论人，因而不理解，正是在实践活动中，自然的人与社会的人、人的生命冲动与精神活动才真正发生相互对流，达到有机统一。这是一个根本性的错误，它不可避免地造成了费尔巴哈哲学人本学、舍勒哲学人类学的悲剧性结果：力图发现现实的人，得到的却是抽象的人；力图发现完整的人，得到的却是片面的人。

从时间上说，马克思的人的哲学的产生晚于费尔巴哈的哲学人本学，先于舍勒的哲学人类学；从逻辑上看，马克思的人的哲学却是"晚出的哲学"，它扬弃了费尔巴哈的哲学人本学和舍勒的哲学人类学，在探讨人的问题的历史上完成了一个巨大的综合。马克思高出一筹的地方就在于，他发现了人在实践活动中成为一种"总体存在物"。在此基础上，马克思又分别从不同的角度论述了人的属性：人"是能动的自然存在物""人是社会存在物""人是有意识的类存在物"。②

第一，现实的人是自然存在物，具有自然属性。

马克思反对把人看作是纯粹的自然人，反对把人的自然属性说成是人的根本属性，反对单纯地用生物学规律来解释人的行为，但马克思并没有否认人也是一种自然存在物，并没有否认人的自然因素在人的活动中的作用。在马克思看来，人首先是有生命的自然存在物，因此，"第一个需要确认的事实就是这些个人的肉体组织以及由此产生的个人对其他自然的关系"③。因此，马克思不仅注意到"人们最初的、自然形成的肉体组织""生理特征"的问题，而且注意到人们"肉体组织的进一步发展和不发展"的问题，并研究了人们"自己生命的生产"和"他人生命的生产"的问题；恩格斯不仅重申了"生活资料的生产"的观点，而且研究了"人自身的生产，即种的繁衍"的问题，探讨了血缘关系在社会发展中的作用，并明确提出了"两种生产"理论。这表明，人的自然属性同

① Bollnow, Methodological Principles of Philosophical Anthropology, in *Anthropology Today*, Westminster Publishing, 1972, p.30.
②《马克思恩格斯全集》第42卷，第167、122、96页。
③《马克思恩格斯选集》第1卷，第67页。

样是马克思的人的理论的组成部分。

人来源于自然这一事实,决定了人永远不能割断自身同自然的联系。马克思多次指出"人本身的自然"的问题,并认为人是"具有自然力、生命力,是能动的自然存在物;这些力量作为天赋和才能、作为欲望存在于人身上"①。恩格斯形象地指出:"人来源于动物界这一事实已经决定人永远不能完全摆脱兽性。"②恩格斯在这里所说的"兽性",就是人的自然属性,也就是生物特性。人的自然属性、生物性因素是人的生活的本能,是人性的重要方面。我们之所以反对宋明理学的"存天理、灭人欲",就是因为它否定人的自然属性,扼杀人的生物性需要。在我看来,一种合理的社会制度不是压制人的生物性需要,更不是扼杀人的生物性需要,而是以一种合理方式满足这种需要,并不断提高这种需要的质量和水平。

第二,现实的人是社会存在物,具有社会属性。

在黑格尔看来,一个人被注定为君主,是通过肉体的出生实现的,出生像决定动物的特质一样决定了君主的特质。人与动物没有区别:马生下来就是马,国王生下来就是国王,君主的权力和尊严是生而俱来的东西,是由其肉体的本性决定的。马克思认为,黑格尔只是证明了君主一定是生出来的,但没有说明出生如何使"君主"成为君主。黑格尔同那些生下来就是国王和贵族并夸耀自己血统的人一样,实际上是在宣扬一种"动物的世界观",并表明"贵族的秘密就是动物学"。在马克思看来,一个人通过出生获得自然生命和肉体存在,但这并不是他获得某种社会特权的原因和根据,相反,包括王位继承制在内的长子继承制是以私有制的存在为根据的,而长子继承制本身就是一种社会制度。这就是说,使某个人注定成为君主的原因和根据,不是个人的自然属性、"私人特质",而是社会属性、"社会特质"。所以,马克思认为,对于个人,"应该按照他们的社会特质,而不应该按照他们的私人特质来考察他们"③。

"人不是抽象的蛰居于世界之外的存在物。人就是人的世界,就是国家,社会。"④的确如此。在现实中,任何个人都始终生活在特定的社会中,在社会之外或离开社会的"独立的个人",不过是思维中的抽象。在马克思看来,独立

---

① 《马克思恩格斯全集》第 42 卷,第 167 页。
② 《马克思恩格斯选集》第 3 卷,第 442 页。
③ 《马克思恩格斯全集》第 1 卷,第 270 页。
④ 《马克思恩格斯选集》第 1 卷,第 1 页。

的个人就是摆脱了狭隘人群的附属物、成为市民社会成员的个人。这种独立的个人是随着封建社会的解体、资本主义社会的产生而逐步形成的。就其实质而言,独立的个人是指人的独立性,而不是指"孤独的个人"。

第三,现实的人"是有意识的类存在物",具有精神属性。

动物的生命活动是一种生物的本能活动,最多只有心理活动。人不同。人不仅有心理活动,而且有思想活动;不仅有意识,而且有自我意识,人能够使自己的生命活动变成自己的意志和意识对象。在社会领域内进行活动的,都是具有意识的、经过思虑或凭激情行动的、追求某种目的的人,具有精神属性。正因为人有精神属性,所以,人的生命活动成为有意识的生命活动。这种有意识的生命活动"把人同动物的生命活动直接区别开来"[1]。在列宁看来,"人的意识不仅反映客观世界,并且创造客观世界"[2]。著名的"马克思学"家 G·柯蒂埃认定:当马克思用"实践、劳动、生产劳动来说明人的本质时,就完全否定了从精神的普遍性角度理解人的必要"[3]。这是对马克思哲学的既缺乏根据又极端肤浅的批评。

现实的人具有自然属性、社会属性和精神属性,但本质属性是社会属性。与动物的自然属性不同,人的自然属性不是生物本能,不是纯粹的自然属性,而是打上了社会关系烙印的自然属性。马克思指出:"我们的需要和享受是由社会产生的;因此,我们在衡量需要和享受时是以社会为尺度,而不是以满足它们的物品为尺度的","我们的需要和享受具有社会性质"[4]。

人的需要在不同的社会、不同的集团、不同的人群具有不同的满足方式。在私有制社会,"一方面所发生的需要和满足需要的资料的精致化,在另一方面产生着需要的牲畜般的野蛮化和最彻底的、粗糙的、抽象的简单化"。对于住在地下室的工人来说,光和空气等"都不再成为人的需要了","人不仅失去了人的需要,甚至失去了动物的需要"。[5] 但是,社会关系又不是消融一切的盐酸池,人的社会属性形成后并没有消除自然属性,而是改变了自然属性的特点,自然属性仍然作为人们从事物质生产和精神生产的要素存在于人的活动

①《马克思恩格斯全集》第 42 卷,第 96 页。
②《列宁全集》第 55 卷,第 182 页。
③ G. Cordier, *From Romanticism to Marxism*, Lapis Press, 1961, p.84.
④《马克思恩格斯选集》第 1 卷,第 350 页。
⑤《马克思恩格斯全集》第 42 卷,第 133、134 页。

中。人是生物遗传和社会遗传的统一。

在生物遗传和社会遗传双重遗传中形成的人的精神属性当然受到自然属性的制约，但更重要的，是受到社会属性的制约和规定。马克思说过一段形象而又深刻的话："五官感觉的形成是以往全部世界历史的产物……忧心忡忡的穷人甚至对最美丽的景色都没有什么感觉；贩卖矿物的商人只看到矿物的商业价值，而看不到矿物的美和特性；他没有矿物学的感觉。"[1]即使人的同情心，也是以人与人的社会关系为基础的。所以，境遇相同的人，容易产生同情。"同是天涯沦落人，相逢何必曾相识"，半是怜人，半是自怜。

现实的人是自然属性与社会属性、本能与理性的矛盾统一体。从根本上说，文学艺术作品所要刻画的，就是人的自然属性与社会属性、本能与理性之间的冲突。这是人性内部的矛盾冲突。托尔斯泰的《复活》之所以在不同时代、不同国家引起不同读者的共鸣，就是因为它着力刻画的主人公聂赫留朵夫身上的自然属性与社会属性、本能与理性之间的矛盾冲突在我们每个人身上都或多或少地存在着。

三、人的本质：社会关系的总和

人的本质不是单个人天生就具有的东西，也不是从所有个人身上抽象出来的生物属性的共同性。动物的本性就在动物本身，人的本质并不在人自身，而在于他依存的社会，在于他生活在其中的特定的社会关系。马克思形象而精辟地指出："黑人就是黑人。只有在一定的关系下，他才成为奴隶。纺纱机是纺棉花的机器。只有在一定的关系下，它才成为资本。脱离了这种关系，它也就不是资本了，就像黄金本身并不是货币，砂糖并不是砂糖的价格一样。"[2]这就是说，使黑人成为奴隶的，不是所谓的黑人的"本性"，而是黑人生活其中的特定的社会关系。一个人"成为奴隶或成为公民，这是社会的规定"[3]。

要真正认识人的本质，就必须深入到社会关系之中。黑格尔说过，"人要有现实的客观存在，就必须在一个周围的世界，正如神像不能没有一座庙宇来

---

[1]《马克思恩格斯全集》第 42 卷，第 126 页。
[2]《马克思恩格斯选集》第 1 卷，第 344 页。
[3]《马克思恩格斯全集》第 46 卷上，第 220 页。

安顿一样"①。如果说被搬出庙宇、扔到荒野中的神像只是一块石头或木头的话,那么,脱离了社会的人只能是一个"两脚动物"。无论是在印度发现的"狼孩",还是在中国发现的"猪孩",都证明了这一点。现实的人及其特征,是在后天与他人交往的过程中形成的,是由他所依存的社会关系的状况决定。奴隶社会不会产生资本家和雇佣工人,封建社会不可能造就一代共产主义新人,殖民地半殖民地社会必然产生崇洋媚外思想,如此等等。马克思明确指出:"社会人的一定性质,即他所生活的那个社会的一定性质。"②"人的本质不是单个人所固有的抽象物,在其现实性上,它是一切社会关系的总和。"③

社会关系是多方面的,有经济关系、政治关系、思想关系,血缘关系、地缘关系、业缘关系,等等。这些关系不是简单地堆积拼凑在一起,而是相互联系、相互制约成为一个整体,以"总和"的形式存在着并发挥作用。毫无疑问,在全部社会关系中,经济关系,即生产关系是决定其他一切社会关系的基本关系,在社会关系的总和中起着支配作用。因此,人们在生产关系中所获得的规定性构成人的根本规定性,如资本家和雇佣工人的形成就是由资本主义生产关系决定的。正如马克思所说,"资本家和雇佣工人,本身不过是资本和雇佣劳动的体现者,人格化,是由社会生产过程加在个人身上的一定的社会性质,是这些一定的社会生产关系的产物"④。

需要指出的是,任何人都离不开社会,都生活在特定的社会关系中,但这并不是说,个人与社会的关系都是和谐的。实际上,当一个人属于统治阶级的一员时,他可以在这个社会,并通过这种社会关系得到自身利益的满足;当一个人属于被统治阶级的一员时,这个社会、这种社会关系就成为他个人发展的桎梏。当被统治阶级自觉地联合起来解决这个矛盾时,就是革命的爆发。革命从来都是社会的行为,而不是个人的反抗。个人的反抗往往导致个人的毁灭,因而是历史的悲剧。当然个人的这种毁灭又往往成为社会革命爆发的前奏。

人生活在社会关系之中,把人从社会关系中抽象出来,是无法理解的。马克思一语中的:"不管个人在主观上怎样超脱各种关系,他在社会意义上总是

---

① 〔德〕黑格尔:《美学》第一卷,朱光潜译,商务印书馆1997年版,第312页。
② 《马克思恩格斯全集》第19卷,第404页。
③ 《马克思恩格斯选集》第1卷,第56页。
④ 《马克思恩格斯全集》第25卷,第995页。

这些关系的产物。"①所以，我们必须从"关系"的视角考察人。一个人是父亲，说明他有儿子；一个人是领导者，说明有被领导者；一个人是打工者，说明有老板，如此等等。一个人之所以具有不同的社会角色，不是源于它的自然本性，而是源于人与人之间的社会关系。把一个人从社会关系中抽象出来，是无法说明他是什么的。"纯粹"的个人只是生物学意义上的个体，而不是真正的人。人只有生活在社会中成为"社会的个人"，才能成为真正的人。

"一窝蜜蜂实质上只是一只蜜蜂，它们都生产同一种东西。"②人不同于蜜蜂。个人在交往中形成的社会力量不同于个体力量，人比动物优越的地方正在于此。作为独立的生物个体，人仅凭自己的自然器官是无法生存的，就此而言，人是所有动物中最无能的。可是，人又是"万能"的，因为人能够依靠生产工具，依靠社会组织，依靠社会力量去改造自然环境，创造出适合自己生存和发展的属人的环境。在这个意义上，人是个体的无能和集体的万能。

我们应当注意，人的本质与人的本性是两个既有联系又有区别的范畴。动物的本性是生而具有的属性，人的本性也是生而具有的属性，但人的本质则不是生而具有的，人的本质是指使人成为人的根据。例如，马之所以是马，是因为它具有马的本性；某一匹的马之所以是良马，是因为马的本性在它身上得到最集中、最充分的体现。这种使马成为马的特性，是马这个种所具有的类本性。类本性不是在个体之外存在的东西，而是个体本身生而具有的自然属性。人当然也具有类本性。如果一个人不具有人所共有的类本性，当然不是人。人要成为人，从种的角度看，首先要具有人所共有的东西。

但是，构成人的本质的东西却不是生物学上的类，而是社会关系。社会关系之所以构成人的本质，是因为人只有生存在社会中才能成为现实的人，即使人的类本性，也会受到社会关系的制约，受到社会关系的再铸造而发生变化。在日常生活中，人们常说，爱是"天性"。实际上，爱是人们在交往活动和社会关系中所凝结的感情，是人作为人的社会属性，而非天生的本能。无论是梁山伯与祝英台的爱情传说，还是俄国十二月党人与他们妻子的爱情故事；无论是"廊桥遗梦"所描述的爱情传说，还是中国共产党人周文雍和陈铁军"刑场婚礼"所展现的爱情故事，爱情之所以如此激动人心，并不是因为它是两个肉体

---

① 《马克思恩格斯全集》第 23 卷，第 12 页。
② 《马克思恩格斯全集》第 46 卷上，第 195 页。

人之间的私情,而是因为它的社会内涵,其内涵的丰富性正在于它所体现的社会关系的多样性。在日常生活中,人们还常说,某人的行为没有人性。实际上,所谓的没有人性,不是指某人丧失了人的类本性,而是指某人的行为违反了社会公认的做人准则。人的问题本质上是社会问题,社会关系的性质不同,社会发展的水平不同,以人的名义提出的问题也就不同。

实际上,社会与类是两个不同的概念。"类"强调的是个体的自然同一性,而"社会"关注的则是个人之间的关系,尤其是生产关系。马克思指出:"社会不是由个人构成,而是表示这些个人彼此发生的那些联系和关系的总和。""生产关系总和起来就构成所谓社会关系,构成所谓社会,并且是构成一个处于一定历史发展阶段上的社会,具有独特的特征的社会。"①从类的视角来考察人,我们只能看到人的抽象的同一性,差异只是性别、肤色、年龄等等;从社会的视角来考察人,我们看到的是人的具体的差异性,如奴隶主与奴隶、地主与农民、资本家与工人。离开了社会关系的内涵,"类"只能是一个生物学的概念。

马克思并不否定在人的关系中存在着个体与类的关系,但马克思所关注的是社会发展过程中的个体与类的关系,关注的是人类中的民族、阶级、个体的社会差异问题。在分析了阶级社会发展的历史之后,马克思指出:"个性的比较高度的发展,只有以牺牲个人的历史过程为代价……因为在人类,也象在动植物界一样,种族的利益总是要靠牺牲个体的利益来为自己开辟道路的。"②马克思在这里所说的个体与类的矛盾,实际上就是阶级社会中个人、阶级、社会这三者矛盾的表现,被牺牲的个体是属于特定阶级的个体,而不是所有阶级的任何一个个体。

当然,我注意到,马克思关于人的本质有两个基本命题,这就是,人的本质是劳动和人的本质是社会关系。但是,这两个命题并非相互否定,而是相互补充的。

一方面,"人的本质是劳动"有待于深化为"人的本质是社会关系"。在《1844 年经济学哲学手稿》中,马克思提出,人的本质是劳动。但是,不同历史阶段有不同的劳动方式,而劳动方式之所以不同,一个重要原因,就是受社会关系,尤其是生产关系的制约。人们"只有以一定的方式共同活动和互相交换

①《马克思恩格斯选集》第 1 卷,第 345 页。
②《马克思恩格斯全集》第 26 卷 Ⅱ,人民出版社 1973 年版,第 125 页。

其活动,才能进行生产。为了进行生产,人们相互之间便发生一定的联系和关系;只有在这些社会联系和社会关系的范围内,才会有他们对自然界的影响,才会有生产"①。任何劳动都是在社会关系中进行的,要具体说明人的本质是劳动,就必须从劳动上升到社会关系。

另一方面,"人的本质是社会关系"是以"人的本质是劳动"为前提的。人只有通过劳动才能成为现实的人,而在劳动中,人与人之间必然结成一定的社会关系。正如马克思所说,"以一定的方式进行生产活动的一定的个人,发生一定的社会关系和政治关系"②。这种社会关系又反过来制约着劳动的方式,直接决定着人的本质。所以,马克思在《关于费尔巴哈的提纲》中强调,人的本质"在其现实性上",是一切社会关系的总和。

在我看来,劳动不是存在于社会关系之外,社会关系也不是形成于劳动之外。劳动和社会关系从不同角度、不同层次展示了人的本质。"人的本质是劳动",强调的是人与动物的区别,这主要涉及人与自然的关系;"人的本质是社会关系的总和",强调的是人与人的区别,这主要涉及人与社会的关系。

四、人与社会的关系:"社会生产人"与"人生产社会"

现实的人是社会的人,人的本质在其现实性上是社会关系的总和,可是,社会关系又生成于人的活动之中。这仿佛是一个"悖论"。悖论,是人的思维感到格外困惑的现象,同时,又是人的思维的藏宝地。人的思维只有和悖论相遇后,才能真正得到锻炼,才能迸发出智慧的火花。在人与社会关系的问题上,从社会唯实论、社会唯名论到马克思主义,就是人的思维不断迸发出智慧的火花,走出人与社会关系的"悖论"这一思想沼泽地的过程。

所谓社会唯实论,是强调社会本身是一个整体结构和实际存在的社会理论,其特点在于,从社会整体出发说明个体,认为社会有其自身的活动方式和功能,并作为一个整体决定和支配着个人,使个人成为社会所规范的个人。在一定意义上说,黑格尔也是社会唯实论者。黑格尔就认为,国家是社会组织的最高形式,个人就是从国家和整体获得"绝对个体性"或"实体性的个体性"的。

---

① 《马克思恩格斯选集》第 1 卷,第 344 页。
② 《马克思恩格斯全集》第 3 卷,第 28—29 页。

与社会唯实论相反,社会唯名论把社会看成"虚无的存在",认为社会仅仅是一个"名称",其特点在于,从个体出发说明社会,并把社会分析归结为个人分析,把个人分析又归结为个人属性的分析。例如,斯密、李嘉图都认为,社会是由"孤立的个人"所组成,只要研究了这些"原子式的个人",就可以理解社会以及个人与社会的关系了。

社会唯实论与社会唯名论各执一端,但二者又存在着共同的根本缺陷,这就是,都不懂得个人与社会的关系是在实践活动中形成的,是随着历史的发展而不断变化的。无论是社会唯实论,还是社会唯名论,它们所讲的"个人"都是抽象的个人,它们所讲的"社会"都是抽象的社会,因而它们对个人与社会关系的解释只能是空洞的、抽象的。马克思的哲学既批判了社会唯实论,也批判了社会唯名论,强调"应当避免重新把'社会'当作抽象的东西同个人对立起来",并认为"正象社会本身生产作为人的人一样,人也生产社会"①。

如前所述,个人总是处在社会关系中的个人,有什么样的社会关系,就有什么样的个人,个人总是"社会的个人"。

在《德意志意识形态》中,马克思提出这样两个概念,即"必然的个人"和"偶然的个人"。所谓"必然的个人",是指生活在前资本主义社会中的个人,是生下来就注定从属于某一群体的人;所谓"偶然的个人",是指生活在资本主义社会中的个人,是在市场经济条件下通过竞争来确定自己地位和身份的人。前资本主义经济是自然经济,用马克思的话来说,就是"自然联系占优势",社会经济联系因此松弛,可人与人的关系却紧密,而且历史越是往前追溯,个人就越不独立,越是从属于一个整体,在这个意义上,个人是"必然的个人";资本主义经济属于商品经济,用马克思的话来说,就是"社会因素占优势",社会经济联系因此紧密,可人与人的关系疏远,并形成了所谓的"孤立的个人",个人成为"偶然的个人"。

资本主义社会是经济上相互联系最紧密的社会,可又是把个人看成是"孤立个人""独立的个人"的个人主义最盛行的社会。这样一个"悖论"只能从资本主义生产方式本身才能得到合理的解释。正如马克思所说,"产生这种孤立个人的观点的时代,正是具有迄今为止最发达的社会关系(从这种观点看来是一般关系)的时代"。"物的依赖关系无非是与外表上独立的个人相对立的独

---

① 《马克思恩格斯全集》第42卷,第122、121页。

立的社会关系,也就是与这些个人本身相对立而独立化的、他们互相间的生产关系。"①这一论述表明,无论是"必然的个人",还是"偶然的个人",其背后都是特定的生产关系和社会关系。正是在这个意义上,马克思认为,"社会生产作为人的人"。这是一个方面。

另一方面,"人也生产社会"。社会是人们交互作用的产物。社会离不开个人,全部人类历史的第一个前提就是"有生命的个人"的存在。社会关系、社会结构不过是人的实践活动的对象化、静态化。马克思指出:"以一定的方式进行生产活动的一定的个人,发生一定的社会关系和政治关系……社会结构和国家经常是从一定个人的生活过程中产生的。"②"人们是在一定的生产关系中制造呢绒、麻布和丝织品的。但是……这些一定的社会关系同麻布、亚麻等一样,也是人们生产出来的。社会关系和生产力密切相联。随着新生产力的获得,人们改变自己的生产方式,随着生产方式即谋生的方式的改变,人们也就会改变自己的一切社会关系。"③

概而言之,人是社会的主体,社会中的一切事物、一切关系都离不开人,社会关系就生成于人的实践活动中。人们在实践活动中不断地改造、创造着社会关系,从而不断地改造、创造着社会本身。历史不过是追求着自己目的的人的活动,人们自己创造自己的历史。正是在这个意义上,马克思又认为,"人也生产社会"。

人生存于社会之中,但这并不是说,社会只是容纳人的空间,人生存在社会中就像豆子放在盒子里一样。人与社会不是外在的二元的关系,既不存在离开社会的个人,也不存在离开个人的社会。人生产社会,社会也生产人;人创造历史,历史也创造人。"人的存在是有机生命所经历的前一个过程的结果。只是在这个过程的一定阶段上,人才成为人。但是一旦人已经存在,人,作为人类历史的经常前提,也是人类历史的经常的产物和结果,而人只有作为自己本身的产物和结果才成为前提。"④马克思的这一精彩论述深刻地说明了人与社会、人与历史的关系。按照马克思的观点,人既是历史的"剧中人",又是历史的"剧作者",只有"把人们当成他们本身历史的剧中的人物和剧作者",

① 《马克思恩格斯全集》第 46 卷上,第 21、111 页。
② 《马克思恩格斯全集》第 3 卷,第 28—29 页。
③ 《马克思恩格斯选集》第 1 卷,第 141—142 页。
④ 《马克思格斯全集》第 26 卷 III,第 545 页。

才能达到历史的"真正的出发点"①。

人与社会的关系内含着人的个性化与社会化的关系。

所谓个性，从心理学的视角看，就是指个人稳定而独有的心理特征。哲学的个性概念与心理学的个性概念具有相同之处，但又有其特殊的含义。从哲学的视角看，个性是指个人在内在本质及外部存在方面的特异性，包括个人的唯一性、独特性等内容。无论是就存在而言，还是从活动来说，每个人都会显示其独特的个性特征。作为一定的社会关系的承担者，每个人都会受到社会关系的制约，都是通过社会交往获得各种规定性，从而形成个人特殊的心理特征、思维特征和行为特征的。但是，每个人的社会关系又是独特的、不可重复的，由此形成了具有不同个性的个人。作为反映不同个人之间差别的个性，折射出个人与社会的关系，更重要的是，显示了个人独特的社会规定性。

人的个性不可能脱离自然属性。人首先是自然存在物，受外在自然和内在自然的双重制约，由生物遗传所决定的人的生理结构及其性能的确制约着个性。皮亚杰通过对儿童早期心理活动的研究表明，气质较多地受到个体生物组织的制约。现代心理学揭示了人的高级神经系统深刻影响着个人性格的形成。问题在于，人又是社会存在物，人的个性是在社会化的过程中逐步生成和发展的。社会化包括参与社会活动、学习科学知识、把握行为规范等等。正是社会化，使文化内化、积淀在个体的心理结构、思维结构和行为结构中。所以，无论是人生经历的变化，还是社会环境的变化，都会造成人的个性的变化。

所谓个性化，就是个人逐步形成自己独特的心理结构、思维结构和行为结构的过程。但是，个性化不可能脱离社会化而单独进行，它总是与社会化联系在一起。社会化伴随人的一生，或者说，人的一生是一个不断社会化的过程。当然，人的社会化的过程可以是自觉的，也可能是自发的。实际上，每个社会都会按照一定的标准来培养、塑造自己的社会成员，使其理解已有的文化遗产，认同社会的主导价值，遵循社会的行为规范。社会以文化积累的形式把一代又一代人创造的技能、知识、智慧传给下一代人。任何一个人，只有在社会中经过后天的"培训"和塑造，经过社会活动的直接陶冶，才能获得社会规定性，并在这个过程中形成自己的个性。

个人只有在社会交往活动中，才能实现个人的发展，形成自己的个性。马

---

① 《马克思恩格斯选集》第 1 卷，第 147 页。

克思指出:"一个人的发展取决于和他直接或间接进行交往的其他一切人的发展。"①同时,个人只有在社会生产活动中,才能"物化""肯定"自己的"个性的特点"。正如马克思所说,"我在我的生产中物化了我的个性和我的个性的特点","我在劳动中肯定了自己的个人生命,从而也就肯定了我的个性的特点"。②"人们的社会历史始终只是他们的个体发展的历史。"③在一定意义上说,社会发展就是现实的个人不断追求"个体发展",不断生成和发展个性的过程。共产主义社会就是要"确立有个性的个人",使人获得"自由个性"。

五、人的发展空间:自由时间

在一定意义上说,一部人类史就是人们不断追求自由的历史。在这个过程中,人的发展在经历了"人的依赖性""以物的依赖性为基础的人的独立性"的形态后,终将走向人的"自由个性"这一新的形态。共产主义就是实现人的自由个性的社会形态。"在那里,每个人的自由发展是一切人的自由发展的条件。"④

从历史上看,人的发展经历了三种形态,这就是马克思所说的"人的依赖性""以物的依赖性为基础的人的独立性"和人的"自由个性":"人的依赖关系(起初完全是自然发生的),是最初的社会形态,在这种形态下,人的生产能力只是在狭窄的范围内和孤立的地点上发展着。以物的依赖性为基础的人的独立性,是第二大形态,在这种形态下,才形成普遍的社会物质变换,全面的关系,多方面的需求以及全面的能力的体系。建立在个人全面发展和他们共同的社会生产能力成为他们的社会财富这一基础上的自由个性,是第三个阶段。"⑤

在社会发展过程中,人的依赖关系占统治地位是同自然经济相适应的。在这种社会形态中,个人不是作为独立的个人,而是作为自然共同体的成员,直接依附于这个自然共同体,而且历史越是往前追溯,个人就越不独立,从属

---

① 《马克思恩格斯全集》第 3 卷,第 515 页。
② 《马克思恩格斯全集》第 42 卷,第 37、38 页。
③ 《马克思恩格斯选集》第 4 卷,第 532 页。
④ 《马克思恩格斯选集》第 1 卷,第 294 页。
⑤ 《马克思恩格斯全集》第 46 卷上,第 104 页。

于一个自然共同体。正是自然共同体内部的宗法等级制,造成了普遍的人身依附关系,个人在这种社会关系中既不独立,也没有自由。个人对自然共同体的依赖关系,具体体现在个人对自然共同体代表人物的从属关系中。

在社会发展过程中,以物的依赖关系为基础的人的独立性占统治地位是同商品经济相适应的。在这种社会形态中,个人摆脱了人身依附关系,获得了独立性,但这种独立性是建立在对物的依赖性的基础上的。具体地说,在这种社会形态中,人与人之间的关系变成了商品关系,货币成为人与人之间进行商品交换的媒介,人与人的关系由此物化为货币关系,转化为物与物的关系。这种物化的社会关系本来是人们交往的产物,但它形成之后,对人来说又成为一种外在的关系、异己的力量来支配着个人的命运。用马克思的话来说就是,"人本身的活动对人说来就成为一种异己的、同他对立的力量,这种力量驱使着人,而不是人驾驭着这种力量"[1]。人的活动所形成的社会力量成为一种"外在的强制力量""同他对立的力量",反过来压迫人、支配人,这就是人的异化。

按照马克思在《1844 年经济学哲学手稿》中的观点,异化就是人的本质与人相分离,就是人的本质以非人的方式同人相对立。在我看来,马克思此时的异化观从根本上说属于人本主义异化观,其特点在于,它以一种抽象的人的本质,也就是费尔巴哈所说的类本性为根本标准来衡量现实的人和现实的社会。凡是符合这一标准的就是"人的",凡是不符合这一标准的就是"非人的"。但是,马克思后来并没有抛弃异化理论,而是扬弃了人本主义异化理论,即不再从抽象的人的本性出发,去理解和阐释人的异化问题,而是从现实的生产方式出发,从社会经济形态出发,去理解和阐释人的异化问题。

在《德意志意识形态》中,马克思曾用了"正面说法"和"反面说法"这两种提法说明人的异化:"'人的'这一正面说法是同某一生产发展的阶段上占统治地位的一定关系以及由这种关系所决定的满足需要的方式相适应的。同样,'非人的'这一反面说法是同那些想在现存生产方式内部把这种统治关系以及在这种关系中占统治地位的满足需要的方式加以否定的意图相适应的,而这种意图每天都由这一生产发展的阶段不断地产生着。"[2]马克思的这一论述表

---

① 《马克思恩格斯全集》第 3 卷,第 37 页。
② 《马克思恩格斯全集》第 3 卷,第 508 页。

明，"人的"与"非人的"不是科学判断，而是价值判断，即使这种价值判断，也是在特定的生产方式的基础上形成的。

在我看来，从人的本性出发，从人本主义哲学的视角看问题，人的异化就会成为一个神秘的、不可理解的现象；从生产方式出发，从唯物主义历史观的视角看问题，人的异化就是一个现实的、容易理解的问题。在资本主义社会，劳动异化及其所导致的人与人关系的异化，根源不在所谓的人性，而在商品经济形态、在劳动的雇佣性质，从根本上说，在资本主义生产方式。因此，要消除人的异化，就必须改变资本主义生产方式。否则，无论怎样呼唤人性的"复归"也是徒劳的，至多是一厢情愿、"单相思"。

我们应当明白，人的异化不是人向非人的转化，而是人们还没有创造出高度发达的生产力和全面的社会关系，并将这种生产力和社会关系置于他们的共同控制之下造成的；人向全面性的发展，也不是什么人性的复归，不是什么人的全面本质的失而复得，而是人们通过创造高度发达的生产力和全面的社会关系创造出自己的全面本质，通过合理运用自由时间获得的自由个性。人的发展的全面性，归根到底取决于实践的全面性和社会关系的全面性。正如马克思所说，"个人的全面性不是想象的或设想的全面性，而是他的现实关系和观念关系的全面性"①，共产主义社会就是以"每个人的全面而自由的发展为基本原则的社会形式"②。

对"每个人的全面而自由的发展"，我们应当有一个正确的理解。每个人的全面而自由的发展，不是指纯粹的个人修养，而是指一种社会理想、一种社会发展状态，这就是共产主义社会。1894年，意大利社会党人卡内帕请恩格斯写一段话来表述共产主义社会的根本特征作为《新纪元》的题词，为此，恩格斯引用了《共产党宣言》中的一段话，这就是，"代替那存在着阶级和阶级对立的资产阶级旧社会的，将是这样一个联合体，在那里，每个人的自由发展是一切人的自由发展的条件"，并认为除了这一段话外，"再也找不出合适的了"。③ 可以说，实现无产阶级和人类解放，实现每个人的全面而自由的发展，让马克思一生魂牵梦萦，是马克思毕生关注的焦点和为之奋斗的目标。如果说无产阶级和人类解放是马克思哲学的理论主题，那么，每个人的全面而自由

---

① 《马克思恩格斯全集》第46卷下，第36页。
② 《马克思恩格斯全集》第23卷，第649页。
③ 《马克思恩格斯选集》第4卷，第730—731页。

的发展就是马克思哲学的最高命题。

除了从历史上考察人的发展的形态外,马克思关于人的发展的理论还有一个重要特征,这就是,把人的发展与时间联系起来了。马克思明确指出:"时间实际上是人的积极存在,它不仅是人的生命的尺度,而且是人的发展的空间。"①在我看来,这是马克思哲学的一个重要命题,应当引起我们的高度重视。

时间之所以能够成为人的生命尺度,是因为时间能够体现人的生命价值。具体地说,人能够减少不能体现自己生命价值的活动时间,增加能够体现自己生命价值的活动时间,从而为实现自己的生命价值创造条件。"动物只是按照它所属的那个种的尺度和需要来建造,而人却懂得按照任何一个种的尺度来进行生产,并且懂得怎样处处都把内在的尺度运用到对象上去;因此,人也按照美的规律来建造。"②正因为如此,产生了人的生命活动是有价值还是无价值的问题。人的生命价值是在实践活动中生成的。人只有通过创造生命价值的活动时间,才能获得"价值生命",从而超越自然生命。因此,时间是人的生命尺度。当然,时间是人的生命"尺度",并不等于时间是人的生命"长度"。

时间之所以能够成为人的发展的空间,这是因为,人是在劳动中得以生存和发展的,劳动时间有必要劳动时间和剩余劳动时间之分,剩余劳动时间在量上直接决定着自由时间,自由时间的多少直接决定着人的发展空间的大小。正如马克思所说,"剩余劳动一方面是社会的自由时间的基础,从而另一方面是整个社会发展和全部文化的物质基础"③。发展生产力,提高劳动生产率,实际上就是缩短必要劳动时间,增加自由时间。自由时间的增加实际上是为人们提供了新的活动舞台,舞台越大,发展的空间也就越大。伴随着自由时间的不断增加,必然是人的活动领域的不断扩大;活动领域的不断扩大,标志着人的发展空间的不断拓展。正是在这个意义上,时间是人的发展空间。正因为时间是人的生命尺度和发展空间,所以,"时间实际上是人的积极存在"。

但是,在阶级社会中,自由时间的创造与占有并不是统一的,相反,二者却是背离的。具体地说,私有制和旧式分工使劳动者被迫承担起整个社会的劳动重负,他们创造了自由时间,却不能占有和支配自由时间,因而也就没有获得相应的发展空间;而不从事劳动的社会成员却凭借占有生产资料的地位,通

---

① 《马克思恩格斯全集》第 47 卷,第 532 页。
② 《马克思恩格斯全集》第 42 卷,第 97 页。
③ 《马克思恩格斯全集》第 47 卷,第 257 页。

过侵占剩余劳动时间而占有和支配自由时间,由此获得了相应的发展空间。这就是说,在阶级社会中,少数人的发展是以剥夺大多数劳动者的自由时间为基础的,少数人的发展是以多数人的不发展或片面发展为代价的。这种自由时间创造与占有上的分离,在资本主义社会达到了极端程度。在资本主义社会,劳动阶级在剩余劳动时间生产出剩余产品,创造出自由时间,但并不占有自由时间,更不可能支配自由时间,在整体上占有和支配这种自由时间的恰恰是不劳动阶级。正如马克思所说,"剩余产品把时间游离出来,给不劳动阶级提供了发展其他能力的自由支配的时间。因此,在一方产生剩余劳动时间,同时在另一方产生自由时间。"①

"整个人类的发展,就其超出对人的自然存在直接需要的发展来说,无非是对这种自由时间的运用,并且整个人类发展的前提就是把这种自由时间的运用作为必要的基础。"②马克思的这一论述具有丰富的内涵。要实现"整个人类的发展",就要实现人类解放,人类解放的实质和目标是实现每个人的全面而自由的发展;要实现每个人的全面而自由的发展,就必须使"联合起来的个人"占有、支配并合理地运用自由时间。

为此,必须消除私有制,变革现存的社会关系,建立新的社会共同体。在这种社会共同体中,"一方面,任何个人都不能把自己在生产劳动这个人类生存的自然条件中所应参加的部分推到别人身上;另一方面,生产劳动给每一个人提供全面发展和表现自己全部的即体力的和脑力的能力的机会,这样,生产劳动就不再是奴役人的手段,而成了解放人的手段"③。

由此可见,在马克思的哲学中,时间不是一个与现实的人及其活动无关的抽象范畴,而是一个直接关涉现实的人的活动,一个实现人的全面而自由的发展的具体理论。我们应当高度重视、重新理解、重新阐释马克思哲学的时间理论。

---

① 《马克思恩格斯全集》第 47 卷,第 216 页。
② 《马克思恩格斯全集》第 47 卷,第 216 页。
③ 《马克思恩格斯全集》第 20 卷,第 318 页。

关于马克思交往理论的再思考

在马克思哲学的范畴体系中，"交往"是一个与物质生产、社会发展和人的发展密切相关的基础性范畴。脱离了交往范畴，我们就难以理解马克思的物质生产理论、社会发展理论和人的发展理论。然而，这一重要范畴至今仍未引起我们的足够重视，在关键问题上仍未达成共识。与此同时，"交往"却引起了当代西方哲学的高度重视。胡塞尔、维特根斯坦、海德格尔、雅斯贝尔斯，尤其是哈贝马斯等都把目光投向"交往"，有的学者甚至把这一现象称为哲学的"交往转向"。因此，以当代实践和哲学成果为基础，重新思考马克思交往范畴的内涵和交往理论的作用，是一个具有重要理论意义和现实意义的课题。

一、马克思交往范畴的厘定

就文本而言，马克思在 1846 年 12 月 28 日致安年柯夫的信中，唯一一次明确阐述了交往范畴的内涵："为了不致丧失已经取得的成果，为了不致失掉文明的果实，人们在他们的交往[commerce]方式不再适合于既得的生产力时，就不得不改变他们继承下来的一切社会形式。——我在这里使用《commerce》一词是就它的最广泛的意义而言，就象在德文中使用《Verkehr》一词那样。例如：各种特权、行会和公会的制度、中世纪的全部规则，曾是唯一适合于既得的生产力和产生这些制度的先前存在的社会状况的社会关系……人们借以进行生产、消费和交换的经济形式是暂时的和历史性的形式。随着新的生产力的获得，人们便改变自己的生产方式，而随着生产方式的改变，他们便改变所有不过是这一特定生产方式的必然关系的经济关系。"①研读马克思的这一论述时，应当注意三个问题：

一是马克思使用的"交往"，即 commerce，与德文中的 Verkehr 一词具有相同的内涵，是指社会生活中的交通、交换或交易，日常生活中的交际、交流等，马克思甚至认为，战争本身就是一种经常的交往形式。

二是马克思使用的"交往"与生产力密切相关，是人们适应生产力的一定状况而建立的生产、消费和交换的经济形式，是作为"特定生产方式的必然关系的经济关系"。

三是马克思使用的"交往"与社会关系、社会制度密切相关："社会——不管其形式如何——究竟是什么呢？是人们交互作用的产物……在人们的生产力发展的一定状况下，就会有一定的交换[commerce]和消费形式。在生产、交换和消费发展的一定阶段上，就会有一定的社会制度、一定的家庭、等级或阶级组织。"②

可见，马克思所使用的"交往"指向的是人与人之间的关系。交往不可避免地涉及物甚至以物为中介，但交往的实质是人们之间的"交互作用"，是人们之间的相互交流、相互沟通、相互作用和相互影响。用现代西方哲学的话语来说，交往就是"主体际"的互动，是"主体间"的关系。将马克思的交往范畴限定在人与人关系的范围内，是准确理解马克思交往理论的第一步。

马克思不仅在"最广泛的意义上"使用交往范畴，更重要的是，他又从中提升出两个具有哲学内涵的概念，即交往形式（Verkehrsform）和交往关系（Verkehrsverhältnis）。这两个概念是马克思交往理论的核心构件。

交往形式是指人们进行交往的具体方式，所以，马克思有时又把交往形式称为"交往方式"（Verkehrsweise）。研读马克思的文本可以看出，马克思从三个方面对交往形式作了规定：一是从交往属性的视角，把交往形式分为物质交

---

① 《马克思恩格斯全集》第 27 卷，第 478—479 页。
② 《马克思恩格斯全集》第 27 卷，第 477 页。

往和精神交往,认为后者起初是前者的"直接产物",尔后又成为前者的"必然升华物";二是从交往主体的视角,把交往形式分为"个人交往"和"国家交往"或"民族交往",认为一个民族的内部结构取决于它的生产和交往的发展程度,而未来共产主义社会将实现"所有个人作为真正个人参加的交往"①;三是从交往地域范围的视角,把交往形式分为"区域交往"和"世界交往",认为共产主义建立在生产力普遍发展和世界交往普遍发展的基础之上,是一种世界历史性的存在。

交往关系指人们在具体的交往活动中结成的关系。人们通过一定的方式进行交往,形成一定的交往关系;交往关系形成后又反过来规定着人们以何种方式进行交往。交往活动产生于生产活动,生产活动和交往活动又必须借助于一定的规范才能进行,这就需要交往关系制度化。正如马克思所说,"在生产、交换和消费发展的一定阶段上,就会有一定的社会制度"②。社会制度一旦形成,就规范着人们之间的交往。

从文本看,交往形式与生产方式、交往关系与生产关系这四个重要范畴同时出现在《德意志意识形态》中。马克思把生产方式与交往形式并列、有区别地加以使用,如"生活的生产方式以及与之相联系的交往形式"、在革命中"旧生产方式和旧交往方式的权力以及旧社会结构的权力被打倒"。③ 同时,马克思又把生产关系与交往关系并列、有区别地加以使用,如"银行家的财富只有在现存的生产关系和交往关系的范围以内才是财富"、"共产主义和所有过去的运动不同的地方在于:它推翻了一切旧的生产和交往的关系的基础"。④ 可见,交往形式不等于生产方式,交往关系不等于生产关系,交往形式、交往关系并非生产关系的不成熟的表达形式,它们之间也并非替代与被替代的关系。

我注意到,生产关系概念的内涵在《德意志意识形态》中还未得到精准表述,生产关系与生产力的关系还未得到直接表述,生产关系与交往形式的关系、生产关系与交往关系的关系也未得到深入的阐述。直到《哲学的贫困》,生产关系概念的内涵、生产关系与生产力关系的观点才得到"科学的阐述"。但

---

① 《马克思恩格斯全集》第3卷,第77页。
② 《马克思恩格斯全集》第27卷,第477页。
③ 《马克思恩格斯全集》第3卷,第36、76—77页。
④ 《马克思恩格斯全集》第3卷,第446、79页。

是,《哲学的贫困》又未谈及生产方式与交往形式的关系、生产关系与交往关系的关系。这是一个有待解决的问题。正因为如此,马克思在《〈政治经济学批判〉导言》中所列出的"不该忘记的各点",就包括"生产关系和交往关系""国家形式和意识形式同生产关系和交往关系的关系""生产力(生产资料)的概念和生产关系的概念的辩证法"。①

研读马克思的文本可以看出,马克思所说的生产方式,主要是指人们用什么样的生产工具改造自然,体现的是人与自然的关系;交往形式则是说明人们以什么样的方式结合起来进行物质生产,体现的是人与人之间的关系。马克思所说的交往关系体现的就是人与人之间的关系,是人们在交往活动中形成的经济关系、政治关系和思想关系等社会关系。其中,物质交往产生的是作为"特定生产方式的必然关系的经济关系"。

这就是说,交往关系在内涵上与社会关系是相同的,但二者的侧重点不同:交往关系的侧重点是人们的"交互作用",是动态的社会关系;社会关系的侧重点是人们交互作用的"产物",是静态的交往关系;交往关系包括经济关系,即生产关系,但不等于生产关系。

在《德意志意识形态》中,马克思的确没有直接论述生产力与生产关系的关系,但他关于生产力与交往形式的关系、生产力与交往关系的关系的论述,又的确包含着关于生产力与生产关系的关系的论述。更重要的是,马克思关于生产力与交往形式的关系、生产力与交往关系之关系的观点,同生产力与生产关系之关系的观点,具有内在的一致性。正因为如此,马克思始终没有放弃交往形式、交往关系的概念。相反,马克思始终关注着人们之间的交往活动、交往形式和交往关系。直到《资本论》,马克思仍强调指出:"我要在本书研究的,是资本主义生产方式以及和它相适应的生产关系和交换关系。"②

在我看来,"生产力—交往形式"命题关注的是生产与交往这两个领域之间的关系。这里的生产是指作为人类生存前提的"直接生活的物质生产",是暂时撇开了社会形式的人对自然占有的活动。在这个意义上,生产是"生产一般",是一种"古老而适用于一切社会形式"的"抽象的生产"。但是,这是一个"合理的抽象"。正如马克思所说,"生产的一切时代有某些共同标志,共同规

---

① 《马克思恩格斯全集》第46卷上,第47页。
② 《马克思恩格斯全集》第23卷,第8页。

定。生产一般是一个抽象，但是只要它真正把共同点提出来，定下来，免得我们重复，它就是一个合理的抽象"①。

"生产力—生产关系"命题则是对"生产力—交往形式"命题的深化，关注的是"一切生产都是个人在一定社会形式中并借这种社会形式而进行的对自然的占有"②，关注的是资本主义社会的生产，关注的是现实的、具体的物质生产内部的关系。在此，生产力决定生产关系，即人们在物质交往中形成的物质联系或经济关系，生产关系制约着生产力；生产关系决定着其他的交往关系，交往关系又制约着生产关系—生产力这一整体。可见，随着生产力与生产关系矛盾运动机制的澄明，"生产力—交往形式"命题才真正清晰了，马克思也正是在这一情况中将交往关系和生产关系并置的。

二、交往与物质生产活动

交往与生产互为条件。一方面，交往内生于生产，直接生产过程中的交往是生产的内在要素，生产决定交往形式；另一方面，交往是生产的前提条件，没有交往就没有生产，生产只有在人们之间的交往以及由此形成的交往关系中才能进行。正如马克思所说的，"生产本身又是以个人之间的交往为前提的。这种交往的形式又是由生产决定的"③。从根本上说，一部人类史就是生产和交往相互作用、相互制约的历史。

人类生存的第一个前提、人类的第一个历史活动，也是人类每时每刻必须进行的基本活动，就是物质生产活动。物质生产活动从一开始就包含着人与自然的关系和人与人的关系，包含着主体与客体的关系和主体间的关系。按照马克思的观点，物质生产首先是人和自然之间进行物质变换的过程；要实现这一物质变换，人和人之间必须进行交往，进行活动互换，并必然结成特定的社会关系。正如马克思所说，人们"只有以一定的方式共同活动和互相交换其活动，才能进行生产。为了进行生产，人们相互之间便发生一定的联系和关系；只有在这些社会联系和社会关系的范围内，才会有他们对自然界的影响，

---

① 《马克思恩格斯全集》第46卷上，第22页。
② 《马克思恩格斯全集》第46卷上，第24页。
③ 《马克思恩格斯全集》第3卷，第24页。

才会有生产"①。

这就是说,人们一旦开始物质生产,便必然同时进行交往,并发生一定的社会关系。在物质生产活动中,既存在着人与自然之间的物质变换,又存在着人与人之间的活动互换;既存在着人与自然的关系,又存在着人与人的关系;既存在着主体与客体的关系,又存在着主体间的关系。在物质生产中,人与自然的关系和人与人的关系同时产生,人与自然的关系制约着人与人的关系,人与人的关系又制约着人与自然的关系;主体与客体之间的关系制约着主体间的关系,主体间的关系又制约着主体与客体的关系。

正因为如此,物质生产本身包含并体现着历史尺度和人的尺度的统一。所谓历史尺度,是指生产体现的客观必然性,这是一种事实性维度。按照马克思的观点,物质生产包含并体现着一种永恒的"自然必然性"。这是一种特殊的自然必然性,因为在这种"自然必然性"中内含着人与自然的价值关系,包含着社会价值性。人的需要不同于动物的需要,人的需要是"从社会生产和交换中产生的需要"②,所以,物质生产的历史尺度又内蕴着人的尺度。人的尺度所表征的不是单个的人,而是生存于交往关系中的个人,是受到一定的社会制度规范的人。"人们是受他们的物质生活的生产方式,他们的物质交往和这种交往在社会结构和政治结构中的进一步发展所制约的。"③这就是说,社会结构、社会制度构成了进行物质生产活动的"主体间"或"主体际"的规范性维度。

物质生产所具有的这种双重关系、双重尺度,使得交往形式与生产力密切相关,与"个人本身力量的发展"密切相关。"交往形式的联系就在于:已成为桎梏的旧的交往形式被适应于比较发达的生产力,因而也适应于更进步的个人自主活动类型的新的交往形式所代替;新的交往形式……〔又〕会变成桎梏并为别的交往形式所代替。"④因此,与生产力的发展水平相适应,不同时代有不同的交往形式。

在前资本主义时期,低下的生产力、落后的交通工具以及自给自足的自然经济,使得人们的交往局限在血缘共同体内部,以血缘关系或宗法关系为基本形式,形成了"人的依赖关系"。"我们越往前追溯历史,个人,从而也是进行生

---

① 《马克思恩格斯选集》第 1 卷,第 344 页。
② 《马克思恩格斯全集》第 46 卷下,第 19 页。
③ 《马克思恩格斯选集》第 1 卷,第 72 页。
④ 《马克思恩格斯全集》第 3 卷,第 81 页。

产的个人,就越表现为不独立,从属于一个较大的整体。"①

在资本主义时期,先进的生产力、发达的交通工具以及以交换价值为枢纽的商品经济,使人们的交往突破了血缘关系或宗法关系以及血缘共同体的限制。个人由此获得了"独立性"。但是,这种"独立性"又是"以物的依赖性为基础的"。资本主义生产的主要形式是商品生产,"个人之间彼此结成的最基本关系是商品所有者之间的关系"②。这种以商品的交换价值为枢纽的交往普遍化必然造成交往的物化、异化。这种物化、异化就表现在,"人本身的活动对人说来就成为一种异己的、与他对立的力量,这种力量驱使着人,而不是人驾驭着这种力量"③。

按照马克思的观点,个人的生存条件就是物质生产和物质交往。生产以个人交往为前提,只有在交往中,个人的生产能力才能现实地转化为社会生产力。"受分工制约的不同个人的共同活动产生了一种社会力量,即扩大了的生产力。"④因此,生产力是人们在交往活动中形成的一种社会力量。也正因为如此,马克思一般都把生产力称为"社会生产力"。

按照马克思的观点,交往形成了人类积累、传递、继承和发展生产力的社会机制,形成了一种不同于动物、生物遗传机制的社会遗传机制,从而使生产力处在不断发展的过程中。只有在交往中,才能实现生产力的世代继承和不断发展。没有代际交往,前一代人创造出来的生产力就不可能传给后一代人,就会"断代",一切就要"从头开始""重新开始";没有民族交往、"国家交往",某一地域创造出来的生产力就不可能转移到其他地域,生产力的发展就只能在各个地域"单独进行",甚至失传。正如马克思所说,"某一个地方创造出来的生产力,特别是发明,在往后的发展中是否会失传,取决于交往扩展的情况。当交往只限于毗邻地区的时候,每一种发明在每一个地方都必须重新开始;一些纯粹偶然的事件,例如蛮族的入侵,甚至是通常的战争,都足以使一个具有发达生产力和有高度需求的国家处于一切都必须从头开始的境地"⑤。只有当交往发展到世界交往时,各个民族、国家的生产力发展才能避免"单独进行"的

① 《马克思恩格斯全集》第 46 卷上,第 21 页。
② 《马克思恩格斯全集》第 47 卷,第 115 页。
③ 《马克思恩格斯全集》第 3 卷,第 37 页。
④ 《马克思恩格斯全集》第 3 卷,第 38 页。
⑤ 《马克思恩格斯全集》第 3 卷,第 61 页。

境况,才能避免"从头开始""重新开始"的时间耗费,才能以其他民族、国家的先进生产力为起点创造出更先进的生产力。这就是交往行为的相加效应。

三、交往与社会发展道路

"不仅一个民族与其他民族的关系,而且一个民族本身的整个内部结构都取决于它的生产以及内部和外部的交往的发展程度。"①正是基于对民族内部结构与生产、交往关系的考察,马克思提出了社会发展中原生形态、派生形式和跨越现象的问题。

在各民族或共同体之间几乎没有交往的时期,社会的转变和发展都是自然发生的。正如马克思所说,远古时期的人们是"原始的、通过 generatio aequivoca[自然发生]的途径产生的人们"②,"人的依赖关系(起初完全是自然发生的),是最初的社会形态"③。在马克思看来,这种自然发生的社会形态就是社会发展中的"原生形态"。

当交往发展到区域交往,当战争成为一种"经常的交往形式"时,社会形态发展便产生了"派生形式"。这就是马克思所说的"第二级的和第三级的东西,总之,派生的、转移来的、非原生的生产关系"④。按照马克思的观点,在某一民族、国家内部自然发生的生产关系是原生的生产关系,即第一级的关系,而派生的、转移来的生产关系则是非原生的生产关系,即第二级、第三级的关系。第二级、第三级的关系不是在这些民族、国家的内部自然发生的,而是由民族、国家之间的交往造成的,是由外来民族"导入""带去"的。这里存在着三种情况:一是处于较高社会形态、作为征服者的民族带给处于较低社会形态、被征服者的民族的;二是处于较低社会形态、作为征服者的民族带给处于较高社会形态、被征服者的民族的;三是征服者民族与被征服者民族处于相同社会形态的不同发展阶段,由作为征服者的民族带给被征服者的民族的。

这三种情况对"派生形式"有着不同影响,它或者使"原生形态""有所变形",或者使"原生形态""较为完备",或者形成一种新的社会结构。"导入英

---

① 《马克思恩格斯全集》第 3 卷,第 24 页。
② 《马克思恩格斯全集》第 3 卷,第 50 页。
③ 《马克思恩格斯全集》第 46 卷上,第 104 页。
④ 《马克思恩格斯全集》第 46 卷上,第 47 页。

国的封建主义,按其形式来说,要比在法兰西自然形成的封建主义较为完备。"①之所以如此,是因为"这种交往形式在自己的祖国还受到过去遗留下来的利益和关系的牵累,而它在新的地方就完全能够而且应当毫无阻碍地确立起来,尽管这是为了保证征服者的长期统治(英国和那不勒斯在被诺曼人征服之后,获得了最完善的封建组织形式)"②。反过来,也有大量的"古老文明被蛮族破坏,接着就重新形成另一种社会结构(罗马和野蛮人,封建主义和高卢人,东罗马帝国和土耳其人)"③。这些社会形态都属于外来民族"导入的和带去的派生形式"④。

当交往从区域交往发展到世界交往时,历史便转变为世界历史。历史向世界历史的转变是以生产力的普遍发展和民族的普遍交往为基础的,它伴随着资本主义生产方式的确立而形成。生产的商品化驱使资产阶级建立世界市场,世界市场的形成把一切国家都联系起来,使它们的生产和消费成为世界性的。不仅如此,资产阶级通过交往,尤其是战争交往,迫使一切民族采用资本主义的生产方式,从而为自己创造出一个世界,即创造了资本主义的世界体系。

正因为如此,马克思指出:资产阶级"首次开创了世界历史,因为它使每个文明国家以及这些国家中的每一个人的需要的满足都依赖于整个世界,因为它消灭了以往自然形成的各国的孤立状态"⑤;因为它使"过去那种地方的和民族的自给自足和闭关自守状态,被各民族的各方面的互相往来和各方面的互相依赖所代替了","使一切国家的生产和消费都成为世界性的了"⑥;因为"它使未开化和半开化的国家从属于文明的国家,使农民的民族从属于资产阶级的民族,使东方从属于西方"⑦。

世界交往形成之后,人类总体历史和具体民族历史之间的关系发生重要变化,二者之间不仅具有一般与个别的关系,而且具有整体与部分的关系。当然,这种整体与部分关系的形成有一个过程。当交往发展到区域交往时,原来

---

① 《马克思恩格斯全集》第 46 卷上,第 489—490 页。
② 《马克思恩格斯全集》第 3 卷,第 82 页。
③ 《马克思恩格斯全集》第 3 卷,第 26 页。
④ 《马克思恩格斯全集》第 46 卷上,第 489 页。
⑤ 《马克思恩格斯全集》第 3 卷,第 68 页。
⑥ 《马克思恩格斯选集》第 1 卷,第 276 页。
⑦ 《马克思恩格斯选集》第 1 卷,第 277 页。

在不同民族、不同国家内部"单独进行"的生产力与交往形式的矛盾运动之间便会产生相互作用,从而造成跨越现象。例如,日耳曼民族征服罗马帝国之后,被征服者的较高生产力与征服者原来的交往形式产生相互作用,结果促使日耳曼民族跨越奴隶制度而直接建立了封建制度。正如马克思所说:"封建主义决不是现成地从德国搬去的;它起源于蛮人在进行侵略时的军事组织中,而且这种组织只是在征服之后,由于被征服国家内遇到的生产力的影响才发展为现在的封建主义的。"[1]

当交往发展到世界交往时,一些相对落后的民族、国家内的生产力与交往形式之间的矛盾便会激化,并产生同较为发达的国家"类似的矛盾"。马克思指出,"对于某一国家内冲突的发生来说,完全没有必要等这种矛盾在这个国家本身中发展到极端的地步。由于同工业比较发达的国家进行广泛的国际交往所引起的竞争,就足以使工业比较不发达的国家内产生类似的矛盾"[2]。正是在这种"类似的矛盾"的支配下,在较为发达的国家的"历史启示"下,一些相对落后的民族、国家就会自觉或不自觉地缩短矛盾的解决过程,从而跨越某种社会形态,直接走向先进的社会形态。

马克思曾概括资本主义制度产生的四条道路:一是从封建制度的"衰亡"中产生;二是从奴隶制或农奴制的"解体"中产生;三是从原始公有制的"崩溃"中产生;四是"从自身开始",如美国的"资产阶级社会不是在封建制度的基础上发展起来的,而是从自身开始的"[3]。其中,第一条是西欧资本主义产生的道路,也是资本主义自然发生的道路,第二、三、四条则是在世界交往过程中形成的资本主义产生的道路。一些东方国家之所以能够缩短资本主义历史进程,或跨越资本主义社会形态,直接走上社会主义道路,其秘密就在于世界交往,在于生产力与生产关系矛盾运动的民族性和世界性的辩证关系。如果说在区域交往的条件下,某个民族跨越某种社会形态的现象是个别的、偶然的,那么,在世界交往的条件下,这种跨越现象则成为普遍的、常规的。这样一来,具体民族发展便呈现出各自的特殊性,社会发展道路便呈现出多样性。

正是基于对生产力与交往形式矛盾运动的民族性和世界性关系的思考,马克思提出了跨越资本主义"卡夫丁峡谷"的设想,并对世界交往寄予极大的

[1]《马克思恩格斯全集》第3卷,第83页。
[2]《马克思恩格斯全集》第3卷,第83页。
[3]《马克思恩格斯全集》第46卷上,第14、4页。

希望。在马克思看来,共产主义就是以生产力的普遍发展和世界交往的普遍发展为前提的,共产主义只有作为世界历史性的存在才有可能实现。

四、对哈贝马斯"批判"的批判

无疑,马克思的交往理论关注的重心是物质交往及其对精神交往的基础性、决定性,重心是批判唯心主义的抽象思辨性和旧唯物主义的抽象直观性。同时,马克思注意到精神交往的特殊性问题,认为精神交往最初是物质交往的"直接产物",尔后成为物质交往的"必然升华物",并具有"独立性的外观";注意到精神交往的中介即语言问题,认为精神交往是"与现实生活的语言交织在一起的"[①];注意到交往的规范化问题,认为交往是"在社会结构和政治结构中发展"的,社会结构和政治结构制约、规范交往活动。但是,对精神交往及其中介——语言问题,对交往活动中的规范化问题,马克思只是"点到为止",并没有对这些问题作深入研究和系统阐述,这可谓是马克思交往理论的局限性。哈贝马斯注意到马克思交往理论的这一局限性,并深入而全面地研究了精神交往及其语言、规范问题,在批判马克思交往理论的同时,力图弥补马克思交往理论的不足,以重建历史唯物主义。

首先,哈贝马斯以劳动与互动的区分作为思考交往问题的出发点,并由此凸显精神交往的独立性。

按照哈贝马斯的观点,在马克思的理论中,劳动是"一切范畴产生的范式;一切都溶化在生产的自我活动中"[②],互动被归结为劳动。因此,马克思虽然在生产力与生产关系的辩证法中发现了劳动与互动的联系,但没有真正理解劳动与互动的区别,没有深入考察精神交往。为此,哈贝马斯从行为类型的角度,对劳动与互动做出了定义:劳动,即物质生产,是"工具的活动,或者合理的选择,或者两者的结合"[③],它遵循的是技术规则和以分析性知识为基础的策略;互动,即精神交往,是以语言为媒介的,遵守的是得到主体间承认的规范。

在哈贝马斯看来,劳动与互动这两类活动的性质存在着根本的差异。劳

---

① 《马克思恩格斯全集》第 3 卷,第 29 页。
② 〔德〕哈贝马斯:《作为"意识形态"的技术与科学》,李黎等译,学林出版社 1999 年版,第 33 页。
③ 〔德〕哈贝马斯:《作为"意识形态"的技术与科学》,第 49 页。

动体现的是主体与客体关系的工具性或目的性,它的核心就是人对自然的改造利用,因而不过是比一个简单的自然过程复杂的自然过程;互动体现的则是主体间关系的规范性,这种行为是以互相承认对方为平等的行为主体为前提的,是在一定的互动规范的约束下完成的。因此,"劳动和互动之间并不存在一种自动发展的联系","把互动归结为劳动或者从互动中推论劳动,都是不可能的"。①

其次,哈贝马斯从语言哲学角度,分析了精神交往的基本结构。

语言是精神交往的媒介,如何理解语言在交往中的作用,也就成为哈贝马斯探究精神交往结构的首要问题。为此,哈贝马斯系统地借鉴吸收了当代西方语言哲学成果,提出了"普遍语用学"。在哈贝马斯看来,"普遍语用学"的任务,就是确定"交往行为的一般假设前提",即交往行为者为了达成沟通与共识必须提出的有效性要求。通过对日常交往行为进行语用学分析,哈贝马斯得出了四个基本的有效性要求,即表达形式的可理解性、表达内容的真实性、表达意图的真诚性和表达方式的正当性。

按照哈贝马斯的观点,在这四个基本的有效性要求中,表达形式的可理解性是一种逻辑要求或"底线",如果不能满足这一要求,精神交往就根本不可能发生;表达内容的真实性、表达意图的真诚性和表达方式的正当性这三种有效性要求得不到满足,精神交往行为依然能够进行,但交往的目标——达成沟通与共识则不能实现。因此,从语言哲学角度来看,对表达内容的真实性、表达意图的真诚性和表达方式的正当性这三种有效性要求的争辩就构成了精神交往的核心内容,由此形成了三种具体的精神交往形式,这三种具体的精神交往形式就是"商谈"类型或关于有效性要求的论证形式:理论商谈是真实性要求的论证形式;实践商谈是正当性要求的论证形式;审美批判是真诚性要求的论证形式。

再次,哈贝马斯针对交往活动中的规范问题,提出了商谈伦理学和协商民主理论。

在哈贝马斯看来,劳动这种工具行为所遵循的技术规则同互动的交往规范没有关系,相应地,马克思的以劳动为基石的生产方式理论只能"解释社会制度与外界自然的自我控制的交换问题",也就是生产与社会之间的关系问

---

① 〔德〕哈贝马斯:《作为"意识形态"的技术与科学》,第33、23页。

题,而对于"社会制度同人的内部自然的自我控制的交换问题"①,即人与人以及人与社会之间的关系的解释则显得乏善可陈。因此,在马克思的受限于生产范式的交往理论中,规范问题不可能得到充分讨论,克服交往异化这种规范性要求也难以实现。为了实现这种规范性要求,哈贝马斯建构了商谈伦理学,并提出了两种具体的商谈形式,即道德商谈与伦理商谈:前者指向的是具有普遍有效性的道德规范,后者指向的是具有相对有效性的伦理规范。同时,哈贝马斯又提出了旨在使规范制度化的协商民主理论,以使规范既具有人人必须遵守的强制性,又具有人人愿意遵守的合理性。

哈贝马斯所探讨的精神交往及其语言、规范的问题,的确是马克思没有深入研究、详尽探讨的问题,也的确是马克思交往理论的局限性所在。就这一意义而言,哈贝马斯交往理论的确是对马克思交往理论的一种补充。但问题在于,哈贝马斯对精神交往及其语言、规范的阐述是在批判马克思交往理论的前提下进行的,更重要的是,这种批判从根本上来说是一种在"误读"前提下的批判,实质是一种"误批"。同时,哈贝马斯在研究精神交往及其语言、规范的过程中,存在着偏离历史唯物主义根本原则的倾向。因此,对哈贝马斯"重建"的历史唯物主义,我们持一种审慎的、有保留的态度。

如前所述,马克思的物质生产,即劳动概念包含人与自然关系和人与人关系的双重关系。从理论上说,这双重关系是可区分的;从现实上说,这双重关系是不可分的。这双重关系同时产生于劳动过程中,形成于人与自然之间物质变换和人与人之间活动互换的过程中,并互为前提、相互制约。劳动与互动的内在关系由此才能得到合理的理解。这正是马克思的交往理论以至整个历史唯物主义的根本原则。

哈贝马斯则仅仅把劳动看作一种工具行为,认为劳动只体现了人与自然的关系,只体现了主体与客体的关系。由此,哈贝马斯也就否认了劳动过程中存在着互动,存在着人与人之间的交往,这实际上也就否定了物质交往。就实质而言,哈贝马斯所谓的互动或交往行为就是精神交往,不仅是对交往的狭隘理解,而且也割裂了劳动与互动、生产活动与交往活动、物质交往与精神交往之间的内在关系。精神交往当然有其相对独立性,但归根到底依存于物质交

---

① 〔德〕哈贝马斯:《重建历史唯物主义》,郭官义译,社会科学文献出版社 2000 年版,第179 页。

往。可以说,哈贝马斯关于交往问题的思考,在出发点上就偏离了历史唯物主义,在根本原则上同样偏离了历史唯物主义。

由于否定了物质交往及其对精神交往的决定作用,哈贝马斯必然否定物质生产对精神生产的决定作用,并具有把语言独立化、先验化的倾向。按照哈贝马斯的观点,交往行为的本质特征是语言的主体间运用,语言是作为一种稳定的、有效的精神文化因素包含在主体间的交往活动中的,"互动取决于大家都熟悉的语言交往"①,"被扭曲的交往结构不是最终的东西,它植根于没有被扭曲的语言交往的逻辑中"②。似乎是为了避免语言先验主义的指责,哈贝马斯后来又补充道,"交往行为表现了一种互动,这种互动可以用言语行为来加以协调,但不能把它们混为一谈"③,对交往的理解不能仅限于语言中介,必须落到具体现实当中。

但是,哈贝马斯所谓的"现实"是排除了物质生产、物质交往的"现实",实际上是指道德—伦理、法律—政治等精神交往领域。哈贝马斯虽然承认劳动造就的经济系统为人类的生存提供了基本保障,但他同时又认为,"人类特有的生活方式"不是由劳动决定的,而是由互动,即精神交往决定的。这就是说,生活方式不是由物质生产方式、物质交往方式决定,而是由精神交往方式决定的,是由独立的道德、法律和语言决定的。马克思仿佛预见到了这种把语言独立化、先验化的倾向,明确指出:"正像哲学家们把思维变成一种独立的力量那样,他们也一定要把语言变成某种独立的特殊的王国。"④实际上,语言是由于交往的需要才产生的,"无论思想或语言都不能独自组成特殊的王国,它们只是现实生活的表现"⑤。无疑,在研究精神交往及其语言的过程中,哈贝马斯已经悄悄地踏上了历史唯心主义的道路。

正是由于执着于精神交往的"独立性的外观",所以,在哈贝马斯的交往理论中,对交往异化的消除也就只能通过商谈伦理、协商民主等精神交往形式来实现。在哈贝马斯看来,当代交往危机的根源是经济系统对生活世界的"殖民",也就是劳动"越界"地渗入互动,并以工具性的主客逻辑取代规范性的主

---

① 〔德〕哈贝马斯:《重建历史唯物主义》,第 22 页。
② 〔德〕哈贝马斯:《理论与实践》,郭官义等译,社会科学文献出版社 2010 年版,第 13 页。
③ 〔德〕哈贝马斯:《交往行为理论》第一卷,曹卫东译,上海人民出版社 2004 年版,第 101 页。
④ 《马克思恩格斯全集》第 3 卷,第 525 页。
⑤ 《马克思恩格斯全集》第 3 卷,第 525 页。

体间逻辑。这种对劳动的狭隘的、工具化的理解,使得哈贝马斯不得不将劳动应有的规范性内涵除掉,也就是使劳动与交往的规范性要求彻底脱钩,从而寄希望于伦理、协商民主等"合理的"精神交往行为来消除精神交往的异化。

可是,既然精神交往已经异化,那么,这些所谓"合理的"精神交往形式得以进行的动力何在? 即使精神交往本身能够产生这种动力,那么,它最初又因何异化? 对此,哈贝马斯显然是力不从心甚至无能为力了。实际上,精神交往及其规范并不具有全然独立的形成与发展逻辑,而是由物质生产和物质交往决定的,是由特定的历史条件决定的。交往异化的根源不在交往本身中,更不在精神交往中,而在资本主义生产方式中。消除交往异化的前提,就是消除资本主义生产方式。只有在这个前提下,才能建立起合理的主体间规范,并以这些规范规约人们的交往行为。在交往异化的问题上,哈贝马斯看到了"病症",却找错了"病因",开错了"药方",更不可能"妙手回春"。哈贝马斯给出的解决交往异化的方案本质上是一种乌托邦,也许"可爱",但绝不"可信"。

关于马克思认识论的再思考

从抽象到具体是思维建构观念客体的过程。但是,由此认为思维的建构性否定了反映论,却是一种错误。思维的建构性只是揭示出认识是反映、反思与建构的统一,它没有也不可能否定反映论本身。我们应当明白,认识是对外部信息的加工,没有外部的信息,认识无所形成,同时,认识何以是这样的而不是那样的,又必须到思维的建构性中去寻找秘密所在,从而揭示出认识的社会性、历史性和结构性。

一、思维反映存在的尺度:"物的尺度"与"人的尺度"

从词源看,反映一词有反照、反射、反省、反思的不同含义。把反映与映入、射入、照镜子作同一意义理解,认为认识是纯客观性的、照镜子式的反映,这是近代机械唯物主义的理解,是机械反映论。在马克思看来,"不仅五官感觉,而且所谓精神感觉、实践感觉(意志、爱等等),一句话,人的感觉、感觉的人性,都只是由于它的对象的存在,由于人化的自然界,才产生出来的。五官感觉的形成是以往全部世界历史的产物"①。否定机械的反映论、建构能动的反映论是马克思哲学

---

① 《马克思恩格斯全集》第 42 卷,第 126 页。

的历史贡献。

思维反映存在揭示的是思维的内容,思维如何反映存在揭示的则是思维反映存在的方式、尺度、取向,是指思维与存在在什么角度、层次、范围,通过什么形式、途径,达到二者的统一。按照马克思的观点,思维对存在的反映不仅通过实践及其主体和客体的相互作用进行,而且通过思维自己构成自己的形式进行。在毛泽东看来,"人的概念的每一差异,都应把它看作是客观矛盾的反映。客观矛盾反映人主观的思想,组成了概念的矛盾运动,推动了思想的发展,不断地解决了人们的思想问题"①。显然,这里存在着两个层次的问题:其一,主观矛盾是客观矛盾的反映;其二,主观矛盾又相对独立,"组成了概念的矛盾运动",正是它"推动了思想的发展"。因此,实践对认识的辩证关系要通过"概念的矛盾运动"表现出来。这是思维自己构成自己的过程。

的确,马克思、恩格斯"忽略"了思维自己构成自己的问题。正如恩格斯所说:"对问题的这一方面……我觉得我们大家都过分地忽略了。这是一个老问题:起初总是为了内容而忽略形式。""这一点在马克思和我的著作中通常也强调得不够,在这方面我们大家都有同样的过错。这就是说,我们大家首先是把重点放在从基本经济事实中引出政治的、法的和其他意识形态的观念以及以这些观念为中介的行动,而且必须这样做。但是我们这样做的时候为了内容方面而忽略了形式方面,即这些观念等等是由什么样的方式和方法产生的。"②列宁在《哲学笔记》中充分认识到这一问题的重要性,并重新解释了黑格尔的"思维自己构成自己道路"的思想,重新改造了黑格尔的"思维在概念中的纯粹运动"的观点,从而为我们探索这一方面的问题指明了方向。

现代哲学非常关注思维自己构成自己的问题。胡克强调:"理智对一切存在物的研究过程既是一个发现过程,也是一个创造和重新建造的过程。"③列维·斯特劳斯认为,语言结构决定人的认识活动。皮亚杰认为,认知图式决定人的认识活动。罗素、维特根斯坦、卡尔纳普则把思维与存在的关系看作逻辑构成和语言构成问题。哲学的兴趣由此从思维与存在的一般关系进入到具体关系,即从语言结构、认知结构、逻辑结构、经验结构等某一个方面、某一种形式透视思维与存在的关系。

---

① 《毛泽东选集》第一卷,人民出版社 1991 年版,第 306 页。
② 《马克思恩格斯选集》第 4 卷,第 727、726 页。
③ 洪谦:《西方现代资产阶级哲学论著选辑》,商务印书馆 1964 年版,第 209 页。

这里,存在着两个方面的问题:一方面,把思维与存在的关系仅仅归结为某一方面当然是片面的;另一方面,仅仅停留于思维与存在的一般关系也是不行的。思维与存在不是一般的同一,这种同一总是要通过特殊的形式表现出来;形式又有其相对的独立性。因此,一方面,思维对存在的反映必定要通过思维自己构成自己的矛盾过程表现出来,另一方面,思维自己构成自己又只是思维对存在反映的历史的表现形式,二者是矛盾的统一。

　　不仅思维自己构成自己是思维对存在反映的矛盾性的表现形式,而且思维的超前、建构、选择也是反映的形式和特点,是主体自组织过程的体现。现代人类学、发生认识论、儿童心理学以及人工智能的研究表明,思维确实是自己构成自己的,它有着自身的内在矛盾、内在的发展逻辑,是一个典型的自组织过程。从行为思维到神话思维再到概念思维,是一个有序的发展过程;而人类概念结构的转换,也是一个有序的发展过程。我们一方面要从实践的发展来揭示思维的发展;另一方面也要从思维的内在矛盾的展开来研究思维,换言之,要从对实践认识的第一层次的研究跨入到思维内在矛盾运动的第二层次的研究,并把这两个层次的研究结合起来。应该说,这是现代实践、科学和哲学本身的发展向认识论提出的更高的要求。这是其一。

　　其二,思维对存在反映又是通过特定的主体坐标系来进行的。思维对存在的反映是有方向的,并不是无中心的,换言之,人们总是从特定角度、特定坐标出发去追求思维与存在的同一性。思维对存在的同一是有方向的、有特定角度的矛盾的同一。不同的主体对客体的理解和解释都受到自己独特的知识背景、认识图式、思维框架、概念结构的制约,因而都有自己特殊的认识坐标。

　　具体地说,人们认识自然界并不仅仅为了认识自然界的机械的、物理的、化学的、生物的特点,其目的是支配、控制和占有自然界,使其从"自在之物"转变为"为我之物"。马克思指出:"只有当物按人的方式同人发生关系时,我才能在实践上按人的方式同物发生关系。"[①]所谓使"物按人的方式同人发生关系",就是指物成为人的对象性活动的对象;"在实践上按人的方式同物发生关系",是指人通过对象性活动占有对象。这一过程也就是人们以自身的内在尺度改造物,使物具有属人的性质,使"自在自然"转化为"人化自然"。

　　这里,存在着两种尺度——"物的尺度"和"人的尺度",即外在的物的尺度

---

① 《马克思恩格斯全集》第 42 卷,第 124 页。

和人的内在尺度。其中，主体的"内在尺度"是使"自在自然"转化为"人化自然"、"自在之物"转化为"为我之物"的尺度，而对"物的尺度"的把握程度则是"内在尺度"发挥作用的客观基础。现代认识论表明，人对世界的认识是有坐标系、有方向的。实际上，马克思提出的把"对象、现实、感性""当作感性的人的活动，当作实践去理解""从主体方面去理解"，就是指认识的方向性，就是思维对存在反映的主体坐标系。

其三，思维对存在的反映通过实践反思的形式不断发展。按照马克思的观点，人体解剖对于猴体解剖是一把钥匙。反过来说，低等动物身上表露的高等动物的征兆，只有在高等动物本身已被认识之后才能理解。因此，人的思维的运动不是从"猴体"到"人体"，从"低等动物"到"高等动物"，而是从"人体"到"猴体"，从"高等动物"到"低等动物"。这就是说，思维的行程是"倒过来"的，由"后"往"前"，由高级到低级，逆向溯因。这就是说，思维是立足于现代实践，对历史的概念结构进行反思、重建的过程。所以，马克思指出："把经济范畴按它们在历史上起决定作用的先后次序来排列是不行的，错误的。它们的次序倒是由它们在现代资产阶级社会中的相互关系决定的，这种关系同表现出来的它们的自然次序或者符合历史发展的次序恰好相反。"①

现行的马克思主义哲学教科书所理解的理性认识完全忽视了马克思所提出的实践反思观点，它强调了实践对认识的决定作用，但忽视了实践对认识的决定作用要通过"反过来思"这一中介环节，而忽视"反过来思"，就会把实践对认识的决定作用简单化、直线化。思维要发展，就要打破原有的概念、判断、推理系统，瓦解原有的概念结构和认知图式，这就需要对思维本身进行反思。

在这一问题上，康德只是要求对主体认识能力进行批判，黑格尔只是求救于思维的内在矛盾运动，二者都显得软弱无力。只有马克思的实践反思理论既说明了实践是思维发展的根本动力，又说明了思维的具体行程是"倒过来"的，即走着一条"和实际发展相反的道路"。毫无疑问，思维采取"倒过来"的方式，既要批判原有的概念结构，又要在批判反思的前提下，建立起新的概念结构。马克思的"实践反思"既扬弃了康德的批判反思和黑格尔的概念反思，又以其巨大的超前性预示了现代思维对存在反映的创造性特点。

由此可见，要使反映论的问题得到一个合理的解决，就要把反映划分为两

---

① 《马克思恩格斯选集》第2卷，第25页。

个层次：

第一个层次，思维能否反映存在。这里，反映表明了认识的本质，即认识不论是正确的，还是错误的，不论是形象的，还是逻辑的，都具有客观内容。认识的基础性在于，不管什么认识，什么认识形式，都是在反映这一基础上形成的。具体地说，反映是在主体、客体、反映形式的相互作用过程中，客体的部分信息被主体接受、主体依据自己的反映形式对之进行加工的信息变形过程。这就是说，反映的内容与被反映的客体的属性既有联系又有区别，换言之，反映的内容与被反映的对象并不是完全同一的。正因为如此，概念、逻辑，包括认知图式、概念结构等的产生才成为可能。所有这些都是立足于反映的内容既是对象又不是对象这一根本特点上的。

第二个层次，思维如何反映存在。这里，不仅包含着"从主体方面去理解"，而且首先要从主体的实践需要去理解。换言之，思维如何反映存在首先是由实践需要来定向的，选择、建构、超前作用都是由实践需要来规范的。正是实践的需要，使反映沿着一条特殊而复杂的道路发展，其中包含着思维的建构。

二、思维的建构性：观念客体、"先验结构"与"客观的思维形式"

在康德哲学产生之前，思维的建构性这一理论问题还没有凸现出来。人们只把思维理解为简单的二维结构，而且在二维结构中只存在一个决定与被决定的关系。正如恩格斯所说，在这以前的科学家和哲学家们，"一个只知道自然界，另一个又只知道思想"，他们或者用自然界来说明思想，或者用思想来说明自然界。众所周知，旧唯物主义走的是"自然界→思想"的道路，反过来，唯心主义走的则是"思想→自然界"的道路，一个决定，一个被决定，简单明了。

20世纪初，美国行为主义创始人华生把思维简单地归结为行为刺激反应的两项式，这就是著名的S→R（刺激→反应）二项式图式。现代认识论则围绕着对人的主体性的研究，使S→R的二项式变为S→O→R的三项式结构，其中出现了一个中项（O）。由此，原来人们所理解的由自然界到思想或者由思想到自然界的模式被打破了，形成了这样的三项式，即自在客体、主体和观念客体。这里，主体及其思维结构成了自在客体与观念客体之间的转换器，自在客体经过主体的转换形成了观念客体，其中，主体是主动的，是信息转换的加工、调节系统。

这个三项式的结构实际上凸现了思维的建构性问题：观念客体的形成，一方面受到自在客体的决定，表现为输入系统，另一方面又受到主体的思维结构的决定，只有这两方面同时起作用，才有作为输出系统的观念客体。同时，在自在客体、主体和观念客体这三项中，主体是唯一的主动者，它以自己已经具有的思维结构去选择、处理输入系统，形成输出系统，从形式上和功能过程来考察，这仿佛是主体在建构着客体，即主体以自己的思维结构分解、过滤、转化着自在客体的信息，建构成观念客体。

从哲学史上看，思维的建构性问题最初是由康德以"先天形式""图式""统觉"等观点提出来的。康德认为，在知识何以可能的问题上有三种观点，即洛克的经验论是"自然发生论"，莱布尼茨的天赋观念论是"预成发生论"，而他自己主张"新生论"，即构造论。按照康德的观点，构造一个概念，意即先天地提供出来与概念相应的直观，如构造等腰三角形，既不能"只追踪他在图形中已见到的东西"，也不能"死盯着这个图形的单纯概念"。

这就是说，构造既不能只从经验出发，因为经验不能提供普遍有效性，也不能只从单纯概念出发，因为单纯概念不能提供扩充的知识，从根本上说，构造是"通过他自己按照概念先天地设想进去并予以展现的那种东西（通过作图），把图形的种种特性提取出来"[①]。因此，"构造"是理性的创造物，它"按照概念先天地设想并予以展现"，包含四个环节：一是构造不能从经验、概念出发，而要从理性出发，但它又不能离开经验、概念；二是构造是按概念来设想直观；三是这个直观既是理智预定的，又是有程序的；四是这个预定的直观的展开过程也就把内涵于经验中的特性"提取出来"。

康德的"构造"概念是对科学认识的历史概括，实际上就是思维的建构性问题。在康德哲学中，思维的建构就是思维在头脑中预先把规律设定出来，然后让自然来回答。用康德自己的话来说，就是"理性必须一只手拿着唯一能使种种符合一致的现象结合成为规律的那些原则，另一只手拿着它按上述原则设计出来的那种实验，走向自然，向自然请教"[②]。

不难发现，这一思维构造论就是康德的"人为自然立法"和"图型"观点，它

---

① 姜丕之等：《康德黑格尔研究》第 2 辑，人民出版社 1986 年版，第 411 页。

② 姜丕之等：《康德黑格尔研究》第 2 辑，第 412 页。

是"先天综合判断"基本思想的推广。康德认为,大陆唯理论主张的先天分析判断是宾词内涵于主词中的判断,其缺点在于不能扩大知识;英国经验论主张后天综合判断,宾词超出了主词,扩大了知识,但它又不能说明知识的普遍有效性。在康德看来,从知觉中求必然性,无异于石中取水,客观有效性"不可能从对于对象的直接认识中取得"。感觉从外界获得的杂乱无章的感性材料本身不构成知识,它首先要由感性的先验形式(时间、空间)整理,形成有时空确定性的表象,然后由先验知性形式(范畴)综合,才具有普遍有效性。因此,"对象就是被给予的直观杂多在其概念中被联结起来的东西",即先天综合判断是思维通过先天形式(范畴)对感性杂多联结起来的过程——思维建构过程。

问题在于,康德的前提错了,所谓的"先天形式"——范畴并不是先天的,而是人类后天实践和认识的结晶。实际上,康德的先验时间和空间只是客观时间和空间相对独立性的表现,而他关于欧几里得几何是先天给予主体的这一观点早已为罗巴切夫斯基、波里亚和黎曼几何所否定。但是,康德的思维建构论的确提出了一个富有解放意义的思想,这就是,理论、规律、必然性不能仅仅依靠经验的重复加以归纳得到,这在以"我不作假设"为名言的牛顿经典力学占统治地位的近代,确实打响了通向现代科学的第一枪,并为现代心理学发展所证明。

从根本上说,思维的建构性是指人对世界的反映过程是人以主体的方式对世界的概念的把握过程。除了种族、文化、历史知识背景等因素外,它主要是指,经验、直观、日常意识与理论、知识体系、科学意识之间有着质的区别,它们之间有着一系列抽象、幻想、蒸发和稀薄化、观念化的中介过程。这是其一。其二,人总是以自己的概念结构、思维模式来把握世界,并把世界纳入到自己的理解和解释系统之中。其三,主体是一个特殊的转化机构,一切感性、知性、理性的东西都在其中"变形",仿佛被建构起来。

思维的建构性表明,认识是主体借助于各种中介系统(工具操作系统、概念逻辑系统、社会关系系统)与客体相互作用的过程。这就是说,反映是双重决定的,没有自在客体当然不会有观念客体,这是认识的客观前提;没有主体的理解、创造过程,没有概念结构对自在客体的分解过程,也不会有观念客体,观念客体总是主体对自在客体特殊地理解和把握的产物,是思维构造的产物。

这里,产生了认识运动对立的两个方面:一方面,自在客体决定着观念客体;另一方面,主体特有的生理的、经验的、知识的、社会的、实践的方式又决定着自在客体向观念客体转化的广度和深度,不同的主体拥有对客体不同的选择、理解和解释方式。同时,由于自在客体并不会把自己的纯粹本质表现出来,相反,假象、层次性、交错的相互作用会把本质这样或那样地掩盖起来。所以,认识从直接到间接,从外在到内在,从现象到本质,从第一本质到第二本质的运动,并不能仅仅依靠归纳法直接从现象、经验中得到,而要通过概念的中介关系、观念化的过程来扬弃它们。这就形成了思维建构的能动作用。在马克思看来,思维的建构性也就是人在实践基础上以主体的方式对客体的能动反映过程。

思维的建构性是主体能动性的高度体现,体现着把"对象、现实、感性""当作感性的人的活动,当作实践去理解""从主体方面去理解"。人对世界的反映是通过概念、范畴、逻辑观念,通过思维对观念客体的建构表现出来的。在列宁看来,"认识是人对自然界的反映。但是,这并不是简单的、直接的、完整的反映,而是一系列的抽象过程,即概念、规律等等的构成、形成过程"。"在人面前是自然现象之网。本能的人,即野蛮人,没有把自己同自然界区分开来。自觉的人则区分开来了,范畴是区分过程中的梯级,即认识世界的过程中的梯级,是帮助我们认识和掌握自然现象之网的网上纽结。"①

因此,范畴的产生和运用是人的认识的升华,它标志着主体与客体的分化。同时,主体与客体的分化是通过自在客体与观念客体分化的形式表现的,所谓观念客体也就是主体在观念中通过逻辑形式所把握的客体。

人是通过范畴的"纽结"作用来把握自然现象之网的,问题在于,人一旦把范畴关系置于主体与客体之间,反映也就具有了建构的特点,思维的建构性因此具有三重含义。

第一,思维的建构是指思维通过概念、范畴关系把自在客体转化为观念客体的过程。

自在客体的分化过程是在观念中进行的,也就是逻辑观念、概念结构对其分解和理解的过程,是概念结构对感性材料有序化的过程。它们表现为这样的关系:自在客体→逻辑结构→观念客体。正因为观念客体是经过逻辑结构的中介由自在客体转化而来,因而逻辑结构就成为二者的转化器。逻辑结构不同,对自在客体的反映也就不同,具体表现为对信息输入的选择不同,加工

---

① 《列宁全集》第 55 卷,第 152、78 页。

角度和程度不同,信息被规范、被建构的方式不同,从而观念客体也就不同。以石块下落为例,自古代到现代,同样是石头从高空落下的事实,亚里士多德把它看作是石块在寻找自己的天然位置,伽利略看到的是石头与天体一样作圆运动,牛顿则领悟出地心引力,爱因斯坦则看到石块在引力场中沿黎曼空间走最短的路程。在这里,概念结构起到的是把自在客体转化为观念客体的建构作用。

从信息论的观点来看,思维的建构作用就是特定的概念结构对信息的加工、转换作用。信息是双向的,按照维纳的观点,"信息这个名称的内容就是我们对外界进行调节并使我们的调节为外界所了解时而与外界交换来的东西"①。概念结构类似某种信息转换器,它把外界输入的信息转化为主体的思维要素,同时又在一定程度上反映着外界的结构、属性、规律,这种转换过程固定下来就形成某种思维模式、方式。一定的概念结构仅仅是对客体的一定程度的把握和转换,它不可能穷尽客体的一切信息、结构、属性。所以,主体及其思维的选择性既是能动性的体现,又是受动性的体现。选择,一方面表明一定的分化、自主性;另一方面又表明,主体只能在一定限度内,在它可理解、可选择的限度内活动,它已经被外在的客体与内在的概念结构双重制约了。

思维的建构性体现了主体与客体以概念结构为中介的双向运动,主体以概念结构去分解自在客体,而自在客体也就在一定程度上转化为观念客体,从而反映过程也就表现为建构过程,表现为"从主体方面去理解"的过程。

第二,思维的建构是指思维通过由抽象到具体,并形成"先验的结构"的方式去把握世界。

在哲学史上,马克思明确而深刻地揭示了思维建构的特殊道路。按照马克思的观点,人们所把握的具体是一种理论的具体,它通过思维的综合而实现,"具体之所以具体,因为它是许多规定的综合,因而是多样性的统一"②。在这一过程中,规定的抽象、多样化的形成以及规定的综合,都要靠思维的建构作用。这一过程通过两条道路来实现:"在第一条道路上,完整的表象蒸发为抽象的规定","从表象中的具体达到越来越稀薄的抽象,直到达到一些最简

---

① 〔美〕维纳:《人有人的用处》,陈步译,商务印书馆1978年版,第9页。
② 《马克思恩格斯选集》第2卷,第18页。

单的规定";第二条道路,思维的行程又反过来了,"抽象的规定在思维行程中导致具体的再现"①。这就是思维的建构性,把混沌的具体稀薄为抽象、各种规定,然后再把各种规定综合起来,这些工作一旦做完,"材料的生命一旦观念地反映出来,呈现在我们面前的就好象是一个先验的结构了"②。因此,思维建构的目的是形成一个仿佛是"先验的结构"。

思维一开始就不同于经验,它要对自在客体形成某种"规定"。所谓规定,也就是把某一方面纯化,这种抽象过程只能在思维中进行,在实际生活中是不存在的。最简单的规定,如欧氏几何中没有面积的点,没有宽度的线,没有厚度的面,以及由点的运动构成线,由线的运动构成面,由面的运动构成立体,都是思维建构的产物,是一种极度纯化了的思维抽象物。而在这些极度抽象基础上形成的整体,也只是一种纯化了的整体,一种仿佛是"先验的结构"。

这里,确实产生了爱因斯坦一再强调的"思维的自由创造"问题,因为"人的概念就其抽象性、分隔性来说是主观的"③。对于人的认识活动来说,这种主观性是必要的,因为"从抽象上升到具体的方法,只是思维用来掌握具体、把它当作一个精神上的具体再现出来的方式"④。实际上,这一过程就是思维的建构过程,而且思维只能通过这一抽象到具体的方式才能主观地再现客体。这是人所特有的"反映"方式。当然,实践会"扬弃"这一主观性。

第三,思维的建构是指定型化了的"客观的思维形式"。

思维的建构不仅仅是主体的,仅仅在思维中进行,实际上,思维的建构总是以某种"客观的思维形式"表现出来的。当某一思维的建构形式,即特定的概念结构被社会承认之后,它也就仿佛具有了某种客观的效力,形成了某种固定的模式。马克思指出,相对于资本主义的生产关系来说,资产阶级经济学范畴"是有社会效力的、因而是客观的思维形式"⑤。范畴及其关系会转化为"客观的思维形式",这也就是思维的建构定型化、模式化、客观化的过程。本来,范畴结构只是特定"生产关系""实践关系"的产物,但它一旦"客观化"了,也

---

① 《马克思恩格斯选集》第 2 卷,第 18 页。
② 《马克思恩格斯全集》第 23 卷,第 23—24 页。
③ 《列宁全集》第 55 卷,第 178 页。
④ 《马克思恩格斯选集》第 2 卷,第 19 页。
⑤ 《马克思恩格斯全集》第 23 卷,第 93 页。

就形成了某种"惯性运动",形成一种仿佛是"范畴结构"决定思维的现象,并产生了"神秘性"和"魔法妖术"。

但是,只要我们用发生学的观点来考察它,这种"神秘性"就立刻消失了。尽管思维的建构性在各个不同时代都有它的客观性,但它本身仍然具有历史性。恩格斯认为,认识人的思维的历史发展过程,认识不同时代所出现的关于外部世界的普遍联系的各种见解,对理论自然科学来说也是必要的,因为这为理论自然科学本身所提出的理论提供了一种尺度。在我看来,这个尺度就是历史性的尺度,即任何思维的建构——理论都是历史的,它们必将为新的理论所替代。思维的建构性表明了人对世界认识的特点,要揭示世界的内在本质,就必须发挥思维的建构作用。但是,思维的建构性又具有历史性,思维所建构的理论又要被新的理论所代替。我们应该自觉地把握这一点,不能把思维建构的某一特定形式看作唯一的形式。为此,我们需要进一步把握思维的反思性。

三、思维的反思性:批判性与创造性的统一

思维不仅是建构的,而且是反思的。从哲学史上看,笛卡尔的"普遍怀疑论"第一次认真地提出了反思性思维的任务。笛卡尔把思维分为两个部分:一是思维从"清楚""明白"的前提出发,像欧里得几何一样,演绎出整个知识体系,这一部分类似建构性思维;二是"普遍怀疑",思维通过"普遍怀疑"来审视自身,扫除一切思维的偏见和思想障碍,这一部分类似反思性思维。笛卡尔把二者统一起来,力图形成统一的思维过程,即思维通过怀疑,寻找到无可怀疑的思维出发点,然后以演绎法建构知识体系。显然,"普遍怀疑"在这里起着与演绎思维不同的作用,即对思维进行反思。反思性思维与建构性思维在笛卡尔哲学中已经朦胧地区别开来了。

康德则以"独断的思维"和"批判的思维"这两个概念进一步表达了建构性思维与反思性思维的区别。在康德那里,反思突破了笛卡尔的"普遍怀疑"并与批判等同起来了,建构性思维则被看成独断的思维。"批判并不反对理性在它那种作为科学的纯粹知识里使用独断的做法(因为这种知识在任何时候都必定是独断的,就是说,都必定是可以依据先天的可靠原则进行严格证明的),但它反对独断主义","独断主义就是纯粹理性不先批判自己的能力的那种独

断的做法"。① 康德把批判（反思）作为防止独断主义而使思维能够正确进行独断的思维,换言之,独断这一"严格证明"的思维过程,必须由批判来保证自己避免独断主义的错误。康德正是以三个批判,即《纯粹理性批判》《实践理性批判》《判断力批判》构成其哲学特色的。而在黑格尔哲学中,反思具有更高的地位,获得了自身相对独立的意义。

实际上,思维的反思是思维本身发展的产物。在近代,人们并没有重视思维的反思。欧几里得几何把空间及其关系解释得如此完美,以致成为人们从来没有怀疑过的唯一空间。牛顿力学则认为,它已经把世界的基本框架、宇宙的宏观殿堂一劳永逸地构建好了,剩下的事情只是对一些次要的问题进行计算。正在这个时候,非欧几何的创立、法拉第"场"概念的制定、电子、放射性元素的发现,使近代科学大厦动摇了。人们发现,原来以为绝对完整的思维只是在一定条件下进行的思维,只是思维自己犯了错误,盲目地把一定前提下的思维当作了唯一的思维。同时,人们发现,任何思维都有特定角度、坐标和层次,都是在一定的特殊化的层次上把握世界的,思维的前提和层次随着实践的发展而发展。

这样一来,所谓思维的直接前提、判断和推理的出发点,都成为相对地、有条件地、历史地变动着的。于是,对思维的前提进行审思,对思维的各个环节进行批判,成为人类思维的一个环节,怀疑、批判、否定和对思维本身的思维成为思维运动的现实方面。作为独立的思维形式,反思不仅有存在的客观依据,而且有自己特定的对象、功能和方法;更重要的是,反思充分体现出现代思维的特点,即不仅要把思维当作认识过程来认识,而且要把思维当作本身独立化了的对象,作为"知识客体"来分解。

从总体上看,反思思维之所以能够作为一种现代思维形式而独立,有三点原因。

其一,物质世界本身的层次性是反思思维产生的一般原因。

物质世界本身存在着相互联系的各种层次,人类对客观世界的认识由 10^{-10} 厘米到 10^{23} 厘米。从基本粒子、原子核、原子、分子到物体、恒星、星系,都具有自己相应的时空尺度、质量和能量等级,具有相应的结构和运动方式和特有的信息交流方式。物质世界就是由这些极不相同的层次、不同的秩序构成

---

① 姜丕之等:《康德黑格尔研究》第2辑,第425页。

的一个多层次的巨系统,而这些层次又相互交叉,形成了新的运动,如宏观向微观的运动、历史凝积于现实的运动。世界本身运动的层次性、差异性,以及它们之间的交叉性,要求思维具有反思性。

世界本身的层次性是反思思维的客观基础,因为人们不可能同时全面把握世界的各个层次,相反,总是一个层次、一个层次地推进,当人们还没有认识到新的层次之前,又总是用旧的层次去说明新的层次,这就产生了所谓思维中的"悖论"。近代形而上学世界观的根本错误,就在于他们把世界的机械层次绝对化,用机械层次去说明其他一切层次。消除这一错误的思维,就要进行反思,即批判地对待机械性,使机械性只说明世界本身的机械层次。这样,反思就起到了对思维的批判功能,而这一功能之所以能够实现,其根源就在于世界本身就是有层次的。

其二,思维与存在转化的特殊性是反思思维产生的特殊原因。

反思思维之所以存在,还在于思维把握存在是一个特殊的矛盾运动过程。列宁指出:"如果不把不间断的东西割断,不使活生生的东西简单化、粗陋化,不加以划分,不使之僵化,那么我们就不能想象、表达、测量、描述运动。"①这是一个思维本性中的矛盾。必须把复杂的东西简单化、运动的东西静止化、不间断的东西间断化,思维才能运动起来,才能使这些"不间断的东西""活生生的东西"具有可表述、可定量、可描述的现实性。

思维这一过程就存在着把思维曲线直线化、僵硬化的可能性,它展现为有限与无限、静止与运动、现象与本质、形式与内容、间断与连续等的矛盾。由于思维不得不从有限进入无限,由静止进入运动,由间断进入连续,这就要求思维能够自己认识自己,自己否定和发展自己。这是反思思维存在的特殊原因。

其三,思维内在的逻辑与非逻辑的矛盾是反思思维产生的直接原因。

反思思维产生的直接原因在于思维自身运动的逻辑与非逻辑的矛盾。思维是在一定概念基础之上,以一定概念结构和逻辑规则发散出去的判断、推理过程。这一过程是思维不可缺少的,但由于思维又必须通过把运动的东西静止化、连续的东西间断化才能具体运动起来,这就形成了自己不可避免的局限性。

---

① 《列宁全集》第 55 卷,第 219 页。

这里,思维按一定的逻辑规则运行,形成了自己的"思维框架""思维定势""思维圈";"思维定势"本身又产生了排他性,拒斥不符合自身思维要求的信息,但思维本身又只能从有限出发来把握无限,一旦形成了"思维圈",也就使思维自己陷入单一化、直线化;思维在自己的逻辑圈里无法打破自己,因而在面对新鲜信息时,就产生了"思维盲区"。马克思曾概括性地谈到过这一问题:"在人类历史上存在着和古生物学中一样的情形。由于某种判断的盲目,甚至最杰出的人物也会根本看不到眼前的事物。后来,到了一定的时候,人们就惊奇地发现,从前没有看到的东西现在到处都露出自己的痕迹。"①这种"判断的盲目"是由思维前提的局限性、推理的程式化造成的。也就是说,一旦陷入特定的"思维圈"内,就会产生"思维盲区",从而产生一定的"判断的盲目","根本看不到眼前的事物",即无法正确理解新的信息。

思维框架、思维定势、思维圈是一个相互联系的过程。"思维框架"由恩格斯首次提出,是指思维运行的空间,它像脚手架一样,规定着思维的视野、思维的深度、思维的容量。恩格斯认为,任何思维都是在一定的框架中进行的,思维框架规定着思维的界限,这种思维的界限也就是我们现在所说的思维圈;从思维框架到思维圈经过思维定势的中介。所谓思维定势,是指思维向着某种"完整性""稳定性"的运动,是在一定思维框架中产生的思维必然如此运动的过程。思维定势的形成标志着思维圈的形成以及思维方式的定型化。

正是由于思维运行的这些特点,思维本身的发展必然要求反思思维。反思的重要性就在于,它批判、否定着原有的思维框架、思维定势、思维圈,并形成新的思维框架、思维定势、思维圈。反思产生于思维盲区、理论问题。恩格斯认为,由于思维有时代性,因此,思维总有一天要打破超过自己原有的框架,而此时原有的思维方式就会对超出自己框架的问题陷入"不可解决"之中,这就是无知境界、理论问题形成的客观条件。无知境界本身并不是无知的,它只是相对于原有的思维圈来说是"无知"的。实际上,它是"新知"的开始。

从这种无知到知,就要发动思维的批判性,批判原有的思维框架、思维定势,理解为什么原有的思维结构会出现无知境界。由无知境界到问题是反思性思维的运动过程,"无知"类似一种简单的否定,"问题"则把矛盾剥离出来,形成了反思思维的中心,而沿着"问题"展开的思维的创造性过程,则是反思思

①《马克思恩格斯选集》第4卷,第579页。

维的更高层次,即形成新的建构性思维。

因此,把反思作为一项独立的思维形式展示出来是人类主体性发展的必然要求。

四、实践反思:认识活动的根本规律

历史发展的形式总是由片面到全面。"所说的历史发展总是建立在这样的基础上的:最后的形式总是把过去的形式看成是向着自己发展的各个阶段,并且因为它很少而且只是在特定条件下才能够进行自我批判,——这里当然不是指作为崩溃时期出现的那样的历史时期,——所以总是对过去的形式作片面的理解。"①这种历史发展的片面性造成人的认识的片面性、局限性。但是,适应历史发展片面形式的范畴体系往往成为一种思维定势,成为一种"客观的思维形式",统治着人的思维。于是,随着历史发展由"片面"到"全面",就要反思、批判并打破原有的范畴体系,建立新的适应于历史全面展开形式的范畴体系。从根本上说,新的范畴体系对旧的范畴体系的批判是实践活动不断发展的产物。因此,必须把反思置于实践和历史发展基础之上来考察。

在哲学史上,黑格尔对反思作了深刻而全面的论述。按照黑格尔的观点,"反思以思想的本身为内容,力求思想自觉其为思想"②。这就是说,反思的对象是思想,反思是对思想本身进行认识,即以思维为对象的思维形式。"本质的观点一般地讲来即是反思的观点。反映或反思(Reflexion)这个词本来是用来讲光的,当光直线式地射出,碰在一个镜面上时,又从这镜面上反射回来,便叫做反映。在这个现象里有两方面,第一方面是一个直接的存在,第二方面同一存在是作为一间接性的或设定起来的东西。"③

因此,只有当存在向本质、直接性向间接性发展时,反思才出现。在"本质论"中,各种思维规定都是由反思发掘出来,并且被反思固定下来的。按照黑格尔的观点,"第一,反思规定是建立起来之有,即否定本身;第二,反思规定是自身反思",这就形成了双重关系,即作为"建立起来之有"的反思是否定;"作

---

① 《马克思恩格斯选集》第 2 卷,第 23—24 页。
② 〔德〕黑格尔:《小逻辑》,贺麟译,商务印书馆 1980 年版,第 39 页。
③ 〔德〕黑格尔:《小逻辑》,第 242 页。

为自身反思,它又是这个建立起来之有的扬弃,是无限的自身关系"。① 换言之,反思是对直接存在的否定,而思维自己无限的运动又是对这个否定的否定,即对否定自身的反思。这一过程同时又是反思向"整体反思"发展的过程。黑格尔不仅揭示了反思这一特定思维形式的对象,即以思维为对象,而且揭示了反思在思维发展中的作用,即辩证的否定。当然,黑格尔对思维的反思只是在纯思辨领域中进行的。

马克思的实践反思理论是对黑格尔的思辨反思理论进行唯物主义改造的产物。按照马克思的观点,思维的反思是由实践发展所决定的,它的活力主要来自实践,而方向是"与实际发展相反的",即"对人类生活形式的思索,从而对它的科学分析,总是采取同实际发展相反的道路。这种思索是从事后开始的,就是说,是从发展过程的完成的结果开始的"②。马克思对反思理论的最大贡献,就是打破了反思的神秘性,使其从思辨王国回到人的活动中,成为人的实践活动和认识活动的一个环节。

马克思理论视野中的反思同时又是在自我批判基础上的批判。在马克思看来,真正的反思是建立在自我批判基础上的。"基督教只有在它的自我批判在一定程度上,可说是在可能范围内完成时,才有助于对早期神话作客观的理解。同样,资产阶级经济学只有在资产阶级社会的自我批判已经开始时,才能理解封建的、古代的和东方的经济。"③这就是说,反思是实践和主体发展到一定程度后,在进行"自我批判"基础上的一种批判形式,只有这种反思才具有"客观的理解"的意义。把反思扎根于实践活动和主体发展,这是马克思思想的深刻之处。

思维本身的发展必然要求反思思维。反思的重要性就在于,它沿着"问题"展开思维的批判性和创造性,否定原有的思维框架、思维定势、思维圈,并形成新的思维框架、思维定势、思维圈。这里,已经显示出反思在思维运动中的重要性。黑格尔把反思称为思维"自己运动和生命力的内部搏动的否定性",认为反思是思维的"绝对积极的环节",思想是极其深刻的。反思集批判性与创造性于一身,是辩证否定在思维运动中的具体体现。没有反思,就没有

---

① 〔德〕黑格尔:《逻辑学》下卷,第 25、26 页。
② 《马克思恩格斯全集》第 23 卷,第 92 页。
③ 《马克思恩格斯选集》第 2 卷上,第 24 页。

思维的自我运动,反思因此为一项独立的思维形式,而实践反思是认识活动或思维活动的根本规律。马克思的实践反思理论是对黑格尔的思辨反思理论的扬弃,具有独特的理论特征。

这里,可以通过考察马克思对亚里士多德劳动范畴的分析,来说明马克思实践反思理论的总体特征。

亚里士多德是最早对价值形式作出分析的思想家。亚里士多德意识到"五张床＝1间屋"可以转化为"五张床＝若干货币",但他同时又认为,"没有等同性,就不能交换;但是没有这种可以公约的性质"。所以,亚里士多德一方面意识到"五张床＝1间屋"存在着"等同性",另一方面又认为,"那是实际上不可能的,这样不同种的物是不能公约的"。造成这一结果的直接原因,是因为亚里士多德缺乏"价值概念"。亚里士多德生存于以奴隶劳动为基础的希腊社会,这种社会形式使他不能形成相等的劳动概念,只能产生人类劳动不平等的观念。"他所处的社会的历史限制,使他不能发现这种等同关系'实际上'是什么。"[1]实践的片面形式产生观念的片面形式,即使亚里士多德这样的思想家也在所难免。

"如果这些个人的现实关系的有意识的表现是虚幻的,如果他们在自己的观念中把自己的现实颠倒过来,那么这又是由他们狭隘的物质活动方式以及由此而来的他们狭隘的社会关系造成的。"[2]马克思的这一论述表明,实践发展的实际形式决定反思的形式,反思的局限性导源于"物质活动方式的局限性"、社会关系的狭隘性。通过对劳动这一范畴历史理解形式的分析,马克思说明了反思是实践基础上的反思。

按照马克思的观点,劳动本身是古老的,但真正把握劳动的意义,却是现代社会。这一过程大致有五个阶段:第一个阶段,货币主义把财富看成是完全客观的东西,看成是存在于货币中的物;第二个阶段,重工主义和重商主义把财富的源泉从客体转到主体活动中,即工业劳动与商业劳动;第三个阶段,重农学派则把作为劳动的一定形式的农业看作是创造财富的唯一形式;第四个阶段,亚当·斯密作出进一步抽象,"干脆就是劳动,既不是工业劳动,又不是商业劳动,也不是农业劳动,而既是这种劳动,又是那种劳动"[3],从而抽象出

---

① 《马克思恩格斯全集》第 23 卷,第 75 页。
② 《马克思恩格斯选集》第 1 卷,第 72 页。
③ 《马克思恩格斯选集》第 2 卷,第 21 页。

"劳动一般",确立了劳动价值论;第五个阶段,马克思在"劳动价值论"的基础上第一次对"劳动"与"劳动力"这两个概念作出区分,指出劳动是劳动力在生产过程中的使用,而劳动力是存在于人体中的智力与体力,从而揭示出资本的存在是以剥夺劳动者的生产资料,并使劳动力成为商品为前提的,创立了剩余价值理论。

就劳动与价值的关系而言,这里存在着抽象发展的五个层次:纯客体→主体活动→某种形式的劳动→劳动一般→劳动与劳动力的分离、剩余价值、资本。这五个层次实际上是在实践发展的基础上后者对前者的抽象进行反思、批判,即重工主义、重商主义对货币主义的批判,重农主义对重工主义、重商主义的批判,亚当·斯密对重农主义的批判,马克思对亚当·斯密的批判。在这个过程中,实践的发展始终是反思、批判的前提和基础。正如马克思所说,"最一般的抽象总只是产生在最丰富的具体发展的场合,在那里,一种东西为许多东西所共有,为一切所共有。这样一来,它就不再只是在特殊形式上才能加以思考了"①。

这里,马克思实际上指出了实践反思的特点:一是"最一般的抽象"产生于被抽象的对象已经具有"最丰富的具体的发展"形式;二是"最一般的抽象"是从"特殊形式"上升到"普遍形式"的过程。按照马克思的观点,只有在下列条件下才能作出"劳动一般"的抽象:"对任何种类劳动的同样看待,以各种现实劳动组成的一个十分发达的总体为前提,在这些劳动种类中,任何一种劳动都不再是支配一切的劳动"②;"对任何种类劳动的同样看待,适合于这样一种社会形式,在这种社会形式中,个人很容易从一种劳动转到另一种劳动,一定种类的劳动对他们说来是偶然的,因而是无差别的"③。

因此,劳动作为"一种古老而适用于一切社会形式的关系的最简单的抽象,只有作为最现代的社会的范畴,才在这种抽象中表现为实际上真实的东西"④。这就是说,只有在劳动形式全面展开的现代资本主义社会,才能作出"劳动一般"的抽象。这就是问题的本质。

但是,马克思并不是直线地看待实践与思维之间关系的。在马克思看来,

---

① 《马克思恩格斯选集》第 2 卷,第 22 页。
② 《马克思恩格斯选集》第 2 卷,第 22 页。
③ 《马克思恩格斯选集》第 2 卷,第 22 页。
④ 《马克思恩格斯选集》第 2 卷,第 22 页。

思维随着实践的发展而发展,但由于思维运动有自身的特殊性,所以又产生了一个思维的反向运动,即思维从高级阶段反过来认识低级阶段;只有立足于展开了的具体范畴,才能更深刻地把握简单范畴,高级范畴形成的过程同时又是使低级范畴"变形"的过程。换言之,思维发展有其自身的相对独立性,只有抓住"人体解剖对于猴体解剖是一把钥匙"这一问题的关键,才能更深刻理解反思的重要性。

范畴的发展是一个范围不断扩大、层次不断形成的过程。在马克思看来,"简单范畴是这样一些关系的表现,在这些关系中,较不发展的具体可以已经实现,而那些通过较具体的范畴在精神上表现出来的较多方面的联系或关系还没有产生,而比较发展的具体则把这个范畴当作一种从属关系保存下来","比较简单的范畴可以表现一个比较不发展的整体的处于支配地位的关系或者一个比较发展的整体的从属关系,这些关系在整体向着以一个比较具体的范畴表现出来的方面发展之前,在历史上已经存在"。①

这里,出现六个范畴:(1)简单范畴;(2)不发展的具体(整体);(3)比较简单的范畴;(4)比较不发展的具体(整体);(5)比较具体的范畴;(6)比较发展的整体。这六个范畴之间存在着横向对应关系,即简单范畴——不发展的整体;比较简单的范畴——比较不发展的整体;比较具体的范畴——比较发展的整体。同时,这六个范畴之间又存在着从纵向的独立到"从属"的关系,即简单范畴→比较简单的范畴→比较具体的范畴;不发展的整体→比较不发展的整体→比较发展的整体。马克思认为,"在这个限度内,从最简单上升到复杂这个抽象思维的进程符合现实的历史过程"②。换言之,逻辑与历史是一致的。

问题在于,仅仅停留在逻辑与历史一致的水平上,并不能完全说明逻辑本身发展的特殊性。更重要的是,在认识由低级向高级发展中存在着"变形""反过来思"的过程。这就是,从简单范畴向比较简单的范畴,再向比较具体的范畴演化是一个特殊的结构变形过程。在这个过程中,简单范畴成为较具体范畴的从属因素,成为更高层次系统内的一个要素、构成部分;而较高层次的具体范畴又改变着原先较低层次的简单范畴的比重和结构。如同实践的发展一

---

① 《马克思恩格斯选集》第 2 卷,第 20 页。
② 《马克思恩格斯选集》第 2 卷,第 20 页。

样,在范畴发展中也存在着一种"普照的光",这种"普照的光"就是反映人类现实实践活动特点的概念结构,这种概念结构支配着以前的概念结构,它使它们的特点变了样,它决定着它里面显露出来的一切存在的比重。因此,在马克思哲学的理论体系中,范畴的次序不是按它们在历史上起决定作用的先后次序来安排的,而是"倒过来"安排的。新的概念结构、"较具体的范畴"总是对原有概念结构进行批判,改变着原有概念结构各要素的比重、地位,使之从属化。

通过范畴发展中的这种正向与反向的运动,我们也就不难理解,马克思为什么提出关于人类生活形式的思索及科学分析,总是从"事后",从"发展过程的完成的结果"开始。之所以要从"事后",从"发展过程的完成的结果"开始,是因为"后面"已经不同于"前面","完成"已经不同于"开始",这里已经发生了结构、本质和整体上的飞跃。如果从"前面""开始"出发,就会局限于"前面""开始"所遵循的"简单范畴"与"不发展的整体"之内,思维在这一思维圈内无法使自身上升到"比较具体的范畴"。所以,思维的行程要倒过来,从"事后",从"完成的结果"出发进行反思。此时,思维就会形成一种批判功能,使原有的概念结构"变形"。

马克思实践反思理论的重要意义就在于:揭示出反思成为思维中"绝对的积极的环节"的真正原因,即反思是以实践活动的发展为前提和基础的,同时,又揭示出"反过来思"是从"发展的结果"出发,逆向溯因的过程,是通过对原有的范畴体系进行反思、批判,重建范畴体系或概念结构的过程。马克思的实践反思理论揭示出思维的正向与反向两个方向的运动,为人们把握历史运动提供了科学的方法。

五、"从后思索":认识历史的根本途径

历史是已经过去的存在,因而在认识历史的活动中,认识主体不可能直接接触认识客体。认识对象的这种特殊性造成了历史认识的特殊性,并使历史认识论的研究遇到了一系列特殊的困难。正因为如此,现代西方历史哲学研究重心就是历史认识论。然而,现代西方历史哲学提出了问题,但并没有真正解决这一问题,能否认识历史以及如何认识历史的问题似乎成了现代历史哲学中的"歌德巴赫猜想"。实际上,马克思已经自觉意识到历史认识的特殊性这一问题,并提出了"从后思索"法,即认识历史只能是"反过来思",即从现实

社会、从"发展的结果"出发,逆向溯因。马克思的"从后思索"法为我们走出历史认识的迷宫提供了一条切实可行的思路。

"从后思索"法是马克思在《资本论》中分析商品拜物教的性质及其秘密时提出来的。按照马克思的观点,商品早在古亚细亚和古希腊罗马社会中就存在了,并"取得了社会生活的自然形式的固定性",但是,人们对商品的科学认识却是在"后来",即资本主义社会中才获得的。究其原因,是因为商品生产在古亚细亚和古希腊罗马社会中"处于从属地位",而在资本主义社会中却占统治地位,并达到了"典型的形式"。

由此,马克思明确地提出了历史认识中的"从后思索"法,即"对人类生活形式的思索,从而对它的科学分析,总是采取同实际发展相反的道路。这种思索是从事后开始的,就是说,是从发展过程的完成的结果开始的"[1]。当《资本论》第1卷译成法文时,马克思又对这段话作了修订:"对社会生活形式的思索,从而对它的科学分析,遵循着一条同实际运动完全相反的道路。这种思索是从事后开始的,是从已经完全确定的材料、发展的结果开始的。"[2]这两段话没有本质的区别,只是法文版的论述更精确了,并在思索的出发点上增加了"已经完全确定的材料"这一内容。

马克思的"从后思索"法虽然是在分析商品拜物教的性质及其秘密时提出来的,但它却是马克思一贯主张的思维方法。

在《博士论文》中,马克思就采取了"从后思索"的方法来分析古希腊哲学,即"从伊壁鸠鲁哲学追溯希腊哲学"。之所以如此,是因为自我意识哲学是古希腊哲学发展的最高形态,"在伊壁鸠鲁派、斯多葛派和怀疑派那里自我意识的一切环节都得到充分表述,不过每个环节都被表述为一个特殊的存在,难道这是偶然的吗? 这些体系合在一起形成自我意识的完备的结构"[3],所以,"这些体系是理解希腊哲学的真正历史的钥匙"[4]。正因为如此,马克思在《博士论文》中不是把伊壁鸠鲁之前的这种或那种哲学放在"首位",而是相反,"从伊壁鸠鲁哲学追溯希腊哲学"[5]。

---

[1] 《马克思恩格斯全集》第 23 卷,第 92 页。
[2] 〔德〕马克思:《资本论》(根据作者修订的法文版第一卷翻译),第 55 页。
[3] 《马克思恩格斯全集》第 40 卷,人民出版社 1982 年版,第 195 页。
[4] 《马克思恩格斯全集》第 40 卷,第 189 页。
[5] 《马克思恩格斯全集》第 40 卷,第 138 页。

在《〈黑格尔法哲学批判〉导言》中,马克思认为,1843 年的德国社会制度低于当时世界历史水平,这是因为,"在法国和英国行将完结的事物,在德国才刚刚开始"。"那里,正在解决问题;这里,矛盾才被提出。"用马克思在《资本论》中的话来说就是,"在资本主义生产方式的对抗性质在法英两国通过历史斗争而明显地暴露出来以后,资本主义生产方式才在德国成熟起来"①。因此,如果仅仅"从德国的现状本身出发"去否定当时的德国制度,"依然要犯时代上的错误"。② 为了正确而全面地把握德国的历史发展,必须从"在法国和英国行将完结的事物",即当时的先进实践出发反过来思索。这同样是一种"从后思索"的方法,即从时代的先进实践出发来理解较为落后民族或国家的发展。

在《1857—1858 年经济学手稿》中,马克思明确指出,"作为生产过程的历史形式的资产阶级经济,包含着超越自己的、对早先的历史生产方式加以说明之点","这些启示连同对现代的正确理解,也给我们提供了一把理解过去的钥匙"。③ 按照马克思的观点,"早先的生产方式"、过去的社会关系往往以萎缩或发展的形式存在于现实社会中。资本主义是历史上最发达的和最复杂的社会组织,"社会、历史所创造的因素占优势",社会关系得到了充分发展、充分展现,它以"萎缩的或者完全歪曲的形式"包含着"早期形式的各种关系",并且"总是在有本质区别的形式上,包含着这些社会形式"。④

"资产阶级社会是最发达的和最多样性的历史的生产组织。因此,那些表现它的各种关系的范畴以及对于它的结构的理解,同时也能使我们透视一切已经覆灭的社会形式的结构和生产关系。""人体解剖对于猴体解剖是一把钥匙。反过来说,低等动物身上表露的高等动物的征兆,只有在高等动物本身已被认识之后才能理解。因此,资产阶级经济为古代经济等等提供了钥匙。"⑤马克思的这一论述形象地说明了对历史的科学认识是从"事后"、从"完成的结果"开始的原因所在。

可见,马克思始终认为,只有从现实出发才能找到正确理解历史的钥匙。换言之,对于历史认识来说,"从后思索"的方法具有普遍的意义。所以,马克

① 《马克思恩格斯全集》第 23 卷,第 18 页。
② 《马克思恩格斯全集》第 1 卷,第 453、454 页。
③ 《马克思恩格斯全集》第 46 卷上,第 458 页。
④ 《马克思恩格斯选集》第 2 卷,第 23 页。
⑤ 《马克思恩格斯选集》第 2 卷,第 23 页。

思指出：对于历史认识来说，"从后思索"是"更为重要"的方法，"也是我们希望做的一项独立的工作"①。

对于历史认识来说，"从后思索"之所以必要，有两点原因。

一是社会发展是从过去到现在，从低级到高级，然而，历史已经过去，在历史认识中，主体无法直接面对客体，人们也无法重新模拟过去的历史，因而对历史的认识也就不能从过去到现在，从低级到高级。相反，只能采取"同实际运动完全相反的道路"，反过来思索，即从高级到低级，从现在到过去，逆向溯因。这是认识历史必须遵循的方法，也是认识历史的根本途径。

二是历史中的各种因素和关系，只有在其充分发展、充分展现后才能被充分认识，而其充分展现后又已经否定了自身，转化为高级的东西了，所以，考察过去的、低级的社会形式反而要以现实的、高级的社会形式为参照系。"人体解剖对于猴体解剖是一把钥匙。"低等动物身上表露的高等动物的征兆，反而只有在高等动物本身已经被认识之后才能理解。"在人类历史上存在着和古生物学中一样的情形。由于某种判断的盲目，甚至最杰出的人物也会根本看不到眼前的事物。后来，到了一定的时候，人们就惊奇地发现，从前没有看到的东西现在到处都露出自己的痕迹。"②

对于历史认识来说，"从后思索"之所以可能，其客观依据在于：历史虽已过去，但它并没有消失，化为无，而是或者以浓缩、变形的方式，或者以萎缩、发展的形式被包含在现实社会中。现实是历史的延伸，历史往往平铺在一个社会截面上。所以，透过现实社会，我们便可以看到过去的历史。正如马克思所说，资本主义社会在过去"社会形式的残片和因素建立起来，其中一部分是还未克服的遗物，继续在这里存留着，一部分原来只是征兆的东西，发展到具有充分意义，等等"③。因此，通过资本主义社会的结构和关系，我们能够"透视一切已经覆灭的社会形式的结构和生产关系"。对于历史认识来说，"从后思索"也就是从现实社会"透视"以往历史。这是其一。

其二，"比较简单的范畴，虽然在历史上可以在比较具体的范畴之前存在，但是，它在深度和广度上的充分发展恰恰只能属于一个复杂的社会形式，而比

---

① 《马克思恩格斯全集》第 46 卷上，第 458 页。
② 《马克思恩格斯选集》第 4 卷，第 579 页。
③ 《马克思恩格斯选集》第 2 卷，第 23 页。

较具体的范畴在一个比较不发展的社会形式中有过比较充分的发展"①。在马克思看来,我们能够通过发达的社会状态认识历史上和现实中的不发达的社会状态。"资产阶级社会是最发达的和最多样性的历史的生产组织",因此,通过表现资本主义社会各种关系的范畴,我们可以认识一切已经覆灭的社会关系。例如,就内容而言,以货币形式为完成形态的价值形态是极其简单的,然而,"两千多年来人类智慧在这方面进行探讨的努力,并未得到什么结果,而对更有内容和更复杂的形式的分析,却至少已接近于成功",之所以如此,是"因为已经发育的身体比身体的细胞容易研究些"。②

"从后思索"就是从"发展过程的完成的结果"出发,通过对历史的"透视"和由结果到原因的反归来把握历史运动的内在逻辑。这里,这一过程必须是从生产方式出发,达到对历史的"客观的理解"的过程。

物质生活的生产方式制约着整个社会生活、政治生活和精神生活的过程。生产力发展到一定阶段,便同它们一直在其中运动的生产关系即经济结构发生矛盾;随着经济结构的变革,政治结构和观念结构也或慢或快地发生变革。生产方式的内在结构是整个社会的"母结构",只有从生产方式出发,我们才能理解历史何以沿着这一方向而不沿着那一方向发展,才能理解重大历史事件的性质和秘密,才能理解各种历史观念的兴衰盛亡。现实的生产方式包含着"对早先的历史生产方式加以说明之点"。因此,从生产方式出发为我们"透视"历史、理解历史和解释历史提供了一种客观尺度。这是"从后思索"方法的唯物主义精神所在。

"从后思索"是从现实社会"透视"以往历史。这种"透视"自始至终受着历史进程的制约,受到认识主体的知识结构和价值观念的制约,具有较大的相对性。但是,我们不能因此放弃客观性原则,放弃对历史的"客观的理解"。

首先,要达到对历史的"客观的理解",必须以现实社会的"自我批判"为前提。"历史发展总是建立在这样的基础上的:最后的形式总是把过去的形式看成是向着自己发展的各个阶段,并且因为它很少而且只是在特定条件下才能够进行自我批判……所以总是对过去的形式作片面的理解。基督教只有在它的自我批判在一定程度上,可说是在可能范围内完成时,才有助于对早期神话

①《马克思恩格斯选集》第 2 卷,第 21 页。
②《马克思恩格斯全集》第 23 卷,第 7—8 页。

作客观的理解。同样,资产阶级经济学只有在资产阶级社会的自我批判已经开始时,才能理解封建的、古代的和东方的经济。"①

其次,要达到对历史的"客观的理解",必须以"完全确定的材料"为前提。认识历史,首先要分析现实社会,并以此为基础分析历史资料,确定历史资料的性质、年代、真伪,从而在分析这些已经完全确定的材料中得出"一些原始的方程式,——就象例如自然科学的经验数据一样,——这些方程式会说明在这个制度以前存在的过去。这样,这些启示连同对现代的正确理解,也给我们提供了一把理解过去的钥匙"②。

再次,要达到对历史的"客观的理解",必须要以历史考察为前提。从现实社会去"透视"、反思过去的社会形式,绝不意味着"抹杀一切历史差别",把现在的各种关系等同于"早期形式的各种关系",或者反过来,把"早期形式的各种关系"等同于现实社会的各种关系。这是因为,"早期形式的各种关系"在现实社会中往往是以"发展了的、萎缩了的、漫画式的种种形式"出现的,现实社会"总是在有本质区别的形式上"包含着过去的社会形式。例如,"人们认识了地租,就能理解代役租、什一税等等。但是不应当把它们等同起来"③。正因为如此,马克思认为,"从后思索"的方法本身就包含着历史考察之点。

"从后思索"首先要确定思索的出发点,这一出发点就是某种社会关系的典型。换言之,"从后思索"的第一个要求,就是选择某种社会关系的典型作为思索的出发点。

"物理学家是在自然过程表现得最确实、最少受干扰的地方考察自然过程的,或者,如有可能,是在保证过程以其纯粹形态进行的条件下从事实验的。"④这种"以其纯粹形态进行的条件下"所从事的实验室方法是自然科学的根本方法。问题在于,这种实验室方法在历史科学中无法实现,因为不存在一种"纯粹形态"的社会,哲学家、历史学家不可能在"纯粹形态进行的条件下从事实验"。但是,历史中的各种社会关系都有其"典型"形态,因而哲学家、历史学家可以在某种社会关系表现得最充分、某些经验事实全面展开的社会单位——社会典型中分析历史中的社会关系。这就是马克思的典型分析法。

---

① 《马克思恩格斯选集》第 2 卷,第 23、24 页。
② 《马克思恩格斯全集》第 46 卷上,第 458 页。
③ 《马克思恩格斯选集》第 2 卷,第 23 页。
④ 《马克思恩格斯全集》第 23 卷,第 8 页。

在考察资本主义发展的历史过程时,马克思就是以资本主义经济发展的典型——英国和资本主义政治发展的典型——法国为"从后思索"的出发点的;在考察"劳动不仅在范畴上,而且在现实中都成了创造财富一般的手段"时,马克思是以"资产阶级社会的最现代的存在形式——美国"为典型,并以此为出发点的;在考察东方社会时,又是印度和中国为典型,并以此为出发点的。在马克思看来,中国是东方社会的"活的化石",体现着"一切东方运动的共同特征"①。典型分析是"从后思索"的出发点。典型分析实际上就是历史科学中的实验室方法。正如自然科学的实验室方法不断深化人们对自然过程的认识一样,历史科学中的典型分析方法也不断地深化着人们对历史过程的认识。

"从后思索"的第二个要求是对所要认识的社会关系进行"普照的光"式分析。

社会运动是以物质生产方式为基础和中轴的总体运动,其中,占主导地位的生产方式使各种社会要素和社会关系从属于自己,并决定着各种社会要素之间的比例和社会的整体结构。在马克思看来,这种占主导地位的生产方式就是该社会的"普照的光"。"在一切社会形式中都有一种一定的生产决定其他一切生产的地位和影响,因而它的关系也决定其他一切关系的地位和影响。这是一种普照的光,它掩盖了一切其他色彩,改变着它们的特点。这是一种特殊的以太,它决定着它里面显露出来的一切存在的比重。"②这就是马克思的"普照的光"式分析法。

马克思的分析法要求人们在"从后思索"时,要捕捉社会的"普照的光",即占主导地位的生产方式,并以此为基础分析在现实社会中存在的"发展了的"或"萎缩了的"社会关系,分析在现实社会已经成为"残片"的社会要素,从而把握该历史中的社会关系、社会要素。按照马克思的观点,随着生产方式的变化,社会中的"普照的光"也必然处于变化之中,新的"普照的光"会在历史运动中产生出来,并会形成新的社会要素、社会关系及其总体结构,这同时又是过去的社会要素、社会关系发展起来或萎缩下去的过程。捕捉现实社会以及过去社会形式的"普照的光",就能使我们从根本上和总体上把握历史运动。

"从后思索"的第三个要求是逆向溯因。

---

① 《马克思恩格斯全集》第 15 卷,人民出版社 1963 年版,第 545 页。
② 《马克思恩格斯选集》第 2 卷,第 24 页。

历史研究的一个重要特征，就是它把发现历史过程、历史事件的原因看作是自己始终不懈的任务。研究历史就是要解释历史，而解释历史首先要发现历史事件的原因。"探赜索隐"，这是古代历史学家的共同要求，也是现代历史学家的共识。"研究历史就是研究原因。""每一有关历史的争论都是围绕着什么是主要原因这一问题来进行的。"①现代著名历史哲学家卡尔的这句话很有见地，它道出了历史研究的一个重要特征。但是，人们在实际认识历史时，却不可能从原因推出结果。这是因为：历史已经过去，产生历史事件的原因已经不复存在；人们也无法像自然科学那样，在实验中重新模拟这些原因。因此，要真正认识历史运动的规律以及历史事件的原因只能走一条"同实际运动完全相反的道路"，即从"发展过程的完成的结果开始"，逆向溯因。

逆向溯因并不是按照今天——昨天——前天的严格逆向次序进行的，而是首先对现实社会进行分析，在"完全确定的材料"的基础上，寻找"一些原始的方程式，——就象例如自然科学的经验数据一样，——这些方程式会说明在这个制度以前存在的过去"②；然后从现实社会出发，飞跃到被考察的对象上，"把可见的仅仅表面上的运动，还原为内部的现实的运动"③，并在这个过程中考察现实的社会关系同过去的社会关系的相互关系。这样，就能发现历史运动的规律以及历史事件的原因。

在"从后思索"的过程中，无论是分析典型、捕捉"普照的光"，还是逆向溯因，都必须使用科学抽象法。在历史科学中，科学抽象是"唯一可以当作分析工具的力量"。只有借助于"抽象力"，才能在现实社会中找到理解过去的"原始的方程式"，才能"指出历史资料各个层次间的连贯性"，从而"复活死去的东西"，使过去的历史资料重新"开口说话"，使"材料的生命""观念地反映出来"。这样，才能深刻而准确地从理论上"再现"客观历史。

"从后思索"法的提出体现了马克思对历史认识论的关注，显示了马克思认识论的超前性。从总体上看，现代历史哲学注意的中心恰恰就是历史认识论问题。批判的历史哲学的产生，标志着西方历史哲学从思辨形态转向分析形态，从近代形态转向现代形态。柯林武德认为，历史哲学就是对历史思维的前提和含义的一种批判性的探讨，其本质就是"反思历史思维"，从而确定历史

---

① 〔英〕卡尔：《历史是什么》，陈恒译，商务印书馆 2008 年版，第 93、97 页。
② 《马克思恩格斯全集》第 46 卷上，第 458 页。
③ 《马克思恩格斯全集》第 46 卷上，第 458 页。

学努力的界限和特有价值。克罗齐断言：历史哲学就是"有关历史认识论的研究"①。

历史哲学研究重心的这一转移完全符合人类认识规律：认识外部世界的任何一种努力一旦持续下去，就会在某一时刻不多不少地转变为对这种认识活动本身的反思与批判。因此，批判历史哲学的产生以及历史哲学研究重心的转换，即从历史本体论转移到历史认识论，绝不意味着西方历史哲学的没落，相反，它表明西方历史哲学的成熟。它促使人们自觉地意识到认识能力的相对性，并在这种自我批判的基础上更审慎、更清醒地去认识客观历史。

从逻辑上看，历史认识论与历史本体论具有内在的关联和一致性。本体论是认识论的基础和依据，任何历史认识论总是或隐或显地以某种历史本体论为其立论的依据或前提。批判的历史哲学蔑视历史本体论，并把历史本体论称为"思辨的历史哲学"，然而，批判的历史哲学本身仍然信奉一种本体论，即思想本体论。柯林武德之所以强调历史认识是人们在自己的心灵中对历史行动者的思想进行设身处地地"重演"，其立论依据就是一种历史本体论，即历史是思想史。"一个自然过程是各种事件的过程。一个历史过程则是各种思想的过程。"②因此，要脱离历史本体论来谈论历史认识论，实际上是不可能的。历史本体论是历史认识论立论的依据，对历史认识论起着导向作用。这是一方面。

另一方面，历史本体论的真正确立又有赖于对人们认识能力的考察，即有赖于历史认识论的研究。康德之所以能在哲学史上造成一场"哥白尼式的革命"，其实质就在于，他提出了一个振聋发聩的思想：本体论的确立有赖于认识论的研究，对存在本身是非曲直的认识有赖于对理性认识能力的考察。正因为如此，康德把近代哲学从形而上学"独断论"的迷梦中"唤醒"，从而成为德国古典哲学的创始人。康德的观点同样适合于历史哲学。批判的历史哲学所提出的"历史科学如何成为可能"这一问题，实际上是"康德问题"在历史哲学领域的"反射"与"回声"。历史本体论如果脱离了历史认识论，其结论必然是独断的、不可靠的。但是，批判的历史哲学是在脱离历史本体论、否定客观历史存在的基础上考察历史认识的内容和结果的。在探讨历史认识论时，批判的

---

① 〔意〕克罗齐：《历史学的理论和实际》，傅任敢译，商务印书馆1982年版，第60页。
② 〔英〕柯林武德：《历史的观念》，何兆武等译，商务印书馆1997年版，第245页。

历史哲学竟把其前提——客观历史一笔勾销了,结果是犯了一场"演丹麦王子而没有哈姆雷特"的错误。

在现代历史哲学中,克罗齐的"一切历史都是当代史"的观点引人注目。按照克罗齐的观点,人们都是从当代出发,并依据当代的知识结构和价值观念认识历史的。"历史是由活着的人和为了活着的人而重建的死者的生活。所以,它是由能思考的、痛苦的、有活动能力的人找到探索过去的现实利益而产生出来的。"①所以,一切历史都是当代史。这里,我们遇到了一个很难回避的问题,即如何看待马克思的"从后思索"法和克罗齐的"一切历史都是当代史"的关系。

在我看来,马克思的"从后思索"法和克罗齐的"一切历史都是当代史"的观点,都是对历史认识特殊性反思的产物。如前所述,历史是已经过去的存在,因而在认识历史的活动中,认识主体不可能直接接触认识客体。认识对象的这种特殊性造成了认识历史活动的特殊性,并使历史认识论的研究遇到了一系列特殊的困难。马克思的"从后思索"法和克罗齐的"一切历史都是当代史"就是对这一特殊困难的不同解答,二者都属于现代哲学的观念。但是,马克思的"从后思索"法和克罗齐的"一切历史都是当代史"又有本质的区别。这一区别表现在三个方面:

首先,马克思认为,历史虽已过去,但它并没有化为无,而是以萎缩、浓缩、发展的形式被包含在现实社会中,"从后思索"就是从现实社会中"透视"以往的客观历史;克罗齐则认为,历史研究仅仅是活着的人,而且是为了其活着的人的利益去重建死者的生活,不存在"客观历史"。

其次,马克思认为,实践是过去历史向现实社会过渡的"转换器"和"显示尺度","从后思索"的广度和深度取决于实践的"格"以及由实践的"格"升华的思维的"格";克罗齐则认为,过去历史同当代生活的"对流"只是以史学家或哲学家的主观精神为媒介。

再次,马克思认为,"从后思索"是通过由结果到原因的反归来把握历史运动的一般规律;克罗齐则认为,在打上了"当代性"烙印的有限的、特定的历史中寻找"普遍史",永远不会成功,社会历史"无任何规律可循"。

克罗齐看到了历史认识的特殊性,并提出了建构历史认识论的问题,但它

---

① 田汝康:《现代西方史学流派文选》,上海人民出版社 1982 年版,第 95 页。

却无力科学地解决历史认识论问题。马克思的"从后思索"法确认历史认识的特殊性,认为在历史认识活动中,既不存在一个抽象的"反映"或"摹写"过程,也不存在一个纯粹的"自我意识"建构的过程,人们认识历史是以实践为中介的。马克思"从后思索"法的高明之处就在于:它把认识活动归结于实践活动,把现实社会看作是过去历史的延伸、深化和拓展,把实践看作是过去历史向现实社会过渡的"转换尺度"和"显示尺度",从而以现实的实践为出发点去反思过去的历史以及历史认识的规律。这就为建构科学的历史认识论奠定了可靠的基础。

从形式上看,"从后思索"是从结果向原因的回逆,从现实向历史的"透视",仿佛是面向过去,但它的目的和意义却在相反的方面,即面向未来。这是因为,马克思的"从后思索"法既"包含着超越自己的、对早先的历史生产方式加以说明之点",又包含着"预示着未来的先兆"之点,从而用"未来"引导现实运动。正如马克思所说的那样:"如果说资产阶级前的阶段表现为仅仅是历史的,即已经被扬弃的前提,那么,现代的生产条件就表现为正在扬弃自身,从而正在为新社会制度创造历史前提的生产条件。"因此,从现实社会出发去考察过去历史,"这种正确的考察同样会得出预示着生产关系的现代形式被扬弃之点,从而预示着未来的先兆,变易的运动"①。正是以资本主义社会为中介,马克思"透视"出"一切已经覆灭的社会形式的结构和生产关系",同时发现"工业较发达的国家向工业较不发达的国家所显示的,只是后者未来的景象"。②

这就是说,马克思的"从后思索"法具有双重功能,即立足现实反思过去,把握历史规律;以历史规律为依据预见未来。历史是以生产方式为基础的总体运动,现实既是过去的延伸、深化和拓展,又是未来的起点,它以浓缩的形式包含着过去,又以萌芽或胚胎的形式包含着未来。因此,对现实的正确理解不仅能合理地说明过去,而且能够科学地预见未来。这种预见正是以发现和把握历史规律为前提的。实际上,任何一门科学都以发现和把握某种规律为己任,并以此预见未来。正是以资本主义社会为中介,在"从后思索"的过程中,马克思发现了"以铁的必然性发生作用并且正在实现的趋势",从而对人类社会的未来发展作出了科学的预见。

---

① 《马克思恩格斯全集》第 46 卷上,第 458 页。
② 《马克思恩格斯全集》第 23 卷,第 8 页。

关于马克思价值理论的再思考

　　人们认识世界的目的在于改造世界,改造世界则是为了满足人自身的需要。这就在追求真理的基础上提出了价值问题。价值是为人的,是人们应当把握的主体与客体之间一种特定的关系。马克思揭示了价值和价值关系的本质,说明了价值评价和价值观念的特点,阐述了价值原则及其与人的内在尺度的关系,但其中有些问题又未得到深入分析、详尽论证、系统阐述。因此,我拟就马克思的价值理论作一新的考察和审视,以深化我们对马克思主义价值理论的研究。

一、价值关系:本质上的利益关系

　　在《1844 年经济学哲学手稿》中,马克思提出了三个著名的论断:一是"贩卖矿物的商人只看到矿物的商业价值,而看不到矿物的美和特性";二是"忧心忡忡的穷人甚至对最美丽的景色都没有什么感觉";三是"对于没有音乐感的耳朵说来,最美的音乐也毫无意义,不是对象"。① 有的学者以此为依据,认为客体依存于主体,没有主体就没有客体。这是误读,也是误解。这是因为,马克思的上述论断涉及的不是事实

① 《马克思恩格斯全集》第 42 卷,第 126 页。

判断,即"是什么",而是价值判断,即"应如何"。音乐,对于有没有音乐素养以及不同素养的人来说,领悟、诠释和评价显然是不一样的。对于没有音乐素养的人来说,音乐没有意义;对于有音乐素养的人来说,音乐有意义;对于职业音乐家和爱乐者来说,音乐的意义又不一样,而有没有意义、有什么意义,属于价值范畴。这就是说,马克思的上述论断是关于客体对主体的价值判断。

从哲学的视角看,所谓价值,就是指主体与客体之间一种特定的关系,即主体与客体之间的意义关系。在实践活动和日常生活中,主体总是根据自己的需要掌握和占有客体,利用客体的属性满足自己的需要。因此,主体与客体之间存在着一种特定的关系,这就是,主体按照自己的需要对客体及其属性进行选择、利用和改造的关系,或者说,是客体属性对主体需要满足的关系。这种特定的关系就是价值关系,也就是人们通常所说的意义关系。某事、某物能够满足主体的需要,就是有意义、有价值的;不能满足主体的需要,就是没有意义、没有价值的。

主体及其需要是价值关系形成的根据,世界万事万物的价值及其等级次序都是由作为主体的人按照自己需要的尺度排列的。马克思指出:"只有在资本主义制度下自然界才不过是人的对象,不过是有用物;它不再被认为是自为的力量;而对自然界的独立规律的理论认识本身不过表现为狡猾,其目的是使自然界(不管是作为消费品,还是作为生产资料)服从于人的需要。"①

客体及其属性是价值关系形成的又一根据,价值总是一定的客体对主体的价值,客体的属性和功能影响着客体对主体是否有意义以及意义之大小。正如马克思所说,"一物之所以是使用价值,因而对人来说是财富的要素,正是由于它本身的属性。如果去掉使葡萄成为葡萄的那些属性,那末它作为葡萄对人的使用价值就消失了"②。

我们不能仅仅从人自身出发来规定价值,认为价值就是人的兴趣、欲望、情感的表达,与事物无关;我们也不能仅仅从客体自身的属性来规定价值,认为价值是事物本身所固有的某种东西,与人无关。价值不是实体,既不能仅仅归结为客体,也不能仅仅归结为主体。价值是一种关系,是主体与客体之间一种特殊的关系。

---

① 《马克思恩格斯全集》第46卷上,第393页。
② 《马克思恩格斯全集》第26卷Ⅲ,第139页。

具体地说,物及其属性是价值关系形成的客体依据,价值离不开客体及其属性,价值总是客体对主体的价值,具有特定属性的事物因此成为价值客体;人及其需要是价值关系形成的主体依据,只有人才是价值的创造者、实现者和享有者,才是价值的主体。客观事物本身并没有好与坏、善与恶、有用与无用、有利与无利、有益与有害之分,好与坏、善与恶、有用与无用、有利与无利、有益与有害,都是相对于人、相对于主体而言的。空气污染实际上是以"天灾"的形式而表现出来的"人祸",所谓环境危机实际上是人的危机,所谓益虫与害虫、水利与水灾,都是相对于人而言的。

价值关系生成于人对自然的改造过程中。没有人与自然之间的实践关系和认识关系,也就没有价值关系,价值关系就存在于人的实践活动和认识活动之中,并与实践关系和认识关系交织在一起。价值观念的形成既不可能离开实践活动,也不可能离开认识活动,价值判断就是直接建立在对对象认识的基础上的。这就是说,有了人和人的活动,才产生了自然界原本不具有的价值现象,才形成了物与人之间的价值关系。事物的属性是在人的活动中被发现、规定和改造的,人是在需要的推动下从事实践活动,把自身之外的存在变成自己活动的对象,变成自己的价值客体的。事物能否满足人的需要,能否成为价值客体,不仅依赖于事物自身的属性,而且取决于人的实践水平。

单纯的生理需要都是有限的,动物是这样,人也是如此。中国有句古语,日食三餐,夜眠八尺,但实际上,人的需要是无限的。这是因为,人的需要不是纯粹的动物性的需要,而是"从社会生产和交换中产生的需要"①,是随着实践活动的发展而不断变化的需要。实践,尤其是物质生产越发展,需要也就越丰富;物质生产不仅满足需要,而且生产需要。在资本主义社会,"每个人都千方百计在别人身上唤起某种新的需要,以便迫使他作出新的牺牲,使他处于一种新的依赖地位,诱使他追求新的享受方式"②。与动物的需要不同,人的需要日益多样化、广泛化、无限化。"人以其需要的无限性和广泛性区别于其他一切动物。"③

更重要的是,人与人的需要也不是同一的。在阶级社会,剥削者与被剥削者、统治者与被统治者的需要甚至迥然不同。正如马克思所说,在资本主义社

① 《马克思恩格斯全集》第 46 卷下,第 19 页。
② 《马克思恩格斯全集》第 42 卷,第 132 页。
③ 《马克思恩格斯全集》第 49 卷,第 130 页。

会，"一方面所发生的需要和满足需要的资料的精致化，在另一方面产生着需要的牲畜般的野蛮化和最彻底的、粗糙的、抽象的简单化"。对于住在地下室的工人来说，光、空气等等，"都不再成为人的需要了"，"人不仅失去了人的需要，甚至失去了动物的需要"。① 私有制和两极分化不仅导致了工人需要的异化，而且导致了人的需要本身也发生了异化，这就是，人的需要分化为人的需要与非人的需要，即正常需要与非正常需要，后者导致奢侈、畸形消费。"人类的生产在一定的阶段上会达到这样的高度：能够不仅生产生活必需品，而且生产奢侈品。"②

这表明，尽管人人都有需要，但并不是每个人的需要都能得到满足。需要的内容及其满足方式、满足程度，取决于个人在社会关系中的地位。"我们的需要和享受是由社会产生的；因此，我们在衡量需要和享受时是以社会为尺度，而不是以满足它们的物品为尺度的。"③需要和享受具有社会性质，需要的内容和满足，就是利益。从根本上说，为利益而斗争就是为满足需要而斗争。这就是说，价值关系的核心是利益，价值关系本质上是利益关系。"人们奋斗所争取的一切，都同他们的利益有关。"④

我们应当明白，主体及其需要是在实践中形成和发展的。人是实践存在物，实践使人成为现实的主体。如前所述，人的需要不是纯粹的动物性的需要，而是"从社会生产和交换中产生的需要"。随着实践的不断发展，随着满足需要手段的不断丰富，人的需要也在不断发展和丰富，正如马克思所说，"已经得到满足的第一个需要本身、满足需要的活动和已经获得的为满足需要用的工具又引起新的需要"⑤。

我们应当明白，客体及其属性也是在实践中被发现、规定和改造的。客体是进入人的活动范围的事物。人在需要的推动下从事实践活动，把自身之外的存在变成自己活动的对象，变成自己的客体。事物能否成为现实客体，不仅依赖于客体自身的属性，还取决于主体的实践能力和实践水平。"对象如何对他说来成为他的对象，这取决于对象的性质以及与之相适应的本质力量的性

---

① 《马克思恩格斯全集》第 42 卷，第 133、134 页。
② 《马克思恩格斯全集》第 34 卷，第 163 页。
③ 《马克思恩格斯选集》第 1 卷，第 350 页。
④ 《马克思恩格斯全集》第 1 卷，第 82 页。
⑤ 《马克思恩格斯全集》第 3 卷，第 32 页。

质……因为我的对象只能是我的一种本质力量的确证。"①

这就是说,主体与客体的价值关系是在实践中形成和实现的。没有实践,就没有主体与客体,就没有主体与客体之间的价值关系。正是通过实践活动,一方面,客体按照主体的需要发生结构和形式上的变化;另一方面,客体从客观对象的存在形式转化为主体生命结构的因素或主体本质力量的因素,变成主体的一部分。实践在改变客体存在形式的同时,实现了主体的预期目的,满足了主体的需要,使主体与客体的价值关系由潜在成为现实。因此,价值是在主体与客体的相互作用中生成的,是作为人的活动的对象产生的,并且是作为主体需要的对象而实现的。

人双重地存在着,一方面,人直接地是自然存在物;另一方面,人又是社会存在物。正是这种社会特质,使人成为价值主体,在自己的活动中与客体形成价值关系。人并非由于自然存在物成为价值主体的,而是由于人超越自然属性、获得社会属性才成为价值主体的。价值总是与人的社会性联系在一起,总是同人的实践活动联系在一起的,或者说,人在实践活动中创造了对象价值和实现了自身价值。所谓价值的主体性,就是指价值本身的特征同主体及其活动的特征直接相联系。

首先,价值的主体性通过主体的创造性体现出来。人与动物不同,仅仅依靠自然物直接的、现成的形态,不能满足人的需要。同时,自然物的属性对人有何用,自然物本身不会自动显示出来;即使自然物能显示出对于人的某种有用性,但在人们未发现和掌握对它的使用方法时,它对人仍不具有现实的价值。因此,主体与客体之间的价值关系不是一种自然的现成的关系,也不是主体需要与客体属性随机形成的关系,而是主体在实践活动中确立的一种创造性的关系。无论是主体发现客体的潜在价值,还是发明或发现实际掌握客体的方式,乃至最后改造客体,实现自己的价值目标,都贯穿着主体的创造性活动。从这个意义上说,价值体现的是主体的创造性本质。

其次,价值的主体性体现为,在价值关系中,不是人趋近物,而是物趋近人,主体的现实需要是某物是否具有价值以及价值大小的尺度。尽管价值体现在具有某种属性的物上,但物的属性本身并不是价值。某物对人是否有价值以及有多大价值,不是以某物自身的属性为尺度,而是以人的现实需要为尺

① 《马克思恩格斯全集》第 42 卷,第 125—126 页。

度。这同时表明,价值具有时效性。价值的时效性当然与客体有关,客体的属性会随着时间流逝而变化,因而它对主体的价值也会发生变化。但是,就价值本身来说,其时效性如何主要取决于主体的需要。问题的关键在于主体的需要处在不断的变化之中,随着主体需要的变化,特定的客体对主体的价值必然会发生变化,甚至从有价值变成无价值,价值的时效性归根到底取决于人的需要的变化。这也就是说,价值的时效性本质上属于价值的主体性。

再次,价值的主体性蕴含着价值的相对性,即同一事物或客体相对于不同的主体具有不同的价值。价值的相对性归根到底是由主体的需要决定的,现实的人在需要上的差异,造成了价值与特定主体的相关性。这也就是说,不同的主体有不同的需要,因而同客体之间形成不同的价值关系。马克思指出:"一座房子不管怎样小,在周围的房屋都是这样小的时候,它是能满足社会对住房的一切要求的。但是,一旦在这座小房子近旁耸立起一座宫殿,这座小房子就缩成茅舍模样了。这时,狭小的房子证明它的居住者不能讲究或者只能有很低的要求;并且,不管小房子的规模怎样随着文明的进步而扩大起来,只要近旁的宫殿以同样的或更大的程度扩大起来,那座较小房子的居住者就会在那四壁之内越发觉得不舒适,越发不满意,越发感到受压抑。"[1]受社会条件的限制,人们的需要是具体的、有限的,他们对价值客体的选择和利用也是具体的、有限的,从而使物对人的价值表现出相对性。正如马克思所说,"因为我们的需要和享受具有社会性质,所以它们是相对的"[2]。

二、价值评价:特殊的认识形式

客观事物只是对于人,并且只有经过人,才能获得价值的特性。价值随着人的本质力量、认识方法和实践活动的发展而发展。实践的突出特点就在于它的目的性,在于它具有将现有的东西改造成应有的东西的意图。在实践活动中,主体意识不仅包含着对现存事物的认识,而且包含着对自己目的和要求的意识;不仅提出了"存在什么或存在是什么"的问题,而且提出了"这种存在对于主体来说是什么"的问题。人的这种自我意识是在价值评价中实现的。

---

[1]《马克思恩格斯选集》第1卷,第349页。
[2]《马克思恩格斯选集》第1卷,第350页。

现存事物既是人们认识的对象，又是人们评价的对象。人们通过认识现存事物而真实地面对现实，通过评价现存事物进而合目的地改变现实，从而创造属人的现存世界。实践作为满足人的需要的活动，要求人们通过对客观事物的改造，尽可能创造和实现更大的价值。因此，主体必须对客体可能具有的价值进行评价。所谓评价，就是主体在对客体属性、本质和规律进行认识的基础上，把自身需要的内在尺度运用于客体，对主体与客体之间的价值关系进行评判。这种评判是人的意识对主体与客体之间价值关系的反映，反映的是主体需要与客体属性之间的关系。人们在评价过程中不仅揭示了客体的面貌，而且揭示了主体自身的面貌。价值评价作为主体观念活动的结果，表现为人们对一定客体是否具有满足主体需要的属性所作的肯定或否定的判断。正是在这个意义上，价值评价也被称作价值判断。

就属于主体对客体的观念把握而言，价值评价仍然是一种认识活动。但是，价值评价又不同于对客体"是什么"的认识，而是一种特殊的认识，即这种认识是对某种事物能否满足人们需要的一种认识，是对客体"应当是什么"的认识，其着眼点是主体与客体之间的效用关系。所以，价值评价必须考虑主体的需要和利益，必须把主体的需要和利益作为内在尺度运用于评价的客体。如果说事实性认识追求的是对客体"是什么"或"是怎样"的认识，那么，评价性认识追求的则是"应该怎样"和"不应该怎样"的认识，表达的是主体肯定或否定什么的价值要求。

这就是说，价值评价必然包含着主体的意向、愿望和要求。用现在时髦的话来说就是，价值评价体现的是主体的"愿景"，而且不同主体有不同的"愿景"。任何一个个体、群体的评价方式都受到他们的需要和利益的制约，都受到反映这种需要、利益的立场和观点的制约，因此，价值评价必然具有多元性、多样化。中国有句古话，"人心有杆秤"。面对同一客体，不同的主体从不同的需要和利益、意向和愿望出发，必然会得出不同的价值评价。

我们应当明白，事实与评价不能等同，历史事实与历史评价也不能等同。事实属于客观进程，评价属于关于事实价值的主体判断；事实属于"彼时彼地"，评价属于"此时此地"。从来不存在一个没有立场和观点的价值评价，价值评价，包括对历史事件、历史人物的评价，总是依据评价者的立场和观点的不同而不同。

所有的历史学家都宣称自己是客观的、公正的，尤其是那些所谓的纯粹学者更是如此。除非是御用的历史学家,有意歪曲历史的历史学家是极少的。但是,这并不能保证对历史事件、历史人物的评价都是客观的、公正的。对同一历史事件、历史人物的价值评价出现多样化甚至矛盾性,当然有不同主体的学术水平问题,但更多的是学术水平背后的利益问题。价值评价的主体总是自觉不自觉地代表着或体现着某种利益。"利益是如此强大有力,以至顺利地征服了马拉的笔、恐怖党的断头台、拿破仑的剑,以及教会的十字架和波旁王朝的纯血统。"①

在历史研究以至整个社会科学研究中,现实的利益关系以及政治立场,犹如一只"看不见的手"牵引着研究者的研究方向,从而使不同的主体对同一个历史事件、历史人物形成了不同的评价。比如,对秦皇汉武、唐宗宋祖、成吉思汗,毛泽东的评价显然不同于其他人的评价。在毛泽东看来,"惜秦皇汉武,略输文采。唐宗宋祖,稍逊风骚。一代天骄,成吉思汗,只识弯弓射大雕。俱往矣,数风流人物,还看今朝",这是以词的形式评价历史人物。

实际上,只叙述而不解释的历史学是不存在的,只摆事实而不讲道理的"历史学"不是历史学,而是史料学,可问题在于,纯粹史料的编排也必然渗透着史料编排者的价值观。抛弃价值判断去追求历史的真相,去理解和解释历史事件、历史人物,这是不可能的。历史研究不可能排除价值观,而特定的价值观形成是传统文化、政治立场、阶级状况、现实利益以一种不声不响的方式长期浸润和濡化的结果。历史学家如何评价历史事件、历史人物,形式上是自主的,实际上是被他的价值观和政治立场决定的。有的学者站在特定的政治立场上,仅仅依据曾国藩的道德文章而片面夸大甚至无限放大他在历史中的实际作用,并作出了不恰当的评价。而在我看来,曾国藩可能是清王朝的中兴名臣,但他绝不是中华民族救亡的中兴名臣。

对同一个客体,不同的主体会有不同的价值评价,但这并不是说,所有的价值评价都是合理的。要使价值评价具有合理性,一要正确认识客体的实际状况,二要正确认识主体的实际需要。合理的、真正具有价值的价值评价,必须尊重事实,以事实为基础。任何建立在歪曲事实甚至伪造事实基础上的价值评价,实际上是没有价值的价值评价。在这种价值评价中,历史事实变成了漂浮不定的泡沫。历史研究应该追求事实与价值的统一。事实必须求真,理

①《马克思恩格斯全集》第 2 卷,第 103 页。

解必须求理,在此基础上,使价值评价趋向合理,使价值评价真正具有价值。

对客体实际状况的正确认识,是形成合理的价值评价的前提。只有尽可能正确、深刻和全面地认识客观事物,才能确保价值认识的正确性、深刻性和全面性。每一事物的属性、成分等都不是单一的而是复合的。往往出现这样一种情况,即当我们利用事物的某种属性、成分满足人的某种需要时,事物的另一些属性、成分可能给人类带来不利甚至有害的后果,反之亦然。许多物质客体和精神客体在历史发展中往往表现出利与害、正价值与负价值相互交织的复杂情况。这就要求我们要全面认识客观事物的属性、成分,对其价值的正与负、大与小加以全面的历史的考察和科学的分析。否则,就会危害主体长远的、根本的利益,阻碍甚至破坏人类社会的发展。

对主体实际需要的正确认识,是形成合理的价值评价的必要条件。主体的实际需要在本质上是有利于主体生存和发展的东西,仅凭情感和直觉往往难以把握主体的实际需要。人的主观情感往往偏爱某种东西,认为它对自己有较大的价值。但是,如果人们没有真正了解自己的实际需要,就往往会以暂时的某种满足损害长远的、根本的利益。因此,主体为了形成科学的、合理的价值评价,在认识对象的同时需要正确理解和认识自身的实际需要。

认识主体的实际需要,并不意味着只认识某些个人或群体的私利和要求。只有那些既有利于社会主体生存和发展,又对个人主体、群体主体有意义的需要,才是真正符合主体利益的需要。强调社会主体的利益,并不是否认价值评价的多样性。人的需要是丰富、具体和多样的,各种物质客体和精神客体的属性也是多方面的,因而可以在不同方面满足人的不同需要。只要人们作出的价值判断、价值选择是合理的,即不损害和有悖于社会主体的根本利益,不违背社会发展规律,那么,价值评价越丰富,就越有助于人的全面发展。

三、价值观念:对价值关系的观念把握

与价值评价密切相关的是价值观。所谓价值观,就是指人们基于生存和发展的需要,对事物的价值的根本看法,是关于如何区分好与坏、善与恶、符合意愿与违背意愿的总体观念,是关于应该做什么和不应该做什么的基本原则。作为解答人与世界关系的世界观,哲学不仅要回答人与世界的关系是什么的问题,而且要回答人与世界的关系应当怎么样的问题。前者属于真理观,后者

属于价值观。在这个意义上,哲学是真理观和价值观的统一。

同世界观或人生观一样,价值观具有广泛性,涉及社会生活的各个领域:在人与自然的关系中,有对实践活动和认识活动成果的评价;在人与社会的关系中,有对社会关系和社会制度的评价;在人与自我的关系中,有对自我价值和社会价值的评价,如此等等。任何一种价值评价都有自己特殊的标准和基本原则。就内容而言,价值观的根本是价值原则。有什么样的价值原则,就会有什么样的价值规范和价值理想,价值原则规定了价值观的性质。基督教的价值观以上帝为价值原则,并将之作为衡量一切价值的标准。个人主义的价值观以个人利益为价值原则,并将之作为评判其他一切价值的根据。马克思主义的价值观以个人与社会的统一为价值原则,以每个人的全面而自由的发展为最高价值。

价值原则总是渗透在价值规范中。我们经常说"规范",实际上,规范的本意就是规则、标准或尺度,明确规定人应该怎样,不应该怎样。价值规范包括风俗习惯、伦理道德、政治法律等等,任何价值观都要通过价值规范具体化为如何行动的规范,才能引导人们的活动。有什么样的价值原则,就有什么样的价值规范。

确定的价值原则、价值规范必然导致确定的价值理想。价值理想是人们所追求的、具有现实可能性和合乎自己愿望的目标,它以对未来应然状态的规定和把握为内容。价值理想和价值信念、价值信仰属于同一序列的范畴。价值信念是关于价值理想的信念,是人们对价值理想抱有深刻信任感的精神状态;价值信仰则不仅表示人们对价值理想的认同,而且还意味着感情的皈依、真诚的信奉,表现了主体的最高价值追求。价值原则、价值规范、价值理想都属于价值观的内容。

价值观与价值关系既有联系又有区别。价值关系是一种客观的社会关系,是人与物、人与人之间的实际的利益关系。利与害、好与坏、得与失等都不是单纯的主体的自我感受,而是实际的利益关系。比如,一个奴隶可以满足自己的奴隶地位,但并不能因此改变奴隶与奴隶主的价值关系,改变奴隶与奴隶制的价值关系。价值观则是在一定的历史条件和文化背景下,不同的人对价值关系的理解和把握。换句话说,价值观念不同于价值关系,价值关系是客观的社会关系,价值观念则是人们对客观的价值关系的观念把握。

价值关系之所以是客观的,关键在于这种关系依存的对象的客观性。例如,水对人的价值是不言而喻的,没有水,人就不可能生存,水资源的危机实际上是人的危机。之所以如此,取决于水具有满足人的需要的物理、化学特性。如果没有水,人就会以死亡为代价表明人与水之间价值关系的客观性。同时,只有对象的客观属性还不能构成价值关系,人与事物之间要构成价值关系,还必须有人的特定的需要。没有人对水的需要,人与水之间就不可能形成价值关系。没有资本对劳动力的需要,没有工人就业的需要,资本家与工人之间的价值关系同样不能成立。人们的价值观的形成恰恰依赖于对自身需要的把握。

人们正是基于意识到的需要对各种价值关系进行判断、反思和整合,才形成了价值观。不同的人有不同的需要和自我意识,从而形成不同的价值观。人的需要的多层次性,决定了价值观的多层次性;人的需要的社会性,决定了价值观的社会性;人的需要的历史性,决定了价值观的历史性。不存在一个抽象的、永恒不变的、适应于任何时代、任何民族、任何阶级的价值观。

价值观是人们在实际需要的驱动下,在自我意识的引导下,在实践活动的基础上形成的。每一个时代的价值观都是当时的物质生活方式、政治法律制度、观念文化传统等因素濡染、熏陶和塑造的结果。任何一个社会都是一方面通过法律、舆论和教育,有目的、有计划地把主导价值观、核心价值观灌输给每个社会成员;另一方面通过文化传统,将主导价值观、核心价值观在潜移默化中传递给每个社会成员,从而促使他们形成共同的价值观。个人接受社会主导价值观或核心价值观的过程,实际上就是通过自己的实践活动和人生经验对之加以选择和内化的过程。没有这种体会、理解、选择、接受、认同和内化,社会所提供的主导价值观、核心价值观就只能成为外在的规范,而不能成为人们自觉的价值意识。

在日常生活中,价值观构成了个人的心理定势。社会总是通过主导价值观、核心价值观告诉人们能做什么,不能做什么,从而为人们的社会活动、日常生活提供规则、标准和模式。通过主导价值观、核心价值观,特定的社会不仅为自身提供了价值理想和奋斗目标,引领社会发展方向,而且影响个人的价值取向,引导个体的价值选择和活动方向。所以,每一个社会都要确立自己独特的主导价值观、核心价值观,它造就一种氛围,形成一种力量,并通过多种渠道使这种价值观转化成为社会成员的个人价值观,形成社会的共同价值观,从而为人们提供共同的价值原则、价值规范、价值理想,形成共同的追求。

现实的价值观主要取决于不同人的社会地位,这种社会地位同时就是人们在价值关系中的地位。所以,任何一个社会都存在着多种价值观,它们反映了人们多样的生存条件、活动方式和利益关系。这种种不同的价值观之间存在着矛盾和冲突。价值观的冲突表现为个人与个人、个人与群体,以及群体与群体之间的价值观冲突,在效率与公平、自由与平等、利益与道义等一系列重要问题上,不同的民族、阶级、阶层以至个人往往有不同的乃至相反的看法。即使同一个民族、阶级、阶层以至个人在不同领域、不同方面的价值取向上也往往呈现出多变性和矛盾性。

但是,社会地位相同,价值观不一定就相同。同样是处于被剥削地位的工人,有起来反抗雇佣劳动制度的工人,有满足自己雇佣劳动地位的工人,也有赞美雇佣劳动制度的工人,他们的社会地位相同,但价值观念不一定相同。在阶级社会中,被剥削者接受剥削阶级的价值观念是普遍现象,在这种社会制度下利益受损的人反而赞美这种社会制度的现象也不罕见。之所以如此,是因为价值观与价值关系既有联系又有区别。价值观是人们对事物进行价值判断的尺度,属于主观的思想领域;价值关系是人们之间实际的利益关系,属于客观的社会关系。人们的价值观可能正确地反映了价值关系,也可能歪曲地反映了价值关系,二者并不是绝对一致的。实际上,价值观的形成是包括价值关系、经济关系、传统文化和社会教育积淀在内的复杂过程。

价值观的多样性及其冲突,往往带来价值失序的问题。因此,面对不同价值观之间的冲突,社会需要积极地进行共同价值观、核心价值观的建设。

任何社会都要提倡共同的价值观,这个共同的价值观实际上就是统治阶级的价值观。处于统治地位的阶级利用自己掌握的教育、舆论、宣传工具,进行日积月累、代代相传的有形和无形的思想灌输,从而使自己的价值观成为社会的主导价值观,并力图使之成为社会的共同价值观。儒家价值观在中国封建社会中长期处于主导地位,就与长期以来封建社会统治者的倡导,与整个封建社会的教育,尤其是与科举制度和官吏任用的标准密不可分。"统治阶级的思想在每一时代都是占统治地位的思想。这就是说,一个阶级是社会上占统治地位的物质力量,同时也是社会上占统治地位的精神力量。支配着物质生产资料的阶级,同时也支配着精神生产的资料,因此,那些没有精神生产资料的人的思想,一般地是受统治阶级支配的。占统治地位的思想不过是占统治地位的物质关系在观念上的表现,不过是表现为思想的占统治地位的物质关系;因而,这就是那些使某一个阶级成为统治阶级的各种关系的表现,因而这也就是这个阶级的统治的思想。"①

任何社会都有自己的核心价值观。一个存在着多种价值观的社会,必须建设一个同经济基础以及政治制度相适应,并能促成广泛社会共识的核心价值观,从而提供共同的思想道德基础,凝聚社会的意志和力量,引领社会发展的方向。任何社会的核心价值观体现的都是该社会的本质特征和核心利益。中国封建社会的核心价值观,就是儒家的忠孝仁爱、礼义廉耻。资本主义社会的核心价值观,就是私有财产神圣不可侵犯,以及以此为基础的个人本位。维护资本主义私有制既是资本主义国家机器、资本主义法律体系的核心任务,也是资本主义价值观的核心。

社会形态的变化同时也就是核心价值、核心价值观的变化。由资本主义转变为社会主义是社会形态的根本变革,这一变革在价值观上的标志,就是核心价值的变化。我们应当明白,社会主义社会的核心价值与以往社会的核心价值不存在继承的问题,因为社会主义对资本主义的变革,同时也是对资本主义以及封建主义核心价值的变革;我们应当注意,不能简单地移用西方资本主义社会、中国封建社会现成的核心价值观,因为它们不能体现社会主义的本质特征和核心利益。社会主义核心价值观应该也必须体现社会主义的本质特征和核心利益。

四、价值原则:人的内在尺度的外在表现

从总体上看,人类活动就是以创造价值和追求真理、以实现自我发展为主题,和真理原则一样,价值原则因此也构成了人类活动的基本原则。价值原则与真理原则这两大原则,根源于人类活动的两个尺度。马克思指出:"动物只是按照它所属的那个种的尺度和需要来建造,而人却懂得按照任何一个种的尺度来进行生产,并且懂得怎样处处都把内在的尺度运用到对象上去。"②马克思在这里所说的尺度是指规定性、规律性。"任何一个种的尺度"是指对象、客体的规定和规律;"内在尺度"则是指人、主体自身的规定和规律。

①《马克思恩格斯全集》第3卷,第52页。
②《马克思恩格斯全集》第42卷,第97页。

人不仅具有对象意识,能够认识、把握对象的本性和规律,这是外在的物的尺度;同时人又具有自我意识,又能够认识、把握自身的本质和规律,这是人的内在的尺度。人不同于动物。"人和绵羊不同的地方只是在于:意识代替了他的本能,或者说他的本能是被意识到了的本能。"①"动物和它的生命活动是直接同一的。动物不把自己同自己的生命活动区别开来。它就是这种生命活动。人则使自己的生命活动本身变成自己的意志和意识的对象。他的生命活动是有意识的……有意识的生命活动把人同动物的生命活动直接区别开来。"②人之所以不同于并高于动物,是因为人既有对象意识,又有自我意识,能够认识和把握物的尺度与人的尺度这两个尺度,并在实践活动中把二者自觉地结合起来。从根本上说,实践就是人以"人的方式"来改造"物的方式",使"物的方式"服务于"人的方式"的活动。

价值原则与真理原则是主体尺度和客体尺度在人的活动中的表现。人是实践的主体,一方面,主体必须认识客体,掌握和服从客体的本性和规律;另一方面,主体又要改变客体、重建客体,使客体为主体的需要和目的服务,这又必须把握主体自身的本性和规律。实践使客体与主体相互适应、相互转化,客体主体化,主体客体化。这两方面的规定和规律在人的观念中越来越明确,并贯彻到行为规则中去,就形成了人类活动的价值原则与真理原则,成为人类活动必然遵循的规范和准则。

人类活动的这两个基本原则的形成有一个从不自觉到自觉的过程,但价值意识与真理意识的萌芽却是人类与生俱来的。恩格斯曾这样描述过远古时代人类意识的发展过程:"随着手的发展,头脑也一步一步地发展起来,首先产生了对影响某些个别的实际效益的条件的意识,而后来在处境较好的民族中间,则由此产生了对制约着这些条件的自然规律的理解。"③这里所说的关于"实际效益"的意识和关于制约效益的规律的意识,就是人类的价值意识与真理意识的最初形态。在一定意义上说,人的实践和认识发展的历史,也就是价值原则与真理原则发展的历史。

在侧重点上,价值原则与真理原则是不同的,因而是有区别的:真理原则体现客体尺度的要求,要求人们在认识什么是真理时不能考虑人的主体需要

---

① 《马克思恩格斯全集》第 3 卷,第 35 页。
② 《马克思恩格斯全集》第 42 卷,第 96 页。
③ 《马克思恩格斯选集》第 4 卷,第 274 页。

和利益,而价值原则体现主体尺度的要求,要求人们在认识真理时必须考虑主体需要和利益;真理原则主要表明人的活动中的客观制约性,而价值原则主要表明人的活动中的主观目的性;真理原则是社会活动中的统一性原则,价值原则是社会活动中的多样化原则;真理是一元的,真理本身没有主体的差别,而价值是多元的,不同的主体有不同的需要、不同的价值要求和价值选择。

价值原则与真理原则的差异性,说明创造价值与追求真理之间具有矛盾性。这种矛盾性,一方面给人类的生活、活动造成了困难,另一方面,这个矛盾的不断解决又不断地推动着人本身的发展和社会的进步。我们既要看到价值原则与真理原则对立的一面,又要看到二者统一的一面。价值原则与真理原则之间的矛盾是人类活动的内在矛盾,价值原则与真理原则的统一是人类活动的内在要求。

价值原则与真理原则在人的活动中相互引导。在人类活动中,人们总是不断从价值走向真理,从真理走向价值。真理从被发现到进一步具体化和完善化,是朝着更深刻、更全面理解人的生活条件和人本身价值的方向发展的,这表明真理的发展趋向于价值。人们对客观世界有了新的正确认识,就会提出和实现新的价值目标。反过来,人们对价值的不断追求,又会引起对制约实际效益的客观条件和规律的探索,从而从价值走向真理。价值原则与真理原则统一的根据就在人的实践活动之中。作为同一活动的两个方面,失去任何一个方面,都会使人的活动偏离正确的轨道。当然,人们的每项具体活动不一定都能实现价值原则与真理原则的完美结合,尤其是在阶级社会中,价值原则与真理原则的背离更是时常发生,但是,人类需要也能够通过自我调节来解决价值原则与真理原则的冲突,从而以某种方式使二者达到某种程度的统一。

价值原则与真理原则的统一性是在人们的具体的活动中实现的。每当价值选择与真理原则发生冲突时,就需要主体调节自己的活动。一般说来,这种调节总是要使价值服从真理,使需要服从可能。实践是具体的,在实践的基础上人们认识和发现的真理也是具体的,相应提出的价值要求以及价值所能实现的范围、程度等同样是具体的,由此决定了价值与真理的统一也必然是具体的。人们不可能一次就穷尽对真理的认识,也不可能通过一次实践就能满足自己的全部价值要求。这些都体现出价值与真理相统一的具体性。

在一定意义上说,人类社会的发展史就是价值原则与真理原则矛盾运动的历史。人们一方面以真理性为基础去追求价值,追求物对人的有用性,另一方面以价值为动力去寻求真理,促进人对客观世界的认识更加深刻、更加完备。正是在价值原则与真理原则相互作用、相互引导的过程中,人类不断地从必然王国走向自由王国。在物质生产领域,"自由只能是:社会化的人,联合起来的生产者,将合理地调节他们和自然之间的物质变换,把它置于他们的共同控制之下,而不让它作为盲目的力量来统治自己;靠消耗最小的力量,在最无愧于和最适合于他们的人类本性的条件下来进行这种物质变换。但是不管怎样,这个领域始终是一个必然王国"。"自由王国只是在由必需和外在目的规定要做的劳动终止的地方才开始;因而按照事物的本性来说,它存在于真正物质生产领域的彼岸……在这个必然王国的彼岸,作为目的本身的人类能力的发挥,真正的自由王国,就开始了。但是,这个自由王国只有建立在必然王国的基础上,才能繁荣起来。"①

五、人的价值:创造价值的价值

人是社会的人,人在社会生活中的价值,就是人的价值。人的价值可以分为人的社会价值与个人价值,即人对社会的价值和对个人的价值。从根本上说,人的价值就在于,它是一种创造价值的价值。

人是历史的"剧中人",又是历史的"剧作者";人既依赖社会,又创造着社会。因此,人的价值首先是指人的社会价值,是指个人的创造活动对社会需要的满足和对社会的贡献。一个人对社会的贡献越大,他的社会价值越大;一个人对社会的贡献越小,他的社会价值就越小。对社会不承担任何责任,不作任何贡献的人,也就是没有社会价值的人。社会生活在本质上是实践的,从根本上说,一部社会史就是人的劳动史。在这个意义上,一个人劳动贡献、创造成果的大小标志着其社会价值的大小。

人的社会价值的实现有赖于其能力,在"心有余而力不足"时,人的社会价值难以实现。但是,人的社会价值又不是简单地取决于其能力的大小,重要的是取决于这种能力发挥的程度。人的能力总是有大有小,有的人虽然有能力,但不愿为社会付出,甚至"拔一毛而利天下,不为也";有的人能力虽小,但在社会需要时能够倾其全力。一个人的人格、品格如果是高尚的,他的劳动态度和

① 《马克思恩格斯全集》第25卷,第926—927页。

精神面貌为别人作出了榜样,他也就向社会提供了精神价值尤其是道德价值。一个人道德水平越高,表明他对社会作出的贡献越大,从而他的社会价值越大。毛泽东指出:"一个人能力有大小,但只要有这点精神,就是一个高尚的人,一个纯粹的人,一个有道德的人,一个脱离了低级趣味的人,一个有益于人民的人。"①因此,根据人的能力的发挥程度,而不是仅仅根据其是否具有能力来判断人的社会价值,具有重要的意义。

评价人的社会价值,就是要看人的活动及其结果是否满足了社会需要,以及在何种程度上满足了社会需要。个人是通过对社会的贡献来显示自己的社会价值的。所谓"人生的价值在于奉献",就是说人应该在对社会的贡献中实现和表现自己的社会价值。实际上,这是对人的价值评价的社会尺度。

价值是作为主体的人的活动的产物,物对人的意义实际上是人的活动对人自身的意义。人的个人价值是个人的活动对自身的意义,是个人通过自己的活动来满足自己的需要。一个人越是通过自己的活动来满足自己的需要,他的个人价值就越大;一个人越是依靠他人的活动来满足自己的需要,他的个人价值就越小。个人的自我实现也就是一种个人价值,当个人以自身为目的来创造价值时,这种活动就是实现个人自我价值的活动。个人只有通过参加社会活动才能满足自己的需要,实现自己的个人价值。

人的价值有潜在的和现实的两种形态。人的潜在价值是主体所具有的创造价值的潜能。人的潜能是人通过生物遗传和社会遗传方式获得的,是人自然进化和社会进化的积淀。人在实践中使自身的潜力发挥出来,变成创造客体价值的现实力量,人因此也就成为现实的主体而实现了自身的创造价值。创造价值的实践是人的潜在价值向现实价值转化的基础。

人的价值由潜在向现实的转化是有条件的。条件不同,人的价值实现的方式和程度也就不同。由于人们在社会关系中所处的地位不同,生活的社会环境不同,所受的教育程度不同等等,其价值的实现会呈现出复杂的情形。个人的先天禀赋即潜能的原始差别并不大,但在实现价值上的差别却往往很大甚至极其悬殊。在许多情况下,人的潜在价值会因缺乏实现的条件而泯灭。所以,考察人的价值的实现必须注重考察人的价值实现的社会条件,必须注意人的社会价值与个人价值的关系。

---

① 《毛泽东选集》第二卷,人民出版社 1991 年版,第 660 页。

社会价值与个人价值是人的价值的两个方面。人的社会价值是人对社会的意义,人的个人价值则是人对自身的意义。无疑,人应当实现自己的个人价值。但是,人自身意义的实现离不开社会。不管人们是否承认或意识到,人自身的意义或希望自身具有的意义,归根到底都是在他和社会的关系中所体现出来的意义,是对社会的意义。正如马克思所说,"人同自身的关系只有通过他同他人的关系,才成为对他说来是对象性的、现实的关系"①。

人的个人价值总是与人的社会价值相联系的,现实存在的只是与社会价值联系在一起的个人价值。在实现人的个人价值的过程中,看起来似乎只是个人的东西,实际上总是与他人有关,总是具有社会的性质。"甚至当我从事科学之类的活动,即从事一种我只是在很少情况下才能同别人直接交往的活动的时候,我也是社会的,因为我是作为人活动的。不仅我的活动所需的材料,甚至思想家用来进行活动的语言本身,都是作为社会的产品给予我的,而且我本身的存在就是社会的活动;因此,我从自身所做出的东西,是我从自身为社会做出的,并且意识到我自己是社会的存在物。"②任何个人都是在社会中生存和生活的,个人不可能脱离社会实现自我价值。

人的个人价值的实现离不开其社会价值。社会能够给予个人的东西,是人们自己创造和贡献出来的,在这里,贡献是前提;社会给予作出贡献的人以满足和尊重,只有为社会作出贡献的人,才配得到这种满足和尊重。心理学所讲的自尊心的核心,实际上就是对人的个人价值的判断。一个公平正义的社会对个人尊严的重视,归根到底是组成社会的个人对自身价值的肯定。社会的发展有赖于人们的贡献,只有贡献大于获取,社会才能发展。如果索取和享受大于贡献,社会则不可能存在下去。同时,只有在社会的不断发展中,人们才能得到越来越多的满足和享受。"活动和享受,无论就其内容或就其存在方式来说,都是社会的,是社会的活动和社会的享受。"③

个人的自我存在、自我发展与社会存在、社会发展互为前提。没有个人的存在,也就没有社会的存在,社会发展是无数个人自我发展的结果;反过来说,没有社会的存在,也就没有个人的存在,离开社会的发展,个人的发展就失去了基础和条件。"个人是社会存在物。因此,他的生命表现,即使不采取共同

① 《马克思恩格斯全集》第 42 卷,第 99 页。
② 《马克思恩格斯全集》第 42 卷,第 122 页。
③ 《马克思恩格斯全集》第 42 卷,第 121—122 页。

的、同其他人一起完成的生命表现这种直接形式,也是社会生活的表现和确证。"①个人只有在社会中,并且只有通过社会才能实现自己的个人价值。换言之,个人只有在推动社会发展的过程中,才能求得个人发展,实现自我价值。

所谓自我,是对人作为主体的肯定,人作为主体具有自我的特性;所谓自我实现,实际上是指人所做的一切都要由人来实现,而不是指凡人所做的一切都源于自我。人仅凭自我,什么也实现不了,"巧妇难为无米之炊"。日常生活中往往有一种"颠倒"的看法,似乎是因为某人是木匠,所以,他才会做家具,似乎是因为某人是教师,所以,他才会教书,似乎是因为某人是作家,所以,他才会写小说。实际情况正好相反。是因为某人做家具才成为木匠,是因为某人教书才成为教师,是因为某人从事写作才成为作家。

实际上,人要实现什么,首先就要获得什么。一个画家创作一幅画,不是他实现了自我的绘画才能,而是他把自己在学习和实践中获得的绘画才能实现出来了。一个人究竟是什么样的人,其特点体现在他的活动和被凝结为对象的产品之中,一个人的价值是在对象化的活动中自我确证的。人的一切都是由人来实现的。人具有能动性和创造性,能够把客观存在的可能性转化为自己的需求和目的,然后通过实践这种对象化的活动去实现,这就是真实的自我实现。

从根本上说,人与社会的关系决定了人只有在社会中,并且只有通过社会才能实现自己的个人价值。为社会奉献,为人类造福与个人的自我实现、自我完善并不冲突,相反,它是个人自我实现、自我完善的根本途径。"如果我们选择了最能为人类福利而劳动的职业,那么,重担就不能把我们压倒,因为这是为大家而献身;那时我们所感到的就不是可怜的、有限的、自私的乐趣,我们的幸福将属于千百万人,我们的事业将默默地、但是永恒发挥作用地存在下去,而面对我们的骨灰,高尚的人们将洒下热泪。"②马克思的这一至理名言深刻地说明了人的社会价值与个人价值的关系。"人们只有为同时代人的完美、为他们的幸福而工作,才能使自己也达到完美。"③人的社会价值与个人价值在本质上是统一的。离开了社会而高谈"我就是我",是貌似高深的无聊的废话。

---

① 《马克思恩格斯全集》第 42 卷,第 122—123 页。
② 《马克思恩格斯全集》第 40 卷,第 7 页。
③ 《马克思恩格斯全集》第 40 卷,第 7 页。

人的个人价值与社会价值的统一意味着目的与手段、权利与义务的统一。

　　个人价值是个人对自身的意义，意味着个人自身成为目的，同时，每个人都应是目的与手段的统一。马克思指出："每个人是手段同时又是目的，而且只有成为手段才能达到自己的目的，只有把自己当作自我目的才能成为手段。"①一个把自己作为目的的人，要在两个方面把自己作为手段：一是作为自己本身的手段，二是作为他人、社会的手段，在满足他人、社会需要的过程中满足自己的需要。"一个人的发展取决于和他直接或间接进行交往的其他一切人的发展"②，一个人只想当目的，不愿作手段，这是皇权思想；一个阶级只想当目的，不愿作手段，这是剥削阶级观念；整个人类只想当目的，不愿作手段，那就会陷入空想主义之中。

　　权利是对个人主体地位的社会确认，是个人在社会关系中应当享有的利益以及实现这种利益的权力。这种人权是社会对个人最基本需要的肯定和满足，也是个人价值的重要体现。人权并不是天赋的，而是个人作为特定社会成员的权利，是具体的历史的权利，"权利决不能超出社会的经济结构以及由经济结构制约的社会的文化发展"③。但是，有权利就必有义务，即个人在一定社会关系中对他人、社会应尽的责任。权利与义务不可分割，"没有无义务的权利，也没有无权利的义务"④。个人的权利，对社会、集体来说，则表现为对集体、社会的义务；个人的义务，相对于集体、社会来说，则表现为集体、社会的权利。这就是说，任何权利的实现都是以义务的履行为条件，任何权利主体都要承担相应的义务，承担相应的责任。

　　人的个人价值与社会价值的统一，表明人具有使命。"作为确定的人，现实的人，你就有规定，就有使命，就有任务，至于你是否意识到这一点，那都是无所谓的。这个任务是由于你的需要及其与现存世界的联系而产生的。"⑤人应该有使命意识。"天下兴亡，匹夫有责"所体现的就是一种使命意识。当然，并不是所有的人都能够意识到这一点。在我看来，能够意识到自己的社会角色和使命，力图改变被奴役地位的人，是自觉的人，是革命者；意识不到或根本

---

① 《马克思恩格斯全集》第 46 卷上，第 196 页。
② 《马克思恩格斯全集》第 3 卷，第 515 页。
③ 《马克思恩格斯选集》第 3 卷，第 305 页。
④ 《马克思恩格斯全集》第 16 卷，人民出版社 1964 年版，第 600 页。
⑤ 《马克思恩格斯全集》第 3 卷，第 328—329 页。

没有意识到自己的社会角色和使命,安于被奴役地位的人,是浑浑噩噩的人;而赞美这种被奴役地位的人,是彻头彻尾的奴才。实际上,这就是人活着为了什么的问题,是人生观和价值观的问题。

关于马克思世界历史理论的再思考

历史常常出现这样一种奇特的现象，即一个伟大思想家的某个理论以至整个学说往往在其身后，在经历了较长时间的历史运动之后，才真正显示出它的内在价值，引起人们的关注。马克思世界历史理论的历史命运就是如此。马克思的世界历史理论产生于19世纪，它在当时并未引起人们的关注。20世纪的历史运动以及传统的社会发展理论的困境使马克思世界历史理论的内在价值凸现出来了，人们不由自主地把目光转向马克思的世界历史理论，或者对这一理论本身进行深入研究，或者用这一理论研究当代世界的重大问题。其中，沃勒斯坦提出的世界体系理论产生了重大影响，并从一个侧面映现出马克思世界历史理论的当代意义。这里，我拟就马克思的世界历史理论作一新的考察和审视，以深化我们对马克思的社会发展理论的研究。

一、马克思的"世界历史"范畴的界定

马克思的社会发展理论是由众多范畴织成的理论之网。其中，"世界历史"这一范畴就是网上的纽结之一。理论界目前对马克思的世界历史理论已开始发掘与探讨，但对"世界历史"这一范畴本身的内涵，却很少加以辨析。实际上，马克思

的"世界历史"范畴有两种含义。

第一种含义，是指整个人类历史，也就是通常的、历史学意义的世界史。

在《1844年经济学哲学手稿》中，马克思指出："整个所谓世界历史不外是人通过人的劳动而诞生的过程。"①这一命题中的"世界历史"就是指整个人类历史。在《德意志意识形态》中，马克思在批判青年黑格尔派用宗教、概念说明人类历史时，以讽刺的语气评论说："至于他们的全部其他论断，只不过是进一步修饰他们的要求：想用这样一些微不足道的说明作出具有世界历史意义的发现。"②这里的"世界历史"一词也是指整个人类历史。

应当说，用"世界历史"一词表征整个人类历史，是常见的、流行的，甚至被学者们严格地确定下来。苏联著名历史学家茹科夫在其《历史方法论大纲》中明确指出："世界历史这一概念本身就总是引起一定的意见分歧或看法上的细微差别。我们把世界历史这一概念理解为整个人类所走过的道路。世界历史的任务，就是对人类社会从低级阶段向更高阶段前进运动的这一发展，给予概括的（但决不是抽象的）阐明。"③但是，我们应当看到，马克思用以表征整个人类历史的概念并不限于"世界历史"，更多的是使用"历史""一切历史""整个历史过程"等这些概念，如"历史不外是各个世代的依次交替""一切人类生存的第一个前提也就是一切历史的第一个前提""这些不同的条件……它们在整个历史发展过程中构成一个有联系的交往形式的序列"，等等。

第二种含义，是特指各民族、国家通过普遍交往，进入相互依赖、相互作用、相互制约状态，使世界整体化以来的历史。马克思世界历史理论中的"世界历史"，就是这一意义上的世界历史。

对于世界历史的这一种含义，马克思给予了特别的关注。在《德意志意识形态》中，马克思明确提出了，"历史向世界历史的转变"这一命题，并认为资产阶级"首次开创了世界历史，因为它使每个文明国家以及这些国家中的每一个人的需要的满足都依赖于整个世界，因为它消灭了各国以往自然形成的各国的孤立状态"④。在《共产党宣言》中，马克思指出："资产阶级，由于开拓了世

---

① 《马克思恩格斯全集》第42卷，第131页。
② 《马克思恩格斯选集》第1卷，第66页。
③ 〔苏〕茹科夫：《历史方法论大纲》，王瑾译，上海译文出版社1988年版，第142—143页。
④ 《马克思恩格斯全集》第3卷，第52、68页。

界市场,使一切国家的生产和消费都成为世界性的了"①,历史由此转变为世界历史。所以,在《〈政治经济学批判〉导言》中,马克思强调指出:"世界史不是过去一直存在的;作为世界史的历史是结果。"②

按照马克思的观点,随着世界历史的形成,人们便从"狭隘地域性的个人"转变为"世界历史性的个人",而"每一个单独的个人的解放的程度是与历史完全转变为世界历史的程度一致的",因此,"无产阶级只有在世界历史意义上才能存在,就像——它的事业——共产主义一般只有作为'世界历史性的'存在才有可能实现一样。而各个人的世界历史性的存在就意味着他们的存在是与世界历史直接相联系的"。③ 这就是说,个人的解放和共产主义的实现,都是在世界历史中完成的。

可见,在马克思的世界历史理论中,"世界历史"是与"世界市场"、人的解放和共产主义密切相关,并以"世界市场"为基础,以人的解放和共产主义为指向的。

但是,我们应当注意,共产主义并不是马克思从世界历史理论逻辑推导或演绎出来的,相反,马克思是从现实社会、物质实践出发去分析资本主义如何开创世界历史,并引发共产主义运动的。按照马克思的观点,"历史向世界历史的转变,不是'自我意识'、宇宙精神或者某个形而上学怪影的某种纯粹的抽象行动,而是纯粹物质的、可以通过经验证明的事实"④。正因为如此,马克思强调:"共产主义对我们说来不是应当确立的状况,不是现实应当与之相适应的理想。我们所称为共产主义的是那种消灭现存状况的现实的运动。这个运动的条件是由现有的前提产生的。"⑤这就是说,马克思是通过对资本主义的现存状况的分析提出世界历史理论,并得出共产主义结论的。

二、历史向世界历史的转变及其双重效应

世界历史是相对于民族的地域性以及民族历史而言的。人类历史首先在

---

① 《马克思恩格斯选集》第 1 卷,第 275—276 页。
② 《马克思恩格斯选集》第 2 卷,第 28 页。
③ 《马克思恩格斯全集》第 3 卷,第 42、40 页。
④ 《马克思恩格斯全集》第 3 卷,第 52 页。
⑤ 《马克思恩格斯全集》第 3 卷,第 40 页。

几个古老的民族那里取得其相应的独立起源,这些古老的民族一开始都是在各自的生活环境中获得各自的生存方式。由于地理条件的限制,民族之间的交往甚少,人类各大文明圈在相当长的时间内处于相互隔离的状态。尽管它们都处于转变与发展之中,但这些转变与发展基本上是在彼此隔离、互不干扰的情况下完成的。从总体上看,在资本主义之前,人们之间的交往还不具备普遍性,人类还处于世界历史的前史阶段。

历史向世界历史的转变是在生产力较为发展基础上人类交往普遍化的产物。资本主义生产方式区别于前资本主义生产方式的一个显著特征,就是它"具有国际的性质"。"资产阶级社会的真实任务是建立世界市场(至少是一个轮廓)和以这种市场为基础的生产。"①生产的社会化以及需求的扩大,驱使资产阶级奔走于全球各地,力图建立世界市场;大工业的建立、美洲的发现以及东印度和中国市场的发现,使世界市场得以形成。"资产阶级,由于开拓了世界市场,使一切国家的生产和消费都成为世界性的了","使每个文明国家以及这些国家中的每一个人的需要的满足都依赖于整个世界"。② 由此形成了世界市场,而世界市场的存在是世界历史得以形成的基础。历史向世界历史的转变就是以世界市场的形成为基础,伴随着资本主义生产方式的确立而得以实现的。

在这种历史条件下,能否建立新的工业、是否采用资本主义生产方式,就成为一切文明民族生命攸关的问题。民族的闭关自守状态再也不能从容地继续下去了,越来越多的民族都自觉或不自觉地卷入到普遍交往的行列之中。在经济交往的基础上,又形成了政治交往、文化交往,不但形成了世界市场,而且"形成了一种世界的文学"③。一句话,资产阶级"按照自己的面貌为自己创造出一个世界",在这个世界中,"过去那种地方的和民族的自给自足和闭关自守的状态,被各民族的各方面的互相往来和各方面的互相依赖所代替了"。④ 世界由此成为一个整体,历史转变为世界历史。

世界历史的形成标志着人类进入一个新的历史阶段,即各民族、国家进入全面相互依赖、相互作用、相互影响、相互制约的历史阶段。正是在这个意义

① 《马克思恩格斯全集》第 29 卷,人民出版社 1972 年版,第 348 页。
② 《马克思恩格斯选集》第 1 卷,第 275—276、114 页。
③ 《马克思恩格斯选集》第 1 卷,第 276 页。
④ 《马克思恩格斯选集》第 1 卷,第 276、276 页。

上,马克思认为,世界历史不是过去一直存在的,作为世界历史的历史是结果,而且,"各个相互影响的活动范围在这个发展进程中愈来愈扩大,各民族的原始闭关自守状态则由于日益完善的生产方式、交往以及因此自发地发展起来的各民族之间的分工而消灭得愈来愈彻底,历史也就在愈来愈大的程度上成为全世界的历史"①。

在世界历史形成之前,人类总体历史与具体民族历史之间的关系是一般和个别或普遍和特殊的关系。在具体民族的"个别""特殊"之中存在着人类历史的"一般""普遍",不同民族的历史发展以其个别的、特殊的发展形态体现出人类历史发展的一般规律或普遍规律。世界历史形成之后,人类总体历史与具体民族历史之间不仅具有一般和个别的关系,而且还具有了整体和部分的关系。世界历史并不是民族历史的简单相加,而是民族之间相互作用的"合力",是一种"系统值"。黑格尔和马克思都肯定了这一点。列宁明确指出:"世界历史是个整体,而各个民族是它的'器官'。"②正因为如此,世界历史形成之后,作为"器官"的民族、国家的发展不可避免地要受到世界历史这个"整体"的影响。

世界历史对民族历史的影响表现为交往行为的"相加"效应,即人们在交往中往往用自己的优势部分换取对自己不足部分的弥补,从而避免重复劳动的耗费,给自己的发展带来"爆发力"。"当交往只限于毗邻地区的时候,每一种发明在每一个地方都必须重新开始;一些纯粹偶然的事件,例如蛮族的入侵,甚至是通常的战争,都足以使一个具有发达生产力和有高度需求的国家处于一切都必须从头开始的境地。在历史发展的最初阶段,每天都在重新发明,而且每个地方都是单独进行的。"③世界历史的形成则使较为落后的民族不必一切"单独进行""从头开始""重新开始",而是可以以人类创造的最新成果为起点去创造更新的成果。"只有在交往具有世界性质,并以大工业为基础的时候,只有在一切民族都卷入竞争的时候,保存住已创造出来的生产力才有了保障。"④

世界历史对民族历史的影响还表现为,它使社会发展中的"跨越"现象,即

① 《马克思恩格斯全集》第 3 卷,第 51 页。
② 《列宁全集》第 55 卷,第 273 页。
③ 《马克思恩格斯全集》第 3 卷,第 61 页。
④ 《马克思恩格斯全集》第 3 卷,第 61—62 页。

跨越某种社会形态成为普遍现象。世界历史形成之前,社会发展中也出现过跨越现象,如日耳曼民族在征服罗马帝国之后,越过奴隶制,从原始社会直接走向封建社会。然而,这种跨越现象在世界历史形成之前毕竟是一种特殊现象。世界历史形成之后,社会发展中的跨越现象则成为一种普遍现象。在世界历史这个整体的影响下,在北美洲、大洋洲、非洲以至东欧,有的民族从奴隶社会、甚至从原始社会,直接走上了资本主义道路。

马克思指出:"在现实的历史上,雇佣劳动是从奴隶制和农奴制的解体中产生的,或者像在东方和斯拉夫各民族中那样是从公有制的崩溃中产生的,而在其最恰当的、划时代的、囊括了劳动的全部社会存在的形式中,雇佣劳动是从行会制度、等级制度、劳役和实物收入、作为农村副业的工业、仍为封建的小农业等等的衰亡中产生的。"而在美国,"资产阶级社会不是在封建制度的基础上发展起来的,而是从自身开始的;在那里,它不是表现为一个长达数百年的运动的遗留下来的结果,而是表现为一个新的运动的起点;在那里,国家和一切以往的国家的形成不同,从一开始就从属于资产阶级社会"①。

这里,马克思实际上概括了资本主义产生的四条道路:一是从封建制度的"衰亡"中产生;二是从奴隶制或农奴制的"解体"中产生;三是从原始公有制的"崩溃"中产生;四是"从自身开始"。其中,第一条道路是西欧资本主义产生的道路,也是资本主义产生的典型道路,第二、三、四条道路则是在世界历史影响下形成的。没有资产阶级开创的世界历史的存在,从奴隶制的"解体"和原始公有制的"崩溃"中绝不可能产生资本主义制度,美国也不可能"从自身开始"资本主义的历史进程。可见,在世界历史的背景中,不同的民族、国家在不同的时期和不同的地区,跨越了不同的社会形态,社会发展中的跨越现象由此成为一种普遍现象,社会发展加速了。在这个意义上,西方资产阶级在开创世界历史的进程中"充当了历史的不自觉的工具"。

然而,这只是问题的一个方面。另一方面,资产阶级开创世界历史的过程,实际上为自己创造出一个"中心—卫星"式的资本主义世界体系,即工业化国家是"中心",为"中心"发展工业服务的从事农业生产的地区是"卫星"。恩格斯形象地指出:"英国是农业世界的大工业中心,是工业太阳,日益增多的生

---

① 《马克思恩格斯全集》第 46 卷上,第 14、4 页。

产谷物和棉花的卫星都围着它运转。"①正是这样一个资本主义世界体系使"卫星"国处于停滞或畸形发展状态,从而又延滞了历史的发展进程。正因为如此,马克思提出要研究"生产的国际关系。国际分工。国际交换"。

马克思已经注意到,资本主义在开创世界历史的过程中"使未开化和半开化的国家从属于文明的国家。使农民的民族从属于资产阶级的民族,使东方从属于西方"②;已经注意到东方前资本主义国家已经成为西方资本主义国家工业产品的销售市场,同时又成为西方资本主义国家工业原料的供应地;已经注意到国际交换中的"不平等交换"问题,即"处在有利条件下的国家。在交换中以较少的劳动换回较多的劳动"③;已经注意到被强力纳入世界历史中的民族或国家所遭受的灾难具有了一种"特殊的悲惨的色彩",即既苦于资本主义的不发展,又苦于资本主义的发展,既苦于国内封建地主阶级的剥削,又苦于国外资产阶级的剥削;已经注意到在东方国家,西方资产阶级在"亚洲式的专制"的基础上建立了"欧洲式的专制",而"这两种专制结合起来要比萨尔赛达庙里任何狰狞的神像都更为可怕"④。

可见,在"中心—卫星"式的资本主义世界体系中,卫星国从属于中心国;中心国通过种种手段,包括不平等交换、政治上的专制,残酷地剥削卫星国,从而使经济本来就落后的卫星国仍然处于停滞、落后状态,或处于一种畸形的发展状态。换言之,中心国的发展是以卫星国的不发展或畸形发展为代价的。在马克思看来,这是一种使卫星国中的民族和个人"遭受流血与污秽、穷困与屈辱"才能达到的发展。这里,马克思世界历史理论的批判性跃然纸上。

可见,马克思的世界历史理论蕴含着资本主义世界体系问题,提出了世界市场以及"生产的国际关系。国际分工。国际交换"及其"不平等交换"的问题,提出了用社会主义革命支配"世界市场和现代生产力"的问题。这实际上为研究资本主义世界体系和"后发展"问题指出了方向,并提供了方法。可以说,用世界历史理论具体研究当代资本主义世界体系和"后发展"问题,这是马克思留给后辈马克思主义者的理论"遗训"。

---

① 《马克思恩格斯选集》第 4 卷,第 425 页。
② 《马克思恩格斯选集》第 1 卷,第 277 页。
③ 《马克思恩格斯全集》第 25 卷,第 265 页。
④ 《马克思恩格斯选集》第 1 卷,第 761 页。

三、在世界历史的背景中走向社会主义

如前所述,在马克思的世界历史理论中,共产主义、社会主义与世界历史具有内在的关联。在一定意义上说,马克思的共产主义学说是以世界历史理论为理论背景的。按照马克思的观点,共产主义不是"地域性"的,而是"世界性"的,它同"狭隘地域性的个人"转变为"世界历史性的个人"相适应,而"各个个人的世界历史性的存在就意味着他们的存在是与世界历史直接联系的"。"无产阶级只有在世界历史意义上才能存在,就像它的事业——共产主义一般只有作为'世界历史性的'存在才有可能实现一样。"①不仅如此,马克思还以世界历史为背景探讨俄国的社会主义革命,提出了跨越资本主义"卡夫丁峡谷"的设想。

按照马克思的观点,世界历史形成之后,各民族、国家的相互作用表现在各个方面,其深层结构则是生产力与生产关系矛盾运动的民族性和世界性的相互作用。所谓生产力与生产关系矛盾运动的民族性,是指生产力与生产关系的矛盾运动在不同民族或国家内具有不同的性质、结构和运行机制;生产力与生产关系矛盾运动的世界性是指,随着世界历史的形成,各民族或国家的生产力与生产关系矛盾运动便越出其狭隘地域,在世界的宏大背景中进行全面相互作用的整体运动。这是一种在世界历史的背景中形成的历史辩证法。

历史越是往前追溯,生产力与生产关系矛盾运动的民族性就越突出。在民族间的交往有了一定发展的条件下,原来在各民族那里"单独进行"的生产力与生产关系的矛盾运动之间便会产生相互作用。例如,日耳曼民族征服罗马帝国之后,被征服民族的较高生产力与征服者原来的生产关系产生相互作用,结果使日耳曼民族超越了奴隶制而直接建立封建制。所以,马克思认为,"封建主义决不是现成地从德国搬去的;它起源于蛮人在进行侵略时的军事组织中,而且这种组织只是在征服之后,由于被征服国家内遇到的生产力的影响才发展为现在的封建主义的"。之所以如此,是因为"定居下来的征服者所采纳的社会制度形式,应当适应于他们面临的生产力发展水平,如果起初没有这

---

① 《马克思恩格斯全集》第 3 卷,第 39、40 页。

种适应,那末社会制度形式就应当按照生产力而发生变化"①。这里,已经显露出生产力与生产关系矛盾运动的"世界性"的萌芽。

随着世界历史的形成,原来在各个民族或国家那里"单独进行"的生产力与生产关系的矛盾运动,便真正越出了民族或国家的疆域,具有了世界性。在生产力与生产关系矛盾运动的民族性和世界性的相互作用下,某些落后民族或国家内的生产力与生产关系的矛盾可能较快地达到激化的状态,并产生同发达国家"类似的矛盾"。正如马克思所说,一切历史冲突都根源于生产力与生产关系的矛盾,但是,"对于某一国家内冲突的发生来说,完全没有必要等这种矛盾在这个国家本身中发展到极端的地步。由于同工业比较发达的国家进行广泛的国际交往所引起的竞争,就足以使工业比较不发达的国家内产生类似的矛盾"②。正是在这种"类似的矛盾"的导引下,某些较为落后的民族或国家就不必重走发达资本主义国家的发展道路,而应抓住历史机遇,跨越资本主义"卡夫丁峡谷",直接走向社会主义。

在我看来,东方某些较为落后的国家之所以能够跨越资本主义社会而直接走向社会主义社会,其根源就在生产力与生产关系矛盾运动的民族性和世界性相互作用的辩证法。

就中国而言,中国是在20世纪中叶跨越了资本主义的"卡夫丁峡谷"而直接走向社会主义的。20世纪中叶,中国的生产力具有一个显著特点,即落后与先进并存,个体农业经济和手工业经济占90%,现代工业占10%。前者属于落后的生产力,"同古代相似",或者说"停留在古代";后者属于先进的生产力,而且较为集中,控制了国家的经济命脉。这两种生产力相互影响、相互制约,使中国的总体生产力具有二重性。正是这种二重化的经济运动决定了中国的未来发展具有两种可能性,即发展资本主义生产关系或建立社会主义生产关系。

中国国内的这种状况,本身就是世界历史以及资本主义生产方式内在矛盾对中国冲击、影响和渗透的结果。具体地说,中国是被西方资产阶级强行拖入世界历史运行轨道的,西方资产阶级的入侵在中国造成了双重效应:一方面,它造就了"新式工业",破坏了封建社会的基础,促进了资本主义的发展,就这一点而言,它"充当了历史的不自觉的工具";另一方面,它又勾结中国的封

---

① 《马克思恩格斯全集》第3卷,第83页。
② 《马克思恩格斯全集》第3卷,第83页。

建势力压迫中国资本主义的发展,实际上,西方资产阶级也不允许中国成为一个独立的资本主义国家。这似乎是一个矛盾,却是一个事实。西方资产阶级的自身利益决定了这一历史现象的产生。

问题还在于,20世纪中叶,西方资本主义生产方式的内在矛盾日益激化,这些"工业较发达的国家向工业较不发达的国家所显示的,只是后者未来的景象"①。同时,俄国社会主义革命又改变了世界历史的走向。在这种历史条件下,殖民地半殖民地的民族解放运动都自觉不自觉地与社会主义运动相呼应,从而形成一个历史整体,形成了"世界社会主义革命的时代"。中国革命正属于这个历史整体,并处在这个"世界社会主义革命的时代"之中。

中国生产力的二重性、西方资本主义生产方式内在矛盾对中国的冲击、影响和渗透,以及世界社会主义革命的新时代,这种国际国内条件结合在一起,使处在世界历史中的中国形成了社会主义革命的历史必然性,正是在这种特定的历史条件下,中国人民按照历史必然性而行动,从而跨越了资本主义社会,直接走向社会主义社会。这是一次合规律与合目的高度统一的自觉的、历史性选择。

中国社会发展道路的独特性并不是对人类总体历史发展顺序的否定,不能由此认为社会发展如瓶坠地,碎片四溅,没有确定的方向。从人类总体历史看,"五种社会形态"的确是依次更替的,封建社会的形成没有也不可能先于奴隶社会,资本主义社会的建立没有也不可能先于封建社会,社会主义社会的产生没有也不可能先于资本主义社会。正是在这个意义上,马克思指出:"无论哪一个社会形态,在它们所能容纳的全部生产力发挥出来以前,是决不会灭亡的;而新的更高的生产关系,在它的物质存在条件在旧社会的胎胞里成熟以前,是决不会出现的。"②中国社会发展的道路是独特的,但它的发展方向同人类总体历史的方向却是一致的。社会发展是多种因素共同作用的结果,但本质上是一元的。经济必然性,这是一条贯穿于全部人类历史进程并唯一能够使我们理解这个进程包括社会主义历史进程的红线。

在研究中国革命、中国道路、中国历史时,有的人总是不顾及历史必然性而沉湎于"如果……就……"的假言判断中。在他们看来,如果戊戌变法成功

①《马克思恩格斯选集》第2卷,第100页。
②《马克思恩格斯选集》第2卷,第33页。

了,今天的中国就如何如何;如果在 20 世纪中叶选择资本主义,今天的中国就如何如何。然而,历史运动有其内在逻辑,并不以"如果……就……"的公式为转移。实际上,对于历史研究来说,"如果……就……"的论断是永远不能被验证的,因而是没有科学意义的。沉湎在这种研究方式中,我们得到的就不是真实的历史,而是思辨的历史。这绝不是误认风车为妖魔的堂·吉诃德式的战斗,而是实实在在的两种历史观,即唯心主义历史观与唯物主义历史观的对立。

四、从马克思的世界历史理论到沃勒斯坦的世界体系理论

20 世纪中叶,一些殖民地、半殖民地国家赢得了政治独立,同时在社会发展道路上又选择了资本主义。按照西方现代化理论,现代化本质上是西方化,发展问题就实质而言,无非是非西方国家通过"西化"实现本国的现代化。然而,这些不发达国家在"西化"过程中并未走上现代化道路,甚至连原先那种不发达状态也未摆脱。于是,一批社会发展理论的研究者便把目光转向马克思,力图运用马克思的世界历史理论以及经济学理论来分析当代资本主义以及"后发展"问题。

1957 年,美国经济学家保罗·巴兰在其名著《增长的政治经济学》中明确指出:"世界资本主义体系形成了发达和不发达这两个对立的部分"[1],经济发达与不发达都是全球资本积累的产物。在巴兰看来,问题的关键在于,当代不发达国家的资本主义发展和发达国家历史上的资本主义发展具有不同的性质,因此,当代落后的资本主义国家不可能再沿着发达资本主义国家已经走过的路继续发展,只有经过社会革命才能形成利于社会发展的社会制度。

巴兰之后,德国的弗兰克提出了"不发达的发展"理论,对当代世界的不发达问题进行了系统研究。在弗兰克看来,当代的"不发达"并不是"原发"状态,而是"后发"过程。换言之,这种"不发达"是由于在资本主义世界体系中被发达国家剥削和控制所造成的一种扭曲的发展形式。"不发达并不是由于孤立于世界历史主流之外的那些地区中古老体制的存在和缺乏资本的原因所造成的。恰恰相反,不论过去或现在,造成不发达状态的正是造成经济发达(资本

---

① Paul A. Baran, *The Political Economy of Growth*, Monthly Review Press, 1957, p.32.

主义本身的发展)的同一个历史进程。"①

在弗兰克等人探讨的基础上,美国社会学家沃勒斯坦对当代资本主义体系作了整体研究,在 20 世纪 70—80 年代提出了世界体系理论。"世界体系"是沃勒斯坦研究当代社会发展的出发点,它打破了以国家为单位的分析框架,代之以全球性的总体分析。在沃勒斯坦看来,当代社会发展并非产生于抽象的社会中,而是产生于特定的世界体系中。"世界体系是一个社会体系,它具有范围、结构、成员集团、合理规则和凝聚力。"世界体系首先是一种世界经济,同时,又"具有有机体的特征,因为它具有生命期。在它的生命期中,它的特征在某些方面发展变化,而在另一些方面则保持稳定"②。一般来说,沃勒斯坦是把"世界体系"和"资本主义世界体系"当作同一概念使用的。

其一,沃勒斯坦从总体上把世界体系分为经济基础和上层建筑两大部分,并认为世界体系的基本结构是"世界经济体"(World-Economy)和"国际体系"(Interstate-System)。

按照沃勒斯坦的观点,由国际分工或世界性的区域分工组成的世界经济体构成世界体系的经济基础,世界体系首先是一个"经济体""采取了资本主义世界经济的形式",而"资本主义世界经济体是以世界范围的劳动分工为基础而建立的,在这种分工中,世界经济体的不同区域(我们名之为中心区域、半边缘区域和边缘区域)被派定承担特定的经济角色,发展出不同的阶级结构,因而使用不同的劳动控制方式,从世界经济体系的运转中获利也就不平等"③。

世界经济体的存在又必然要求形成一种有利于资本主义生产方式运行和发展的世界政治结构,这就是由主权国家所组成、以强国欺凌弱国为基本特征的"国际体系"。作为世界经济体的上层建筑,"国际体系"的形成和发展都取决于世界经济体的状况和要求。后者是自变量,前者是因变量。只有借助于这种国际体系,发达资本主义国家才能实现对发展中国家的经济剥削。

其二,沃勒斯坦认为,世界体系是一个整体,有其自身的发展规律,每个民

---

① 〔德〕安德列·冈德·弗兰克:《不发达的发展》,载〔英〕查尔斯·K·威尔伯主编:《发达与不发达问题的政治经济学》,高铦等译,中国社会科学出版社 1984 年版,第 151 页。

② 〔美〕沃勒斯坦:《现代世界体系》第一卷,罗荣渠等译,高等教育出版社 1998 年版,第 460 页。

③ 〔美〕沃勒斯坦:《现代世界体系》第一卷,第 6、194 页。

族或国家的发展都受到这一规律的制约和支配。

按照沃勒斯坦的观点,世界体系具有生物体的一般特征,是一个有其自身生命特征的社会机体,因而有着自己的运动规律。整体决定部分,正是这种整体运动规律决定了世界体系中的民族、国家的发展形式。发达和不发达,都不是各个国家自身的问题,而是世界体系整体发展在各个组成部分上的具体反映。因此,研究世界体系中的任何一个民族、国家的社会发展,首先必须确定这个民族、国家在这个体系中的位置,然后检验它在体系中的演化过程,以及体系其他部分在体系内运动的因果关系。

其三,沃勒斯坦认为,世界体系是"中心—半外围—外围"的动态结构。

按照沃勒斯坦的观点,资本主义生产方式本质上是一种世界体系,这一体系形成于16世纪的"欧洲世界经济"这一时期,西欧发达国家通过暴力分配世界市场,完成了资本原始积累;17—19世纪,西欧资本主义不断地扩大世界体系,在这个过程中,西欧发达国家成为这个体系的"中心",俄国成为"半外围",亚非国家则成为"外围";20世纪,"中心—半外围—外围"的关系扩展到全球范围,资本主义不断地把处于世界体系之外的民族、国家"转化"为世界体系的外围或半外围地区。

在沃勒斯坦看来,资本主义生产方式的本质就体现在这种"中心—半外围——外围"的关系中,处于外围的民族、国家本身可能处在前资本主义经济中,但由于它们与世界体系内部分工相联系,因而在总体上属于世界资本主义的一部分,"中心—半外围—外围"是当代资本主义体系的内在结构。更重要的是,在世界体系中,各个国家之间的经济交往实质上是世界资本主义的资本积累过程,西欧资本主义的资本原始积累只是资本积累过程的开端;在世界体系中,已经实现工业化的中心国,通过不平等交换剥削、掠夺非工业化国家,这是整个资本积累的过程,即世界资本主义的资本积累过程,外围国的不发达正是这种资本积累的产物;这种不平等交换、资本积累过程又使"中心—外围"结构不断地得以再生产,其中,"半外围"国家具有"中心"和"外围"的二重性,它或者发展成为中心国,或者落入外围国,而中心国也可能落入半外围国的行列。因此,"中心—半外围—外围"是一个动态结构。

其四,沃勒斯坦认为,当代社会主义是世界体系运动过程所决定的一种社会发展形式,同时,它又是当代世界体系中的"反体系力量"。

按照沃勒斯坦的观点,在世界体系中,经济较为落后的国家要改变其外围国的地位,必须走社会主义道路,当代社会主义本身就是不发达国家在世界体系中寻求再生之路而作出的一种反应;当代社会主义自身还不能构成一个体系,也无法回避世界资本主义经济体系的制约甚至支配,但社会主义本身又是"反体系力量",它可以改变本国与世界体系的政治关系,并凭借在国际政治中的地位来争取世界市场。

如前所述,马克思认为,资本主义生产方式本质上"具有国际性质",因此,代替资本主义的共产主义必然不是"地域性"的,而是"世界性"的,是世界历史性的存在。沃勒斯坦直接继承了马克思的这一观点,明确提出资本主义生产方式本质上是世界性的,因而资本主义的灭亡必然是世界性的,资本主义在世界范围内扩张的极限就是其灭亡的时间,社会主义代替资本主义是世界体系内在矛盾运动的必然结果,社会主义生产方式也只有在新的世界体系中才能得到全面实现。

可见,沃勒斯坦的世界体系理论是立足于马克思的世界历史理论基础之上,同时又拓展和深化了马克思的世界历史理论:对当代世界的发达和不发达的并存状况进行了系统研究,深化并具体化了马克思关于"生产的国际关系"构想;把马克思的生产价格理论扩展到国际生产价格的研究中,揭示了世界资本主义的整体发展规律;把马克思的一国资本积累理论扩展到世界资本积累的领域,进一步揭示资本主义世界体系形成的内在机制。

沃勒斯坦的世界体系理论当然有其局限性,有值得商榷之处,但无论如何,沃勒斯坦运用了马克思主义的理论和方法分析当代资本主义世界体系,这一点却是无疑的。实际上,沃勒斯坦的世界体系理论代表着运用马克思的世界历史理论、经济学理论分析社会发展的理论趋势。正因为如此,沃勒斯坦的世界体系理论被称为"雄心勃勃的具有马克思主义色彩的理论",是"20世纪80年代的马克思主义"。

关于马克思东方社会理论的再思考

马克思在创立唯物主义历史观的过程中,其最初的立足点无疑是西方社会。马克思力图通过剖析资本主义社会这个历史上最发达和最复杂的社会组织,来揭示人类社会发展的一般规律。19世纪50年代,当马克思完成了对西方资本主义社会的批判后,便把研究视野转向东方社会,开始剖析东方社会的社会结构,探讨东方社会的未来发展道路,并在批判西方"东方学"①的基础上创立了自己独特的东方社会理论。马克思的东方社会理论形成于19世纪中叶,但在20世纪重新发出"迷人的微笑",并成为一个世界性的课题。这里,我拟就马克思东方社会理论的基本问题作一新的考察和审视,以深化我们对马克思社会发展理论的研究。

---

① 从历史上看,"东方学"起源于英国和法国,第二次世界大战后,美国逐步在这一领域占据主导地位。就内容而言,"东方学"主要有两种含义:一是指一种学术研究的学科,无论是人类学、社会学,还是历史学、语言学,或是其他学科,只要是研究、书写东方问题的,都属于东方学;二是指一种权力话语方式,即西方用以控制、重建和统治东方的一种方式,体现着西方对东方的一种权力关系、支配关系和霸权关系。而且这两种意义上的"东方学"在内容上往往又是交织在一起的。萨义德(又作"赛义德")认为,"如果不将东方学作为一种话语来考察的话,我们就不可能很好地理解这一具有庞大体系的学科"(〔美〕萨义德:《东方学》,王宇根译,生活·读书·新知三联书店1999年版,第4页)。马克思主要是在"东方学"的第二种含义上分析、批判英国和法国的"东方学"的。

一、东方社会的社会结构和"亚细亚生产方式"之谜

在一般意义上,东方社会有两层含义:一是地理概念,指处于地球东半球的亚洲国家和传统的斯拉夫国家;二是经济、政治概念,指处于前资本主义阶段的民族或国家,以同西欧资本主义社会相对应。马克思通常是从经济、政治的角度界定东方社会,并以印度和中国作为东方社会的典型。马克思之所以把印度和中国作为东方社会的典型,是因为"从远古的时候起,在印度便产生了一种特殊的社会制度,即所谓村社制度,这种制度使每一个这样的小结合体都成为独立的组织,过着自己独特的生活"①。这体现了东方社会的根本特征;而中国则是东方社会的"活的化石",体现着"一切东方社会运动的共同特征"②。也正因为如此,马克思又称东方社会为"亚洲式""亚细亚式"的社会。

由于俄国在地理上向欧洲伸展,其斯拉夫文化具有欧洲渊源,同时,资本主义又有了一定程度的发展,所以,马克思有时称俄国为"半东方""半亚细亚"国家,但马克思更多的是从经济、政治发展的角度将俄国归为东方社会,认为俄国在经济、政治发展阶段上属于东方国家。列宁也认为,俄国是介于文明西欧与东方各国之间的国家③,并指出:俄国"一方面是最落后的土地占有制和最野蛮的乡村,另一方面又是最先进的工业资本主义和金融资本主义!"④,因而是一个"半东方""半亚洲式"的国家。但是,"俄国在许多重要方面无疑是一个亚洲国家,而且是一个最野蛮的、中世纪式的、丢人地落后的亚洲国家"⑤。

因此,在马克思的著作中涉及"东方社会"时,大都以印度、中国、俄国为蓝本。

马克思在《不列颠在印度统治的未来结果》一文中首次提出"亚洲式的社会"的概念,后在《〈政治经济学批判〉导言》中明确提出"东方社会"这一概念。与西方"东方学"不同,马克思在研究东方社会时,一开始就打破了"欧洲中心主义"的框架,从唯物主义历史观出发,对古代中国、印度、埃及、巴比伦社会和

---

① 《马克思恩格斯选集》第 1 卷,第 764 页。
② 《马克思恩格斯全集》第 15 卷,第 545 页。
③ 参见《列宁选集》第 4 卷,人民出版社 1995 年版,第 776 页。
④ 《列宁全集》第 16 卷,人民出版社 1988 年版,第 400 页。
⑤ 《列宁选集》第 2 卷,第 290 页。

古希腊罗马、西欧古代社会的各自特点与发展规律作了全面分析和比较研究，并首先着力于东方社会的土地所有制、经济结构、国家政权形式的研究。

在经济结构方面，马克思认为，东方社会不存在土地私有制。

在给恩格斯信中，马克思明确指出：东方社会"一切现象的基础是不存在土地私有制。这甚至是了解东方天国的一把真正的钥匙"①。恩格斯在给马克思的回信中也明确指出："不存在土地私有制，的确是了解整个东方的一把钥匙。这是东方全部政治史和宗教史的基础。"②按照马克思、恩格斯的观点，东方社会土地之所以不存在私有制有两点原因：

一是东方社会的地理环境所致。由于气候和土壤的性质，特别是由于大沙漠地带从撒哈拉经过阿拉伯、波斯、印度直到亚洲高原，东方社会农村生产的第一个条件就是人工灌溉。在当时，这一任务个人、村社无法完成，只能由国家来完成。

二是东方社会的文明程度，包括生产、交往水平过于落后所致。马克思指出："节省用水和共同用水是基本的要求，这种要求，在西方，例如在费兰德和意大利，曾使私人企业家结成自愿的联合；但是在东方，由于文明程度太低，幅员太大，不能产生自愿的联合，因而需要中央集权的政府来干预。""亚洲的一切政府都不能不执行一种经济职能，即举办公共工程的职能。"③

的确如此，历史越是往前追溯，地理环境对生产方式和社会发展的影响越大，古代埃及文明、巴比伦文明、印度文明和中国文明同尼罗河流域、两河流域、印度河流域和黄河流域就存在着某种联系。所以，在《德意志意识形态》中，马克思指出，要"深入研究各种自然条件——地质条件、地理条件、气候条件以及人们所遇到的其他条件"，并强调"任何历史记载都应当从这些自然基础以及它们在历史进程中由于人们的活动而发生的变更出发"。④ 在《资本论》中，马克思又指出："不同的公社在各自的自然环境中，找到不同的生产资料和不同的生活资料。因此，它们的生产方式、生活方式和产品，也就各不相同。"⑤

---

① 《马克思恩格斯全集》第 28 卷，人民出版社 1973 年版，第 256 页。
② 《马克思恩格斯全集》第 28 卷，第 260 页。
③ 《马克思恩格斯选集》第 1 卷，第 762 页。
④ 《马克思恩格斯选集》第 1 卷，第 23、23—24 页。
⑤ 《马克思恩格斯全集》第 23 卷，第 390 页。

正是从这一观点出发,马克思认为,东方社会特殊的地理环境以及文明发展程度过于落后造成其"没有私有土地的所有权",国家成为土地的"唯一所有者"。在这种所有制形式中,土地通过公社定期分配给各个家庭使用,不得转借、出让、买卖或传给家人。正是在这个意义上,马克思认为"在亚细亚形式中,不存在个人所有,只有个人占有"①,即不存在土地私有制。

在社会组织方面,马克思认为,东方社会以农村公社为社会细胞。

按照马克思的观点,东方社会的农村公社是"独立的组织,过着闭关自守的生活"。其特点就在于,生产仅限于自给自足,农业和手工业直接结合,从而成为阻碍东方社会商品经济发展的重要障碍;古代东方的城市,只是王公贵族的政治营垒和"经济结构上的赘疣",不是像古代西方的那种经济和工商业中心。所以,东方社会的商品经济极不发达,因而无力从根本上瓦解农村公社。农村公社不仅长期保存在"从印度到俄国"等东方国家不同的发展阶段,而且成为东方社会的基本单位。

在社会政治关系方面,马克思认为,东方社会普遍形成了君主至上的专制主义政体,即东方专制制度。

从思想史上看,作为观念的"东方专制主义"是亚里士多德创始的,作为概念的"东方专制主义"则是孟德斯鸠制定的。孟德斯鸠从其地理环境决定论出发,提出"亚细亚专制主义",这是"东方专制主义"的同义词。爱尔维修在其名著《论精神》中首次明确使用了"东方专制主义"这一术语,并从文明进步论出发分析了东方专制制度的形成和特征。之后,黑格尔从哲学的角度分析了东方专制主义,认为东方社会不存在与国家对立的集体或个人的权利,这是东方专制制度的真正基础。亚当·斯密注意到东方国家干预经济的大量记述材料,并从经济学角度分析了东方专制主义,认为租税合一、土地国有和政府关心公共工程造成了东方专制制度。

马克思也使用了"东方专制制度"这一概念,并从经济学、政治学、历史学、哲学多维视野探讨了东方专制制度形成的原因。按照马克思的观点,东方社会之所以在政治关系上表现为东方专制制度,主要有两点原因:

一是东方社会的土地公有制或国有制。与西方社会不同,在东方社会,国家既作为土地所有者,又作为主权者而同生产者相对立,地租和赋税合为一

---

① 《马克思恩格斯全集》第 46 卷上,第 481 页。

体,国家因此成为"最高的地主","主权就是在全国范围内集中的土地所有权"①,农村公社不是"世袭的占有者",土地通过公社定期分配给各个家庭使用。东方社会的土地公有制或国有制决定了其政治形成只能是以王权为中心的专制主义。恩格斯明确指出,"东方的专制制度是基于公有制"②。这就是说,东方社会的土地公有与农村公社的占有并不矛盾,相反,二者相辅相成;其经济结构上的土地公有制与政治关系上的专制主义也不矛盾,相反,前者构成了后者的基础。

二是东方社会的村社制度。作为一种地域性社会组织,农村公社打破了旧日的血缘组织,人们因土地的共同占有、使用联合起来;同时,农村公社过着闭关自守的生活,社会由此"分解为许多模样相同而互不联系的原子"。在这种形式的经济联合中产生了规模庞大的管理社会公共工程的需求,东方社会的国家正是适应这种需求而产生和发展起来的。"印度人民也像所有东方人一样,把他们的农业和商业所凭借的主要条件即大规模公共工程交给政府去管。"③农村公社的孤立性、分散性,使得公社成员思想保守、力量分散,从而使统治者无所顾忌地实行专制统治,总是把集权制度矗立在公社上面。"各个公社相互间这种完全隔绝的状态,在全国造成虽然相同但绝非共同的利益,这就是东方专制制度的自然基础。"④"这些田园风味的农村公社不管看起来怎样祥和无害,却始终是东方专制制度的牢固基础。"⑤

可以看出,东方专制制度的产生与私有制没有直接的联系。这既是东方社会的特征之一,又是国家起源的另一条途径。在东方社会,国家在全社会范围内管理农村公社,组织农村公社从事跨村社的大规模的社会公共工程,国家的政治统治以执行社会职能为基础,而且这种政治统治只有执行了社会职能才能长久地保持下去。所以,"在亚细亚各民族中起过非常重要作用的灌溉渠道,以及交通工具等等,就表现为更高的统一体,即高居于各小公社之上的专制政府的事业"⑥。换言之,执行社会职能以维持政治上的专制主义,这是东方

---

① 《马克思恩格斯全集》第25卷,第89页。
② 《马克思恩格斯全集》第20卷,第68页。
③ 《马克思恩格斯选集》第1卷,第764页。
④ 《马克思恩格斯全集》第18卷,人民出版社1964年版,第618页。
⑤ 《马克思恩格斯选集》第1卷,第765页。
⑥ 《马克思恩格斯全集》第46卷上,第474页。

专制制度的一个重要特征。

马克思不仅把土地公有、农村公社和国家专制"三位一体"看作东方社会的特征,而且关注东方社会的土地公有制在社会发展总序列中可能占据的地位,力图把东方社会与社会发展的总体进程联系起来进行考察。这里,关键问题就在于,如何理解马克思的"亚细亚生产方式"理论。

研读马克思的著作可以看出,马克思是在《〈政治经济学批判〉序言》中首次明确提出"亚细亚生产方式"这一概念的,在《资本论》及其手稿中对亚细亚生产方式进行了全面而深入的剖析。按照马克思的观点,亚细亚生产方式、古代生产方式和日耳曼生产方式都是"原始所有制"的具体形式,其共同特征在于:劳动的客观条件主要不是劳动的产物,而是作为自然界的土地;劳动的主体从属于某一部落,依附于一定的共同体。同时,亚细亚生产方式、古代生产方式和日耳曼生产方式又有各自的特征。

从土地所有制形式来看,在亚细亚生产方式中,不存在土地私有制,个人只是一块特定土地的占有者。在古代生产方式中,已经出现了土地私有制,存在着土地私有制和土地公有制双重形式,同时私人只有作为公社的成员才能分得一份土地。在日耳曼生产方式中,虽然也有公有地和私有地之分,但这种公有地同古代生产方式中的公有地不同,即它不是与私有地并列的国家的特殊经济成分,而是被个人所有者当作部落住地、猎场、牧场等共同使用的公共附属物。

从个体对共同体(公社)的依赖情况和社会结构来看,在亚细亚生产方式中,"共同体是实体,而个人则只不过是实体的附属物,或者是实体的纯粹天然的组成部分"①,国家则凌驾于一切小的共同体之上,是土地财产的更高或唯一的所有者。在古代生产方式中,公社成员和作为共同体的公社互相保障对方的存在,公社存在以拥有小土地的农民的存在为前提,公社保障独立的农民拥有小块土地;拥有小块土地的独立的农民存在,又以公社的存在为前提,农民之所以能拥有小块土地,是由于公社的保护,如果他离开公社,就会失去土地。在日耳曼生产方式中,共同体不是实体,而是存在于集会及其他共同活动之中,公社成员对共同体的依赖性很小。

这就是说,亚细亚的、古代的、日耳曼的生产方式,虽然都是所有制的原始

---

① 《马克思恩格斯全集》第46卷上,第474页。

形式,但又不是所有制的最原始形式,而是或多或少改变了形式的原始所有制。

最原始的所有制形式是什么样的? 马克思在 19 世纪 50 年代并不清楚这个最原始的所有制形式,亚细亚生产方式就是他当时心目中最早的所有制形式。情况的改变发生在马克思阅读了摩尔根的《古代社会》一书之后。1877年,摩尔根出版了《古代社会》一书。正是在这部著作中,摩尔根揭示了人类历史最原始的社会组织形式——建立在血缘关系上的氏族。在研究了摩尔根的《古代社会》之后,马克思终于发现、把握并明确指出了农村公社在社会发展总序列中的位置:"农业公社既然是原生的社会形态的最后阶段,所以它同时也是向次生的形态过渡的阶段,即以公有制为基础的社会向以私有制为基础的社会的过渡。不言而喻,次生的形态包括建立在奴隶制上和农奴制上的一系列社会。"①

从静态方面来考察,马克思把亚细亚、古代和日耳曼这三种生产方式并列看待,认为三者都属于原始所有制,都是从"原生的社会形态"向"次生的社会形态"过渡的形式;从动态方面来分析,即从"原生的社会形态"向"次生的社会形态"的转变过程来分析,马克思认为,亚细亚、古代和日耳曼这三种生产方式在时间上又是依次更替的。具体地说,亚细亚生产方式变化最小,在历史上并未产生出以土地私有制为基础的社会,所以,马克思把它看作社会经济形态演进的第一个阶段;古代生产方式在历史上派生出了奴隶制,所以,马克思把它放在社会经济形态演进的第二个阶段;在日耳曼生产方式中,公有土地表现为对私有土地的补充,而且这种生产方式在历史上通过征服直接发展出封建社会,所以,马克思把它作为社会经济形态演进的第三个阶段。正是在这种意义上,马克思认为,"大体说来,亚细亚的、古代的、封建的和现代资产阶级的生产方式可以看做是经济的社会形态演进的几个时代"②。

如果说马克思在 19 世纪 50 年代注意的是亚细亚生产方式的地域性特点的话,那么,在 60 年代末研读了德国著名历史学家毛勒的有关著作之后,他则强调亚细亚生产方式的普遍性,即这样一种以土地公有制为基础的社会形式不仅在亚洲存在过,而且在欧洲也曾经存在过。

①《马克思恩格斯全集》第 19 卷,人民出版社 1963 年版,第 450 页。
②《马克思恩格斯选集》第 2 卷,第 33 页。

在 1868 年 3 月 14 日致恩格斯的信中,马克思明确提出"欧洲各地的亚细亚的或印度的所有制形式都是原始形式"①这一命题。在 1873 年 3 月 22 日致丹尼尔逊的信中,马克思重申:农村公社土地占有制"在所有其他国家是自然地产生的,是各个自由民族发展的必然阶段"②。

在《资本论》第 1 卷中,马克思再次指出"近来流传着一种可笑的偏见,认为原始的公社所有制是斯拉夫族特有的形式,甚至只是俄罗斯的形式,这种原始形式我们在罗马人、日耳曼人、克尔特人那里都可以见到,直到现在我们还能在印度人那里遇到这种形式的一整套图样,虽然其中一部分只剩下残迹了。仔细研究一下亚细亚的、尤其是印度的公社所有制形式,就会得到证明,从原始的公社所有制的不同形式中,怎样产生出它的解体的各种形式。例如,罗马和日耳曼的私人所有制的各种原型,就可以从印度的公社所有制的各种形式中推出来"③。尽管《资本论》第 1 卷的不同版本有许多改动,但这一段话马克思始终未作任何改动。这表明,亚细亚生产方式具有普遍性是马克思深思熟虑的观点。

由此可见,在马克思那里,"亚细亚生产方式"是一个历史概念。19 世纪50 年代,马克思把亚细亚生产方式看成一个地域性的"东方特有的形式";60—70 年代,马克思则把亚细亚生产方式看作原始公社公有制的遗存,认为这种生产方式不仅存在于亚洲,而且曾存在于欧洲,是人类社会早期发展阶段普遍存在的社会形式,它的出现和存在具有历史必然性。

二、东方社会的"停滞性"及其历史命运

在思想史上,赫尔德首先奠定了东方社会停滞论的基础,认为不存在土地私有制、君主专制和停滞不前是东方社会的三大特征。穆勒从赫尔德的观点出发,认为东方社会早已停止发展,其原因是个人相对国家而言缺少权利和财产安全。黑格尔实际上吸取了穆勒的观点,认为东方社会不存在与国家相对立的个人权利,用哲学的语言把东方社会的停滞状况概括为"没有历史的历史"。

---

① 《马克思恩格斯全集》第 32 卷,人民出版社1974 年版,第 43 页。
② 《马克思恩格斯全集》第 33 卷,人民出版社年版,第 577 页。
③ 《马克思恩格斯全集》第 23 卷,第 94—95 页。

赫尔德、穆勒、黑格尔等人的观点引起马克思的关注。在研究东方社会的过程中,马克思也提出了"东方社会的停滞性"这一命题,甚至认为中国像一个"保存在密闭棺材里的木乃伊",而"印度社会根本没有历史"。① 但是,马克思对东方社会停滞性的分析与赫尔德、穆勒、黑格尔的又有本质的不同。马克思所说的东方社会的"停滞性",主要是指东方社会的基本经济结构,而暂时舍弃了浮在经济结构表层之上的政治、文化的变迁乃至社会生产力水平某种程度的提高。换言之,马克思强调的是东方社会经济结构的"稳定性"。"这些自给自足的公社不断地按照同一形式把自己再生产出来;当它们偶然遭到破坏时,会在同一地点以同一名称再建立起来,这种公社的简单的生产机体,为揭示下面这个秘密提供了一把钥匙:亚洲各国不断瓦解、不断重建和经常改朝换代,与此截然相反,亚洲的社会却没有变化。这种社会的基本经济要素的结构,不为政治领域中的风暴所触动。"②在马克思看来,这就是一种"静止的社会状况"。

按照马克思的观点,导致东方社会经济结构稳定性和社会发展停滞性的直接原因,是东方社会内部农业和手工业牢固结合的自给自足的自然经济。而东方社会农业和手工业相结合的自然经济之所以长期存在,根本原因就在于东方社会的不同共同体之间缺乏相互之间的"外部交换""外部交往"。恩格斯指出:"古代自然形成的公社,在同外界的交往使它们内部产生财产上的差别从而开始解体以前,可以存在几千年,例如在印度人和斯拉夫人那里直到现在还是这样。"③

农业和手工业相结合的自然经济是一切民族历史发展的一个必然阶段。自然经济的瓦解,取决于为交换目的而进行的生产即商品生产的发展。从历史上看,无论是在东方,还是在西方,商品生产早在奴隶制时代就已经开始。但是,这一历史进程只有在西欧才最后完成,在东方社会则始终处于萌芽状态。造成这一状况的原因,当然有民族内部的分工问题。马克思是重视民族内部分工的,认为"某一民族内部的分工,首先引起工商业劳动和农业劳动的分离,从而也引起城乡的分离和城乡利益的对立。分工的进一步发展导致商

---

① 《马克思恩格斯选集》第 1 卷,第 692、767 页。
② 《马克思恩格斯全集》第 23 卷,第 396—397 页。
③ 《马克思恩格斯全集》第 20 卷,人民出版社 1971 年版,第 162 页。

业劳动和工业劳动的分离"①。同时,马克思又高度重视民族之间的外部交换对改变自然经济的决定性作用,明确指出:"不同的公社在各自的自然环境中,找到不同的生产资料和不同的生活资料。因此,它们的生产方式、生活方式和产品,也就各不相同。这种自然的差别,在公社互相接触时引起了产品的互相交换,从而使这些产品逐渐变成商品。"②

马克思的论述促使我们作出这样一个判断:真正意义上的社会分工是从外部交换开始的,即从那些最初表现为以自然差异为基础的不同共同体之间的交换开始,而共同体内部的分工则以外部交换的发展为前提。正如马克思所说,"这个分离过程的主要推动力是同其他公社交换商品"③。这就是说,如果缺少外部交换作为推动力,民族内部就不可能改变原有的自给自足状态。在马克思看来,东方社会所缺乏的正是这种外部交换。

东方社会之所以缺少"外部交换",是因为在东方社会产生了凌驾于一切小共同体之上的"最高的统一体"或"唯一的所有者"。如前所述,东方社会的重要特征之一是把经济活动的主要条件,即大规模的公共工程交给政府统一管理,这一特征在所有制上的反映便是国家成为唯一的土地所有者,"实际的公社却只不过表现为世袭的占有者"。在东方社会,国家组织公共工程的统一行动与农村公社的孤立性、消极性形成一种对立统一关系,国家组织公共工程并不是为了消除农村公社的孤立性、消极性,而是在维持和强化农村公社的这两大特征;同时,国家的兴衰又取决于能否组织好农村公社经济。正是在这种意义上,马克思认为,"公共工程是中央政府的事情"以及公社"有完全独立的组织,自己成为一个小天地",这是解释东方社会停滞性的"两种互相促进的情况"④。

可见,马克思是从土地公有制或国有制以及东方国家担负社会职能这一角度,来说明东方社会自然经济稳定性和社会发展停滞性的。应该说,东方社会的根本特征就是土地公有制或国有制。正是在这种意义上,马克思、恩格斯认为,"不存在土地私有制"是理解东方社会一切现象的钥匙。

由于不存在土地私有制,土地属于国家这个"最高的统一体",所以,国家

---

① 《马克思恩格斯全集》第 3 卷,第 24—45 页。
② 《马克思恩格斯全集》第 23 卷,第 390 页。
③ 《马克思恩格斯全集》第 23 卷,第 390 页。
④ 《马克思恩格斯全集》第 28 卷,第 271 页。

作为"地主"借以掠夺剩余产品的产品地租形式,成为导致东方社会停滞的又一个重要原因。在马克思看来,由于产品地租形式必须同一定种类的产品和生产本身相联系,由于对这种形式来说农业经济和家庭手工业的结合必不可少,由于产品地租是直接生产者被强制地、无偿地向土地所有者——国家提供的全部劳动,"因此,剩余产品不言而喻地属于这个最高的统一体"①,在直接生产者手中就根本没有可供交换的剩余产品。马克思精辟地指出了产品地租形式对东方社会"停滞性"所起的作用:"产品地租所达到的程度可以严重威胁劳动条件的再生产,生产资料本身的再生产,使生产的扩大或多或少成为不可能,并且迫使直接生产者只能得到最低限度的维持生存的生活资料。"②自给自足的自然经济以及它的产品地租形式"完全适合于为静止的社会状态提供基础,如像我们在亚洲看到的那样"③。

东方社会这种"稳定性""停滞性"在历史上保持得最持久、最顽固,但是,随着西方资产阶级的入侵以及各民族进入普遍交往的世界历史时代,东方社会的不同民族或国家开始面临着不同的历史命运。

首先,印度成为西方资产阶级的"猎获物",农村公社死于西方侵略者的铁蹄之下。按照马克思的观点,"英国则摧毁了印度社会的整个结构,而且至今还没有任何重新改建的迹象。印度人随着西方资产阶级对印度的殖民化,失掉了他们的旧世界而没有获得一个新世界"。西方资产阶级在印度"亚洲式的专制"的基础上建立起了"欧洲式的专制",这两种"专制的结合要比萨尔赛达庙里的狰狞的神像更为可怕"④。印度由此处于一种新的停滞之中,形成了"没有历史的历史"。"印度社会根本没有历史,至少没有为人所知的历史。我们通常所说的它的历史,不过是一个接着一个的入侵者的历史,他们就在这个一无抵抗、二无变化的社会的消极基础上建立了他们的帝国。"⑤

其次,中国在西方资本主义的冲击下显示出强大的"顽固性",同时又处于"解体的过程"。马克思极为关注中国在西方资本主义冲击下所表现的"顽固性"及其原因,明确指出:妨碍对华进口贸易迅速扩大的主要因素,是"那个依

①《马克思恩格斯全集》第46卷上,第473页。
②《马克思恩格斯全集》第25卷,第897页。
③《马克思恩格斯全集》第25卷,第897页。
④《马克思恩格斯选集》第1卷,第762、761页。
⑤《马克思恩格斯选集》第1卷,第767页。

靠着小农业与家庭工业相结合而存在的中国社会经济结构"①。在《资本论》中,马克思比较了印度和中国的经济结构面对西方资本主义的冲击所表现出来的共同点与不同点,认为在印度和中国,生产方式都是小农业和家庭手工业的结合,问题在于,"在印度,英国人曾经作为统治者和地租所有者,同时使用他们的直接的政治权力和经济权力,以便摧毁这种小规模的经济公社"②;在中国,这种摧毁"小规模的经济公社"的过程进行得极为缓慢,"因为在这里直接的政治权力没有给予帮助。因农业和手工制造业的直接结合而造成的巨大的节约和时间的节省,在这里对大工业产品进行了最顽强的抵抗"③。中国毕竟不同于印度,它并没有完全沦为殖民地。

"与外界完全隔绝曾是保存旧中国的首要条件,而当这种隔绝状态通过英国而为暴力所打破的时候,接踵而来的必然是解体的过程,正如小心保存在密闭棺材里的木乃伊一接触新鲜空气便必然要解体一样。"④英国的大炮"迫使天朝帝国与地上的世界接触",从而使"古老中国的末日正在迅速到来",这是一方面。另一方面,英国的大炮又促使中国人"觉悟到古老的中国遇到极大的危险","历史好像是首先要麻醉这个国家的人民,然后才能把他们从世代相传的愚昧状态中唤醒似的","中国的连绵不断的起义已经延续了约十年之久,现在汇合成了一场惊心动魄的革命",中国的革命将显示出"整个亚洲新纪元的曙光"。⑤

再次,俄国有可能跨越资本主义"卡夫丁峡谷",直接走上社会主义道路。这就是马克思设想的东方社会的第三种命运。按照马克思的观点,俄国既不像印度那样成为西方资本主义的"猎获物",也不像中国那样受到西方资本主义的强烈冲击,处于"解体的过程",同时,俄国的农村公社又不像西欧的农村公社那样,其内部的"私有制因素战胜集体制因素"。俄国农村公社的二重性及其与资本主义的同时代性,使其有可能在特定的国际环境中跨越资本主义的历史阶段,直接进入社会主义社会。这就是马克思晚年提出的跨越资本主义"卡夫丁峡谷"的设想。恩格斯甚至认为,"俄国是本世纪的法国,新的社

---

① 《马克思恩格斯全集》第 1 卷,第 755 页。
② 《马克思恩格斯全集》第 25 卷,第 373 页。
③ 《马克思恩格斯全集》第 25 卷,第 373 页。
④ 《马克思恩格斯选集》第 1 卷,第 692 页。
⑤ 《马克思恩格斯选集》第 1 卷,第 691、690、712 页。

改造的革命首创权理所当然地和合情合理地属于俄国"①。

三、跨越"卡夫丁峡谷"的设想及其方法论意义

如果说马克思对亚细亚生产方式的探寻,对东方社会"停滞性"的揭秘,关注的是东方社会的结构特征,那么,跨越资本主义"卡夫丁峡谷"的设想关注的则是东方社会的发展道路。为了说明俄国未来的发展道路,马克思从三个方面分析了俄国所处的历史条件。

从内部条件看,俄国农村公社具有二重性:"一方面,公有制以及公有制所造成的各种社会关系,使公社基础稳固,同时,房屋的私有、耕地的小块耕种和产品的私人占有又使个人获得发展。"②这种二重性是俄国农村公社强大生命力的源泉。土地公有制构成了集体生产和集体占有的基础,同时,俄国的历史传统与民族文化——心理结构说明,农村习惯于劳动组合关系,这便于他们从小土地经济过渡到集体经济。

从外部条件看,俄国并不是脱离世界而孤立存在的,它与西方资本主义处于同时代,必然要和西方资本主义发生联系。"俄国是在全国广大范围内把土地公社占有制保存下来的欧洲唯一的国家,同时,恰好又生存在现代的历史环境中,处在文化较高的时代,和资本主义生产所统治的世界市场联系在一起",因此,"俄国吸取这种生产方式的肯定成果,就有可能发展并改造它的农村公社的古代形式,而不必加以破坏(我顺便指出,俄国的共产主义所有制形式是古代类型的最现代的形式,而后者又经历过一系列的进化)"。③ 这就是说,当时西方资本主义已经有了充分发展,而处于世界历史行列中的俄国可以借助资本主义已有的经济成就,为直接走向社会主义提供物质条件。

从可能与现实的关系看,特殊的历史条件只是为俄国跨越资本主义"卡夫丁峡谷"提供了可能,要把这种可能变成现实,还需要一个重要条件,即进行社会革命。马克思当时提出需要两种革命:一种是俄国革命,因为当时俄国农村公社已经受到沙皇政府的破坏,处于瓦解过程之中,所以"要挽救俄国公社,就

---

① 《马克思恩格斯全集》第21卷,人民出版社1965年版,第540页。
② 《马克思恩格斯全集》第19卷,第434页。
③ 《马克思恩格斯全集》第19卷,第444页。

必须有俄国革命"①;另一种是西欧无产阶级革命,"假如俄国革命将成为西方无产阶级革命的信号而双方互相补充的话,那么现今的俄国土地公有制便成为共产主义发展的起点"②。

正是通过对俄国当时所处的历史条件进行综合分析,马克思提出了跨越资本主义"卡夫丁峡谷"的设想,即俄国公社的"情况非常特殊,在历史上没有先例。在整个欧洲,只有它是一个巨大的帝国内农村生活中占统治地位的组织形式。土地公有制赋予它以集体占有的自然基础,而它的历史环境(资本主义生产和它同时存在)又给予它以实现大规模组织起来的合作劳动的现成物质条件。因此,它可以不通过资本主义制度的卡夫丁峡谷,而吸取资本主义制度所取得的一切肯定成果"③。

当然,我注意到,马克思并不是一般地否认和反对俄国资本主义的发展,而是反对离开俄国的具体情况,把他在《资本论》中所揭示的西欧资本主义起源的规律简单地、机械地套用。所以,在给俄国女革命家查苏利奇的信中,马克思把《资本论》中关于资本主义起源的历史必然性"明确地限于西欧各国",并明确指出:"在'资本论'中所作的分析,既不包括赞成俄国农村公社有生命力的论据,也不包括反对农村公社有生命力的论据,但是,从我根据自己找到的原始材料所进行的专门研究中,我深信:这种农村公社是俄国社会新生的支点;可是要使它能发挥这种作用,首先必须肃清从各方面向它袭来的破坏性影响,然后保证它具备自由发展所必需的正常条件"④,即把它"引导到正常状态","直接变成现代社会所趋向的那种经济体系的出发点"⑤。

这就是说,马克思并没有否定俄国资本主义发展的可能性。按照马克思的观点,当时威胁着俄国农村公社生存的恰好是国家资本主义。"某种在国家帮助下靠牺牲农民哺育起来的资本主义是同公社对立的","威胁着俄国公社生命的不是历史的必然性,不是理论,而是国家的压迫,以及渗入公社内部的、也是由国家靠牺牲农民培养起来的资本家的剥削"。⑥ 实际上,马克思对俄国

① 《马克思恩格斯全集》第 19 卷,第 441 页。
② 《马克思恩格斯选集》第 1 卷,第 251 页。
③ 《马克思恩格斯全集》第 19 卷,第 451 页。
④ 《马克思恩格斯全集》第 19 卷,第 268、269 页。
⑤ 《马克思恩格斯全集》第 19 卷,第 451 页。
⑥ 《马克思恩格斯全集》第 19 卷,第 446 页。

避免资本主义前途的设想,只是揭示了一种历史的可能趋向,因为俄国当时既有超越资本主义发展阶段的可能性,同样也存在着发展资本主义的可能性。用马克思的话说,"或者是它所包含的私有制因素战胜集体所有制因素,或者是后者战胜前者。一切都取决于它所处的历史环境"①。

的确,马克思提出的跨越资本主义"卡夫丁峡谷"只是一种设想,而不是一个肯定的科学结论;只是指俄国在特定的历史环境中能够跨越资本主义的历史阶段,而不是说所有东方国家都可以跨越资本主义历史阶段;只是提出问题,而不是最终解决了问题。如果就事论事,马克思的跨越资本主义"卡夫丁峡谷"设想的意义的确是非常有限的,因为俄国最终没有避免资本主义的前途。在我看来,马克思关于俄国跨越资本主义"卡夫丁峡谷"设想的意义并不在这一设想本身,而是在于这一设想为我们提供了研究落后国家社会发展道路的科学方法论,这就是生产力与生产关系矛盾运动的民族性和世界性相互作用的辩证法。

生产力与生产关系矛盾运动的民族性是指,生产力与生产关系的矛盾运动在不同民族或国家那里具有不同的性质和运行机制;生产力与生产关系矛盾运动的世界性是指,随着世界历史的形成,各民族的生产力与生产关系矛盾运动便越出民族的狭隘地域,在世界历史的背景中进行全面相互作用的整体运动。正是在这种整体运动中,某些较落后国家内部的生产方式矛盾,即生产力与生产关系的矛盾往往加速走向激化状态,并有可能成为世界矛盾的焦点。正如马克思所说,一切历史冲突都根源于生产力与生产关系的矛盾,但是,"对于某一国家内冲突的发生来说,完全没有必要等这种矛盾在这个国家本身中发展到极端的地步。由于同工业比较发达的国家进行广泛的国际交往所引起的竞争,就足以使工业比较不发达的国家内产生类似的矛盾"②。正是在这种"类似的矛盾"的支配下,在发达国家的"历史启示"下,某些经济较为落后的国家有可能越过完整的资本主义阶段而直接走向社会主义。

马克思正是以生产力与生产关系矛盾运动的民族性和世界性相互作用的辩证法为方法论,从当时俄国农村公社的二重性、俄国资本主义已经得到一定程度的发展、西欧资本主义生产方式的内在矛盾,以及俄国和"现在世界的特

①《马克思恩格斯全集》第19卷,第435页。
②《马克思恩格斯全集》第3卷,第83页。

殊联结方式"这个现实出发,提出俄国可以跨越资本主义"卡夫丁峡谷"设想的。在我看来,马克思关于俄国跨越资本主义"卡夫丁峡谷"设想的意义,就在于为我们正确理解落后国家的社会发展道路问题提供了科学的方法论。

四、人文关怀的取向与历史尺度的坚守

生产力与生产关系和人及其活动密切相关。"生产力和社会关系——这二者是社会的个人发展的不同方面。"①这就是说,生产力不是外在于人及其活动的纯粹的物质力量,生产关系也不是超历史的预成的实体,二者都是人的实践活动的产物,本身就体现着人的本质力量,体现着"社会的个人发展"。生产力发展的历史也就是"个人本身力量发展的历史"②,发展生产力"也就是发展人类天性的财富这一目的本身"③。因此,当马克思用生产力与生产关系的矛盾运动来研究东方社会及其发展道路时,即强调历史必然性、确立历史尺度时,并没有否定价值尺度、伦理原则,而是把价值尺度、伦理原则置于历史尺度的基础之上。

正因为如此,马克思提出了两个相互关联的观点,即"从人的感情上来说"和"从历史观点来看",以此表征价值观与历史观、伦理尺度与历史尺度的统一。

马克思深切地关注着东方社会所遭受的特殊的悲惨命运,指出"从人的感情上来说,亲眼看到这无数辛勤经营的宗法制的祥和无害的社会组织一个个土崩瓦解,被投入苦海,亲眼看到它们的每个成员既丧失自己的古老形式的文明又丧失祖传的谋生手段,是会感到难过的"④。马克思怀着极大的义愤,从人道主义情怀出发,痛斥西方资产阶级对东方社会海盗式的掠夺行为,并揭露了西方资产阶级的野蛮本性和极端虚伪性:"当我们把目光从资产阶级文明的故乡转向殖民地的时候,资产阶级文明的极端伪善和它的野蛮本性就赤裸裸地呈现在我们面前,它在故乡还装出一副体面的样子,而在殖民地它就丝毫不加

---

① 《马克思恩格斯全集》第 46 卷下,第 219 页。
② 《马克思恩格斯全集》第 3 卷,第 81 页。
③ 《马克思恩格斯全集》第 26 卷Ⅱ,人民出版社 1973 年版,第 124 页。
④ 《马克思恩格斯选集》第 1 卷,第 765 页。

掩饰了。"①

按照马克思的观点，西方资产阶级在"亚洲式的专制"基础上建立起一种"欧洲式的专制"，使东方社会的"个人和整个民族遭受流血与污秽、穷苦与屈辱"，过着一种"失掉尊严的、停滞的、苟安的生活"。东方社会被西方资产阶级用暴力强行纳入到资本主义世界体系后同样遭受着灾难，而且这种灾难同过去所遭受的灾难相比，"在本质上属于另一种"，具有一种"特殊的悲惨的色彩"。具体地说，东方社会不仅遭受着历史遗留的灾难，而且遭受着现代的灾难，这是一种双重灾难；东方社会的人民不仅苦于国内封建地主阶级的剥削、压迫，而且苦于国外资产阶级的剥削、压迫，这是一种双重剥削、双重压迫。

马克思在探讨东方社会发展道路时无疑抱持着深切的人文关怀，深知生产力的发展必然导致旧的社会主体的衰落和新的社会主体的崛起。新的社会主体与生产力的发展相一致，其不仅追求自身的利益，而且把其他阶级的利益纳入到自己的利益体系之中，并使之从属于自己。人类整体利益的实现，不仅要以同生产力发展相一致的新的阶级利益的实现为中介，而且要以牺牲同生产力发展不一致的、有碍新的阶级利益实现的其他阶级的利益为代价。这种历史必然性不仅体现在民族或国家内部发展的历史进程中，而且体现在不同民族或国家外部交往的历史进程中，体现在资产阶级开创世界历史的进程中。

这是历史进步过程中的代价，难以避免，但人们可以"缩短和减轻"这种"分娩的痛苦"。所以，当马克思提出跨越资本主义"卡夫丁峡谷"的设想时，其出发点就是想使俄国的未来发展在"吸取资本主义制度所取得的一切肯定成果"的同时，避免资本主义制度所造成的"波折""痛苦"和"致命危机"，避免"对抗""冲突"和"灾难"的历史，尽量减少社会发展中的代价。如果俄国公社"在现在的形式下事先被引导到正常状态，那它就能直接变成现代社会所趋向的那种经济体系的出发点，不必自杀就能获得新的生命"②。

但是，马克思清醒地意识到西方资本主义社会在当时属于先进的社会形态，东方社会则是落后的社会形态，并明确指出："我们不应该忘记，这些田园风味的农村公社不管看起来怎样祥和无害，却始终是东方专制制度的牢固基础，它们使人的头脑局限在极小的范围内，成为迷信的驯服工具，成为传统规

---

① 《马克思恩格斯选集》第 1 卷，第 772 页。
② 《马克思恩格斯全集》第 19 卷，第 451 页。

则的奴隶,表现不出任何伟大的作为和历史首创精神。我们不应该忘记那些不开化的人的利己主义,他们把全部注意力集中在一块小得可怜的土地上,静静地看着一个个帝国的崩溃、各种难以形容的残暴行为和大城市居民的被屠杀,就像观看自然现象那样无动于衷;至于他们自己,只要哪个侵略者肯于垂顾他们一下,他们就成为这个侵略者的驯顺的猎获物。我们不应该忘记,这种有损尊严的、停滞不前的、单调苟安的生活,这种消极被动的生存,在另一方面反而产生了野性的、盲目的、放纵的破坏力量,甚至使杀生害命在印度斯坦成为一种宗教仪式。我们不应该忘记,这些小小的公社带着种姓划分和奴隶制度的污痕;它们使人屈服于外界环境,而不是把人提高为环境的主宰;它们把自动发展的社会状态变成了一成不变的自然命运,因而造成了对自然的野蛮的崇拜,从身为自然主宰的人竟然向猴子哈努曼和母牛撒巴拉虔诚地叩拜这个事实,就可以看出这种崇拜是多么糟蹋人了。"①这四个"我们不应该忘记"表明,"道德义愤"是马克思"从人的感情上"说的,它只是马克思看待西方资产阶级侵略东方社会的一个视角,另一个视角仍然是"历史观点"。

社会发展的物质基础是生产力,生产力是社会发展的最终决定力量,集中体现着社会发展,是社会进步的最高尺度。存在于某种生产关系、社会形态中的生产力如果能以其应有的速度向前发展,就表明这种生产关系、社会形态存在的必要性和价值;反之,则表明这种生产关系、社会形态已无继续存在的理由和价值。在此,任何道德的义愤都无济于事。道德尺度应该也必须服从历史尺度。正因为如此,马克思多次提出"从纯经济观点来看""从历史观点来看"东方问题,始终坚守历史尺度,并以此为基础评价东方社会的历史与现实,以及西方资产阶级对东方社会的侵略行为。

按照马克思的观点,西方资产阶级是在"极卑鄙的利益驱使"下入侵东方社会的,在主观上绝不是要使东方社会资本主义化,而是要使东方社会殖民化。

但是,马克思又注意到,在殖民化的过程中,西方资产阶级给东方社会"带去""导入"了新式工业,打破了东方社会的自然经济结构,在客观上造就了有利于东方社会发展工业文明和资本主义的条件,客观上"在亚洲造成了一场最大的,老实说也是亚洲历来仅有的一次社会革命",从而"充当了历史的不自觉

---

① 《马克思恩格斯选集》第 1 卷,第 765—766 页。

的工具"。"问题在于：如果亚洲的社会状况没有一个根本的革命，人类能不能完成自己的使命。如果不能，那么，英国不管是干出了多大的罪行，它在造成这个革命的时候，毕竟是充当了历史的不自觉的工具。"①正是在这个意义上，马克思指出："无论古老世界崩溃的情景对我们个人的感情是怎样难受，但是从历史观点来看，我们有权同歌德一起高唱：'既然痛苦是快乐的源泉，那又何必因痛苦而伤心？'。"②

　　正是从历史观点出发，东方社会的"崩溃"没有使马克思感到惋惜；对古老帝国的"死去"，马克思的态度极为冷峻。在东方社会与西方社会的冲突中，东方社会"激于道义""维护道德原则"，西方社会则"以发财的原则与之对抗"，以"获得贱买贵卖的特权"，结果是东方社会"崩溃"，古老的帝国"在这样一场殊死的决斗中死去"。伦理尺度与历史尺度在这里处于对立和离奇的冲突之中，社会进步伴之以民族灾难为代价，古老的东方社会以其惨痛的代价换取了某种社会进步。"这的确是一种悲剧，甚至诗人的幻想也永远不敢创造出这种离奇的悲剧题材。"③这里，马克思用"悲剧"这一范畴显示了东方社会与西方社会、封建主义与资本主义在进行"殊死的决斗"中难以避免的失败及其客观原因，从而说明伦理原则、人文关怀必须以历史尺度为基础。

　　在我看来，悲剧不仅是戏剧艺术的一种形式，不仅是一个美学范畴，而且是一种价值观、一种历史观，是对历史上的民族或个人的一种评价尺度。在《〈黑格尔法哲学批判〉导言》中，马克思就指出："历史不断前进，经过许多阶段才把陈旧的生活形式送进坟墓。世界历史形式的最后一个阶段就是喜剧。在埃斯库罗斯的'被锁链锁住的普罗米修斯'里已经悲剧式地受到一次致命伤的希腊之神，还要在琉善的'对话'中喜剧式地重死一次。"④

　　当然，历史尺度与伦理原则即道德尺度可能发生矛盾，但二者在根本上是一致的。在《1844年经济学哲学手稿》中，马克思就指出："如果国民经济学同道德的关系不是任意的、偶然的因而无根据的和不科学的，如果它不是装装样子的，而是被设想为本质的，那么这种关系就只能是国民经济学规律同道德的关系。实际上，国民经济学和道德之间的对立本身不过是一种假象，它既是对

<hr />

① 《马克思恩格斯全集》第9卷，第148—149页。
② 《马克思恩格斯全集》第9卷，第149—150页。
③ 《马克思恩格斯全集》第12卷，第587页。
④ 《马克思恩格斯全集》第1卷，第456—457页。

立,同时又不是对立。国民经济学不过是以自己的方式表现着道德规律"①。这就是说,道德规律与经济规律、道德尺度与历史尺度从根本上说是一致的,而且道德尺度归根到底要以历史尺度为基础。马克思的东方社会理论的确具有人文关怀的取向,但它的理论基础是历史尺度,即建立在历史规律的基础之上。

"英国在印度要完成双重的使命:一个是破坏的使命,即消灭旧的亚洲式的社会;另一个是重建的使命,即在亚洲为西方式的社会奠定物质基础。"②但是,在马克思看来,这"双重的使命"都是不自觉的,都是"被迫在印度实行的":西方资产阶级主观上并没有任何重新改建东方社会的意思,西方资产阶级在东方社会所实行的一切既不会给东方人民带来自由,也不会根本改善他们的社会状况,"因为这两者不仅仅决定于生产力的发展,而且还决定于生产力是否归人民所有"③。从本质上看,"生产力是否归人民所有"就是所有制问题,而"现在的所有制关系是一些国家剥削另一些国家的条件"④。因此,"在大不列颠本国现在的统治阶级还没有被工业无产阶级取代以前,或者在印度人自己还没有强大到能够完全摆脱英国的枷锁以前,印度人是不会收获到不列颠资产阶级在他们中间播下的新的社会因素所结的果实的"⑤。

所以,马克思希望东方社会"有一个根本的革命",并且认为,"资产阶级历史时期负有为新世界创造物质基础的使命:一方面要造成全人类以互相依赖为基础的普遍交往,以及进行这种交往的工具,另一方面要发展人的生产力,把物质生产变成对自然力的科学统治。资产阶级的工业和商业正为新世界创造这些物质条件,正像地质变革创造了地球表层一样。只有在伟大的社会革命支配了资产阶级时代的成果,支配了世界市场和现代生产力,并且使这一切都服从于最先进的民族的共同监督的时候,人类的进步才会不再像可怕的异教神怪那样,只有用被杀害者的头颅做酒杯才能喝下甜美的酒浆"⑥。

无疑,这是一种历史尺度和道德尺度相统一的方法,体现了历史尺度的坚守和人文关怀的取向,体现了马克思的东方社会理论是历史唯物论和历史辩

① 《马克思恩格斯全集》第 42 卷,第 137 页。
② 《马克思恩格斯选集》第 1 卷,第 768 页。
③ 《马克思恩格斯选集》第 1 卷,第 771 页。
④ 《马克思恩格斯选集》第 1 卷,第 308 页。
⑤ 《马克思恩格斯选集》第 1 卷,第 771—772 页。
⑥ 《马克思恩格斯选集》第 1 卷,第 773 页。

证法的统一,是历史观和价值观的统一。

五、马克思东方社会理论的生成逻辑

以上所述实际上关涉一个重要的、但至今仍未引起人们重视的问题,这就是马克思东方社会理论的生成逻辑或生成机制的问题,它不仅涉及逻辑起点、理论假设,而且涉及时代背景、研究方法。

无疑,马克思是通过剖析资本主义制度这个历史上最发达、最复杂的社会组织,来透视历史,揭示人类社会发展一般规律的。这是因为,"资产阶级社会是历史上最发达的和最复杂的生产组织。因此,那些表现它的各种关系的范畴以及对于它的结构的理解,同时也能使我们透视一切已经覆灭的社会形式的结构和生产关系。资产阶级社会借这些社会形式的残片和因素建立起来,其中一部分是还未克服的遗物,继续在这里存留着,一部分原来只是征兆的东西,发展到具有充分意义,等等。人体解剖对于猴体解剖是一把钥匙。反过来说,低等动物身上表露的高等动物的征兆,只有在高等动物本身已被认识之后才能理解。因此,资产阶级经济为古代经济等提供了钥匙。"更重要的是,"只有在资产阶级社会的自我批判已经开始时,才能理解封建的、古代的和东方的经济"①。

但是,马克思的视野并没有局限在西方社会。在马克思看来,资本主义社会与封建社会、西方社会与东方社会又有"历史差别""本质区别"。"资产阶级社会本身只是发展的一种对抗的形式,所以,那些早期形式的各种关系,在它里面常常只以十分萎缩的或者完全歪曲的形式出现。公社所有制就是个例子",资产阶级社会"可以在发展了的、萎缩了的、漫画式的种种形式上,总是在有本质区别的形式上,包含着这些社会形式"②。所以,19 世纪 50 年代,当马克思基本完成了对西方资本主义社会的批判后,便把研究聚焦点转向东方社会,开始探讨东方社会的社会结构和发展道路,力图全面把握人类社会的发展规律和发展道路。

在马克思看来,东方社会就是"亚洲式的社会""亚细亚式的社会",其典型

---

① 《马克思恩格斯全集》第 46 卷上,第 43、44 页。
② 《马克思恩格斯全集》第 46 卷上,第 43 页。

就是印度和中国。中国是东方社会"活的化石",体现着"一切东方运动的共同特征"①,而印度还保存着亚细亚所有制的"一整套图样",中国和印度"现在是亚洲举足轻重的国家"②。如同实验室方法是自然科学的基本方法一样,典型分析方法是社会科学的基本方法。如果说马克思对西方资本主义的社会研究是以英国和法国为典型的,那么,马克思对东方前资本主义社会的研究是以印度和中国为典型的。马克思对东方社会的研究就是从中国和印度开始的。无论是从逻辑上看,还是从历史上看,亚细亚生产方式都是马克思东方社会理论的起点。

由于印度成为西方资产阶级的"猎获物",农村公社死于西方侵略者的铁蹄之下,由于中国在西方资本主义的冲击下显示出来的"顽固性",同时又处于"解体的过程",由于"俄国正在迅速地成为亚洲的头等强国,它很快就会在这个大陆上压倒英国"③,同时,由于"俄国是在全国范围内把'农业公社'保存到今天的欧洲唯一的国家"④,于是,马克思晚年又把目光转向了"半东方"的俄国,提出了跨越资本主义"卡夫丁峡谷"的设想。

如果说马克思对亚细亚生产方式的探寻关注的是东方社会的结构特征,那么,关于俄国跨越资本主义"卡夫丁峡谷"的设想关注的则是东方社会的发展道路,并为我们留下了研究较为落后国家社会发展道路的科学方法,这就是生产力与生产关系矛盾运动的民族性和世界性相互作用的辩证法。生产力与生产关系矛盾运动的民族性和世界性相互作用的辩证法是建立在世界历史理论的基础上的。马克思的东方社会理论因此与世界历史理论有着本质的联系,或者说,马克思始终是从世界历史这一时代背景中去研究东方社会及其发展道路的。

世界历史形成之后,人类总体历史与具体民族历史之间不仅存在着一般和个别的关系,而且具有了整体和部分的关系。列宁明确指出"世界历史是整体,而各个民族是它的'器官'"⑤。作为世界历史的"器官",任何民族或国家的发展都不可避免地受到世界历史这个"整体"的影响,这就使得较为落后的

---

① 《马克思恩格斯全集》第15卷,人民出版社1963年版,第545页。
② 《马克思恩格斯选集》第1卷,第737页。
③ 《马克思恩格斯选集》第1卷,第737页。
④ 《马克思恩格斯全集》第19卷,第435页。
⑤ 《列宁全集》第55卷,第273页。

民族或国家可以不必一切"单独进行""从头开始""重新开始",而是能够以人类的最新成果为起点去创造更新的东西,从而以跨越式发展进入到历史的先进行列。马克思由此认为,俄国能够"享用资本主义的一切肯定成果",并跨越资本主义的历史阶段直接走向社会主义。

实际上,马克思始终是从民族或国家间的交往背景中全面把握生产力与生产关系的矛盾运动,进而深入理解社会发展中的跨越现象的。在《德意志意识形态》中,马克思在分析生产力的发展与交往的关系时明确指出:"某一个地方创造出来的生产力,特别是发明,在往后的发展中是否会失传,取决于交往扩展的情况","只有在交往具有世界性质,并以大工业为基础的时候,只有在一切民族都卷入竞争的时候,保存住已创造出来的生产力才有了保障"①;在分析西欧封建制度形成时,马克思明确指出,"封建主义决不是现成地从德国搬去的;它起源于蛮人在进行侵略时的军事组织中,而且这种组织只是在征服之后,由于被征服国家内遇到的生产力的影响才发展为现在的封建主义的"②。这就是说,西欧封建制度的形成是日耳曼民族征服了罗马帝国之后,罗马帝国较高的生产力与日耳曼民族原有的生产关系交互作用的结果。这里,已经显露出生产力与生产关系矛盾运动的"世界性"萌芽。

至于世界历史形成之后的跨越现象,无论是跨越奴隶社会、封建社会,还是跨越资本主义社会,就其实质而言,都是生产力与生产关系矛盾运动的民族性和世界性相互作用的结果。正如马克思所说,"各民族之间的相互关系取决于每一个民族的生产力、分工和内部交往的发展程度。这个原理是公认的。然而不仅一个民族与其他民族的关系,而且一个民族本身的整个内部结构都取决于它的生产以及内部和外部的交往的发展程度"③。

如果说马克思 19 世纪 40 年代关注"历史向世界历史的转变",50 年代着重在世界历史这一背景下揭示东方社会的现实境遇,那么,70—80 年代初他则注重在世界历史和东方社会的相互影响中探索东方社会的发展道路,注重从俄国革命与西方革命相互关联的视角探讨东方社会的社会主义革命问题:"假如俄国革命将成为西方无产阶级革命的信号而双方互相补充的话,那么现今

---

① 《马克思恩格斯全集》第 3 卷,第 61、61—62 页。
② 《马克思恩格斯全集》第 3 卷,第 83 页。
③ 《马克思恩格斯全集》第 3 卷,第 24 页。

的俄国土地公有制便能成为共产主义发展的起点。"①正因为如此,马克思提出了某个民族内部"现存社会关系和现存生产力"的矛盾与"其他民族实践"之间的关系问题,提出了在分析社会发展时既要注意"自然发生"的社会关系形式,又要注意"导入的和带去的派生形式",注意"第二级的和第三级的东西,总之,派生的、转移来的、非原生的生产关系。国际关系在这里的影响"。②

这里贯穿着一种方法,一种科学的方法,即生产力与生产关系矛盾运动的民族性和世界性相互作用的辩证法,只有深刻地把握住这种辩证法,我们才能从根本上和整体上把握马克思的东方社会理论的生成逻辑。

---

① 《马克思恩格斯选集》第 1 卷,第 251 页。
② 《马克思恩格斯全集》第 46 卷上,第 489、47 页。

关于马克思社会发展理论的再思考

一、问题的提出以及马克思社会发展理论的基本内涵

当代中国对马克思社会发展理论的研讨以马克思晚年研究东方社会的动机为发端，以经济落后国家能否跨越资本主义"卡夫丁峡谷"为中心，内容涉及"亚细亚生产方式"、世界历史以及社会形态演进等一系列问题。这些问题本来是马克思社会发展理论的基本内容，而它们之所以重新引起中国理论界的极大关注，用列宁的话来说，是因为不同的社会政治形势会使马克思主义的不同方面分别提到首要地位。当代中国重新研究马克思社会发展理论的底蕴就在于，如何超越"西化"的现代化模式，寻找适合本民族发展的社会主义现代化道路。

第一，探寻当代中国社会发展道路的需要。

当代中国的社会发展正处在社会转型期，从根本上说，就是从自然经济转向商品经济，建构社会主义市场经济体制。这本身就是在一个复杂的时空背景中确立的社会发展指向。从历史上看，中国是从半殖民地半封建社会直接走上社会主义道路的，半个世纪以来，中国的社会主义取得了伟大的成就，同时又遭受过严重的挫折。"中国社会从一九五八年到一九七八年二十年时间，实际上处于停滞和徘徊的状态，国家的

经济和人民的生活没有得到多大的发展和提高","旧的那一套经过几十年的实践证明是不成功的",需要"找出一条比较快的发展道路"。① 从现实来看,从自然经济转向商品经济必然导致从"人的依赖性"转向"以物的依赖性为基础的人的独立性",市场经济体制的建立必然重新确立企业以及个人的主体地位。然而,这种主体性的确立又是通过物的人格化获得的,因此,当代中国的社会发展实际上是在自觉地进入痛苦的"物化"过程。社会主义市场经济的实践已经在某些重要方面突破了马克思关于社会主义社会的构想。

由此引发的问题就是:中国走上社会主义道路是历史的误会,还是历史的必然;社会发展中的"跨越"现象是偶然现象,还是普遍现象;当代中国的社会发展是"重归"资本主义,还是正在探寻"中国式的现代化道路",等等。这里,关键问题就在于,如何理解马克思的社会发展理论。只有完整准确地把握了马克思的社会发展理论,才能真正理解中国社会主义的历史必然性,以及社会发展中的"跨越"现象,才能探索出一条"中国式的现代化"道路。于是,对马克思社会发展理论的研究,必然被推到首要地位。

第二,建构当代中国社会发展理论的需要。

当代中国社会发展的实质就是实现现代化。从发展类型看,现代化可分为内发和外发两种类型:内发型现代化又称原发型现代化,它是指某一民族或国家的现代化是其内部因素促成的自然发生过程;外发型现代化又称后发式现代化,它是指某一民族或国家的现代化是由外部刺激引发的,或者是由外部力量直接促成的。西欧、北美的现代化属于内发型。中国的现代化无疑属于外发型。"师夷之长技以制夷",中国的现代化一开始就具有被动抉择的特征。"中国式的现代化"命题的提出则标志着中国现代化进入到自觉、主动、创造性"回应"的时空境界。从根本上说,当代中国的社会发展属于"后发式"。

问题在于,当中国社会正在从传统农业文明向现代工业文明转变的时候,原本意义上的现代工业文明已经出现了严重的弊端,产生了"发展性危机",西方工业社会开始向后工业社会过渡。这就是说,当代中国的社会发展在确立发展目标时,必须对原来意义上的现代性进行调整甚至变革。"应当把发展问题提到全人类的高度来认识,要从这个高度去观察问题和解决问题。"② 作为一

---

① 《邓小平文选》第三卷,人民出版社 1994 年版,第 237、255 页。
② 《邓小平文选》第三卷,第 282 页。

种"后发式",当代中国社会发展的特殊困难就在于,它既要实现社会主义的价值目标,又要建构市场经济体制;既要在较短的时间内实现西方发达国家在较长的时间内所实现的现代化,又要在这同一过程中消除原来意义上的"现代化痛楚""发展性危机"。这就是说,社会发展过程中的历时性矛盾在当代中国转化为共时性矛盾。

当代中国社会发展中的这种特殊矛盾,要求建构当代中国的社会发展理论;而要建构当代中国的社会发展理论必须重新研究、理解和把握马克思的社会发展理论,并以此为理论前提。从历史上看,马克思是最早揭示现代工业社会本质和特征的思想家。马克思的社会发展理论第一次全面比较、分析了传统农业社会和现代工业社会的特征及其关系,揭示了现代工业文明取代传统农业文明的过程,探讨了现代工业社会中的异化问题。马克思虽然没有直接探讨"后发式"发展问题,但他关于非西方国家社会发展道路、世界市场中的不平等交换以及现代工业社会负面效应的论述,却以一种超前的意识预示着解决"后发式"发展问题的思路。重新研究马克思的社会发展理论是当代中国社会发展中的实践运行和理论建构的双重要求。

第三,正确理解当代西方社会发展理论的需要。

当代西方社会发展理论实际上是关于非西方国家的社会发展,即"后发式""后现代化"的学说。从总体上看,当代西方社会发展理论有三大派别,即"现代化"理论、"依附"理论和"世界体系"理论。在"现代化"理论看来,现代化本质上是西方化,当代社会发展就实质而言,无非是非西方国家通过"西化"实现现代化。按照"依附"理论,当代不发达国家的"不发达"并不是"原发"状态,而是由西方发达国家的剥削和控制所造成的,故而其发展只能采取"依附—发展"的形式。"世界体系"理论则认为,当代世界仍是资本主义体系,在世界体系中,各个国家之间的经济交往实质上是世界资本主义体系的资本积累过程。在这个过程中,已经实现工业化的国家通过不平等交换剥削、掠夺非工业化国家,造成了这些国家的"不发达";在世界体系中,不发达国家要寻求再生之路,必须建立社会主义制度,凭借社会主义在国际政治中的地位争取世界市场。

"依附"理论、"世界体系"理论关于"后发式"发展的见解对当代中国的社会发展无疑有可借鉴之处,而且这二者与马克思的社会发展理论的确具有某种相通之处,因而它们被西方思想界誉为"新马克思主义""80 年代的马克思主义",不管"依附"理论、"世界体系"理论的创始人是否意识到或承认当代社会发展理论对许多重大问题的探讨都是沿着马克思社会发展理论的指向展开的。因此,为了真正理解当代西方社会发展理论,合理地对其进行批判继承并建构当代中国的社会发展理论,必须重新研究马克思的社会发展理论。

研究一种理论,首先要探讨这种理论的基本内涵,从而在总体上把握这种理论,然后再研究其中的具体观点。对马克思社会发展理论的研究也是如此,而且在研究过程中形成了不同的观点。

一种观点认为,马克思对社会发展的研究分为三个步骤:第一步是探讨社会发展的一般规律;第二步从一般研究转向特殊对象研究,即探讨西方资本主义社会的发展;第三步再从特殊上升到一般,对整个社会发展过程的各种具体形态进行研究,力图创立一个完善的社会发展理论。不过,第三步工作尚未完成。

另一种观点认为,马克思的社会发展理论分为西方社会理论和东方社会理论两大部分。西方社会理论是马克思关于西欧的历史发展和现实资本主义状况以及向共产主义过渡的理论,这就是我们所熟悉的关于社会发展的规律、动力以及社会形态依次更替的理论。东方社会理论则是马克思关于东方社会的历史发展、现实社会状况以及向共产主义过渡的理论。马克思关于亚细亚生产方式的认识,晚年关于俄国可以跨越"卡夫丁峡谷"的论断等等,都属于其东方社会理论的内容。

上述两种观点分别是从纵向和横向来揭示马克思社会发展理论内涵的。但是,问题在于,在马克思研究社会发展的过程中并不存在"一般研究"和"特殊研究"两个独立的阶段。按照马克思的观点,对社会发展一般规律的探讨只能采取"从后思索"法,即通过现实的资本主义社会"透视一切已经覆灭的社会形式的结构和生产关系"①。这是因为,"人体解剖对于猴体解剖是一把钥匙。反过来说,低等动物身上表露的高等动物的征兆,只有在高等动物本身已被认识之后才能理解。因此,资产阶级经济为古代经济等等提供了钥匙"②。同时,把所谓的"一般研究"等同于"西方社会理论",把所谓的"特殊研究"等同于"东方社会理论",并把其中的"西方社会理论"等同于社会发展一般规律理论,

①《马克思恩格斯全集》第 46 卷上,第 43 页。
②《马克思恩格斯全集》第 46 卷上,第 43 页。

实际上是以偏概全。

造成这种状况的原因,是没有真正把握马克思社会发展理论的"研究域"和性质。对社会发展的研究,不同的学科有不同的角度,由此产生了发展经济学、发展政治学、发展社会学以及发展哲学等。马克思的社会发展理论属于社会哲学范畴,它的研究主题是社会发展的规律、机制、类型和道路,其基本内容涉及社会发展和自然环境、社会发展和人的发展、社会发展和经济发展的关系,社会发展中的公平与效率、理想与现实、传统与现代、个人与社会的关系,社会发展中的评价标准问题,社会发展的类型以及历史向世界历史、农业文明向工业文明、传统社会向现代社会的转变问题。

同时,马克思社会发展理论的基本特征则表现为五个方面,即确认实践是社会的本体和存在方式,时间是人类发展的空间;从客体的角度把社会发展区分为原生形态、次生形态(包括奴隶社会、封建社会和资本主义社会)和再生形态,从主体的角度把社会发展区分为人的依赖形态、人的独立形态和自由个性形态;从社会需要如何产生和满足的角度揭示了社会发展的内在机制,即物质生产、人的生产和精神生产维系着社会的生存和发展;指出了从传统社会转向现代社会的途径,即从自然经济转向商品经济、从个体生产转向社会化生产、从简单的劳动过程转向科学的生产过程、从民族历史走向世界历史;揭示了社会发展的基本类型,即"内源"发展、"派生"发展和"超越"发展。

二、世界历史的形成及其意义

马克思的世界历史概念具有两层含义:一是指人类总体历史,"整个所谓世界历史不外是人通过人的劳动而诞生的过程"①,这一命题中"世界历史"就是指人类总体历史;二是特指 18—19 世纪世界"一体化"以来的历史,马克思指出:大工业"首次开创了世界历史。因为它使每个文明国家以及这些国家中的每一个人的需要的满足都依赖于整个世界,因为它消灭了以往自然形成的各国的孤立状态"②。马克思社会发展理论中的世界历史概念主要是指后者。

从历史上看,马克思在创立唯物主义历史观之初,即在《德意志意识形态》

① 《马克思恩格斯全集》第 42 卷,第 131 页。
② 《马克思恩格斯全集》第 3 卷,第 68 页。

中就创立了其独特的世界历史理论,并把这一理论运用于自己一生的研究中。无论是 19 世纪 40 年代对西方的德国历史命运的考察,还是 19 世纪 50 年代对东方的印度、中国社会性质的分析,抑或 19 世纪 70 年代对"半东方"的俄国未来发展的探讨,马克思始终是站在世界历史的高度,并以其世界历史理论为出发点的。世界历史理论的确是马克思社会发展理论的重要内容。

然而,由于种种原因,马克思的世界历史理论在很长的时间内没有引起中国理论界的重视,甚至成为理论研究的空白点。20 世纪 80 年代以来,马克思的世界历史理论在中国得到了较为全面而深入的研究,并在许多方面达成共识。学者们一致认为,世界历史的形成是在生产力迅速发展基础上的民族普遍交往的结果。从时间上看,"世界历史"是指 18 世纪资产阶级开拓世界市场使世界"一体化"以来的历史;从空间上看,"世界历史"以"世界交往"及其所造成的世界性后果为特征;从时间和空间相统一的视角看,社会化大生产和资本—雇佣劳动关系的发展是历史向世界历史转变的现实基础,而民族之间的普遍联系和这种联系不断采取新的形式是历史转变为世界历史的基本内容。

在马克思的社会发展理论中,"世界历史"标志着世界的整体化只是问题的一个方面;另一方面,资产阶级开创世界历史的过程实际上造就了资本主义世界体系,这是一个"中心—卫星"式的体系,而这一方面的内容恰恰成了被学者们遗忘的"角落"。

按照马克思的观点,资本主义生产方式区别于前资本主义生产方式的一个显著特征,就是它"具有国际的性质"。资产阶级社会的真实任务是建立世界市场和以这种市场为基础的生产。正是通过开拓世界市场、世界历史,资产阶级创造了以国际分工为基础的商品生产的世界资本主义经济体系。这是一个"中心—卫星"式的经济体系,即工业化国家是"中心",从事农业生产的国家是"卫星"。恩格斯形象地指出:"英国是农业世界的伟大的大工业中心,是工业太阳,日益增多的生产谷物和棉花的卫星都围着它运转。"①

马克思已经意识到,资产阶级在开创世界历史的过程中"使未开化和半开化的国家从属于文明的国家,使农民的民族从属于资产阶级的民族,使东方从属于西方"②;已经意识到世界市场中的不平等交换问题,即"处在有利条件下

① 《马克思恩格斯选集》第 4 卷,第 425 页。
② 《马克思恩格斯选集》第 1 卷,第 277 页。

的国家,在交换中以较少的劳动换回较多的劳动"①,已经意识到被"强力"纳入到世界历史中的民族或国家,即资本主义体系的"卫星"国"所遭受的灾难具有了一种特殊的悲惨的色彩","中心"国的发展实际上是以"卫星"国的不发展或畸形发展为代价的。

马克思的这些观点在当代的"依附"理论、"世界体系"理论中得到了深化、具体化和系统化。这从一个侧面反映了马克思世界历史理论的当代意义。我们应在同当代西方社会发展理论的"对话"过程中,深入全面地研究马克思的世界历史理论以至整个社会发展理论。

在马克思世界历史理论的研究中,学者们既有看法一致之处,又有重要分歧之点,尤其是在如何看待世界历史理论在马克思主义中的地位这个问题上,分歧如同冰炭。

第一种观点认为,世界历史思想是一个不成熟的思想,它的生命力在马克思晚年就已中断。这是因为,按照马克思原来的见解,世界历史的发展规律和途径是唯一的,对各民族来说都是共同的,各民族不论现状如何,最终都要走到世界历史的共同的道路上去,东方国家尽管有自己特殊的历史条件,也必须经历资本主义发展阶段,这是地域性历史向世界历史转变所要求的。因此,马克思的世界历史理论实际上是社会发展单线论。所以,当马克思后来构想东方社会发展前景时,不仅运用"世界历史"的尺度,而且也运用人道主义尺度,提出了跨越"卡夫丁峡谷"的设想。实际上又承认了社会发展的多格局和多线索。在这个意义上说,马克思的世界历史思想不具有终极意义。

第二种观点认为,马克思的世界历史理论与社会发展单线论有着本质区别。这是因为,"五种社会形态"依次更替理论是马克思运用世界历史的方法、从动态的角度说明社会形态在总体上所呈现的演进趋向;马克思在运用世界历史方法研究社会形态演进规律时,并不排斥东方社会发展的具体性以及跳跃性,马克思的世界历史理论本身就包含着一般与特殊的关系原理,绝不意味着"单线论"。

第三种观点认为,马克思的世界历史理论不属于"单线论",它所体现的方法论主要在于:首先,着眼于交往,而不是规范。马克思是从各民族怎样冲破狭隘的地域界限而走向广泛交往来讲世界历史的,注重的是交往的结果。其

①《马克思恩格斯全集》第 25 卷,第 265 页。

次,着眼于规律,而不专注于道路。马克思对世界历史的关注焦点始终集中在对社会发展规律的探索,而不是集中于对某些具体国家或民族发展道路的发现和制定上。再次,着眼于科学抽象,反对"历史哲学"。马克思并没有从世界历史思想推出一个普遍适用的社会发展模式,社会形态依次更替的规律反映的是社会发展的方向与趋势,它并不是社会发展的一般"图式"。

把马克思的世界历史理论解释为社会发展单线论,无疑是一种误解,造成这种误解的原因,是没有理解马克思世界历史理论的重心,即资本主义生产方式的内在矛盾及其衍化、辐射已对整个世界的生存状况和各民族的发展道路产生了巨大影响,这种误解把各民族怎样冲破狭隘的地域界限走向世界历史的进程看作是世界历史的核心,把它当作一种社会形态发展理论。经过这样一个转换,马克思的世界历史理论就变成了所谓的"单线论"。

但是,仅仅从一般与特殊的关系去解释社会发展中的"跨越"现象,实际上仍然是把"跨越"现象看成是偶然的,并未真正理解世界历史形成之后的"跨越"现象。世界历史形成之后,人类历史与民族历史的关系不仅仅是一般和特殊的关系,而且同时具有了整体和部分的关系。正是在世界历史这个整体的影响下,在北美洲、大洋洲、非洲以至东欧,有的民族从奴隶社会,有的民族甚至从原始社会,直接走上了资本主义道路。没有世界历史的存在,没有资本主义生产方式的冲击的影响、渗透,从奴隶制的"解体"中和原始公有制的"崩溃"中绝不可能产生资本主义制度。同样,没有世界历史的存在,没有资本主义生产方式对东方社会的冲击、影响、渗透,东方一些较为落后的国家就不可能跨越资本主义阶段而直接走上社会主义道路。

这就是说,在世界历史的背景中,社会发展中的"跨越"现象不再是一种偶然的、特殊的现象,而成为一种必然的、普遍的现象了。正是在世界历史的作用下,社会发展道路呈现出多样性。只有从这一视角出发,我们才能真正理解马克思的世界历史理论绝不是"单线论"。从本质上看,马克思的世界历史理论是"一元多线"论,即社会发展的根源是经济必然性,道路是多样化的。

三、东方社会的特征与发展道路

围绕社会主义发展道路而展开的对马克思东方社会理论的研究,焦点集中在两个问题上:一是如何理解"亚细亚生产方式";二是如何看待马克思关于俄国跨越资本主义"卡夫丁峡谷"的设想。

关于"亚细亚生产方式"问题的研讨,最初是由苏联学者马札亚尔20世纪30年代出版的《中国农村经济研究》一书引起的。对中国以及其他东方国家的社会性质及革命道路的种种歧见,使得"亚细亚生产方式"问题的讨论反复进行。国际规模的第一次大讨论发生在20世纪30年代,开始于苏联学术界,后因第二次世界大战而中断;第二次大讨论开始于20世纪60年代,70年代达到高潮,由此形成的社会发展单线论与多线论两大对立观点,至今仍支配着关于社会发展道路的讨论。

国内关于"亚细亚生产方式"问题的研讨,可以追溯到20世纪30年代,当时许多著名学者参加了国际上关于"亚细亚生产方式"问题的大讨论。20世纪50年代初,国内学术界对"亚细亚生产方式"问题再次展开讨论,到60年代达到高潮,形成了"原始社会说""东方奴隶社会说""东方封建社会说""混合形态说""过渡形态说""东方特殊社会形态说"等观点。可以说,中国理论界关于"亚细亚生产方式"的主要观点在这一时期已经形成。在20世纪80年代对马克思东方社会理论的研究中,"亚细亚生产方式"又作为一个重要问题被重新提出。从总体上看,这次研讨并没有超出20世纪60年代的水平。当然,也形成了若干较独特的见解。

第一种见解认为,"亚细亚生产方式"作为前资本主义社会的经济基础,有广义和狭义两种含义:广义上指原始社会末期,阶级社会初期农村公社内的一种以公有制为基础的生产方式(个人只是占有,而不是所有);狭义上指前资本主义时期,在印度、俄国、中国等东方落后国家中曾占统治地位的生产方式。

第二种见解认为,"亚细亚生产方式"具有双重性质:一方面,它是原生形态向次生形态过渡的阶段,即氏族公社的后继阶段;另一方面,它在历史的演化中并未消逝,在东方社会,它与西方社会中古代的、封建的和资本主义的生产方式并行存在,成为东方社会直到19世纪仍占主导地位的所有制形式。

第三种见解认为,"亚细亚生产方式"不是指一种单一的社会经济形态,而是几个不同经济形态构成的序列,即亚细亚原始公社→亚细亚奴隶社会→亚细亚封建社会。其根据是马克思关于西方古代社会形态自身构成一个独特的演进序列、而亚细亚生产方式自身也构成一个序列的提法。

在马克思的社会发展理论中,"亚细亚生产方式"的确是一个令人困惑的问题。围绕这个问题,半个多世纪以来国内外学术界争论不休,并涉及历史学、经济学、哲学等学科。在研讨过程中也达到某种共识，即都认为"亚细亚生产方式"是土地国有、农村公社和专制主义"三位一体"的社会形态，但分歧大于共识，各种观点不很一致甚至很不一致。

为了走出上述理论困境、进一步确定关于"亚细亚生产方式"问题的研究目标，有的学者提出可划出两个问题群：一是完全局限于思想史的范围，弄清楚马克思是在什么样的历史背景下提出"亚细亚生产方式"问题并对它进行论述的，暂不考虑它与历史事实本身的对应程度如何；二是局限于历史事实的范围，对历史上出现的不同社会形态进行恰当的横向与纵向的分类、分型和分期，把握其社会结构的同一性和差异性，暂不考虑马克思的具体论述，然后再把二者有机结合起来。实际上，前者是理论考察，后者属实证分析。但问题在于，迄今为止，还未有人运用这种方法"弄清楚"马克思"亚细亚生产方式"概念的内涵。从一定意义上说，"亚细亚生产方式"问题是马克思主义研究中的"哥德巴赫猜想"，证实或证伪这一折磨人的耐心的问题仍需时间。

在马克思的社会发展理论中，如果说"亚细亚生产方式"问题主要涉及东方社会的结构特征，那么，俄国跨越资本主义"卡夫丁峡谷"的设想则主要是关于东方社会的发展道路。在对马克思的"跨越"设想的研究中，具有代表性的观点是：

其一，马克思的跨越资本主义"卡夫丁峡谷"的思想只是一种假设，并不是一个肯定的科学结论。这是因为，对能否"跨越"，马克思"唯一可能的答复"是：假如俄国革命将成为西方无产阶级革命的信号而双方互补的话，那么现今的俄国土地公共所有制便能成为共产主义发展的起点。

其二，马克思的跨越资本主义"卡夫丁峡谷"的思想是指在特定历史条件下的特定国家可能产生的一种历史现象，而不是在任何条件下的任何东方国家都能产生的历史现象；它指的是俄国农村土地公社的所有制可以跨越资本主义"卡夫丁峡谷"，不是说整个俄国，更不是说所有东方落后国家都可以"跨越"。简单地把马克思的"跨越论"说成是东方落后国家的革命理论，从而论证东方国家也能跨越资本主义"卡夫丁峡谷"是不对的。

其三，马克思的跨越资本主义"卡夫丁峡谷"的思想设想更多的是提出问题，而不是最后解决了问题，"跨越论"的意义在于，它提供了研究东方社会发展道路的方法论：首先，必须把社会发展的普遍性和特殊性统一起来，把社会发展的连续性与跨越性结合起来加以辩证考虑，以便某个国家和民族在总体政治、经济和文化背景下选择适合自身发展的道路并作出正确决策;其次,不能用一般排斥个别,也不能用个别取代一般,一个国家和民族能否实现"跨越",取决于它当时的历史条件;再次,不仅要重视具体分析各国历史传统对社会发展道路的影响,而且要更注重研究和分析与之共时的社会环境对之历史进程和结局的本质作用。

的确,马克思的跨越资本主义"卡夫丁峡谷"的思想论只是一种假设,并不是一个肯定的科学结论;它只是指俄国在特定的历史环境中可以跨越资本主义历史阶段,而不是说所有东方国家都可以跨越资本主义历史阶段;它更多的是提出问题,而不是最后解决了问题。从根本上说,马克思关于俄国跨越资本主义"卡夫丁峡谷"设想的意义并不在于这一设想本身,而在于这一设想为我们提供了研究落后国家社会发展道路的方法论;这种方法论并不仅仅是普遍与特殊、一般与个别的辩证法,更重要的是生产力与生产关系矛盾运动的民族性和世界性相互作用的辩证法。

如前所述,正是在生产力与生产关系矛盾运动的民族性和世界性的相互作用下,某些较落后国家内部的生产力与生产关系矛盾往往加速走向激化状态,并有可能成为世界矛盾的焦点。一切历史冲突都根源于生产力与生产关系的矛盾,但"对于某一国家内冲突的发生来说,完全没有必要等这种矛盾在这个国家本身中发展到极端的地步。由于同工业比较发达的国家进行广泛的国际交往所引起的竞争,就足以使工业比较不发达的国家内产生类似的矛盾"①。正是在这种"类似的矛盾"的支配下,某些较落后国家能够越过典型的或完整的资本主义阶段而直接走向社会主义。"一个民族本身的整个内部结构都取决于它的生产以及内部和外部的交往的发展程度。"②

马克思正是以生产力与生产关系矛盾运动的民族性和世界性相互作用的辩证法为方法论,从当时俄国农村公社的二重性、俄国资本主义已经得到一定程度的发展、西欧资本主义生产方式内在矛盾已经激化以及俄国和"现代世界"的特殊联结方式这个现实出发,作出俄国跨越资本主义"卡夫丁峡谷"的设想的。

纵观马克思主义发展史可以看出,马克思始终是从民族或国家间的交往

---

① 《马克思恩格斯全集》第 3 卷,第 83 页。
② 《马克思恩格斯全集》第 3 卷,第 24 页。

背景中全面理解生产力与生产关系的矛盾运动,进而理解社会发展中的"跨越"现象的,在唯物主义历史观创立之初,马克思在探讨日耳曼民族跨越了奴隶制、从原始社会直接走向封建社会时就认为,这是由于日耳曼民族征服罗马帝国之后,后者较高的生产力与前者原来的生产关系交互作用的结果。"封建主义决不是现成地从德国搬去的;它起源于蛮人在进行侵略时的军事组织中,而且这种组织只是在征服之后,由于被征服国家内遇到的生产力的影响才发展为现在的封建主义的。"①这里,已经显露出生产力与生产关系矛盾运动的"世界性"萌芽。至于世界历史形成之后的"跨越"现象,无论是跨越奴隶社会、封建社会,还是跨越资本主义社会,就其实质而言,都是生产力与生产关系矛盾运动的民族性和世界性相互作用的结果。东方一些较为落后的国家之所以能够跨越资本主义历史阶段而直接走向社会主义,其秘密就在于此。

马克思关于俄国跨越资本主义"卡夫丁峡谷"的设想的意义就在于,它为我们正确理解某些落后国家社会主义革命的必然性提供了方法论;而这种方法,即生产力与生产关系矛盾运动的民族性和世界性相互作用的辩证法对于正确理解社会发展中的各种"跨越"现象而言,又具有普遍的意义。

四、社会发展的道路与类型

无论是世界历史问题,还是东方社会的问题,都涉及一个根本的问题,即社会发展的道路问题。在社会发展道路问题的研究中,中国理论界形成了以下几种观点:

第一种观点认为,马克思关于社会发展道路的思想有一个从单一路线到多样化发展、从"欧洲中心论"到世界多维格局观点的转变过程。19世纪70年代中期以前,马克思坚持的是单线历史观,认为一切民族和国家都必须经历西方资本主义阶段,进入世界历史;70年代中期以后,马克思在探索东方社会时发现了与他原来的观点不相符合的历史现象,于是又设想了社会多线发展的可能性。

第二种观点认为,马克思在不同历史时期所研究的重点有所不同。在前期他侧重考察社会形态更替的普遍规律;在后期他侧重考察东方社会的特殊

---

① 《马克思恩格斯全集》第3卷,第83页。

发展道路。因此,绝不能把他前期的理论等同于"单线论",把他后期的理论等同于"多线论"。

第三种观点认为,按照马克思"亚细亚生产方式"的理论,东西方是双线发展的。"亚细亚生产方式"既是东西方双线发展的起点,同时又是与西方的古代生产方式、封建生产方式并行发展的东方专制制度的基础。19 世纪 70 年代中期以前,由于当时的历史条件,马克思认为东西方双线发展的汇合点是资本主义;70 年代中期以后,基于新的历史条件,马克思提出了跨越资本主义"卡夫丁峡谷"的理论,为东西方双线发展确立了新的汇合点。这就是共产主义第一阶段。

第四种观点认为,在马克思看来,在早期社会发展中,由于环境的孤立封闭,发展是单线的;而在近代以后,由于交往和环境的变化,社会发展是多线的。单线与多线只是一个形式和具体模式的问题,无论是单线发展还是多线发展,都根源于生产力的发展。

在马克思研究社会发展问题的过程中,前期、中期和后期的侧重点的确不同,但由此认为马克思前期坚持的是单线历史观,后期又设想了社会多线发展的可能性,却是片面的。马克思前期在研究社会发展的一般规律时,并没有否定社会发展的多样性,相反,却肯定并具体探讨了日耳曼民族跨越奴隶制的问题;中期在分析西欧资本主义的起源和发展的同时,又探讨了现实资本主义产生的三条道路,即"在现实的历史上,雇佣劳动是从奴隶制和农奴制的解体中产生的,或者像在东方和斯拉夫各民族中那样是从公有制的崩溃中产生的,而在其最恰当的、划时代的、囊括了劳动的全部社会存在的形式中,雇佣劳动是从行会制度、等级制度、劳役和实物收入、作为农村副业的工业、仍为封建的小农业等等的衰亡中产生的"①;后期在探寻东方社会的发展道路,并提出跨越资本主义"卡夫丁峡谷"的设想时,同时又肯定了人类总体历史的不可超越性。

的确如此,某些民族或国家跨越某种社会形态并不是对人类总体历史发展的顺序性的否定,不能由此认为各国的社会发展如瓶坠般地碎片四溅,没有确定的方向。尽管大多数民族的社会发展不是完整地沿着"五种社会形态"依次演进,但它们的发展方向同人类总体历史的顺序是一致的。从人类总体历史看,"五种社会形态"的确是依次更替,资本主义制度的出现晚于封建制度,

---

① 《马克思恩格斯全集》第 46 卷上,第 14 页。

社会主义社会的产生也并非先于资本主义社会……如前所述，没有资本主义及其开创的世界历史的存在，一些民族或国家不可能跨越封建制度、奴隶制度直接建立资本主义制度，或者跨越资本主义历史阶段而直接走向社会主义。正是在人类总体历史的意义上，马克思认为，"无论哪一个社会形态，在它所能容纳的全部生产力发挥出来以前，是决不会灭亡的；而新的更高的生产关系，在它的物质存在条件在旧社会的胎胞里成熟以前，是决不会出现的"①。

同样，把社会发展划分为两条各自独立、并行发展的路线，即东方社会发展路线和西方社会发展路线，也是不妥的。在马克思的社会发展理论中，并不存在这样一种"双线发展"。按照马克思的观点，在资本主义开创的世界历史形成之前，由于环境的孤立封闭，每一种生产方式运动都是在不同的民族或国家内"单独进行"的，"一切都必须从头开始""重新开始"，"跨越"现象只是偶然的。在这个意义上说，前资本主义时期社会发展是单线的。资本主义开创世界历史之后，由于生产力和交往的普遍发展，"跨越"便成为一种普遍的、常规的现象。

就实质而言，社会发展的单线和多线问题属于社会发展的类型问题。马克思曾对社会发展类型作过精彩而深刻的阐述，然而，这些论述至今仍未引起我们的重视，仍是马克思社会发展理论研究中的一块"飞地"。

按照马克思的观点，社会发展有三种类型，即自然形态、派生形态和超越形态。所谓自然形态，是指外部因素和关系对该社会的发展影响极小甚至没有影响，发展主要是由本民族或国家的内部因素和关系决定的。古代文明圈，即中国、印度、埃及、希腊等文明的发展都是自然形态。中国封建社会与西欧资本主义社会的产生也属于自然形态。当各个民族或国家处于封闭状态时，每一个民族的社会发展都要重复"同一的历史必然性"，社会发展以自然形态的模式出现。从总体上看，在资本主义开创世界历史之前，自然形态是社会发展中的主导类型。

当交往超出毗邻地区而成为各民族日常生活、行为中不可或缺的因素时，社会发展便产生了派生形态。在考察社会发展时，马克思又提出一个极其重要的思想，即"第二级的和第三级的东西，总之，派生的、转移来的、非原生的生

---

① 《马克思恩格斯选集》第2卷，第33页。

产关系。国际关系在这里的影响"①。所谓派生形态是指,某种社会关系在某个民族那里不是自然而然形成的,而是从其他民族"转移来的",或者是外来民族"带去"的、"导入"的。马克思指出:"导入英国的封建主义,按其形式来说,要比在法兰西自然形成的封建主义较为完备。"②一般来说,社会发展中的派生形态就是一些民族在征服另一些民族或国家的过程中"所导入的和带去的派生形式"③。任何一种社会关系的派生形态都在一定程度上偏离了这种社会关系的"原生态",并有所"变形"。

如果说派生形态还属于区域性交往的产物,那么,超越形态成为社会发展中的普遍现象则是世界交往的产物。所谓超越形态,是指社会发展的跳跃形式,即某些民族或国家在社会发展过程中跨越了一种甚至几种社会形态而直接建构更高级的社会形态。资本主义生产方式的兴起开辟了世界交往的新时代,形成了"全面的生产""全面的依存关系"和"世界历史性的共同活动形式",任何一个民族或国家面对的都是以全球为单位的、由其他民族或国家组成的整体。在这个整体之中,只要存在着不同的社会形态,那么,在交往相关性的作用下,跨越某种社会形态的现象就会不断发生,重复可见,成为社会发展中的普遍或常规现象。当然,"超越"并不是无限度的。当几种社会形态在空间上同时存在时,较先进的社会形态或时代所指向的更为先进的社会形态,对落后民族或国家的"超越"具有导向作用,生产力的状况从根本上决定着"超越"的限度。

---

① 《马克思恩格斯全集》第 46 卷上,第 47 页。
② 《马克思恩格斯全集》第 46 卷上,第 489—490 页。
③ 《马克思恩格斯全集》第 46 卷上,第 489 页。

论社会科学的独立化和特殊性
——兼论马克思社会研究方法的特征

　　认识自然,难;认识社会,更难。当一门门自然科学像繁星一样布满科学的"太空",把人类智慧之光照射到自然的深处,不断发现自然规律时,人类对社会的认识却仍然停留在社会的表层,历史规律仍然在人们的视野之外,社会"科学"在相当长的时期还不是严格意义上的科学。之所以如此,从认识论的视角看,是因为社会离不开自然,但社会又不同于自然,自然本身的运动是在人之外,社会运动本质上则是人的活动;社会离不开个人,但社会又不是个人的相加之和,而是个人之间彼此发生的那些的联系和关系的总和;人们自己创造自己的历史,但人本身又受到自己所创造的历史的制约,人既是历史的"剧作者",又是历史的"剧中人",既是历史的"前提",又是历史的"产物和结果"。这是一个自相缠绕的哥德尔式的"怪圈"。正是这个"怪圈"造成了社会研究的难题,造成了社会科学的特殊性。这里,我拟就社会科学的特殊性作一考察和审视,以深化我们对社会科学的理解和把握。

一、社会科学的独立化及其标志

　　研读哲学史、科学史可以看出,自然科学脱胎于自然哲学,社会科学则蕴孕于道德哲学之中。伴随着现代工业革命、市场经济和资本主义生产方式的形成,社会科学从道德哲学中分化出来并获得了自身的独立形态。在进入工业文明、市场经济和资本主义生产方式之前,人类社会既没有独立的社会科学,更谈不上独立的社会科学方法,人们对社会的研究主要有两种基本形式:一是套用道德哲学的方法,二是套用自然科学的方法。

套用道德哲学的方法来研究社会,这主要是古代的社会研究方法。这种方法的根本特点,就是用"性善""性恶"等来规范社会,描述理想的社会形态。著名历史学家萨拜因在分析柏拉图的国家理论时指出:"这个理论从这样一个概念开始,即必须从事有条不紊的研究来了解善,然后根据这善的观念,通过阐明一切社会所包含的相互需要这一原则,来作出对社会的构想。"①

套用自然科学的方法来研究社会,这主要是近代的社会研究方法。在近代,牛顿经典力学确立了成熟的自然科学的两大原则:一是重复性原则,即重复性是自然规律的根本特征;二是精确性原则,即自然规律不仅可以被认识,而且可以用精确的量的关系去把握。牛顿经典力学的成功构成了近代社会理论变革的一般理论背景,它造成的强烈的科学主义和理性主义情绪,促使一大批社会科学家相信社会运动"在各个方面都符合由牛顿和莱布尼茨阐明的物质引力规律"②,认为社会科学可能也应该成为像自然科学那样的精确的科学,并力图用自然科学的方法研究社会,从而构造出"社会物理学""社会引力学"等学说,形成了社会科学史上的"自然科学时代"。一般说来,自然科学本无意向社会科学"献媚",但它往往又决定了社会科学的面貌。

社会研究套用道德哲学、自然科学的方法,表征着这样一个历史事实,这就是,"自然联系"在社会中占据统治地位,社会本身的主体与客体的关系尚未独立并显示出来。只是在人类社会进入工业文明、市场经济和资本主义生产方式之后,"社会、历史所创造的因素"占据统治地位,社会与个人处于形式上对立,人们需要从整体上规划社会发展进程时,社会才真正成为人们研究的对象;社会事实如何描述、如何抽象、如何解释,才成为争论不休的问题。只是在这个时候,社会科学及其方法的独立化才成为一个现实的问题,成为一个必须解决的问题发生出来。

---

① 〔美〕萨拜因:《政治学说史》上,盛葵阳等译,商务印书馆1986年版,第83页。
② 《傅立叶选集》第一卷,赵俊欣等译,商务印书馆1979年版,第12页。

社会科学的独立化是一个力图发现社会运动规律及其特殊性的过程,它历经文艺复兴的"人文科学"、维科的"历史哲学"、亚当·斯密和大卫·李嘉图的"经济科学"、黑格尔的"哲学科学"、狄尔泰的"精神科学"、李凯尔特的"文化科学"、马克思的"历史科学"等理论形态,终于发现了社会运动规律及其特殊性。

其一,"自然科学家一般不是他所正研究的现象的参与者,而社会科学家则是"①。换言之,自然科学家是在自然之外研究自然的,而社会科学家本身就在社会现象之网中,在研究社会时,他必然要把自己的知识结构、认识水平、阶级立场、价值取向渗透到研究客体中,而客体又反过来影响着研究主体。用中国古诗词来说明这种现象,那就是,"不识庐山真面目,只缘身在此山中"。

其二,自然运动是"自在"的,社会活动则是"自为"的,是人们有目的、有意识的行动过程。在社会领域内进行活动的,都是具有意识的、经过思虑或凭激情行动的、追求某种目的的人,任何事情的发生都有人的自觉的意图,都有预期的目的。用马克思的话来说就是,"历史不过是追求着自己目的的人的活动而已"②。

其三,自然规律是在人的活动之外形成的,历史规律即社会运动规律则是在人的活动中形成并实现的。全部社会生活在本质上是实践的,历史不过是人的实践活动在时间中的展开。正因为如此,社会活动充满随机性,并往往使同一个社会活动产生不同的结果。不仅如此,历史事件都是一次性产生,具有不可重复性;历史人物都是一次性出现,同样具有不可重复性。而无论是历史事件,还是历史人物,都不可能在实验室中重新模拟、再现出来。1640 年的英国革命、1789 年的法国革命、1911 年的中国辛亥革命、1917 年的俄国十月革命……克伦威尔、罗伯斯庇尔、孙中山、列宁……这一个个历史事件、历史人物都是不可重复的,都不可能在实验室中重新模拟、再现出来。

社会运动规律的特殊性向人们提出这样一个问题,即对社会的研究必须有适合社会的特殊方法,而社会科学方法独立化之时,也就是社会科学独立化之日。方法的独立与学科的独立是密切相关甚至融为一体的。从根本上说,社会科学及其方法的独立化就是其自身"殊化"的过程。可以从这三个方面认

---

① 〔美〕贝利:《现代社会研究方法》,许真译,上海人民出版社 1986 年版,第 44 页。
② 《马克思恩格斯全集》第 2 卷,第 118—119 页。

识这一"殊化"过程。

首先,"抽象"方式的确立。

社会科学的研究对象是社会关系,而社会关系不是实体,看不见、摸不着;凝聚着特定的社会关系的历史事件不可重复,产生历史事件的历史条件不可重建。因此,社会科学无法应用实验室方法,只有科学抽象法才能深刻地揭示社会的本质和规律。"分析经济形式,既不能用显微镜,也不能用化学试剂;抽象是唯一可以当作分析工具的力量。"①实际上,对于整个社会科学来说,科学抽象法具有普遍意义,而不仅仅是"分析经济形式"。

一般说来,"抽象"具有三重含义:一是本体论意义,即抽象是客观事物的一个方面,如"具体劳动"和"抽象劳动";二是认识论意义,即抽象是认识活动的成果,如"具体概念"和"抽象规定";三是方法论意义,即把客观事物的某一关系、某一方面单独抽取出来的方法。科学抽象法中的"抽象",是就抽象的认识论和方法论意义而言的。它既是指一种认识方法、思维方法,又是指认识成果、思维成果,即马克思在《〈政治经济学批判〉导言》中所说的感性具体"蒸发为抽象的规定"。

科学抽象是一个有序的思维过程,它要求对社会的研究从感性具体出发,经过对"完整的表象""生动的整体"的分析,上升到"抽象的规定";然后在抽象的基础上,经过综合,把反映事物各方面的"抽象的规定"联系起来,形成思想具体,即在思维行程中导致具体的再现。从认识过程来说,认识是从感性具体出发;就理论体系而言,认识是从抽象规定开始,换言之,理论思维不是以感性具体为要素,而是以各种抽象规定为要素的。只有借助抽象规定,理论思维才能运转起来,理论体系才能真正形成。"17 世纪的经济学家总是从生动的整体,从人口、民族、国家、若干国家等等开始,但是他们最后总是从分析中找出一些有决定意义的抽象的一般的关系,如分工、货币、价值等等。这些个别要素一旦多少确定下来和抽象出来,从劳动、分工、需要、交换价值等等这些简单的东西上升到国家、国际交换和世界市场的各种经济学体系就开始出现了"②,即形成了独立的经济科学。

其次,"理解"方式的提出。

---

① 〔德〕马克思:《资本论》(根据作者修订的法文版第一卷翻译),第 2 页。
② 《马克思恩格斯选集》第 2 卷,第 18 页。

理解的方式就是解释学的方式,即把社会现象当作文本,通过解释它的意义来把握它。理解的方法对社会科学之所以绝对必要,是因为社会科学是研究社会关系的科学,而社会关系是在人的活动中生成的,人的活动又必然贯彻着某种目的,体现并渗透着特定的利益关系、阶级立场和价值观念,这与自然科学所研究的物理、化学、生物等自然现象是不同的。"如果说在自然科学中,任何对规律性的认识只有通过可计量的东西才有可能,那么,在精神科学中,每一个抽象原理归根到底都通过与精神生活的联系才能获得自己的论证,而这种论证是在体验和理解中获得的。"①

我注意到,在马克思的社会研究方法中蕴含着独特的理解方法。按照马克思的观点,全部社会生活在本质上是实践的,即使"把理论引向神秘主义的神秘东西,都能在人的实践中以及对这个实践的理解中得到合理的解决"②。因此,应当从人的实践活动出发去理解文本、社会意识和社会现象。在阶级社会,占统治地位的思想不过是占统治地位的物质关系在观念上的表现,统治阶级不仅掌握着物质生产活动的领导权,而且掌握着精神生产领域的领导权。这种权力场的影响无所不在,不仅渗透在人们的物质生产活动中,而且渗透在人们的理解活动中,在冥冥之中决定着人们理解活动的方向、内容和界限。因此,任何理解活动都是在特定的政治权力的背景下展开的。

正因为如此,人们在对一定历史时期政治权利状况进行批判之前,是不可能达到对历史的客观理解的。正如马克思所说:"基督教只有在它的自我批判在一定程度上,可说是在可能范围内完成时,才有助于对早期神话作客观的理解。同样,资产阶级经济学只有在资产阶级社会的自我批判已经开始时,才能理解封建的、古代的和东方的经济。""历史发展总是建立在这样的基础上的:最后的形式总是把过去的形式看成是向着自己发展的各个阶段,并且因为它很少而且只是在特定条件下才能够进行自我批判……所以总是对过去的形式作片面的理解。"③

再次,"从后思索"方式的形成。

关于"从后思索"这一方法,不同的思想家以不同的命题表达出来,并具有不同的内涵,如海德格尔的"在总是此在之在",伽达默尔的"视界融合",克罗

---

① *The Complete Works of Dilthey*, Vol.7, Toibner, 1936, p.323.
② 《马克思恩格斯选集》第 1 卷,第 56 页。
③ 《马克思恩格斯选集》第 2 卷,第 24、23—24 页。

齐的"一切历史都是当代史"。按照克罗齐的观点,人们研究历史总是由现实的利益引发,并从现实的知识结构、价值观念出发去研究、分析、判断历史的,因此,"一切历史都是当代史"。马克思明确指出:"对社会生活形式的思索,从而对它的科学分析,遵循着一条同实际运动完全相反的道路。这种思索是从事后开始的,是从已经完全确定的材料、发展的结果开始的。"①按照马克思的观点,社会发展是从过去到现在,从低级到高级,然而,历史已经过去,在历史认识中,主体无法直接面对客体,人们也无法在实验室中重新模拟过去的历史,因而对历史的认识不可能从过去到现在,从低级到高级,相反,只能采取"同实际行动完全相反的道路",即从现在到过去,从高级到低级,反过来思索,逆向溯因。

"从后思索"之所以可能,其客观依据就在于,历史虽已过去,但它并没有化为无,而是或以"残片""因素"的形式,或者以"歪曲""漫画"的形式,或者是以"萎缩""发展"的形式存在于现实社会中。资本主义社会在过去以"社会形式的残片和因素建立起来,其中一部分是还未克服的遗物,继续在这里存留着,一部分原来只是征兆的东西,发展到具有充分意义,等等"②。所以,通过资本主义社会的结构和生产关系,可以"透视一切已经覆灭的社会形式的结构和生产关系"③。

同时,社会中的各种因素和关系,只有在其充分发展、充分展现后才能被充分认识,犹如低等动物身上表露的高等动物的征兆,反而只有在高等动物本身已被认识之后才能理解一样。"在人类历史上存在着和古生物学中一样的情形。由于某种判断的盲目,甚至最杰出的人物也会根本看不到眼前的事物。后来,到了一定的时候,人们就惊奇地发现,从前没有看到的东西现在到处都露出自己的痕迹。"④因此,研究社会历史可以也只能采取"从后思索"的形式,即从现实,尤其是从某种社会要素和社会关系"完全成熟而具有典范形式上的发展点"出发,通过对历史的"透视"和由结果到原因的反归来把握社会运动规律。

任何一门科学,都以研究、发现和把握某种规律为己任。任何一种学说,

---

① 〔德〕马克思:《资本论》(根据作者修订的法文版第一卷翻译),第55页。
② 《马克思恩格斯选集》第2卷,第23页。
③ 《马克思恩格斯选集》第2卷,第23页。
④ 《马克思恩格斯选集》第4卷,第579页。

要想成为科学,就必须研究、发现和把握某种规律。正是在这种"抽象""理解"和"从后思索"的过程中,马克思把社会关系归结于生产关系,把生产关系归结于生产力的高度,从而发现了社会运动规律及其重复性。这样,就使"人有可能从记载(和从理想的观点来评价)社会现象进而以严格的科学态度去分析社会现象","使人有可能把主观主义者认为不能应用到社会学上来的重复性这个一般科学标准"应用到社会关系上。"没有这种观点,也就不会有社会科学。"①

二、社会科学的特殊性

社会科学与自然科学的关系并非如同冰炭难以相容。既然社会发展规律,即历史规律与自然规律存在着共同性,即客观性、重复性,那么,社会科学与自然科学之间就存在着共性,社会科学就可以在一定程度上、一定范围内运用自然科学的方法,甚至"可以用自然科学的精确性指明""生产的经济条件方面所发生的物质"②的变革。马克思曾同拉法格说过,每门科学完善的程度是由它利用数学的程度所决定的。这一观点具有普遍意义。对于社会科学来说,没有定量分析,定性分析只能是不确定的。

在现代,运用数学对社会现象进行定量分析已成为现实。离散数学、模糊数学、数理逻辑,尤其是模型化方法的创立,使得人们可以把社会客体建构成这样或那样的模型,从而分析其内在结构。正如丹尼尔·贝尔所说,"控制论、语言理论、认知心理学与计算科学的结合预示着即将出现一门能够成功'模拟'心和社会的科学"③。这表明,社会科学在一定程度上、一定范围内运用自然科学方法是必要的,也是合理的。但是,社会科学毕竟不同于自然科学,在研究对象、研究方法、学科功能、学科性质等方面,社会科学都具有自身的特殊性。

在研究对象上,自然科学的研究对象是自然界,这个对象是人之外的客观存在;社会科学的研究对象是社会关系,这个对象就生成于人的活动中,而人

---

① 《列宁全集》第 1 卷,第 110、109、110 页。
② 《马克思恩格斯选集》第 2 卷,第 33 页。
③ 〔美〕丹尼尔·贝尔:《当代西方社会科学》,范岱年等译,社会科学文献出版社 1988 年版,第 63 页。

是社会的主体,是社会关系的承担者。在这个意义上,社会科学的研究对象就是人本身的存在。"客观过程的两个形式:自然界(机械的和化学的)和人的有目的的活动。"①列宁的这一观点实际上说明,自然运动和社会活动属于两种不同的发展形式:自然运动是以一种自发的、无目的的方式存在着,社会活动则是以一种自觉的、有目的方式存在着。

社会活动的主体是人,人们总是按照自己设定的目标从事社会活动的。在卢卡奇看来,人的活动是目的性的设定活动,是本着人的需要的目的来利用客观因果关系的活动。卢卡奇的这个观点源自马克思。马克思明确指出:"劳动过程结束时得到的结果,在这个过程开始时就已经在劳动者的表象中存在着,即已经观念地存在着。他不仅使自然物发生形式变化,同时他还在自然物中实现自己的目的,这个目的是他所知道的,是作为规律决定着他的活动的方式和方法的,他必须使他的意志服从这个目的。"②历史是追求着自己目的的人的活动的过程。

从规律起作用的方式看,自然规律发生作用的条件是在自然界诸因素自发的、盲目的相互作用的过程中形成的,自然规律也是通过这种自发的、盲目的相互作用实现的;历史规律得以存在并发生作用的条件则是在人们自觉的、有目的的活动中形成的,并且只有通过人们自觉的、有目的的活动才能实现。离开了人们的目的性设定活动以及个体之间的相互作用,历史规律就失去了赖以存在的载体和发挥作用的场所。正因为如此,社会运动的背后是人们的利益关系、价值诉求和目的设定。

自然运动是自然界诸因素自发的、盲目的交互作用,在它的背后没有利益关系,没有价值诉求,没有目的设定;社会运动则是人们自觉的、有目的的相互作用,在它的背后是人们的利益关系、价值诉求和目的设定。一次地震可以毁灭一座城市和众多人口,一场战争也可以毁灭一座城市和众多人口。可地震就是地震,在它的背后没有利益关系、价值诉求和目的设定。战争不同,战争是政治的继续和延伸,政治又是经济直接而集中的体现,因此,战争的背后是特定民族、国家、阶级的利益关系、价值诉求和目的设定。社会科学的研究对象显然不同于自然科学的研究对象。

在研究方法上,自然科学的研究对象是物质实体,看得见、摸得着,而且由

---

① 《列宁全集》第 55 卷,第 158 页。
② 《马克思恩格斯全集》第 23 卷,第 202 页。

于自然事件的可重复性,这种物质实体的运动过程可以在实验室重新模拟、再现出来。所以,自然科学的主要方法就是实验室方法。用马克思的话来说就是,"物理学家是在自然过程表现得最确实、最少受干扰的地方考察自然过程的,或者,如有可能,是在保证过程以其纯粹形态进行的条件下从事实验的"①。对于自然科学来说,这一方法实际上具有普遍意义,而不仅仅是"物理学"。社会科学的研究对象不是物质实体,而是社会关系,看不见、摸不着。更重要的是,与自然事件不同,历史事件具有不可重复性。日本的"明治维新",中国的戊戌变法,美国的罗斯福新政……19世纪20年代的经济危机、20世纪80年代的滞涨危机和结构危机、21世纪初的金融危机……这一个个历史事件都是不可重复的。因此,社会科学无法运用实验室方法,只能运用科学抽象法。"抽象是唯一可以当作分析工具的力量。"②

社会科学不可能运用实验室方法,但可以运用典型分析法,即用科学抽象法分析某种社会要素、社会关系发展得最为充分、最为成熟的社会单位。历史中的各种社会要素、社会关系都有其"典型"形态。分析典型可以使我们"窥一斑而知全豹",透视出这种社会关系过去的历史和"未来的景象"。例如,在19世纪中叶,英国是"资产阶级经济发展的典型国家",法国是"资产阶级政治发展的典型国家"③,所以,《共产党宣言》是通过英国和法国研究资本主义的;《资本论》则是通过英国这个资本主义生产方式的"典型地点",研究"资本主义生产方式以及和它相适应的生产关系和交换关系","在理论阐述上主要用英国作为例证"④。在研究东方社会时,马克思是通过印度和中国这两个东方社会的典型进行研究的。之所以如此,是因为"从远古的时候起,在印度便产生了一种特殊的社会制度,即所谓村社制度",这种村社制度"始终是东方专制制度的牢固基础"⑤,而中国则是东方社会的"活的化石",体现着"一切东方运动的共同特征"⑥。典型分析法实际上就是社会科学中的"实验室方法"。

从学科功能看,自然科学所要把握的是自然规律,自然规律主要表现为动力学规律;社会科学所要把握的是社会发展规律,即历史规律,历史规律主要

① 《马克思恩格斯全集》第23卷,第8页。
② 〔德〕马克思:《资本论》(根据作者修订的法文版第一卷翻译),第2页。
③ 《马克思恩格斯选集》第1卷,第274页。
④ 《马克思恩格斯全集》第23卷,第8页。
⑤ 《马克思恩格斯选集》第1卷,第764、765页。
⑥ 《马克思恩格斯全集》第15卷,第545页。

表现为统计学规律。在《资本论》中，马克思不仅称赞比利时统计学家凯德勒运用统计平均数的方法研究社会现象，而且自己也运用统计平均数的方法研究资本主义经济规律，并指出："在这种生产方式下，规则只能作为没有规则性的盲目起作用的平均数规律来为自己开辟道路。"①马克思在这里所说的"平均数规律"实际上就是统计学规律。

动力学规律揭示的事物之间的规律性关系是一一对应的确定联系，它表明，一种事物的存在必定导致另一种确定事物的发生。同时，在动力学规律作用下，偶然现象可以忽略不计。统计学规律揭示的不是事物之间的一一对应的关系，而是一种必然性和多种随机现象之间的规律性关系。对于统计学规律来说，不仅不能忽视大量的偶然现象、随机现象，相反，正是在大量的偶然现象、随机现象中才能表现出规律性。历史事件的发生大多具有随机性。在社会活动中，事物、现象如果不是"大量"发生，它们之间就表现为一种非确定的联系；如果"大量"发生，它们之间就表现为一种确定的联系。这就像抛掷同一枚质量均匀的硬币一样，出现正面或反面都是随机的，但在大量抛掷情况下，出现正面或反面的概率都是二分之一。

正因为自然规律主要表现为动力学规律，历史规律主要表现为统计学规律，所以，自然科学既能预见、又能预报，社会科学只能预见、不能预报。所谓预见，就是指以规律为依据的关于发展必然趋势的判断；预报则是对某一事物在确定的时空范围必然或可能出现的判断。自然科学既能预见自然运动的趋势，又能准确地预报自然事件的发生；社会科学只能预见社会活动的趋势，而不可能准确地预报历史事件的发生。人们经常谈到社会生活中的"突发"事件，实际上，"突发"事件并不是突发，而是难以预报。即使马克思主义关于社会主义必然代替资本主义的理论，也只是基于历史规律而作出的关于社会发展趋势的判断，是历史发展的"路线图"，而不是历史进程的"时间表"。

在学科性质上，自然科学是纯粹的知识体系，它本身不存在价值观念的问题，用时髦的话来说，就是价值中立；社会科学在总体上却具有二重性，既是一种知识体系，又是一种意识形态，体现着特定的价值观念。作为知识体系，社会科学体现着人们在认识社会方面所达到的成就；作为意识形态，社会科学又以其独特的范畴体系体现着特定的民族、国家、阶级或阶层的利益关系和价值

①《马克思恩格斯全集》第23卷，第120页。

诉求。亚当·斯密的经济学是这样，黑格尔哲学也是这样，韦伯的社会学也是如此；保守主义是这样，自由主义也是这样，新自由主义也是如此……马克思主义则是知识体系和意识形态的高度统一。

正因为社会科学具有知识体系和意识形态双重属性，因而与政治密切相关。社会科学不等于政治，但政治需要社会科学，没有经过社会科学论证的政治，缺乏"规律"这个科学的"支撑点"，缺乏理想信念的这个价值观的"支撑点"，很难得到人们的拥护。同时，社会科学也不可能脱离政治，作为特定社会关系的反映和理论升华，社会科学总是具有自己独特的政治背景，总是以自己独特的方式蕴含着政治，总是具有这种或那种政治效应。

在社会科学中，不存在价值中立的问题。社会科学中的任何一个学科，任何一种体系，都自觉不自觉地反映了某种特定的社会关系，都自觉不自觉地体现着特定的民族、国家、阶级或阶层的利益关系和价值诉求。没有资本主义生产方式的孕育、形成，就没有"国民经济学"；反过来说，"国民经济学"反映、体现、代表的就是当时的资产阶级的利益和价值。当然，社会科学不能成为某种政治的传声筒或辩护词，因为社会科学有自己的相对独立性。但是，社会科学也不能远离、脱离政治，因为社会科学与时代的统一性首先是通过它的政治效应实现的。政治学就不用说了，经济学、法学、社会学、教育学等都是如此。

在适用范围上，自然科学发现的规律具有普遍性，自然科学也因此具有普适性，不分民族、国家，在这个意义上，自然科学没有"祖国"；社会科学把握的规律更多的具有特殊性，或者说，社会科学所把握的规律在不同的民族、国家具有不同的表现形式，社会科学因此很难具有普适性，在这个意义上，社会科学有"祖国"。即使是市场经济，也有不同的类型，既有以英国和美国为代表的有调节的市场经济，也有以法国和日本为代表的有计划的市场经济，还有一些发展中国家实行的是政府主导的市场经济，认识到西欧的市场经济规律，并不等于把握住本国的市场经济规律。同样，认识到西方的现代化规律，并不等于把握住本国的现代化规律。第二次世界大战之后，一些殖民地国家赢得了政治独立，同时在社会发展道路上选择了资本主义，力图在"西化"的过程中实现现代化。然而，这些国家在"西化"的过程中并没有实现现代化，而是或者处于扭曲的"发展"状态，或者连原先的那种不发达状态也未摆脱。究其根本原因，是不同的国家具有不同的历史条件、不同的文化传统、不同的社会现实，这就使不同的国家具有不同的社会发展规律。

从一定的意义上说,自然科学追求的是普遍,社会科学追求的是特殊,社会科学因此存在着一个民族化或本土化问题。美国的社会学学者之所以致力于社会学的美国化,从根本上说,就是为了解答美国的特殊的社会问题。从历史上看,美国化的社会学的创建,从一开始就是为了回答在欧洲工业革命所带来的社会变迁这一时代背景下,美国如何走出乡土社会这一特殊而重大的社会问题的。尔后的芝加哥学派的形成,是对当时美国城市化和南方黑人大量涌入芝加哥这一特殊的社会问题进行社会学研究的结果,而帕森斯学派的崛起,则是对美国如何走出大萧条这一特殊的社会问题进行社会学回应的结果。中国的社会科学必须解答中国的特殊的社会问题。当代中国社会实践的最重要特征和最重要的意义就在于,它把现代化、市场化和社会主义改革这三重重大的社会变革浓缩在同一个时空中进行了,因而构成了一场极其特殊的社会变迁。这一特殊的社会变迁必然引发一系列特殊的社会问题,必然为创建中国化的社会科学开辟一个新的广阔的社会空间。因此,我们应当也必须立足中国实际,面对现实问题,并使现实问题上升为理论问题、科学问题,从而建构具有中国特色、中国风格、中国气派的社会科学。

三、社会科学的基本范式

"范式"(paradigm)原义是语法中词形的变形规则。当代科学哲学家库恩把范式界说为理论体系、研究方法的结构,并认为它规范着研究者的价值取向和观察世界的角度,决定着问题的提出、材料的选择、抽象的方向、合理性标准的确立及问题的解决。在库恩看来,新旧范式的更替是科学发展的主要标志。社会科学的一个显著特征,就是理论体系和研究方法的不同范式并存、对立和交叉。从总体上看,社会科学有六种基本的范式,这就是,实证主义范式、解释学范式、社会唯实论范式、社会唯名论范式、社会生物主义范式和马克思主义范式。

实证主义范式源于培根的经验哲学和牛顿的经典力学,后经孔德的实证主义成为社会科学的一种基本范式。实证主义强调社会与自然的相同性,认为社会现象像自然现象一样服从不变的规律,因而对社会的研究要运用实证的方法,追求"实在""确定"的知识,从而使社会科学成为像自然科学一样的实证科学;精确分析产生社会现象的环境,用一些"合乎常规的先后关系和相似关系"把各种社会现象联系起来,用对现象的不变规律的研究来代替对所谓原因的研究(而不管这个原因是近因,还是"第一因")。孔德所说的"现象的不变规律",就是人们感觉经验中的"合乎常规的先后关系和相似关系",至于超乎感觉经验的社会现象的本质和本体,仍然在不可认识之列。这表明,实证主义范式存在着经验主义乃至不可知论的倾向。

从经验和归纳出发,运用精确的自然科学方法来描述社会现象的外在关系,用研究如何来代替为何;只叙述事实,而不说明事实;只求知其然,而不问其所以然。这就是实证主义范式的精神实质。丹尼尔·贝尔注意到了实证主义范式的这一特征,他用一个"后退"、三个"比较"来说明实证主义范式的特征,这就是,"当前流行的是'经验主义'和从宏大理论的后退",社会科学由此"回到比较世俗、比较经验性的、比较'小'的,比较易于处理的研究问题上了"①。

解释学范式源自施莱尔马赫,经过狄尔泰、海德格尔、伽达默尔等人的不懈努力,成为社会科学的一种基本范式。如果说实证主义范式强调的是社会与自然的相同性,那么,解释学范式强调的则是社会与自然的差异性。按照解释学的观点,社会本质上是人的精神的外化和客体化,是"精神世界""文化世界",因此,研究社会不可能用反映的方式,更不可能用自然科学方法,唯一可行的方法就是"理解""解释"的方法。在伽达默尔看来,"理解"是一个"视界融合"过程,即理解者的主观世界与"文本"所提供的世界融合的过程,其中,理解者的"期望"或"设想"是理解的出发点,"只有理解者顺利地带进他自己的假设,理解才是可能的"②。

以施莱尔马赫、狄尔泰为代表的传统解释学,主要把解释活动理解为解读"文本"的方法。海德格尔把解释活动理解为"此在"在世的样式,使解释学发生了重大转折。伽达默尔则进一步深化、系统化了海德格尔的思想,确立了当代解释学范式。然而,无论是传统解释学,还是当代解释学,本质上都是抽象的,都没有揭示出解释活动得以展开的现实基础、真实境况和实际界限。所谓"现实基础",是指每一历史时期的解释活动都是由实践活动所激发的,"关于思维——离开实践的思维——的现实性或非现实性的争论,是一个纯粹经院

---

① 〔美〕丹尼尔·贝尔:《当代西方社会科学》,第 65 页。
② 〔德〕伽达默尔:《解释学》,洪汉鼎译,载《哲学译丛》1986 年第 3 期,第 8 页。

哲学的问题"①;"真实境况"是指,每一个历史时期的统治阶级的政治权力对一切解释活动的渗透,人们只能在权力和话语的互动关系中来理解一切解释活动;"实际界限"则是指,每一历史时期的统治阶级对解释活动合法性界限的规定,所谓合法性,就是对统治阶级权力的认同,所以,任何一种解释活动是否得到认可的一个潜在的、根本性的标志,就是是合法还是非法的。在这个意义上,一切解释学都是权力解释学。而这恰恰是解释学范式忽视或不理解的。

如果说对社会与自然关系的不同认识形成了实证主义与解释学两大范式,那么,对社会与个人关系的不同认识则形成了社会唯实论与社会唯名论两大范式。

社会唯实论"首要的和最基本的规则,是把社会事实视为物"②,强调社会本身是一种客观实在,本身是一个整体结构,并认为社会决定个人,使个人成为社会所规范的个人。社会唯实论范式的主要特点,就是以社会的整体性为背景,以具体的社会要素、社会关系为对象,从对社会事实的观察出发,对统计材料作出分析,确立各类现象之间的因果关系,在这一过程中坚持就社会现象来说明社会现象。从历史上看,社会唯实论源于孟德斯鸠,历经齐美尔的形式社会学、迪尔凯姆的客观社会学和韦伯的"社会理念类型",成为社会科学的一种基本范式。

社会唯实论强调社会本身是一个整体结构,认为社会决定个人。结构主义也是从结构出发,强调社会结构决定个人。所以,结构主义与社会唯实论密切相关,从研究社会的根本方法上看,结构主义属于社会唯实论范式。按照皮亚杰的观点,结构主义主要是一种方法。"在谈到结构主义这个题目时,不能把它作为一种学说或哲学看待……结构主义主要地乃是一种方法","真正的结构主义,即方法论的结构主义"。③ 结构主义方法的特点就在于,把社会看成是一个关系系统和整体结构,强调整体决定部分,关系决定要素,结构决定个人。

结构主义范式对 20 世纪社会科学产生了重大影响,甚至影响了一批马克思主义者,形成了"结构主义的马克思主义"。结构主义的马克思主义的代表

---

① 《马克思恩格斯选集》第 1 卷,第 55 页。
② 〔法〕迪尔凯姆:《社会学方法的准则》,狄玉明译,商务印书馆 1995 年,第 35 页。
③ 〔瑞士〕皮亚杰:《结构主义》,倪连生等译,商务印书馆 1984 年,第 97 页。

阿尔都塞明确提出，"历史是一个无主体的过程"，并认为"生产关系的结构决定生产当事人所占有的地位和所担负的职能，而生产当事人只有在他们是这些职能的'承担者'的范围内才是这些地位的占有者。因此，真正的'主体'（即过程的基本主体）并不是这些地位的占有者和职能的执行者。同一切表面现象相反，真正的主体不是天真的人类学的'既定存在'的'事实'，不是'具体的个体'、'现实的人'，而是这些地位和职能的规定和分配。所以说，真正的'主体'是这些规定者和分配者：生产关系（以及政治的和意识形态的社会关系）"①，因此，是社会结构支配人，而不是人支配社会结构。结构推动社会发展，"个人在历史上作为个人所起的作用是过程体现者的作用，而不是过程的主体的作用"②，显然，这是一种结构主义的方法，同时又融进了马克思主义的生产关系理论。

与社会唯实论相反，社会唯名论把社会看成"虚无的存在"，认为社会仅仅是一个"名称"。社会唯名论范式的根本特点就在于，把社会分析归结为个人分析，坚持从个人出发理解社会。从历史上看，社会唯名论源于霍布斯。霍布斯认为，人的本性是追求个人幸福，从而形成"人对人是狼"的混乱状态，于是，社会作为一种规范性的力量而产生，相对于人的存在而言，社会只是一种外在的存在。霍布斯的观点经过斯密、边沁、爱尔维修、卢梭等人的进一步阐述，形成社会唯名论范式并渗透到社会科学的各个领域。

在现代，社会唯名论更多的是以心理主义的方式出现，其特点就在于，把对个人的分析进一步延伸到对个人心理的分析，把心理分析又进一步归结为无意识分析，然后再从个人心理出发把"社会"建构起来。塔尔德认为，社会行为归根到底是个人行为的相互作用，个人行为则受心理活动支配，因而社会研究本质上是对个人心理的研究。弗洛伊德则从人的心理机制出发分析现代文明的困境，在无意识领域揭示了资本主义社会个体心理压抑的机制，指认了资本主义社会"合理性"内部的心理矛盾。

弗洛伊德的精神分析范式实际上呈现出一种关于社会和文明的"心理学—病理学"分析，为社会批判提供了新的视角、新的方法、新的理论资源。弗洛姆高度评价了弗洛伊德，认为弗洛伊德是"一门真正的科学心理学的创始

---

① 〔法〕阿尔都塞等：《读〈资本论〉》，第 209 页。
② 《马列主义研究资料》第 29 辑，人民出版社 1983 年版，第 202 页。

人,他所发现的无意识过程以及性格特征的动力学本质,都是对人的科学的独特贡献,因为它业已改变了未来关于人的图景"①。弗洛伊德的精神分析范式对20世纪的社会科学产生了重大而深刻的影响,正是在弗洛伊德精神分析范式的影响下,西方马克思主义把对资本主义社会的批判拓展到人的心理层面,扩大到日常生活领域,从而形成了"弗洛伊德主义的马克思主义"。

社会生物主义关注的是社会与生物、人类行为与生物遗传的关系,强调社会是从生物界发展而来,二者之间必然存在着内在的联系,因而"在解释人类行为中经常出现的一些基本和普遍现象时,不能忽视生物学,尤其是遗传学的作用"②。从斯宾塞到威尔逊,社会生物主义范式的根本特点就在于,把人的社会行为还原为生物学遗传密码一级。社会生物主义对20世纪后半叶的社会科学产生了重大影响,因为对社会的"还原"并非只能还原到生物遗传密码,还可进一步还原到化学、物理以及信息过程,"社会化学""社会物理学""社会信息论"等本质上是都与社会生物主义相同的范式。正因为如此,丹尼尔·贝尔把社会生物主义列为20世纪社会科学的四大成果之一。

从根本上说,社会生物主义范式是一种自然还原论,实际上是把生物进化论原则应用到社会领域,以此来说明社会生活和人类行为。这无疑是错误的,因为它片面夸大了人的生物遗传在人类行为和社会生活中的作用,不理解人的本质在其现实性上是社会关系的总和。但是,社会生物主义范式又有其合理性。人是社会遗传和生物遗传的统一,是社会属性和自然属性的统一。恩格斯形象地指出:"人一半是天使,一半是野兽",并认为"人来源于动物界这一事实已经决定人永远不能完全摆脱兽性,所以问题永远只能在于摆脱得多些或少些,在于兽性或人性的程度上的差异"③。恩格斯在这里所讲的"兽性",就是指人的生物性。

社会关系并不是消融人的生物属性的"盐酸池"。无论社会多么发展,都不可能消除人的生物属性即自然属性,社会关系可以改变、重塑人的自然属性,但不可能消除人的自然属性,人的自然属性必然在社会生活中发挥作用,而且是历史活动的"第一因"。所以,马克思在《德意志意识形态》中指出:第一个需要确定的历史前提,就是"有生命的个人的存在";"第一个需要确定的

---

① 〔美〕弗洛姆:《在幻想锁链的彼岸》,张燕译,湖南人民出版社2002年版,第11页。
② 〔美〕丹尼尔·贝尔:《当代西方社会科学》,第68页。
③ 《马克思恩格斯选集》第3卷,第442页。

具体事实就是这些个人的肉体组织,以及受肉体组织制约的他们与自然界的关系"①;第一个需要确定的历史活动,就是生产满足人的自然需要的生活资料的活动。人的社会属性和生物属性的关系问题的确是一个重大的理论问题,需要我们在当代实践和科学的基础上深入、全面地进行研究,从而不断完善马克思主义的社会研究范式。

马克思主义范式的本质特征就在于,以实践为基础和思维坐标反观、理解和把握人类社会。按照马克思的观点,实践首先是人与自然之间的物质变换过程,在这个过程中,人与自然之间要结成一定的关系;为了实现人与自然之间的物质变换,人与人之间又必须进行活动互换,并必然结成一定的社会关系。这就是说,实践内在地包含着人与自然的关系、人与人的关系,因而构成了社会关系的发源地和社会历史的现实基础,构成了社会生活的本质和社会矛盾的总根源。因此,马克思主义是从实践出发理解社会的,用马克思的话来说就是,把社会"当作实践去理解"。

从实践出发去理解社会的根本点就在于,从物质实践的内在结构,即生产方式出发去剖析社会结构。正如马克思所说,"经验的观察在任何情况下都应当根据经验来揭示社会结构和政治结构同生产的联系"②。"物质生活的生产方式制约着整个社会生活、政治生活和精神生活的过程。"③"物质生活的生产方式"才是社会的真正的深层结构,社会结构的"总体化"就是通过生产方式对社会内部诸结构的规范来实现的,占统治地位的生产方式从根本上决定着社会内部诸结构的特定比例、布局和功能,并使它们之间产生一种契合性、同构性。正如马克思所说,"在一切社会形式中都有一种一定的生产决定其他一切生产的地位和影响,因而它的关系也决定其他一切关系的地位和影响。这是一种普照的光,它掩盖了一切其他色彩,改变着它们的特点。这是一种特殊的以太,它决定着它里面显露出来的一切存在的比重"④。

在马克思主义范式中,"同构"性概念极其重要。从特定的生产方式出发去剖析社会结构,并用同构性来分析各种社会现象,这是马克思主义结构分析法的精髓和根本方法。在马克思看来,由世袭制、等级制等构成的政治结构和

---

① 《马克思恩格斯全集》第 3 卷,第 23 页。
② 《马克思恩格斯全集》第 3 卷,第 29 页。
③ 《马克思恩格斯选集》第 2 卷,第 32 页。
④ 《马克思恩格斯选集》第 2 卷,第 24 页。

由宿命论、血统论等构成的观念结构之间具有"同构"性,之所以如此,是因为二者同源于个体小生产方式。但是,"成为希腊人的幻想的基础、从而成为希腊[艺术]的基础的那种对自然的观点和对社会关系的观点,能够同走锭精纺机、铁道、机车和电报并存吗?""阿基里斯能够同火药和铅弹并存吗?或者,《伊利亚特》能够同活字盘甚至印刷机并存吗?随着印刷机的出现,歌谣、传说和诗神缪斯岂不是必然要绝迹,因而史诗的必要条件岂不是要消失吗?"①这就是说,古希腊的自然观、社会观与自动纺织机、机车等不能"同构",之所以如此,是因为古希腊的自然观、社会观的基础是古代生产方式,而走锭精纺机、蒸汽机车体现的则是近代生产方式;歌谣、传说与活字盘、印刷机不能"同构",之所以如此,是因为歌谣、传说这种信息传播方式所体现的生产方式与活字盘、印刷机这种信息传播方式所体现的生产方式,不是同一性质的生产方式。"并存"的社会现象必然具有内在的"同构"性。

社会的主体是人,而人的存在方式和生存本体就是实践。马克思把社会"当作实践去理解",实际上就是"从主体方面去理解"社会。按照马克思的观点,人们是在实践活动中形成自己的社会关系的,社会结构本质上是人的活动的对象化、客观化、制度化。"以一定的方式进行生产活动的一定的个人,发生一定的社会关系和政治关系","社会结构和国家经常是从一定个人的生活过程中产生的"②。这是其一。

其二,社会离不开个人,但社会不是由个人构成的,不是个人的相加总和,而是"个人彼此发生的那些联系和关系的总和"③。个人之间的这些联系和关系生成于人们的实践活动中。

其三,既定的社会关系、社会结构是人们以往活动的结果,它们预先规定着新一代的生活条件,使他们具有特殊的性质。问题在于,这些社会关系、社会结构又被新一代的活动不断改变。这就是说,人们在认识、改造、创造自然界的同时,也在认识、改造和创造着自己本身——他的肉体组织、思维方式、价值观念、社会关系和社会结构。所以,马克思认为,现存世界"是工业和社会状况的产物,是历史的产物,是世世代代活动的结果,其中每一代都在前一代所达到的基础上继续发展前一代的工业和交往方式,并随着需要的改变而改变

① 《马克思恩格斯选集》第 2 卷,第 28、29 页。
② 《马克思恩格斯全集》第 3 卷,第 28—29、29 页。
③ 《马克思恩格斯全集》第 46 卷上,第 220 页。

它的社会制度"①。

就这样，马克思主义科学地解答了社会的本质以及社会与个人的关系问题。

西方社会科学一直在社会与个人的"二律背反"中困惑，或者把人看作与社会无关的"鲁滨逊式"的个人，或者把社会看作吃人的怪兽"利维坦"。马克思主义则认为，社会之外或社会之中孤立存在的个人，即"鲁滨逊式"的个人只能是"抽象的个人"；反过来，脱离个人活动，不依赖人或凌驾于人之上的社会，即"利维坦"式的社会，只能是"抽象的社会"。把社会与个人对立起来或脱离开来的方法论的根源，就在于不理解实践是人的存在方式和生存本体，实践是社会生活的本质和本体，从而脱离了"感性的人的活动"去理解社会与个人的关系。

马克思主义之所以科学地解答了社会与个人的关系问题，从根本上说，就在于通过对实践这一"感性的人的活动"的地位、作用和意义深入而全面地研究，发现了历史研究的"真正的出发点"，即人既是历史"剧作者"，又是历史的"剧中人"②；发现了人既是历史的"前提"，又是历史的"产物和结果"，而且"人只有作为自己本身的产物和结果才成为前提"③；发现了"环境的改变和人的活动或自我改变的一致，只能被看作是并合理地理解为革命的实践"④。

这样，马克思主义不仅以深刻的辩证法消解了"社会唯名论"与"社会唯实论"的"二律背反"，而且以巨大的超前性扬弃了现代人本主义与科学主义的理论对立。所以，福柯认为，"在现时代，写历史而不使用一系列和马克思的思想直接或间接地相联系的思想，并把自己放在由马克思所定义和描写的思想地平线内，那是不可能的"⑤。

哥德尔的不完备定理证明，如果在一个包含初等数论的形式系统中，一切命题都是真的，那它就是有矛盾的；如果这个形式系统是无矛盾的，那它就是不完备的或不完全的。这就是说，任何一种学说、任何一门科学都不能自称是

① 《马克思恩格斯全集》第 3 卷，第 48—49 页。
② 《马克思恩格斯选集》第 1 卷，第 147 页。
③ 《马克思恩格斯全集》第 26 卷 Ⅲ，第 545 页。
④ 《马克思恩格斯选集》第 1 卷，第 55 页。
⑤ Michel Foucault, *The Order of Things: An Archaeology of the Human Sciences*, Pantheon Books, 1970, p.21.

"最完备"的。"最完备"的只能是神学,而不可能是科学。任何一种社会科学范式都是不完备的或不完全的,都具有这样或那样的局限性,并且只有在自我否定的过程中才能实现自发展。全部问题在于,我们必须立足当代实践,并通过对其他社会科学范式的批判性考察来深化和拓展马克思主义的社会研究范式。这是一个具有重大意义的理论课题,在不远的将来会"洛阳纸贵",成为社会科学家们的一个重要话题。

下　篇

从哲学史与现代哲学的双重
视角理解马克思哲学

论马克思创立历史唯物主义的
历史进程和思维逻辑

　　历史唯物主义是马克思的第一个伟大发现,它集中而鲜明地体现了马克思哲学的独创性和突出贡献。马克思犹如普罗米修斯,用唯物主义之光照亮了长期在黑暗中摸索的社会历史理论。然而,马克思创立历史唯物主义又是一个艰难曲折的思想登山之路。这一过程既体现了科学研究的一般规律,又反映了马克思思想进程的独特性质。这里,我拟就马克思创立历史唯物主义的历史进程和思维逻辑,以及历史唯物主义诞生的标志作一初步探讨,以期深化我们对马克思主义哲学史的研究。

一、马克思创立历史唯物主义的历史进程

　　从总体上看,1843 年之前,马克思仍是一个唯心主义者。从 1843 年起,马克思开始在历史观上转向唯物主义,并逐步创立了历史唯物主义。正如马克思在 1843 年 3 月 13 日致卢格的信中所说:"费尔巴哈的警句只有一点不能使我满意,这就是:他过多地强调自然而过少地强调政治。然而这一联盟是现代哲学能够借以成为真理的唯一联盟。结果大概象在十六世纪那样,除了醉心于自然的人

以外,还有醉心于国家的人。"①马克思自己就是"醉心于国家的人"。正是从解决国家和市民社会的关系问题入手,马克思开始了创立历史唯物主义的历程。具体地说,马克思是从1843年的《黑格尔法哲学批判》开始其创立历史唯物主义历史进程的,其标志就是《黑格尔法哲学批判》提出两个重要命题,即"市民社会是国家的前提"和政治国家"是私有财产的已经得到实现的本质"②。

当然,市民社会决定国家这一观点本身还不能说是历史唯物主义的观点,因为马克思此时还没有真正了解市民社会的内在结构和性质,还是从所谓的人的本质来理解市民社会和财产关系的,即把市民社会看作"人的本质的实现"或"人的本质的客体化"。但是,"市民社会是国家的前提"和政治国家"是私有财产的已经得到实现的本质"这两个命题的提出却标志着历史唯物主义开始形成。

其一,马克思在《黑格尔法哲学批判》中不仅批判了黑格尔的"逻辑泛神论",批判了黑格尔的唯心主义辩证法,而且这种哲学批判是与历史研究结合在一起的。马克思这一时期理论活动的特点,就是哲学批判与历史研究的有机结合。

其二,把市民社会看作人的本质的实现显然有费尔巴哈人本唯物主义的色彩,但是,把家庭、市民社会和国家看成人的存在的社会形式,看成人的现实,又包含着反对把人看成脱离社会的纯粹自然存在物的观点。同时,《黑格尔法哲学批判》已开始对人的"社会特质"进行初步的分析,显露出不同于费尔巴哈人本唯物主义的新趋向。

其三,"市民社会决定国家"这一命题是具有发展能力的历史唯物主义的思想萌芽,历史唯物主义的基本原理"经济基础决定政治上层建筑"就是"市民社会决定国家"这一观点延伸和深化的产物。

因此,《黑格尔法哲学批判》提出了历史唯物主义形成史上的第一个起始原理,即市民社会决定国家,因而成为历史唯物主义开始形成的标志。

《1844年经济学哲学手稿》在历史唯物主义形成史上处于一种承前启后、继往开来的历史地位。从历史唯物主义形成的角度来看,《1844年经济学哲学

① 《马克思恩格斯全集》第27卷,第442—443页。
② 《马克思恩格斯全集》第1卷,第250—251、369页。

手稿》提出了如下具有突破性的观点：

第一，把实践与劳动，生产以及"工业"结合在一起，发现了人类根本的实践活动及其特征。按照《1844年经济学哲学手稿》的观点，人的实践活动是物质性活动、对象性活动，不包括对象性的活动不是真正的实践活动，正是改造自然的活动及其产物证实了实践活动是"对象性的、自然存在物的活动"①；同时，人的实践活动，又是社会性的活动，即"类活动"，在实践中，人不仅同自然发生一定的关系，而且人和人之间也要发生一定的关系，在社会关系之外，不可能产生人与自然的关系。

第二，从"生命活动性质"的视角分析了人的本质，发现人的本质是劳动。按照《1844年经济学哲学手稿》的观点，考察人的本质，首先要分析人的生命活动的特殊性，因为"一个种的全部特性、种的类特性就在于生命活动的性质"②。同动物生命活动相比，人的生命活动方式就是劳动。劳动是人的本质，是人与动物区别的根本标志。人是"自然存在物""社会存在物"和"有意识的存在物"的统一，是一种"总体存在物""类存在物"。这种"统一""总体存在""类存在"正是在劳动中形成的。"正是在改造对象世界中，人才真正地证明自己是类存在物。"③

第三，从人与自然的关系的角度考察了人类历史，发现了历史是主体和客体相互作用的结果，按照《1844年经济学哲学手稿》的观点，"整个所谓世界历史不外是人通过人的劳动而诞生的过程，是自然界对人说来的生成过程"④。马克思的这一论述可谓言简意赅，包含着丰富的内容。它说明了历史主体与客体的形成及其现实关系是以劳动为基础和中介的，历史是以人对自然的改造为基础的，其本质就是实践，即历史是人的实践活动在时间中的展开。同时，它蕴含着这样一个思想，即社会发展是人的自觉活动过程和自然历史过程的统一。既然历史是通过劳动形成的，而劳动又是"有意识的类活动"，那么，历史当然是人的自觉活动的过程；既然历史又是自然界对人生成的过程，而人本身也是一种客观存在，那么，"历史是人的真正的自然史"⑤。

①《马克思恩格斯全集》第42卷，第167页。
②《马克思恩格斯全集》第42卷，第96页。
③《马克思恩格斯全集》第42卷，第97页。
④《马克思恩格斯全集》第42卷，第131页。
⑤《马克思恩格斯全集》第42卷，第169页。

第四,以生产为基础剖析社会结构,发现了社会的物质基础。在《1844 年经济学哲学手稿》中,马克思一方面反对把社会看作抽象的脱离人的独立实体,认为"应当避免重新把'社会'当作抽象的东西同个人对立起来"①;另一方面又认为,社会结构是人的活动的对象化,具有相对独立性,而生产劳动是整个社会的物质基础。"宗教、家庭、国家、法、道德、科学、艺术等等,都不过是生产的一些特殊的方式,并且受生产的普遍规律的支配。"②把政治上层建筑和意识形态看成是受物质生产一般规律支配的,是被决定的因素,也就找到了它们的真实根源,发现了社会的真实基础。这样,《1844 年经济学哲学手稿》就深化、扩展了《黑格尔法哲学批判》提出的"市民社会决定国家"的观点。当然,马克思此时还没有深入到生产过程的内在结构,还不了解生产本身运动的"普遍规律",还不了解对物质生产决定精神生产的机制和过程,因而"物质生产决定上层建筑"命题的内涵还较为笼统。

可见,《1844 年经济学哲学手稿》是一部过渡性著作,它既是历史唯物主义形成史上第一个起始原理的深化和拓展,并为历史唯物主义基本原理的全面制定提供了理论基础,同时,它本身又尚未达到历史唯物主义的科学形态。

马克思以后的思想发展,一方面在理论和方法上摒弃了《1844 年经济学哲学手稿》中的一些观点;另一方面又继承、深化了《1844 年经济学哲学手稿》已经取得的成就,从根本上说,是沿着《1844 年经济学哲学手稿》开辟的从人的实践活动中寻找历史根源这一方向前进的:一方面,通过揭示物质资料生产的历史作用,马克思发现了社会关系的客观规定性;另一方面,通过肯定人的主体作用,发现了人民群众的历史创造作用。

这两方面的进展在马克思的《神圣家族》中得到了集中体现。《神圣家族》明确地把"生产方式"作为理解现实历史的基础,认为物质生产是"历史的发源地",并从"人对自然界的理论关系和实践关系"③去理解历史;同时,又肯定了人是历史的主体,认为历史本质上是受物质利益支配的、追求着自己目的的人的活动,并从中得出一个重要结论,即"历史活动是群众的事业,随着历史活动的深入,必将是群众队伍的扩大"④。马克思因此深入到历史发源地的内部,通

---

① 《马克思恩格斯全集》第 42 卷,第 122 页。
② 《马克思恩格斯全集》第 42 卷,第 121 页。
③ 《马克思恩格斯全集》第 2 卷,第 191 页。
④ 《马克思恩格斯全集》第 2 卷,第 104 页。

过揭示生产方式的内在矛盾及其运动规律,踏上了全面创立历史唯物主义的进程。正是在这个意义上,恩格斯认为,创立"关于现实的人及其历史发展的科学","这个超出费尔巴哈而进一步发展费尔巴哈观点的工作,是由马克思于1845年在《神圣家族》中开始的"。①

《神圣家族》之后,马克思理论活动的特点仍是经济学研究与哲学批判的有机结合,这两方面的工作体现在《评弗里德里希·李斯特的著作〈政治经济学的国民体系〉》和《关于费尔巴哈的提纲》中。前者分析和解剖了作为现代历史基础的"工厂制度",把工业劳动本身的物质内容和社会形式区分开来,开始探讨生产方式的内在结构,后者以"实践"为基础,揭示了社会生活的本质、人的本质、人与环境的关系,等等。对于历史唯物主义来说,具有决定性意义的结论有以下几个:

"全部社会生活在本质上是实践的。"②这一结论是对社会的起源和基础、社会生活的基本内容和社会发展规律特点的高度概括。社会是人类活动的领域,劳动创造了人,同时也创造了人类社会,并构成人类社会的基础。物质生产是社会存在的基础,但不是社会生活的唯一内容,人类多种形式的实践活动,包括科学实验与创造,构成了社会生活的基本内容;人是历史的主体,社会发展规律并不是凌驾于人类活动之上或存在于人的活动之外,而是存在并实现于人的实践活动之中,表现为一种最终决定人类行为结局的力量。

"人的本质……在其现实性上,它是一切社会关系的总和。"③这一结论是对《1844年经济学哲学手稿》关于劳动是人的本质思想的深化。劳动内在地包含着人与自然的关系和人与社会的关系,但直接决定人的本质并把人与人区别开来的是社会关系。人的本质是社会关系的总和这一命题的提出,表征着马克思已深入到劳动过程的内部,从社会关系中找到人的现实本质,从而从人与动物的区别进入到人与人的区别。这样,马克思终于突破了个体和类的框架,从人的"类本质"转向人的社会本质。

"环境的改变和人的活动或自我改变的一致,只能被看作是并合理地理解为革命的实践。"④人与环境的关系,是近代历史观所要解决的基本问题。自从

---

① 《马克思恩格斯选集》第4卷,第241、241页。
② 《马克思恩格斯选集》第1卷,第56页。
③ 《马克思恩格斯选集》第1卷,第56页。
④ 《马克思恩格斯选集》第1卷,第55页。

爱尔维修提出"人是环境的产物"与"人的意见支配环境"之后,近代历史哲学家无一不在这个矛盾之网中徘徊。黑格尔用思辨的逻辑把二者的矛盾编织在绝对观念自我发展之网中,只是转移了问题,而没有解决问题。马克思的高明之处就在于,把人与环境的关系问题置于实践的基础上,从而真正发现了人与环境,即历史主体和客体之间的真实关系及其现实基础,打开了走向历史深处的大门。

《关于费尔巴哈的提纲》总共 11 条,全文不过 1200 多字,但它包含着丰富的内容,具有重要的理论意义,是马克思全面创立历史唯物主义的理论纲要。正是在这个意义上,恩格斯称之为"历史唯物主义的起源"①,是"包含着新世界观的天才萌芽的第一个文件"②。

1846 年的《德意志意识形态》,全面展开了《关于费尔巴哈的提纲》中的历史唯物主义思想,即全面创立了历史唯物主义。

首先,确定了历史唯物主义的理论出发点。

按照《德意志意识形态》的观点,人类历史的"第一个前提"就是有生命的个人的存在,这些个人使自己和动物区别开来的"第一个历史活动",也是每日每时都要进行的历史活动,即"一切历史的基本条件"就是物质实践;物质实践包含着人与自然的关系和人与人的关系,实际上是以缩影的形式体现着整个人类社会。因此,历史唯物主义必须注意并高度重视人的实践活动,并以此作为理论出发点。《德意志意识形态》指出:历史唯物主义的本质特征就是"从物质实践出发来解释观念",完整地描述历史过程以及"这个过程的各个不同方面之间的相互作用"③。

其次,制定了历史唯物主义的基本原理。

《德意志意识形态》对历史唯物主义基本原理的制定表现在四个方面:一是关于社会结构的理论,即生产力、生产方式、交往方式、市民社会(社会的"现实基础")、政治上层建筑和"观念的上层建筑";二是关于社会发展规律的理论,即生产力与交往形式的矛盾运动、市民社会(基础)与上层建筑的矛盾运动以及阶级斗争的历史作用;三是关于人的全面发展的理论,即人的本质与自主活动、分工与人的发展、个人向"完整的个人"的发展以及确立"有个性的人";

---

① 《马克思恩格斯全集》第 39 卷,人民出版社 1974 年版,第 24 页。
② 《马克思恩格斯选集》第 4 卷,第 213 页。
③ 《马克思恩格斯全集》第 3 卷,第 43 页。

四是关于历史过程的理论,即部落所有制、古代公社所有制和国家所有制、封建的或等级的所有制、资产阶级所有制和共产主义所有制以及"历史向世界历史的转变"。

在《1844 年经济学哲学手稿》中,马克思已经从社会生活领域中划分出经济领域,发现历史是人通过人的劳动而形成的过程,进而指出历史的发源地是物质生产,是人类追求自己目的的活动。但是,生产方式本身是如何运动,以及它是如何决定社会发展的,或者说社会是如何发展的,这是《1844 年经济学哲学手稿》没有解决的问题。在《德意志意识形态》中,马克思则深入到了生产方式的内在结构。按照马克思此时的观点,生产方式包含两个方面,即生产力和"物质交往"形式;生产力决定交往关系,交往关系必须适合"生产力发展的水平",否则,它就会成为生产力发展的"桎梏";直接决定国家政权以及意识形态的是"市民社会","市民社会包括各个个人在生产力发展的一定阶段上的一切物质交往……始终标志着直接从生产和交往中发展起来的社会组织,这种社会组织在一切时代都构成国家的基础以及任何其他的观念的上层建筑的基础"①。

生产力和交往形式的关系就是交往形式同个人的活动的关系,按照马克思此时的观点,人类历史上存在过的任何一种交往形式"起初本是自主活动的条件,后来却变成了它的桎梏,它们在整个历史发展过程中构成一个有联系的交往形式的序列,交往形式的联系就在于:已成为桎梏的旧的交往形式被适应于比较发达的生产力,因而也适应于更进步的个人自主活动类型的新交往形式所代替;新的交往形式 à son tour[又]会成为桎梏并为别的交往形式所代替。由于这些条件在历史发展的每一阶段上是与同一时期的生产力的发展相适应的,所以它们的历史同时也是发展着的、为各个新的一代所承受下来的生产力的历史,从而也是个人本身力量发展的历史"②。

因此,"一切历史冲突都根源于生产力和交往形式之间的矛盾"③。"生产力和交往形式之间的这种矛盾……每一次都不免要爆发为革命,同时也采取各种附带形式——表现为冲突的总和,表现为各个阶级之间的冲突,表现为意

---

① 《马克思恩格斯全集》第 3 卷,第 41 页。
② 《马克思恩格斯全集》第 3 卷,第 81 页。
③ 《马克思恩格斯全集》第 3 卷,第 83 页。

识的矛盾、思想斗争等等、政治斗争等等"①。这就是说,生产力和交往形式的矛盾在阶级社会中必然表现为阶级矛盾和阶级斗争,而阶级斗争又必然引发社会革命。在阶级社会中,只有通过阶级斗争和社会革命,才能解决生产力和交往形式的矛盾。

再次,提出了历史唯物主义的结论——共产主义是历史的必然。

在《德意志意识形态》中,马克思已不是从人的本质的"复归"中去论证共产主义,而是从生产力与交往形式的矛盾运动中去探寻共产主义的历史必然性。按照马克思此时的观点,共产主义既不是"应当确立的状态",也不是"现实应当与之相适应的理想",而是从资本主义社会的内在矛盾运动中必然产生的"消灭现存状况的现实运动";同过去一切运动相比,共产主义的独特性在于,它推翻了一切旧的生产关系和交往关系的基础,是"排除一切不依赖于个人而存在的东西",并且使无产者"作为个性的个人确立下来"。②

在《德意志意识形态》中,马克思不仅论证了共产主义的历史必然性,而且揭示了共产主义社会产生的现实前提,即生产力的普遍发展、交往的普遍发展和世界历史的存在。以生产力普遍发展为基础的普遍交往,使历史转变为世界历史,而"无产阶级只有在世界历史意义上才能存在,就像——它的事业——共产主义一般只有作为'世界历史性的'存在才有可能实现一样"③。这样,马克思就彻底洗刷了共产主义学说的伦理色彩,把共产主义理论奠定在科学的基础上。

这样,马克思就正确地解答了生产方式本身如何运动及其如何决定历史发展的问题,并科学地制定了历史唯物主义出发点、基本原理和结论。因此,《德意志意识形态》标志着历史唯物主义形成过程的基本结束。换言之,在《德意志意识形态》中,马克思大致完成了创立新历史观的任务。

二、马克思创立历史唯物主义的思维逻辑

关于马克思创立历史唯物主义思维逻辑的问题,是对历史唯物主义形成

---

① 《马克思恩格斯全集》第3卷,第83—84页。
② 《马克思恩格斯全集》第3卷,第40、79、87页。
③ 《马克思恩格斯全集》第3卷,第40页。

史的进一步抽象,注重从逻辑上探讨马克思是如何发现社会发展的一般规律,从而创立历史唯物主义的。

如前所述,《莱茵报》时期的马克思,从总体上看,仍是一个黑格尔唯心主义者,即认为真正的国家是理性的实现,理念是国家的实体。但是,这一时期实际的政治斗争和经济斗争,又使马克思看到黑格尔的理念国家同现实的矛盾,开始怀疑黑格尔法哲学。这就促使马克思开始独立地研究社会问题。《黑格尔法哲学批判》就是对《莱茵报》时期遇到的实际和理论问题进行回答的第一次尝试。马克思后来指出,"为了解决使我苦恼的疑问,我写的第一部著作是对黑格尔法哲学的批判性的分析"[1]。

在《黑格尔法哲学批判》中,马克思总结了《莱茵报》时期的实际经验,吸收了《克罗茨纳赫笔记》研究历史的成果,并在费尔巴哈哲学的启发下,第一次发现了市民社会与国家的真实关系,从而在黑格尔的历史观上打开了第一个缺口。具体地说,马克思此时已经认识到市民社会是国家产生的基础、前提和原动力,即"政治国家没有家庭的天然基础和市民社会的人为基础就不可能存在。他们是国家的 conditio sine qua non[必要条件]"[2];已经认识到私有财产对国家的支配作用,即政治国家"是私有财产的已经得到实现的本质","国家制度在这里就成了私有财产的国家制度"[3]。尽管马克思在这里还没有把私有财产看成一种特定的生产关系,但财产关系毕竟是一种经济关系,是生产关系的法律用语。

因此,《黑格尔法哲学批判》的结论极为明确,不是国家决定市民社会,而是市民社会,即人们之间的经济关系决定国家。马克思后来在《〈政治经济学批判〉序言》中指出,通过批判黑格尔法哲学,他得出一个"结果"[4],这就是,市民社会,即物质的生活关系决定国家与法。因此,市民社会决定国家这一基本事实的发现,必然使马克思认识到市民社会中蕴藏着理解社会发展过程的关键。问题的重要性就在于:方向已经指明,道路开始开拓,马克思已经开始走向一条哲学唯物主义路线。普列汉诺夫正确指出:"马克思阐明他的唯物主

---

① 《马克思恩格斯选集》第 2 卷,第 32 页。
② 《马克思恩格斯全集》第 1 卷,第 252 页。
③ 《马克思恩格斯全集》第 1 卷,第 369、380 页。
④ 参见《马克思恩格斯选集》第 2 卷,第 32 页。

历史观,是从批评黑格尔的法权哲学开始的。"①

市民社会是国家基础的观点的提出,必然使马克思意识到,应当把握市民社会的"特殊逻辑",从而把握整个社会历史的运动规律。但是,《黑格尔法哲学批判》只是提出这一任务,却没有解决这一任务。市民社会的内部结构、生产关系的秘密还有待于马克思去发现。因此,作为基础的市民社会以至整个社会对此时的马克思来说还是一个混沌的整体,即感性的具体。

感性的具体只是认识的最初起点。马克思必须以此为前提,并对此进行一系列的分析活动和思维抽象,找到一个与历史的起点相一致、再现现实具体的逻辑起点,才能进而揭示事物各方面的本质规定及其联系。因此,对市民社会的解剖是马克思思维进程内在的逻辑要求。"关于市民社会的科学,也就是政治经济学。"②这使马克思意识到,"对市民社会的解剖应该到政治经济学中去寻求"③。所以,1844 年马克思在巴黎开始研究政治经济学,剖析市民社会。《1844 年经济学哲学手稿》就是这一工作的初步总结。

从经济事实——"物的世界的增值与人的世界的贬值成正比"——出发,《1844 年经济学哲学手稿》运用哲学研究已经取得的成果,通过对资本主义的生产、分配、交换和消费的分析,通过对英国古典经济学以及德国古典哲学的批判继承,创立了异化劳动理论。异化劳动理论的创建使马克思的历史观得到进一步的论证、发展和深化,力图说明物质生产是历史发展的基础和动力,说明历史无非是人的自我创造过程。事实也告诉我们,通过异化劳动这一理论,马克思的确在剖析社会历史、创立历史唯物主义的进程中,获得了重大的突破。

通过对异化劳动的分析,马克思从社会的横断面透视了资本主义社会的诸种社会关系,并认为"通过异化的、外化的劳动,工人生产出一个跟劳动格格不入的、站在劳动之外的人同这个劳动的关系。工人同劳动的关系,生产出资本家……同这个劳动的关系"。"整个人类奴役制就包含在工人同生产的关系中,而一切奴役关系只不过是这种关系的变形和后果罢了。"④把马克思这些论

---

① 〔俄〕普列汉诺夫:《马克思主义的基本问题》,张仲实译,生活·读书·新知三联书店 1959 年版,第 10 页。
② 《马克思恩格斯全集》第 16 卷,第 409 页。
③ 《马克思恩格斯选集》第 2 卷,第 32 页。
④ 《马克思恩格斯全集》第 42 卷,第 100、101 页。

述同生产关系的"经典定义"相比,可以看出,尽管马克思在这里还未揭示生产关系各要素之间的联系,还未用生产力说明生产关系,但是,他已经把人们在生产活动中形成的关系看成是其他社会关系的基础了。

由此,马克思提出了一条重要原理:"宗教、家庭、国家、法、道德、科学、艺术等等,都不过是生产的一些特殊的方式,并且受生产的普遍规律的支配。"①这一论断表明,《1844 年经济学哲学手稿》首次形成了物质生产在社会生活中起决定作用的思想,摸索出物质生活决定政治生活、精神生活和社会生活这一历史唯物主义的基本原理。这是马克思第一次从总体上对整个社会生活及其内部基本关系所作的完整分析和高度概括。

同《黑格尔法哲学批判》提出的市民社会决定国家的论断相比,《1844 年经济学哲学手稿》提出的物质生产领域决定社会其他领域的论断,无论从深度上还是从广度上,都表明马克思对社会的认识大大前进了一步。具体地说,市民社会,按照《黑格尔法哲学批判》的理解是一般物质关系,而《1844 年经济学哲学手稿》则从物质生产过程中发现了人与人之间的经济关系和市民社会背后的物质生产,从而揭示出社会结构的基础。不仅如此,这一论断已不是仅限于搞清市民社会与国家、法的关系,而是涉及社会结构的基本方面——物质生产、政治关系以及各种意识形态。这表明《1844 年经济学哲学手稿》既接近提出经济基础决定整个上层建筑的原理,又为进一步解答"历史之谜"提供了理论基础。

通过异化劳动理论,马克思不仅剖析了社会结构,而且分析了历史和人本身的发展。按照马克思此时的观点,历史从其最简单的意义上说,就是人类生命活动的持续过程。"人靠自然界生活",因此,人的第一个也是最基本的活动就是劳动。劳动、实践构成了人的存在方式。通过劳动,人"创造对象世界,即改造无机界,证明了人是有意识的类存在物"②;通过劳动,人改变着自然界、社会和人自身,从而推动着历史前进。

在人类社会初期,劳动和人是统一的,到了一定阶段,劳动发生异化,产生私有制,"人的生命为了本身的实现曾经需要私有财产",私有制社会创造了巨大的工业和先进的科学,日益改造着人们的生活;劳动和资本的对立又必然导

①《马克思恩格斯全集》第 42 卷,第 121 页。
②《马克思恩格斯全集》第 42 卷,第 96 页。

致消灭异化劳动和私有制,并保存以往发展的全部财富的共产主义革命,"人的生命现在需要消灭私有财产"①。从根本上说,一部人类史就是物质生产发展史,历史本质上是人类实践活动在时间中的展开。

在社会结构和历史发展这两个方面研究成果的基础上,《1844年经济学哲学手稿》揭示了劳动在社会历史中的地位和作用,即"整个所谓世界历史不外是人通过人的劳动而诞生的过程"②,这就揭示了社会的基础、历史的源泉和人的存在方式。

可以看出,《1844年经济学哲学手稿》中的劳动概念包含着人与自然的关系、人与人的关系,同时,它又是一个与历史的起点相一致的发展概念——人及其社会历史通过劳动而产生,随着劳动的发展而发展。从纵横两方面研究劳动,就能理解人类社会历史的奥秘。因此,《1844年经济学哲学手稿》中劳动概念的重要意义就在于:它是人及其社会历史本质的、高度的抽象。为马克思从理论上再现现实的社会具体提供了逻辑起点,标志着马克思认识社会历史的过程达到了由完整的表象蒸发为抽象的规定。

毋庸置疑,《1844年经济学哲学手稿》中的劳动理论有其局限性,用主观确立的尺度——"真正人的社会""完善了的人"——来衡量资本主义制度的非人化和反人性的现实,显然是费尔巴哈人本唯物主义的痕迹;用异化劳动的产生和消灭来说明私有制的产生和灭亡,也不可能科学地说明历史的发展。但是,对于一个新学说的创立者来说,重要的不是保留了多少传统观念的痕迹,而是那突破了传统观念、具有强大生命力的幼芽。这是任何新学说的生命力之所在。

从感性的具体上升到思维的抽象,无疑是认识上的飞跃。但是,思维的具体才是认识活动的归宿。《1844年经济学哲学手稿》中的劳动概念虽然为认识现实具体提供了逻辑起点,但《1844年经济学哲学手稿》并未在思维中再现现实具体。因此,马克思必然要继续完成对社会历史的研究,即使"抽象的规定在思维行程中导致具体的再现"③。

1844年秋至1845年春,是历史唯物主义形成的关键时刻。如前所述,《神圣家族》第一次明确提出了生产方式的概念,并认识到"实物"是人的实物存

---

① 《马克思恩格斯全集》第42卷,第148页。
② 《马克思恩格斯全集》第42卷,第131页。
③ 《马克思恩格斯选集》第2卷,第18页。

在,是"人对人的社会关系"①。《关于费尔巴哈的提纲》则对环境与人的关系本质、人的本质、社会生活的本质作出了科学的规定,即环境的改变和人的自我改变相统一的基础是实践,人的本质在现实性上是社会关系的总和、社会生活在本质上是实践的。而对于经济学的深入研究,使马克思理解到,生产是由物质内容和社会形式这两个矛盾着的方面所组成的统一体。写于 1845 年 11 月至 1846 年夏的《德意志意识形态》对这一时期的经济学与哲学研究的成果进行了概括和提升,从理论上再现了人类社会结构和历史发展的基本联系。

恩格斯在《路德维希·费尔巴哈和德国古典哲学的终结》中指出:历史唯物主义"在劳动发展史中找到了理解全部社会史的锁钥"②。的确如此。在《德意志意识形态》中,通过对劳动及其分工的考察,马克思发现了劳动内含着双重关系:一方面是人与自然的关系,表现为一定的生产力;另一方面是人与人之间的关系,表现为一定的社会关系。生产必须以个人之间的交往为前提,而人们之间的交往关系是以分工为基础的。"分工发展的各个不同阶段,同时也就是所有制的各种不同形式。这就是说,分工的每一个阶段还根据个人与劳动的材料、工具和产品的关系决定他们相互之间的关系。"③同时,分工又是由生产力所决定的,是生产力发展的结果和表现。"一个民族的生产力发展的水平,最明显地表现在该民族分工的发展程度上。任何新的生产力都会引起分工的进一步发展。"④因此,生产力是社会发展的最终动力,它决定所有制的关系,从而决定整个社会的关系。

不仅如此,《德意志意识形态》还从动态上考察了生产力与交往形式、所有制的矛盾运动。按照《德意志意识形态》的观点,所有制到了一定阶段便由生产力的发展形式变为桎梏,于是就要发生变革,旧的交往形式、所有制被适合生产力发展的新的交往形式、所有制所代替。"一切历史冲突都根源于生产力和交往形式之间的矛盾"⑤,这个矛盾不断循环下去,不断采取新的形式,使之构成一个有联系的所有制序列:部落所有制、古代公社所有制和国家所有制、封建的或等级的所有制、资本主义所有制以及未来的共产主义所有制,因而就

---

① 《马克思恩格斯全集》第 2 卷,第 52 页。
② 《马克思恩格斯选集》第 4 卷,第 258 页。
③ 《马克思恩格斯全集》第 3 卷,第 25 页。
④ 《马克思恩格斯全集》第 3 卷,第 24 页。
⑤ 《马克思恩格斯全集》第 3 卷,第 83 页。

呈现出"历史"。

生产力与交往形式、生产力与所有制形式矛盾运动的发现,使马克思基本上把握了人类社会发展的根本规律。站在这个理论高峰上,可以说是"会当凌绝顶,一览众山小",它使马克思对社会的解剖达到了新的高度。此时,对马克思来说,市民社会、社会已不是一个混沌的整体,而是一个非常清晰的"具体"了。《德意志意识形态》明确指出:"在过去一切历史阶段上受生产力所制约、同时也制约生产力的交往形式,就是市民社会";"市民社会包括各个个人在生产力发展的一定阶段上的一切物质交往。它包括该阶段上的整个商业生活和工业生活,因此它超出了国家和民族的范围,尽管另一方面它对外仍然需要以民族的姿态出现,对内仍然需要组成国家的形式";市民社会"这一名称始终标志着直接从生产和交往中发展起来的社会组织,这种社会组织在一切时代都构成国家的基础以及任何其他的观念的上层建筑的基础","市民社会是全部历史的真正发源地和舞台"。①

这里,马克思对"市民社会"的内涵、市民社会与国家和观念上层建筑的关系都作出了具体的规定。如前所述,《黑格尔法哲学批判》提出市民社会,即"物质的生活关系"决定国家与法;《1844年经济学哲学手稿》发现市民社会背后的物质生产,提出物质生产领域支配社会其他领域;而《德意志意识形态》则深入到物质生产和市民社会的内部结构、内在机制,提出市民社会,即受一定生产力所决定的"物质交往""商业生活和工业生活""社会组织",构成了社会结构的基础和"历史的发源地"。这里,市民社会概念的内涵异常清晰,是一个具有许多规定和关系的"具体",从中可以看到被综合、提升了的《黑格尔法哲学批判》和《1844年经济学哲学手稿》。

对市民社会的内在结构、五种所有制形式全面综合的考察,使马克思对社会的认识产生了质的飞跃。此时,不仅市民社会而且整个社会对于马克思来说,都不是一个混沌的整体,而是一个具有许多规定和关系的丰富的总体了。正因为如此,马克思不仅提出了"社会结构"的概念,而且对社会结构进行具体解剖,并以此为基础制定了"社会形态"②这一概念。

按照《德意志意识形态》的观点,以一定方式进行生产活动的个人之间必

---

① 《马克思恩格斯全集》第3卷,第40、41页。
② 《马克思恩格斯全集》第3卷,第29、35页。

然发生一定的社会关系和政治关系,"社会结构和国家经常是从一定个人的生活过程中产生的"。因此,"应当根据经验来揭示社会结构和政治结构同生产的联系"①。在《德意志意识形态》中,马克思的确揭示出这种联系,从而创立了唯物主义历史观:"这种历史观就在于:从直接生活的物质生产出发来考察现实的生产过程,并把与该生产方式相联系的、它所产生的交往形式,即各个不同阶段上的市民社会,理解为整个历史的基础;然后必须在国家生活的范围内描述市民社会的活动,同时从市民社会出发来阐明各种不同的理论产物和意识形式,如宗教、哲学、道德等等,并在这个基础上追溯它们产生的过程。这样做当然就能够完整地描述全部过程(因而也就能够描述这个过程的各个不同方面之间的相互作用)了。"②

可见,马克思此时对社会形态的理解是非常具体的,即受生产力所制约的物质交往或市民社会构成了整个社会结构的基础,在这个基础之上形成了政治结构和意识形式的上层建筑。这已经是一个"思想具体"了,即思维的具体、理性具体。"具体之所以具体,因为它是许多规定的综合,因而是多样性的统一。因此它在思维中表现为综合的过程,表现为结果,而不是表现为起点,虽然它是现实的起点,因而也是直观和表象的起点。在第一条道路上,完整的表象蒸发为抽象的规定;在第二条道路上,抽象的规定在思维行程中导致具体的再现。"③

当然,《德意志意识形态》制定的社会形态概念还需要进一步确切化和完善化,但是,这一概念的基本内容已经形成,在思维中再现了作为许多规定的综合和多样性统一的社会。换言之,《德意志意识形态》中的"社会形态"概念是马克思对社会各个方面综合考察和概括的结果,是一个"具有许多规定和关系的丰富的总体"④。正如列宁所说,马克思"把生产关系划为社会结构,并使人有可能把主观主义者认为不能应用到社会学上来的重复性这个一般科学标准,应用到这些关系上来",一分析生产关系这个"物质的社会关系……立刻就有可能看出重复性和常规性,把各国制度概括为社会形态这个基本概

---

① 《马克思恩格斯全集》第3卷,第29页。
② 《马克思恩格斯全集》第3卷,第42—43页。
③ 《马克思恩格斯选集》第2卷,第18页。
④ 《马克思恩格斯选集》第2卷,第18页。

念"。① 因此,"社会形态"概念的制定,标志着马克思对社会的认识达到了思维具体。

总之,马克思创立历史唯物主义是沿着两条道路进行的:第一条道路是从哲学开始,结合历史研究,马克思意识到市民社会是国家的基础;"对市民社会的解剖应该到政治经济学中去寻求",于是,马克思又从第二条道路开始研究,即开始了经济学—哲学的研究。这一研究使马克思认识到劳动是社会存在的基础、历史发展的源泉和人的存在方式,发现了物质生产的内在结构,认识到市民社会就是由一定的生产力所决定的物质的生活关系所构成的,它是整个社会的经济基础。至此,两条道路相遇了。这两条道路的有机联系反映出马克思创立历史唯物主义的思维逻辑。这一逻辑进程所体现的科学研究的一般规律就是,从感性的具体到思维的抽象再到思维的具体;而它所反映的马克思思想进程的特性则是,从哲学—历史研究到经济学—哲学研究再到哲学研究。

三、历史唯物主义诞生的标志

无疑,《德意志意识形态》第一次全面地描述了历史唯物主义。但是,准确地说,历史唯物主义的中心范畴——生产关系,在《德意志意识形态》中只是大致形成,而历史唯物主义的核心原理——生产力,与生产关系之间的关系在《德意志意识形态》中也未直接确定下来。换言之,在《德意志意识形态》中,历史唯物主义的中心范畴和核心观点还未得到严格的科学规定。最终完成这一任务的是马克思在 1847 年写的《哲学的贫困》。《哲学的贫困》的特点是严谨的历史唯物主义和科学的辩证方法。马克思后来评论这本书说:"我们见解中有决定意义的论点,在我的 1847 年出版的为反对蒲鲁东而写的著作《哲学的贫困》中第一次作了科学的、虽然只是论战性的概述。"②

之所以说生产关系范畴在《德意志意识形态》中只是大致形成,一是因为《德意志意识形态》提出,所有制就是由分工所决定的个人与劳动资料和产品的关系,但又没有直接把所有制归结为生产关系,没有明确所有制关系就是人们在生产、分配、交换和消费的运转过程中所形成的一切经济关系,反而把所

---

① 《列宁全集》第 1 卷,第 109、110 页。
② 《马克思恩格斯选集》第 2 卷,第 34 页。

有制与生产关系相对举,认为生产关系与所有制的关系是人们在制造"生产对象"的直接过程中的关系同"权力"的关系。

二是因为《德意志意识形态》中的生产关系范畴具有多义性,它有时同生产力的含义相类似,有时又包括人口生产上的社会关系,有时还指直接生产活动中的人们之间的关系。

三是因为《德意志意识形态》中的生产关系范畴主要是用"交往形式""交往关系"的术语表述的,然而,《德意志意识形态》中的"交往形式""交往关系",不仅包括人们物质交往和精神交往,而且还指战争、保险公司这样的事物,其含义类似"社会关系"。这就是说,"交往形式""交往关系"包括"生产关系",但不等于"生产关系"。

在《德意志意识形态》中,马克思只是相应地考察了生产力与交往形式、生产力与所有制的关系,表述了这种从属关系,即生产力—生产方式—交往形式;生产力—分工—所有制形式。如前所述,《德意志意识形态》中的交往形式概念包括物质交往,有时又类似生产关系的概念;《德意志意识形态》中的所有制概念的内涵与我们今天所理解的生产关系概念的内涵是一致的。因此,"生产力决定交往形式""生产力决定所有制形式"的原理和"生产力决定生产关系"的原理是一致的。正是在这个意义上,《德意志意识形态》发现了生产力与生产关系的辩证法。

但是,交往形式概念并不能等同于生产关系概念,也不是生产关系内容的准确表达;所有制形式在《德意志意识形态》中也未被直接规定为人们在物质生产和再生产过程中所形成的一切经济关系。因此,"生产力决定交往形式""生产力决定所有制形式"的原理并不能等同于"生产力决定生产关系"的原理。严格地说,"生产力决定交往形式"相当于"生产力决定社会关系",而"生产力决定所有制形式"只是具备了"生产力决定生产关系"的思想。正是在这个意义上,《德意志意识形态》只是大致确立了生产力决定生产关系的原理,对这一原理的理解尚未完全成熟,也未直接作出生产力决定生产关系的结论。

《哲学的贫困》首先从内容和形式两个方面"科学概述"了生产关系范畴。

从内容上看,《哲学的贫困》直接把所有制归结为生产关系,并把生产关系规定为人们在整个生产过程中所形成的一切经济关系。按照《哲学的贫困》的观点,所有制是占有的一定社会形式,存在于物质生产的各方面,生产、分配、交换和消费四个环节的有机构成,则是生产资料所有制的实现。否则,所有制无从谈起，只能是空的。而生产关系就是人们在物质生产和再生产过程中发生的一定的、必然的、不以人的意志为转移的经济关系。因此，所有制和生产关系是同一概念。所有制不过是生产关系的法律用语。

针对蒲鲁东把所有制形而上学化，马克思在 1846 年 12 月《致安年柯夫的信》——《哲学的贫困》的纲要——中就指出：在资本主义社会中，"蒲鲁东先生的分工和所有其他范畴都是社会关系，这些关系的总和构成现在称之为所有制的东西"①。《哲学的贫困》进一步指出："给资产阶级的所有权下定义不外是把资产阶级生产的全部社会关系描述一番。""硬使所有权的起源神秘化也就是使生产本身和生产工具的分配之间的关系神秘化。"②这就是说，所有制就是生产关系，而生产关系则是生产、分配、交换和消费等环节构成的统一的整体，即"人们借以进行生产、消费和交换的经济形式"③。

这表明，《哲学的贫困》中的生产关系的含义，已经突破了把生产关系理解为直接生产活动中的人们相互关系的局限，把它推广到人们在生产、分配、交换、消费等生产和再生产所必经的所有环节中所形成的一切经济关系。这一观点同马克思后来的经典论述是完全吻合的。在《〈政治经济学批判〉导言》中，马克思把生产关系分为生产、分配、交换和消费四个环节，认为"它们构成一个总体的各个环节，一个统一体内部的差别"④。因此，《哲学的贫困》确切地规定了生产关系的内涵。

从形式上，即术语的表达上看，《哲学的贫困》直接并完全用"生产关系"这一术语来表示人们在生产和再生产的过程中所形成的关系，达到了形式和内容的统一。从此，"生产关系"这一术语成为表达人们在生产过程中所形成的一切经济关系的惯常用语。

把《德意志意识形态》中的生产关系范畴同《哲学的贫困》中的生产关系范畴相比较，可以看出，后者继承了前者，即都是结合着生产力来说明生产关系。但是，二者又有区别：在《德意志意识形态》中，生产关系范畴未得到确切规定和准确表达，而在《哲学的贫困》中，生产关系内容的确切规定和术语的准确表达首次达到了统一，即达到了"科学的概述"。

---

① 《马克思恩格斯选集》第 4 卷，第 536 页。
② 《马克思恩格斯全集》第 4 卷，第 180、181 页。
③ 《马克思恩格斯选集》第 4 卷，第 533 页。
④ 《马克思恩格斯选集》第 2 卷，第 17 页。

由于科学地制定了生产关系范畴,所以,马克思在《哲学的贫困》中以一种令人信服的明确性,科学地概述了生产力决定生产关系的原理。具体地说,《哲学的贫困》直接考察了生产力和生产关系的关系,明确指出"人们生产力的一切变化必然引起他们的生产关系的变化"①,并认为"随着新生产力的获得,人们改变自己的生产方式,随着生产方式即保证自己生活的方式的改变,人们也就会改变自己的一切社会关系"②。这里的论述可以说是简练、明确而科学,清澈见底地向我们展示出物质生产的内在机制,即生产力—生产方式—生产关系;明白无误地向我们说明了社会关系的全部秘密,即生产力(人和自然界的关系)—生产关系—社会关系。

显而易见,马克思对生产力与生产关系之间关系的理解在《哲学的贫困》中完全成熟,并首次作了直接而科学的表述,由这个焦点焕发出整个历史唯物主义的无限光芒。

因此,《哲学的贫困》又以其深刻的思想、精彩的表述对《德意志意识形态》中的阶级斗争理论论述作了进一步概括和"科学的概述"。

第一,生产方式的状况决定阶级的状况。"革命因素之组成为阶级,是以旧社会的怀抱中所能产生的全部生产力的存在为前提的。"生产力的进一步发展必然与现存的生产关系发生冲突。为了解放生产力,"必须粉碎生产力在其中产生的那些传统形式。从此以后,从前的革命阶级将成为保守阶级"③。这就明确告诉我们,生产方式的状况决定阶级的状况。

第二,阶级斗争是阶级社会发展的直接动力。"当文明一开始的时候,生产就开始建立在级别、等级和阶级的对抗上,最后建立在积累的劳动和直接的劳动的对抗上。没有对抗就没有进步。这是文明直到今天所遵循的规律。到目前为止,生产力就是由于这种阶级对抗的规律而发展起来的。"④

第三,阶级斗争必然导致全面的革命。"工人阶级解放的条件就是要消灭一切阶级。"因此,在无产阶级和资产阶级斗争的进程中,无产阶级将创造一个消除阶级和阶级对立的"联合体"来代替资本主义社会。这是一次"全面的革

① 《马克思恩格斯全集》第 4 卷,第 155 页。
② 《马克思恩格斯全集》第 4 卷,第 144 页。
③ 《马克思恩格斯全集》第 4 卷,第 197、155 页。
④ 《马克思恩格斯全集》第 4 卷,第 104 页。

命"。从此,"社会进化将不再是政治革命"①。

以生产力和生产关系矛盾运动原理为基础,《哲学的贫困》又科学地概述了历史研究的出发点,即人既是历史的"剧中人",又是历史的"剧作者"。

按照《哲学的贫困》的观点,社会是人们交互作用的产物,是"一切关系同时存在而又互相依存的社会机体"②。人们不能自由选择自己的生产力,在生产力发展的一定状况下,必然产生一定的生产关系,从而形成一定的社会关系。"手工磨产生的是封建主为首的社会,蒸汽磨产生的是工业资本家为首的社会。"③这就是说,人们不能随心所欲地选择自己的社会形式,也不能随心所欲地创造自己的历史。"后来的每一代人都得到前一代人已经取得的生产力并当作原料来为自己新的生产服务,由于这一简单的事实,就形成人们的历史中的联系,就形成人类的历史。"④即使是人本身的需要,也"直接来自生产或以生产为基础的情况"⑤。在这个意义上,人是历史的"剧中人"。

人又是能动的主体,人们自己创造了自己的历史。作为社会存在和发展决定性因素的生产力是人们的实践能力。历史规律并不是凌驾于人们活动之上的超然物,而是在人们活动过程中生成的,并且需要通过人的自觉活动才能实现。人的活动形成了不以人的意志为转移的客观的历史规律,离开了人及其活动,社会历史将荡然无存。"人们是在一定的生产关系范围内制造呢绒、麻布和丝织品的,但是……这是一定的社会关系同麻布、亚麻等一样,也是人们生产出来的。"⑥究其本质而言,社会关系"不过是他们的物质的和个体的活动所借以实现的必然形式","人们的社会历史始终只是他们的个体发展的历史"⑦。这个意义上,人又是历史的"剧作者"。

因此,在《哲学的贫困》中,马克思认为,只有把人同时当作历史的"剧中人"和"剧作者",才能发现现实的、世俗的历史,才能达到历史研究的"真正的出发点"⑧。这就既批判了唯心主义,又批判了形而上学。

---

① 《马克思恩格斯全集》第 4 卷,第 197、198 页。
② 《马克思恩格斯全集》第 4 卷,第 145 页。
③ 《马克思恩格斯全集》第 4 卷,第 144 页。
④ 《马克思恩格斯选集》第 4 卷,第 532 页。
⑤ 《马克思恩格斯全集》第 4 卷,第 87 页。
⑥ 《马克思恩格斯全集》第 4 卷,第 143—144 页。
⑦ 《马克思恩格斯选集》第 4 卷,第 532 页。
⑧ 《马克思恩格斯全集》第 4 卷,第 149 页。

在完成了对《哲学的贫困》主要内容的具体分析之后，我们现在回到对《哲学的贫困》的总评价上，就有可能获得一个包含着内容丰富而又具体的明确看法了。

其一，《哲学的贫困》标志着历史唯物主义形成史的结束。

生产关系范畴、生产力与生产关系的辩证法既然是历史唯物主义的中心范畴和核心观点，那么，对生产关系、生产力与生产关系之间关系理解的成熟程度，也就是历史唯物主义理论本身成熟程度的标志。应该说，《德意志意识形态》第一次全面地描绘了历史唯物主义的轮廓，但生产关系、生产力与生产关系之间的关系在此并未得到确切规定和准确表达，而中心范畴的清晰、核心观点的明确是任何一个科学体系完全形成的不可缺少的因素。因此，《德意志意识形态》并未完成历史唯物主义的形成过程。《哲学的贫困》则第一次使历史唯物主义的中心范畴和核心观点达到了思想的完全成熟和术语的准确表达的统一，并以此为基础，科学地概述了马克思主义的阶级斗争理论和历史研究的"真正的出发点"。至此，历史唯物主义才真正完成了其形成过程。

正是基于这一点，马克思在《〈政治经济学批判〉序言》中，分别对《德意志意识形态》和《哲学的贫困》作出评价：对历史唯物主义，《德意志意识形态》只是"弄清问题"，《哲学的贫困》则作了"科学概述"。"弄清问题"和"科学概述"这八个字的评价可谓很有分寸，极其准确，它充分说明《德意志意识形态》和《哲学的贫困》在历史唯物主义形成史上的不同地位。

其二，《哲学的贫困》标志着历史唯物主义的诞生和人类思想史伟大变革的实现。

根据史实，在马克思、恩格斯生前，《德意志意识形态》只是在 1847 年的《威斯特伐里亚汽船》杂志上发表了第二卷第四章，即《卡尔·格律恩》那一章，而它关键的第一卷第一章，即论述历史唯物主义基本原理的《费尔巴哈》、唯物主义观点和唯心主义观点的对立那一章，在 1924 年才第一次发表。把当时尚未发表、又未发生实际效用的著作作为历史唯物主义诞生的标志，没有实际意义。这表明，直到 1846 年，马克思还没有公开树立起历史唯物主义的旗帜，最多只是"自己弄清问题"。人类思想史上的伟大变革此时仍是可能，还未转变为现实。

《哲学的贫困》不仅科学地概述了历史唯物主义的观点，而且在历史唯物主义史上还有一个特殊地位，即它于 1847 年公开发表。这样，在 1847 年，马克思公开树立起历史唯物主义的旗帜，从而使他的第一个伟大发现变成了读者的财产，载入了世界史册。因此，《哲学的贫困》才是历史唯物主义诞生的标志，并使人类思想史的伟大变革从可能变为现实。如果说古希腊哲学家阿那克萨哥拉提出"理性统治世界"命题，标志着历史唯心主义统治历史理论的开始，那么，马克思公开发表《哲学的贫困》则宣告了历史唯心主义统治的结束、历史科学新纪元的开始。

论费尔巴哈、舍勒、马克思的人的本质理论
——对人的本质的三种整体探讨

人的本质和存在方式问题是一个古老而又常新的课题，它犹如一个巨大的引力场，吸引着无数科学家、思想家、哲学家的无穷探索和思考。这是一个极其广阔的思想领域，其中，费尔巴哈、舍勒、马克思对人的本质的理解占有独特的历史地位：三者都把人的"完整本质"作为自己毕生关注的焦点；三者都是从整体的视角探讨人的"完整本质"。其中，马克思通过对劳动、实践的唯物辩证的分析，抓住了"现实的人"，从而真正发现人的本质是人的自我创造活动的产物，真正发现了人的存在方式，从而以巨大的超前性扬弃了近代哲学人本学与现代哲学人类学的理论对立。

一、费尔巴哈哲学人本学的理解：人是"多名"的

费尔巴哈关于人的本质的论述的确是从某一特定的方面和特定的角度展开的，提法有所不同，不尽一致。但是，其人的本质概念却是作为一个整体实现的。费尔巴哈明确指出，"真理只是人的生活和本质的总体"①，他的新哲学就是要揭

---

① 《费尔巴哈哲学著作选集》上卷，第185页。

示"实在的和完整的人的实体"①,只有考察"人的整个本质"或"完整的本质",才能把握"具体的人"。

按照费尔巴哈的见解,人是"多名"的,人的本质是使人有别于动物的各种属性的总和,是人所共有的东西,包括三个层次:自然本质、社会本质和精神本质,三者统一构成人的完整本质。在费尔巴哈哲学人本学体系中,人的本质概念的根本特征,就是以自然属性为基础的结构层次说。这既是费尔巴哈解决近代哲学的中心课题——思维与存在关系的主要措施,又是他的人的本质观乃至整个学说划时代的贡献。

首先,人是自然的人。费尔巴哈特别强调从人与自然界的关系中来考察人的本质。将人视为人与自然的统一体,这是费尔巴哈的人的本质观的理论前提。人是自然的人。这一观点具有双重含义:一是人的本质首先是由自然所规定,是由人所在的自然条件所规定的;二是人的本质形成于人对自然的关系之中。前者强调人是自然界的产物,人的本质只能"来自自然的深处";后者注重人和自然界不能直接等同,"直接从自然界产生的人,只是纯粹自然的本质,而不是人"②。费尔巴哈认为,自然的人与现实的人之间存在着"一系列无穷多的变异和媒介",仅仅从自然界还无法完全认识人的本质。

其次,人是社会历史的人。在费尔巴哈看来,人对自然的依赖通过人对人的依赖,人的一个显著特征就是互相需要、互相依赖、互相交往。孤立的人并不具备人的本质,人的本质只是包含在团体之中,包含在人与人的统一之中,应当"把人的实体仅仅置放在社会性之中"③。离开了人对人的关系,人的本质就是"毫无内容的虚构"。"只有社会的人才是人。"④不仅如此,人又是"历史的产物"。人的本质并不是一成不变的,它随着时代的变化而变化。纯粹的自然本质只是人的"原始本质","人,完善的,真正的人,只是具有美学的或艺术的,宗教的或道德的,哲学的或科学的官能的人"⑤。可见,费尔巴哈的人的本质概念并不是一个纯粹的生物学的僵死概念,其中蕴含了社会关系和历史发展的成分。

---

① 《费尔巴哈哲学著作选集》上卷,第180页。
② 《费尔巴哈哲学著作选集》上卷,第247页。
③ 《费尔巴哈哲学著作选集》下卷,第435页。
④ 《费尔巴哈哲学著作选集》上卷,第571页。
⑤ 《费尔巴哈哲学著作选集》上卷,第184页。

再次,人是理性的人。依据费尔巴哈的见解,人异于动物的最重要的特征就是人有"严格意义上的意识"——理性,即人不仅能感知到自己的个体,意识到"自我",而且还能把自己的类作为"对象",意识到自己的"类"。这就是说,人能够过一种有意识的"类"生活。有意识的类生活把人与动物区别开来。理性与人的生命同存亡、共始终,人只要活着,就必然要运用自己的理智力、意志力和心力。理性、意志、心,"这就是作为人的绝对本质"①。人的精神本质构成了费尔巴哈的人的本质概念的重要内容。

由此可见,费尔巴哈从不同层次、不同方面、不同角度探讨了人的本质。人的自然本质、社会本质、精神本质共同构成了费尔巴哈的人的本质的完整概念。费尔巴哈本人明确提出人的"完整本质""人的整个本质"等概念。因此,费尔巴哈的人的本质概念是一个多层次的整体概念。这是一个由较低级本质上升到较高级本质的结构图式。其中,自然本质处于最低层,属基础部分,社会本质处于中介地位,居于最高层次的则是精神本质。它们之间有着密切的关系,较低层次本质是较高层次本质的基础和前提,较高层次本质把较低层次本质包含于自身之中。在费尔巴哈看来,人的思维不能脱离生命和血肉的感性存在,但思维属性又高于自然属性。人与动物的本质区别就在于人有思维。正是在此意义上,费尔巴哈把"理性、意志、心"作为人的"绝对本质"。

对费尔巴哈的人的本质概念的评价必须从两方面进行:一方面,应积极评价费尔巴哈从整体的角度探讨人的完整本质;另一方面,又必须看到,自然主义在这里打下了深刻的烙印。

从根本上说,人的本质形成于人改造自然的实践活动中,在这个意义上,人的本质形成于人与自然的关系、人与自然之间的物质变换过程。费尔巴哈提出了"具体的人"和"具体的自然"这两个重要的概念,并首先从人与自然的关系去探讨人的本质,这无疑具有合理性,即为在深层结构上把握人的本质提供了一条切实可行的思路。问题在于,费尔巴哈只是以"感性的直观"的方式回答了人与自然的关系。他虽然意识到"自然的人"与"真正的人"之间存在着一定的"媒介",但他不理解这个"媒介"正是人对自然的改造,即实践活动,忘记了这种活动对人与自然关系以及人本身的决定性影响。因此,他只能把人的自然属性归结为人得以生存的外部自然条件。费尔巴哈的悲剧就在于:他

---

① 《费尔巴哈哲学著作选集》下卷,第28页。

紧紧地抓住了自然界和人,但只是确认了人与自然界之间的自然关系,而没有前进到人与自然界之间的实践关系。

从人与自然的关系上升到人与人的关系进一步探讨人的本质,这是费尔巴哈人的本质观的又一特点。人对自然的关系离不开人与人的关系。因此,费尔巴哈提出必须从社会历史考察人的"类"本质,开拓了从现实的人出发来认识人的本质的道路。然而,费尔巴哈的局限性正体现在他所提出的最有意义的问题上。费尔巴哈"仅仅限于在感情范围内承认'现实的、单独的、肉体的人',也就是说,除爱和友情,而且是理想化了的爱和友情以外,他不知道'人与人之间'还有什么其他的'人的关系'"①。在具体理解社会关系时,费尔巴哈从根本上把社会关系理解为一种"把许多个人自然地联系起来的共同性"②,实际上是把人与人之间的社会关系理解为人与人之间的自然关系。费尔巴哈的失误就在于:他确认了人与人之间的自然关系,却没有由此前进到人与人之间的实践关系。

人是有意识的类存在物,是否具有意识,尤其是自我意识,的确是"人猿相揖别"的重要标志之一。在人与自然的关系问题上,如果不结合人的思维属性而谈论人改造自然,就不能说明人与动物的区别。这是因为,人所引起的自然界的改变和动物所引起的自然界的改变的根本区别就在于:人改造自然的活动是在理性指导下的活动,是使"自然人化"的活动。在人与社会的关系问题上,如果不结合人的思维属性而谈论社会属性,同样不能说明人和动物的区别。这是因为,人的社会性与动物的群体性的根本区别需要通过人的精神属性才能作出科学的解释。"意识到必须和周围的人们来往,也就是开始意识到人一般地是生活在社会中的……这里人和绵羊不同的地方只是在于:意识代替了他的本能,或者说他的本能是被意识到了的本能。"③这就是说,动物的分工合作是无意识的结合,是动物生存的本能,而人类社会却是人们有意识的结合,人类的意识代替了动物的本能。

费尔巴哈从人与意识的关系中进一步探讨人的本质本身无可非议,而且这是一项具有科学价值的工作,是说明人的活动之所以具有自觉能动性的关键之所在。但问题在于,费尔巴哈把理性、意识仅仅看作"头脑的活动",不理

①《马克思恩格斯全集》第3卷,第50页。
②《马克思恩格斯全集》第3卷,第8页
③《马克思恩格斯全集》第3卷,第35页。

解意识同人"创造对象世界"的感性活动具有同一性的联系。费尔巴哈的弱点正在于：他只是确认了人与意识之间的自然(生物)关系，而没有前进到人与意识之间的实践关系。

在费尔巴哈之前，哲学家已分别从自然、社会或意识的角度探讨了人的本质。费尔巴哈划时代的贡献就在于，他从整体的视角，即从人与自然、人与社会、人与意识这几种多维视角探索人的完整本质。然而，费尔巴哈的真正局限性恰恰又在他所提出的最有意义的问题上。马克思指出："费尔巴哈比'纯粹的'唯物主义者有巨大的优越性：他也承认人是'感性的对象'。但是，毋庸讳言，他把人只看作是'感性的对象'，而不是'感性的活动'，因为他在这里也仍然停留在理论的领域内，而没有从人们现有的社会联系，从那些使人们成为现在这种样子的周围生活条件来观察人们；因此，毋庸讳言，费尔巴哈从来没有看到真实存在着的、活动的人，而是停留于抽象的'人'上。"①从根本上说，由于费尔巴哈不理解实践是人的存在方式，不理解人的"完整性"就在于实践的全面性，所以，他所描绘的完整的或"具体的"人仍然是抽象的人。

二、舍勒哲学人类学的理解：人是生命冲动与精神活动的统一体

M.舍勒(1874—1928)是现代哲学人类学的开创者。"完整的人"是他一生理论探讨的真正主题。与舍勒同时代的海德格尔对此评论道："马克斯·舍勒——通过他所展示的创造力的全部范围和方式——在今日德国，不，在今日欧洲——甚至在全部现代哲学中成为最强有力的哲学力量。"②

舍勒是分两步论证人的完整本质的。他首先从自然领域，然后从精神领域考察了人，从而确立了人的生命和精神双重本质结构，或者说确立了以生命冲动和精神本质为特征的完整的人。

按照舍勒的观点，人首先是同维持生命相关联的自然存在物，在人之中必然存在着"生命欲望或冲动"。这种生命冲动具有二重性：它是一种向外的原始运动，永远是人的"内部状态的表现"；同时，它又是一种具有自我限制的有

---

① 《马克思恩格斯全集》第3卷，第50页。
② Heidegger, *In Memory of Max Scheler*, *Scheler's Encounters in Modern Philosophy*, Springer, 1983, p.9.

限的冲动。总之,"它自我运动、自我形成、自我区别",是一种"自在和自为的存在"①。在舍勒看来,生命冲动本身具有强大的自我活动的能力,当人在生命冲动驱使下活动时,他是一种自我推动、自我实现的活生生的力量。然而,生命冲动处在实在领域,是人与动物共同具有的现象,当人在生命冲动驱使下活动时,他仅仅是"自然的人",而"作为自然的人是一个动物"②。

按照舍勒的观点,人不仅是一种自然存在物,更重要的,是一种精神存在物。舍勒所说的精神具有广泛的意义,它不仅包括理性,而且还包括情感、直觉、体验。在舍勒看来,精神本身既不是无机界的事物,也不是有机界的事物,具有"纯粹的活动性",然而,人通过精神活动却能使现实"非现实化",即使环境对象化,从而为自己创造出一个特殊的世界;同时,人通过精神活动能"使自己本身的生理和心理状态以及任何单独的感受也成为自己的对象"③,即对象化自身的生理和心理状态。这种双重的对象化活动使人超越自身的自然存在,意识到自己不是作为人"类",而是作为个人而存在,从而形成"个人的本质"。正是在这个意义上,舍勒认为,精神才是人的基本的、决定性的属性,"人能与其他存在物相区分的只能是精神"④。

同时,舍勒又认为,精神仅是一种意向性活动和动态性倾向,它"接受对象",本身却"不构成对象"。纯粹的精神软弱无力,而且一个存在越是精神化越是无力。因此,无论把人归结为生命冲动,还是归结为精神活动,都是一种"未完成的描述",都不能揭示人的完整本质或完整的人,完整的人必然兼生命冲动和精神活动于一身。人既是生命冲动的体现,又是精神活动的场所,是二者之间的张力和中介。因此,必须从生命和精神之间的相互补充、相互转化的过程中去描述人的完整本质。

按照舍勒的观点,生命作为盲目的冲动内在地需要精神的引导,精神有着自己的"有序的活动结构",能够协调人的各种欲望和需要,引导生命摆脱有限的困境,使其丰富的样式成为现实;精神作为一种"纯粹的活动"需要实在的内容去充实,作为一种动态的趋向性内在地需要从生命冲动中吸取原始的动力,从而实现自身最终的完美和永恒的价值。在舍勒看来,这是一个"生命精神

① Max Scheler, *The Human Place in the Cosmos*, Northwestern University Press, 1947, pp.11-12.
② Max Scheler, *The Human Place in the Cosmos*, Northwestern University Press, 1947, p.44.
③ Max Scheler, *On the Idea of Man*, Northwest University Press, 1970, p.19.
④ Max Scheler, *On the Idea of Man*, p.49.

化"和"精神生命化"的双向运动过程。这个双重过程形成人的生命冲动与精神活动双重结构的本质。这种双重结构使人打破了动物与环境之间的封闭性的关系,成为"一个能够向世界无限开放的 X"①。

舍勒关于人的本质的学说具有突出的双重品格:

一方面,在"生命精神化"和"精神生命化"的双向运动中考察人的本质,具有合理性。现实的人必然同时兼生命冲动和精神活动于一身,是二者的统一体。马克思指出:"任何人类历史的第一个前提无疑是有生命的个人的存在。"②这个有生命的存在同时又是有意识的存在。从这个意义上说,人的本质的确是生命和精神的双重结构。舍勒从人的自我创造的动态过程中考察人的本质,认为人是"自在和自为的存在",人的本质是一个动态发展的开放体系,这说明舍勒坚决反对将人的本质凝固化。如果说费尔巴哈主要从静态、从人的被动性方面考察了人的本质,那么,舍勒则着重从动态、从人的能动性方面考察了人的本质。人的本质就形成和实现于人的活动之中。这种自觉地、有意识地从"人的存在本身",以人的自我创造和自我发展的眼光看待人的本质的观点,正是舍勒高于费尔巴哈之处。

另一方面,舍勒把精神归入"高级的东西",把生命归入"低级的东西",认为精神是耸立在生命之上,同时又不依赖于生命的自我意识领域,表现出一种二元论倾向。这里,存在着双重的缺陷:

一是不理解"高级的东西"与"低级的东西"的辩证关系。在高度组织的系统中,高级的东西担当协调和控制的功能,然而,高级的东西只能在低级的东西的基础上产生。

二是不理解精神与社会的辩证关系。在舍勒看来,精神的内容因有语言而变成了个人的财富,而"语言来源于上帝,是第一性的现象,这是思维的前提,同时也是整个认识,即潜在历史的主要手段"③。语言在精神中具有重要作用,因为精神是与语言交织在一起的,二者具有同样长久的历史。但是,语言不是第一性的现象,更不是上帝的产物。语言和意识一样,只是由于人和人交往的迫切需要才产生的。"语言是一种实践的、既为别人存在并仅仅因此也为

---

① Max Scheler, *The Human Place in the Cosmos*, p.49.
②《马克思恩格斯全集》第3卷,第23页。
③ Scheler, *From the Overthrow of Values*, Verso Books, 1981, p.290.

我自己存在的、现实的意识。"①因此,包括语言在内,意识或精神是"社会的产物","而且只要人们还存在着,它就仍然是这种产物"②。正因为精神是社会的产物,所以它才能作为社会的要素起作用。

从根本上说,舍勒的理论失误并不在于他从生命和精神的双向运动中寻求人的本质,而是在于他没有找到生命和精神相互对流的真正中介,忽视了社会实践对人的本质的决定性作用。因此,舍勒所描绘的人的完整本质缺乏现实的基础。尽管他力图从完整的人出发,最终得到的却是片面的人。当代著名哲学家鲍勒诺夫指出:"带有它的全部丰富性,历史世界一点也没有进入这些哲学人类学者所建立的人的形象中……这里只是在人的本质和属性的森林中砍出一条小道。虽然建立了一些特定人的形象,但他们都是片面的,只是一些被扭曲的画面,因而也就没有确定地达到人的整体性的定义。"③

三、马克思哲学的理解:劳动构成人的全面的本质

马克思的人的哲学是在扬弃费尔巴哈哲学人本学的基础上产生的,同时"正如存在主义与人类学有某种姻缘又反对人类学一样,马克思主义与人类学也有相似的矛盾关系"④。从时间上说,马克思的人的哲学的产生晚于费尔巴哈的哲学人本学,先于舍勒的哲学人类学,但从逻辑上看,它却是"晚出的哲学"。马克思的人的哲学扬弃了费尔巴哈哲学人本学与舍勒哲学人类学的理论对立,在探讨人的本质的历史上完成了一个巨大的综合。

与费尔巴哈、舍勒相同,马克思也是从整体的视角探讨人的本质的,"完整的人"及其"全面的本质"是马克思毕生关注的焦点;与费尔巴哈、舍勒不同,马克思所理解的"完整的人"是从事实践活动的人,其完整本质的根本特征是劳动的全面性和开放性。实践是人的存在方式,在实践活动中,人成为一种"总体存在物",因此,劳动构成人的本质,这是马克思哲学关于人的本质的全局性的定义。

---

① 《马克思恩格斯全集》第 3 卷,第 34 页。
② 《马克思恩格斯全集》第 3 卷,第 34 页。
③ Bollnow, Methodological Principles of Philosophical Anthropology, in *Anthropology Today*, Westminster Publishing, 1972, p.30.
④ Landmann, *Philosophical Anthropology*, Springer, 1982, p.66.

在此基础上,马克思又分别从不同的角度论述了人的本质:人"是能动的自然存在物";"人是社会存在物";"人是有意识的类存在物"①。这些论断是马克思哲学关于人的本质的局部性的定义,从不同侧面反映了人的本质,而它们的综合则反映了人的完整本质,从而具体说明了出现在历史中的人是被决定的存在和创造性的存在的统一。

按照马克思的观点,"一个种的全部特性、种的类特性就在于生命活动的性质"②。马克思的论断极为深刻,它表明这样一个真理,即判断一个物种的本质特征就是看其生命活动的形式。因此,应从人类历史的第一个前提——"有生命的个人本身"出发,在人的生命活动及其特殊性质中去探究人的本质。

无论是动物的生命活动,还是人的生命活动,都体现为一种生存方式或存在方式。具体地说,动物是在消极适应自然的过程中维持自己生存的,动物的存在方式就是其本能活动,动物的存在方式是由其生理结构,特别是其活动器官的结构决定的。与此不同,人是在利用工具积极改造自然的过程中维持自己的生存和发展的。从人类生存的前提看,第一个前提就是必须能够生活,所以,人类的第一个历史活动,也是每日每时必须进行的基本活动,就是"生产物质生活本身"。正是这种实践活动不断地创造着人类生存和发展的根本条件。实践因此成为人的生命之根和立命之本,构成了人类的特殊生命形式,即人类的存在方式。

动物的生命活动是本能的活动,而人的生命活动是有意识的活动。"有意识的生命活动把人同动物的生命活动直接区别开来。"③问题的关键在于,马克思把这种有意识的生命活动规定为改造自然界、实际创造对象世界的实践。在马克思看来,劳动是实践的根本形式和原初形式,因此,这种"一般劳动"是"人的一般本性",它不仅是人所具有的各种共同属性中的根本属性,而且是能够说明人所以为人,以及人所以具有其他那些属性的内在根据。正是劳动构成了人与动物的根本区别,生成着人作为现实的人的根本特征,构成了人的"绝对本质"。

把改造自然界、创造对象世界的"一般劳动"作为人的本质,这的确是一个抽象,然而是一个科学的抽象,一个包含着丰富内容的合理的抽象。按照马克

---

① 《马克思恩格斯全集》第 42 卷,第 167、122、96 页。
② 《马克思恩格斯全集》第 42 卷,第 96 页。
③ 《马克思恩格斯全集》第 42 卷,第 96 页。

思的观点,劳动首先是人与自然之间的物质变换过程;人与自然之间的物质变换又离不开人与人之间的活动互换。"人们在生产中不仅仅影响自然界,而且也互相影响。他们只有以一定的方式共同活动和互相交换其活动,才能进行生产。为了进行生产,人们相互之间便发生一定的联系和关系;只有在这些社会联系和社会关系的范围内,才会有他们对自然界的影响,才会有生产。"①正是在这个过程中,人的精神、意识、语言得以生成。"思想、观念、意识的生产最初是直接与人们的物质活动,与人们的物质交往,与现实生活的语言交织在一起的。观念、思维、人们的精神交往在这里还是人们物质关系的直接产物。"②

可见,马克思所理解的劳动范畴包含着三重关系,即人与自然的关系、人与人的关系以及人与其意识或精神的关系。正是这三种关系使人成为自然属性、社会属性和精神属性的统一体。

人们之所以劳动,这是受人们的"肉体组织所决定"的,而劳动一经开始就成为强大的推动力,开始支配人类生物进化的方向。它使人的自然需要的对象、内容和满足方式与动物相比发生了质的区别,赋予它们以不同于动物需要的属人性质,改造和发展着人的自然属性或生命冲动。人的自然属性因此也就成为人的本质的一个因素或方面。同时,劳动还使人形成和发展着自身特有的精神活动(心理状态和思维结构)。人的意识或精神既是人的自然性和社会性的产物,又是造成人与动物区别的主体因素。在人的自然性和社会性中,都包含着现实化了的精神因素。人的精神属性因此也成为人的本质的又一个因素或方面。

可见,劳动凝结着人的自然属性和精神属性,换句话说,在劳动中,"感性的人"和"理性的人"、人的"生命冲动"和"精神活动"才真正发生对流,达到有机统一,二者互为前提、互相渗透,成为人的生命活动密不可分的两个方面。人的本质不仅是自然的,而且是精神的,确切地说,它是自然性和精神性的统一。著名"马克思学"家G.柯蒂埃认定:当马克思用"实践、劳动、生产劳动来说明人的本质时,就完全否认了从精神的普遍性角度理解人的必要"③。实际上,这是对马克思"人本思想"既缺乏根据又极端肤浅的批评。

劳动不仅凝结着人与自然和人与意识的关系,而且它一开始还凝结着人

---

① 《马克思恩格斯选集》第1卷,第344页。
② 《马克思恩格斯全集》第3卷,第29页。
③ G. Cordier, *From Romanticism to Marxism*, Lapis Press, 1961, p.84.

与社会的关系。人通过劳动为自己创造了一个人化的自然环境，同时，也就为自己造就了人所特有的自然属性。与此同理，人通过劳动以及交往活动为自己创造了一个社会关系，同时，也就为自己造就了人所特有的社会属性。社会关系、社会属性制约着人的自然属性，并在其中打上了社会的烙印，促使人的生物组织越来越适合社会生活的要求。马克思所提出的人的本质是一切社会关系总和的著名论断，正是从方法论上指出了社会关系与人的社会属性以及自然属性之间这种一致的关系。这是问题的一方面。

另一方面，社会关系又不是消融一切的盐酸池。人成为社会存在物之后，其自然属性并没有消失，它仍然参与人的发展过程，仍然作为现实的人从事物质生产和精神生产的前提、因素而与劳动并存。人的社会性是包含着人的生物属性的社会性。人是生物遗传和社会遗传、自然演进序列和社会演进序列的统一。在劳动中，"自然的人"和"社会的人"才真正达到了有机统一。人的本质不仅是自然的，而且是社会的，确切地说，它是自然性和社会性的统一。

马克思哲学所理解的"一般劳动"，是自在自为运动着的人类改造外部世界的"物质实践活动"，它联系着现实的人和客观的自然界，包含着认识及其对象，人类改造、认识着自然界，同时也改造、创造和认识着自己本身——他的肉体组织、思维结构和社会关系等。因此，马克思哲学所理解的人的本质是一个包含着多种要素（自然属性、社会属性、精神属性）、多重关系（人与自然的关系、人与社会的关系、人与意识或精神的关系）的系统质。

从根本上说，人与自然的关系、人与人的关系、人与其精神的关系，以及在此基础上形成的人的自然属性、社会属性和精神属性统一于实践活动中。这表明，人通过实践使自己成为一种自我创造的主体性存在。人的秘密就在自己的实践活动中。正如马克思所说，"个人怎样表现自己的生活，他们自己也就怎样。因此，他们是什么样的，这同他们的生产是一致的——既和他们生产什么一致，又和他们怎样生产一致"①。

概而言之，费尔巴哈哲学人本学、舍勒哲学人类学对人的本质的整体探讨不乏真知灼见，二者都力图发现"完整的人"或"人的完整本质"。然而，它们都高傲地撇开人的劳动这一巨大部分来谈论人的本质。这是根本性的错误，它不可避免地造成了费尔巴哈哲学人本学、舍勒哲学人类学的悲剧结果：力图发

---

① 《马克思恩格斯全集》第 3 卷，第 24 页。

现"完整的人",得到的却是抽象的人、片面的人。"工业历史和工业的已经产生的对象性的存在,是一本打开了的关于人的本质力量的书。"①马克思认为,"这本书"是人的本质的最现实、最有内容、最容易理解的成果,可是众多的哲学家恰恰没有在人的本质力量这个意义上去研究它。在这种情况下,关于人的本质的学说"就不能成为内容确实丰富的和真正的科学"②。马克思哲学高出一筹的地方就在于:发现并确认实践是人的存在方式,发现并确认人的本质在其现实性上是社会关系的总和,从而真正发现了"现实的人",真正发现了人的完整本质。从人的实践活动和社会关系出发去探讨人的完整本质,这才是费尔巴哈哲学人本学、舍勒哲学人类学乃至整个关于人的哲学的真正出路。

---

① 《马克思恩格斯全集》第 42 卷,第 127 页。
② 《马克思恩格斯全集》第 42 卷,第 127 页。

论斯大林与卢卡奇的本体论思想

在马克思主义哲学史上,斯大林和卢卡奇引人注目。斯大林曾被认为是正统马克思主义哲学的当然继承者和集大成者,其哲学思想曾被定为一尊,并构成了苏联马克思主义哲学模式的基本框架;卢卡奇曾被认为是正统马克思主义哲学的叛逆者和"理论上的修正主义者",其哲学思想曾被指责为"企图取消唯物主义来阉割辩证唯物主义",后又被称作"现代马克思主义的典范""20世纪马克思主义哲学的最高成就",并由此成为西方马克思主义的开创者。这里,我拟就斯大林和卢卡奇关于马克思哲学本体论的观点作一新的考察和审视,以深化我们对马克思哲学本体论的研究。

一、从列宁到斯大林

要把握斯大林关于马克思哲学本体论的思想,首先就需要把握列宁关于马克思哲学本体论的思想,因为前者是对后者的直接继承,并把后者发挥到了极致。

按照列宁的观点,马克思的哲学是哲学史上第一个彻底的、完备的唯物主义形态,即马克思的哲学不仅在自然观上是唯物主义,而且在历史观上也是唯物主义的。但是,在马克思的哲学体系中,"一般唯物主义"与历史唯物主义的地位却不一样。具体地说,"一般唯物主义"或"哲学唯物主义"是理论基础,历史唯物主义具有"运用"性质,是"一般唯物主义"或"哲学唯物主义"在社会历史领域的"贯彻和推广运用"。

在《马克思主义的三个来源和三个组成部分》中,列宁明确提出了"推广说",即"马克思加深和发展了哲学唯物主义,而且把它贯彻到底,把它对自然界的认识推广到对人类社会的认识"①。在《卡尔·马克思》中,列宁又明确提出了"推广运用说",即"发现唯物主义历史观,或者更确切地说,把唯物主义贯彻和推广运用于社会现象领域"。"马克思在《政治经济学批判》序言中,对推广运用于人类社会及其历史的唯物主义的基本原理,作了如下的完整的表述。"②这样,马克思就"修盖好唯物主义哲学的上层",正因为如此,"马克思的哲学是完备的哲学唯物主义"。③

在列宁看来,"物质的存在不依赖于感觉。物质是第一性的。感觉、思想、意识是按特殊方式组成的物质的高级产物。这就是一般唯物主义的观点,特别是马克思和恩格斯的观点"④。这里,从一般唯物主义或哲学唯物主义"推广运用"出历史唯物主义的逻辑是:"既然唯物主义总是用存在解释意识而不是相反,那么应用于人类社会生活时,唯物主义就要求用社会存在解释社会意识。"⑤这就是说,在本体论上,马克思的唯物主义与一般唯物主义没有本质的区别。

显然,列宁把马克思的唯物主义等同于一般唯物主义,并把那种"排除历史过程的唯物主义"作为历史唯物主义的理论基础,实际上也就把那种脱离了现实的人及其活动的"抽象的物质"作为本体论。列宁没有真正理解马克思的观点,即"从前的一切唯物主义(包括费尔巴哈的唯物主义)的主要缺点是:对对象、现实、感性,只是从客体的或者直观的形式去理解,而不是把它们当作感性的人的活动,当作实践去理解,不是从主体方面去理解",而马克思的"新唯物主义"就是"把感性理解为实践活动的唯物主义"⑥。所以,尽管列宁看到实践的认识论意义,甚至提出"实践的观点是认识论的首要的和基本的观点",但

①《列宁选集》第 2 卷,第 311 页。
②《列宁选集》第 2 卷,第 423—425 页。
③《列宁选集》第 2 卷,第 225、311 页。
④《列宁选集》第 2 卷,第 51 页。
⑤《列宁选集》第 2 卷,第 423 页。
⑥《马克思恩格斯选集》第 1 卷,第 54、56 页。

他不理解实践的本体论或存在论意义,因而也就没有从根本上把握马克思哲学的本体论。

斯大林是非常熟悉列宁的,并把列宁的观点发挥到了极致。斯大林非常明确地把马克思主义哲学"一分为二",即划分为辩证唯物主义和历史唯物主义两个部分,并认为辩证唯物主义"所以叫作辩证唯物主义,是因为它对自然界现象的看法,它研究自然现象的方法,它认识这些现象的方法是辩证的,它对自然界现象的了解,它的理论是唯物主义的";而"历史唯物主义就是把辩证唯物主义的原理推广去研究社会生活,把辩证唯物主义的原理应用于社会生活现象,应用于研究社会,应用于研究社会历史"①。

不难看出,斯大林实际上是把辩证唯物主义理解为一种与人的实践活动、社会历史过程无关的自然观,并把这种所谓的辩证唯物主义作为历史唯物主义的理论基础。为了论证历史唯物主义是辩证唯物主义在社会历史领域中的推广与应用,斯大林进行了一系列从自然到社会的逻辑推演:"既然自然现象的联系和相互制约是自然界发展的规律,那么由此可见,社会生活现象的联系和相互制约也同样不是偶然的事情,而是社会发展的规律";"既然我们关于自然界发展规律的知识是具有客观真理意义的、可靠的知识,那么由此应该得出结论:社会生活、社会发展也同样可以认识,研究社会发展规律的科学成果是具有客观真理意义的、可靠的成果";"既然自然界、存在、物质世界是第一性的,而意识、思维是第二性的……是这一客观实在的反映,那么由此应该得出结论:社会的物质生活、社会的存在,也是第一性的,而社会的精神生活是第二性的,是派生的……是这一客观实在的反映"②,如此等等。这就是说,在斯大林那里,从辩证唯物主义到历史唯物主义实际上是自然存在到社会存在的逻辑运行过程。

问题在于,自然界与人类社会既有联系,又有本质区别:在自然界中,一切都是盲目的相互作用,任何事情的发生都没有预期的目的,而在人类社会中,从事社会活动的人都具有自觉的意图,任何事件的发生都有预期的目的。所以,从唯物主义自然观并不能"推广应用"出唯物主义历史观。爱尔维修早就把"唯物主义运用到社会生活方面"③,得到的却是唯心主义历史观。费尔巴

---

① 《斯大林选集》下卷,第424页。
② 《斯大林选集》下卷,第435、436页。
③ 《马克思恩格斯全集》第2卷,第165页。

哈也是这样。"当费尔巴哈是一个唯物主义者的时候,历史在他的视野之外;当他去探讨历史的时候,他决不是一个唯物主义者。在他那里,唯物主义和历史是彼此完全脱离的。"①

撇开自然观能否作为历史观的理论基础不说,斯大林的观点也包含着致命的理论错误,即斯大林所理解的自然存在是脱离了现实的人及其活动,脱离了历史过程的"抽象的自然",实际上就是马克思在批判费尔巴哈时所说的那种"开天辟地以来就直接存在的、始终如一的东西"。在谈到自然环境不是社会发展的决定原因时,斯大林认为,自然环境稍微重大一些的变化都需要几百万年,"在几万年间几乎不变的现象,决不能成为在几百年间就发生根本变化发展的主要原因"。

这里,斯大林实际上是在孤立地考察自然环境,而不理解马克思所说的"历史的自然和自然的历史"的深刻内涵,不理解马克思所说的"从这些自然基础以及它们在历史进程中由于人们的活动而发生的变更出发"的重要意义,从而犯了一个费尔巴哈式的错误,即"他没有看到,他周围的感性世界决不是某种开天辟地以来就已存在的、始终如一的东西,而是工业和社会状况的产物,是历史的产物,是世世代代活动的结果……甚至连最简单的'可靠的感性'的对象也只是由于社会发展、由于工业和商业交往才提供给他的"②。

经过这一分离、抽象之后,一种"抽象的物质"或"抽象的自然"便构成了斯大林心目中的马克思主义哲学的基石,形成了以自然为基石的本体论。尽管斯大林没有提到"本体"或"本体论"一词,但他实际上是把马克思主义哲学归结为自然本体论。正因为如此,斯大林混淆了马克思的唯物主义与机械唯物主义的本质区别。在论述"马克思主义唯物主义的基本特征"时,斯大林向我们展示的实际上只是马克思的唯物主义和机械唯物主义的共同点,而没有看到马克思唯物主义的本质特征是实践唯物主义,正是这种理论上的特殊性,才使马克思的新唯物主义有别于机械唯物主义以及一切旧唯物主义。

在《论辩证唯物主义和历史唯物主义》中,斯大林把"物质是一切变化的主体"这句话当作马克思本人的话加以引用,并把它作为马克思唯物主义的基本特征之一。实际上,这是一段明显的误引,即斯大林把马克思对于霍布斯思想

①《马克思恩格斯全集》第3卷,第51页。
②《马克思恩格斯全集》第3卷,第24—25、48—49页。

的复述看成马克思本人的思想,把马克思所批评的观点看成马克思本人所赞赏的观点。

按照马克思的观点,唯物主义在培根那里,"还在朴素的形式下包含着全面发展的萌芽。物质还带着诗意的感性光辉对人的全身心发出微笑"。然而,到了霍布斯那里,"唯物主义变得敌视人了"①。这是因为,在霍布斯看来,"物质是一切变化的主体",而人不过是物质的一种表现形态,"人的一切情欲都是正在结束或正在开始的机械运动","人和自然都服从于同样的规律。强力和自由是同一的"。由此,马克思认为,在霍布斯那里,"感性"与人无关,从而"失去了它的鲜明的色彩而变成了几何学家的抽象的感性"②。换言之,在机械唯物主义体系中,"抽象的物质"或"抽象的感性"成了一切变化的主体或基础,成为所谓的世界本体。然而,斯大林没有理解这些,所以,他把霍布斯的观点当作马克思本人的观点。在我看来,这不是偶然的疏忽,它表明,斯大林根本没有认识到马克思的新唯物主义与机械唯物主义以及一切旧唯物主义的本质区别。

可以看出,斯大林所理解的辩证唯物主义实质上是一种唯物主义和辩证法的简单相加,并且带有浓厚的机械唯物主义色彩的自然观③,把这样一种"排除历史过程"的所谓的辩证唯物主义作为历史唯物主义的理论基础,必然使历史唯物主义发生"变形":马克思所关注的人与自然的"物质变换"以及"人类学的自然界"不见了,作为人的存在方式、社会生活本质和现实世界基础的实践被遮蔽了,人的主体性被消解了。更重要的是,在所谓的辩证唯物主义中,自然是脱离了人的活动以及历史过程的自然,实际上就是马克思所批判的"抽象的自然""抽象的物质"。这是向以"抽象物质"为本体的近代唯物主义的复归,是一次惊人的理论倒退,马克思哲学划时代的贡献在相当大的程度上被抛弃了。它表明,斯大林企图通俗地阐述马克思的哲学,但他却简单地、片面地理解了马克思的哲学及其本体论,实际上是在用近代唯物主义的逻辑解读马克思的唯物主义。

---

① 《马克思恩格斯全集》第 2 卷,第 164 页。
② 《马克思恩格斯全集》第 2 卷,第 164 页。
③ 首先把马克思的唯物主义自然观混同于机械唯物主义的是梅林。梅林认为,马克思、恩格斯"在自然科学领域也是机械唯物主义,正像在社会领域中,他们是历史唯物主义者一样"。(〔德〕梅林:《论历史唯物主义》,李康译,生活·读书·新知三联书店 1958 年版,第 19 页)

无论从历史上看,还是从逻辑上说,历史唯物主义都不是"辩证唯物主义"在社会历史领域中的"推广"和"应用"。在马克思的哲学体系中,不存在一个独立的、作为理论基础的辩证唯物主义,也不存在一个独立的、仅仅具有应用性质的历史唯物主义。相反,历史唯物主义是马克思的第一个伟大发现,而自从历史也得到唯物主义的解释以后,一条新的哲学发展道路也在这里开辟出来了。对马克思主义哲学史的深入考察可以看出,马克思在成为历史唯物主义者之前,还不是唯物主义者;当他成为历史唯物主义者的时候,他同时就成为辩证唯物主义者。换言之,历史唯物主义创立之日也就是辩证唯物主义形成之时。

　　在我看来,辩证唯物主义与历史唯物主义不是两个主义,而是同一个主义,即马克思的新唯物主义的不同称谓。那种"排除历史过程"、脱离了历史唯物主义的所谓的辩证唯物主义不是马克思的辩证唯物主义,就其实质而言,它只能是自然唯物主义在现代条件下的"复辟",而且在一定条件下导致了历史唯心主义。正如马克思所说:"那种排除历史过程的、抽象的自然科学的唯物主义的缺点,每当它的代表越出自己的专业范围时,就在他们的抽象的和唯心主义的观念中立刻显露出来。"①从根本上说,由斯大林奠定基础和制定框架的苏联马克思主义哲学模式就是马克思所批判的那种"抽象的唯物主义",或者说,是"那种排除历史过程的、抽象的自然科学的唯物主义"。当它脱离人的活动和社会历史侈谈"世界的物质性"时,实际上就已经悄悄地踏上马克思所批判的"抽象物质的或者不如说是唯心主义的方向"②。

二、卢卡奇:从《历史和阶级意识》到《社会存在本体论》

　　如果说斯大林对马克思哲学及其本体论的理解曾被定为一尊,在马克思主义哲学史上占据统治地位几十年,那么,卢卡奇对马克思哲学及其本体论的理解一开始就引起人们的激烈争论,仁者见仁、智者见智,风风雨雨几十年。卢卡奇是马克思主义者,还是"西方马克思主义者",至今仍在争论之中。实际上,1985年,在卢卡奇诞辰100周年时,当时的匈牙利社会主义工人党已对他

---

① 《马克思恩格斯全集》第23卷,第410页。
② 《马克思恩格斯全集》第42卷,第128页。

"盖棺定论",即"卢卡奇自从成为共产党人和马克思主义者以来,直至生命的终结,始终不渝地捍卫和继续发展马列主义的经典遗产,巩固和改革其辩证唯物主义的历史基础","卢卡奇是 20 世纪的一位伟人,马列主义思想的卓越代表"。① 我同意这个论断,并认为作为 20 世纪最为重要、最有影响的哲学家之一,卢卡奇思想的磨难折射出 20 世纪马克思主义哲学史的风云变幻。

从总体上看,卢卡奇关于马克思哲学本体论的论述有前期和后期之分。前期的思想集中体现在《历史和阶级意识》中,后期的思想集中体现在《社会存在本体论》中。无论是《历史和阶级意识》,还是《社会存在本体论》,注意的中心都是马克思哲学的本体论,但二者对马克思哲学本体论的理解却有较大的差别。

在《历史和阶级意识》中,卢卡奇对马克思哲学本体论的探讨有一个显著特点,那就是否定自然辩证法,把辩证法"限定在历史和社会的范围内",并强调总体性。按照卢卡奇的观点,不存在恩格斯所说的自然辩证法,对笛卡尔、康德、黑格尔遗留下来的所有辩证法问题,包括主体与客体、思维与存在、自由与必然的矛盾以及"二律背反"的扬弃,"都把我们引向了历史"②。"自然是一个社会的范畴","在任何特定的社会发展阶段上,无论什么被认为是自然的,那么这种自然是与人相关的,人所涉及的自然无论采取什么形式,也就是说,自然的形式,自然的内容,自然的范围和客观性总是被社会所决定的",而"不断去认识自然界是一种社会现象"③。这样,卢卡奇便把自然辩证法从历史辩证法中排除出去,把马克思主义辩证法限定在历史的范围内,归结为历史辩证法。

对辩证法问题的解决把卢卡奇"引向了历史",对历史的探讨又把卢卡奇引向人的实践活动。在卢卡奇看来,历史是人的活动的产物,是被主体创造出来的客体。作为客体,历史是人类实践的客观过程;作为主体,历史又是人类自己的创造过程。从本质上看,历史不过是人的实践活动在时间中的展开,即"历时态"的社会实践,历史可以被把握为我们的行为。卢卡奇通过对历史的

---

① 《匈牙利纪念卢卡奇一佰周年诞辰提纲——匈牙利社会主义工人党中央委员会文化政策工作部决议》,载燕宏远:《沉思与批判——卢卡奇走向马克思的道路》,社会科学文献出版社 2020 年版,第 459、459 页。
② 〔匈〕卢卡奇:《历史和阶级意识》,第 161 页。
③ 〔匈〕卢卡奇:《历史和阶级意识》,第 252、236 页。

考察认识到历史的实践本质,又通过对实践的分析认识到实践的历史本质,并认为实践是一种历史活动,而不是抽象的活动;是一种打破人的异化的历史活动,而不是纯粹的认识论的范畴。历史活动中的主体与客体的相互作用构成了辩证法的决定性因素,构成了历史的总体性运动。

在卢卡奇看来,总体对局部具有普遍优越性,任何局部只有和总体联系起来才有意义。"只有在这样的联系中,把社会生活孤立的事实视为历史过程的各个方面,并且把这些方面结合到总体性中,关于事实的认识才有希望变成现实的认识。""客观上,行为是指向一种总体性的转变。"①这样,卢卡奇便认为"在历史本身中找到了辩证法"。

由此,卢卡奇认为,一切都要立足于历史,都需要用历史去说明,即使实践的主体也是在历史的维度中展开的。就这样,卢卡奇便认为找到了马克思哲学的本体论基础——历史,并确认马克思"提出了一种批判的哲学,这种批判哲学首先表示了历史的批判"②。

卢卡奇的这些见解是相当深刻的。在《德意志意识形态》中,马克思提出了"历史的自然"的思想,由此划破了费尔巴哈"自然崇拜"的帷幕,把历史的阳光照到了自然界。当卢卡奇确认自然是社会范畴时,与马克思不谋而合,这对把马克思哲学一般唯物主义化,把马克思哲学的本体论自然化的做法来说是一支"解毒剂";他确认历史与实践的内在联系以及历史总体性,对于批判第二国际的经济唯物主义,即把历史唯物主义庸俗化很有意义。

但是,卢卡奇毕竟"矫枉过正"了。他肯定了"历史的自然",可又忽视了"自然的历史",不理解马克思的"自然的历史"的思想切断了黑格尔从绝对观念通向历史的道路;他肯定了历史的总体性,可又夸大了无产阶级意识的作用,甚至认为不是经济必然性,而是历史总体性的观点构成了马克思主义和资产阶级意识形态之间的决定性差异;他肯定了历史与实践的内在联系,并把实践引入本体论,可又取消了实践活动中的人与自然的关系,人的实践活动的舞台被限定在人与人关系的范围之内,并被归结为无产阶级的阶级意识,从而使《历史和阶级意识》笼罩着一层唯心主义的阴影。

卢卡奇在《历史和阶级意识》中所犯的错误,从根本上说,就在于他对实践

① 〔匈〕卢卡奇:《历史和阶级意识》,第10、198页。
② 〔匈〕卢卡奇:《历史和阶级意识》,第53页。

的片面理解,忽视了实践活动中人与自然之间的物质变换这一根本内容。这再次证明了马克思观点的真理性、预见性,即把人与自然的关系从历史中排除出去必然导致唯心主义历史观。

对此,卢卡奇后期有清醒的认识和高度的自觉。从 20 世纪 30 年代开始,卢卡奇多次进行自我批评,并认为在《历史和阶级意识》中,"劳动这个作为自然和社会之间新陈代谢相互作用的中介,这个马克思主义的基本范畴被我忽略了",而把人与自然的实践关系从历史中排除出去,"意味着马克思主义世界观中最重要的支柱消失了"①。这就使《历史和阶级意识》"无意识地带上浓厚的主观主义色彩",屈从于马克思主义历史上已发生过的这种倾向,即"认为马克思主义只是作为一种关于社会的理论,关于社会的哲学,从而忽视和否定了它关于自然的理论",并和这种倾向一样,"动摇了马克思主义本体论的基础"②。

卢卡奇自我批评的精神是令人感动的,见解也是相当深刻的。正因为如此,卢卡奇写下了《社会存在本体论》这一重要著作,其愿望就是,为马克思的"历史是唯一的科学"这一思想奠定基础,"写出马克思主义本体论的原则"③。

按照卢卡奇的观点,马克思的理论工作直接衔接着黑格尔遗留下来的理论线索,同时,又是对黑格尔哲学以至整个传统哲学的革命性变革。这一革命性变革的奥秘就在于马克思创立了科学的实践观或劳动观。"只有马克思主义的劳动观点才能唯物主义地解决在黑格尔那里与他的天才预感一起不只一次地出现过的那些不可克服的困难。马克思主义的劳动观点所以能够做到这一点,是因为它使社会同自然的物质变换有了内容,因而也使劳动范畴同它们的自然前提的关系有了内容,也使由于劳动的社会发展这些前提所发生的变化有了内容。"④

在马克思主义哲学史上,卢卡奇的创造性贡献之一,就是"重新把实践的因素提到马克思主义哲学的注意中心和主干的地位"⑤,确认科学的实践观是马克思哲学的理论基础,并把马克思哲学本体论规定为社会存在本体论,即实

---

① 〔匈〕卢卡奇:《历史和阶级意识》,第 21 页。

① 〔匈〕卢卡奇:《历史和阶级意识》,第 21 页。
② 〔匈〕卢卡奇:《历史和阶级意识》,第 20 页。
③ 《卢卡奇自传》,李渚青等译,社会科学文献出版社 1986 年版,第 48 页。
④ 《卢卡奇文学论文集》第 1 卷,范大灿等译,中国社会科学出版社 1980 年版,第 432 页。
⑤ 〔南〕弗兰尼茨基:《马克思主义史》Ⅱ,胡文建等译,人民出版社 1988 年版,第 101 页。

践本体论。

按照卢卡奇的观点，在社会存在中，实践，尤其是作为"第一实践"的劳动始终处于基础、核心的地位。"整个社会存在，就其基本的本体论特征而言，是建筑在人类实践的目的性设定的基础上。""正是马克思的劳动理论，即把劳动理解为有目的的、创造性的存在物的唯一的生存方式的理论，第一次奠定了社会存在的特性。"①正是在这个意义上，卢卡奇把社会存在本体论又称为实践本体论。

按照卢卡奇的观点，"人的劳动总是目的论的——它定下目的，而这个目的是选择的结果。因此人的劳动表达人的自由。但是这种自由的存在，只表现在使服从物质世界因果规律的客观自然力量运转起来。"②这就是说，劳动包含着人的目的性，存在着客观的物质前提。这是一种能动的、改造自然的活动，它在客观的因果链条中插入了人的目的这一环节，不仅使自然发生形式变化，而且还在自然中实现人的目的和社会的需要，从而使自然不断被"社会化"；同时，自然存在对社会存在的"限制"不会消失，"这里谈的是自然限制的退却，而不是自然的消失"，而且人类不可能"完全扬弃这些限制"。这样，卢卡奇就把人和自然的物质变换以及物质与观念的转换过程纳入了实践范畴，从而克服了《历史和阶级意识》的缺陷，使实践概念有了实在内容。

卢卡奇的见解与马克思的见解是完全一致的。在《1861—1863年经济学手稿》中，马克思指出：劳动是"占有自然物的有目的的活动"③。这个观点马克思重复了不止一次，而且被写进了《资本论》的定稿。在《资本论》中，马克思指出："劳动过程结束时得到的结果，在这个过程开始时就已经在劳动者的表象中存在着，即已经观念地存在着。他不仅使自然物发生形式变化，同时他还在自然物中实现自己的目的，这个目的是他所知道的，是作为规律决定着他的活动的方式和方法的，他必须使他的意志服从这个目的。"④

从根本上说，《社会存在本体论》高出《历史和阶级意识》的地方就在于，它确立了正确的实践概念，并以此为基础把人与自然、社会存在与自然存在联系起来，把人的目的与客观的因果关系统一起来，并深刻地论述了价值和"应该"

---

① Lukács, *Ontology of Social Being*, Heilmann-Lucent Publishing, 1984, p.309, p.25.
②《卢卡奇自传》，第294页。
③《马克思恩格斯全集》第13卷，第25页。
④《马克思恩格斯全集》第23卷，第202页。

的关系。在卢卡奇看来,价值范畴展示出社会存在的基础——劳动,价值问题不可避免地与"应该"的问题联系起来。"在任何一个实践中都涉及这种价值(肯定或否定),如果价值不能变成这样对象的目的假定,价值就不能在社会中得到同任何本体论的联系。"①

这样,人就把自己提升到社会的高度,并在实践活动中不断实现着"自在存在"向"自为存在"的转变,使其具有越来越真正的社会形式和社会内容。"只有当我们理解到,社会存在的形成过程,它对自己的基础的超越以及获得独立的过程,都是以劳动,就是说,都是以不断实现目的论设定为基础的,我们才能合理地谈论社会存在。"②

由此,卢卡奇认为,实践构成了人的存在,即社会存在的本体论基础。"正是劳动把目的性和因果性之间的以二元论为基础的、统一的相互关系引入存在之中,而在劳动之前,自然界只有因果过程。所以,这一由两个方面构成的复合体就仅仅存在于劳动及其社会结果中,存在于社会实践中。于是,改造现实的目的性设定的活动就成了一切人类社会存在的本体论基础。"③

由于正确理解了实践及其作用,所以,卢卡奇极为强调"实践""劳动"是马克思哲学的基本范畴,明确地把实践本体论作为马克思哲学的理论基础,并通过实践范畴把社会和自然联系起来,力图建立社会存在本体论。卢卡奇明确指出:"劳动的过程是人和自然之间的过程,人和自然之间的新陈代谢有着本体论的基础"④,并认为劳动概念成为他分析问题的关键。"遵循马克思的思想,我把本体论设想为哲学本身,但是是在历史基础之上的哲学……人类社会,它的本质就是人的有目的的行动,也就是劳动。这是最主要的新范畴,因为它把一切都包括在内。"⑤卢卡奇的论述使我不由自主地想起了马克思的名言,即"全部社会生活在本质上是实践的"。

如果说"历史"是《历史和阶级意识》的核心范畴,那么,"实践"或"劳动"则是《社会存在本体论》的核心范畴。对实践的深入探讨,使卢卡奇自觉意识到人的存在都是社会存在,而历史性则构成了社会存在的根本特征,同时,进

---

① Lukács, *Ontology of Social Being*, p.94.

② Lukács, *Ontology of Social Being*, p.12.

③ Lukács, *Ontology of Social Being*, pp.14 – 15.

④ Lukács, *Ontology of Social Being*, p.72.

⑤《卢卡奇自传》,第 203 页。

入到社会存在中的自然及其客观性并没有消失,而是延伸在社会存在之中。卢卡奇由此认为,"实践本身最直接地提供了对社会存在的本质最重要的证明,实践对于真正的、批判的本体论来说,也是必要的客观核心"①。

至此,卢卡奇就超越了斯大林,超越了自己的《历史和阶级意识》,回到了马克思,恢复马克思哲学本体论的本来面貌,并展示了一个新的思想地平线。

可是,就在卢卡奇向我们展示了一个新的思想地平线时,他突然又后退了一步,即把一般本体论或者说自然本体论作为社会存在本体论的前提和基础。在卢卡奇看来,"社会本体论以一般本体论为前提","社会存在本体论只能建立在自然本体论的基础上"。"正是在辩证唯物主义本体论的基础上,历史唯物主义才获得了它的内在的必然性和可靠性的科学根据。"②

卢卡奇曾对斯大林的哲学思想进行了严厉的批判,在具体阐述马克思的哲学及其本体论思想时,卢卡奇的确不同于斯大林,达到了社会存在本体论的新境界。然而,在理解历史唯物主义与辩证唯物主义的关系,以及辩证唯物主义与一般唯物主义的关系时,卢卡奇与斯大林又不谋而合,具有惊人的相似之处,即卢卡奇最终把辩证唯物主义本体论理解为历史唯物主义的理论基础,同时,又把辩证唯物主义本体论自然本体论化。这样一来,马克思所批判的自然本体论竟然反过来成为马克思哲学本体论的前提和基础了。卢卡奇超越了斯大林,可最终又回归斯大林。在这个意义上说,二者是殊途同归。

这的确是一个悲剧,一个对卢卡奇来说似乎不该发生的理论悲剧。可是,它又的确发生了。从认识论的角度看,造成这种状况的根本原因就是,在卢卡奇的脑海中有一个挥之不去的阴影,即一种依据"时间在先性"的考察方法,即还原论的方法。以此为方法依据,卢卡奇把无机自然、有机自然和人类社会这三大存在方式"在世界的不可逆过程中的先后次序理解为从本体论上进行自我思考的核心"③。由此,我们也就不难理解卢卡奇为什么最终把自然本体论作为社会存在本体论的前提和基础了。

这里,卢卡奇忽视了马克思的这一深刻思想,即脱离了现实的人及其活动的自然或物质对人来说,是"无",是"不存在的存在",以这样"抽象物质"为基础的唯物主义是"抽象的唯物主义",而这种"抽象的唯物主义"潜蕴着"唯心

---

① Lukács, *Ontology of Social Being*, p.13.
② Lukács, *Ontology of Social Being*, p.326, p.472, p.151.
③ Lukács, *Ontology of Social Being*, p.10.

主义的方向"。在自然对人的"时间在先性"和人对自然的"为我而存在的关系"这种"逻辑在先性"的矛盾面前,卢卡奇似乎力不从心了。

三、简短的结语

以上,我评述了斯大林和卢卡奇对马克思哲学本体论的理解。同时,在评述的过程中又随时随地探讨了马克思本人对这个问题的看法。现在,我概括前述,作出如下结论。

我不能同意这样一种观点,即马克思没有论述过本体论问题,马克思哲学只是世界观,而不是本体论。这是一种误解,一种偏见,而且是无端的傲慢与偏见。实际上,马克思在《博士论文》中就论述过本体论问题,论述了"本体论的证明"和"本体论的规定";在《1844年经济学哲学手稿》中又论述了"本体论的肯定的问题";在《德意志意识形态》中又集中论述了人的存在的问题,这实际上就是本体论问题,因为本体论就是研究存在的本质和意义的。这里,卢卡奇的观点是正确的,即马克思没有写过专门的本体论著作,但马克思哲学"在最终的意义上都是关于存在的论述,即都是纯粹的本体论"①。在我看来,马克思的哲学在哲学史上所造成的革命变革就是从本体论层面上发动并展开的,其结果就是终结了传统的本体论,建构起一种新唯物主义的本体论,即实践本体论。

按照马克思的观点,实践既是一种客观的物质活动,又是一种有目的的创造活动,自在自为运动着的就是人类实践活动。正是实践,一方面为人类改造、创造与理解现实世界提供了基础和依据,另一方面又构成了人的存在方式,为人的自我发展提供了最终的动力。通过实践,人们在不断改造、认识自然界的同时,又不断改造、创造和认识着人自身——他的自然属性、社会关系和思维方式等。实践构成了现实世界的本体,也构成了人的生存的本体。正是在这个意义上,马克思认为,"人的感觉、激情等等不仅是在[狭隘]意义上的人类学的规定,而且是真正本体论的本质(自然)肯定"②。

马克思的实践本体论指向的就是"自己时代的现实世界",关注的就是人

---

① Lukács, *Ontology of Social Being*, p.559.
② 《马克思恩格斯全集》第42卷,第150页。

的生存的异化状态的消除，并确认"对实践的唯物主义者，即共产主义者说来，全部问题都在于使现存世界革命化，实际地反对并改变事物的现状"①，从而真正解决人与世界、存在与本质、自由与必然、个体与类之间的矛盾。这样，马克思便使本体论从"天上"来到"人间"，把本体论与人间的苦难与幸福，把本体论与共产主义理想结合起来了，或者说，使无产阶级和人类解放得到了本体论的证明，从而开辟了从本体论认识现实的道路，找到了哲学与改变世界的直接结合点。从根本上说，马克思的哲学就是实践本体论，即生存论的本体论。在我看来，马克思哲学的本体论是对人的终极存在和现实存在的双重关怀，是全部哲学史上最激动人心的关怀。

马克思的深刻见解在很长时间内未引起人们的重视。在对马克思哲学本体论的理解中，列宁的理解已有不妥之处，即一方面肯定了实践"创造世界"的意义，肯定了思维的"格"本质上是实践的"格"的内化和升华，并认为"马克思的历史唯物主义是科学思想中的最大成果"②；另一方面又强调，历史唯物主义是一般唯物主义在历史领域的"贯彻和推广运用"，是把一般唯物主义"对自然界的认识推广到对人类社会的认识"，并认为"物质的存在不依赖于感觉。物质是第一性的。感觉、思想、意识是按特殊方式组成的物质的高级产物。这就是一般唯物主义的观点，特别是马克思和恩格斯的观点"③。斯大林把列宁的观点，即历史唯物主义是一般唯物主义在社会历史领域的"推广运用"推向极端，并把一种与人的实践、社会历史无关的"抽象的物质"作为马克思主义哲学的基石，从而把马克思哲学的本体论彻底自然本体论化了。这实际上是用近代唯物主义解读马克思的唯物主义，马克思哲学的划时代贡献在相当大程度上被抛弃了，这是马克思主义哲学史上一次惊人的理论倒退。

卢卡奇的目光可谓敏锐，他的社会存在本体论预示着解决问题的新思路，在"复兴"马克思哲学本体论的道路上，为我们全面而深入理解马克思哲学的本体论提供了广阔的思维空间。然而，由于方法论的不当，卢卡奇最终又走向一般唯物主义及其本体论，最后又回归近代唯物主义。卢卡奇的优点与缺点、成功与失败，共同证明了一个道理，即必须站在当代实践的基础上重新理解马克思哲学的本体论及其当代意义。

---

① 《马克思恩格斯全集》第 3 卷，第 48 页。
② 《列宁选集》第 2 卷，第 311 页。
③ 《列宁选集》第 2 卷，第 311、51 页。

当代实践、科学以及哲学本身的发展，使马克思的实践本体论，即生存论的本体论，以及从人的存在出发解读存在的意义这一方法的内在价值凸显出来了，并使人们重新认识到马克思哲学的现代性和当代意义。可以预言，从人的存在出发去解读存在的意义，以实践为基础去理解和把握人与世界的关系，从而建构一种与马克思哲学"文本"相吻合的马克思主义哲学本体论，在不久将会"洛阳纸贵"，重新成为马克思主义者之间一个重要的话题。

胡塞尔：从先验自我转向生活世界

——从马克思哲学的观点看

在胡塞尔的哲学生涯中，前期注重对先验意识本质结构的分析，后期则转向对生活世界的探讨，并明确提出，生活世界是科学世界的基础。这一理论转向不仅意味着胡塞尔本人研究方式的转变，而且具有巨大的理论穿透力，对整个现代哲学也产生了经久不衰的影响。"不仅现象学家，而且现代哲学中的语言哲学和马克思学派的代表人物都受到胡塞尔这一思维动机的影响，并结合这一动机而发展出他们自己的观念。"[1]而自 G.勃兰特 1971 年出版《生活世界》，H.鲁门贝格 1986 年出版《生活世界与生活时间》以来，关于生活世界问题的争论一再发生并进一步展开，尔后经过伽达默尔、哈贝马斯等众多思想家的持续辩论，现象学运动"最终突破了欧洲文化的范围"。在我看来，胡塞尔的"后期转向"不是偶然的，它实际上体现了现代西方哲学的发展趋势，并从一个侧面凸现了马克思生活世界理论的巨大超前性及其当代意义。

---

[1] Streveler, *World in Contradiction: On a Phenomenology as a Philosophy of Ethical Foundations*, Springer, 1993, p.69.

一、建构"严密科学的哲学"的危机：转向生活世界

胡塞尔一生追求建立一门"严密科学的哲学"，而在他的心目中，所谓"严密科学的哲学"具有二重性：一方面追求成为绝对真理的体系，要求具有绝对的有效性，因为"哲学的目的就在于那种超越一切相对性的绝对终极有效的真理"①；另一方面，正是因为具有绝对真理的秉性，所以"严密科学的哲学"能够为人的价值和意义的实现提供基础。"就哲学的历史目的性而言，它是所有科学中最伟大、最严密的科学。它恰如其分地表达了对纯粹的、绝对的认识的终极要求，与此相应的是对纯粹的、绝对的价值和愿望的要求。"②这就是说，"严密科学的哲学"表现为真理和价值的双重追求，既追求知识上的绝对性，又追求生活上的可能性，而哲学的真理追求的是生活的伦理得以可能的基础。正因为如此，"严密科学的哲学"同时具有真理意义和价值意义，体现着一种新的哲学理性。

在胡塞尔看来，对"严密科学的哲学"的探索激发了苏格拉底和柏拉图的哲学动机，推动了笛卡尔的主体反思，并以激进的形式在康德的批判哲学中得到集中体现。然而，问题在于，"在哲学的各个时期里，几乎没有一个时期能够达到所预期的成为严密科学的这一要求"③。胡塞尔的这一论述并不是说哲学是一门不尽完善的科学，而是说哲学至今还根本不是一门科学，作为"严密科学的哲学"至今还没有真正起步，其开端还有待寻求。

胡塞尔本人对其现象学的努力自视甚高，认为一部欧洲哲学史就是追求"严密科学的哲学"的历史，而现象学就是这一历史进程的终点和顶点。如果说苏格拉底、柏拉图、笛卡尔和康德的哲学努力是欧洲哲学史上三次"哥白尼式的革命"，那么，现象学的努力就是欧洲哲学史上第四次"哥白尼式的革命"，而且这是最后一次革命，也是最彻底的革命。正是在这个意义上，胡塞尔断言：现象学是整个近代哲学"秘而不宣的期待"，同时又是我们这个时代"隐秘的渴望"。为了建立这样一种"严密科学的哲学"，胡塞尔很费了一些周折。前

---

① Husserl, Phenomenology and Anthropology, in R. Chilsholm, ed., *Realism and the Background of Phenomenology*, The Free Press, 1960, p.131.

② Husserl, *Philosophy As A Rigorous Science*, Harper and Row, 1965, p.72.

③ Husserl, *Philosophy As A Rigorous Science*, p.71.

期,他提出现象学还原的设想,力图通过给哲学划界来保证哲学起点的纯洁性,力图通过纯粹意识领域的结构分析,找出具有意向作用并与意向对象相关联的先验自我。然而,胡塞尔在此同样陷入"危机"或困境之中。

在胡塞尔看来,哲学要获得绝对自明的开端,必须"悬置"一切日常观念、科学见解和生物学思想,专注于纯粹意识现象。这就是所谓的现象学还原。胡塞尔断定,在悬置了对外部世界的信仰,对人类全部认识加了括弧之后,剩下的就只是纯粹意识领域,或者说"可以循此路径进入纯粹意识"。然而,意识总是处于不断流动的过程之中,并在流动过程中一个接着一个显现出来,形成体验流。其中,当前所显现的现象是清楚的,尚未显现的现象可以凭借推测在一定程度上把握,已经消逝的现象可以根据记忆在一定程度上把握。每当意识的内容显现出来的时候,"意识着"的行为和行为主体的"我"也同时显现出来。

所以,只要我们专注于意识的体验流,就会绝对清楚地把握住这个思着的"我"。即使我的记忆发生误差,但在回忆时那个记忆着的"我"是自明地显现的;即使我的推测不一定准确,但在推测时那个推测着的"我"是自明地显现的;即使我可以悬置一切、怀疑一切,但在悬置、怀疑时那个怀疑着的"我"是自明地显现的。

这样,胡塞尔就获得了同笛卡尔一样的哲学开端:"作为思维者的我的体验流,不论它尚未被把握到什么程度,不论在已逝去的和在前方的体验流领域内未被认知到什么程度,只要我在其现实现前中注视着这个流动的生命,并因此把我自己把握为这个生命的纯主体,我就无条件地和必然地说:我存在着,这个生命存在着,我生存着:cogito(我思着)。"①

在如何理解"我思"上,胡塞尔与笛卡尔又存在着巨大的分歧。笛卡尔断定,"我思"不是存在于时空中的精神实体,理性是一种实体理性。胡塞尔认为,当"我思"时所显现的"我"既不是物质实体,也不是精神实体,而是作为思的活动的执行者和承担者出现的。胡塞尔所说的"我思"是纯粹意识的一种功能,是与笛卡尔的实体理性不同的先验理性。

人的意识行为是一种意识流,当一个意识行为发生的时候,我们能察觉到与这个行为相伴随的自我的存在。问题在于,当一个意识行为过渡到另一个

---

① 〔德〕胡塞尔:《纯粹现象学通论》,李幼蒸译,商务印书馆1992年版,第127页。

意识行为的时候,或者当意识行为中断后又重新开始的时候,我们如何知道或如何保证这一连续的或中断后又产生的行为的"执行者"是同一个自我? 在胡塞尔看来,我们的意识内容所具有的同一性,是我们通过反思得到的。当"我"反思这些"思"的行为时,发现它们具有连贯性和同一性,这种连贯性、同一性依赖于"我"这个中心;这个"我"不能脱离意识之流,他不是在意识流之外,而是生存于意识流之中;意识流显现出来的现象没有空间特征,却有时间特征,只不过这些现象在时间上的先后相继关系发生于纯粹意识之内,所以,可称为"内在时间"。

这样,"我"在意识流之中就同时面对着过去、现在和未来三个时间维度,是可以自由地离开或返回自身的"自由存在者"。"这个作为'自由存在者'的纯粹自我具有我思的普遍样式。但是'作为自由存在者'一词只不过表示自由地离开自身或自由地返回自身这类生存样式,自发行为的生存样式,对客体有某种经验、痛苦等等的生存样式。"①

"我"虽然贯彻于意识的体验流中,但"我"本身并不是意识行为及其相关内容的体验流。"我"是体验的主体,不会随着每一意识体验的消逝而消失,而是不断变化的意识体验流中的不变者,具有绝对的自明性。胡塞尔指出:"自我似乎是连续地、甚至必然地存在着,而且这种连续性显然不是一种呆滞持存的体验的、一种'固定观念'的连续性。自我倒不如说是属于每一来而复去的体验;它的'目光'通过每一实显的我思指向对象。这种目光射线是随着每一我思而改变的,它随着每一新我思重新射出,又随其一道而消失。然而自我是某种同一物。从本质上看,每一自我至少能施予变化,来而复去,即使人们会怀疑每一自我是否必然是一个必然的事项,而不只是,如我们所见的那样,一种事实上的事项。然而相反,纯粹自我似乎是某种本质上必然的东西;而且是作为在体验的每一实际的或可能的变化中某种绝对同一的东西,它在任何意义上都不可能被看作是体验本身的真实部分或因素。"②

这就是说,"我"是意识行为的统摄者,处于意识之流的核心,意识行为从"我"这里发射出去,最后又回归到"我"这里。"我"的"发射"功能就是意识行为的方式,具有一种指向作用,即"意向性",而意向性所外指的对象,并不是外

---

① 〔德〕胡塞尔:《纯粹现象学通论》,第 235 页。
② 〔德〕胡塞尔:《纯粹现象学通论》,第 151 页。

在的客观的东西,而是意识之内的"意向相关对象"。"我"作为意识之流中的一个"极",会通过各种各样的意识行为指向意识对象。通过这种方式觉察到的"我"是纯粹自我或先验自我。

在胡塞尔看来,"先验自我"是先于世界的,是我们进行"判断"的唯一源泉,外在的事物、自然乃至身体都是存在的,但如果没有"我",它们的存在没有任何意义,"我"作为思的活动的"中心"和"发射极",首要的作用就是赋予对象以意义。"对象世界,是为我而存在的世界,是现在和未来都一直是为我而存在的世界,是仅仅因为我才会存在的世界——这个世界及其全部对象都要从我自己这里,也就是从唯一与先验现象学还原相联结后才居于首要位置的自我这里,派生其全部意义和存在方式。"①

胡塞尔费尽心机地将先验自我确立为哲学思考的自明性开端,作为新的哲学理性的基础或表征,但实际上仍然给自我施加了诸多的限制。这样,胡塞尔便进入到现象学的最大难题:唯我论的困境和主体际性问题。

具体地说,如果世界上只有一个自我,我能够根据意识之流的连贯性、同一性作出自我是意识之流的"中心"或"统摄者"的结论。问题在于,世界上存在着许多的自我,我需要以其他的意识之流为参照来区分我的意识之流。如果我不能对我的意识之流与他人的意识之流进行区分,那么,我就不能确保我的意识之流的连贯性和同一性,我的自我的证明就成了问题;如果我可以进行这种区分,那么,我必须确认不同的意识之流的同一性,进而论证不同的意识之流的统摄者——不同的自我。概而言之,确认我的意识之流要以确认别人的意识之流为前提,确认别人的意识之流要以确认我的意识之流为前提,这种循环论证正是胡塞尔所面临的理论难题。

为了解决这一理论难题,胡塞尔求助于"同感"这个心理学的概念,并认为在"纯粹心理学"领域内,同感是一种意识流的互动,通过这种互动,许多封闭的意识流(不同的自我意识)与"我"的意识流联结在一起。这样,我们不仅可以利用那些在本己意识中被认识的东西来解释陌生意识,而且可以利用在陌生意识中借助交往而被认识的东西来解释本己意识,从而解决意识通过什么样的交往关系对陌生意识发挥影响,或者精神以什么方式进行纯粹的相互作用的问题。可是,这仍是一种循环论证。

———————————

① Husserl, *Cartesian Meditations*, Martinus Nijhoff Publishers, 1977, p.26.

为了打破这种循环论证,胡塞尔探讨了"移情作用"。按照胡塞尔的观点,对原初所与的物理对象,通过简单的直观来认识;对我们自身的意识状态,借助内在的知觉来认识;而对"他人的意识经验",要通过"移情作用"来认识。"移情作用",本义是指把自己的情感外射到审美对象中去,使自己和对象融为一体。胡塞尔借用"移情作用"一词,是想借此说明"我"如何能知道他人的意识体验,即我知道我自己的行为是受"我"的意识指导的,由此设想他人的行为背后也有意识。具体地说,由于我的身体与他人的身体一样,我的行为也同他人的行为一样,所以,我会自然地设想,他人的行为和我的行为一样,是受意识指导的。在通常情况下,关于他人的身体和行为的表象同关于他人也有意识的印象,几乎是同时浮现在我的意识层面。

为了进一步解决理论难题,胡塞尔又探讨了"统觉"。在胡塞尔看来,我们不是孤零零地接受感性材料,而是将零碎的、杂多的材料组织起来,形成统一的知觉内容。这就像我偶尔观察窗外的树一样,有时我注意的是树叶,有时注意的是树干,但是,无论我看到树的哪一个部分,在我的意识中都会浮现出一个统一的树的形象。在这样表象中,我所看到的树的部分是清晰地显现出来的,我没有看到的部分是通过回忆和联想隐隐约约地显现出来的。虽然随着我的注意力的变化,清晰的部分和隐约的部分会发生相应的变化,但我关于树的各部分的知觉总是作为一个统一的表象而出现的。

在胡塞尔看来,这就是统觉的功能。统觉的这一特点也可以用于我对他人的自我的认知。虽然我们只是看到了他人的身体和行为,没有看到他人的意识,但是,在我关于他人的统觉中,我们把他人视为有意识的,在这一统觉中他人的身体、行为和意识是共现的。

通过"移情作用"和"统觉"概念的引入,胡塞尔对与我的自我相关的他人的自我进行了推导和证明,推导出主体际性的世界的存在,并断言:"在自我里面,在被先验地还原了我的意识体验的范围内,我把世界(包括他人)——不是按它的经验意义当作(比如说)我的私有的综合构成来进行体验,而是当作一个不是我自己的、实际上对每一个人都存在的、其对象是每一个人都可以理解的主体际性的世界来进行体验。"①

从先验自我到主体际性的世界,胡塞尔的理论跨度很大,而且由于他逐渐

---

① Husserl, *Cartesian Meditations*, p.90.

意识到其中的巨大困难而使他本人犹豫动摇、语焉不详。所以,在后期,胡塞尔有意回避意识领域的先验自我的话题,而将研究兴趣转移到"人格的自我"和"生活世界"的课题上,并认为每一人格的自我都积极地同周围世界打交道,并通过这种交往体现自己独特的能力、性格、习惯、态度和动机。一句话,人格的自我是在生活世界的自我。这无疑具有合理性,因为人生活其中的周围世界是人的本质力量的对象化。

人与世界的关系是一种"为我而存在"的关系。问题在于,这种"为我而存在的关系"是在人的实践活动中生成的,人的实践活动是人生活其中的周围世界的本质和基础;同时,人本身也是一种实践中的存在,自我与他人的关系是在实践活动中发生的。正如马克思所说,"人同自身的关系只有通过他同他人的关系,才成为对他说来是对象性的、现实的关系",而"自我异化只有通过同其他人的实践的、现实的关系才能表现出来"①。换言之,人生活其中的周围世界以及自我与他人的关系问题不是一个意识领域内的思辨问题,而是一个现实的实践问题。只要胡塞尔将其视域局限在纯粹意识的范围内,就永远不可能从哲学上解决"自我""他人""世界"及其关系这样的问题。

胡塞尔本人已经意识到他所面临的理论难题,而且他对纯粹自我是否真正自明的问题一直心存疑虑。在借助"同感""移情"和"统觉"等概念之后,胡塞尔仍未走出唯我论的困境。实际上,这种未加"悬置"的"借用"正是胡塞尔本人一再反对的做法,并可能走向他所批判的心理主义的死胡同。理论的困境使胡塞尔意识到,哲学应关注现实,转向对生活世界的探讨。

二、欧洲科学的危机:转向生活世界

从哲学史上看,任何一个思想家的理论转向不仅有其理论逻辑,更重要的还有其现实动因。从根本上说,任何一种哲学体系的形成及其转向都是时代的产物。胡塞尔的现象学及其"后期转向"也是如此。具体地说,胡塞尔后期所处的时代正是欧洲文明发生危机的时代,这种危机一方面表现为西方科学主义对文化传统的偏执,另一方面表现为西方人的生存价值的遮蔽。于是,探讨危机的根源,提供克服危机的方案,就成为一代有识之士的历史使命,而胡

---

① 《马克思恩格斯全集》第42卷,第99页。

塞尔就是其中的先行者。研读胡塞尔的后期著作可以看出，与"生活世界"概念直接相关的就是关于"危机"的话题，即"欧洲科学的危机""欧洲人的危机"和"欧洲文明的危机"。

之前，胡塞尔只是从理论上探讨科学主义思维方式对人类精神和哲学的危害，用的是诸如心理主义、自然主义、客观主义、历史主义之类的标签。但是，"危机"一词表现了胡塞尔对科学主义思维方式的容忍达到了极限，批判的分贝明显提高。之所以如此，从根本上说，是现实环境的压力，"当时咄咄逼人的德国政治局势构成了胡塞尔的这一整个思维努力的背景"，"危机意识在纳粹时代是胡塞尔历史责任感的实际起因"①。

胡塞尔生命的后期几乎是在探讨欧洲文明危机的根源，寻找克服危机的方案中度过的。他在生命的最后几年不顾年迈、不辞辛劳作了一系列有关危机的报告，并以此为基础写出了《欧洲科学的危机和先验现象学》一书。在这部著作中，胡塞尔充分阐述了欧洲人的危机和欧洲文明的危机问题，并认为这两类危机的表征就是欧洲科学的危机，而欧洲科学危机的根源就是伴随着近代工业革命而日益膨胀起来的物理学的客观主义及其演变形式——实证主义。

由此，胡塞尔转向生活世界。按照胡塞尔的观点，实证主义"早在伽利略那里就以数学的方式构成的理念存有的世界开始偷偷摸摸地取代了作为唯一实在的，通过知觉实际地被给予的、被经验到并能被经验到的世界，即我们的日常生活世界。伽利略的后继者，近几个世纪以来的物理学家，也都很快继承了这种替代"②。这种替代导致现代欧洲人纷纷匍匐于实证科学的脚下，沉湎于实证科学的神话之中。

科学在它的发展历程中取得了辉煌的成就。然而，在对科学以及实证主义的礼赞中，现代人让自己的整个世界观受实证科学支配，并迷惑于实证科学所造就的"繁荣"中而不能自拔。"这种独特现象意味着，现代人漫不经心地抹去了那些对于真正的人来说至关重要的问题。只见事实的科学造成了只见事实的人"，而"在人生的根本问题上，实证科学对我们什么也没有说。实证科学正是在原则上排斥了一个在我们的不幸的时代中，人面对命运攸关的根本变

---

① Paul Ricoeur & Husserl, *An Analysis of His Phenomenology*, Northwestern University Press, 1984, p.231.

② 〔德〕胡塞尔，《欧洲科学的危机与超验现象学》，张庆熊译，上海译文出版社 1988 年版，第 58 页。

革所必须立即作出回答的问题：探问整个人生有无意义……这些问题归根到底涉及人在与人和非人的周围世界的相处中能否自由地自我决定的问题"①。由此可见，欧洲科学的危机首先在于遗忘了人，遗忘了人的生存方式和生存价值。在胡塞尔看来，正是这种"遗忘"导致了欧洲人的危机和欧洲文明的危机。

实际上，在科学进步的历程中，人的问题并非始终排除在科学的范围之外。伽利略开创了近代科学的精确化和数学化的传统，但他的最大失误是忽略了人这个几何观念意义的创造者，而极力追求纯客观化的研究方法。结果，科学失去了自文艺复兴以来新的欧洲人性的主导地位。"那种客观性在方法论方面支配了我们的实证科学，并且它的影响远远超出科学本身的范围，成为支持和广泛传播一种哲学的和世界观的实证主义基础。"②即使"发展得如此繁荣"的精神科学也忽略了对个人生活、活动及其结果的自我理解这一主题，往往追根溯源地探究精神的身体基础，使之符合精密科学的解释框架。在胡塞尔看来，实证主义的科学理性与真正的哲学理性是背道而驰的，欧洲科学危机实质上是欧洲精神的失落。

"欧洲精神"的话题展示了胡塞尔对欧洲人的危机的阐释，以及他所采取的"欧洲中心主义"立场。在胡塞尔看来，所谓欧洲人，不是地图上出现的地理欧洲概念，而是精神意义上的欧洲概念；精神意义上的欧洲包括了海峡对岸的英国和遥远的北美地区，而爱斯基摩人、乡村市场上的印第安人和一直在欧洲游荡的吉卜赛人则不属于欧洲的范围。欧洲在精神上的发源地是古希腊，古希腊哲学体现了欧洲精神的本源形象，而古希腊人追求的根本东西，就是"哲学的"人的生存方式。在这种生存方式中，理论哲学始终居于首位，古希腊人"根据纯粹的理性，即根据哲学，自由地塑造他们自己，塑造他们的整个生活，塑造他们的法律"③。由此可见，形而上学，即关于最高和最终问题的科学，应享有科学皇后的尊荣，从而决定其他科学所提供的知识的意义。胡塞尔认定，对于哲学生活的这种理解，引导着一代又一代欧洲人的共同追求。

可是，到了现代，特别是在实证主义那里，对形而上学可能性的怀疑，已经成为一股汹涌的暗流。这是一个与人类存在攸关的问题，哲学"为人的意义而斗争的历史"道路已被实证主义所堵塞。"一切现代科学在其作为哲学的分支

① 《胡塞尔选集》下卷，倪梁康选编，生活·读书·新知上海三联书店1997年版，第982页。
② 《胡塞尔选集》下卷，第983页。
③ 《胡塞尔选集》下卷，第983—984页。

而被奠定基础的意义方面，以及在它们继续在自身中承担这种意义的方面，正陷入特殊的、令人困惑不解的危机。这种危机不接触到特殊科学在其理论和实践上的成功，但是却彻底动摇它们整个真理的意义。它不只关系到一种特殊的文化形式的问题，即作为欧洲的人性的各种表现形式中的一种科学或哲学的问题。"①

对形而上学的怀疑，意味着哲学本身成了问题；而普遍哲学信仰的崩溃，则意味着理性信仰的崩溃。与此相关的是，人失去了对赋予世界以意义的"绝对"理性的信仰、对历史意义的信仰、对人的意义的信仰，以及对赋予人的存在以理性意义的人的能力的信仰，而"如果人失去了这些信仰，也就意味着失去了对自己的信仰，失去了对自己真正存有（Sein）的信仰"②。在胡塞尔看来，种种信仰的缺失归根到底意味着哲学的危机，而"哲学的危机意味着作为哲学总体的分支的一场新时代的科学的危机，它是一种开始时隐藏着，然后日渐显露出来的欧洲的人性本身的危机，这表现在欧洲人的文化生活的总体意义上，表现在他们的总体的'存在'上"③。

这样，胡塞尔就明确地把"危机"与人性本身、文化生活、人的存在联系起来了，从而使现实生活进入其哲学视野中。"欧洲生存的危机只能有两条出路：要么了结于已经同生活的理性含义疏远的欧洲的毁灭，从而落入对精神的蛮横无礼的憎恨；要么通过理性的英雄主义对自然主义的一劳永逸的克服，从而了结于欧洲在哲学精神中的再生。"④

在胡塞尔看来，要使欧洲人从"困倦"中清醒过来，从"危机"中走出来，哲学必须为真正的人的可能性的自我理解而奋斗，并由此展现哲学的生机勃勃的活力；而哲学要展现自己生机勃勃的活力，揭示"人生而固有的理性的历史运动"，就必须回到生活世界。哈贝马斯由此认为，"胡塞尔从理性抵制的角度引入了生活世界概念"，而胡塞尔对生活世界的分析是同"危机问题"结合在一起的。"胡塞尔从客观主义对世界和自我的遗忘中，归纳出了现代科学所导致的危机。这样一种世界历史或生活历史的危机情境所带来的问题压力在客观上改变了主题化的条件"，所以，胡塞尔"把对生活世界的分析和危机主题结合

---

① 《胡塞尔选集》下卷，第 988 页。
② 《胡塞尔选集》下卷，第 989 页。
③ 《胡塞尔选集》下卷，第 988 页。
④ 《胡塞尔选集》下卷，第 977 页。

了起来"①。应该说,哈贝马斯的这一评价是中肯的。

所以,在《欧洲科学的危机与先验现象学》之前,胡塞尔只是偶尔使用"生活世界"这一术语,而主要用"周围世界"表达生活世界的内涵。在《哲学与欧洲人的危机》中,胡塞尔仍然把生活世界称为"周围世界",并认为"'周围世界'是这样一个概念,它在精神领域中占据着它独一无二的位置。我们生活在自己的具体的周围世界之中,而且我们的一切关注和努力都指向这个世界,指向纯然发生在这个精神序列中的一个事件。我们的周围世界是我们之中与我们的历史生活之中的一种精神结构"②。但是,在《欧洲科学的危机与先验现象学》中,胡塞尔明确提出"生活世界"这一概念,并着重探讨了生活世界的问题。从此,"生活世界"这一概念在胡塞尔哲学中获得了中心的意义,成为一个根本问题。

三、生活世界:科学世界的基础

胡塞尔是从多种意义上涉及生活世界概念的,他本人也的确未对"生活世界"这一概念作出明确的规定。用现象学研究专家 A·伯采宁的话来说就是,"连胡塞尔本人也未对生活世界作出恰当规定的概念"。但是,我们可以依据胡塞尔关于"生活世界"概念的各种阐述去领悟和把握这一概念的基本内涵。

研读胡塞尔的著作可以看出,在胡塞尔那里,"生活世界""日常的生活世界""日常的经验世界""周围世界""日常的周围世界""实践的周围世界"具有相同的含义,它们所表达的都是与我们直观视域有关的东西。更重要的是,胡塞尔在引入"生活世界"概念时,强调的是作为意义基础的、凸现了人的价值的生活世界,是可以经验直观的本原世界,即"前科学的世界""总体的存在界",同时,这又是一个纯主观的意义世界,"直观的周围世界——这一纯粹的主观领域"③。作为"前科学的世界"和"总体的存在界","生活世界"是在日常的感性经验中被给予主体的,是"作为唯一实在的,通过知觉实际地被给予的、被经验到并能被经验到的世界,即我们的日常生活世界"④。

---

① 〔德〕哈贝马斯:《后形而上学思想》,曹卫东等译,译林出版社 2001 年版,第 78 页。
② 《胡塞尔选集》下卷,第 944 页。
③ 《胡塞尔选集》下卷,第 972 页。
④ 《胡塞尔选集》下卷,第 1027 页。

按照胡塞尔的观点,生活世界是一个具有"原初自明性的领域",或者说是一个前科学的奠基性领域。"生活世界是永远事先给予的,永远事先存在的世界。人们确认它的存在,并不因为某种意图、某个主题,也并不因为某种普遍的目标。一切目标以它为前提,即使那在科学的真理中所被认知的普遍的目标也以它为前提,并且已经和在以后的工作中一再以它为前提,它们以自己的方式设定它的存在,并立足在它的存在上。"①这是一个"原则上可直观到的事物的总体"②。胡塞尔的这段话表明,生活世界是一个包括人们的一切实际生活在内的实在世界,一切以时空形式组合起来的事物都属于这个世界。在这个意义上,胡塞尔又把生活世界称为"构成物领域"。

在胡塞尔的视野中,生活世界是一个经验中的,并通过经验对我们来说才有意义和存有的世界;这是一个对我们来说永久有效的,具有无疑的确定性,简单地摆在我们面前的世界。生活世界"是在科学以外实践的直观视域中显现出来的",它"直接地呈现在我们面前",是对我们所有人的"前给定",是直观的可以通过经验感知的现实世界;生活世界是我们共同占有的世界,始终对人产生有效的作用,是人们生活其中但又没有"集中关注"的世界。

因此,人们把生活世界的存在看作是一个不言自明、毋庸置疑的前提,从不对它产生怀疑,也不把它作为科学课题来研究。"前给定"、"直接呈现"、"可经验"、"人们共同占有"、对人"永久有效",这是生活世界"不言自明"的"稳固基础"。正是在这个意义上,生活世界是具有"原初自明性的领域",是"前科学"的奠基性世界。正如黑尔德所说:"胡塞尔在《危机》中首先是将'生活世界'概念作为这个非课题的直观世界的称号而引入的。"③

同时,胡塞尔又认为,生活世界是人的主观价值和意义发生的领域,它是"始终在不断相对运动中为我的存在之物的总体"④。换言之,生活世界是主观的、属人的世界,而不是一个在人之外的纯客观世界。"'周围世界'是这样一个概念,它在精神领域中占据着它独一无二的位置,我们生活在自己的具体的周围世界之中,而且我们的一切关注和努力都指向这个世界,指向纯然发生在这个精神序列中的一个事件。我们的周围世界是我们之中与我们的历史生

---

① 《胡塞尔选集》下卷,第 1087 页。

② *HusserLiana VI*, Martinus Nijhoff Publishers, 1973, p.130.

③ 〔德〕胡塞尔:《生活世界现象学》,倪梁康等译,上海译文出版社 2002 年版,第 43 页。

④ *HusserLiana VI*, p.462.

活之中的一种精神结构。"①

胡塞尔的这一论述似乎把生活世界完全精神化了,是一种唯心主义,实际上并非如此。解读胡塞尔的著作可以看出,他所说的生活世界的主观性是指人的参与和谋划,是指人的精神性、创造性已经渗入、积淀在世界之中。"历史上环绕着希腊人的世界并不是我们的意义上的客观世界,而毋宁是他们'对世界的表象',即他们自己的主观评价以及其中的全部实在性。"②在胡塞尔看来,我们每个人生存、栖息、谋划、实践于其中的共同世界就是生活世界,或者说生活世界是"人们共同占有的世界"。

这就是说,生活世界并不是一个外在于人及其活动的纯客观的世界,而是主体活动的对象世界。"现存生活世界的存有意义是主体的构造","只有彻底地追问这种主体性……我们才能理解客观真理和弄清楚世界最终的存有意义"③。因此,生活世界是属人的、"为我的存在物的总体"世界。黑尔德对此评价道:"相对于以往的理解,世界概念现在得到了根本的丰富。自然观点的世界现在是一个历史地通过在它之中进行的实践和积淀、通过'流入'而丰富着自身的世界。这是具体的、历史的世界。"④

以此为基础,胡塞尔考察了生活世界与科学世界的关系,认为科学世界产生于生活世界,并以生活世界为基础,生活世界因此具有本源上的优先性。

按照胡塞尔的观点,生活世界离不开衣食住行,是离主体最为贴近的经验世界,科学世界则是离主体较远的、由概念和逻辑构成的抽象世界。从表面上看,科学世界关注的是物理时空、数量关系等符号系统,寻求的是客观真理,似乎是完全排除了主观意志的存在,与生活世界无关。实际上,科学世界在生活世界中有其"原型",如几何学的纯粹形源于生活中的感性形状,科学世界本质上是生活世界的经验课题化的结果。

问题在于,当科学家从事研究、发表意见的时候,他完全处于科学的心态和境域中,只把自己的职业领域和职业兴趣视为普遍的优先领域,而遗忘了作为其研究背景的生活世界。"自然的探讨者自己没有搞清,他的公认的主观思想活动的牢固基础是生活的周围世界。周围世界永远被预设为基本的工作领

---

① 〔德〕胡塞尔:《现象学与哲学的危机》,吕祥译,国际文化出版公司1988年版,第138页。
② 〔德〕胡塞尔:《现象学与哲学的危机》,第138页。
③ 〔德〕胡塞尔:《欧洲科学的危机与超验现象学》,第81、82页。
④ 〔德〕胡塞尔:《生活世界现象学》,第44页。

域,只有在这个领域中,他的问题与他的方法才产生意义。"①不仅科学家本人就生活在具体的日常生活中,而且他们穷其心智所研究的成果也必须回馈于生活世界才有意义,无论如何,生活世界都是科学世界的预设出发点,是一个被默认的前提。这是其一。

其二,科学世界的真理性必须依靠生活世界的经验性来保证。科学世界的价值必须在生活世界的主观性中去寻找,而"生活世界的主观性恰恰在于它实际上是可体验的"②。胡塞尔认为,日常生活中的有效性在科学世界中依然有效,在科学世界中产生的新的有效性必须不断地回溯到生活世界中的有效性上并要以此为前提。显微镜是科学对视觉的延伸,超声波探测仪是科学对听觉的延伸,计算器是科学对直观判断能力的延伸,等等。无论科学世界多么复杂,其结果都必须在生活世界中以直观的方式显现出来。离开了可经验的、直观的生活世界,任何科学判断都是无法证实或证伪的,因而也是无意义的。

生活世界是"直观基地","尽管近代科学家所关涉的世界在其无限中超越了所有自然认识实践的直观视域,但他的有关无限性的认识还是回溯地束缚在一个世界上,这个世界是在科学以外实践的直观视域中显现出来的,这个世界就是生活世界"③。生活世界所具有的这种有效性,来源于生活世界在"形式上最普遍的结构",即"一方面是事物和世界,另一方面是事物意识和世界意识",二者构成了生活世界的根本有效性。在胡塞尔看来,作为事物、世界与事物意识、世界意识的结构体,生活世界是作为明证性的源泉在起前提性作用,并"为所有客观证明提供对理论——逻辑存在有效性的最终论证"。

其三,科学世界又是生活世界的组成部分,是生活世界的一个特殊领域。作为"目标构成物",科学世界不同于"自然而然"形成的生活世界。这是二者相互区别的一面。但是,二者又有相统一的一面。具体地说,科学家的生活是以职业目标为指导的生活,并通过研究者之间的合作和继承形成自己的生活世界,而且科学家的理论成就都属于生活世界,并成为生活世界的组成部分。

"所有那些根据科学的观念化而获得对象,都沉积在非课题的、视域性地在先被给予的我们实践可能性的储备之中。""由于发生的积淀,所有超越直观

---

① 《胡塞尔选集》下卷,第 972 页。
② *HusserLiana VI*, p.133.
③ 〔德〕胡塞尔:《生活世界现象学》,第 42 页。

之实践的对象化结论,包括现代的、建基于观念化之上的技术实践的结论,都会进入到科学以外实践的直观世界视域之中,而在这个视域中非课题显现的世界就是生活世界。"①胡塞尔把这一过程称为生活世界"流入",并由此认为,科学世界以及包含在它之中的具有科学真理的东西本身也属于生活世界。

其四,生活世界不仅为科学世界提供价值和意义基础,而且对各种特殊的世界进行统一和整合,因而具有价值功能上的优先性。自然科学家"主观思想活动的牢固基础是生活的周围世界,周围世界永远被预设为基本的工作领域,只有在这个领域中,他的问题与他的方法才产生意义"②。然而,科学世界在其生成过程中,却日益沉迷于那个符号的理论的世界,遗忘了它赖以产生的基础,遗忘了它在生活世界中的"原型"。"'客观真的'世界,科学的世界,是在较高层次上的构成物,是以前科学的经验和思想为前提的,或者说,是以它的意义和存在的认定的成果为基础的。只有彻底追问这种主观性(在此特别需要追问造成对世界及其内容的认定、造成对一切前科学的和科学的模式的认定的主体性,以及追问理性的成就是什么并如何),我们才能理解客观真理和弄清楚世界最终的存在意义。"③

同时,在社会中,不同职业集团的人往往具有特殊的兴趣和目标,但他们都离不开衣食住行等基本需求,即使是科学家也要过日常生活;而且人们观察外部世界,首先依靠的是感觉经验,除非感官出现障碍,人们的感觉应该大体一致。这样,所有的科学概念都可以在可知觉的生活世界得到说明,更何况科学成果的最终目标就是服务于人类的日常生活。因此,生活世界具有独特的整合作用。

胡塞尔在分析和描述生活世界时,首先说明了科学世界是如何从生活世界产生出来的,并力图揭示生活世界的世俗性及其可经验性。在胡塞尔那里,生活世界是人们当下直接体验的世界,同时又是人的安身立命的世界。因此,胡塞尔的"生活世界"就有了本体论的意义,或者说,胡塞尔的生活世界理论是一种本体论体系。

这样,胡塞尔就不仅为其现象学还原奠定了健全的基础,而且为欧洲人危

---

① 〔德〕胡塞尔:《生活世界现象学》,第43页。
② 〔德〕胡塞尔:《现象学与哲学的危机》,第168页。
③ Edmund Husserl, *The Crisis of European Sciences and Transcendental Phenomenology*, Northwestern University Press, 1970, p.1048.

机的疾病开出了"药方"。尽管这张药方并不能彻底治愈欧洲人的疾病危机，但它毕竟是对症下药，具有一定疗效。正因为如此，胡塞尔的生活世界理论对20世纪的哲学运动产生了深远的影响。

四、简短的结语

转向生活世界标志着胡塞尔哲学研究的新方向，但这并不意味着胡塞尔认识上的"断裂"。在我看来，这种"转向"既是一种新方向，又是胡塞尔理论思考的延续和拓展，是一种理论和方法的需要。

凯恩断言："胡塞尔在方法上把生活世界的问题看作是通向先验还原的一个通道。"①瓦尔登菲尔茨指出："生活世界在胡塞尔那里不是一个直接描述的对象，而是一个具有方法目的的回问对象，通过这种回问，人们可以重新把握生活世界的先在被给予性。"②施特拉维尔强调："生活世界的问题是通向先验悬搁的一个通道"，并认为胡塞尔对生活世界的兴趣绝不等于对其先验观念之义的背离，而是意味着一种方法上的转变，即胡塞尔不再采取"根据一种自由的意志来选择悬搁的思维方法，而是首先回答在世界领域之内涌现出来的问题"③，这就是欧洲科学的危机和生活世界的问题。胡塞尔的后期著作《欧洲科学的危机与先验现象学》证实了这一点。正是在这部著作中，胡塞尔提出一个命题："从生活世界出发通向先验现象学之路。"

当然，我注意到，"生活世界"虽然是胡塞尔达到先验现象学的途径，但从生活世界出发通向的先验现象学与胡塞尔前期所建立的先验现象学又有很大的差异，前者意味着一种新的现象学的形式，至少是一种与存在主义的发展相类似，但又不同于存在主义的哲学形式。正如美国现象学家马文·法伯所说："胡塞尔的某些晚期著作，可能已经很好地显示出他能够清楚地和合理地说出存在主义哲学家在他们关于存在与生存的言论中声称完成的一切东西（甚至更多的东西）。"④

① Elisabeth Ströker, ed., *The Husserlian Foundations of Science*, Kluwer Academic Publishers Group, 1997, p.78.
② Waldenfels, *In den Netzen der Lebenswelt*, Springer, 1992, p.16.
③ Stellavior, *World in Contradiction*, Springer, 1993, p.69.
④《当代美国资产阶级哲学资料》第2辑，商务印书馆1978年版，第148页。

所以,转向生活世界是胡塞尔理论思考的延续和拓展,同时又标志着胡塞尔理论研究的新方向,意味着胡塞尔现象学的新发展。正是在这个意义上,我同意海德格尔的观点,即"胡塞尔并没有在受到批评的《纯粹现象学和现象学哲学的观念》第一卷上固步自封:胡塞尔的现象学处在开放的发展之中"①。

同时,胡塞尔关于生活世界的论述,使我不由自主地想起了马克思的生活世界理论。按照马克思的观点,现实生活过程是可经验的,"可以用纯粹经验的方法来确定"的现实存在;人们为了能够创造历史,必须能够生活,"思辨终止的地方,即在现实生活面前,正是描述人们的实践活动和实际发展过程的真正实证的科学开始的地方"②;人与世界的关系是一种"为我而存在的关系",作为人们生活于其中的现实世界是人们活动的产物,是人的本质力量的对象化,因而具有主体性,是属人的世界。

可以看出,胡塞尔的生活世界理论与马克思的生活世界理论具有一定程度的契合性,这同时体现出马克思哲学的巨大超前性。正是这一超前性、契合性促使梅洛-庞蒂、M.法伯、E.柏奇等人把马克思与胡塞尔放在一起思考,并力图建构"现象学马克思主义",而马尔库塞则被哈贝马斯称为"胡塞尔马克思主义者"。马克思与胡塞尔,或者说,马克思哲学与现象学的关系是一个具有深刻内涵和重要意义的课题,在以后的著作中,我将对这一课题作出详尽的阐述。

---

① Quoted in Ch. Jammer, *Phenomenology in Controversy*, Frankfurt am Main Publisher, 1989, p.259.
②《马克思恩格斯全集》第3卷,第31页。

德里达：从解构主义转向马克思主义

——从马克思哲学的观点看

　　世纪之交，以其解构主义而享有盛名的德里达不仅继续保有在后现代主义理论领域的权威性，而且获得马克思主义理论界的广泛关注。原因在于，当苏联解体、东欧剧变、自由主义欢呼"马克思主义已经死亡"，连同其话语理论及其实践一起"灰飞烟灭"之时，德里达却郑重地推出了《马克思的幽灵》一书。正是在这部轰动西方世界的著作中，德里达大声疾呼："不能没有马克思，没有马克思，没有对马克思的记忆，没有马克思的遗产，也就没有将来；无论如何得有某个马克思，得有他的才华，至少得有他的某种精神"，"现在该维护马克思的幽灵们了"。[①] 那么，如何理解《马克思的幽灵》一书的主导思想，或者说，德里达是如何维护"马克思的幽灵"的；德里达为什么从解构主义转向马克思主义；德里达所理解的马克思主义究竟是什么，这正是我在这里所要探讨的问题。

一、德里达《马克思的幽灵》的主导思想

　　无疑，作为一代解构主义大师，德里达是站在解构主义的

[①]〔法〕德里达：《马克思的幽灵》，何一译，中国人民大学出版社 1999 年版，第 21 页。

基地上"维护马克思的幽灵"的,他所理解的马克思或马克思主义已经被其解构性的阅读重新写过。但是,我注意到,在德里达的话语中的确包含着真知灼见以及鞭辟入里的分析。在《马克思的幽灵》一书中,德里达通过对当代世界资本主义新秩序,即"新国际"的分析,通过对《德意志意识形态》《共产党宣言》《路易·波拿巴的雾月十八日》《资本论》等马克思的"文本"作互文性的阅读,揭示了马克思主义对"新国际"神话的解构功能和当代意义。所以,《马克思的幽灵》指出:"人们必须接受马克思主义的遗产","求助于某种马克思主义的批判精神"。① 德里达一再谈到对马克思主义遗产的继承。那么,何谓马克思主义遗产? 如何继承马克思主义遗产?

德里达所欲继承的马克思主义遗产主要是指马克思主义的批判精神。《马克思的幽灵》指出:"要想继续从马克思主义的精神中吸取灵感,就必须忠实于总是在原则上构成马克思主义而且首要地是构成马克思主义的一种激进的批判的东西,那就是一种随时准备进行自我批判的步骤。这种批判在原则上显然是自愿接受它自身的变革、价值重估和自我再阐释的。"②

在德里达看来,自我批判、自我更新是马克思主义的内在精神,这种批判精神是马克思主义最有活力的部分;在时代不断变换,而时代精神却在趋于自由主义的惰性和沾沾自喜之时,马克思主义的批判精神具有特别重要的意义,只有这种批判精神才能揭示当代资本主义世界的真实面目;忠实于这种批判精神是一种"义不容辞的责任",只要我们继承这种批判精神,"使这种马克思主义的批判适应新的条件,不论是新的生产方式、经济和科学技术的力量与知识的占有,还是国内法或国际法的话语与实践的司法程序,或公民资格和国籍的种种新问题,等等,那么这种马克思主义的批判就仍然能够结出硕果"③。换言之,只要把马克思主义同当代实际相结合,马克思主义就仍然会焕发出旺盛的生命力。这里,德里达已经超越"学者式的阅读和讨论",把西方马克思主义者对马克思主义"经院式的研究转换为密切联系实际的研究",这标志着西方学者研究马克思主义的新路标。

德里达的理解是正确而深刻的,批判性的确是马克思主义的本真精神。马克思主义不仅以批判的精神对待其他各种理论,而且以批判的精神对待自

---

① 〔法〕德里达:《马克思的幽灵》,第 78、122 页。
② 〔法〕德里达:《马克思的幽灵》,第 124 页。
③ 〔法〕德里达:《马克思的幽灵》,第 122 页。

身。用德里达的话来说,就是马克思以"明白的方式""要求对他自己的研究主题的结论进行变革",以克服自身的历史局限性;更重要的是,马克思主义以批判的精神看待现实社会。"凡是现实的都是合理的"绝不是马克思主义的思维方式。相反,马克思主义总是"在对现存事物的肯定的理解中同时包含对现存事物的否定的理解",因而在本质上是批判的。

实际上,在马克思主义创立之初,马克思就提出,要对现存的一切进行无情的批判,并在批判旧世界中发现新世界,从而"对当代的斗争和愿望作出当代的自我阐明"①。可以说,马克思主义创立和发展的每一步都是通过理论批判取得的:"黑格尔法哲学批判""对黑格尔的辩证法和整个哲学的批判""对法国唯物主义的批判""对费尔巴哈、布·鲍威尔和施蒂纳所代表的现代德国哲学的批判""政治经济学批判"……这一系列的批判使马克思对哲学以及其他理论形式有了更透彻的理解,对现实的社会矛盾有了更深刻的认识,从而以高瞻远瞩的智慧解答了时代课题,并以巨大的超前性预示了资本主义世界体系的发展趋势。

正是因为如此,德里达断言:"求助于某种马克思主义的批判精神仍然是当务之急,而且将必定是无限期地必要的"②,并认为只要这种批判适应新的历史条件,就能结出硕果。在这个意义上,德里达想必会认同沃勒斯坦的观点,即"已经死亡的是作为现代性理论的马克思主义,这一理论是与自由主义的现代性理论一起被精心制造出来的,而且它确实在很大程度上受到了自由主义的激励。而没有死亡的是作为对现代性及其历史表现,即资本主义的世界经济进行批判的马克思主义"③。

在《马克思的幽灵》一书中,马克思主义的批判精神与马克思主义的方法论是联系在一起的。德里达认为,在马克思主义的遗产中,其批判精神是最有活力的部分,而方法论是最有价值的本质的方面,批判精神通过方法论体现出来,方法论的价值通过批判体现出来,而解构本身就是一种方法,"除了是一种激进化之外,解构活动根本就没有什么意义或主旨","尝试将马克思主义激进

---

① 《马克思恩格斯全集》第 1 卷,第 418 页。
② 〔法〕德里达:《马克思的幽灵》,第 122 页。
③ 〔美〕沃勒斯坦:《苏联东欧剧变之后的马克思主义》,载俞可平主编:《全球化时代的"马克思主义"》,中央编译出版社 1998 年版,第 13 页。

化的做法可以被称作是一种解构"①。

这就是说，批判、解构和方法是同一序列的范畴，具有同样的功能。正是在这种意义上，德里达认为，马克思主义方法论永远是"绝对地和整个地确定的"，即马克思主义方法论过去、现在和将来都不会过时，我们必须继承；更重要的是，我们所要继承的不是马克思主义的某种方法，而是其完整的方法论。正因为马克思主义方法论是"绝对地和整个地确定的"，而方法论又是马克思主义的本质，所以，马克思主义已成为人类文化的珍贵遗产。在这一意义上，我们"都是马克思和马克思主义的继承人"②。

把方法论看作马克思主义的本质，这并非德里达首创。卢卡奇就认为，马克思主义的本质是方法论，即使马克思主义的所有结论都错了，但只要其方法正确，那么，马克思主义就仍然不可超越。在这一观点上，德里达同卢卡奇不谋而合。在《马克思的幽灵》中，德里达一方面强调方法论、批判精神是马克思主义的本质，是必须继承的遗产，另一方面又强调要把这种批判精神与马克思主义的其他精神区别开来，因为后者固定在形而上学的本质论的总体性中，固定在有关劳动、生产方式、社会阶级等基本概念中，固定在国家机器的历史中，是应该抛弃的。

问题在于，如果马克思主义的其他精神或所有结论都应抛弃，那么，作为马克思主义本质的批判精神、方法论就难免虚无缥缈了。这是因为，任何一种"主义"的根本精神或本质特征都是在其他精神、基本理论的演绎中呈现出来的，如果整个演绎过程和结论都值得怀疑，那么，所谓的根本精神或本质同样值得怀疑，甚至应该抛弃。但是，我注意到，德里达是在苏联解体、东欧剧变之后重申方法论是马克思主义的本质这一观点的，而且德里达又是以研究方法论著称的思想大师，所以，德里达的观点不能不引起我们的深思。马克思的整个世界观不是教义，而是方法，是"真正批判的世界观"③，并体现出巨大而深厚的解构功能。德里达的见解的确包含着合理因素，但他又把这种合理因素溶解于不合理的理解之中。全部问题在于，如何准确而全面地把握马克思主义的批判精神或方法论。

---

① 〔法〕德里达：《马克思的幽灵》，第 129 页。
② 〔法〕德里达：《马克思的幽灵》，第 27 页。
③ 《马克思恩格斯全集》第 3 卷，第 261 页。

德里达从求助于马克思主义的批判精神和方法论出发,寄望于马克思主义获得新生,以挽救这个趋于破败的世界。由此,马克思主义对德里达而言,也就喻示着一种乌托邦精神:"如果说有一种马克思主义的精神是我永远也不打算放弃的话,那它决不仅仅是一种批判观念或怀疑的姿态(一种内在一致的解构理论必须强调这些方面,尽管它也知道这并非最后的或最初的结论)。它甚至更主要的是某种解放的和弥赛亚式的声明,是某种允诺,即人们能够摆脱任何的教义,甚至任何形而上学的宗教的规定性和任何弥赛亚主义的经验。"①

换言之,马克思主义的批判精神属于一种对即将到来的绝对未来保持开放的经验的运动,也就是说,属于一种必然是不确定的、抽象的、旷野般的经验的运动,这种经验被托付、被展现、被交付给一种等待,即等待另一种经验,等待事变的来临。在德里达看来,犹如当年共产主义的幽灵在欧洲徘徊一样,马克思的幽灵也在当今世界徘徊,它"一直是而且将仍然是幽灵的:它总是处于来临的状况;而且像民主本身一样,它区别于被理解为一种自身在场的丰富性,理解为一种实际与自身同一的在场的总体性的所有活着的在场者"②。

透视《马克思的幽灵》,我看到了这样一个激动人心的场景,即马克思主义的批判精神和方法论已经成为人类文化遗产,不管你是否意识到或者承认,马克思主义已经对你产生影响,所以,我们"都是具有某种哲学和科学形式的谋划或者说允诺的绝对独特性的继承人"③。用伊格尔顿的话来说就是,"马克思主义像达尔文思想或弗洛伊德思想一样,已经与现代文明交融在一起,像牛顿对于启蒙运动的重要意义一样,已成了我们'历史无意识'中的一大部分"④。德里达由此认为,"资本主义所能做的只能是否认这一不可否认的东西本身:一个永远也不会死亡的鬼魂,一个总是要到来或复活的鬼魂"⑤。的确如此。就马克思主义而言,现在已经不是人们需要不需要它的问题,而是它早已客观存在并必然对人们产生影响的问题了。

---

① 〔法〕德里达:《马克思的幽灵》,第 126 页。
② 〔法〕德里达:《马克思的幽灵》,第 141 页。
③ 〔法〕德里达:《马克思的幽灵》,第 128 页。
④ 〔英〕伊格尔顿:《历史中的政治、哲学、爱欲》,马海良译,中国社会科学出版社 1999 年版,第 118 页。
⑤ 〔法〕德里达:《马克思的幽灵》,第 141 页。

从总体上看,以马克思主义已成为人类知识宝库中的一份珍贵遗产来论证马克思主义的现实性和当代意义,这是德里达研究马克思主义的出发点,也是《马克思的幽灵》的主导思想。在我看来,这也是《马克思的幽灵》给我们的重要启示。

二、德里达话语转向的理论途径

有关解构主义和马克思主义的关系在西方思想界已不是一个新鲜话题。迈克尔·瑞安于1982年出版的《马克思主义与解构》一书可视为这一话题在美国的代表作,特里·伊格尔顿念念不忘解构主义和马克思主义的关系,则是这一话题在英国的"发言人"。实际上,20世纪70年代初就已经有人注意到解构主义与马克思主义的关系了。发表在1971年《诺言》杂志上的胡德拜恩和施加佩特对德里达的访问记,就已经提出解构主义和马克思主义的关系问题。胡德拜恩认为,解构主义和马克思主义具有多方面的共同点,而德里达当时对此未置可否。他的回答是,马克思的"文本"还有待进一步细读,以便从中抽出运行其中的修辞及隐喻程式,而不宜作简单解释,或根据某种先入之见来进行所谓的在"文本"表层之下发掘深层意义。

20世纪90年代之前,德里达谈到马克思主义时总是含糊其辞,也不曾明确解构主义和马克思主义的关系。《马克思的幽灵》则显示出德里达开始有保留地向马克思主义靠拢。正是在这部著作中,德里达认为,未来不能没有马克思,并提出了"解构的马克思主义精神"①这一命题。在《马克思的幽灵》一书中,德里达对马克思主义的态度,以及解构主义和马克思主义关系的理解,都是非常明确的。

德里达从解构主义转向马克思主义无疑是思想史上的一个"事件"。由此产生一个不可回避的问题,这就是德里达为什么进行"清理、批评、靠近"马克思主义的工作,并从解构主义转向马克思主义,力图构建"解构的马克思主义精神"。在我看来,德里达之所以从解构主义转向马克思主义,这是由解构主义的内在逻辑、马克思主义的解构功能以及二者之间存在着相似的政治学维度决定的。

①〔法〕德里达:《马克思的幽灵》,第130页。

德里达曾给"解构"下过一个明确的定义,即"解构不是一种批评活动,批评是它的对象;解构总是在这一或那一时刻,影响着批评和批评——理论的洋洋自信,这就是说,影响着决断的权威,即事物的可被决断定夺的最终可能性;解构乃是对批评教条的解构"①。可以看出,解构主义是一种以反传统和反权威为宗旨的阅读和批评模式。换言之,作为一种阅读和批评模式,解构主义首先是把反传统和反权威引为己任。就解构的具体方式和步骤而言,解构不是从一个概念跳到另一个概念,而是颠倒和置换概念秩序,以及与它连接的非概念秩序;同时,解构又从某种外在角度"确定什么被这一概念史遮蔽或排斥了,而正是通过与其利害攸关的这一压抑过程,它才为自身构筑出作为历史的存在"②。

由此,我们可以感觉到,解构主义不仅仅是一个文学、哲学、诗、神学方面的术语,它不仅涉及概念结构,而且难解难分地涉及意义结构、政治结构、社会结构,以及法律、权威、价值等最终可能性。德里达明确指出:"解构不是,也不应该仅仅是对话语、哲学陈述或概念以及语义学的分析;它必须向制度、向社会的和政治的结构、向最顽固的传统挑战。"③可以说,解构主义力图以颠覆语言的既定结构来挑战国家权力机构,其背后有着复杂的社会因素和历史背景。

实际上,解构运动本身就是对公正的渴望和追求。在德里达看来,公正就像解构一样无以解构。这或许就是一种解放的希冀,一种没有宗教的弥赛亚主义,或者不如说,解构就是公正。德里达的解构主义的确隐含着政治学维度。正如伊格尔顿所说,"德里达的解构主义从一开始无疑就是一项政治工程"④。德里达不遗余力予以攻击的总体结构,实际上就是晚期资本主义国家这一特定的历史结构。所以,"德里达显然不想仅仅发展一种新的阅读方法。对于他来说,解构批评最终是一种'政治'实践,它试图摧毁一个特定的思想体系和它背后的整个政治结构和社会制度系统藉以维持自己势力的逻辑。他并不是在荒诞地力图否定相对确定的真理、意义、同一性、意向和历史连续性,他是在力图把这些东西视为一个更加深广的历史——语言、潜意识、社会制度和

① Vincent B. Leitch, *Deconstructive Criticism*, Columbia University Press, 1983, p.205.
② 〔法〕德里达:《多重立场》,余碧平译,生活·读书·新知三联书店1972年版,第16页。
③ 〔法〕德里达:《一种疯狂守护着思想》,何佩群译,上海人民出版社1997年版,第21页。
④ 〔英〕伊格尔顿:《历史中的政治、哲学、爱欲》,第120页。

习俗的历史——的结果"①。

可以看出,德里达之所以转向马克思主义,是有内在的思想线索的,这就是解构运动对现实资本主义的批判,以及与此相关的对公正的渴望和追求。在理论象征的意义上,如果说"解构就是公正",那么,马克思主义更是公正,而且解构所欲探索的公正在一定意义上说,正是马克思主义始终不懈追寻的公正。在批判资本主义,走向公正的理论道路上,解构运动只能是马克思主义的后来者,它必定运行在"某种马克思主义的传统之中",即由马克思的幽灵所预示、所指引的马克思主义传统。在《马克思的幽灵》中,德里达赞同马克思主义对资本主义的批判,并认为当代世界的"资本主义新秩序"和马克思生前一样,依然是千疮百孔,所以求助于马克思主义的批判精神"仍然是当务之急"。

解构主义的内在逻辑使德里达"靠近"马克思主义,而马克思主义本身所具有的解构功能犹如一个巨大的引力场,也吸引着德里达"靠近"马克思主义。的确,马克思只使用过"结构"概念,从来没有使用过解构主义者才使用的"解构"概念。但是,马克思主义的批判本质却体现出巨大而深厚的解构功能。德里达无疑看到了这一点。

按照德里达的观点,对本义上的形而上学、逻各斯中心主义、语言学主义的解构,对语言的自律霸权的祛神秘化或祛沉积化,"这样一种解构活动在前马克思主义的空间中是根本不可能的,也是不可想像的"。"除了是一种激进化之外,解构活动根本就没有什么意义或主旨,这也就是说,在某种马克思主义的传统中,在某种马克思主义的精神中,它至少是这样。因此,这种尝试将马克思主义激进化的做法可以被称作是一种解构。"②瑞安在《马克思主义与解构》中认为,无论在哲学上还是在政治上,解构主义与马克思主义都有正面的可比性,就马克思主义而言,在哲学上,它扬弃了传统的形而上学概念,在政治批判中,它运用了解构分析并以此为武器。

的确,通过对西方哲学史主导性传统的解构,马克思主义扬弃了本义上的形而上学,即以追溯整个世界的基质或"存在之存在"为己任的传统哲学形态,并认为"这种形而上学将永远屈服于现在为思辨本身的活动所完善化并和人

---

① 〔英〕伊格尔顿:《二十世纪西方文学理论》,伍晓明译,陕西师范大学出版社 1986 年版,第185 页。
② 〔法〕德里达:《马克思的幽灵》,第129 页。

道主义相吻合的唯物主义"①。海德格尔正是由此认为，马克思完成了"终结形而上学"的工作，"随着这一已经由卡尔·马克思完成了的对形而上学的颠倒，哲学达到了最极端的可能性。哲学进入其终结阶段了"②。这是其一。

其二，确定了从实践解释观念、语言的原则，并认为"语言是思想的直接现实"，"思想通过词的形式具有自己本身的内容"。换言之，马克思主义在具体的历史的阶级的背景中反思语言被意识形态役使的事实。通过对意识形态的解构，马克思主义揭示了语言的秘密，批判了唯心主义"在字源学中寻找避难所的谬论"③。

其三，通过对资本主义社会"物化"现象和拜物教的解构，马克思主义揭示了商品的秘密，揭示出被物化的自然属性掩蔽着的人的社会属性，以及物与物的关系掩蔽着的人与人的社会关系，从而确立了以重建"个人所有制"和"有个性的个人"为目标的历史境域。

其四，通过对资本主义运行机制的解构，马克思主义揭示了资本主义社会千疮百孔的根源以及社会发展的趋势，并以巨大的超前性预示了当代资本主义"十大溃疡"的病灶。正如丹尼尔·贝尔所说，马克思生活在工业社会，但他对"后工业社会"的某些重要特征作了"准确"的预见。④ 如此等等。

可以说，我们今天仍然处于马克思主义的政治及历史"场域"中，处于马克思主义的"问题域"中。无论这种"场域"是马克思主义创造的，还是那些为对抗马克思主义的理论及社会运动而作出的"回应"构成的。总之，马克思主义远未被这个时代超越，马克思仍然是我们的同时代人，我们的一切思考和行动都不由自主地置身于马克思主义的"问题域"中，"仍旧是在用马克思主义的语码而说话"⑤。在德里达看来，解构主义也不例外，它同样运行在马克思主义的传统之中，并必然挟带着某种马克思主义的精神。

伊格尔顿指出："马克思主义不仅以它的边缘位置吸引着德里达，而且由于替代它的那些政治学说淡而无味，所以对德里达的吸引力就更大了。"⑥伊格

---

① 《马克思恩格斯全集》第 2 卷，第 159—160 页。
② 〔德〕海德格尔：《面向思的事情》，第 59—60 页。
③ 《马克思恩格斯全集》第 3 卷，第 253 页。
④ 〔美〕丹尼尔·贝尔：《后工业社会的来临》，高铦等译，商务印书馆 1984 年版，第 66 页。
⑤ 〔法〕德里达：《马克思的幽灵》，第 79 页。
⑥ 〔英〕伊格尔顿：《历史中的政治、哲学、爱欲》，第 122 页。

尔顿的这一见解是正确的。马克思主义之所以在当代不可超越,德里达之所以"仍旧是在用马克思主义的语码而说话",是因为马克思主义抓住了人类社会的根本,即社会生活在本质上是实践的,并从这一根本出发向人类社会的各个方面、各个层次、各种关系发散出去,形成一个"整体社会的视界";同时,马克思主义关注的问题及其一些以萌芽或胚胎形式存在的观点又契合着当代社会的重大问题。而其他政治学说或社会理论只是从人类社会的某一侧面、某一层次、某种关系出发,并把人类社会归结为这一侧面、这一层次、这种关系,未能从根本上、总体上把握人类社会,因而总是处在不断地一派否定另一派的过程中,如同走马灯一样。

用另一位后现代主义大师杰姆逊(又译詹明信)的话来说就是,马克思主义"是我们当今用以恢复自身与存在关系的认知方式",它提供了"整体社会的视界","让那些互不相容,似乎缺乏通约性的批评方式各就其位,确认它们局部的正当性,它既消化又保留了它们",而"其他批评方法的权威性只是来自它们同某个零碎生活的局部原则,或者同迅速增长的复杂上层建筑的某个亚系统的一致性"①。因此,当代任何一种批判理论都无法避开马克思主义,都不可能对马克思主义视而不见,对于当代批判理论来说,马克思主义是"不可超越的意义视界"。

可以说,解构主义的内在逻辑运动和马克思主义内在的解构功能使二者在当代"不期而遇",促使德里达不仅"反复阅读和讨论马克思","而且是超越学者式的'阅读'和'讨论'",即理论联系实际地"阅读""讨论""清理、批评、靠近"马克思主义,并力图建构一种"解构的马克思主义精神"。

三、德里达"靠近"马克思主义的双重内涵

从总体上看,德里达"靠近"马克思主义具有双重内涵:

一是从解构主义立场出发为马克思主义辩护。在德里达看来,世纪之交的马克思主义受到重大创伤,这是一种以马克思主义的名义所造成的"创伤",因而是一种"内伤"。那么,如何医治这种"创伤""内伤"? 在德里达看来,解构主义是医治这种"创伤""内伤"的有效药方。这是因为,解构本身就是"马

---

① Jameson, *The Political Unconscious*, Cornell University Press, 1981, p.10.

克思主义的记忆和传统"，这种"创伤""内伤""恰恰可以被这一无终结的解构运作所否定，人们力图通过这种运作去缓和它，吸收它，使它内在化和具体化"①。为此，德里达为马克思主义辩护，并在一个已没有激进派选择余地的政治环境中"试图历史地拯救马克思主义的基础"。德里达"本人的思想也是以一种奇特的方式从这一基础发展出来的。这一切把他和马克思主义联系在一起"②。

二是运用马克思主义的策略和方法来旁证解构主义。在《白色的神话》一书中，德里达极为赞赏马克思对以"字源学"解释社会观念的批判，并大段引用《德意志意识形态》的文字来旁证他的隐喻理论；后又求助于马克思主义的实践概念定义文字、书写物等等，"让我们从实践概念入手。为了定义文字、书写物、延异、文本等，我总是坚持'实践'价值。其结果是，'意指实践'的一般理论由此得到说明"③。在德里达看来，解构所做的工作，就像马克思当年用"实践"对意识形态所作的批判一样，也是对意识形态进行消解，以重估广义文本，确定"现实"（包括阶级斗争、生产关系等）的相互联系的新定义。

的确，解构主义和马克思主义在形式上有相似之处，或者说，在某些观点上可以沟通。例如，马克思主义的意识形态概念，就其质疑了意识的自明性而言，恰似解构主义的中心概念延异，而作为辩证法原动力的矛盾概念，就其作为一种强大的异质力量运行而言，预示了延异的策略。瑞安在《马克思主义与解构》一书中认为，马克思的"历史"以其批判性和反意识形态性与德里达的"踪迹"相似。如果说"历史"一语意味着打破自然状态，开始建构和生产，那么，"踪迹"一词意指打破和现实的自然纽带，开始自由游戏过程。斯皮瓦克在《关于阅读马克思的思考：读毕德里达之后》一书中断言，马克思对"货币"的关注犹如德里达对"文字"的热情；货币原是所有权的一种异化，是产品交换的一种补充，但它又反客为主，一跃而成为商品世界的至尊，这极似文字的故事。如此等等。这是德里达等人热衷于进行解构主义和马克思主义"联姻"的理论依据之一。

当然，我注意到，在这一"联姻"过程中，马克思主义的精神已被德里达以

---

① 〔法〕德里达：《马克思的幽灵》，第140页。
② 〔美〕詹明信：《晚期资本主义的文化逻辑》，陈清侨等译，生活·读书·新知三联书店1997年版，第3页。
③ 〔法〕德里达：《一种疯狂守护着思想》，第126页。

解构性的阅读重新书写,马克思主义在这里成为一种解构版本的马克思主义。德里达对马克思主义的拥抱乃是其解构策略的一种运用,其根本意图是为了祛除自由主义的"新国际"话语的"宏伟叙事",在全球化的语境中打入离心化的楔子,或者说"呼吁异质性"。正如伊格尔顿所说:"马克思刚到边缘位置,德里达便想靠近它,这样才更符合他的后结构主义打算。"①

更重要的是,在这种解构主义的阅读模式中,马克思主义的"文本"变得支离破碎,不再具有一以贯之的统一意义了。用德里达的话来说就是,在马克思主义的"文本"中,矛盾和辩证法本身无法避开形而上学的支配,马克思主义一方面打破了唯心主义尤其是黑格尔哲学的传统,另一方面又受着形而上学主题的统辖,"我不相信从马克思主义的观点出发,纯粹的马克思主义文本可以同时将矛盾概念从它的思辨的、合目的的和末世学的视界中游离出来"②。即使德里达最为推崇的马克思主义的批判精神,在他看来,也应与作为本体论、作为辩证唯物主义的马克思主义区别开来,与作为历史唯物主义的马克思主义区别开来,与作为国家机器部分的马克思主义区别开来。

这样一来,作为马克思主义本质的批判精神就被抽象化了,而马克思主义的实践性和阶级性也被磨平了。瑞安在《马克思主义与解构》中指出:"解构理论是对一些主要的哲学概念和实践的哲学质疑。马克思主义恰恰相反,它不是一种哲学。它为革命运动命名",其"理论与实践旨在推翻一个以私有制为基础的社会,代之以一个自由合作的劳动者共享社会财富的社会"③。

瑞安的见解具有合理性。认为马克思主义不是哲学显然是一种奇谈怪论,但实践性和阶级性却是马克思主义的固有属性,而这恰恰是解构主义对传统、权威和现存社会秩序再为猛烈的理论批判也无法替代的。在这一"基本点"上,解构主义与马克思主义"无法联系"。伊格尔顿由此认为,德里达"只想把马克思主义用作一种批判、异见,进行痛斥的方便工具,不太愿意涉及它的肯定性的内容。他想要的其实就是一种没有马克思主义的马克思主义,就是说按他自己的条件舒服地占有了的马克思主义"④。

问题就在于,能否以解构主义阅读模式真正把握马克思主义的精神实质?

---

① 〔英〕伊格尔顿:《历史中的政治、哲学、爱欲》,第120页。
② 〔法〕德里达:《一种疯狂守护着思想》,第117页。
③ Michael Ryan, *Marxism and Deconstruction*, Johns Hopkins University Press, 1982, p.1.
④ 〔英〕伊格尔顿:《历史中的政治、哲学、爱欲》,第124页。

斯皮瓦克曾对以解构主义阅读马克思主义的模式作过解释,即这种阅读模式"可称为对'哲学'文本的一种'文学的'或曰'修辞的'读法","此种阅读之所以是'文学的',纯粹是因为它认识到马克思的思想是在语言中写成"①。这就是说,解构主义阅读模式归根到底是以文字游戏来解读马克思。尽管斯皮瓦克一再声明,解构主义阅读模式旨在揭示马克思如何把纯粹哲学交由实践检验,从而质疑它的"公正"和"高雅",而不是把马克思的著作化解为文字的极端形式,即与外界无关的文本。但是,这种说到底是以文字游戏解读马克思主义的努力,究竟能在多大程度上把握马克思主义的精神,我持一种谨慎的乐观甚至是怀疑的态度。

总之,对解构主义大师德里达的作品,我们切不可相信其意义会在"白纸黑字"里纯粹、单一地显示。能指和所指的分离、一系列的能指、意义在无限的延异中延宕——这些都是我们在阅读德里达的文字时必要的思想准备。与其轻易地谈论德里达的思想转向,不如谈论其话语转向,谈论其"能指"的转向,因为后结构主义不关心"所指",而只关心"能指链"的无限延伸。但无论如何,德里达的断言引人注目:"不去阅读且反复阅读和讨论马克思——可以说也包括其他一些人——而且是超越学者式的'阅读'和'讨论',将永远都是一个错误,而且越来越成为一个错误,一个理论的、哲学的和政治的责任方面的错误。"②

四、简短的结语

在结束语中,我们不想对以上论述作一简单的概括,而是准备从"话语实践"的角度简要地论述《马克思的幽灵》对我们的启示。

福柯曾从"话语实践"的角度,提出 19 世纪出现了一类可称之为"话语实践的创始人"的作者,他们不只是他们自己著作的作者,而且创造出其他文本的可能性与规则。弗洛伊德和马克思就属于这样的"话语实践的创始人"③,

---

① Attridge, et al, *Post-Structuralism and the Question of History*, Cambridge University Press, 1989, p.30.
② 〔法〕德里达:《马克思的幽灵》,第 21 页。
③ 〔法〕福柯:《什么是作者?》,载王岳川等:《后现代主义文化与美学》,北京大学出版社1992 年版,第 299 页。

他们不仅造成了以后的文本能够采用的相似性因素,而且为一些差异打开了闸门,为引进一些异质因素开辟了空间。在福柯看来,一种话语实践的创始与其后生成的转换是不同构的,扩展话语的类型并不是给予它一种在开始时并不具备的普遍性,而是打通某些潜在的应用道路。在这个转换过程中,人们没有必要宣告这些创始人著作中的某些命题是错误的,所谓的"错误"或者是创始人著作中无关紧要的陈述,或者是前科学的或意识形态的因素。只有这样,我们才能理解在这些话语领域里"返回始源"的不可避免的必然性。

实际上,作为话语领域本身一部分的这种重返从未停止过。这种重返不是增加话语,也不是装饰的一种历史补充,相反,它承担了一种变革话语实践本身的必要使命。在此意义上,我们可以说,马克思关于现实社会的整体叙事本身包含了内在的张力,正是这种张力使得马克思的"文本"为后人留下了巨大的可以发挥的理论空间。在对马克思"文本"的解读中,致力于寻找其中所谓的不合时宜之处是没有意义的,因为马克思毕竟是生活在 19 世纪的思想家。之所以需要不断重读马克思,是因为马克思的"文本"本身业已积淀为历史、文化的一部分,积淀为时代精神的一部分,由此,不断地重读马克思就是不断地回返历史,不断地反省当下的现实,从而也就是不断地与历史对话,与现实交流。

《马克思的幽灵》对马克思的"文本"的解读,可谓是福柯这种"作者理论"的实践。德里达认为,不要按照在"文本"表层之下寻求终极所指的释义方法来解读马克思的文本,解读就是变形;如果遗产的可阅读性是给定的、自然的、透明的、单义的,如果这种可阅读性既不要求同时也不对抗解释,那我们就没有什么可以从中继承的东西了;体系的缺乏在这里并不是一个缺点,相反,异质性为理解打开了前景,它任由自己被那展开、到来或即将到来——特别是来自他人——的东西的碎片打开。哥德尔不完全定理表明,在任何一个包括初等数论的形式系统中,不可能同时既是无矛盾的又是完备的,无矛盾必然不完备,完备必然有矛盾。简单的包括形式算术系统是如此,高级的思维系统更是如此。

我不能完全认同德里达对马克思主义的这种解构式阅读,但是,我们又不应简单拒斥这种解构式的阅读。德里达对马克思主义中某些成分的强调,意在对作为整体的马克思的"文本"进行拆解,使其呈现内在的对抗性和自我消解性。因此,在后现代语境中,马克思的"文本"变得支离破碎,不再具有一以贯之的统一意义。这是问题的一方面。另一方面,这种"支离破碎"既标志了既有的马克思主义阐释模式面临危机的症候,也同时孕育了克服危机的萌芽。由此,正是在这种"支离破碎"中,马克思的"文本"重新获得鲜活的生命力。

德里达在马克思主义与后资本主义、马克思主义与后结构主义之间所作的互文性解读,至少给我们以下启示:

第一,文本内在的差异及异质性并不一定是灾难,相反,它可能为文本打开新的、无穷无尽的意义源泉,为对文本的新的阐释提供诸多维度的可能。

第二,致力于构造完整的体系可能已不合时宜,在后现代知识状态中,面对不同的历史情势,可能产生不同版本的马克思主义,每一种版本都是值得考虑的,而且并不存在纯粹的"原版"或者说"底版"。由此,教条主义和本本主义就不再有存身之地。

第三,毫无疑问,我们应在坚持马克思主义的基本观点、立场和方法的前提下谈论马克思主义的当代发展,但是,马克思"文本"的意义并非确定不变的东西,并非一经发现便可无限期地运用的东西,我们应随着时代的变换,不断地体认马克思"文本"的时代精神。正如瑞安在《马克思主义与解构》中所说:"历史是不确定性的另一个名称,永远向发展新理论体系的可能性敞开着。如果马克思主义是一门科学,那么,它便是一门历史科学。从它公理确立的那一刻起便开放自身,从而在历史运动中发展自身;它的公理总是即时的,因为历史是一个变化、修正和发展的领域,它的目的是开放。"①

---

① Michael Ryan, *Marxism and Deconstruction*, p.2.

后现代主义：背景、实质和意义

——从马克思哲学的观点看

作为一种对现代化负面效应的批判，后现代主义在西方已从一个"幽灵"转变为一个"家喻户晓的用语"，成为当代西方具有重大影响的文化思潮。20 世纪 80 年代后期以来，随着中国现代化运动的不断拓展和深化，后现代主义犹如一股狂泻的浪潮涌入中国，猛烈地冲击着中国思想文化界，并在中国社会迅速弥漫播撒，以至于谈论"后现代"成为新的精英文化与民间意识形态的标志。就学术界而言，大多以为后现代主义是继现代主义之后的一个新的历史时期，有的学者甚至声称，"中国也出现了后现代主义"。这是一种误解和误判。"后现代主义文学是不能摹仿的，它属于一个特殊的、复杂的传统。"①实际上，整个后现代主义都是"不能摹仿的"。"后现代主义并不是我们可以一劳永逸地解决，然后就心安理得地加以运用的东西。这个概念，如果确有这个概念的话，那它也应该出现在我们的讨论之后，而不是在讨论之前。"②杰姆逊的这一论述颇有见地，对我们理解后现代主义具有重要的启示。在我看来，后现代主义在西方首先是作为课题或问题而

---

① 〔荷〕佛克马等：《走向后现代主义》，王宁等译，北京大学出版社 1991 年版，第 2 页。
② Fredric Jameson, *Postmodernism*, *Or*, *The Cultural Logic of Late Capitalism*, Duke University Press, 1991, p.xxii.

存在的,后现代主义思想家们提出了种种不同的认识框架,这些框架都是基于"谬误推理"的原则而提出,并表现出一种强烈的问题意识。更重要的是,后现代主义思想家们对自己的问题意识仍然有一种问题意识。因此,置身于当代中国文化的背景之中,对后现代主义进行引介和研究,首先也应具有充分的问题意识,即把后现代主义文化思潮作为一个问题来看待,而不是作为既定的理论成果来接受或否定。只有这样,我们才能比较公允地把握后现代主义的理论意义,"知道西方世界的重大发展",从而"促使我们去思考"①。

一、众说纷纭的后现代话语

研究后现代主义首先碰到这样一个问题,即是否存在统一的后现代话语,或者说,一种统一的后现代话语是否可能。由于"主义"一词在汉语中意味着一套系统的社会文化理论,所以国内学术界在探讨后现代主义时,总是力图从某种视角或层面入手,形成界定明确的后现代主义概念。

问题在于,后现代主义不同于存在主义、实用主义、结构主义等思想流派,它没有思想领袖,没有统一主张,甚至没有同一脉络。因此,界定明确的后现代主义并不存在。我们宁愿把后现代主义看作是一场围绕着某些术语、话题和观点而展开的争论。

在这个意义上,所谓后现代主义也就是众说纷纭的后现代话语。从总体上看,后现代主义重在"向同一性开战",向一切"宏伟叙事"开战,它推崇异质成分,拒斥本质主义和基础主义。因此,一种统一的后现代话语并不存在,换言之,一种趋向统一的话语不能被称为后现代话语。

后现代主义或后现代话语的兴起,源于20世纪50年代以来西方思想家们对发达资本主义社会及其文化状况的不同体认。20世纪50年代以来,西方社会及其文化领域出现了许多引人注目的新现象,这些现象传统概念无法涵盖,现代观念也无法解释。哈桑由此认为,这是一种需要区别于现代主义的现象,可用"后现代"来命名这种现象。

的确如此,德里达、利奥塔、拉康等人都注意到这种需要区别于现代主义的现象,并对此展开种种不同的探讨。尽管这些哲学家、史学家、文艺理论家

① 〔荷〕佛克马等:《走向后现代主义》,第2页。

的探讨尚未能形成一种运动、范式或流派,却呼唤出一些相应的文化潮流以及知识态度和生活态度。在哈桑看来,可以用"后现代主义"来称谓这些文化潮流和人生态度,并认为"后现代主义是对于现代主义在其预示性时刻直接或间接瞥见到的难以想象之物所作出的一种反应"①,其典型特征就是不确定性和内在性。哈桑发人深思地追问:后现代主义是文学思想中的描述性范畴,还是评价性范畴;是一种艺术倾向,还是一种社会现象乃至西方人文主义的一种变化? 显然,在哈桑的理论视野中,后现代主义首先是作为问题或者说课题而存在的。

杰姆逊从西方马克思主义的理论立场出发,坚持认为所有文化分析总是包含着一种被掩盖或被压抑的历史分期理论,后现代主义与晚期资本主义密切相关。按照杰姆逊的观点,晚期资本主义属于"后工业社会",在这里,"现代化已大功告成,'自然'已一去不复返地消失。整个世界不同于以往,成为一个完全人文化了的世界,'文化'成为一个实实在在的'第二自然'"②。如果说"现代",即前期资本主义重在征服自然,那么,"后现代",即晚期资本主义则重在文化层面乃至"无意识"层面的扩张。

据此,杰姆逊将后现代主义规定为"晚期资本主义的文化逻辑",并认为市场资本主义产生了现实主义,垄断资本主义产生了现代主义,而晚期资本主义产生的则是后现代主义,其表征是深度模式削平,历史意识泯灭,主体性丧失以及距离感消失,等等。一句话,后现代主义就是对发展到"晚期"的资本主义文化的一种研究。

可以看出,杰姆逊所谓的后现代主义是一个文化的历史分期概念,是一个描述性范畴,而且杰姆逊是把后现代主义作为一个文化主因而非风格来把握的。在他看来,"文化主因的概念允许一系列截然不同,但又是从属性的特征的存在和共存"③。换言之,后现代主义作为晚期资本主义文化的主导逻辑,并不完全排除现实主义、现代主义等异质成分的存在。

利奥塔用"后现代"一词表述发达资本主义社会中的知识状态,并将它定义为"针对元叙事的怀疑态度"④。所谓元叙事,是指黑格尔式的思想传

---

① Ihab Hassan, *The Postmodern Turn*, The Ohio State University Press, 1987, p.39.
② Fredric Jameson, *Postmodernism*, *Or*, *The Cultural Logic of Late Capitalism*, p.9.
③ 王岳川等:《后现代主义文化与美学》,第 76 页。
④ 王岳川等:《后现代主义文化与美学》,第 26 页。

统——"纯思辨理论叙事"和法国大革命代表的思想传统——"自由解放叙事"，前者注重同一性、整体性价值的思维模式，后者注重人文独立解放的思维模式，二者联合起来，共同为制度化的科学研究辩护，为追求真理和正义辩护。但始料未及，辩护的结果与元叙事的初衷构成绝妙的讽刺：人的主体性急剧膨胀，个体的人却被消解了；科学突飞猛进，人文世界却趋向僵化窒息。

利奥塔因此认为，后现代主义致力于同一性或统一性的消解，以增强我们对于差异的敏感，促成我们对不可通约事物的宽容能力；后现代知识的原则不是专家的同一推理，而是发明家的谬误推理。显然，利奥塔所谓的后现代是一种非同一性的精神，一套蔑视限制、专事反叛的价值模式，是一个分析性和评价性范畴。

可以看出，在众说纷纭的后现代话语中，后现代或后现代主义一词具有以下特征：一是作为描述性范畴，用以指称西方社会及其文化领域出现的新现象；二是作为评价性范畴，用以分析和考察这些新现象；三是作为评价的结果，可以从中归纳、概括出一些新的认识视角、思路、方法等。这表明，尽管当代西方思想家们心目中的后现代主义各不相同，但他们又都承认晚期资本主义社会出现了一些新的文化现象或呈现出新的知识状态，即使是对后现代主义持果断拒斥态度的哈贝马斯，也不否认当代西方社会所出现的种种新特点。

正是围绕着这些新现象、新状态和新特点的探讨，后现代话语应运而生。新解释学、解构主义、新实用主义、西方马克思主义、女权主义等思想流派围绕后现代主义展开了种种论争，构成扑朔迷离的后现代文化景观。这些流派的观点互相掺杂抑或互相对立，彼此间的论争也就相互启发，充满旨趣，从而使后现代话语不断积累、不断增殖，最终从狭窄的文学围墙中走出来，成为一种广泛的文化思潮，并向全世界蔓延，作为一个世界性的话题。

我之所以把后现代主义作为一种话语来把握，还有一个重要原因，即后现代主义或者说后现代不是传统认识论意义上的概念，而是一个当代解释学的概念。当代解释学认为，没有什么是最终需要解释的东西，解释是无限的，因为作为被解释物的符号不是消极地等待解释，它本身就是对其他符号的解释；对解释本身的解释由此陷入一种循环，即解释不是由所指之物造成的，而是由解释者的功能造成的。这样，当代解释学就否认了传统的认识论及其所谓的"深层意义"或"真理"。

后现代主义这一术语就是作为一种解释预设或者说解释框架提出的，它所面对的是一个文本世界、语言世界、知识世界，它所探讨的不是客观世界的问题，而是迄今为止通过语言建构起来的整个人类知识的合理性问题。因此，后现代话语中的"后现代社会"并不是指当代发达的资本主义社会，充其量只是指该社会中的知识状态。对于当代发达的资本主义社会，后现代思想家们一般将之称为后工业社会、信息社会、晚期资本主义、消费社会、传媒社会等。

一般说来，后现代主义拒绝把自己看作是当代发达资本主义社会状况的文化反映，相反，它把自己看作是对既有文化传统的梳理和建构。"传统形式的历史，承担起'记忆'往昔丰碑的过程，将它们转变为文献"，"而在我们这个时代，历史则成了把文献变为丰碑的东西"①。这就是说，"现代"主要是认识世界，获得知识的过程，是形成文献和话语的过程，而"后现代"，即"我们这个时代"则主要是对已有的文献和话语重新进行审视的过程。

这就是说，后现代主义不过是对西方文化的一次重新审视、重新构想、重新整合和重新改写，是一种话语的"解码"和"再编码"活动。利奥塔就是这样做的。他的《后现代状况》一书探讨的就是迄今为止的"知识"状况。如果说从"自然"到"文化"这样一个建构过程是"现代"，那么，从已有的"文化"到"文化的重构"则构成了"后现代"。

我注意到，后现代主义所关注的主要是观念层面、意识层面的东西，所以，后现代话语信奉"语言游戏论"，即认为语言符号不是实在意义的替代物，语言意义取决于符号之间的差异，而不是取决于它对外部世界的再现和表征。然而，这只是后现代主义的"自我感觉"。实际上，任何一种文化思潮，不管它具有什么样的"个性"，它的形成都和它所处的时代相联系，从根本上说，都是一定时代的产物。法国启蒙思潮明快泼辣的"个性"，德国古典哲学艰涩隐晦的特征，离开它们各自的时代是无法理解的。后现代主义也是如此。

在我看来，后现代主义绝不是空穴来风，对它的认识和分析仅仅通过"语言游戏"是无法达成的。作为一种话语，后现代主义无疑是通过各种理论思潮的交锋以及对人文传统的解读逐步展开的，但后现代主义或者说后现代话语的崛起，毕竟是在一定的历史基地上发生的。因此，只有把整个后现代主义文化论争置放在特定的时代背景中，才能得到较为明确的阐释和把握。

----

① Michel Foucault, *The Archaeology of Knowledge and the Discourse on Language*, Pantheon, 1972, p.7.

后现代主义的兴起在其现实性上有两大根源：一是两次世界大战的爆发，二是科技领域所发生的巨大变革。如果说前者使西方社会对理性观念、人的自我控制、社会进步等信念发生怀疑，那么，后者则使西方社会对由于知识增长而造成的人与世界的分裂、人的萎缩乃至分裂产生迷茫和恐惧。一句话，资本主义进入"晚期"之后处于破碎分裂、"礼崩乐坏"之中。无论对其进行维护也好，批评也罢，资本主义犹如一列急驰的火车，一如既往，按照既定的轨道行驶下去。

这表明，在现代化的过程中，资本主义不仅"合法化"了，而且被定于一尊，变成"铁板一块"，"忘记如何进行历史性思考"，即忘记了资本主义自身的历史性，从而成为一种专制性的权威。于是，在"后现代"问题上，当代西方的思想家们又一次聚集起来，为日渐病入膏肓的资本主义社会"急诊"，并再一次开出药方——"向同一性开战"。因此，杰姆逊指出："最稳妥地把握后现代主义这一概念的办法，就是把它看作是在一个已经在忘记如何进行历史性思考的时代里去历史地思考现实的一种努力。"①

二、重释现代性：后现代主义的实质

美国后现代主义者格里芬指出："如果说后现代主义这一词汇在使用时可以从不同方面找到共同之处的话，那就是，它指的是一种广泛的情绪而不是任何共同的教条——即一种认为人类可以而且必须超越现代的情绪。"②这种"超越现代的情绪"就是后现代话语中的后现代性。后现代性是相对于现代性而言的，因此，对后现代性的阐释和对现代性的梳理同步发生，同时运作。从后现代主义的产生和发展的过程看，后现代话语正是通过对现代主义、现代性以及系统哲学的"解构"，展现了后现代主义、后现代性以及启迪哲学的基本脉络。在我看来，这种解构也就是一种重新释义。

所谓解构，是德里达所运用的特有的书写风格，它旨在以文字学瓦解语音写作，以修辞抵制逻辑，从而摧毁文本的意义（在场），抹去原有的规范，重写新的文字。尽管德里达的解构哲学自成一家，然而，解构作为一种旨趣却为整个

① Fredric Jameson, *Postmodernism*, *Or*, *The Cultural Logic of Late Capitalism*, p.ix.
② 〔美〕格里芬：《后现代科学——科学魅力的再现》，马季方译，中央编译出版社1995年版，第17页。

后现代话语所拥有,我们也只有借助于对解构旨趣的把握,才能比较顺畅地进入后现代话语。

德里达强调,解构当然不是确定性的,但它却是肯定性的,甚至首先是肯定性的运动,那种认为解构就是否定的看法,其实是一种形而上学的重新铭写;解构不是拆毁或破坏,不是简单地对体系论结构的分解。在德里达看来,解构在根本上是对于存在的一种思考,是对于形而上学的一种思考。因此,德里达所说的解构不仅涉及这种或那种建构活动,而且涉及系统体系说的主题,涉及根基问题、根基与构成根基的事物之间关系问题、结构关系问题以及整个哲学结构的问题。解构无疑与系统有关,但这并不意味着解构摧毁了系统,而是它敞开了排列或集合的可能性。在这个意义上,可以说解构是对系统的一种反应,即对系统的关闭和开放的一种反应。

把握了德里达的解构旨趣,我们才能理解,解构不同于批评。如果说批评通常总是由主体指向外物的,解构则是主体的一种自我反思,自我清理。因此,对现代性的解构,不是置身于现代性之外对它展开批评,而是置身于现代性的历史行程之中,对其进行梳理,从而重新"释义"和"赋义"。

"现代"作为一个历史分期概念而运作始于 17 世纪。法国启蒙主义从历史分期的角度提出"现代"这一概念,以和古典时代相区别。在法国启蒙主义的理论视野中,"现代"这一概念内蕴着进步,而进步则意味着理性、秩序、自由。从历史上看,现代建立起来的关于理性、自由、进步的宏伟叙事与席卷西方的工业革命、科技革命以及翻天覆地的社会变革是同步进行的,尽管不能把现代性或现代化等同于资本主义,但毫无疑问,现代性正是在资本主义时代才得到充分的展现和演绎。因此,表征历史分期的"现代"概念与资本主义历史进程是相促并生的。正是在这个意义上,利奥塔认为,资本主义是现代性的名称之一。

在我看来,后现代话语中的现代性就是指这种关于现代的观念。换言之,后现代话语中的现代性包括文艺作品对意图、设计、等级、大师法则等神圣、鲜明和形式主义特征的偏执,包括哲学家对大写的哲学、绝对真理、基础主义、本质主义等宏伟叙事的热衷,包括政治家对自由主体、历史线性进步论、自由民主主义法则的迷恋,等等。可以看出,现代性作为一种理念,贯穿于西方社会的一切价值领域、精神领域、意义领域,堪称"主流意识形态"。

后现代主义思想家们在建构"现代"概念谱系的过程中,探讨了现代/后现代、现代性/后现代性、现代主义/后现代主义相反相成、相辅相成的概念分野的实质。通过对他们探讨的考察，可以看出，重释现代性是一个错综复杂的思想历险过程。

哈桑在谈到后现代主义的不确定性、零乱性、无深度性、非原则性等特征时指出，这些特征能否用来区分后现代主义与现代主义还值得怀疑，因为后者作为一种强烈的遁词一直保留在西方的文学史中，而后现代主义本身就是一个存在争议的概念和选言逻辑范畴，它受此现象自身的能量与批评家们不断变化的理解双重限定。

这里，哈桑或隐或显地透露出这样一种态度，即现代主义是不确定的，后现代主义当然也无法确定。在哈桑看来，现代主义与后现代主义之间并不存在一道不可逾越的"铁障"或"长城"，因为"历史是可以抹去旧迹另写新字的羊皮纸，而文化则渗透着过去、现在和未来"①。这就是说，后现代主义从现代主义派生而来，是与现代主义并蒂共生的统一体。"历史是可以抹去旧迹另写新字的羊皮纸"给我们的启示就在于，"现代"与"后现代"并不具有一种本质的差别，而是"可以擦掉重写"的一种建构，它取决于阐释者的理论视角。

如果说哈桑对于如何界定后现代主义疑虑重重，那么，利奥塔则明确地返回到现代主义潮流中去把握后现代主义。按照利奥塔的观点，后现代无疑是现代的一部分，一部作品只有首先是现代的才能是后现代的。这是因为，"后现代"就是把那些在"现代"中无法表现的东西设法加以表现，使之以一种"无形"转变为"有形"。质言之，后现代应该按照"未来的（后）过去（现代）"这一悖论去理解。

这样理解之后，后现代主义就不是穷途末路的现代主义，而是现代主义的新生状态，而且这种状态一再出现。据此，利奥塔强调，后现代并不意指一个新的时代，而是对现代性一些特征的"重写"，首先是对现代性将其合法性建立在通过科学和技术解放人类的事业之上的宣言的重写，而且这种重写在现代性本身中已经进行很长时间了。从根本上说，利奥塔之所以坚持后现代永远被包含在现代之中，就是因为他通过对现代性的历史审察认识到：现代性本身包含着一种超越自身，达成一种不同于自身的冲动；现代性不仅以这种方式超

---

① 王岳川等：《后现代主义文化与美学》，第113页。

越自身,而且要将自我融入一种终极的稳定状态。所以,现代性在本质上不断地孕育着后现代性。

当利奥塔致力于重写"现代性"时,哈贝马斯则希望"重振现代性"。哈贝马斯看到了西方现代文化面临的危机,但他并不认为率领整个西方文明进入现代社会的现代性大潮——启蒙、理性、正义、主体性等会就此枯竭。通过对黑格尔以来的后现代思潮对现代性进攻历程的探讨,哈贝马斯揭示出后现代思潮的核心就是对主体性、总体性、同一性、本源性、语言深层结构性所进行的全面颠覆,而代之以非中心、非主体、非整体、非本质、非本源,并坚持认为,后现代性是不可能的,因为在西方社会,主体性尚未充分发展,现代性的启蒙理想尚未实现,使命尚未完成,生命远未终结。由此,哈贝马斯的选择是,固守启蒙理想,纠正其设计的错误和实践的偏差,建立新的理性图式——交往理性。

显然,哈贝马斯是为了坚持、修正从而弘扬启蒙主义理想,即启蒙主义"关于现代的构想"来探讨"现代性"的,这一点与利奥塔不同。然而,哈贝马斯对现代性的界定在本质上又与利奥塔出于同一个理论视角。在利奥塔的视野中,"现代性"是指一个社会中的知识话语活动可以参照某种宏大叙述,建构起自圆其说的一套游戏规则,从而使这种知识话语具有合理性;按照哈贝马斯的观点,"现代性"就是"不再从模仿其他时代标准的过程中寻找自己前进的方向;它只需要自己创造出所需要的规范。现代性就是保证自己得到完完整整,不多不少的复制"①。这就是说,现代社会就是自己给自己确定原则,而不需要仰仗任何外在的权威叙事来为自己的存在取得合理性或合法化。可见,哈贝马斯的"重振现代性"与利奥塔的"重写现代性"在认识角度上没有本质区别。

在明确了后现代主义旨在解构现代性,而所谓后现代性就是对于现代性的解构,以及哈贝马斯与利奥塔各自所理解的"现代性"之后,利奥塔"重写现代性"的努力与哈贝马斯"重振现代性"的信念之间的对立,就没有根本性的或者说基础性的意义了。前者是为了追求一种"无政府主义"的知识生活,而不惜放弃现代性关于自由解放的元叙事,后者为了避免"无政府主义"的社会生活,尽管知道启蒙思想存在着许多问题,但仍然不肯放弃;前者为了避免说出另一种元叙事,宁肯不去分辨正确的共识与错误的共识,后者则为了区别理论与意识形态,坚持维护一种理性的标准;前者反对把后现代与现代相割裂,是

---

① Jürgen Habermas, *The Philosophical Discourse of Modernity*, MIT Press, 1987, p.7.

为了反思现代性的前提条件,后者反对把后现代与现代相对立,则是为了强调现代性的生命远未终结,如此等等。

在我看来,利奥塔和哈贝马斯都是从事现代性的解构工作,只不过彼此的出发点、立足点、关注点不同:前者试图改旗易帜,后者则坚执现代性的大旗;前者立足于一种"道德叙事",后者则立足于一种"历史叙事";前者关注知识状况,后者则关注社会生活,从而在现代性的解构过程中所获得的认识不同。更重要的是,利奥塔与哈贝马斯二人都认为,后现代是置身于现代之中运作的。所以,利奥塔与哈贝马斯之间的论战,以及20世纪70年代以来欧美学术界的"后现代主义论战"首要的意义就在于一种话语建构。正是在这种后现代话语的建构中,现代话语也同时得以积累和增殖。

罗蒂的"后哲学文化"构想的意义也正在于此。罗蒂把哲学分为系统哲学和启迪哲学,认为伟大的系统哲学家是为了千秋万代而营建,伟大的启迪哲学家则是为他们自身的时代而拆解,启迪哲学家永远也不能使哲学终结,但他们能有助于防止哲学走上僵化之路。所以,系统哲学的特点是抱持中心性、同一性原则,重正常话语,重营构,重哲学的认知性,而启迪哲学的特点是坚持差异性、相对性原则,重反常话语,重解构,重启迪过程。① 在罗蒂看来,反常话语永远依托于正常话语之上,解释学的可能性永远依托于认识论的可能性,而且启迪工作永远使用着当前文化提供的材料。

罗蒂的思想明确表现出后现代话语的解构逻辑:后现代主义不是要否定现代性,而是用其内在的某些设想来与它争辩;后现代主义产生于它企图颠覆的完整系统之中,它并不能被视为一种新的样板;尽管后现代主义对现代主义提出了严肃的挑战,但它并没有替代现代主义。这就是说,后现代主义的意义并不在于它与现代主义的对立,而是在于它反映了现代主义的内在悖论。正如德里达所表明的:"作为一种话语,解构总是一种关于寄生物的话语。"② 这就是说,后现代话语是在现代性或现代化的基地上展开的,假若丧失或遗忘了这个基地,后现代主义就真的成为无家可归的"幽灵了",后现代话语则将彻底地沦为没有任何指涉性的"喃喃自语"。

在较为充分地理解了后现代话语旨在解构现代性的内涵之后,我认为,那

---

① 参见〔美〕罗蒂:《哲学和自然之镜》,李幼蒸译,生活·读书·新知三联书店1987年版,第319—324页。
② 〔法〕德里达:《一种疯狂守护着思想》,第183页。

种把后现代主义区分为破坏性的后现代主义和建设性的后现代主义或消极的后现代主义和积极的后现代主义的观点是没有道理的。例如,德里达、福柯往往被看作是破坏性的后现代主义代表人物,实际上,德里达对现代主义进行解构并不是为了封闭其自身意象,而是为了使其开放,将其重写,福柯所做的工作只不过是追踪现代性作为问题的谱系,他们与所谓建设性的后现代主义者罗蒂并没有原则上的不同。依据利奥塔关于后现代主义旨在"重写"现代性的观点,可以说,德里达和福柯把自己的工作中心放在"重"上,致力于思考"重"何以可能,亦即"重写"的前提条件和可能性问题,而罗蒂则把关注的眼光集中在"写"上,比较多地思考"写"的具体运作,亦即"重写"的策略和机制等问题。显然,德里达、福柯与罗蒂之间并不存在"破坏性"和"建设性"的区别,而只是在将"破坏性"推及何种程度开始回头"建设"这一问题上有着不同意见罢了。后现代主义是一个充满矛盾的现象,其中运用和滥用同在,建设和颠覆并存。

从根本上说,后现代主义不再假定有一个绝对支点可以使真理和秩序合法化,不再相信所谓先验的权威叙事,也不再相信所谓天生的等级制度,而是认为我们所拥有的只是我们自己所构成的东西,一切事物都是由对话而沟通,一切意义都是由解释而生成,一切认识都不是从先验设定的框架出发,而是从具体的现实生活出发,并在具体的生活实践中演绎理论。

三、一种知识态度和边缘话语

鉴于后现代话语扑朔迷离、错综复杂,鉴于后现代主义思想家们对语言表征危机的体认,对后现代主义的研究,与其说是寻求后现代主义文化思潮的思想宗旨,不如说是为了把握其理论意义。置身于当代中国的文化背景之中,我对后现代主义的全部思考,实质上都牵涉到一个更为现实、更为基础性的问题,即后现代主义与当代中国文化的关系问题。

关于后现代主义的理论意义,首先应当注意,后现代是一种知识态度。

现代性基于一种全新的历史分期,充分确立了对抽象的人的主体性的自信,最终构造出关于理性、秩序、线性进步史观的神话。这种神话曾经为西方社会的现代化进程提供了内在的思想动力,并使现代化进程中所付出的人、社会、环境的种种代价披上了合理性的面纱,从而使得人们可以对灾难和痛苦欣然接受。后现代主义对现代性神话提出的质疑,无疑有助于人们对现代社会的反思。

问题在于,后现代主义在解构现代性神话的同时,是否又建构了后现代神话?后现代思想家们倡导反本质主义、反基础主义、反表象主义,是否把本质、基础、表象都连根拔起?后现代主义对相对、多元、差异、不确定性的崇尚,是否注定要滑入虚无主义、相对主义和无政府主义的泥潭?这里,霍伊和罗蒂的论述对我们颇有启示。

霍伊认为:"福柯和伽达默尔都没有一般地反对真理概念和自由概念,他们感兴趣的只不过是这些有待丰富的概念在实践中是如何具体地被解释的。"①罗蒂指出:"指责后现代主义是相对主义也就是硬说后现代主义持一种元叙说。"②在我看来,与其说后现代主义倡导反理性,不如说它是在强调绝对理性的霸权和虚妄;与其说后现代主义倡导反人道主义,不如说它在强调人道主义的内在虚弱和暂时性;与其说后现代主义彻底怀疑历史的进步性,不如说它只是想表明关于历史进步的信念往往使人耽于迷信和缺乏警惕。

实际上,后现代主义无非是要澄清,没有什么东西能为人类幸福和社会发展提供绝对保证,上帝根本就不存在,人性也是虚构的。所以,从根本上说,后现代主义是一种知识态度,它与具体的选择、建设或破坏指向无关。

我注意到,在质疑和解构现代性神话时,必须避免建构新的"宏伟叙事",即后现代性神话。所谓后现代并不表征一个新的历史分期,而只不过是提出了一种新的知识态度,而且这种知识态度并非现时代唯一值得尊重和赞赏的知识态度。霍伊的意见值得我们考虑,他认为,同一个人、同一种纪律或设置在某些方面可以是传统的,在某些方面可以是现代的,在某些方面则可以是后现代的。哈桑甚至提出:"我们都同时可以是维多利亚人、现代人和后现代人。"③

作为一种知识态度,后现代主义是对现代主义的划界,它运作于现代主义的"局限处",有其特定的针对性,即旨在消解"绝对基础""纯粹理性""大写的哲学"等超稳定结构。这种知识态度是对继马克思、尼采以来的拒斥柏拉图主义思想路线的弘扬和细化。为了避免在拒斥柏拉图主义的最终仍然陷入基础主义和本质主义的困境,后现代主义思想家们提出种种不同的设想,寻求种种

---

① Darid Couzens Hoy and Thomas McCarthy, in *Critical Theory*, Blackwell, 1944, p.70.
② 〔美〕罗蒂:《后哲学文化》,黄勇编译,上海译文出版社 1992 年版,第 202 页。
③ 王岳川等编:《后现代主义文化与美学》,第 113 页。

不同的道路,他们无意建构新的神话,正如德里达所说,解构"是一种以'超级寄生物'的逻辑为基础的话语"。

实际上,后现代知识态度也是如此。后现代知识态度的意义只有基于现代性的时代背景才能得到澄清,假若置这种时代背景于不顾,孤立地强调所谓后现代的知识态度,就只能使它再度沦为"现代"的知识态度。

后现代主义的理论意义不仅体现为后现代是一种知识态度,而且体现为,后现代是一种边缘话语。

所谓边缘话语,是相对于中心话语或主流意识形态而言的。在社会的知识运作机制中,边缘话语始终不断地侵消、冲击中心话语的领域,对它构成威胁,但也仅仅是构成威胁而已。我不能同意这样一种观点,即"后现代主义的兴起"标志着西方世界正处于人类文明的转折点上,长期处于霸主地位的西方文化逐渐暴露出其内在的文明综合症,人类文明的前景有赖于东方文化包括中国传统文化的弘扬。这种观点看到了某些合理的事实,但又把这种合理的事实溶解于不合理的理解之中。

无疑,依据后现代主义的话语逻辑,东方文化属于"他者"话语,是长期以来被遗忘、被搁置的声音,相对于西方文化而言,是"小型叙事"。因此,后现代主义难免对东方"宽宏大量",发出种种溢美之词。但是,作为一种边缘话语,后现代主义反对一切"宏伟叙事",它无意在排斥一种中心意识的同时,确立新的中心意识。

在我看来,后现代主义的启示性在于,我们应详细审视中国的传统文化,看看其中有哪些声音长期以来受到抑制,有哪些现象障而不显,有哪些叙事受到曲解,从而在某种程度上"重写"中国文化,或者说,立足于中国传统文化的"文本",立足于中国文化现代化历史进程的"文本",阐明属于中国文化的"问题"意识,从而推进中国文化观念的革故鼎新,以"重整河山"。

我也不能同意这样一种观点,即尽管在中国尚未形成后现代主义大潮,但它对现存文化已形成挑战。这种观点在学理上有许多误解。后现代主义即使在西方社会,也始终是处于边缘状态,而且是相当自觉地处于边缘状态,它不断向主流文化发起冲击,也或多或少具有挑战性,但始终秉持的是一种"寄生物逻辑"。依据佛克马的说法,后现代主义文学是不能模仿的,它属于一个特殊的、复杂的传统。实际上,后现代主义文化也是如此。如果说后现代主义对当代中国文化可能形成挑战,那也只能是由于后现代主义的启示性影响,使中国传统文化中某些被抑制的内在设想被重新唤醒,并与当前的主流文化或者说主流意识形态发生争辩。

当然,中国目前出现了所谓的"后现代姿态",一些人在用调侃的态度消解某些不合理、虚伪、可笑的东西的同时,对历史、社会、政治也采取轻佻的、不负责任的态度。作为民间意识形态中的一股潜流,这种"后现代姿态"在诗歌、绘画、小说及生活方式上都有诸多表现。但是,即使承认后现代主义文化思潮助长了中国社会的"后现代姿态",我也只能认为,这种现象乃是缘于对后现代主义的误解和滥用,因为问题的关键在于,当代中国的社会生活本身可能出现了某种需求,而后现代主义或多或少地迎合了这种需求。

中国的现代性事业正在迅速推进,作为现代化事业核心的现代性也在充分展开。"现代性"作为一种主流意识形态或中心文化无疑是必要的,但也应对其抱持审视乃至警惕的态度。"后现代状态"正是这种态度的消极表现,而且这种消极表现随着中国现代化事业的充分深入,将会愈益突出。从根本上说,中国的"后现代状态"是对中国现代化的一种反应。因此,我拒绝再用"(西方)挑战——(中国)回应"的模式来理解中国社会的"后现代姿态",因为这种模式作为"欧洲中心主义"的表征,本身就是"现代"观念的重要组成部分。

后现代主义作为一种知识态度值得赞赏,作为一种边缘话语也有发人深思之处,但这种知识态度和边缘话语预设了或者说逻辑地导向一个生活世界,我姑且称之为后现代世界图景。从总体上看,这种后现代世界图景既消解了科学主义所提供的世界图景,又消解了传统的人文主义所提供的世界图景。既把客观实存置之度外,又对主体际性可能达成的客观性不屑一顾,后现代世界图景必然是支离破碎、动荡不定的。

问题还在于,一个支离破碎、动荡不定的世界还能称之为"世界"吗?后现代世界图景的根基究竟何在?后现代主义文本所提供的生活世界由于"削平深度",实质上是一个失重的、平面化的世界。在后现代世界图景中,我目睹了一种非常奇怪的混合,即精英意识和民间意识形态的混合,以及先锋艺术和大众文化的混合。这种混合在中国社会也有所表现,一些精英意识倡导放弃理想、不谈主义、淡化价值,而民间意识形态则始终是信奉这些观点的。先锋艺术正致力于打破艺术与生活的界限,从对意义的追寻走向文本的不断替代翻新,从有意识的组合走向无意识偶然拼凑的大杂烩,所谓"零度写作"成为时髦,它使艺术不再具有超越性,成为适应性和沉沦性的代名词,从而最终与大众文化融为一体。

后现代主义起初是一种异质的、充满反叛性的声音,它致力于新的知识状态的确立,并从边缘话语的立场出发,力图超越现实生活的僵化、盲目信仰及平庸,结果却是在消解生活与艺术、真理与谬误、本源与复制、高尚与低俗之后,堕入了"什么都可以""一切都无所谓"的平庸境地。尽管后现代主义思想家们仍然秉持一种历史的批判态度,但后现代主义的文本以及操作则只能是晦暗不明、无所作为的。在我看来,后现代主义是企图在暗夜里寻求新的光亮,最终却使白昼也混同于暗夜。

综上所述,后现代话语众声喧哗,后现代主义试图重写现代性,这有助于正处于现代化历史进程的中国社会对现代性观念保持一种清醒的头脑,也有助于我们从新的视角出发,重新省察人与世界、人与人之间的关系,重新省察理论与实践、语言与世界、历史与虚构、文学与哲学的关系,从而不断突破形而上学的思维方式,使人们"面对事物本身",获得一种真实、圆润的幸福。

问题在于,后现代主义作为一种知识状态和边缘话语必然依赖于关于后现代的意义世界的预设,而后现代世界图景缺乏根基,无以自足,并在具体的操作中表现出彻底的相对主义和虚无主义。所以,后现代主义作为一种知识状态是值得赞赏的,作为一种普适性的生活态度则可能使现实世界陷入荒诞和混乱。

从根本上说,后现代主义的意义就在于,它提出了如何认识和把握当代资本主义社会的"当代性"问题,集中展示了当代西方社会的精神困境,但它没有也不可能从根本上指出一条摆脱困境的出路。在我看来,后现代主义看出了当代西方社会的"病症",却开错了"药方"。由此,我很自然地想到马克思。马克思早在现代性处于地平线时,就对其进行辩驳和批判,马克思主义当然不是一种后现代主义,但毫无疑问,马克思主义具有后现代的意蕴。

后殖民主义：实质、特征和局限

——从马克思哲学的观点看

后殖民主义是 20 世纪晚期崛起于西方的一种极有影响的社会思潮，并迅速影响到东方，其代表人物是爱德华·W·赛义德（Edward W. Said，又译萨义德）、加亚特里·C·斯皮瓦克（Gayatri C. Spivak）和霍米·F·巴巴（Homi F. Bhabha）。从理论上看，后殖民主义接过后现代主义的衣钵，反思现代性，但又转换了反思的视角，从文化角度解读现代性中的殖民主义，解构东方学和文化霸权主义，从而把反思现代性这个始于西方的问题转变为全球性的东西方之间的关系问题；从问题构成看，后殖民主义提出了一个新的理论问题域，即东方与西方在现代化进程中的殖民关系问题，表现出强烈的反西方中心主义倾向，并体现出与马克思主义在一定程度上的契合性。这里，我拟从马克思哲学观点出发，探讨后殖民主义的实质、特征及其局限，以期深化我们对后殖民主义以及后殖民主义与马克思主义关系的研究。

一、后殖民主义的崛起及其实质

从根本上说，任何一种社会思潮出现，都同它的时代有关。法国启蒙哲学积极向上的"个性"，存在主义消极低沉的情绪,离开它们各自的时代,都是无法理解的。后现代主义以及后殖民主义也是如此。正如杰姆逊所说,"最稳妥地把握后现代主义这一概念的办法,就是把它看作是一个已经忘记如何进行历史性思考的时代进行历史性思考现实的一种努力"①。

从时代背景看,后殖民主义的崛起有三个根源:一是"二战"后蓬勃发展的民族解放运动;二是民族文化身份的认同;三是对现代性的全面反思。与后现代主义相呼应,后殖民主义是一种多种文化政治理论和批评方法的集合性话语,它不仅成为东方与西方"对话"的文化策略,而且提供了东方文化得以重新认识自我的前景,是"边缘"学者用来拆解西方主流话语的一种策略。就此而言,后殖民主义不仅具有理论意义,而且具有实践意义。

后殖民主义的崛起首先与"二战"后蓬勃发展的民族解放运动密切相关。"二战"结束以后,亚非拉等的一大批殖民地半殖民地国家相继获得了政治上的独立。殖民地半殖民地国家独立之后,既要致力于发展民族经济,又要重建民族文化,把被殖民主义颠倒的历史重新颠倒过来,把被殖民主义扭曲的文化重新确立起来,并在此基础上创造新的文化形态。因此,这些新独立的原殖民地国家一方面必须反对西方文化霸权主义,持续不断地进行文化领域的非殖民化斗争,另一方面又必须借鉴西方文化中的优秀成分,在与西方文化的斗争中达到东西方文化的互渗互融、共生共存。

同时,这些国家还必须正确处理民族主义与非殖民化的关系问题,既要看到民族主义在非殖民化过程中的重要作用,又要防止和警惕狭隘的民族主义,尤其是文化原教旨主义倾向。这无疑促成了后殖民主义议题的形成。后殖民主义对民族主义的思考,对非殖民化过程中的文化抵抗的阐述,对反西方文化霸权策略的分析,实际上都是对民族解放运动所提出的上述问题的应答。

随着民族解放运动的蓬勃发展以及原殖民地半殖民地国家政治独立而产生的问题,就是民族文化身份的认同。从总体上看,民族文化身份的认同过程是通过三个相辅相成的环节,即自己的行动和言辞予以表达、自己自觉认同、他人予以承认进行的。原殖民地半殖民地国家在政治上获得独立以后,民族国家内部以及民族国家之间的同质性与异质性的矛盾凸显,民族文化身份的认同问题被推上前台。

---

① Fredric Jameson, *Postmodernism, Or, The Cultural Logic of Late Capitalism*, p.ix.

因此,如何重新构建东方民族的文化身份,如何处理东方民族文化身份认同与西方殖民统治的关系,以及与东方民族传统文化的关系,自然就成为迫切需要解决的时代课题。而后殖民主义之所以引起普遍关注,就在于它前瞻性地涉及这些时代课题。正是在这个意义上,德里克指出,"将后殖民主义说成是殖民地解放运动的结果,而不是将它与 80 年代的后现代主义胡乱地拉扯在一起,将更为确切"①。

后殖民主义的兴起与西方思想界全面反思现代性也密切相关。无疑,对现代性反思最深刻、最全面的当属后现代主义。后现代主义正是通过对现代性的"解构"展现出后现代性的脉络,其实质就在于"重写现代性"。问题在于,西方现代化水平的迅速提高是与西方列强对外的殖民侵略和领土扩张密切联系在一起的。可以说,没有殖民征服,就没有西方的现代性。"欧洲现代性中的问题总是在一个全球性的殖民领域内展开"②的。

从历史上看,现代性是在世界范围内伴随殖民扩张同时发生的现象,正是在这一过程中,西方凭借一种不平等的权力形式给世界的其他地区"强加了一种语言,现代性的语言,每个人都必须使用这种语言,不论它能否恰当地描述他们的现实"③。后殖民主义正是对现代化过程中的殖民性这一现实的回应。巴巴力图通过后殖民的经历重新阐释现代性,她对现代化过程中的殖民性以及西方对非西方的建构持一种批判态度,并把这种通过对历史上的边缘化者被镇压的历史的重读来质疑现代性的方式,称为"一种对现代性的后殖民考古学"。

可以看出,后殖民主义运用了后现代主义反思现代性的理论成果,同时又转换了反思的视角和理论的主题,把反思现代性这个始于西方的问题转变为全球性的东西方之间的关系问题,并关注着现代化进程中的殖民性问题。

对现代性的反思必然引起对全球化的反思。后殖民主义兴起的时代正是全球化浪潮汹涌澎湃并引起人们日益关注的时代,而关注全球化与反思现代性是不可分割地联系在一起的。正如吉登斯所说,全球化是现代性在全球的延伸。从历史上看,全球化运动是由西方资产阶级启动并主导的,而其中的

---

① 谢少波等:《文化研究访谈录》,中国社会科学出版社 2003 年版,第 25 页。
② 〔美〕保罗·鲍威:《向权力说真话:赛义德和批评家的工作》,王丽亚等译,中国社会科学出版社 2003 年版,第 368 页。
③ 谢少波等:《文化研究访谈录》,第 248 页。

"游戏规则"基本上是依照西方资产阶级的利益制定的。在这个过程中,西方资产阶级力图"按照自己的面貌为自己创造出一个世界",并"使未开化和半开化的国家从属于文明的国家,使农民的民族从属于资产阶级的民族,使东方从属于西方"①。

在这个意义上,全球化过程就是西方对东方的殖民化过程。"全球化的过程本身也创造了自己的帝国主义,假如全球化将成为一个不可回避的现象,那么它就要通过殖民主义"②来实现。殖民主义最显著的特征就在于,它与扩张中的资本主义秩序相联系,这一秩序滋养了殖民主义,并使它成为一种全球现象。

全球化不仅伴随着政治、经济殖民,还伴随着文化殖民。全球化过程中所蕴含的经济摩擦、政治冲突等矛盾,都与不同民族文化价值观念的差异密切相关。正是在这一意义上,全球化是一种社会实践过程和文化扩张运动,其中包含着经济与文化的双重权力意志。所以,德里克强调指出,"全球化叙述比起现代化话语来就是更加彻头彻尾的霸权了,因为它们将他者的文化内在化,改建其他文化,并以改建之后的形式使它们回归最初的源头。全球化也许是所有的宏大叙述中最宏大的叙述"③。

后殖民主义注意到这一以殖民性为特征的全球化。赛义德在《东方学》和《文化与帝国主义》中就对全球化作了评述,并认为在全球化体系中,"少数经济强国将自己的力量扩展到全球,抬高商品和服务的价格,将财富从低收入地区(通常是在非西方世界)重新分配到高收入的地区;与此相伴随的是……出现了一种新的跨国秩序:国家之间再也不存在什么边界,劳动力和收入只受全球化经营者的支配,于是南方臣服于北方,殖民主义死灰复燃"④。

实际上,后殖民主义正是从殖民的视角来反思全球化,并以全球化的视野来探讨东西方之间的文化问题——西方对东方的"东方化"和文化霸权的。在西方,后殖民主义曾达到与后现代主义、后马克思主义、新历史主义相媲美的水平。在众多的"后""新"主义中,后殖民主义之所以能够脱颖而出并引起人

① 《马克思恩格斯选集》第 1 卷,第 276、277 页。
② 〔美〕阿里夫·德里克:《后革命氛围》,王宁等译,中国社会科学出版社 1999 年版,第 9 页。
③ 谢少波等:《文化研究访谈录》,第 28 页。
④ 〔美〕爱德华·W·萨义德:《东方学》,王宇根译,生活·读书·新知三联书店 1999 年版,第 449 页。

们的浓厚兴趣,就在于它从殖民视角来反思现代性和全球化,较深刻地解答了殖民地半殖民地国家独立后的文化冲突、民族文化建设等问题,较自觉地领悟到当今世界的两大潮流——现代性和全球化中的殖民性问题,以及东西方之间的文化关系问题。从这个意义上,后殖民主义的崛起是 20 世纪下半叶历史发展的必然结果。

任何一种理论的产生都有它特定的理论前提。后殖民主义也是如此,它不仅有其产生的特定的时代背景,而且有其产生的特定的理论背景。

后殖民主义关注的理论主题之一,是殖民化与非殖民化中的民族文化身份认同、民族文化重建以及东西方的关系问题。在解答这些问题的过程中,后殖民主义吸收了非洲的反殖民主义话语和德里达的解构主义。

非洲反殖民主义话语的理论家法侬在《论民族文化》中强调,建立民族文化是反对殖民主义的一个重要方面,并提出民族文化发展的三阶段说,即辨析地吸收西方文化、有所醒悟地探索自己的传统文化、彻底觉醒并投入民族解放运动。法侬从语言、心理、文化角度来读解殖民主义,对民族解放斗争过程中民族文化作用的重视,对西方文化与非洲文化关系的分析,为文化的非殖民化提供了重要的分析工具,为后殖民主义提供了瓦解帝国主义权威话语的理论资源。

后殖民主义理论家不仅继承了法侬从文化角度解读殖民、重视民族文化作用这一分析模式,而且对法侬的思想给予了高度评价。巴巴在《纪念法侬:自我,心理和殖民条件》一文中呼吁:"对法侬的需要迫在眉睫","应该转向法侬","回归法侬"。在巴巴看来,与其他理论家相比,法侬对种族和种族主义历史,对殖民主义和文化身份问题的揭示更有深度。

同时,德里达的反基础主义、反本质主义、反中心主义思想也为后殖民主义解构东方学及其本质主义、西方中心主义提供了重要的理论支持。赛义德和巴巴对文化"杂交性"策略的强调,巴巴对"模拟""第三度空间"的阐释都是以德里达的"延异""播撒"等思想为基础的。赛义德坦言:"德里达的著作对我的观点而言也具有迫切性。"巴巴指出:"德里达的著作之所以让我感兴趣,是因为他认为:在社会世界对意义的表述中,没有透明性,没有必要的共时性,因此,只有通过中介(mediation)、通过他所谓的'异延'、通过'时间间隔(time lag)'、通过'移位(displacement)',意义方才能够被建构。这当然又在殖民地文化中引起了特别的共鸣。因此,我发觉这种思考殖民地文本中的'异延'或者'延缓'的方式是非常有趣的。"①

斯皮瓦克不仅是德里达著作的主要翻译者,也是对德里达思想把握得最准确、解释得最透彻的学者之一。可以说,正是从对德里达著作的翻译解释入手,斯皮瓦克开始了她那漫长的以解构主义为主要理论基础的后殖民主义研究生涯。在《属下能说话吗?》中,斯皮瓦克指出:"在我所讨论的问题的语境中,我发现德里达的形态学比福柯和德鲁兹对比较'政治'的问题的直接和本质的参与……更加棘手和有用……德里达标志着对通过同化而占有他者的危险的激进批判。他从根源上解读字词的滥用。他呼吁把乌托邦的结构冲动重写为'精神错乱地表现那种内在声音,即在我们内部的他者的声音'。这里,我必须承认雅克·德里达的长期有用性。"②

德里达阐述了解构的一个重要特征,即阅读和阐释文本的策略是诉诸差异。斯皮瓦克对德里达的"差异"思想情有独钟,并认为"超验的所指"——符号、音符以及字符都只是一种差异的结构,差异是始终存在的,踪迹也是无法抹去的。对差异和踪迹的兴趣使斯皮瓦克在其学术生涯中把大量精力花在了对第三世界文本和"非主流文化"(subaltern studies)的研究上。

后殖民主义的另一理论主题,是文化与权力的关系以及文化殖民问题,而福柯的话语权力理论和葛兰西的文化霸权思想为后殖民主义解答这一问题提供了理论资源。

福柯话语权力理论的核心是话语、知识与权力的关系。在福柯看来,知识与权力相互依赖,在任何地方、任何时候,知识都依赖于权力;同时,知识也不可能不引起权力,没有知识,权力就不可能被实施。在《理论旅行》一文中,赛义德坦承福柯对知识与权力的分析为他"提供了一套分析工具话语的概念和范畴"③。实际上,后殖民主义对东方学话语中"东方化"东方的揭示,对文化的政治性和意识形态性的强调,对文化参与帝国主义事业中权力作用的研究,对文化与权力的"共谋"关系的分析等,都借鉴、运用和发挥了福柯关于话语权力的分析方法和分析模式。

同时,后殖民主义又深受葛兰西文化霸权思想的影响,并给予其极高的评价。按照葛兰西的观点,资本主义国家不仅通过强制手段,更重要的,是通过

---

① 引自生安锋:《后殖民性、全球化和文学的表述》,《南方文坛》2002 年第 6 期。
② 罗钢等:《后殖民主义文化理论》,中国社会科学出版社 1999 年版,第 157 页。
③ 赛义德:《赛义德自选集》,谢少波译,中国社会科学出版社 1999 年版,第 155 页。

文化霸权（文化领导权）控制市民社会，使其心甘情愿地遵循由统治者制定的道德观念、价值体系，认同统治者的审美趣味、行为规则和思维习惯。赛义德认为，"葛兰西将这种起支配作用的文化形式称为文化霸权（hegemony），要理解工业化西方的文化生活，霸权这一概念是必不可少的。正是霸权，或者说文化霸权，赋予东方学以我一直在谈论的那种持久的耐力和力量"[①]。如果说，葛兰西的着眼点是民族国家内部的文化领导权问题，主要围绕统治阶级与被统治阶级、资产阶级与无产阶级的斗争来探讨意识形态和文化领导权问题的重要性，那么，后殖民主义则将葛兰西的这一思想推演到对世界范围的东西方之间的文化霸权关系的考察，认为文化霸权贯穿于西方对于东方的整个殖民主义过程。

后殖民主义在西方迅速崛起的主要原因，不仅在于其回答了当时的其他理论回答不了的问题，更重要的，是其解读殖民主义的独特视角。后殖民主义的实质，就是从文化角度解读殖民，侧重于揭示当代殖民话语与被殖民话语之间的冲突及其权力消长，以及西方与东方之间殖民性的文化关系。

解读殖民主义可以有不同的角度和方法，政治学家从国际政治关系的角度来解读殖民侵略，经济学家从经济的角度来揭示发达国家对不发达国家的殖民剥削，马克思主义从政治、经济的角度揭露了西方国家对中国、印度等东方国家的殖民入侵，而后殖民主义则注重从文化的角度，运用文化主义的分析方法来解读殖民主义。

赛义德指出："我希望（也许是不切实际的），从文化方面描述帝国风风雨雨的历史能够揭示历史，阻止历史重演"[②]，并认为几乎所有的殖民计划都始于一个假定：当地人的落后以及普遍不具备独立、平等的条件。问题在于："为什么是这样？为什么神圣的使命属于一方而不属于另一方；为什么权利为一方接受而为另一方所否认"？赛义德对此的回答是，"我们最好从文化的角度来理解这些问题，这一文化有极好的道德、经济甚至形而上学准则作为基础，这样的准则只赞同令人满意的局部的或欧洲的秩序，但不同意海外享有类似的秩序"[③]。

后殖民主义的文化分析范式无疑来源于当代西方社会科学中兴起的"文

① 〔美〕萨义德：《东方学》，第9—10页。
② 赛义德：《赛义德自选集》，第177页。
③ 赛义德：《赛义德自选集》，第245页。

化研究"。从时间上看,文化研究发端于20世纪50年代后期的英国,尔后扩展到美国及其他西方国家,逐渐形成为一种颇具影响的西方学术思潮。与传统的社会科学研究相比,文化研究反对只重视研究历史经典,注重研究当代文化;反对只研究精英文化,注重研究大众文化,重视被主流文化所排斥的边缘文化或亚文化;反对把学术研究封闭在象牙塔中,注意与社会保持密切的联系,关注文化中蕴含的权力关系及其运作机制;反对经济决定论,主张把文化看作社会生活本身,而把经济、政治仅仅看作这一过程的构成要素。

雷蒙·威廉斯把文化定义为一种整体的生活方式。根据这一定义,文化研究的目的不仅仅是阐发某些文本的表面内涵,而是阐明某种特殊生活方式的价值和意义;对文本的分析应当同对社会制度和结构的分析结合起来,文化研究就是对整体生活方式中各种因素之间关系的研究,"就是去发现作为这些关系复合体的组织的本质"①。

后殖民主义借鉴了"文化研究"的成果,重读了作为文化载体的各种各样的文本,发现了在这些文本的背后隐藏的根深蒂固的西方中心主义观念、西方对东方文化身份的"虚构"和"扭曲",以及西方对东方的文化殖民和文化霸权策略,揭示了西方对东方的殖民不仅仅是政治和经济的殖民,还有文化殖民,而且文化殖民较之于政治、经济殖民的作用更大、效果更好、影响更深。在后殖民主义看来,文化殖民、文化霸权深入人的"骨髓",捕获人的灵魂,同化人的世界观、价值观、思维方式和生活方式,在潜移默化中达到政治殖民、经济殖民所不能达到的效果。

以文化为切入点,后殖民主义论证了文化的政治性和意识形态性、东方民族文化身份的扭曲和重建、文化与权力的"共谋"关系、文化与帝国主义的内在一致性,探究了文化霸权主义的演变和调整及其在殖民主义各个时期的转变,考察了文化霸权主义对东方实施控制、统治的各种手段、策略,主张通过文化抵抗的方式,运用各种反霸权的文化策略来颠覆西方的文化霸权主义。从"文化研究"那里受到启发,后殖民主义走出了纯粹学术研究的封闭的象牙塔,走向"文化与社会"研究,并进入到"文化帝国主义"这一研究域,从而使后殖民主义不再是一种冷冰冰的逻辑推理,而成为与现实社会生活内在相关的有"血"有"肉"的学说。

---

① 罗钢等:《文化研究读本》,中国社会科学出版社2000年版,第126页。

二、后殖民主义的主要内容及其特征

对东方学这一西方关于东方的理论话语的重新解读和解构,是后殖民主义的一项主要内容。

在《东方学》以及其他著作中,赛义德对东方学作了新的解读,并借助福柯的话语权力理论对作为一种思维方式和权力话语方式的东方学作了深刻的批判。在赛义德看来,东方学既是一门学科,也是一种思维方式和权力话语方式,是西方用以控制、重建和君临东方的一种机制和方式。无论是作为一门学科,还是作为一种思维方式和话语权力方式,东方学都是西方人在书写、研究、建构、控制和君临东方,本质上反映了东西方之间一种特殊的不平等关系。

按照赛义德的观点,东方学中的东方是基于意识形态的假定和幻想,不是地理因素划分出东方和西方,而是欧洲和亚洲之间不断变化的历史与文化关系决定了它们的存在。"东方并非一种自然的存在。它不仅仅存在于自然之中……作为一个地理的和文化的……实体,'东方'和'西方'这样的地方和地理区域都是人为建构起来的。"①

这就是说,东方学并没有指出现实东方的真实性,而是对东方进行机械的图示化处理,这个图示是精心构织起来的,即东方学中的东方几乎无一例外的是学术的东方、想象的领地,即使它可以成为抒情诗、幻想作品甚至小说的主题,但从来就不是现实的存在、现实的东方,而是被"制作"出来的。对东方学来说,东方并不是人们直接接触的一个地理空间,而是人们在学术群体、大学、学术研讨会规定的范围内所阅读、研究、书写的东西。一言以蔽之,东方学中的东方是西方人对东方的建构、想象、表述、妖魔化和类型化了的东方。

为了不至于被人误解,赛义德对这一观点作了三点说明:首先,这一说法并不否认现实东方的真实性,不能由此得出东方在本质上只是一种观念性存在的错误结论;其次,所谓东方是一种人为的建构,强调的是东方和西方之间存在着一种权力关系、支配关系、霸权关系,正是因为这种关系,东方是被"制作"或者说是被"驯化"成了所谓的"东方";再次,东方学中的东方并非什么谎言或神话结构,它不是西方对东方的纯粹虚构或奇情异想,而是一套被创造出

---

① 〔美〕萨义德:《东方学》,第6—7页。

来的理论和实践体系,并与西方的政治、经济及其机构之间存在着紧密联系。

对文化霸权这一西方对东方殖民的新形式的揭露和批判,是后殖民主义的又一项主要内容。

后殖民主义对文化霸权的揭露和批判主要是通过分析文化的政治性与意识形态性、文化与权力的结合、文化参与帝国主义事业等方面进行的。在赛义德看来,没有纯粹的文化形态,"文化是民族同一性的根源,而且是导致刀光剑影的那一种根源"①。文化绝不是什么中性的东西,说到文化首先要问是谁的文化,是哪个国家、民族的文化,这种文化的主体是谁,又是为谁服务的,如此等等。

这就是说,文化必然受到其主体的政治制度、意识形态、价值观等的"污染"。正如赛义德所说,文化是一个战场,里面各种力量针锋相对;文化是一种舞台,上面有各种各样的政治和意识形态彼此交锋,并使文化具有了政治性和意识形态性。正是文化及其政治性、意识形态性和经济、军事等因素的相互结合、共同作用才将东方塑造成一个"东方化"了的形象。

文化具有政治性和意识形态性本身就说明了文化与帝国主义、权力的密切相关性。在《东方学》《世界、文本和批评家》《文化与帝国主义》等一系列著作中,赛义德详细地探讨了帝国主义如何依赖文化、文化又是如何为帝国的殖民扩张服务,以及文化与权力的"共谋"等问题,并认为西方本质上是由各种帝国主义事业构成的,离开了这些帝国主义事业,便无法想象西方是个什么样子。

赛义德视域中的"帝国主义",指的"是一种独一无二的连贯性和一种特殊的文化一元化","是对一个统治着边远疆土的都市中心的实践、理论与态度"。在赛义德看来,帝国主义离不开文化,帝国主义的基础是文化;文化也离不开帝国主义,只有依赖于帝国主义文化才能获得长久的存在,更重要的是,文化的主题是帝国主义,文化中有深深的帝国主义情结。一句话,文化与帝国主义是交织在一起的。

后殖民主义关于文化与帝国主义的联结、文化参与帝国主义事业的思想,是对传统文化观和帝国主义观的极大挑战,实际上提出了一种新的范式及认识标准,即西方本质上是由各种帝国事业构成的,而文化在帝国主义事业形成

---

① 〔美〕萨义德:《东方学》,第164页。

过程中立下了汗马功劳。赛义德力图证明，西方文化本质上与帝国主义事业结成了一种难分难解的关系——一种同谋关系，"这种新的世界观的发展与欧洲对世界的殖民化和统治是携手并进的"[①]。

文化之所以能参与帝国主义事业，根本原因在于文化的属性，即文化具有政治性和意识形态性，文化是与权力"共谋"的，文化本身就体现出权力。正是由于文化与权力的结合，才实现了文化为帝国服务的这一目的。赛义德在《东方学》和《文化与帝国主义》中所作的思考，实际上是基于话语、真理和权力这三者之间的关系展开的：真理是在一定的话语规则中对真实性的说明，权力则决定并证明着真理；真理从不存在于权力之外，权力通过话语结构而制造真理，失去了话语以及由话语制造出来的真理的支持，权力也就不存在了。正如福柯所说，只有通过真理的制定，人们才能通过话语行使权力。

赛义德由此进一步指出，认真研究文化、观念和历史这类东西就必须同时研究其力量关系、权力结构，不能仅仅把东方看作是人为建构起来的；由于西方与东方之间存在着一种权力关系、支配关系、霸权关系，所以表述、建构、想象、"东方化"东方的东方学也必定渗透着权力意识。在赛义德看来，话语一般都体现出殖民者和被殖民者、压迫者和被压迫者之间的不平等关系，词语和文本中渗透着帝国主义意识和权力欲望，随着西方统治范围的扩大，话语权力也相应增长，殖民话语与殖民权力是相伴随的。

无论是对东方学的解读和解构，还是对西方文化霸权的揭露和批判，后殖民主义关注的焦点都是殖民问题，而殖民问题说到底就是东西方之间的关系问题。所以，后殖民主义对殖民问题的反思也就是对东西方关系的再体认。这种再体认的特征就在于，着重从文化的视角重新解释东西方关系。应该说，这是后殖民主义的第一个特征。

东方与西方之间的关系问题并不是一个新话题。西方学术界一直从政治、经济层面来思考东方与西方之间的关系，注重探讨东方与西方之间的政治和经济关系。而后殖民主义却认为，东方与西方之间的关系不仅仅表现在政治、经济层面，更重要的是，表现在文化层面。任何一种表面上看来是超然的、纯粹的文化，都依赖于西方对东方的霸权统治，并以一定形式参与了帝国主义事业。后殖民主义对东方与西方关系研究的特点就在于，探讨了其中的经济、

---

① 罗钢等：《后殖民主义文化理论》，第77页。

政治和文化之间复杂而又微妙的关系,特别是其中的文化关系及其独特作用,从而使东西方关系呈现出一种立体景观。

后殖民主义力图通过解构东方学来重新阐释东西方关系,通过文化"杂交性"策略反抗西方的文化霸权主义,通过东西方之间的对话实现东西方文化交融共生。无论是赛义德,还是巴巴,都对东西方文化的"杂交性"策略赞叹不已,赋予"杂交性"策略在反抗西方文化霸权中以极其重要的作用。他们虽然不遗余力地消解西方中心主义和文化霸权主义,但他们的目的并不在于摧毁一个西方的"中心"后重新建立东方的"中心",击溃西方的"文化霸权"后重新建立东方的"文化霸权"。后殖民主义的理论旨趣就在于,统统打倒像"中心""霸权"这样具有宰制性的东西,实现东西方文化的交融共生、平等共存。

后殖民主义的第二个特征,是它在阐释东西方关系中具备强烈的反本质主义倾向。所谓反本质主义,就是认为万事万物都不具备某种固有的本质,其"属性"只能是一种人为的命名,一种能指符号的置换。在阐释东西方关系以及反西方文化霸权的过程中,后殖民主义具有强烈的反本质主义倾向。赛义德在《东方学》中强调,他本人是"明确的反本质主义者"。斯皮瓦克对所谓的"印度的本质特征"表示怀疑,不承认有什么"印度特征",并认为这一本质特征是人为构成的。巴巴对那种第一世界和第三世界二元对立的本质主义观念提出质疑,提出一种关于第一世界和第三世界文化差异的新构想,强调第一世界文化与第三世界文化之间并不是简单的敌对关系,而是双方尊重、保存历史上被边缘化了的那些文化所具有的独特的、多重的历史和个性。

当然,反本质主义并不是后殖民主义所独有的,后现代主义就很注重反本质主义。但与后现代主义不同,后殖民主义把反本质主义与重新阐释东西方关系以及反西方文化霸权相结合,力图通过反本质主义达到颠覆西方文化霸权的目的。赛义德详细阐释了东方学对东方的本质化过程:东方学首先对东方进行类型化、妖魔化、概括化建构,然后把这一关于东方的建构物永恒化、普遍化、非历史化,这样,一个本质化的东方就被制造出来了。

按照赛义德的观点,东方学是从一个毫无批评意识的本质主义立场出发来处理多元、动态而复杂的人类现实的,这既暗示着存在一个经久不变的东方本质,也暗示着存在一个尽管与其相对立但同样经久不变的西方本质。这一本质构成所有被考察的东西的共同基础;这一本质既是"历史性"的,因为它可以被追溯到历史的早期,又是"非历史性"的,因为它将被考察的东西固定在没有演变和发展的特殊性之中,而不是将其界定为作为历史演变和发展的特殊性之中,不是将其界定为作为历史演化之产物和结果的民族、国家和文化。

后殖民主义的第三个特征,是它在阐释东西方关系中对"边缘""他者""属下""少数"等予以特别关注。后殖民主义对这些"弱者"的关注无疑应和了当代西方学术思潮,如后现代主义、新历史主义等从"大理论"向"小理论"、从"元叙事"向"小叙事"、从"大写哲学"向"小写哲学"、从"大写的人"向"小写的人"、从"大世界"向"小世界"、从"大历史"向"小历史"学术路数的转变。赛义德指出,"《东方学》更多地是被视为对弱者悲惨境地的一种展示"①。巴巴在《献身理论》一文中认为,"他者"永远是注解差异的一条边线,从来不是主动的表达者,失去了表意、否定、生发自己的历史欲望,失去了建立自己制度性的对立话语的权力。按照巴巴的观点,"少数"居于一种夹缝之中,从来就不是完全的公民,只享有公民的部分身份资格。斯皮瓦克最关注的是"属下"能否为自己说话。在斯皮瓦克看来,在殖民主义语境中,"属下"实际是一种空寂的"空间",或者说是根本"无法接触的空白","属下"不能说话,也没有权力说话,只能由殖民者代言和表述。

后殖民主义对"边缘""他者""属下""少数"等"弱者"的关注,不仅仅是为了向世人描述这些"弱者"的悲惨境地,也不只是表示对这些"弱者"的同情和怜悯,其目的在于揭露文化霸权主义话语对"弱者"话语的压制和剥离。后殖民主义直面西方的权力话语,以向中心话语挑战者的姿态,进入文化中意识形态话语的矛盾交织处,以其"边缘""少数"话语的特殊视角解读"中心""多数"话语掩盖下的话语暴政和文化霸权,展示"弱者"的自我言说与被权力话语所说、自我生命表征与权力话语压抑的命运,重新审视霸权语境中的东西方关系,重新思考西方霸权主义文化的错位和严重的表征危机,从而对西方文化霸权主义行径加以消解。

后殖民主义的这些观点深化和发展了马克思主义关于霸权主义、殖民主义、帝国主义的思想。

马克思主义所处的时代是政治殖民、经济殖民占主导地位的时代,囿于当时的历史条件,马克思主义着重从政治、经济的角度来解读殖民,分析了"政治、经济霸权"产生的原因,阐释了西方资本主义的"政治、经济霸权"对殖民地

---

① 〔美〕萨义德:《东方学》,第431页。

所造成的社会后果，探讨了殖民地人民针对这种"霸权"的"反霸权"的斗争。

后殖民主义所处的时代是文化作用日益彰显的时代，文化在国际交往、国际关系、制度变迁等领域都产生了重要的影响和作用。后殖民主义的理论魅力就在于，它抓住了这一时代特征，接过了马克思主义关于霸权主义、殖民主义、帝国主义思想的衣钵，从文化角度"重写"殖民史，对东西方之间的文化关系以及西方文化霸权主义进行了犀利的分析和无情的批判，把马克思主义的霸权思想的范围和视域扩大了，在一定程度上弥补了马克思主义关于霸权主义、殖民主义、帝国主义思想的不足。例如，马克思在《路易·波拿巴的雾月十八日》中论述小农的社会地位时指出："他们不能代表自己，一定要别人来代表他们。"这一观点被赛义德改造后写在《东方学》的卷首，即"他们无法表述自己；他们必须被别人表述"。这实际上是把马克思主义关于民族国家内部的阶级关系及其政治霸权的思想运用并拓展到全球范围的东西方关系及其文化霸权领域。从这个意义上说，后殖民主义对东方学的解构和对文化霸权主义的批判是马克思主义"政治、经济霸权"思想的当代回应，并激活了马克思主义中的某些成分。

正因为如此，后殖民主义有助于我们进一步理解现时代的东西方关系。"二战"以来，尤其是"冷战"结束以后，西方资本主义的殖民本性并没有根本改变，改变的只是殖民的形式和样式而已。无论是西方发达国家的"文化交流"、"文化援助"，还是文化产品的输出、文化传播媒介的延伸，无不渗透着文化殖民主义、文化霸权主义的"因子"。西方发达国家凭借其强大的政治、经济、科技和军事实力，利用先进的传媒形式进行渗透力更强、效果更佳的文化殖民入侵，力图将其政治制度、经济制度以及生活方式、价值观念强行加诸欠发达或不发达国家，以期达到称霸世界的目的。在西方发达国家发动并主导的文化全球化过程中，始终伴随着不同意识形态的碰撞和较量，裹挟着文化殖民主义、文化霸权主义，在一定意义上说，文化全球化的过程就是文化殖民主义、文化霸权主义得以实施的过程。后殖民主义从文化角度解读殖民的新视角，不仅拓宽了我们研究东西方关系的视野，而且对理解全球化的另一个维度——文化全球化，把握殖民的当代形态提供了有益启示。

三、后殖民主义的理论局限

后殖民主义的理论贡献不应抹杀，其理论局限也不应忽视。从总体上看，后殖民主义侧重于从文化角度解读殖民,采用"文化主义"的分析范式阐释东西方关系,消解文化霸权主义,本身并没有错。但在这一过程中,后殖民主义没有正确把握文化与政治、经济的关系,没有处理好文本话语批判与政治、经济批判的关系。

侧重于文本批判,忽视政治、经济批判,这是后殖民主义的第一个理论局限。

无论是赛义德对东方学的解读和解构、对文化霸权主义的批判,斯皮瓦克、莫汉蒂对西方女性主义的批评,还是巴巴对"杂交""模拟"的阐释,他们都把社会的政治、经济问题转换成文化问题,认为文化问题无处不在,文本批判对于消解西方的文化霸权具有绝对的意义,从而把"二战"以来的民族解放运动及其重大成就,都变成了文本解读、文化再现、心理冲动等,这不能不是后殖民主义的严重误区。后殖民主义批评家克利福德在评析后殖民主义的文本批判和话语分析时指出,"关注意识形态和文化的马克思主义批评家感兴趣的是确定的政治和经济权力的表达",与此不同,"作为学术史家的赛义德,把东方主义描绘成一系列特定的思想影响和思想流派",而这一话语分析"仅仅关心与同一领域中的其他表述相关的那些言论"①。阿卜杜拉·詹穆罕默德认为,巴巴"完全绕过了有关欧洲人和当地人之间实际冲突的难懂的历史……去关注好像存在于真空中的殖民话语"②。

侧重于文本批判,实质上就是坚持反霸权的文化主义倾向。所谓文化主义,是指把社会问题归结为由文化因素影响并受其决定的一种思想方法,是一种文化决定论。后殖民主义力图从文化批判的角度来寻找想象新的社会结构的可能性,基本放弃了政治、经济层面上的实践,把现实社会中的种种问题统统转化、约减成文化问题。

实际上,现实社会是由政治、经济和文化等因素相互作用、整合而成的复杂系统。其中,文化不仅受政治的制约、影响,而且归根结底是由经济决定的。所以,对天国的批判应转变成对尘世的批判,对文化的批判应转变成对政治的批判,并最终转变为对经济的批判。"经济关系不管受到其他关系——政治的和意识形态的——多大影响,归根到底还是具有决定意义的,它构成一条贯穿

---

① 罗钢等:《后殖民主义文化理论》,第 37 页。
② 〔英〕巴特·穆尔-吉尔伯特:《后殖民理论——语境、实践、政治》,陈仲丹译,南京大学出版社 2001 年版,第 188 页。

始终的、唯一有助于理解的红线。"①忽视这一点,我们就不可能真正理解权力问题以及权力与知识、文化的关系。正是由于后殖民主义仅仅固守于文化主义分析方法,德里克才说"后殖民主义与当代权力布局是有同谋关系的"②。

进一步说,后殖民主义没有认真分析文化产生霸权的机制,即不能解释东方学的话语是如何使自己成为一种霸权形式的知识。赛义德的理论主旨在于解构东方学和批判文化霸权主义,但他并没有揭示比这更重要的问题——文化产生霸权的机制。在此问题上,赛义德犯了"结论先行"的错误。文化之所以能够成为一种"霸权","功夫"主要不在文化本身,而在于文化之外的政治、经济、科技等因素及其与文化的协同作用;文化霸权之所以能发挥效用,在于政治、经济霸权的强力支撑,没有后者的鼎力相助,文化霸权只能流于空谈和幻想。

如果说文化是一种"软权力",那么,这种"软权力"只有建立在"硬权力"基础上才能真正成为权力。文化这一"软权力"只有凭借政治、经济的"硬权力"才能形成霸权,而文化霸权的实施归根到底是为了获取更多的政治、经济利益,其实际意义就在于,为西方国家实现自己的利益提供合法性。运用文化力量谋取政治、经济利益是文化霸权的出发点和归宿点。马克思指出:"人们奋斗所争取的一切,都同他们的利益有关"③,并认为追求利益是人类一切活动的动因,利益对政治权力具有决定作用。马克思的这一论断对于我们理解当今的文化霸权主义仍具有现实针对性。

侧重于话语反抗,忽视"革命"和对殖民的有效抵抗,这是后殖民主义的第二个理论局限。

后殖民主义注重对西方霸权的文化抵抗和话语反抗,并认为通过文化抵抗,诉诸话语反抗就可以达到颠覆西方文化霸权之目的,"诉诸理论就会对物化以及物化所凭恃的整个资本主义制度造成毁灭性威胁"。由此可见,后殖民主义"以概念或理论替代真实经验",既淡化了物质形式的殖民压迫,又淡化了对殖民权力的有效抵抗。用艾贾兹·阿赫默德的话说就是,后殖民主义在"纸上谈兵"。

---

① 《马克思恩格斯选集》第 4 卷,第 732 页。
② 〔美〕阿里夫·德里克:《后革命氛围》,第 172 页。
③ 《马克思恩格斯全集》第 1 卷,第 82 页。

正因为如此,德里克主张以"后革命"取代"后殖民",并称后殖民主义是一种"反革命"的理论。按照德里克的观点,后殖民主义以文本代替历史,在概括现代历史时,剔除了历史中的革命替代物,以后殖民性同化之,或者常常干脆视而不见;更重要的是,后殖民主义根本不把革命看作是有意义的历史事件,不仅没有认真考察昔日革命,以之作为自身产生的可能条件,反而企图将自身乌托邦化的影像投诸过去。

德里克对后殖民主义的批判并非无的放矢,的确切中了后殖民主义的命脉。后殖民主义采用文化主义的分析方法,将文化看作是社会变化和发展的决定性力量,以文化手段消解和颠覆西方的文化霸权,以思想理论来抵制、对抗有着严密结构和体系的整个西方霸权,最终落到马克思所批判的那种"仅仅反对这个世界的词句"的境地。批判的武器不能代替武器的批判,物质力量最终需要物质力量来摧毁。"历史的动力以及宗教、哲学和任何其他理论的动力是革命,而不是批判。"①把文化看作人类历史变化的主动因,将社会发展看作理论的结果,实际上是在重新铭刻黑格尔的模式,而这一模式是马克思早在150多年前就已批判过的。

注重文化"杂交性",掩盖不平等和权力差异,这是后殖民主义的第三个理论局限。

后殖民主义非常强调文化的"杂交性",并把它作为反本质主义和文化霸权主义的一个重要策略。赛义德、巴巴等人对文化"杂交性"的称赞似乎有点"普天同乐""四海之内皆兄弟"的味道,然而,这只是他们的一厢情愿而已。在当代,东西方之间在政治、经济、科技、文化、军事等方面的实力仍是不平衡的,东西方之间的关系仍是不平等的。阿赫默德认为,后殖民主义对文化"杂交性"的赞美没有强调今日文化权力之间不平等的关系,问题就在于,"到底要把自己杂交进谁的文化? 按谁的条件进行?"阿赫默德的两句发问,的确是一语中的。换言之,谈论文化"杂交"首先必须搞清谁在"杂交"谁? "杂交"的主体是谁? 谁有权"杂交"? 按谁的条件进行"杂交"? 在当今不平等的关系格局下,如果没有厘清这些重要问题而奢谈"杂交",在某种意义上也就为作为强势方的西方借"杂交"之名推行殖民侵略提供了合理的托词。

实际上,所谓的文化"杂交",也是西方发达国家实施霸权主义的一项重要

---

① 《马克思恩格斯全集》第3卷,第43页。

策略,是帝国主义意识形态对非西方社会的渗透。因此,单凭文化的"杂交性"不仅无法消除东西方之间的不平等关系,而且在更大程度上使这种实际的不平等进一步普遍化、全球化。后殖民主义对不平等的掩饰也就意味着对东西方之间的权力差异的掩饰。正如德里克所说,一味坚持混杂性,"不仅掩饰了意识形态的位置,还掩饰了随着位置的不同而产生的权力差异"①。由于后殖民主义片面强调文化"杂交性",忽视或掩盖了东西方之间的不平等和权力差异,所以在客观上为西方的文化霸权主义、文化全球化作了辩护,最终与西方文化霸权主义殊途同归。

忽视阶级,没有指明反殖民的主体,这是后殖民主义的第四个理论局限。

后殖民主义在忙于文化"杂交"时,既没有注意到西方国家内部的阶级结构,也忽视了东方国家内部的阶级关系,只是关注民族、种族和性别,无视或忽视阶级分析方法。阿赫默德认为,后殖民主义拒绝接受马克思主义的一个明显后果,就是较少地从阶级的视角,而较多地从民族、种族的视角看待由殖民地和宗主国构成的世界,没有把帝国主义本身视为全球资本主义条件下具有阶级结构的一种制度,没有反映文化本身的物质生活条件,没有考虑"哪些阶级在掌权"②,只是寄希望于民族主义与帝国主义的搏斗。

正因为如此,阿赫默德立足于马克思主义的阶级理论,试图把后殖民主义化入以阶级为基础的分析模式,并强调指出,当今世界既不是西方和东方或北方和南方之间的斗争,甚至也不是前宗主国强权帝国和新独立国家之间的斗争,而是全球结盟阶级之间的斗争。应该说,阿赫默德在分析后殖民问题时,坚持马克思主义的阶级分析方法,矫正后殖民主义以民族、种族问题排斥阶级问题,以文化分析排斥阶级分析的弊端,是颇有见地的。

后殖民主义关注"边缘""他者""属下""少数""女性",似乎依靠这些"主体"就可达到反殖民的目的。然而,这些所谓的主体并不能担当反殖民的历史重任。正是由于忽视阶级和阶级斗争,后殖民主义才找不到反殖民的真正主体。特丽萨·埃伯特坦言,后殖民主义"避免阶级问题——这是历史代理的唯一场所。它如此做的第一步就是将阶级表现为一个过时的观点,然后再以一种合乎潮流的姿态将联盟主体定位在认同政治中。最后,我们得到的是一系

---

① 〔美〕阿里夫·德里克:《后革命氛围》,第 129 页。
② 〔英〕巴特·穆尔-吉尔伯特等:《后殖民批评》,杨乃乔等译,人民出版社 2001 年版,第 353 页。

列的主体：一个女性主义主体，一个非裔美国人，一个拉美人和一个同性恋主体……这些零零碎碎的主体……在我看来全都在假冒代理主体"①。在一个到处渗透着资本的世界里，真正的反殖民主体既不是"少数"，也不是"女性"和"民族""种族"，"惟一的历史代理者是资本的他类——靠工资为生的人"②。

我注意到，后殖民主义从殖民角度"重写现代性"，从文化角度重新解读殖民以及东方与西方的关系，不乏真知灼见。但是，我又不能不指出它的理论失误。后殖民主义的理论失误并不在于从文化角度解读殖民，而在于过分倚重于文化主义的分析范式，过分倚重文本话语批判，没有处理好文化批判与政治、经济批判的关系。后殖民主义关注西方文化霸权的"揭秘""解码"并不为错。问题在于，它片面强调了语言对"思想非殖民化"的重要性，并"沉溺在话语之中，对那些起作用的社会经济政治体制以及其他社会实践形式漠不关心"③。在这个问题上，后殖民主义毕竟走得太远了，走到了逻辑终点。这使我不禁想起了马克思的名言："有一个好汉一天忽然想到，人们之所以溺死，是因为他们被关于重力的思想迷住了。如果他们从头脑中抛掉这个观念，比方说，宣称它是宗教迷信的观念，那末他们就会避免任何溺死的危险。"④

---

① 谢少波等：《文化研究访谈录》，第 54 页。
② 谢少波等：《文化研究访谈录》，第 55 页。
③ Benita Parry, Problems in Current Theories of Colonial Discourse, in *Oxford Literary Review*, No. 9, 1997, p.43.
④ 《马克思恩格斯全集》第 3 卷，第 16 页。

后马克思主义：历史语境与多重逻辑

1950 年,匈牙利裔哲学家波兰尼在《个人知识:走向一种后批判哲学》中首先提出了"后马克思主义"这一概念,尽管这一概念在《个人知识》中仅仅出现一次,但它却意味着一种不同于传统马克思主义的理论规划开始萌发。正因为如此,"后马克思主义"这一概念并没有"昙花一现",相反,从 20 世纪 60 年代开始在西方思想界流传,并引起人们的广泛关注。1973 年,贝尔在《后工业社会的来临:对社会预测的一项探索》中再次提出"后马克思主义"这一概念,并认为后马克思主义就是用马克思关于资本主义发展的"第二种图式"来分析后工业社会的社会结构,重新审视资本主义的积累问题。1985 年,拉克劳和墨菲出版了《霸权与社会主义战略:走向激进民主政治》。正是在这部著作中,作为一种新的理论规划,后马克思主义得到了深入分析和系统论证,并由此成为一种有重大影响的社会思潮。如何深入分析后马克思主义的理论逻辑,辨析它们对马克思主义的批评,构成了建构马克思主义哲学当代形态绕不过的课题。

一、后马克思主义产生的历史语境

哲学是思想所集中表现的时代。任何一种哲学理论或社会思潮的产生都不可能脱离它的时代,都有其特定的历史背景。哲学不像文学,不是以人物、情节、故事,而是以概念、命题、规律来反映对象,似乎与时代无关。实际上,任何哲学都是对时代课题一种或直接或间接、或多或少的理论解答。无论是法国启蒙哲学明快泼辣的"个性",还是德国古典哲学艰涩隐晦的特征,无论是存在主义消极低沉的情绪,还是解构主义高深莫测的"个性",离开了它们各自的时代,都是无法理解的。

对后马克思主义的理解和把握也只能如此。在我看来,后马克思主义是一种与后现代思潮相重叠,并对传统马克思主义和西方马克思主义进行解构或重构的政治理论、哲学思潮。20 世纪 60—70 年代西方社会的转型,即从现代工业社会转向"后工业社会"、从现代资本主义转向"后资本主义"构成了后马克思主义得以产生的历史背景。

从根本上说,20 世纪 60—70 年代西方社会的转型是生产方式的转变,这一转变体现为从组织化生产转向弹性生产。

在 20 世纪 70 年代以前,以福特主义为基础的组织化生产是西方社会的主体结构,它一方面解决了自由资本主义时期生产无计划性的问题,另一方面通过刺激消费实现对生产的引导,并把个人的消费活动纳入到了规划之中,个人成为消费规划的执行者。这种福特主义体制在 20 世纪 70 年代发展到了自身的极限。普遍存在的通货膨胀暴露出西方社会过量的生产力与资本市场的不匹配,引发了世界范围的资产市场的崩溃;发达国家向发展中国家的大规模投资,使得西方国家生产形式和管理方式发生了变化;石油输出国组织提高油价,以及阿拉伯国家一度禁止向西方出口石油,使得西方国家必须通过技术和体制变革来寻找节约能源的出路,这就导致了资本空间布局的改变,形成了一种与福特主义完全不同的经济、政治和社会调节系统。这种调节系统依靠的就是"同劳动过程、劳动力市场、产品和消费模式有关的灵活性",即所谓的"弹性生产",并使"灵活积累"成为跨国资本主义时代的资本积累机制。

同时,随着电子计算机及其应用的普及化,科学成为生产过程中越来越重要的因素,电子网络成为资本世界市场构成的主要技术构架,先进的电脑系统能够容纳全新而强大的数学模型,能够高速执行交易;随着资本的金融化、虚拟化,资本完全摆脱了物质形态的束缚,获得了最大限度的自主权和灵活性,而复杂的电信系统即时连接全球的金融系统,线上管理让资本得以跨越国界,横跨全世界而运作:以微电子技术为基础的生产活动促成零件的标准化,使最终产品能够以弹性生产的方式定制,并以国际组装组织起来。"当前资本主义国家中的社会秩序可以被看成是新技术与资本主义的一种综合,其特点是新的技术、社会及文化形式与资本主义生产关系相结合,构成了我们这个时代的社会母体。"①

生产方式的这一重大变化导致西方学者对马克思主义的生产理论进行反省。

生产结构的变化必然导致阶级构成的变化。随着知识与技术成为西方社会的主体结构,以及所有权与管理权的分离,"生产力(技术)取代了社会关系(财产)而成为社会的主要轴心",这就对传统马克思主义提出了挑战。这种挑战可以概括为:"社会生产力已成为工业的,但这是各种政治制度的共同情况;社会生产关系已成为官僚主义的,所有权在其中的地位缩小了。"②这一方面使企业以至整个社会的官僚科层化了,另一方面又使新的阶层(特别是技术和白领行业)上升到社会的主导地位,从而改变了阶级的构成和性质。这是其一。

其二,全球资本的形成使越来越多的发展中国家劳动力进入资本市场之中,形成了多重剥削关系;社会物质基础的差异,使发展中国家的"工人"与发达国家的"工人"并不是处于同一社会层面上,什么是工人阶级因此成为一个令人难以回答的问题。

其三,消费社会的兴起使社会主体不再锁定在阶级这个"普遍主体"上,而是弥散在学生、少数族群、环境保护主义者、反战分子以至同性恋者、失业者等边缘人群上,这些人反对组织化生产的压抑甚至通过吸毒来对抗现实。从表面上看,消费社会是一个充分体现个性的社会,实际上是一种以通过被编码的意象实现的对大众全面控制的社会。正是这一原因,产生了许多反抗消费社会的边缘人群。阶级构成和性质的变化、多重剥削关系的形成以及边缘人群的产生,加上种族问题和女性主义的兴起,使得传统马克思主义的阶级理论受到了质疑。

阶级构成的变化又必然导致社会斗争的内容和形式发生变化。随着战后西方经济的发展和社会控制的全面化,社会斗争也分散在社会生活的各个领域中进行了。"在现代宏观政治概念中,冲突力量之间争夺的是对扎根于经济

---

① 〔美〕凯尔纳等:《后现代理论:批判性的质疑》,张志斌译,中央编译出版社 2006 年版,第337—338 页。
② 〔美〕丹尼尔·贝尔:《后工业社会的来临》,第 92 页。

和国家中的中心化权力之源的控制权,而在后现代微观政治概念中,无数的局部群体争夺的是散布于整个社会中的分散的、非中心化的权力形式。"①例如,随着环境的恶化而产生的生态主义运动,其斗争对象是生产方式与整个社会发展的规划问题;学生运动反对的是消费社会所带来的对个性的压抑和科层制所导致的学生地位的边缘化,追求的是"总体的人";对于黑人来说,首要的问题是种族隔离;对于妇女来说,资本统治是一种男性统治,反对资本的斗争实际上就是反对男性统治的斗争,如此等等。

过去以阶级斗争为目标的斗争策略被分散了,阶级主体也被分散了,即分散为不同领域中的斗争群体,如何将这些斗争联合起来,这一问题已经超出了传统马克思主义的理论域。拉克劳和墨菲指出:"新女性主义的兴起,少数族群的、民族以及性征上的少数人的抗议运动,边缘人群发动的反制度的生态保护运动,反核运动,处于资本主义边缘地带的国家中所发生的种种不定型的社会斗争,所有这一切都意味着社会的冲突性质扩展到更加宽广的范围","当代社会斗争的复杂性和多样性不可改变地消解了那种宏大政治想像的最后基础"。②

历史情境的变化必然导致思想语境的变迁。从总体上看,西方马克思主义的逻辑终结和后现代主义的产生,构成了后马克思主义得以产生的思想语境。

资本主义进入到组织化生产体系之后,西方马克思主义对此进行了较为深刻的批判。按照卢卡奇的观点,随着泰勒制的普及化,资本主义的"物化"从社会结构渗透到心理结构,使人从身体到心灵发生了全面"物化";与这种物化同时发生并以此为基础的是资本主义意识形态的物化,这种物化体现为思想领域的"二律背反",即主体与客体的对立;资产阶级思想家不可能解决这一"二律背反",只有无产阶级在历史实践中形成的阶级意识,才能真正地解决主体与客体的"二律背反"。卢卡奇把马克思主义社会关系批判理论发展为生产结构批判理论,并把它与主体性、同一性和总体性理论结合起来甚至融为一体了。

法兰克福学派把马克思主义的批判精神延伸到了文化领域,揭示出资本

---

① 〔美〕凯尔纳等:《后现代理论:批判性的质疑》,第64—65页。

② Laclau, et al., *Hegemony and Socialist Strategy: Towards a Radical Democratic Politics*, Verso, 2001, p.1, p.2.

主义社会的工具理性特征。霍克海默和阿多诺(又译阿多尔诺)既揭示了工具理性的深层文化根源,又结合大众文化的兴起揭示出工具理性已经渗透到人的存在的所有领域,并通过大众文化使人们自觉地服从于工具理性的统治。在霍克海默和阿多诺看来,这是主体自觉走向理性操控与支配,以主动的态度完成了当代资本主义社会操控的"总体性"。正是在这样的语境中,卢卡奇的总体性理论成为阿多诺《否定辩证法》批判的对象。

在阿多诺看来,"矛盾是同一性掩盖下的非同一性",因此,"辩证法是始终如一的对非同一性的意识"[1],否定的辩证法就是通过解释、批判现实来否定、废除现实。阿多诺对同一性的批判不仅是哲学批判,而且是政治批判、社会批判,是对资本主义制度的批判。这种批判极为强调"异质性和独特性",反对"屈从于世界的抽象同一性",自觉意识到资本主义这一"物化世界"是被资本同一性逻辑整合起来的"被管理的世界",意识到在这个"奴役一切的同一性原则之下,任何不进入同一性的东西、任何在手段领域逃避计划的合理性的东西都成为同一性带给非同一物的灾难而进行的可怕的报复"[2],意识到"同一性,作为总体性,具有本体论的优先性,这是通过将非同一的间接性提升为绝对的存在概念的等级中实现的"[3]。

因此,当阿多诺强调否定的辩证法,强调"松散星丛"的连接作用时,实际上已经打破了以主体—客体辩证法为中心的总体性理论,"碎片"的意义被展示出来了。阿多诺从根本上否定西方马克思主义的主体性、同一性和总体性的理论模式和思维方法,向我们展示了不同于西方马克思主义的另一种思维方式,并具有后现代主义的意蕴。正是在这个意义上,阿多诺否定的辩证法的形成,标志着西方马克思主义的逻辑终结。

与西方马克思主义逻辑终结同时发生的是后现代主义的兴起。后现代主义反对启蒙理性所建构的主体性、同一性、总体性,代之以非主体、非中心、碎片,并力图通过对现代性的重新审视来实现对西方文化的重新编码。从总体上看,后现代主义是对后工业社会,即当代资本主义社会的一种文化反映,或者说是晚期资本主义的文化逻辑。

按照后现代主义的观点,在现代化过程中,资本主义不仅"合法化"了,而

---

[1] 〔德〕阿多尔诺:《否定的辩证法》,张峰译,重庆出版社 1993 年版,第 3 页。
[2] 〔德〕阿多尔诺:《否定的辩证法》,第 319 页。
[3] 〔德〕阿尔多诺:《否定的辩证法》,第 119 页。

且被定于一尊,成为一种专制性的权威,"忘记如何进行历史性思考",即忘记了资本主义自身的历史性。所以,"最稳妥把握后现代主义这一概念的办法,就是把它看作是一个已经在忘记如何进行历史性思考的时代里去历史性思考现实的一种努力"①。正是在这种"历史性思考"过程中,后现代主义为日渐病入膏肓的资本主义社会开出一剂药方——"向同一性开战"。

后现代主义重在"向同一性开战""对总体性发动战争",它推崇异质成分,拒斥中心主义、本质主义和基础主义;同时,后现代主义又是一种"针对元叙事的怀疑态度"②,而所谓的元叙事,就是指黑格尔式的思想传统——"纯思辨理论叙事"和法国大革命式的思想传统——"自由解放叙事",前者注重同一性、总体性的思维模式,后者注重人文独立解放的思维模式。在利奥塔看来,后现代主义就是致力于对"元叙事"或"宏大叙事"的批判,致力于对同一性的消解,以增强对差异性的敏感,促成对不可通约事物的宽容能力。

后现代主义提供了一种"另类"思维方式,并一度成为西方思想界的主导思潮,几乎成为一种"流行病"。以后现代主义的思维方式来反思传统马克思主义和西方马克思主义,那么,主体性、实践活动、阶级斗争、革命策略、经济基础与上层建筑的二分法、人的自由解放等重大理论都具有同一性或总体性,都属于"元叙事"或"宏大叙事",都是现代性的、形而上学式的概念,体现了一种理性的控制与支配,体现了本质主义、基础主义和中心主义。一句话,在后现代,需要对马克思主义进行解构或全面修正。

由此可见,20 世纪 70 年代西方社会的历史情境和思想语境的变化,向马克思主义提出一系列具有根本性质的问题,正是对这些问题的思考,促使后马克思主义产生。拉克劳和墨菲指出:"我们相信,通过把我们定位在后马克思主义领域,我们不仅澄清了当代社会斗争的意义,而且也赋予了马克思主义以理论尊严,马克思主义的理论尊严只能来自对它的局限性和历史性的认识。只有承认它的局限性和历史性,马克思主义才能在我们的思想传统和政治文化中常在常新。"③

---

① Fredric Jameson, *Postmodernism*, *Or*, *The Cultural Logic of Late Capitalism*, Duke University Press, 1991, p.9.
② 王岳川等:《后现代主义文化与美学》,第 76 页。
③ Ernesto, et al., Post-Marxism Without Apologies, in *New Left Review*, No. 166, November-December, 1987, p.106.

二、后马克思主义的三种理论逻辑

从词源学的角度看，"后马克思主义"这一概念首次出现在波兰尼的著作《个人知识》中。在这部著作中，波兰尼用"后马克思主义"这一概念来指称斯大林逝世之后东欧社会主义国家的思想解放过程。所以，波兰尼提出的"后马克思主义"实际上是"后斯大林主义"。只不过在波兰尼的视野中，马克思主义与斯大林主义是同一个概念。

波兰尼之后，不同的学者赋予"后马克思主义"以不同的含义。杰姆逊断言：伯恩斯坦是"第一代后马克思主义者"；齐泽克认定，黑格尔是"第一个后马克思主义者"；图雷纳力图建构"后马克思主义的分析范式"；柯亨则力图为"后马克思主义的批判分层理论"奠定基础；贝尔自称"后马克思主义者"，但其主导思路又显然不同于拉克劳和墨菲的"后马克思主义"。"后马克思主义"这一概念从出现之日起，就是一个使用得较为混乱的概念。

在我看来，后马克思主义不同于存在主义的马克思主义、结构主义的马克思主义、分析的马克思主义等思想流派，它没有思想领袖，没有统一主张甚至没有同一脉络。因此，界定明确的后马克思主义并不存在。我宁愿把后马克思主义看作是一场围绕着马克思主义的某些话题、某些观点而展开的争论。因此，在讨论后马克思主义时，应当分清其中的不同的理论逻辑。

从理论逻辑看，后马克思主义可分为三种不同的主导思路：曾经是马克思主义者或深受马克思主义的影响，后用后现代主义否定马克思主义；以后现代主义解构马克思主义，同时又在一定意义上继承并重构马克思主义的批判理论；从马克思的思想中寻求后马克思主义的理论资源，并认为后马克思主义是马克思主义的当代形态。

利奥塔、鲍德里亚是第一种后马克思主义逻辑的主要代表。

早期，利奥塔是左派马克思主义组织"社会主义或野蛮"的重要成员，关注的核心问题是在资本主义社会如何实现革命。但在后期，利奥塔脱离了"社会主义或野蛮"组织，并否定马克思主义。按照利奥塔的观点，辩证逻辑在马克思那里只是一种"纯粹的风格语言"，当代资本主义的发展已经不再遵循马克思所揭示的辩证逻辑的发展方式；马克思的思考仍然是以一种理性为中心的思维方式，仍然是对同一性的追求，属于"元叙事"；正是"元叙事"使得现代科学合法化和社会体制权力合法化了。站在后现代主义的立场上，利奥塔反对以矛盾的二元对立为动力的总体性理论，强调"对总体性发动战争""激活差异性"。

在这样的语境中，马克思主义的阶级斗争理论受到全面批判："二分原理的社会基础，即阶级斗争，已经朦胧得失去了任何激进性，批判模式终于面临失去理论根据的危险，它可能沦为一种'乌托邦'，一种'希望'，一种为了荣誉而以人的名义、理性的名义、创造性的名义或社会类别（如第三世界或青年学生）的名义提出来的抗议，这个社会类别在最后时刻被赋予批判主体的功能，但这样的功能从此将变得不大可能。"①为了逃避"元叙事"的制约，一种以误构为取向的后现代知识或后现代主义的马克思主义成为利奥塔的理论取向。这种所谓的后马克思主义实质上是否定马克思主义的一种理论形态。

与利奥塔一样，鲍德里亚也对马克思主义提出了根本性的批判。早年，鲍德里亚深受马克思主义影响，并力图实现马克思主义批判理论与精神分析理论、符号学理论的融合，但在这种理论运演过程中，鲍德里亚的思路与马克思的逻辑产生了背离。在鲍德里亚看来，马克思主义以生产理论作为分析、批判资本主义社会的理论基础，实际上是在幻象中批判资本主义社会，是对现实社会的意识形态证明。

通过劳动概念批判、历史唯物主义人类学的自然观念批判、历史唯物主义原始社会分析批判、历史唯物主义奴隶社会与封建社会分析批判，以及历史唯物主义与政治经济学体系内在关联批判这五个批判，鲍德里亚认为，历史唯物主义及其社会批判理论实际上是站在资本主义政治经济学的立场上，论证了资本主义社会的合法性；能够真正取代资本主义政治经济学体系的，是以消费模式为中心的象征交换理论，只有象征交换理论才能超越现代理性和形而上学②。对马克思主义生产理论的批判，对阶级主体的解构，使鲍德里亚将各种"边缘人"作为斗争的主体，并认为对这个世界的最终反抗只能是病毒、癌变等方式。鲍德里亚逐渐走向一种虚无主义的理论建构，并最终告别了马克思

---

① 〔法〕利奥塔尔：《后现代状态：关于知识的报告》，车槿山译，生活·读书·新知三联书店1997年版，第25页。

② Jean Baudrillard, *The Mirror of Production*, Translated by Mark Poster, Truss Press, 1975; Jean Baudrillard, *Symbolic Exchange and Death*, Translated by Iain Hamilton Grant, Sage Publications Ltd, 1993.

主义。

德里达、拉克劳和墨菲是第二种后马克思主义逻辑的主要代表。

德里达从后现代主义出发力图建立一种"解构的马克思主义"。这种"解构的马克思主义"实际上也是一种后马克思主义。一方面,这种"解构的马克思主义""求助于某种马克思主义的批判精神","忠实于总是在原则上构成马克思主义而且首要地是构成马克思主义的一种激进的批判的东西"①。在德里达看来,只有马克思主义的批判精神才能揭示当代资本主义的真实面目;同时,"尝试将马克思主义激进化的做法可以被称作是一种解构",而且"除了是一种激进化之外,解构活动根本就没有什么意义或主旨"②。这就是说,解构、批判、激进化是同一序列的范畴,具有同样的功能。德里达之所以想建立这样一种后马克思主义,就是要"使这种马克思主义的批判适应新的条件",并"结出硕果"③。

另一方面,这种"解构的马克思主义"所要继承的马克思主义的批判精神又是同马克思主义的其他精神区别开来的,因为后者被纳入到本体论、形而上学体系之中,被固定在劳动、阶级这些基本概念中,是必须抛弃的。问题在于,任何一种主义的根本精神或本质特征都是在其他精神、基本概念、理论体系的演绎中呈现出来的。如果马克思主义的其他精神、基本概念、理论体系都被抛弃了,那么,作为马克思主义本质的批判精神就难免虚无缥缈了,只能成为"某种解放的和弥赛亚式的声明",成为"某种允诺"。对德里达来说,马克思主义实际上喻示着一种乌托邦精神,一种理论意象。在这里,全球化时代的实践批判变成了文化意义上的形而上学解构。

与德里达后马克思主义思路相近的是拉克劳和墨菲的后马克思主义。正是通过拉克劳和墨菲的努力,后马克思主义的"所有主题和最后结论"都得到了阐述和总结,并由此获得了一种招牌式的效应。拉克劳和墨菲也因此成为后马克思主义的旗手和典型代表,而《霸权与社会主义战略》则被称为"最深刻的后马克思主义著作"。

在《霸权与社会主义战略》中,拉克劳和墨菲明确表达了他们的理论意图,并对后马克思主义作了精心规划和细致阐述。按照拉克劳和墨菲的观点:"为

---

① 〔法〕德里达:《马克思的幽灵》,第122、124页。
② 〔法〕德里达:《马克思的幽灵》,第129页。
③ 〔法〕德里达:《马克思的幽灵》,第122页。

了按照当代的问题重新阅读马克思主义理论,必须包含着对它的理论核心范畴的解构。这就是我们所说的'后马克思主义'。"①后马克思主义就是要"通过减缩马克思主义理论的自负与有效性范围",与马克思主义理论中"深层的东西,即通过它的范畴来把握宏大历史的本质和根本意义的强烈的一元论倾向,发生一种根本性的决裂"。"只有抛弃了任何以'普遍阶级'的本体论优先地位为基础的认识论特权,我们才能深入讨论马克思主义范畴有效性的现实程度。正是在这一点上,我们应该很清晰地申明:我们正处于后马克思主义(post-Marxist)领域中。已经不再可能去坚持马克思主义所阐述的阶级和主体性概念,也不可能再坚持马克思主义关于资本主义历史发展进程的观点,当然也不再能坚守马克思主义关于共产主义是没有对抗的透明性社会的看法。在这本书中,如果我们的知识规划是后马克思主义(post-Marxist)的,显然它也是后马克思主义(post-Marxist)的。"②

可以看出,马克思主义的实践理论、主体理论、阶级理论、资本主义理论和共产主义理论都成为拉克劳和墨菲重新审视的对象,都受到了他们的理论改造。拉克劳和墨菲在理论目标上将自己的理论归属于马克思主义的问题域中,但这种归属又是通过解构马克思主义的传统,并在新的历史条件下重新解读马克思主义而完成的。

以"链接"的方式将不同的主体和不同领域的斗争"缝合"起来,构成一种新的激进批判力量,这是拉克劳和墨菲后马克思主义的理论方向。在拉克劳和墨菲看来,社会是围绕对抗关系而构成的,而在当代资本主义社会,对抗形式已经多元化,各种边缘人群、各种社会领域、各种"新社会运动",如绿色运动、女权运动、和平运动、少数族群运动以至同性恋,等等,都成为反抗不平等、抵制压迫、建立新的权利关系的斗争主体和斗争场所。这是其一。

其二,在这样一个主体多样化、对抗多元化的后现代社会,"坚持本来就成问题的阶级斗争观念已毫无意义"③,通过一个作为"普遍主体"的特定阶级来解放全人类已绝不可能。

其三,社会主义的实质就是建构激进民主,而激进民主就是承认社会主体

---

① 〔英〕拉克劳等:《后马克思主义的理论和实践》,尹树广译,载《马克思主义与现实》2003 年第 2 期。

② Laclau, et al, *Hegemony and Socialist Strategy: Towards a Radical Democratic Politics*, p.4.

③ Laclau, et al, *Hegemony and Socialist Strategy: Towards a Radical Democratic Politics*, p.159.

的多样性,确认任何一个主体都不可能成为凌驾于其他主体之上的普遍主体、永恒中心;哪一个主体能够把社会的多重主体链接成一个"联邦体",哪一个主体就获得了政治认同的主导权,即获得了"霸权"。为此,拉克劳和墨菲力图改造和超越葛兰西的霸权理论,"走向一种新的霸权概念"。

按照葛兰西的观点,在主导规定上,霸权是指市民社会中具有政治规划意义的文化领导权;在霸权的建构中,经济具有根本作用,主体是无产阶级,霸权就是以无产阶级为主导的阶级之间的联合,尤其是无产阶级与农民的联合。

拉克劳和墨菲站在后现代主义的立场上对葛兰西的霸权概念进行了改造:首先,以后期维特根斯坦的话语理论将霸权改造为一种具有话语链接特征的概念;其次,以阿尔都塞的多元决定论对霸权进行一种多中心化的解释,认为霸权是由各种不同质的内在要素构成的链接体,而各种要素处在同一个平面上;再次,以德里达的解构理论反对任何来自中心的解释,强调对经济决定作用、无产阶级的主体作用的解构。

这样一来,霸权概念就具有了后现代意蕴。拉克劳和墨菲认为,当下的社会是由话语链接而成的,经过改造后的"霸权"恰恰构成了链接各种不同主体并构造激进批判主体的重要方案,是建构激进民主的重要策略。

"拉克劳和墨菲的后马克思主义试图在 20 世纪晚期从作为全球文化和政治力量的马克思主义的崩溃中挽救马克思主义,并对之进行调整、重新定位,从而使马克思主义在迅速变化的文化氛围中呈现出新的意义。"①西姆的这一评价具有合理性。拉克劳和墨菲的确想使马克思主义在当代"呈现出新的意义",并认为只有通过马克思主义才能"阐发出一种新的政治观念";拉克劳和墨菲坚信他们的理论探索"并没有拒绝马克思主义",甚至"根基在马克思主义那里"。

可问题在于,拉克劳和墨菲反对马克思主义的分析范式,并解构了马克思主义的核心范畴,抛弃了马克思主义的基本观点,实际上已经脱离了马克思主义的根基。拉克劳和墨菲的后马克思主义最具独特性,也最具内在矛盾性的地方就在于,它以同马克思主义脱离、决裂的方式来弘扬马克思主义的批判精神,重申社会主义的价值目标。可是,这是一个不可解决的悖论。

与上述两种后马克思主义具有不同逻辑的,是贝尔的后马克思主义。

---

① Stuart Sim, *Post-Marxism: An Intellectual History*, Routledge, 2001, p.1.

在贝尔那里,"后马克思主义"是与"后工业社会"密切相关的概念。"后马克思主义时期中经理与业主的分离,企业的官僚科层化,职业结构的复杂化,这一切都使得一度明确的财产统治和社会关系的情况模糊了"①,但问题的关键在于,马克思的《资本论》第三卷就"对后工业社会的某些重要特征作了'准确'的预见"②,已经蕴含着能够面对后工业社会的思路,蕴含着后马克思主义的理论要素。

具体地说,在马克思那里,存在着两种社会变革的图式:一是《资本论》第一卷的图式,这是一种纯理论的图式,一种阶级分化和斗争的图式,其最后是社会主义革命的来临;二是《资本论》第三卷的图式。后一图式的核心在于,银行体系的发展和股份公司的出现开始改变资本主义社会的社会结构:一是银行体系的出现使一切可用的社会财富被交给资本家使用,资本积累开始以社会的方式完成;二是股份公司的产生使所有权与管理权发生分离,指挥生产的不再是资本家而是经理;三是白领工人不断增多,中产阶级正在形成并不断扩大。

按照贝尔的观点,在马克思主义理论体系中,第一种图式是显性的、主导的思想,但问题在于,当代资本主义社会并没有按照第一种图式运转;第二种图式是隐性的、微弱的思想,但问题在于,它蕴含着能够面对后工业社会的思路,当代社会发展理论实际上是在与第二种图式"对话"。在这样一种思考的基础上,贝尔把自己依据《资本论》第三卷分析后工业社会的理论称为后马克思主义。在我看来,贝尔的后马克思主义具有二重性:一方面,它质疑了马克思主义的阶级理论和社会发展理论,并指责马克思主义忽视了政治的自主性;另一方面,它又开启了从马克思的思想中寻找后马克思主义理论资源的先河。

贝尔坚持从马克思思想中寻找理论资源,并结合当代资本主义的发展重新思考马克思主义的精神,在杰姆逊、贝斯特和凯尔纳等人身上得到延伸和体现。与贝尔相同,杰姆逊等人在后现代主义语境中坚守马克思主义,并认定马克思为我们确立了对待后现代的"恰当立场";与贝尔把马克思主义实证化不同,杰姆逊等人强调的是马克思主义的批判精神,并力图吸取后现代主义的成果来更新马克思主义。尽管杰姆逊否定自己是后马克思主义者,但他力图建

① 〔美〕丹尼尔·贝尔:《后工业社会的来临》,第84页。
② 〔美〕丹尼尔·贝尔:《后工业社会的来临》,第96页。

构的能够说明"后工业垄断资本主义"的"后工业马克思主义",实际上就是一种后马克思主义。

贝斯特和凯尔纳则一方面结合后现代主义,想建立一种合乎当代社会的多向度、多视角的社会批判理论,另一方面又针对后现代主义缺乏一种受社会制度中介的、能动的自我理论,强调在制度、话语及实践中建构新的主体,并重申马克思主义对资本主义的批判是当代社会批判理论的重要成分,必须将经济作为社会分析框架的核心要件。"在分析后现代社会理论所强调的消费社会、媒体、信息、计算机等现象时,马克思的范畴仍然是至关重要的。尽管后工业社会理论家和后现代社会理论家都提到了知识和信息的至关重要性,并将之视为新的社会组织原则,但是,不难看出,资本主义才是真正的决定性因素,它完全依照其自身的逻辑和利益,决定着什么样的媒体、信息、计算机以及其他技术和商品将被生产和分配。"因此,利奥塔、鲍德里亚等人在批判当代资本主义社会时,"同马克思对政治经济学和资本主义的批判割裂开来,这实在是一个严重的错误"①。

三、后马克思主义的意义与困境

后马克思主义自觉意识到当代资本主义社会的新变化,并力图揭示这种变化过程及其内在逻辑。贝尔揭示了资本主义社会的社会阶层和社会基础的新变化,认为"旧的社会关系(由财产决定的)、现有的权力的结构(集中于少数权贵集团)、以及资产阶级的文化(其基础是克制和延迟满足的思想)都正在迅速消蚀"②。卡斯特的"信息时代三部曲"从技术水平、生产结构、社会制度的变迁,到民族国家的发展与经济全球化的形成,再到自我的心理结构、社会认同、意识形态等领域变化,较全面地分析了随着网络兴起所造成的资本主义社会的新变化。对于我们来说,不管他们的分析是否正确,这种在新的历史语境中做出的新的思考及其对理论的历史意识却是值得我们关注的。

后马克思主义自觉吸收了当代社会科学的新成果,并展示出广阔的问题

---

① 〔美〕凯尔纳等:《后现代理论:批判性的质疑》,第338页。
② 〔美〕丹尼尔·贝尔:《后工业社会的来临》,第47页。

域。在一定意义上,后马克思主义打破了传统马克思主义研究中学科壁垒的局面,将哲学、经济、政治、文化等方面的内容融为一体,并把许多马克思主义过去没有关注或较少关注的问题纳入到自己的理论框架中。例如,在鲍德里亚的思想建构中,不仅吸收了西方马克思主义尤其是法兰克福学派的重要成果,而且还吸收了符号学、精神分析学、社会学以及媒介文化批评理论等思潮,论述的问题涉及哲学、社会学、符号学、媒介文化学等多种领域。此外,高兹对生态学与资本主义经济学的批判、苏贾对地理学的反思、哈特曼对马克思主义与女性主义关系的思考、齐泽克对当代电影的分析向我们展示出一幅丰富的理论画面。在这些思考中,不管是坚持马克思主义在后现代语境中的有效性,还是对马克思主义持一种批评态度,都在某种程度上继承了马克思主义的批判精神,并将这一批判精神融化到特定的理论分析中。在我看来,这恰恰是中国马克思主义哲学研究中所欠缺的内容。

后马克思主义的理论规划是想在当代资本主义历史语境中保持一种批判的立场,呈现马克思主义批判精神的当代意义。但是,正是在这里,后马克思主义陷入根本性的理论困境中。后马克思主义想在后工业社会与后现代语境中重建一种批判性的激进策略,把不同的主体和不同领域的斗争结合为带有"统一化"的斗争,并坚信"解构可以通过新的方式激发进步、解放和革命"[①]。问题在于,这样一种激进的姿态是真的面对了当代资本主义社会,抑或仅仅是一种话语革命?

正是基于这种反思,西方许多学者对后马克思主义的理论逻辑提出了质疑与批评。按照格拉斯的观点,拉克劳和墨菲的后马克思主义实际上是对马克思主义根本原则的拒绝,与其说是一种后马克思主义,不如说是一种修正主义。这是因为,拉克劳和墨菲否定了马克思主义的三个重要方面:一是阶级观点;二是对资本主义生产关系起解放作用的社会主义;三是把社会与历史置于一种话语与理论框架中,而这正是传统修正主义的方法[②]。在雷诺兹看来,"后马克思主义把从语言学和符号学、哲学、文学、文化研究以及社会科学这一系列领域中汲取的,既冗长又深奥难解的话语集中在一起了。的确,这个标签出现在极其多样的语境中,遮蔽了它所采取的各种论断的异质性。也许把它看

---

① 杜小真等:《德里达中国讲演录》,中央编译出版社 2003 年版,第 102 页。
② Norman Geras, Post-Marxism?, in Stuart Sim ed., *Post-Marxism*, Edinburgh University Press, 1998.

作是一出有关斗争的戏剧,或者看作是某种理论运动更好"①。

后马克思主义看到了当代资本主义的新变化,看到了后工业社会所呈现出来的社会主体的多样化,特别是看到了一些"边缘人"对资本主义的抵抗运动的多元化,但它又没有解决如何使这些多元抵抗运动形成具有集体意志的斗争主体,构成具有明确目标的批判运动这一根本问题。更重要的是,后马克思主义把一切具有社会规定性的内容都化解为一种话语逻辑,并认为只有话语逻辑才是社会的真实存在,这就把马克思主义的实践批判精神转换为一种话语革命理论,并使社会主义的价值目标可望而不可即。在我看来,这种转换体现了当代资本主义社会知识分子的一种无奈与悲凉的情绪。也正因为如此,随着新世纪的到来,后马克思主义已经成为思想博物馆的标本陈列于世,而不是兴盛于世了。

---

① 〔英〕雷诺兹:《后马克思主义是超越马克思主义的激进的政治理论和实践吗?》,张明仓译,载《世界哲学》2002 年第 6 期。

附　　录

关于马克思主义哲学体系的历史沉思

马克思并不是一个把哲学课题化、体系化的职业哲学家，而首先是一个革命家，是一个以实现无产阶级和人类解放为毕生使命的革命家。为此，"马克思毕生都在研究资本主义这一社会形态，为了完成这一目标，他运用了辩证法和历史唯物主义进行解释，但他从来没有刻意地偏离这一宏大但仍然明确的目标，去构建一个成熟的哲学体系"①。但是，马克思又的确具有丰富而深邃的哲学思想，其基本观点之间的确存在着内在的逻辑联系和体系。正如列宁所说，"马克思主义是马克思的观点和学说的体系"②。这种丰富而深邃的哲学思想、存在着逻辑联系的基本观点及其体系，存在于马克思的各种论战性著作中，存在于形而上学批判、意识形态批判和资本批判的著作中，需要我们解读并加以解释。问题在于，任何一种解读、解释都受到历史条件、文化传统、知识结构和价值观念的制约，因此，马克思主义哲学体系在不同的国家及不同的时期必然具有不同的形式。本文拟就马克思主义哲学体系的演变及其规律作一历史考察和理论反思，以期深化我们对当代中国马克思主义哲学的话语体系、学科体系和学术体系的研究。

一、苏联马克思主义哲学体系的形成与确立

在马克思主义哲学史上，首先建构马克思主义哲学体系的，是苏联③学者，先行者是德波林和布哈林，标志是德波林的《辩证唯物主义纲要》和布哈林的

---

① 〔美〕海尔布隆纳：《马克思主义：赞成与反对》，第7页。
② 《列宁全集》第26卷，第52页。
③ 1922年，以俄国为主体的苏维埃社会主义共和国联盟正式成立。为行文方便，本文把1917年俄国十月革命后到1922年苏联成立时的这一段历史也称为苏联时期。

《历史唯物主义理论——马克思主义社会学通俗教材》。

1916 年,德波林出版了《辩证唯物主义纲要》,建构了以"物质"为理论起点,以物质运动的辩证法为理论线索,包括唯物辩证法——自然辩证法——历史唯物主义三个部分在内的马克思主义哲学体系。这一体系在内容上包括唯物主义辩证法和历史唯物主义,但突出的是唯物辩证法,即辩证唯物主义。这是因为,在德波林看来,历史唯物主义是"唯物主义辩证法在社会中的运用"①。尽管德波林后来受到批判,但德波林的这一观点仍然对苏联马克思主义哲学体系产生了重要影响。

1921 年,布哈林出版了《历史唯物主义理论——马克思主义社会学通俗教材》。在这部著作中,布哈林提出了两个事关历史唯物主义全局的观点:一是"历史唯物主义理论是马克思主义的社会学",是"关于社会及其发展规律的一般学说"②;二是历史唯物主义是马克思主义理论"基础的基础","包括为数不少的所谓'一般世界观'的问题"③。在这两个观点的引导下,《历史唯物主义理论》系统阐述了社会与自然、社会与个人、人与物、人与观念、社会的技术装备与社会的经济结构、生产力与社会经济结构、上层建筑及其结构、社会心理与社会意识形态、阶级与阶级斗争、社会发展中的决定论与非决定论等观点,并在这种理论框架中专设一章"辩证唯物主义",以显示历史唯物主义"包括为数不少的所谓'一般世界观'的问题"。

问题在于,《历史唯物主义理论》过多地强调了历史唯物主义的"社会学"特征,而淡化了历史唯物主义的哲学性质;过多地强调了平衡论,而淡化了辩证法,甚至提出用"现代力学的语言"代替"辩证法的语言"。正是在这个意义上,列宁指出,布哈林"从来没有完全理解辩证法"④。

德波林的《辩证唯物主义纲要》和布哈林的《历史唯物主义理论》开启了建构马克思主义哲学体系的先河,但二者并没有把"辩证唯物主义"与"历史唯物主义"相提并论,并没有明确地把马克思主义哲学分为辩证唯物主义与历史唯物主义两个部分。首次明确地把马克思主义哲学分为辩证唯物主义和历史唯

① 引自安启念:《新编马克思主义哲学发展史》,中国人民大学出版社 2004 年版,第 168 页。
② 〔苏〕布哈林:《历史唯物主义理论——马克思主义社会学通俗教材》,李光谟译,人民出版社 1983 年版,第 7、6 页。
③ 〔苏〕布哈林:《历史唯物主义理论》序言,第 1 页。
④ 《列宁全集》第 43 卷,人民出版社 1987 年版,第 339 页。

物主义两个部分的是芬格尔特和萨尔文特编著的、1929 年出版的《辩证唯物主义和历史唯物主义》。正是在这个意义上,芬格尔特的《辩证唯物主义和历史唯物主义》标志着苏联马克思主义哲学体系,即辩证唯物主义和历史唯物主义"二分结构"体系初步形成。

米丁和拉祖莫夫斯基主编、分别于 1932 年、1934 年出版的《辩证唯物论与历史唯物论》上卷、下卷,则标志着苏联马克思主义哲学体系基本形成。《辩证唯物论与历史唯物论》分为两个部分。第一部分阐述的是辩证唯物论:当作宇宙观看的马克思主义;唯物论和唯心论;辩证法唯物论;唯物辩证法之诸法则;哲学中两条阵线上的斗争;辩证法唯物论发展中的新阶段。第二部分阐述的是历史唯物论:辩证法唯物论与唯物史观;论社会经济形态生产力与生产关系;资本主义的和社会主义的经济关系;关于社会群和国家的学说;过渡时期之政权与社会斗争;意识形态论;战斗的无神论;社会变革论;马克思主义和修正主义等。

在这种结构和体系的背后是这样一种指导思想:马克思主义哲学是"辩证法的唯物论",而"辩证法唯物论——这是一种完整的、彻底革命的、包括自然界、有机体、思维和人类社会的宇宙观"[1];历史唯物论则是辩证唯物论在社会生活领域的"运用",同时,历史唯物论的创立又"加深和发展哲学的唯物论","达到唯物论之彻底的发展"[2];辩证唯物论与历史唯物论具有一致性,二者之间存在着"直接的和不可分裂的联系",这就是,一般唯物论根据存在说明意识,历史唯物论根据社会存在说明社会意识。

《辩证唯物论与历史唯物论》明确地把马克思主义哲学分为辩证唯物主义与历史唯物主义两个部分,明确地把"物质"作为马克思主义哲学的理论基础和起点范畴,先阐述辩证唯物主义,然后再阐述作为辩证唯物主义在社会历史领域"运用"的历史唯物主义,从而建构了辩证唯物主义与历史唯物主义"二分结构"体系。米丁后来不无得意地自我评价道:"我把马克思主义哲学分为辩证唯物主义和历史唯物主义,这种分法被人接受,流传下来了。"[3]

问题在于,无论是"辩证唯物主义""历史唯物主义",还是"辩证唯物主义

---

① 〔苏〕米丁等:《辩证唯物论与历史唯物论》上册,沈志远译,商务印书馆 1936 年版,第 25 页。
② 〔苏〕米丁等:《辩证唯物论与历史唯物论》下册,沈志远译,商务印书馆 1936 年版,第 1 页。
③ 引自安启念:《新编马克思主义哲学发展史》,第 173 页。

和历史唯物主义"，都不是马克思本人提出来的，马克思本人也从未使用过"辩证唯物主义""历史唯物主义""辩证唯物主义和历史唯物主义"这三个概念。从历史上看，"辩证唯物主义"是狄慈根首先提出的；"历史唯物主义"是恩格斯首先提出的；首先把"辩证唯物主义、历史唯物主义"相提并论的是列宁。

1886 年，狄慈根在《一个社会主义者在认识论领域中的漫游》中首次提出"辩证唯物主义"①这一概念。但是，真正用"辩证唯物主义"来规定马克思主义哲学的是普列汉诺夫。1895 年，在《论一元论历史观之发展》中，普列汉诺夫明确指出："'辩证唯物主义'这一术语，它是唯一能够正确说明马克思的哲学的术语。"②1897—1898 年，在《论"经济因素"》中，普列汉诺夫指出："马克思和恩格斯的唯物主义世界观……既包括自然界，也包括历史。无论是在自然界或是在历史方面，这种世界观'都是本质上辩证性的'。但因为辩证唯物主义涉及到历史，所以恩格斯有时将它叫着历史的。这个形容语不是说明唯物主义的特征，而只表明应用它去解释的那些领域之一。"③

这就是说，"辩证唯物主义"与"历史唯物主义"在内涵上是同一个概念，二者都是对"马克思和恩格斯的唯物主义世界观"，即马克思主义哲学的不同称谓。把马克思主义哲学称为"辩证唯物主义"，是为了凸显马克思主义哲学的本质特征；把马克思主义哲学称为"历史唯物主义"，是为了表明马克思主义哲学的研究领域。

同普列汉诺夫一样，列宁也认为，"马克思主义哲学即辩证唯物主义"④。但是，在解释辩证唯物主义与历史唯物主义的关系时，列宁提出了与普列汉诺夫不同且影响深远的观点，即历史唯物主义是"哲学唯物主义"在社会领域的"推广运用"。1913 年，在《马克思主义三个来源和三个组成部分》中，列宁指出："马克思加深和发展了哲学唯物主义，而且把它贯彻到底，把它对自然界的认识推广到对人类社会的认识。"⑤1914 年，在《卡尔·马克思》中，列宁明确指出："发现唯物主义历史观，或者更确切地说，把唯物主义贯彻和推广运用于社会现象领域，消除了以往的历史理论的两个主要缺点。"⑥

———————

① 《狄慈根哲学著作选集》，第 252 页。
② 《普列汉诺夫哲学著作选集》第一卷，第 768 页。
③ 《普列汉诺夫哲学著作选集》第二卷，第 311 页。
④ 《列宁全集》第 18 卷，第 11 页。
⑤ 《列宁全集》第 23 卷，第 45 页。
⑥ 《列宁全集》第 26 卷，第 59 页。

这种"推广运用"说的逻辑是:"物质的存在不依赖于感觉。物质是第一性的。感觉、思想、意识是按特殊方式组成的物质的高级产物。这就是一般唯物主义的观点,特别是马克思和恩格斯的观点"①;"一般唯物主义认为客观真实的存在(物质)不依赖于人类的意识、感觉、经验等等。历史唯物主义认为社会存在不依赖于人类的社会意识",正是这两个"基本前提"、两个"重要部分"构成了"由一整块钢铸成的马克思主义哲学"②。这就是说,在马克思主义哲学体系中,存在着两个"重要部分",即用存在解释意识为"基本前提"的一般唯物主义和用社会存在解释社会意识为"基本前提"的历史唯物主义。

几乎与狄慈根同时,1886年,在《路德维希·费尔巴哈和德国古典哲学的终结》中,恩格斯首次提出了与"辩证唯物主义"相似的概念,即"唯物主义辩证法"③;之前,恩格斯在《反杜林论》中提出,无论是在历史观上,还是在自然观上,"现代唯物主义都是本质上辩证的"④。这就是说,"现代唯物主义"本质上就是辩证唯物主义,辩证唯物主义构成了马克思主义哲学的本质特征。不仅如此,1890年,在致康·施米特的信中,恩格斯还首次提出了"历史唯物主义"这一概念⑤,并在1892年的《社会主义从空想到科学》英文版导言中对"历史唯物主义"作出解释:"用'历史唯物主义'这个名词来表达一种关于历史过程的观点。"⑥显然,在恩格斯那里,"历史唯物主义"和"唯物主义历史观"是同一个概念,二者是对"马克思的历史观"的不同表述。

从马克思主义哲学史上看,首先把辩证唯物主义和历史唯物主义相提并论的是列宁。1908年,在《唯物主义和经验批判主义》中,列宁明确指出:马克思和恩格斯"特别注意的是修盖好唯物主义哲学的上层,也就是说,他们所特别注意的不是唯物主义认识论,而是唯物主义历史观。因此,马克思和恩格斯在他们的著作中特别强调的是**辩证**唯物主义,而不是辩证**唯物主义**,特别坚持的是**历史**唯物主义,而不是历史**唯物主义**"⑦。1914年,在《卡尔·马克思》一文提纲中,列宁明确地把"辩证唯物主义"和"唯物主义历史观"并提:"哲学。

① 《列宁全集》第18卷,第49页。
② 《列宁全集》第18卷,第341页。
③ 《马克思恩格斯全集》第21卷,人民出版社1965年版,第337页。
④ 《马克思恩格斯全集》第20卷,人民出版社1971年版,第28页。
⑤ 《马克思恩格斯全集》第37卷,人民出版社1971年版,第433页。
⑥ 《马克思恩格斯全集》第22卷,人民出版社1965年版,第346页。
⑦ 《列宁全集》第18卷,第345页。

辩证唯物主义。唯物主义历史观。"①在列宁看来,由辩证唯物主义、唯物主义历史观即历史唯物主义构成的"马克思的哲学"是"完备的哲学唯物主义",是"完整的哲学世界观"②。

可以看出,米丁的《辩证唯物论与历史唯物论》关于辩证唯物主义、历史唯物主义的定义和定位,关于辩证唯物主义与历史唯物主义关系的说明,并不是"空穴来风",而是以恩格斯、列宁等人的思想为理论依据的;把辩证唯物主义与历史唯物主义相提并论,作为马克思主义哲学的两个部分,也不是"无中生有",而是对恩格斯、列宁等人思想的发挥。

实际上,米丁等人建构的辩证唯物主义与历史唯物主义"二分结构"体系不仅"流传下来了",而且支配了苏联马克思主义哲学体系半个世纪之久。无论是斯大林去世后的批判斯大林运动,还是赫鲁晓夫下台后的批判赫鲁晓夫运动;无论是1954—1955年对亚历山大诺夫《辩证唯物主义》和康斯坦丁诺夫《历史唯物主义》的讨论,还是后来出版的一批又一批马克思主义哲学教科书;无论是20世纪50—80年代认识论派与本体论派的争论,还是1965年、1977年两次唯物辩证法讨论,都没有从根本上动摇辩证唯物主义与历史唯物主义"二分结构"体系。米丁在《辩证唯物论与历史唯物论》中所建构的马克思主义哲学体系和后来在苏联占主导地位、康斯坦丁诺夫在《马克思主义哲学原理》中所建构的马克思主义哲学体系,在本质上、总体上是一致的。因此,米丁的《辩证唯物论与历史唯物论》的出版,标志着苏联马克思主义哲学体系的基本形成。

1938年,斯大林出版了《论辩证唯物主义和历史唯物主义》,以有所变化的形式肯定了米丁的《辩证唯物论与历史唯物论》所建构的辩证唯物主义与历史唯物主义"二分结构"体系。由于斯大林在当时苏联和国际共产主义运动的特殊地位,《论辩证唯物主义和历史唯物主义》又反过来巩固并确立了辩证唯物主义和历史唯物主义"二分结构"体系,并产生了极其广泛而持久的影响。

从德波林的《辩证唯物主义纲要》到米丁的《辩证唯物论与历史唯物论》,再到斯大林的《论辩证唯物主义和历史唯物主义》,马克思主义哲学之所以被"一"分为"二",划分为辩证唯物主义与历史唯物主义两个部分,是因为存在一

---

① 《列宁全集》第26卷,第372页。
② 《列宁全集》第23卷,第45、467页。

条贯穿并连接它们的逻辑线索,这就是,历史唯物主义是辩证唯物主义在社会历史领域的"推广""应用",而"辩证唯物主义"之所以是辩证唯物主义,是因为它研究自然现象的方法是辩证的,解释自然现象的理论是唯物主义的①。换言之,辩证唯物主义实质上是一种自然观。

问题在于,自然界与人类社会既有联系,又有本质区别。自然界的本质就在自然物质本身,而"全部社会生活在本质上是实践的"②,现存世界的"物"是打上了人的实践活动的烙印、具有社会关系内涵的"可感觉而又超感觉的物或社会的物"③。因此,把唯物主义自然观"推广""应用"到社会历史领域未必就能得到唯物主义历史观。爱尔维修早就把"唯物主义运用到社会生活方面"④,得到的却是唯心主义历史观。这是其一。

其二,马克思主义哲学所造成的哲学革命就是从历史观发动并展开的,马克思在成为历史唯物主义者之前,至多是一个费尔巴哈式的人本唯物主义者,而绝不是一个辩证唯物主义者。因此,在马克思主义哲学形成史上,不存在马克思把辩证唯物主义"推广""应用"到社会历史领域、创立历史唯物主义这一过程。恰恰相反,马克思在创立历史唯物主义的同时就创立了辩证唯物主义,二者是同一个过程的两个方面。

这就是说,历史唯物主义是辩证唯物主义在社会历史领域中的"推广""应用"这一观点,既没有科学依据,又不符合历史事实;更重要的是,这一观点没有理解历史唯物主义是马克思第一个伟大发现的真实内涵,历史唯物主义创立的划时代意义在相当大的程度上被忽视、被淡化了。

二、西方、东欧、苏联学者对马克思主义哲学体系的重建

从马克思主义哲学的历史看,首先质疑苏联马克思主义哲学体系,并力图重建马克思主义哲学体系的,是西方马克思主义者。卢卡奇明确提出:"回到马克思""重建马克思主义",即建构"真正按共产党人意义理解的马克思主义"⑤。

① 参见《斯大林选集》下卷,第 424 页。
②《马克思恩格斯选集》第 1 卷,第 56 页。
③《马克思恩格斯全集》第 23 卷,第 89 页。
④《马克思恩格斯全集》第 2 卷,第 165 页。
⑤ 杜章智编:《卢卡奇自传》,第 92 页。

从整体上看,卢卡奇"重建马克思主义"有两个特点:

其一,力图用"总体性"重建唯物主义辩证法。1922年出版的《历史与阶级意识》的副书名,就是"关于马克思主义辩证法的研究"。正是在这部著作中,卢卡奇明确指出:"不是经济动机在历史解释中的首要地位,而是总体的观点,使马克思主义同资产阶级科学有决定性的区别。总体范畴,整体对各个部分的全面的、决定性的统治地位,是马克思取自黑格尔并独创性地改造成为一门全新科学的基础的方法的本质。"①

其二,重建唯物主义辩证法实际上也就是重建历史唯物主义。按照卢卡奇的观点,唯物主义辩证法与历史唯物主义是"一体化"的,"对马克思主义来说,归根到底就没有什么独立的法学、政治经济学、历史科学等等,而只有一门唯一的、统一的、——历史的和辩证的——关于社会(作为总体)发展的科学"。"马克思的辩证方法,旨在把社会作为总体来认识。"②一言以蔽之,"在马克思主义的总体性中重建马克思主义"③。

1975年,哈贝马斯出版了《重建历史唯物主义》。在这部著作中,哈贝马斯明确指出:"1938年,斯大林把历史唯物主义法典化,后果严重,自那时以来的历史唯物主义研究,始终受这种理论框架的禁锢。现在,斯大林确认的历史唯物主义解释,需要重建。重建历史唯物主义,应该有利于批判地研究各种相互竞争的理论观。"④按照哈贝马斯的观点,重建历史唯物主义就是把历史唯物主义看作一种社会进化理论,以社会交往为中轴重建历史唯物主义。这是因为,"马克思已经将历史唯物主义当做某种社会进化理论来理解,并把关于资本主义的理论看作其中的一部分"⑤。如果说卢卡奇重在"总体性",力图以历史主体与客体的关系重建唯物主义辩证法,那么,哈贝马斯则重在"社会交往",力图用社会进化论重建历史唯物主义。

卢卡奇重建唯物主义辩证法与哈贝马斯重建历史唯物主义,实际上代表

① 〔匈〕卢卡奇:《历史与阶级意识——关于马克思主义辩证法的研究》,杜章智等译,商务印书馆1999年版,第79页。
② 〔匈〕卢卡奇:《历史与阶级意识——关于马克思主义辩证法的研究》,第80页。
③ 〔匈〕卢卡奇:《关于社会存在的本体论·上卷——社会存在本体论引论》,白锡堃等译,重庆出版社1993年版,第658页。
④ 〔德〕哈贝马斯:《重建历史唯物主义》(修订本),郭官义译,社会科学文献出版社2013年版,第104—105页。
⑤ 〔德〕哈贝马斯:《交往与社会进化》,张博树译,重庆出版社1989年版,第133、129页。

了西方马克思主义重建马克思主义哲学体系的两个主要理论指向。从总体上看，西方马克思主义否定的是自然辩证法，肯定的是历史辩证法或实践辩证法；否定的是辩证唯物主义，肯定的是历史唯物主义。

按照西方马克思主义的观点，重建马克思主义哲学体系，就是要把这一理论"拆开"，用新的形式"重新加以组合"，以更好地达到这一理论所确立的目标。在这种"拆开""重新组合"的过程中，西方马克思主义者有一个共同的特征，那就是，用现代西方哲学的某一流派来"补充"马克思的哲学，并以此为基础重建马克思主义哲学体系。正是在这一重建马克思主义哲学体系的过程中，形成了存在主义的马克思主义、弗洛伊德主义的马克思主义、结构主义的马克思主义、实证主义的马克思主义、现象学的马克思主义、人类学的马克思主义乃至后马克思主义，等等。由此，一个完整的马克思主义哲学从内部"爆裂"了，"碎片"化了。在这个意义上，西方马克思主义向我们展示的是一个被"肢解"的马克思。

更重要的是，西方马克思主义重建的马克思主义哲学体系，并没有达到马克思的哲学所确立的目标，即"改变世界""使现存世界革命化"。相反，它使马克思主义哲学变成一种仅仅"解释世界"的"学院哲学""讲坛哲学"，马克思的哲学所确立的"改变世界""使现存世界革命化"的目标被束之高阁了。葛兰西、科尔施和卢卡奇之后，"西方马克思主义就以自己的密码式语言来说话了"。"西方马克思主义首要的最根本的特点就是，它在结构上与政治实践相脱离。"①安德森的这一评价中肯、准确且深刻。正因为如此，西方马克思主义及其所重建的马克思主义哲学体系，只能作为思想博物馆的标本陈列于世，而不是兴盛于世了。

继西方马克思主义之后，对苏联马克思主义哲学体系提出质疑，力图重建马克思主义哲学体系的，是南斯拉夫"实践派"与"辩证唯物主义派"，以及原东德学者。

"实践派"明确否定辩证唯物主义，认为辩证唯物主义不是马克思的哲学，而是由列宁建立，斯大林加以简单化、教条化的哲学观点；实践是马克思主义哲学的核心范畴，人道主义是马克思主义哲学的本质特征，辩证法只有同人的实践活动和人道主义结合起来才有真实意义。重构马克思主义哲学体系，就

---

① 〔英〕安德森：《西方马克思主义探讨》，高铦等译，人民出版社 1981 年版，第 44、41 页。

是要使辩证法成为人道主义的辩证法,使人道主义成为辩证法的人道主义。这是其一。

其二,"实践派"明确肯定历史唯物主义,但它认为历史唯物主义是对异化进行批判的批判理论。"历史唯物论不是马克思关于人和历史的一般理论,而是他对阶级社会自我异化的人(作为'经济动物'的人)的批判,也就是他关于自我异化的人类历史(更确切地说是'史前史')的批判理论。"①同时,历史唯物主义只有成为马克思实践哲学这一理论整体的组成部分,才能获得存在的合法性。"从实践哲学的整体中分离出来的、孤立的历史唯物主义,只能描述阶级社会中经济决定作用和剥削的机制,甚至连这种社会和自我异化的人是非人道的这一根本命题也不能阐述。孤立的历史唯物主义不但不能作为关于社会和人的一般理论,甚至不能充当关于阶级社会和阶级的人的完整的见解。"②

因此,必须破除辩证唯物主义与历史唯物主义"二分结构"体系,重建一种具有人道主义和批判精神的马克思主义哲学体系,即实践哲学体系。然而,由于种种历史原因,"实践派"并没有建立起这样一种实践哲学体系。换言之,"实践派"提出问题,但没有解决问题;重在解构苏联马克思主义哲学体系,但没有建构南斯拉夫马克思主义哲学体系。

如果说"实践派"重在"破",解构苏联"型式"的马克思主义哲学体系,那么,"辩证唯物主义派"则重在"立",建构南斯拉夫"型式"的马克思主义哲学体系。与"实践派"不同,"辩证唯物主义派"肯定并坚持辩证唯物主义。但"辩证唯物主义派"所理解的辩证唯物主义在很大程度上不同于苏联学者所理解的辩证唯物主义,所建构的马克思主义哲学体系在很大程度上不同于苏联马克思主义哲学体系。用"辩证唯物主义派"自己的话来说,就是重建南斯拉夫"型式"的辩证唯物主义。

"辩证唯物主义派"一是强调马克思主义哲学是同逻辑学、认识论和方法论密切联系的、关于世界普遍规律的科学;二是强调马克思主义哲学是具有人道主义性质的"批判的辩证唯物主义"。一句话,马克思主义哲学是"科学性和人道主义的统一"。

---

① 袁贵仁等:《当代学者视野中的马克思主义哲学:东欧和苏联学者卷》下,北京师范大学出版社 2008 年版,第 279 页。
② 袁贵仁等:《当代学者视野中的马克思主义哲学:东欧和苏联学者卷》下,第 281 页。

以此为指导思想,"辩证唯物主义派"建构的马克思主义哲学体系具有鲜明的南斯拉夫"型式":一是提出哲学基本问题包含四个方面的内容,即本体论、逻辑—认识论—方法论、价值规范和人本主义,并始终围绕着这一基本问题来阐述马克思主义哲学;二是认为马克思主义哲学是关于人与世界的认识关系和价值关系的科学,不仅阐述了本体论、认识论,而且阐述了价值论;三是强调马克思主义哲学的人道主义实质和社会主义人道主义的世界观意义,不仅阐述了世界的一般规律,而且阐述了人的生存的意义,阐述了人是最高价值和目的本身。但是,"辩证唯物主义派"在强调辩证唯物主义的同时却把历史唯物主义排除在马克思主义哲学之外,划归马克思主义社会学。这样一来,作为马克思第一个伟大的发现的历史唯物主义就被束之高阁了,马克思主义哲学成了没有历史唯物主义的辩证唯物主义。这实际上是犯了一个演丹麦王子而没有哈姆雷特的错误。

几乎在南斯拉夫"实践派"与"辩证唯物主义派"争论的同时,原民主德国发生了"实践争论",继而发生了"体系争论"。正是在这场"体系争论"过程中,1967 年,柯辛出版了《马克思主义哲学》。《马克思主义哲学》建构了这样一种马克思主义哲学体系:物质和世界的统一性,生产力与生产关系;世界的合乎规律的秩序,客观实在的体系的性质(经济形态、政治形态、阶级结构);辩证的决定论,社会革命,规律及社会规律的有意识地利用;世界是发展的,作为质变的发展,作为否定之否定的发展,辩证的矛盾是运动及发展的源泉;人对客观世界的认识,认识过程的社会基础,认识的本质和结构;现代的社会形态及精神生活的改造,工人阶级创造新的世界,现代精神生活的变革。

可以看出,《马克思主义哲学》建构的马克思主义哲学体系与苏联马克思主义哲学体系有较大的差异:

在马克思主义哲学的对象上,苏联马克思主义哲学把马克思主义哲学对象规定为自然界、社会和思维运动的一般规律,《马克思主义哲学》则提出,从事实践的人才是马克思主义哲学的对象。"人对于世界的关系是通过人的能动的活动的各种形式来实现的。处于对世界的这种关系中的人,才是马克思主义哲学的主要对象。马克思主义哲学最重要的是研究人在革命实践中如何变革自己的周围世界和他们自身。"[①]

---

① 引自李成鼎等编译:《当代哲学思潮述评》,求实出版社 1984 年版,第 45 页。

在马克思主义哲学的结构上，苏联马克思主义哲学把马克思主义哲学规定为辩证唯物主义与历史唯物主义"二分结构"，《马克思主义哲学》则强调辩证唯物主义与历史唯物主义的"一体化"，力图使马克思主义哲学的基本范畴、基本观点在这种"一体化"中得到说明。《马克思主义哲学》的基本原则，就是把社会生活及其历史置于客观实在的领域，即世界的物质统一性中加以考察，并认为马克思主义世界观的"优越性"就在于，以人的实践活动为出发点和中心内容，对社会历史进行唯物主义解释，"抛开历史唯物主义就不存在辩证唯物主义。两者在马克思主义的世界观中是融为一体的"①。

在探索辩证唯物主义与历史唯物主义"一体化"的道路上，《马克思主义哲学》的确迈出了重要一步。但是，《马克思主义哲学》所建构的马克思主义哲学体系又存在着内在的矛盾：一方面，强调"实践"是马克思主义哲学的基础和出发点，全部哲学问题的合理解决都在于"社会实践和从概念上把握社会实践"；另一方面，又把"物质""意识""实践"这三个范畴并列作为马克思主义哲学的基本范畴，并从自然史的角度出发阐述物质、意识、实践之间的关系，实际上仍然从"物质"出发阐述马克思主义哲学，只是在认识论部分才开始阐述实践的结构、地位以及主体与客体的关系。这就像太阳的单独运行轨道已经被指明，但关于整个天体运动的解释仍然通行着托勒密理论一样。

比西方学者重建马克思主义哲学体系晚了 60 年，比东欧学者重建马克思主义哲学体系晚了 20 年，到了 20 世纪 80 年代，苏联学者才开始反思辩证唯物主义与历史唯物主义"二分结构"体系，力图重建马克思主义哲学体系。

1982 年，《哲学问题》第 12 期发表编辑部文章，在苏联历史上首次提出，要从根本上反思辩证唯物主义与历史唯物主义的体系，并认为这一体系的根本缺陷就在于，分开阐述辩证唯物主义与历史唯物主义，忘记了二者的"本质同一"。

1985 年，格列察内、卡拉瓦耶夫、谢尔热托夫在《列宁格勒大学学报》第 13 期上发表《论辩证唯物主义和历史唯物主义的本质同一》一文，认为辩证唯物主义和历史唯物主义不是马克思主义哲学结构上的两个组成部分，而是马克思主义哲学的两个理论特征；超出社会存在，就没有意识与存在的关系，辩证唯物主义的辩证性质只有在历史唯物主义的形式中才成为可能，实践则是把

---

① 引自李成鼎等编译：《当代哲学思潮述评》，第 43 页。

辩证唯物主义和历史唯物主义整体化为统一的理论体系的哲学范畴;辩证唯物主义和历史唯物主义体系的根本缺陷在于,在一个完整的马克思主义哲学中形成两个对象、两种存在、两种唯物主义以至两个学科,从而造成了"本体论断裂"①。

由此,苏联哲学界开始全面反思辩证唯物主义和历史唯物主义"二分结构"体系,力图重建马克思主义哲学体系。正是在这个过程中,这一反思与党建的成果集中体现在弗罗洛夫主编、1989 年出版的《哲学导论》中。《哲学导论》力图"尽力揭示和证明"马克思主义哲学的新颖性和独创性,建构了这样一种马克思主义哲学体系:存在;物质;辩证法;自然界;人;实践;意识;认识;科学;社会;进步;文化;个性;未来。

从总体上看,这一体系有两个突出特点:一是以实践的观点为初始范畴。《哲学导论》明确指出:实践是人类对待世界的特殊方式,"马克思的主要的和基本的哲学思想在于对整个精神世界和文化(甚至包括离实践最远的文化表现)来说,实践是初始的和第一性的"②。二是以人类解放为主题。《哲学导论》明确指出:"马克思主义的最高目的,是研究和从理论上论证被奴役的人类的解放问题。马克思主义证明,消灭一切奴役制度,消灭人的屈辱、异化和不自由,是不可避免的。哲学通过探讨、分析和研究人类普遍的实践经验和人类普遍的精神经验这两个方面,而使历史进程的这个最崇高的目的得以实现。"③

《哲学导论》从三个方面展开了对人类解放这一主题的论证:

一是沿着人与世界的关系、人与人的关系以及人的本质这些"根本性的经典问题"而展开,并认为对这些"根本性的经典问题的研究,构成了马克思主义哲学的核心和本质"④。

二是沿着"对共产主义的含义进行哲学论证"而展开,"把人的解放问题,改变为有关个人和社会沿着建立共产主义的道路前进的历史发展问题",并认为"全面发展的人,这就是作为共产主义理想'核心'而展现在马克思面前的理想的哲学形象"⑤。

---

① 参见〔苏〕格列察内等:《论辩证唯物主义和历史唯物主义的本质同一》,沈末译,载《哲学译丛》1986 年第 5 期。
② 〔苏〕弗罗洛夫:《哲学导论》上卷,贾泽林等译,北京师范大学出版社 2011 年版,第 183 页。
③ 〔苏〕弗罗洛夫:《哲学导论》上卷,第 174 页。
④ 〔苏〕弗罗洛夫:《哲学导论》上卷,第 174 页。
⑤ 〔苏〕弗罗洛夫:《哲学导论》上卷,第 177、187、181 页。

三是沿着人道主义的思路而展开,认为"马克思主义继承和发展了以往哲学的各种人道主义趋向,阐明了将人道主义理想付诸实现的途径、使人获得解放的途径和建设无愧于自由的人的社会的途径"①。因此,必须恢复和发展马克思主义最崇高的人道主义理想。

《哲学导论》力图把人道主义精神贯彻到马克思主义哲学之中,建构一种苏联式的人道主义的马克思主义哲学。从历史上看,从1953年斯大林逝世到1991年苏联解体,苏联马克思主义哲学演变的趋势就是人道主义化。《哲学导论》就是这种人道化趋势的历史延伸和集中体现,标志着苏联式人道主义的马克思主义哲学体系的形成与苏联辩证唯物主义和历史唯物主义体系的终结。然而,1991年,随着苏共解散、苏联解体,《哲学导论》所建立的苏联式人道主义的马克思主义哲学体系也就寿终正寝了。在这个意义上,《哲学导论》又是整个苏联马克思主义哲学体系终结的标志。

三、中国学者对马克思主义哲学体系的探索和建构

在中国,首先较为系统阐述马克思主义哲学的是瞿秋白。1924年,瞿秋白出版了《社会哲学概论》,在中国开启探索和建构马克思主义哲学体系的先河。

按照瞿秋白的观点,马克思主义哲学是"新的宇宙观",即"唯物主义的,互辩律的哲学"②,这种"唯物主义的,互辩律的哲学"认为,"宇宙的根本是物质的动,动的根本性质是矛盾——是否定之否定,是数量质量的互变"③;"唯物哲学之历史观",即"社会学乃是研究人类社会及其一切现象,并研究社会形式的变迁,各种社会现象相互间的关系,及其变迁之公律的科学",其方法就是"唯物主义的、互辩律的哲学"。所以,阐述马克思主义哲学应"先从哲学上之宇宙根本问题研究起","继之社会现象的秘密之分析"④。正因为如此,《社会哲学概论》在第一部分阐述了辩证唯物主义的观点,在第二部分阐述了历史唯物主义的观点。换言之,辩证唯物主义与历史唯物主义的"二分结构"体系在《社会哲学概论》中已初步形成。

---

① 〔苏〕弗罗洛夫:《哲学导论》上卷,前言,第5页。
② 《瞿秋白文集》第二卷,人民出版社1988年版,第334页。
③ 《瞿秋白文集》第二卷,第357页。
④ 《瞿秋白文集》第二卷,第340页。

1937 年，李达出版了《社会学大纲》。这部系统阐述马克思主义哲学的著作以思维与存在的关系问题为基本线索，以辩证法、认识论和逻辑学三者的同一为基本原则，建构了这样一种马克思主义哲学体系：唯物辩证法，包括当作人类的认识史的综合看的唯物辩证法，当作哲学的科学看的唯物辩证法，唯物辩证法的诸法则，当作认识论和论理学看的唯物辩证法；当作科学看的历史唯物论，包括历史唯物论序说，布尔乔亚社会学及历史哲学批判；社会的经济构造，包括生产力和生产关系，经济构造之历史的形态；社会的政治建筑，包括阶级、国家；社会的意识形态，包括意识形态的一般概念，意识形态的发展。

可以看出，《社会学大纲》在体系安排上仍然实行辩证唯物主义与历史唯物主义"二分结构"。之所以如此，是因为李达当时认为，历史唯物主义是辩证唯物主义在社会历史领域中的"应用"与"扩张"："所谓辩证唯物论与历史唯物论的关联，这句话的本来的意义，就是彻底的把辩证唯物论应用并扩张于历史的领域。只有彻底的把辩证唯物论扩张于人类社会或历史的领域，才能使辩证唯物论更趋于深化和发展。"①

但是，我注意到，与同一时期苏联马克思主义哲学体系相比，《社会学大纲》所建构的马克思主义哲学体系具有更多的马克思的"元素"，尤其难能可贵的是，它阐述了《1844 年经济学哲学手稿》《关于费尔巴哈》《德意志意识形态》中的一些重要观点，并认为它们为"马克思的彻底的哲学唯物论"奠定了基础，其中，根本契机是把黑格尔辩证法的实践概念"放在唯物论的基础上展开出来，引入于唯物论之中，给唯物论以新的内容、新的性质"。正是基于对实践的正确理解，马克思"建立了实践的唯物论"。"实践的唯物论，由于把实践的契机导入于唯物论，使从来的哲学的内容起了本质的变革"②，达到唯物辩证法这一"统一的世界观"。

其一，《社会学大纲》明确提出"当作实践的唯物论看的唯物辩证法"这一命题，并认为"辩证法的唯物论，以劳动的概念为媒介，由自然认识的领域扩张于历史认识的领域，使唯物论发生了本质的变化，变成了实践的唯物论"③。

其二，《社会学大纲》明确提出："实践唯物论，把实践当作历史的——社会的范畴，解释为感性的现实的人类的活动，并把它作为认识论的契机，所以能

---

① 《李达文集》第二卷，人民出版社 1981 年版，第 285、283 页。
② 《李达文集》第二卷，第 60—61 页。
③ 《李达文集》第二卷，第 60 页。

够在其与社会生活的关联上去理解人类认识的全部发展史,因而克服观念论哲学的抽象性与思辨性,而到达于唯物辩证法。"①

其三,《社会学大纲》明确提出:马克思"首先阐明了历史领域中的辩证法,其次由历史的辩证法进到自然辩证法,而在社会的实践上统一两者以创出科学的世界观的唯物辩证法"②。唯物辩证法是唯物辩证的历史观和自然观的统一,而二者统一的基础就是科学的实践观。正是基于对实践意义的正确理解,马克思发现了"人与自然相结合的媒介",发现了人类社会的物质基础,在把唯物辩证法从历史领域"贯彻于"自然领域的同时,又把唯物论从自然领域"扩张于"历史领域,从而"建立彻底的唯物论、统一的世界观"。③

显然,《社会学大纲》对辩证唯物主义与历史唯物主义的关系有着独到而深刻的理解,已经自觉地意识到实践的观点是马克思主义哲学的理论基础,自觉地意识到实践唯物主义和历史唯物主义、辩证唯物主义存在着内在联系,自觉地意识到实践唯物主义的创立是哲学史上革命变革的契机。所以,在马克思主义哲学体系的安排上,《社会学大纲》力图用实践范畴连接辩证唯物主义和历史唯物主义。

这表明,《社会学大纲》所建构的马克思主义哲学体系既受到苏联马克思主义哲学体系的影响,又凝聚着中国学者对马克思主义哲学的独特理解,体现了中国学者的独创性。在我看来,无论是对西方哲学史的分析,还是对马克思主义哲学史的考察;无论是对马克思主义哲学经典著作研究的广度,还是对马克思主义哲学基本观点阐述的深度;无论是对马克思主义哲学基本范畴界定的准确性,还是对马克思主义哲学体系建构的完整性,《社会学大纲》所建构的马克思主义哲学体系都比同一时期苏联马克思主义哲学体系高出一筹。《社会学大纲》的出版标志着具有"中国元素"的辩证唯物主义和历史唯物主义体系基本形成。

在中国学者建构马克思主义哲学体系的过程中,艾思奇主编、1961年出版的《辩证唯物主义历史唯物主义》具有标志性,即标志着具有"中国内涵"的辩证唯物主义和历史唯物主义体系的确立。

《辩证唯物主义历史唯物主义》明确提出:"辩证唯物主义和历史唯物主义

---

① 《李达文集》第二卷,第61页。
② 《李达文集》第二卷,第56页。
③ 《李达文集》第二卷,第57—58页。

是马克思主义哲学,是马克思主义的全部学说的哲学基础,是革命的工人阶级的世界观"[1];"哲学就是关于世界观的学问,哲学观点就是人们对于世界上的一切事物、对于整个世界的最根本的观点",而"马克思主义哲学则是科学的世界观和方法论"[2];"马克思主义哲学——辩证唯物主义和历史唯物主义",历史唯物主义就是"把辩证唯物主义推广到对人类社会的认识",是关于"全部人类社会历史发展的最基本过程和最一般的规律"[3]的科学,历史唯物主义和辩证唯物主义是有机统一的整体。

以此为依据,《辩证唯物主义历史唯物主义》建构了这样一种马克思主义哲学体系:辩证唯物主义,包括世界的物质性,物质和意识,对立统一规律,质量互变规律,否定之否定规律,唯物辩证法的基本范畴,认识和实践,真理;历史唯物主义,包括生产力和生产关系,经济基础和上层建筑,阶级和国家,社会革命,社会意识及其形成,人民群众和个人在历史上的作用。

毋庸讳言,《辩证唯物主义历史唯物主义》所建构的马克思主义哲学体系受到苏联马克思主义哲学体系的影响。但是,《辩证唯物主义历史唯物主义》所建构的马克思主义哲学体系又不是苏联马克思主义哲学体系的"翻版",在某些方面比苏联马克思主义哲学具有更高的水平,并具有特创性:一是结合中国传统哲学阐述马克思主义哲学的基本观点;二是结合中国新民主主义革命和社会主义建设的实践来阐述马克思主义哲学的基本观点;三是充分反映毛泽东哲学思想对马克思主义哲学的发展,力图把毛泽东哲学思想贯穿始终,而对对立统一规律、认识和实践的阐述,基本上采用了《矛盾论》《实践论》的体例。

按照主编艾思奇的观点,《辩证唯物主义历史唯物主义》"力求比较准确、简练地阐明马克思列宁主义哲学的一般原理;同时又在阐明马克思列宁主义的一般原理的基础上,说明毛泽东同志对马克思列宁主义哲学的发展。把阐明马克思列宁主义的一般哲学原理和说明毛泽东同志对马克思列宁主义哲学的发展,两方面结合起来。我们的中心任务是结合中国革命和中国社会主义建设的实践来阐明马克思列宁主义哲学的发展。毛泽东思想就是马克思列宁主义,就是马克思列宁主义与中国革命实践的结合;毛泽东哲学思想就是马克

---

① 艾思奇:《辩证唯物主义历史唯物主义》,人民出版社 1961 年版,第 1 页。
② 艾思奇:《辩证唯物主义历史唯物主义》,第 2、19 页。
③ 艾思奇:《辩证唯物主义历史唯物主义》,第 19、195、206 页。

思列宁主义哲学思想",既要反对"只注重谈马克思列宁主义哲学的一般原理,而忽视毛泽东同志对马克思列宁主义哲学的贡献"的倾向,又要反对"脱离马克思列宁主义哲学的一般原理,或对马克思列宁主义的一般原理还没有搞清楚,就任意用贴标签的方式,空谈毛泽东同志对它的发展"①的倾向。实际上,这就是编写《辩证唯物主义历史唯物主义》的指导思想和基本原则,《辩证唯物主义历史唯物主义》也的确贯彻、体现了这一指导思想和基本原则。

因此,《辩证唯物主义历史唯物主义》在理论内容上具有"中国内涵"。《辩证唯物主义历史唯物主义》在马克思主义哲学史上的地位就在于,它标志着具有"中国内涵"的辩证唯物主义和历史唯物主义体系的确立,并产生了广泛而深远的影响。

四、中国学者对马克思主义哲学体系的新探索

中国学者对马克思主义哲学体系的新探讨实际上在 20 世纪 50 年代就开始了,其标志就是 1958 年出版的刘丹岩、高清海的《论辩证唯物主义与历史唯物主义的关系》。正是在这部著作中,刘丹岩、高清海明确对苏联马克思主义哲学体系提出质疑,并对重构马克思主义哲学体系提出了一系列深刻而富有启示意义的观点。

第一,明确提出马克思主义哲学是辩证唯物主义,辩证唯物主义就是关于自然、社会和思维运动的普遍规律的科学;历史唯物主义是"科学的社会学",是关于社会生活发展规律的科学。

按照《论辩证唯物主义与历史唯物主义的关系》的观点,辩证唯物主义与历史唯物主义的关系"一般地说,是一个哲学与科学的关系问题,特殊地说,则是哲学与社会学的关系问题",归根结底,是"一般与个别的关系问题"。这就是辩证唯物主义与历史唯物主义的"实质关系或内在联系"②。把辩证唯物主义与历史唯物主义放在一起统称为马克思主义哲学,乃是混淆了二者之间的真正关系,即混淆了哲学与科学、哲学与社会学的关系。

第二,明确提出辩证唯物主义与历史唯物主义的统一不是指结构上的彼

---

① 《艾思奇文选》第二卷,人民出版社 1983 年版,第 824 页。
② 刘丹岩等:《论辩证唯物主义与历史唯物主义的关系》,上海人民出版社 1958 年版,第 8 页。

此连接,而是指二者"有着一个同一的思想作为共同的基础"①,这个"同一的思想""共同的基础"就是科学的存在决定意识的观点。

按照《论辩证唯物主义与历史唯物主义的关系》的观点,"作为辩证唯物主义中心内容的关于存在决定意识的基本观点,这是历史唯物主义全部理论体系的哲学出发点,是它全部科学内容借以建立的基石;而作为历史唯物主义中心内容的社会存在决定社会意识的原理,又成了辩证唯物主义存在决定意识原理能够形成的科学基础和基本内容"②。这就是说,没有历史唯物主义,就不可能形成辩证唯物主义;同时,由于把历史观的唯物主义基础内在地概括在唯物主义世界观的内容之中,这就使辩证唯物主义成为真正意义上的以世界的整体性为研究对象的世界观。

第三,明确提出辩证唯物主义与历史唯物主义是在相互适应中形成的,同时,又是在各自的发展过程中分化的,即辩证唯物主义成为马克思主义哲学,历史唯物主义则成为马克思主义社会学。按照《论辩证唯物主义与历史唯物主义的关系》的观点,历史唯物主义的创立完成了"双重的任务",即一方面科学地解答了历史观的唯物主义基础的问题,从而把社会学推上了科学的发展道路;另一方面,在变革历史观的同时,又把哲学推上了科学的发展道路。这种双重变革的实质就在于,"历史唯物主义与辩证唯物主义在相互适应的统一中的形成,同时,也就是它们在科学部门彼此分化的开始"③。由于辩证唯物主义与历史唯物主义在形成之后各自确定了不同的研究对象,因而必然走上不同的科学发展道路,具有不同的科学内容。一言以蔽之,作为关于社会发展规律的科学,历史唯物主义具有特殊的理论内容和独立的科学地位。

第四,明确提出马克思主义哲学是实践哲学。

按照《论辩证唯物主义与历史唯物主义的关系》的观点,人是存在于实践活动中的生命现象。人之所以成为人,首先是和人的生产实践这个存在条件直接同一的,实践因此成为人的存在方式,并构成了社会生活的真实本质和人的思维的真实基础,从而赋予人的一切活动均源自人的"本性"这一公式以历史唯物主义的内容。因此,"从费尔巴哈的哲学到马克思主义哲学的发展,也

---

① 刘丹岩等:《论辩证唯物主义与历史唯物主义的关系》,第97页。
② 刘丹岩等:《论辩证唯物主义与历史唯物主义的关系》,第97页。
③ 刘丹岩等:《论辩证唯物主义与历史唯物主义的关系》,第79页。

就是从人本哲学向实践哲学的发展"①。

《论辩证唯物主义与历史唯物主义的关系》提出的这些观点,实际上否定了苏联马克思主义哲学体系,并提出了新的马克思主义哲学体系建构原则,尤其是关于辩证唯物主义与历史唯物主义的统一不是体现在结构上,而是体现在二者"有着一个共同的思想基础",即科学的存在决定意识的观点。关于历史唯物主义的社会存在决定社会意识原理构成了辩证唯物主义的存在决定意识原理的科学基础和基本内容的观点,关于历史唯物主义的创立既把社会学推上了科学的发展道路,又把哲学推上了科学的发展道路的观点,关于实践是人的存在方式和社会生活的本质、马克思主义哲学是实践哲学的观点,其思想的深刻性远远超出同一时期的苏联马克思主义哲学和西方马克思主义哲学,在 20 世纪 50 年代的中国可谓振聋发聩,对建构新的马克思主义哲学体系具有重要的启示作用。

然而,由于历史条件的限制,《论辩证唯物主义与历史唯物主义的关系》又留下两个有待解决的难题。

其一,如何理解列宁关于历史唯物主义与社会学关系的论述。

把辩证唯物主义规定为马克思主义哲学,把历史唯物主义规定为马克思主义社会学,认为历史唯物主义是科学的社会学的"别名",主要的理论根据是《什么是"人民之友"以及他们如何攻击社会民主党人?》。正是在这部著作中,列宁指出,历史唯物主义,即唯物主义历史观的创立,"第一次把社会学放在科学的基础之上""第一次把社会学提高到科学的水平""第一次使科学的社会学的出现成为可能"。② "在我们还没有看见另一种科学地解释某种社会形态……的活动和发展的尝试以前,没有看见另一种象唯物主义那样能把'有关事实'整理得井然有序,能对某一社会形态作出严格的科学解释并给以生动描绘的尝试以前,唯物主义历史观始终是社会科学的同义词。"③

可见,列宁并没有把历史唯物主义本身划归社会学,而是说历史唯物主义的创立为建立"科学的社会学"奠定了理论基础;是说在历史唯物主义产生之前,没有真正意义上的社会科学,在整个社会科学成为"科学"之前,历史唯物

---

① 刘丹岩等:《论辩证唯物主义与历史唯物主义的关系》,第 77 页。
②《列宁全集》第 1 卷,人民出版社 1984 年版,第 111—112、109、110 页。
③《列宁全集》第 1 卷,第 112 页。

主义是社会科学的"同义词",即"别名"。按照列宁的观点,辩证唯物主义、历史唯物主义都属于"唯物主义哲学";针对费尔巴哈的唯物主义,马克思和恩格斯"特别强调"**辩证**唯物主义,"特别注意""特别坚持"**历史**唯物主义①。这就是说,在马克思主义哲学中,"辩证"与"历史"具有内在的关联性。

其二,如何理解历史唯物主义的性质和职能。

"科学越是发展,分门别类的研究越细致,也就越需要把这些细致的、分门别类的研究加以综合,进行统一的研究。而把这一切科学统一起来,从整体去认识客观世界的科学,即把科学综合起来,作为对各门科学的概括和总结的这门科学,就是哲学。"②正是以此为依据,《论辩证唯物主义与历史唯物主义的关系》把研究自然、社会和思维运动普遍规律的辩证唯物主义规定为马克思主义哲学,而把研究社会发展规律的历史唯物主义排除在马克思主义哲学之外,作为马克思主义社会学。实际上,这是以传统的哲学观来规范马克思主义哲学、理解历史唯物主义。

传统哲学的最大特点就在于,以追问"世界何以可能"为主题,力图对"各门科学"进行"概括和总结",把"一切科学""综合""统一"起来,描绘世界的普遍联系或总联系。问题在于,现代科学的发展已经使这种"关于总联系的任何特殊科学"成为"多余"③的了。与传统哲学不同,作为现代唯物主义,马克思主义哲学以探求"人类解放何以可能"为主题,关注的是现实的人及其历史发展。正因为如此,马克思把他所创立的新哲学称为"为历史服务的哲学"④。历史唯物主义就是这种"为历史服务的哲学"。

从表面上看,历史唯物主义研究的仅仅是社会历史,与自然无关。实际上,社会是在人与自然之间的物质变换中形成和发展起来的,人与自然之间的物质变换构成了社会存在和发展的"永恒的自然必然性"。同时,为了实现人与自然之间的物质变换,人与人之间必须进行活动互换并必然结成一定的社会关系。这就是说,人与自然之间的物质变换和人与人之间的活动互换是相互制约的,在这个"物质变换"和"活动互换"过程中结成的人与自然之间的关系和人与人之间的关系同样是相互制约的。正是这种双重活动、双重关系构

---

① 参见《列宁全集》第 18 卷,第 345 页。
② 刘丹岩等:《论辩证唯物主义与历史唯物主义的关系》,第 105 页。
③《马克思恩格斯选集》第 3 卷,第 364 页。
④《马克思恩格斯全集》第 1 卷,人民出版社 1956 年版,第 453 页。

成了社会历史的基本内容。因此，历史唯物主义所关注、所要解答的基本问题，就是人的实践活动所包含、所展现出来的人与自然、人与社会的关系，即人与世界的关系问题。正因为如此，历史唯物主义不仅是"唯物主义历史观"，而且是"唯物主义世界观"，一种内含着"否定性的辩证法"的"真正批判的世界观"①。把历史唯物主义从马克思主义哲学中"分化"出去，就会使马克思主义哲学"空心"化。

尽管有这样或那样的不足，刘丹岩、高清海的《论辩证唯物主义与历史唯物主义的关系》实际上开启了中国学者对马克思主义哲学体系的新探索。然而，由于种种历史原因，这一探索中断了。

重启对马克思主义哲学体系新探索的是李达的《马思主义哲学大纲》。1961 年，就在艾思奇的《辩证唯物主义历史唯物主义》出版之际，毛泽东就委托李达再编一本马克思主义哲学教科书。受毛泽东之托，李达开始编写《马克思主义哲学大纲》。1965 年，李达完成了《马克思主义哲学大纲》（内部讨论稿）的唯物辩证法部分，并送毛泽东审阅。同年，毛泽东在阅读《马克思主义哲学大纲》时做了批注："辩证法的核心是对立统一规律，其他范畴如质量互变、否定之否定、联系、发展……等等，都可以在核心规律中予以说明。盖所谓联系就是诸对立物间在时间和空间中互相联系，所谓发展就是诸对立物（Anorises）斗争的结果。至于质量互变、否定之否定，应与现象本质、形式内容等等，在核心规〔律〕的指导下予以说明。旧哲学传下来的几个规律并列的方法不妥，这在列宁已基〔本〕上解决了，我们的任务是加以解释和发挥。至于各种范畴（可以有十几种），都要以事物的矛盾对立统一去说明。"②

毛泽东这一见解独特而深刻：不仅把物质、联系与时间、空间联系起来，而且把规律与范畴联系起来了；更重要的是，他明确提出在辩证法的阐述上"不必抄斯大林"③，并认为把对立统一规律、量变质变规律、否定之否定规律"并列"是"旧哲学"传下来的方法。同时，毛泽东又提出一个"任务"，这就是，"解释和发挥"列宁的辩证法思想。毛泽东之所以提出这一任务，是因为苏联马克思主义哲学体系没有深刻而充分反映列宁辩证法思想的两个重要特征，即对立统一规律是辩证法的"核心规律"和辩证法、认识论、逻辑学三者一致的

① 《马克思恩格斯全集》第 3 卷，第 261 页。
② 《毛泽东哲学批注集》，中央文献出版社 1988 年版，第 505—506 页。
③ 《毛泽东哲学批注集》，第 507 页。

思想。

实际上,在阅读李达的《马克思主义哲学大纲》之前,毛泽东就已经对对立统一规律、量变质变规律、否定之否定规律这"三个平列的基本规律"提出质疑。1964年8月,毛泽东指出:"那两个范畴质量互变、否定之否定同对立统一平行并列。这是三元论,不是一元论。就是一个对立统一。质量互变就是量和质的对立统一。对立统一也包括否定之否定。没有什么否定之否定。"①同年8月,毛泽东又提出一个重要命题,即"哲学就是认识论"②。同年12月,毛泽东再次对"辩证法过去说三大规律,斯大林说四大规律"提出质疑,认为辩证法"只有一个基本的规律,就是矛盾的规律。质和量、肯定和否定、现象和本质、内容和形式、必然和自由、可能和现实,等等,都是对立的统一,哪里有平列的三个基本规律",并明确提出:"哲学研究工作,要研究中国历史和中国哲学史的历史过程",要"把哲学体系改造一下"③。

"旧哲学"传下来的几个规律并列的方法,"不必抄斯大林",辩证法的"一元论","哲学就是认识论","解释和发挥"列宁的辩证法思想,"研究中国历史和中国哲学史","改造哲学体系",这实际上反映了毛泽东对建构具有"中国作风""中国气派""中国特点"的马克思主义哲学体系的期盼。正是在这个意义上,毛泽东委托李达编写《马克思主义哲学大纲》,实际上重启了中国学者对马克思主义哲学体系的新探索。然而,由于"文化大革命",这一探索再次中断了④。

五、中国学者对马克思主义哲学体系的新建构

改革开放以后,中国学者重启对马克思主义哲学体系新探索、新建构的思想进程。在这个过程中,高清海主编,1985、1987年出版的《马克思主义哲学基础》;辛敬良主编,1991年出版的《马克思主义哲学导论——实践的唯物主义》;肖前主编,1994年出版的《马克思主义哲学原理》引人注目,具有标志性。

---

① 《毛泽东年谱(一九四九——一九七六)》第五卷,中央文献出版社2013年版,第389页。
② 《毛泽东年谱(一九四九——一九七六)》第五卷,第396页。
③ 《毛泽东年谱(一九四九——一九七六)》第五卷,第548页。
④ 由于"文化大革命",李达主编的《马克思主义哲学大纲》上册没有出版,下册没有写完。"文化大革命"结束后,陶德麟主持《马克思主义哲学大纲》上册的修改工作,1978年以《唯物辩证法大纲》为题由人民出版社出版。

《马克思主义哲学基础》认为，马克思主义哲学是"关于外部世界和人类思维的运动的一般规律的科学"，并明确提出："马克思主义哲学就是辩证唯物主义"，"'辩证的'唯物主义，标示出了马克思主义唯物主义整个理论内容与旧唯物主义不同的性质"①；历史唯物主义既是辩证唯物主义得以形成的基础，又是体现在历史观上的辩证唯物主义，就理论性质而言，辩证唯物主义与历史唯物主义的关系是世界观与历史观的关系，辩证唯物主义在内容上包含着历史唯物主义的基本原则；"实践是马克思主义哲学全部理论内容的核心"，马克思主义哲学"把实践的观点提到首要和基本观点的地位"，"并且把这一原则彻底贯彻到哲学全部内容之中，建立了以实践为基础、与实践内在统一的哲学体系"②。

依据这一指导思想，《马克思主义哲学基础》建构了这样一种马克思主义哲学体系：意识与存在的关系——认识的基本矛盾，即人类认识的基本矛盾及其历史发展，马克思主义哲学对存在与意识关系问题的科学解答；客体——世界的同一性和多样性，即客体的规定性，客体的规律性，世界统一于运动着的物质；主体——人作为主体的规定性及其主体能力的根据和发展，即人作为主体的基本规定性，主体能力的自然基础，主体的社会规定性；主体与客体的统一——在实践基础上真善美的统一与自由的实现，即主客体统一的规定性，实践，认识，自由。

这一体系的突出特征就在于，突破了苏联马克思主义哲学体系对实践范畴的认识论限定，明确指认实践的观点是马克思主义哲学首要的和基本的观点，并突出了"实践"在马克思主义哲学本体论、历史观和认识论中的整体性地位；突破了辩证唯物主义与历史唯物主义"二分结构"体系，在阐述"辩证唯物主义的物质观"时就说明了社会的物质性，包括社会存在、社会发展是自然—历史过程，以及自然的物质性与社会的物质性的关系，并以实践观点为理论基础和建构原则，以意识与存在的关系这一认识活动的基本矛盾为基本线索，以客体的规定性、主体的规定性、主体与客体的统一、自由的实现为逻辑结构，建构了一种新的马克思主义哲学体系。

但是，《马克思主义哲学基础》又留下了两个理论难题：

---

① 高清海：《马克思主义哲学基础》上册，人民出版社 1985 年版，第 94、95 页。
② 高清海：《马克思主义哲学基础》上册，第 108、107 页。

一是明确提出实践的观点是马克思主义哲学的首要观点和理论核心,但在具体阐述马克思主义哲学基本观点时,又没有把这一首要观点、理论核心贯穿始终。相反,只是在阐述了客体规定性、主体规定性之后,才在主体与客体的统一部分对实践的观点作出阐述。更重要的是,没有把实践的观点同客体的规定性、规律性有机结合起来,辩证法游离于实践观之外。

二是强调历史唯物主义是辩证唯物主义形成的基础,"关于实践的理论既是发现唯物史观的必然结果,又是唯物史观的基本内容"①;同时,又认为在马克思主义哲学中,"基础理论"是辩证唯物主义,历史唯物主义则是辩证唯物主义在历史领域的"运用",是从辩证唯物主义到历史科学的"中介性理论"。显然,这是一个逻辑矛盾。实际上,在马克思主义哲学中,并不存在一个独立的、仅仅作为理论基础的辩证唯物主义,也不存在一个独立的、仅仅具有应用性质、作为"中介性理论"的历史唯物主义。在马克思主义哲学中,辩证唯物主义与历史唯物主义是高度统一、融为一体的,构成了马克思主义哲学的两个理论特征。

《马克思主义哲学导论》向我们展示了这样一种马克思主义哲学体系:马克思主义的实践观,包括马克思主义实践观的创立及其意义、实践与主客体关系、实践是马克思主义哲学大厦的基石;以实践为中介的自然过程,包括自然的客观性及对人的优先地位、自然界的对象性及向人的呈现、自然界的历史性及其与人在社会中的统一;以实践为本质的社会历史过程,包括社会有机体、历史的主客体和历史过程、社会物质生产、人自身生产和人群共同体、社会精神生产、精神产品的两大类型——意识形态和科学、社会形态及其演进序列、人、人性和人的全面发展;以实践为基础的意识和认识过程,包括意识的发生和结构、认识过程、实践与真理、思维的规律和方法。

在这样一种新的马克思主义哲学体系中,实践观点的地位与作用是基础性和全方位的:

在主体与客体的关系中,强调实践是主体与客体分化和统一的基础。"实践活动的本质内涵,就在于具体的和历史的主体,在活动进程中按照自己的目的,用关于现实的观念模式和关于客体属性的知识来实现对客体的物质规定,并通过对象化的活动而改造自己、创造自己和进一步完善自己。"②

---

① 高清海:《马克思主义哲学基础》下册,人民出版社 1987 年版,第 260 页。
② 辛敬良:《马克思主义哲学导论》,复旦大学出版社 1991 年版,第 54 页。

在自然观中,强调"以实践为中介的自然过程",以及以实践为基础和中介的"历史的自然和自然的历史",认为"物质是标志客观实在的哲学范畴,是作为实践对象的一切事物的共同特性的抽象或概括,这一特性(即客观实在性)指的是事物在实践过程中唯一可能保持不变的属性,也是历史地发展着的实践活动的能动改造作用的最后界限"①。

在历史观中,强调"以实践为本质的社会历史过程",认为社会是在人的实践基础上生成的、不断自我更新的有机体,历史是人的实践活动在时间中的展开;物质生产、人本身生产和精神生产的统一构成了社会的有机系统和历史运动的机制,意识形态和科学是人们在实践基础上掌握世界的精神样式。

在认识论中,强调"以实践为基础的意识和认识过程",认为意识、思维的内容和形式都取决于人的实践活动及其发展水平。"实践活动是主客体相互作用的过程,主体与客体的相互规定及双向运动的结构亦即对立统一的关系,就内化为辩证思维的规律也就是矛盾思维律。"②作为辩证思维的内容,事物或对象的"辩证本性"是"由实践活动赋予的性质,而不是与人无关的所谓'自然界的辩证法'"③。

但是,《马克思主义哲学导论》却没有说明实践活动是如何"赋予"事物以"辩证本性"的。

《马克思主义哲学导论》的显著特征就是,它不是把"实践唯物主义"仅仅理解为一种把理论付诸行动的哲学态度,仅仅理解为马克思主义认识论的首要的和基本的观点,而是把实践的观点作为整个马克思主义哲学的首要的和基本的观点,作为马克思主义哲学体系的建构原则,并认为实践唯物主义不是把世界当作与人的活动无关的纯客观的存在,不是对世界本原的终极性思考,而是把世界作为人的实践活动的对象来把握,以理论思维的形式从总体上把握人与世界的关系,从而成为科学体系和价值体系的统一,唯物主义自然观和唯物主义历史观的统一,唯物主义辩证法和唯物主义历史观的统一,辩证法、认识论和逻辑学的统一。

但是,《马克思主义哲学导论》却没有说明实践唯物主义与辩证唯物主义、历史唯物主义的关系,实践唯物主义与"合理形态"辩证法的关系,以及辩证唯

① 辛敬良:《马克思主义哲学导论》,第 132 页。
② 辛敬良:《马克思主义哲学导论》,第 588 页。
③ 辛敬良:《马克思主义哲学导论》,第 588 页。

物主义与历史唯物主义的关系。问题的关键就在于,这一问题不解决,以实践的观点为理论基础和建构原则的马克思主义哲学体系也最终难以确立。

《马克思主义哲学原理》明确指出:"实践范畴是马克思主义哲学最为核心、最为基础的范畴。只是在实践范畴的基础上,马克思主义哲学才超越了以往的全部哲学,构成了唯物论与辩证法相统一、自然观与历史观相统一、本体论与认识论相统一的完整严密的理论体系。"①正是在这一思想的指导下,《马克思主义哲学原理》力图以实践的观点为理论基础和建构原则重构马克思主义哲学体系。

第一,"以实践概念为基础,唯物论和辩证法这两种哲学传统获得了统一"②。

按照《马克思主义哲学原理》的观点,实践既是人们在一定的物质条件下表现自己的活动,又是人们在自然物中实现自己目的的能动的活动,是人与自然之间的一种物质性的否定性关系,因而构成了人的存在方式。当马克思主义哲学以实践活动来规定人的存在方式时,黑格尔辩证法的主体,即"绝对精神"便被转换为"现实的人","绝对精神"的矛盾运动便被转化为"现实的人和现实的自然界"的矛盾运动。"这样,辩证法就被置于唯物主义的基础之上,成为唯物主义的辩证法或辩证的唯物主义。"③

第二,"马克思主义哲学运用实践的观点,揭示了自然史和人类史的相互制约关系,从而使自然观与历史观统一起来"④。

按照《马克思主义哲学原理》的观点,"马克思主义哲学对于社会历史的唯物主义理解,并不是脱离开对于自然的唯物主义理解的",这不仅在于马克思主义哲学肯定了自然界对人的先在性,而且在于马克思主义哲学把由实践活动引起的人与自然之间的物质变换作为社会历史的现实基础;同时,"马克思主义哲学对于自然的唯物主义理解也不是脱离开对社会历史的唯物主义理解的",相反,它"把历史的观念带进了自然领域"⑤,认为在人的实践活动中自在自然转化为"历史的自然","历史的自然"与"自然的历史"都是人的实践活动

① 肖前:《马克思主义哲学原理》上册,中国人民大学出版社 1994 年版,第 56 页。
② 肖前:《马克思主义哲学原理》上册,第 53 页。
③ 肖前:《马克思主义哲学原理》上册,第 53 页。
④ 肖前:《马克思主义哲学原理》上册,第 55 页。
⑤ 肖前:《马克思主义哲学原理》上册,第 54、55 页。

的结果。因此,"实践概念不仅是唯物主义历史观的基础,也应是唯物主义自然观的基础"①。换言之,在马克思主义哲学中,唯物主义历史观与唯物主义自然观在实践范畴的基础上统一起来了。

第三,"在马克思主义哲学中,认识论与本体论也在实践概念的基础上达成了统一"②。

按照《马克思主义哲学原理》的观点,实践不仅是人类以观念的形式把握现存世界的基础,更重要的,它是现存世界的基础。因此,实践的观点既是马克思主义认识论的首要的和基本的观点,又是马克思主义本体论的首要的和基本的观点。"马克思主义哲学既在实践概念的基础上建立了作为存在论或本体论的自然观和历史观,也在同一实践概念的基础上建立了它的认识论。"③换言之,在马克思主义哲学中,认识论与本体论在实践范畴的基础上统一起来了。

第四,"马克思主义哲学把内含否定性、革命性规定的实践概念作为自身的基础,便从根本上决定了它的革命的批判的本质"④。

按照《马克思主义哲学原理》的观点,马克思主义哲学本身内在地包含着批判性、革命性的规定,这种批判性、革命性的规定又是内含于作为马克思主义哲学基石的实践范畴之中的。作为一种客观的、物质的否定性活动,实践构成了人的存在方式,因而成为人类一切否定性活动的原始形态。因此,当马克思主义哲学把实践的观点作为自己首要的和基本的观点时,就必然内在地具有批判性、革命性的规定。这种批判性、革命性体现在方法论上就是"合理形态"的辩证法。从实践出发去理解"对象、现实、感性","不仅是一个世界观或存在论的原则,而且也是一个根本的方法论原则"⑤。马克思主义的世界观与方法论因此在实践范畴的基础上统一起来了,并体现为主体性原则与客观性原则的高度统一。"现实的而非抽象的主体性原则,是马克思主义哲学的一个基本原则"⑥,同时,客观性原则是马克思主义哲学的又一基本原则,"这一客

---

① 肖前:《马克思主义哲学原理》上册,第55页。
② 肖前:《马克思主义哲学原理》上册,第55页。
③ 肖前:《马克思主义哲学原理》上册,第56页。
④ 肖前:《马克思主义哲学原理》上册,第58页。
⑤ 肖前:《马克思主义哲学原理》上册,第58页。
⑥ 肖前:《马克思主义哲学原理》上册,第60页。

观性原则也同样是由作为马克思主义哲学的基础的实践概念所规定的"①。

《马克思主义哲学原理》这些观点体现了马克思主义哲学的本真精神,为重构马克思主义哲学体系开辟了新的天和地。但问题在于,《马克思主义哲学原理》在建构马克思主义哲学体系时,并没有把实践的观点是马克思主义哲学首要的和基本的观点这一精神真正贯彻下去,尤其是没有把实践的观点贯彻到本体论或存在论之中。

具体地说,马克思主义哲学的"存在"是在人的实践活动中生成、具有社会关系的内涵这一根本特征没有得到彰显,"对象、现实、感性"何以成为这样的存在没有得到具体说明,"社会的物"何以成为"可感觉而又超感觉的物"也没有得到有效解答,"存在"或"物质"仍然游离于实践的观点之外。同时,生成于人的实践活动中的辩证法的批判性和革命性这一根本特征也没有得到彰显,实践辩证法、客观辩证法、主观辩证法三者的关系没有得到具体说明,辩证法、认识论、逻辑学三者如何一致也没有得到有效解答,辩证法仍然游离于实践的观点之外。

正因为如此,《马克思主义哲学原理》建构了这样一种马克思主义哲学体系:世界的物质统一性;物质世界的联系和发展;世界联系和发展的基本环节;世界联系和发展的基本规律;人类社会生活的实践本质;物质生产;物质生产基础上的社会有机系统;阶级斗争的历史地位;人民群众和个人在历史中的作用;科学及其社会功能;认识的本质和特征;认识的辩证过程;思维方法;真理和价值;文化、文明和社会进步;人的全面发展和人类的解放。

显然,这是一个"新""旧"交织的哲学体系。但是,对于哲学家的某一阶段的思想发展来说,重要的不是是否仍有旧观点痕迹,而是是否提出预示着新的发展方向、新的发展道路,并具有发展能力、发展空间的新思想、新观点。在我看来,《马克思主义哲学原理》所提出的上述四个观点,就是具有发展能力、发展空间的新思想、新观点,并以其特殊的方式预示着重构马克思主义哲学体系的新方向、新道路。这就是,马克思主义哲学是实践唯物主义、辩证唯物主义、历史唯物主义"一体化"的哲学体系,或者说,是实践观点基础上的辩证唯物主义和历史唯物主义相统一的哲学体系。

---

① 肖前:《马克思主义哲学原理》上册,第 60 页。

六、简短的结语

以上,我阐述了马克思主义哲学体系演变的历程。从中我意识到,对中国学者来说,重构马克思主义哲学体系需要正确解决两个问题:一是实现实践唯物主义、辩证唯物主义、历史唯物主义"一体化",或者说,实现实践观点基础上的辩证唯物主义和历史唯物主义"一体化";二是实现马克思主义哲学"中国化"。

实践唯物主义、辩证唯物主义、历史唯物主义不是马克思主义哲学的三个组成部分,不是三个"主义",而是同一个"主义",即马克思"新唯物主义"的三个理论特征:"实践唯物主义"体现的是新唯物主义所内含的实践性维度及其基础性和首要性;"辩证唯物主义"体现的是新唯物主义所内含的辩证法维度及其批判性和革命性;"历史唯物主义"体现的是新唯物主义的历史性维度及其彻底性和完备性。在马克思主义哲学体系中,"实践""辩证""历史"具有内在的关联性。人的实践活动的展开必然呈现出"否定性"的辩证法;"否定性"的辩证法的展开过程必然呈现出"历史性"。正如马克思所说,"联系不断采取新的形式,因而也就呈现出'历史'"①。"实践""辩证""历史"的唯物主义,这正是马克思新唯物主义的"新"之所在。

实践唯物主义、辩证唯物主义、历史唯物主义的确是马克思主义哲学的三个理论特征。我们不能因为马克思一生只提过一次"实践的唯物主义",而认为实践唯物主义这一概念不成熟;我们不能因为西方马克思主义、东欧新马克思主义在倡导实践唯物主义的同时偏离了马克思主义哲学,而忌讳实践唯物主义这一概念;我们也不能因为苏联辩证唯物主义和历史唯物主义体系的局限性,而"废"辩证唯物主义、历史唯物主义之"名"。实践基础上的辩证唯物主义和历史唯物主义的高度统一的确是马克思主义哲学的本质特征。从总体上看,改革开放以来,中国学者对马克思主义哲学体系的新建构,正是沿着以实践唯物主义、辩证唯物主义、历史唯物主义"一体化",或者说,沿着实践观点基础上的辩证唯物主义和历史唯物主义"一体化"这一研究路径展开的。无论是从广度上说,还是就深度而言,中国学者对实践唯物主义及其与辩证唯物主

---

① 《马克思恩格斯全集》第 3 卷,第 35 页。

义、历史唯物主义关系的研究,对马克思主义哲学体系的探索和新建构,都是西方马克思主义、东欧新马克思主义、苏联马克思主义无法比拟的,并在马克思主义哲学史上留下了浓墨重彩的一章。

中国学者在探索、建构实践唯物主义、辩证唯物主义、历史唯物主义"一体化"的马克思主义哲学体系的同时,就在探索、建构中国化的马克思主义哲学体系。实际上,这是同一个过程的两个方面。

我们应当明白,马克思主义哲学中国化不是"马克思主义哲学原理+中国例子",这实际上是简单类比;马克思主义哲学中国化也不是范畴的简单转换,把物质换成"气",矛盾换成"阴阳",规律换成"道",共产主义换成"大同社会"……这实际上是文字游戏;马克思主义哲学中国化更不是使马克思主义哲学去迎合中国传统哲学,用中国传统哲学去"化"马克思主义哲学,这种"化"的结果只能使马克思主义哲学"空心化",形成所谓的"儒学马克思主义"。从根本上说,马克思主义哲学中国化就是用马克思主义哲学分析中国的现实问题,并使现实问题升华为理论问题、哲学思想,以此丰富和发展马克思主义哲学。同时,在这个过程中,用马克思主义哲学分析中国传统哲学,并对其中和马克思主义哲学具有"共同之点"且具有当代价值的哲学思想进行创造性转换、创新性发展,使其融入马克思主义哲学体系之中。

观念系统具有可解析性和可重构性,观念要素之间具有可离性和可容性,一种哲学系统所包含的观念要素,有些是不能脱离原系统而存在的,有些是可以经过转换、发展而融入其他哲学系统中的。问题在于,对传统哲学批判与继承什么、转换与发展什么,不是取决于传统哲学本身,而是取决于马克思主义哲学与中国实际的关系,取决于当代中国实践的需要。任何一种"重读""重思""重建"或"重构",归根到底都是由现实的实践所激发的,并受制于实践的广度和深度。当代中国实践的最重要特征和最重要意义就在于,它把现代化、市场化和社会主义改革这三重重大的社会变革浓缩在同一个时空中进行了,可谓史无前例而又波澜壮阔,极其特殊而又空前复杂,它必然向我们提出一系列的哲学问题,必然为我们建构中国化的马克思主义哲学体系提供一个广阔的社会空间和思维空间。只有面向 21 世纪的、中国化的马克思主义哲学才能代表中国哲学的未来。

建构中国化马克思主义哲学体系是一个更为重要的课题,理应得到深入而全面的阐述。然而,由于篇幅的关系,我只好把这一重要的课题留给以后的论著了。

后　记

　　呈现在读者面前的这部《多维视野中的马克思》,基本内容是从我已经发表的 250 余篇论文中选出 22 篇,并按照逻辑加以重新编辑而成的。因此,《多维视野中的马克思》是一部具有内在逻辑联系的专著,它体现了我的哲学研究的力度、深度和广度,展现了我力图达到的理论目标、理论形式、理论境界,这就是:求新与求真的统一;铁一般的逻辑,诗一般的语言;重构哲学空间,雕塑思维个性。

　　《多维视野中的马克思》集中反映了我的专业和研究方向,即马克思主义哲学。1978 年的春天,在那个"解冻"的年代,在那个激情与理性一同燃烧的岁月,我走进了安徽大学哲学系,从此开启了我的哲学人生。入学不久,在中国这块古老而广袤的土地上,发生了一场有关"真理标准"问题的大讨论,并由此拉开了改革开放的序幕。伴随着"真理标准"问题讨论的深化和改革开放进程的拓展,马克思主义哲学在回答时代课题的过程中彰显出来的思想力量和理论魅力,犹如一只"看不见的手",牵引着我不断走向马克思主义哲学。1986 年,汪永祥教授把我领进了中国人民大学攻读硕士学位,专业就是马克思主义哲学;1988 年,陈先达教授把我留在中国人民大学从教,并跟随他攻读博士学位,专业还是马克思主义哲学。此后,我无论是在中国人民大学从教,还是在北京师范大学从教,专业仍然是马克思主义哲学。我的全部研究工作和学术论著都是围绕着马克思主义哲学这一中轴线而展开的。《多维视野中的马克思》集中反映了我的专业和研究方向,它力图表明,马克思主义哲学仍然是我们时代的真理和良心,依然占据着真理和道义的制高点。

《多维视野中的马克思》集中反映了我研究马克思主义哲学的独特的理论途径。在研究马克思主义哲学的过程中,我从马克思的哲学延伸到马克思主义哲学史、西方哲学史,从西方哲学史拓展到现代西方哲学,从西方马克思主义深化到苏联马克思主义,从哲学史"跨界"到政治经济学、当代社会发展理论,然后,又返回到马克思的哲学这一"原点"。我的哲学之"旅"之所以如此,是因为马克思的思想发展是从黑格尔开始,经过费尔巴哈,最后"成为马克思"的;马克思的哲学在现代西方哲学那里,或者得到褒奖,或者遭到否定;在后辈马克思主义者那里,或者得到发展,或者得到误解甚至曲解。

因此,只有把马克思的哲学放到西方哲学史的流程中,才能真正理解马克思哲学与西方传统哲学的关系,真正理解马克思哲学所实现的哲学革命的实质;只有把马克思的哲学放到现代西方哲学的背景中,才能真正了解马克思哲学的局限性在哪里,同时,进一步理解马克思哲学的伟大所在;只有把马克思的哲学放到马克思主义哲学史,以及西方马克思主义、苏联马克思主义的历史背景中,才能真正理解马克思哲学的本真精神,真正把握马克思以后的马克思主义哲学的演变轨迹,真正知晓马克思的哲学在何处、何种问题上被发展或误读,甚至被"各取所需""借题发挥"了。

不仅如此,马克思在创立"新唯物主义"哲学的过程中,不仅对德国古典哲学进行了批判性反思,而且对英国古典经济学也进行了批判性反思。马克思的政治经济学批判,即资本批判不仅具有重大的经济学意义,而且具有深刻的哲学内涵,马克思的哲学正是在意识形态批判和资本批判的双重批判过程中生成的。在意识形态批判和资本批判双重批判的过程中生成的马克思的哲学,又高度契合着当代社会发展理论所关注的问题。精神生产不同于以基因为遗传物质的生物延续。生物延续是同种相生,而哲学思维可以通过对不同学科成果的吸收、融合和再创造,形成新的哲学形态。正像亲缘繁殖不利于种的发育一样,一种创造性的哲学一定会突破从哲学到哲学的局限。马克思的哲学就是这样一种创造性的哲学。正因为如此,我在研究哲学的同时,进行了政治经济学、社会发展理论的"补课"。

概而言之,我力图通过这样一个特殊的马克思主义哲学研究的理论途径走向马克思主义哲学的大舞台,走进马克思哲学的深处,"思入风云变态中"(程颢)。

正是在这样一个马克思主义哲学的研究"旅途"中，我看到了一座巨大的思想英雄雕像群，深深地体验到思想家们追求真理和道义的悲壮之美，并不由自主地想起了黑格尔在《哲学史讲演录》中所说的话："哲学史所昭示给我们的，是一系列高尚的心灵，是许多理性思维的英雄们的展览"；正是在这样一个马克思主义哲学的研究"旅途"中，我清晰地透视出马克思哲学的创立是人类思想史上一次壮丽的日出，深刻地理解了马克思的哲学为什么是我们这个时代"唯一不可超越的哲学"（萨特）。正因为如此，我比德里达本人更深刻地理解他的名言："不去阅读且反复阅读马克思——可以说也包括其他一些人——而且是超越学者式的阅读和讨论，将永远都是一个错误，而且是越来越成为一个错误，一个理论的、哲学的和政治责任方面的错误。""不能没有马克思，没有马克思，没有对马克思的记忆，没有马克思的遗产，也就没有将来。"

《多维视野中的马克思》所选编的论文写于不同年代，时间跨度为 40 年。40 年间，我的思想发生了很大的变化，因此，这些论文中的观点并非完全一致。但是，这些观点之间又具有"批判继承"性，反映了我的思考的痕迹，所以，我没有对其中不一致的地方进行实质性的修改，而只是对一些文字表述、标点符号作了一些技术性修改。同时，按照有关图书出版规定，我把引自《马克思恩格斯选集》1972 年版的马克思、恩格斯的有关论述，都转换成 1995 年版的有关论述，把引自《列宁选集》1972 年版、《列宁全集》中文第一版的列宁的有关论述都转换成《列宁选集》1995 年版、《列宁全集》中文第二版的有关论述。在此特向读者说明，以免造成穿越时间隧道的感觉。

为了使读者进一步了解我的哲学研究的特点和风格，我在正文前面加了一篇"序言：重读马克思——我的学术自述"；在正文后面加了一篇附录："关于马克思主义哲学体系的历史沉思"，这篇文章体现了我的马克思主义哲学研究的最新成果。

华东师范大学出版社社长王焰编审慷慨地把这部著作列入出版计划；社项目部主任朱华华副编审精心组织这部著作的编辑出版工作，并和张婷婷编辑一同担任这部著作的责任编辑，实习编辑孙文昊忠于职守，一审通读了这部著作的全部书稿。我深知，没有他们的辛勤劳动，没有他们像蜡烛一样"燃烧着自己、照亮着别人"，我的个人意识就无法转化为社会意识。在此，一并表达我的感谢之意和感恩之情。

从 1977 年开始学习哲学、研究马克思主义哲学到今天，时间已经过去了

45 年。45 年来,尽管我的思想处在不断变化中,尽管我的"角色"处于不断变化中,但我的"书生"本质一直未变,我的马克思主义哲学研究者的"身份"一直未变。45 年来,我"任尔东西南北风""咬定青山不放松"(郑板桥),一直不知疲倦地在哲学这块土地上辛勤耕耘,一直不畏艰难地在求索马克思主义哲学的道路上"跋山涉水",斗胆借用伟人毛泽东的一句诗,那就是,"一篇读罢头飞雪"。在这个求索的过程中,我深感"路隘林深苔滑"(毛泽东),同时,我又力图"放言无惮,为前人所不敢言"(鲁迅),同时,我也深刻地体会到"拣尽寒枝不肯栖,寂寞沙洲冷"(苏轼)这一诗句的内涵和这位诗人的品格。

哲学不仅是我的职业,更是我的事业;马克思主义哲学不仅是我的专业,更是我的信仰。正如我的导师陈先达教授所说,一个坚定的马克思主义理论工作者,不仅要成为马克思主义的研究者,更重要的是,要成为马克思主义的信仰者。当然,马克思主义的信仰不同于宗教信仰。"宗教是被压迫生灵的叹息,是无情世界的感情,正像它是没有精神的状态的精神一样。"(马克思)宗教信仰只是"信",而不追问"为什么可信",马克思主义信仰不仅"信",而且追问"为什么可信",回答"可信"的科学依据是什么;宗教信仰要解决的是个人灵魂失衡的问题,马克思主义信仰要解决的是社会不公的问题,马克思主义旨在改变世界,建立一个消除异化、公平正义、实现每个人全面而自由发展的社会,从而为人们提供真正的安身立命之根和安心立命之本。在我看来,马克思主义信仰的坚定性实际上是马克思主义科学性的内化,即转化为个人内心的信念和情感,转化为个人内心的价值目标、理想追求和道德定律。这使我想起了康德的名言:

> 灿烂星空在我头上,
> 道德律令在我心中。

杨 耕
2022 年 3 月于北京世纪城时雨园